港珠澳大桥岛隧工程

论文集 卷 II ▼

中交港珠澳大桥岛隧工程项目总经理部

科学出版社
北京

内 容 简 介

　　本书是在港珠澳大桥建设过程中，建设团队结合理论设计、思考、实践实施而编写的论文的集锦，本卷为沉管安装、沉管预制方面内容，合计106篇论文。

　　本书的出版可供从事桥梁道路工程设计、施工、测量、监测等专业人员参考，也可供高等院校交通工程、桥梁工程、道路工程等专业师生阅读。

审图号：GS（2018）5373 号

图书在版编目(CIP)数据

港珠澳大桥岛隧工程论文集. 卷 II/中交港珠澳大桥岛隧工程项目总经理部编. 一北京：科学出版社，2019.1

ISBN 978-7-03-058952-1

I. ①港⋯　II. ①中⋯　III. ①跨海峡桥－桥梁工程－文集②水下隧道－隧道工程－文集　IV. ①U4-53

中国版本图书馆 CIP 数据核字(2018)第 221896 号

责任编辑：郭勇斌　欧晓娟 / 责任校对：王萌萌　樊雅琼
责任印制：张克忠 / 封面设计：黄华斌

科 学 出 版 社 出版
北京东黄城根北街 16 号
邮政编码：100717
http://www.sciencep.com

中国科学院印刷厂 印刷
科学出版社发行　各地新华书店经销
*

2019 年 1 月第 一 版　　开本：787×1092　1/16
2019 年 1 月第一次印刷　　印张：46 1/2
字数：1 097 000

定价：268.00 元
（如有印装质量问题，我社负责调换）

序　言

港珠澳大桥东连香港、西接珠海、澳门，是集桥、岛、隧为一体的超大型跨海通道，是我国继三峡工程、青藏铁路、南水北调、西气东输、京沪高速铁路之后又一重大基础设施项目。其中，岛隧工程是大桥的控制性工程，包括一条长 6.7 km 的沉管隧道和两座各 10 万 m² 的外海人工岛，采用设计施工总承包模式，由中国交通建设股份有限公司联合体承建。

沉管工法是一项综合了水工工程、地下工程、隧道工程的复合性技术，实施难度和风险非常大，因而在隧道建设中应用不多。到目前为止，全世界建成的沉管隧道只有一百多条，主要集中在美国、日本、欧洲等发达国家及地区。中国的沉管隧道建设起步较晚，在 20 世纪 90 年代初才建设了第一条沉管隧道，截至 2010 年，全国也只在内河、江湖中修建过十多条沉管隧道，长度也是几百米级的。

深埋海底、长达 6.7 km 的外海沉管隧道，放眼全球，都是令人望而生畏的难题：岛隧工程结合、软土地基不均匀沉降控制、超大管节预制、外海条件管节浮运和沉放、深水深槽条件管节对接、结构与接头的水密、最终接头等技术难题都是具有世界级挑战性的。

七年建设征程，岛隧工程建设团队攻坚克难、创新实践，完成了 100 多项试验研究，申报并取得超过 400 项技术专利，开创了公路沉管隧道"最长、最大跨径、最大埋深、最大体量"四项世界纪录，取得了大直径深插钢圆筒快速成岛新技术、半刚性沉管新结构、整体式主动止水最终接头新方案、复合地基加组合基床隧道基础新形式等多项创新成果；攻克了曲线段沉管工厂法预制、外海沉管安装等多项新技术。这些创新成果是本工程项目一线科技人员聪明才智与实践探索的结晶。

2011～2017 年，4000 名岛隧建设者七年如一日，坚守七年、奉献七年，确保了港珠澳大桥主体工程顺利交工验收。现将项目建设过程中编写及发表的论文约 400 篇进行梳理汇总，形成了论文集共四卷，呈现给同行和专家学者，以供参考。由于水平有限，本书难免有错误、遗漏及理解偏颇之处，还望读者不吝赐教，以便鞭策我们不断探索和提升，全体编写人员对此深表感谢。

最后，衷心感谢各级领导和同仁对港珠澳大桥岛隧工程的支持、关心与帮助！

中国交通建设股份有限公司联合体

港珠澳大桥岛隧工程项目总经理部

2018 年 11 月

目　录

沉 管 预 制

沉 管 安 装

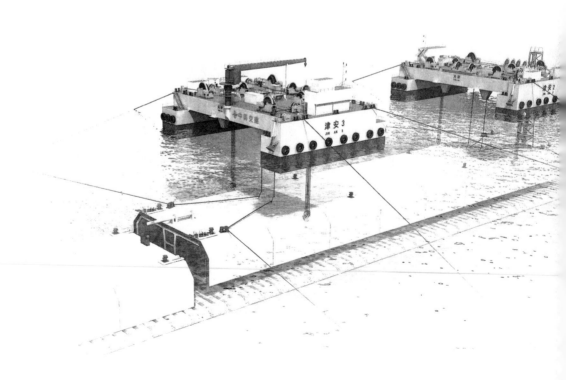

沉管隧道临时辅助安装设施探讨*

林 巍

（中交公路规划设计院有限公司，北京）

摘 要：沉管隧道施工涉及预制、浮运、沉放、水下对接等多道工序，需要一系列临时辅助安装设施。本文基于国内外沉管隧道临时辅助安装设施的调研成果，并结合港珠澳大桥项目沉管隧道设计与施工经验，围绕沉管管节的施工需求及目标，系统划分了沉管隧道临时辅助安装设施的类型，分析比较了不同辅助安装设施的特性和注意事项。研究结果表明，沉管隧道临时辅助安装设施方案的研究内容复杂，涉及众多专业，因此应基于施工实际需求，将问题进行分解和分类并综合考虑设施的特点与能力，权宜工程各方因素，从而最终获得整体较优的项目方案。

关键词：沉管隧道；临时辅助安装设施；舾装件；沉管安装

0 引 言

沉管法[1]被定义为在干坞内或大型驳船上先预制管节，再浮运到指定位置下沉对接固定，建成过江隧道或水下构筑物的施工方法。其结构形式包括钢壳结构和钢筋混凝土结构。在浮运路线长、航道水浅或缺乏干坞场地的情况下，通常选择使用造价高昂的钢壳管节，在驳船上预制部分结构、以较小的吃水深度运输至沉放现场再浇筑余下的混凝土来降低干舷高度，准备后续的沉放作业——早期欧美修建的沉管隧道受到技术限制也多为钢壳结构[2]。近些年修建的沉管隧道一般为钢筋混凝土结构。

与钻爆法、围堰明挖法等其他水下隧道建设工法比较，沉管法的最显著特点是，沉管隧道不但要预制，而且要经由浮运、沉放、水下对接等多道工序进行安装。因此，管节结构上设置必要的辅助设施显得尤为重要。

本文以施工需求为主线对辅助安装设施进行分类表述和讨论，基于各部分的功能，讨论和研究各部分辅助安装设置的特点与关系。沉管隧道管节的典型安装施工工序如图 1 所示。随着安装工序的逐步开展，相继会对管节的防水、操控、压重、定位测量和线型控制这五方面提出要求。

---

* 本文曾刊登于《现代隧道技术》2015 年第 5 期。

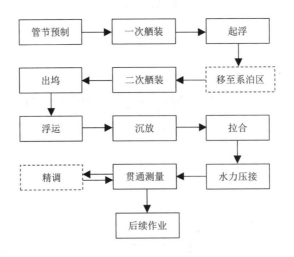

图 1 沉管隧道管节典型安装施工工序

1 防 水

1.1 管节起浮至沉放期间的防水——端封门

从管节起浮直到安装完成，为了获得足够的浮力和保持管内的干燥，管节必须处于密封的状态。管节两端的临时封门起到了密封防水的作用。

港珠澳大桥沉管隧道端封门形式如图 2 所示，主要构件包括钢面板、H 型钢、预埋牛腿等构件。浮运沉放期间钢面板和 H 型钢承受的水压力通过预埋牛腿传递给管节预埋件。由于港珠澳大桥沉管管节数量多，考虑重复使用端封门。即管节沉放后将拆除的端封门通过隧道内由洞口运出，并转运至沉管管节预制场，安装下一次舾装阶段的管节。

图 2 港珠澳大桥沉管隧道端封门外侧（左）与内侧（右）

钢结构焊接端封门是沉管端封门的一种主要形式。我国第一条汽车、地铁车辆共用的沉管隧道——1993 年通车的广州珠江隧道采用沉管法施工，将水下部分的管节在干坞内逐段预制并用钢板密封隧道管节的两端，然后打开干坞闸门进水使其自然浮起。国外项目如 2013 年通车的博斯普鲁斯海峡沉管隧道也采用该形式。根据调研，一般的端封门在钢结构加工厂加工完毕后，运送至现场组装，由于体积大，有时需分块加工运输至现场后再焊接组装。为了降低焊接部位的漏水风险，采用真空气密检漏和彩色溶剂探伤等方式来确保焊接的质量。

其他型式的端封门如临时混凝土端封门，施工成本较低，但相比钢端封门管内的拆除作业时间较长，且在封闭的隧道内产生较多的废气，对管内施工通风的要求较高。

1.2 管节对接之后的防水——GINA 止水带

从管节起浮开始，直到管节浮运至沉放地点，与前一节管节对接之前，管节两端面的防水都由端封门承担。对接之后，新安管节的首端面与已安管节的尾端面的水密由端封门防水转换为 GINA 止水带（图 3）。

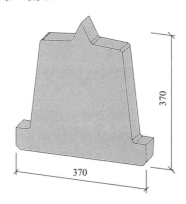

图 3 港珠澳大桥沉管隧道 GINA 止水带断面[3]（单位：mm）

GINA 止水带通常分为鼻尖和本体两部分，如图 4 所示，其工作原理是：

1）拉合千斤顶将新安管节拉至已安管节，直到新安管节端面的一圈 GINA 止水带的鼻尖压紧在已安管节的端钢壳的表面。两个管节端面围成一圈封闭的空间，下文简称为结合腔。

2）保持 GINA 止水带鼻尖压缩，操作预设的阀门将结合腔的水排入管内，管内的空气进入结合腔，使气压平衡。GINA 止水带在尾端水压力的作用下进一步压缩，完成水力压接。

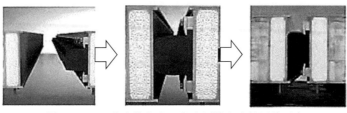

图 4 GINA 止水带拉合、鼻尖压缩和本体压缩示意

　　GINA 止水带在一次舾装期间直接吊装并通过螺栓或夹具固定在管节的端钢壳上。由于 GINA 止水带的橡胶材质损坏后难以修补,通常先完成封门安装管节端面的所有作业,最后再安装 GINA 止水带,以减小安装受损的风险。

　　各个接头 GINA 止水带压缩量必须保证低压力下的水密性并足以克服应力松弛、施工误差和位移容许误差[4]。

　　当浮运的路线很长,偶然出现的漂浮物可能损坏 GINA 止水带时,还需在管节端部安装 GINA 止水带保护罩。保护罩可在一次舾装或二次舾装期间安装,在管节沉放之前拆除。

2　操　控

　　从管节起浮到沉放着床,管节的操控大体可分为坞内起浮、绞移和出坞、浮运、沉放对接、拉合这几个阶段。

2.1　起浮、绞移和出坞

　　坞内起浮时,为防止管节的晃动而撞击邻近的管节或建筑物,通常在管节顶面的两端对称设置 4 个系缆柱,通过连接、操控缆绳来限制管节起浮时的自由漂移。

　　当管节需要在坞内移动时,仍利用连接在系缆柱上的缆绳来操控管节。有时管节中部也需要系缆柱来进一步加强横向控制。港珠澳大桥管节坞内绞移方案如图 5 所示,靠右侧已起浮管节四个角部及中部的系缆柱由钢丝缆并接至周边岸上的卷扬机,通过在卷扬机控制室内对卷扬机进行操作,控制并限制管节的横向和纵向的平面移动来避免碰撞,并逐渐将管节绞移至目标位置。

图 5　港珠澳大桥沉管隧道管节坞内绞移方案示意

2.2　浮　运

　　系缆柱在沉管管节浮运过程中作为拖轮拖带受力点,辅助进行浮运拖带的整个过程,

图 6 为港珠澳大桥沉管浮运期间主拖轮拖曳管节的系缆柱。系缆柱的承载力通常由拖运阶段控制，影响因素包括管节断面尺寸、水流阻力、波浪影响及拖轮的功率等。不同项目根据自身建设条件和水文环境的不同，系缆柱的能力选择也不一样。在缺少经验的地区有时需要进行物模试验模拟拖运工况，测试对系缆柱的拖曳力。

图 6　拖轮拖曳沉管管节的系缆柱

2.3　沉　放　对　接

沉管管节的沉放安装是最关键的施工阶段，需要的管节舾装件种类与布置根据项目特点不同和配套的设施不同均有所差异，其主要有 2 类[5]。

（1）控制系统在测量塔上的安放方法

如图 7 所示，管节的平面操控通过塔顶的绞车连接管顶面的若干导向滑轮实现，导向滑轮与管节上的预埋件栓接；管节的吊力由事先吊放在管顶上的两个浮箱承担，浮箱与管节通过竖向吊缆连接，因而管节上需相应设置吊耳及预埋件。安放作业开始之前安装，用完后直接拆除或在水下潜水拆除并周转。

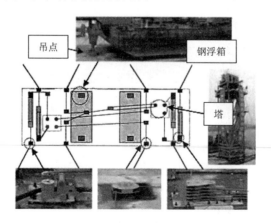

图 7　广州洲头咀隧道管节沉放施工

　　该方法除了管节的竖向移动需要通过浮箱上的绞车完成，其他所有的测量和平面控制都集中在塔顶，工艺相对成熟且经济，适用于水深较浅的一般沉管隧道。但是对于沉放水深大、水流急的沉管隧道项目，由于管节处于漂浮状态，当固定在管节顶面的测量塔的高度、重量和刚度超出了可接受的范围，将无法采用该方案。建设当地缺少足够大的吊车将钢塔和浮箱吊放至管节顶面时，该方案也无法实施。

　　（2）控制系统在安装船上的安放方法

　　港珠澳大桥沉管隧道最大沉放水深 43 m，采用安装船法控制管节的姿态。顶面相关的舾装件布置如图 8 所示，管节前后各设置 2 根安装缆来控制管节的平移，安装缆一端连接锚，一端连接船上的绞车，操控时通过系缆柱将力传递给管节。吊缆连接管节的吊耳和安装船，使安装船将自身的浮力传递给管节。安装船自身也配置系泊索用于绞移，但不需增加管节的舾装件与预埋件。

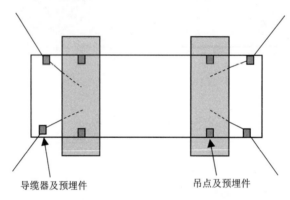

导缆器及预埋件　　　　　　　　吊点及预埋件

图 8　港珠澳大桥管节操控辅助舾装件平面布置示意
（安装船自身系泊索未表示）

　　管节沉放时，首先利用竖向吊缆与安装缆控制待安管节的空间姿态并逐渐接近已安管节，该阶段利用沉放定位测量系统确定管节的空间位置；再利用管顶临时安装设施的导向功能来实现进一步对接（图 9）。

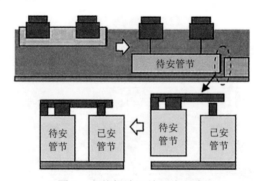

待安管节

待安管节　已安管节　　待安管节　已安管节

图 9　安装船法沉放工序示意

　　布置管顶的测量（控制）塔、导向滑轮、系缆柱等位置时，需注意管节操控的便利性和安全性，逐步审阅管节沉放操控过程，以便预先发现并排除作业时可能的缆绳与设施的空间位置互相干扰等情况。

2.4 拉　合

拉合是衔接管节沉放和安装完成的中间步骤，目的是压缩 GINA 止水带鼻尖，使 GINA 止水带形成一圈水密空间，便于后续水力压接作业。拉合方式通常采用连接在管顶预埋件或管内端部的千斤顶拉合，据了解也有其他项目直接采用纵向缆绳拉合。管顶拉合示意如图 10 所示，利用待安管节 GINA 止水带端和已安管节尾端的管顶系缆柱提供的反力来实现拉合。

所需的拉合力不小于克服一圈 GINA 止水带鼻尖压缩的力、管底的摩擦力和纵坡引起的管节重力的分力之和。

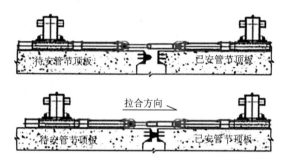

图 10　管顶拉合示意

3　压　重

3.1　压载水系统

当沉管管节浮运至现场待沉放时，需要压载水系统来提供管节的压重。压载水系统包括位于管内的压载水箱，为水箱供水的管路及开闭阀门等设施，均在沉放前预先安装在管节内部。管节沉放后再拆除。港珠澳大桥沉管隧道压载水系统平面布置如图 11 所示。

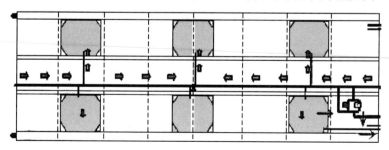

图 11　港珠澳大桥沉管隧道压载水系统示意

根据国内外沉管隧道施工情况的调研，对该系统必要的设施按照施工提出的要求程度进行分类。

（1）基本设施要求

应具备压载水箱、过水管路和管路上的阀门。

常见的水箱结构有钢结构和钢支撑+木条结构，在内侧铺挂防水布。荷兰某沉管隧道为了提高施工速度，甚至使用了农业雨水蓄水池。

进水管路连接水箱的内侧和管节的外侧，在重力的作用下外侧的水将通过水管流入水箱内，通常采用钢管。为便于钢管安装，分段预制后运输至现场组装。在水管上还需设置阀门来对管道中流动的压载水进行开闭的控制。

（2）排水要求

由于沉放施工的种种风险和不确定性，为降低风险，可能发生管节压载下沉后又需重新排水起浮的情况，这时需在管内一次舾装时预先安装压载水泵及额外的管路和阀门，图 11 中粗箭头是进水路线，细箭头指示部分是为排水路线而额外设置的管路与阀门。

（3）远程控制要求

对于沉放水深大的管节，管节沉放时施工人员无法从管顶的人孔进入管节内部进行操作和监控。这种情况下通常需要在管内安装阀门驱动器及配套的软启动柜等设备，设置若干摄像机等设备监视管内的漏水情况和水箱中的压载水的实际水位，并用信号线连接至管节外侧进行远程控制。

3.2　管顶干舷调节混凝土

压载水的容量主要取决于沉放时的管节干舷高度、需要的负浮力及水密度差异等因素。当管节起浮后的干舷高度过高时，需要更多的压载水来补偿管节干舷高度范围内的管节排水体积，导致压载水的容量不足。这时需要在管顶预先浇筑部分干舷调节混凝土来降低管节的干舷高度。浇筑压载混凝土时需注意避开管顶的舾装件并预留足够的安装和拆除的空间，而且需要验算浇筑顺序，避免漂浮的管节出现过大的倾斜或对管节结构产生很不利的弯矩或剪力。干舷调节混凝土有时也起到保护管节结构、防止冲击破坏的作用。

4　定位与线形

4.1　定　位　测　量

新安管节与前一节管节或暗埋段隧道的定位测量分为两步：

1）第一步：通过测量实时监控对接的两个端部的相对平面和竖向位置 Δx 和 Δy，通

过操控缆绳尽量使 $\Delta x=0$，并逐步沉放管节。

涉及的沉放辅助设备为测量系统。其中应用最广泛的为测量塔系统，即在管节顶部安装测量塔，并通过测量建立管节与测量塔顶部测量设备的空间位置关系[6]。沉放时通过实时接收管顶测量设备的空间位置参数来反算管节的实际位置。测量塔通常为钢结构构件，为便于安装可分段预制并逐节安装至管节上。测量塔需具备一定的刚度，避免在水流和风荷载的作用下产生过大挠度，影响测量的精度。GPRS 和光学测量都是常见的塔顶测量设备。不需要测量塔的其他较成熟的测量方法有水下超声波定位系统，通过在对接端两端安装带有若干接收器和发送器的支架，直接测量管节端部的水平和竖向距离，并将测量数据通过数据缆线反馈至指挥室。该方式相比测量塔法更能适应深水沉放，且无法在管顶架立很高的测量塔的情况，但存在连接该装置的数据线与电线在水下易受到水流等因素的影响从而导致无法操作或正确读数的风险。这些定位测量方法的误差均取决于：①仪器设备自身存在的系统误差；②设备安装至管节上时位置标定存在的测量误差；③水流等荷载及管节在水中摇摆产生的位移。

2）第二步：当管节沉放至接近底面时，两端部的导向装置进一步将管节引导至正确的位置，直至管节着底，即 $\Delta y=0$。

该步骤要求在管节的对接端（GINA 端）和尾端（非 GINA 端，用于下一个管节的对接）预先安装导向结构。常见的形式有设置在中墙永久剪力键上的导向托架——新安管节侧的竖向剪力键落入已安管节或暗埋段的对接端部的托架上；另外一种形式是在管节对接端两侧的顶面分别设置导向杆和导向托架装置。如图 12 所示，上部倾斜的开口便于导向杆滑入导向托架内，且可略微放宽定位测量误差的要求。因为导向装置的制作和安装存在误差，且管节安装对接时存在一定的转角，所以通常将导向托架的槽宽做得比导向杆的外径略大，确保导向杆能顺利滑入托架内，在后续拉合作业时也不至于被卡住。但需注意图 12 中的 b 值越大，管节对接后与前一节管节的横向错位值就可能越大，进而管节内部建筑限界的富余空间就越小。因而 b 值的确定需要综合考虑这些因素。

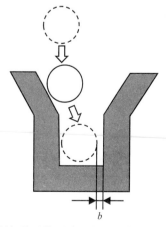

图 12　港珠澳大桥沉管隧道导向杆与暗埋段托架的对接照片及断面示意

4.2　线　形　控　制

先铺法管节的纵面线形取决于基础垫层的标高和沉降，最终路面设计标高也可通过路面混凝土厚度变化在一定范围内调整，不涉及辅助安装设施；后铺法的管节其尾端标高可通过尾端的竖向千斤顶微调。

管节的平面线形可在预制时通过控制两端端部的端钢壳平面角度来控制，也可沉放后通过精调千斤顶改变单侧 GINA 止水带的压缩量来调整。

（1）竖向千斤顶控制纵面线形

采用后铺法施工的管节，首端的剪力键落在前一节管节尾端的带导向槽的鼻托上并被其支撑，进而管节首端的标高与前一节管节尾端的标高顺接。管节的尾端通过竖向千斤顶支撑在预先置于水底的预制块上，沉放后可根据测量情况通过调节竖向千斤顶的行程来改变尾端的标高[7]。

（2）安装前端钢壳（管节端面）控制平面线形

管节安装后的实际轴线位置与设计理论轴线的差值与偏角，在 GINA 止水带均匀压缩的前提下，主要取决于管节两端端部，即端钢壳的预制偏角与精度。

对于直线线形的管节，端钢壳理论上应作得完全垂直于隧道的轴线，由于必然会存在的预制误差，端钢壳在平面上会与理论位置存在一个转角，而该转角直接决定了管节安装后的轴线偏角和偏离，如图 13 所示。尤其对于多个管节的长隧道，该效应将逐渐累积，需要采取一些措施来避免实际轴线过大地偏离设计轴线。假设 En+1 管节与 En 管节的 GINA 止水带均匀压缩，且两个管节对接端完全无错台，那么 En+1 管节尾端偏离设计轴线的距离可以由式（1）、式（2）计算预测：

$$\theta = \alpha - \beta + \gamma \tag{1}$$

式中，θ——En+1 管节的平面轴线偏角；

a——En 管节尾端的实际平面与理论平面夹角，逆时针为正；

β——En+1 管节首端的实际平面与理论平面夹角，逆时针为正；

γ——En 管节实际轴线与设计轴线的平面夹角，逆时针为正。

$$\Delta x = L \times \sin\theta \tag{2}$$

式中，Δx——En+1 管节尾端偏离平面设计轴线；

L——En+1 管节平面投影长度。

同理，只要测量了后续待沉放的若干个管节端钢壳的平面偏角，便可预测管节安装后的平面线形走向，得到相对平面设计理论轴线的横向偏差。当预测得到的偏差结果过大时，可考虑调整端钢壳来改变管节的端部偏角。但这需要在管节起浮前一次舾装阶段才可行，且受制于端钢壳的类型。

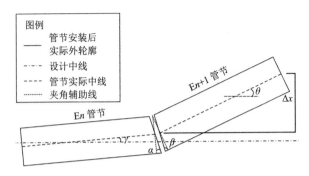

图 13 基于端面平面偏角计算管节平面线形示意

端钢壳的加工和安装通常采用二次成型，即首先在管节两端安装一圈工字钢，浇筑管节主体混凝土，之后对端部的一圈工字钢测量标定，必要时焊接定位块。根据标定在工字钢的外侧精确地焊接一圈 L 型钢，作为管节的端面，L 型钢与工字钢之间用无收缩材料填充。相对而言，一次成型的端钢壳仅为一圈带锚钉的 L 型钢，在管节混凝土浇筑前进行定位。根据上述构造和工法，可大体比较两种形式的端钢壳的特点，如表 1 所示。

表 1　端钢壳工法比较

类型	二次成型	一次成型
工效	需要焊接 L 型钢，一次舾装焊接工作量大，工期长	工效相对提高
精度	管节端面精度由浇筑后的测量定位精度和焊接精度决定，精度较高	浇筑期间由于流动的混凝土重力有可能产生变形
调节可能	可通过二次焊接 L 型钢调节端面的偏角	一次浇筑成型，很难调整

（3）安装后精调系统纠正平面线形

由上文可知，端钢壳调节管节的线形只能在管节一次舾装阶段甚至浇筑前实施，已起浮或预制完成后的管节无法调整端面的平面角度。考虑实际沉放后可能出现的对接端部横向错位、GINA 止水带压缩不均等情况，管节的轴线位置仍很可能较大地偏离理论位置。因此，对于大部分尤其较长的沉管隧道，需要采用在沉放对接和贯通测量后仍能调节管节尾端平面位置的方法。

管内精调为最常用的一种调节方式，在一侧侧墙的 GINA 止水带的内侧设置多台顶推千斤顶，同步顶推至设定的行程，使已被压紧的 GINA 止水带稍微张开但仍具备防水性能，新安管节的端部近似绕着另一侧侧墙的 GINA 止水带平面转动，进而使管节的尾端位置得到修正。回填施工将管节的位置锁定后再卸载千斤顶。

经调研，土耳其博斯普鲁斯海峡沉管隧道及韩国釜山—巨济沉管隧道采用的是管外精调的方式，即在管外接近尾部的位置设置千斤顶来横向顶推管节，以此来改变管节的 GINA 止水带压缩量与轴线。博斯普鲁斯海峡沉管隧道的 U 型钢结构框架与管节一同沉放至槽底，需要精调时在水下安装千斤顶顶推管节（图 14）。

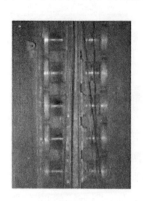

图 14　管内外侧墙的精调千斤顶（左）与管外精调支架（右）

两种方式的千斤顶推力均取决于需要代替 GINA 止水带分担的管节尾端的水压力。管节端部的尺寸和水深越大，尾端的水压力就越大，那么需要的精调推力就越大，则需要的千斤顶的数量就越多。由于沉管隧道管节的长度一般都为其宽度的 2～3 倍，管外精调千斤顶推力作用点的力臂相对更长，需要的千斤顶推力相对较小，如图 15 所示。但管外精调需要额外的海上作业，也将增加水下设备维护的投入。

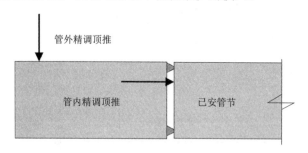

图 15　管内精调和管外精调顶推作用点平面示意

5　结　　语

"沉管"两个字，"沉"就占了一半，而实际沉管施工中对管节安装的关注程度甚至远超过了一半。纵观全文可知，虽然临时辅助安装设施涉及的内容多、专业广，但只要以施工需求为主线，就能理清沉管安装过程中需要的全部施工辅助设施，进而通过在沉管管节上设置辅助设施来解决沉管安装的施工问题。从另一个角度讲，首先分析沉管管节安装步骤中产生的不同施工需求，再由需求对沉管辅助安装设施进行分类，将问题细分，以大化小，逐一检查、解决每一块的设计构造与方案。由于方案的发展来自沉管管节安装施工过程中每一步的需求，施工需求改变时，需注意对有关方案进行核查，确保方案的合理性与施工可行性。另外，部分安装辅助设施方案之间联系紧密，存在着互相制约和影响的可能，比如第 3.1 节的压载水箱与第 3.2 节的干舷调节混凝土，用材此消彼长；又如第 4.2 节中的端钢壳与精调系统，端钢壳的施工工法和精度一定程度地决定了精调系统的能力甚至选型。综上可知，沉管隧道临时辅助安装设施方案的研究内容和涉及专业较多，因此应从施工实际需求出发，将问题进行分类划分，并综合考虑设施的能力，权宜各方因素，从而获得整体较优的方案。

参 考 文 献

[1] 傅琼阁. 沉管隧道的发展与展望[J]. 中国港湾建设，2004，(5)：1-4.

[2] 王艳宁，熊刚. 沉管隧道技术的应用与现状分析[J]. 现代隧道技术，2007，44(4)：53-58.

[3] 陆明，陈鸿. 超深埋海底沉管隧道接头防水设计探讨[J]. 中国建筑防水，2012，(8)：17-22.

[4] 宁茂全. 海底沉管隧道的防水设计[J]. 铁道建筑，2008，(10)：60-63.

[5] 園田恵一郎. 沈埋函トンネル技術マニュアル[M]. 改訂版. 東京：財団法人沿岸開発技術研究センター，2002.

[6] 任朝军，吕黄，苏林王，等. 沉管隧道管节沉放实时定位测量技术现状分析[J]. 现代隧道技术，2012，49(1)：44-48.

[7] 潘永仁，丁美. 大型沉管隧道管段沉放施工技术[J]. 现代隧道技术，2004，41(5)：1-5.

港珠澳大桥岛隧工程沉管一次舾装安装工艺*

唐永波，魏 杰，周建民

（上海振华重工（集团）股份有限公司，上海）

摘 要： 根据港珠澳大桥岛隧工程沉管舾装工艺要求，编制了沉管预制一次舾装施工方案。本文重点分析压载水系统、钢封门安装技术及质量控制要点。对类似工程具有一定的借鉴作用。

关键词： 一次舾装；施工方案；质量控制

港珠澳大桥岛隧工程沉管隧道穿越珠江口广州、深圳西部港区出海主航道，共有 33 个管节，自西（珠海）向东（香港）依次编号为 E1～E33。管节沉放分为东西两线进行，西线由西人工岛暗埋段至 E29 管节，最长距离约为 5.3 km，东线由东人工岛暗埋段至 E30 管节，距离约为 0.75 km，标准管节长 180 m，宽 37.95 m，高 11.4 m。

1 沉管预制及舾装

沉管预制工厂位于牛头岛（靠近桂山岛），设置 2 条管节生产线，每个管节的预制周期约 70 d。管节在厂房内完成预制后，顶推进入浅坞区进行一次舾装施工及水密性试验[1]。

一次舾装主要工作内容有压载水系统、钢封门、管内通风照明系统、其他管顶舾装件（包括吊点、系缆柱、短人孔、人孔盖板等）。

管节一次舾装完成后，关闭深坞门、浅坞门，启动水泵向坞内灌水，通过不同高度水位对管节进行水密性检验。在管节水密性试验的同时启动管节的压载水系统对压载水箱进行检漏，并对压载水系统进行调试。

2 舾装施工关键点

舾装施工中，压载水系统及钢封门安装是整个舾装的重点，其中压载水系统控制管

---

* 本文曾刊登于《中国港湾建设》2016 年第 7 期。

节浮运和沉放各阶段的负浮力，而钢封门是确保管节两端密封的重要结构[2]。舾装施工具有以下难点和关键点。

2.1　对图纸的理解

因舾装图纸包括钢结构和管节混凝土结构图纸，相比钢结构件图纸有很大区别。为尽快熟悉图纸，编制舾装施工方案，总经理部组织设计、各工区进行多次专题研讨，加深对图纸的理解，编制切实可行的最佳施工方案。

2.2　空间位置特殊

由于牛腿、钢梁、外侧牛腿等构件安装部位在管节内，受空间位置影响，无法一次性吊装到位，需设计专用设备及工具解决结构件空间安装问题，以提高生产效率。

2.3　细化流程控制

为确保一次舾装质量满足要求，需对施工工艺与施工组织进行研究与深化，完成施工图转化，对制造验收流程进行分解细化，对重点施工工序进行严控和优化，并编制各个工序的工艺文件，用于指导生产，控制施工质量和安全。

2.4　焊接质量控制

为确保钢封门滴水不漏，在整个钢封门安装过程中，焊接质量至关重要，为此需综合考虑焊接材料的选用、焊接方法选择等，同时做好焊接过程监控。

3　舾装工艺方案

针对上述施工中的难点，对舾装工艺进行了详细分析，做好相关工艺准备。下面主要对压载水系统及钢封门安装工艺要点进行说明。

3.1　压载水系统

3.1.1　压载水箱概况

单个压载水箱的两端挡墙由钢框架及木板墙组成，钢框架主要由钢立柱、横梁、拉杆组成，见图1。

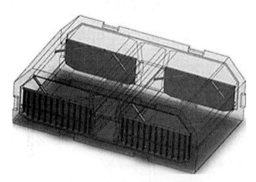

图1　压载水箱整体结构图

压载水箱内部采用整体式防水布作为防水层。压载水箱施工流程为：预埋件位置复测→钢立柱安装→下横梁安装→上横梁安装→拉杆安装→木板墙面安装→防水布安装。

3.1.2　立柱、横梁安装

管节预制完成后，压载水箱预埋件表面及预埋套筒内部会存在杂物，立柱、横梁安装前应将杂物清理干净。

因工程前期没有专用设备辅助，压载水箱立柱的安装需利用节段OMEGA止水带上的螺栓孔安装转向滑轮，人工配合提升，此方法效率低下。为提高安装效率，优化现场施工工艺，通过调研，并与设备厂家多次沟通联系，购置了1台加高6 m的铲车，既可以作为小型构件的起吊设备，用于压载水箱立柱及横梁的起吊安装，又可以对管内构件进行转运移位，还可以用作管内登高设备，真正做到一机多用，安装效率大大提高，生产周期缩短2～3 d。

3.1.3　方木、防水布安装

木板挡墙安装采用从下到上、从左到右的施工顺序，将木板按顺序插入T型钢的槽口内。防水布安装前，必须先对木板挡墙与地面接触处、逃生门预留洞、消防栓预留洞等部位进行防护处理，确保防水布在安装时不受损坏，防水布安装效果见图2。

图2　防水布安装

3.2　管系安装

为尽快熟悉管系图纸，便于现场施工，积极与设计沟通，查阅大量管系标准说明[3]，同时将管系安装工序细分为：①主管支架安装；②主管安装及阀门；③支管安装；④水泵及控制系统安装；⑤管线闭水试验。

压载水系统设置 2 台压载水泵，其中 1 台为国产泵，另 1 台为进口泵，安装时要注意位置及方向，以防出现差错。压载水泵安装完成后，安装连接管线及阀门，将 2 台压载水泵串联成整体，并通过穿舱管预埋件与主管线及钢封门上的进水口进行连接。

在安装管系阀件时，须注意电控阀门安装的垂直度及止回阀等有方向要求的阀门安装方向。中管廊穿舱管预埋件法兰应遵循国际标准（水平线与垂线不设孔）。因预埋件在制作、安装中存在误差，导致管系在安装过程中无法进行准确对接，需要增加合龙管，调整法兰角度，以满足安装要求。

3.3　钢封门安装

钢封门位于管节两端，由端封门、外侧牛腿、钢梁、钢梁牛腿等构成，端封门共分为 16 片，分片图详见图 3。

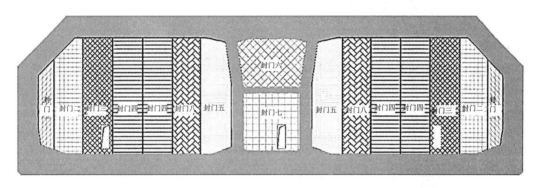

图 3　端封门分片图

3.3.1　钢梁牛腿及外侧牛腿安装

钢梁牛腿及外侧牛腿位于管节顶板下部，由于受管节空间位置限制，无法采用垂直起吊方法进行对位安装，为此专门设计一套吊架用于钢梁牛腿及外侧牛腿的安装，见图 4。

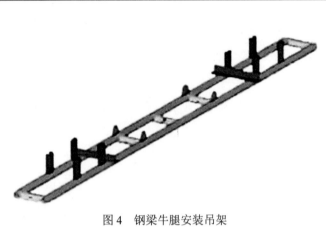

图 4　钢梁牛腿安装吊架

3.3.2　钢封门水密优化

钢封门水密最初采用密封橡胶条及密封钢板两道密封方案，但根据 E1、E2 管节安装经验及水密情况，密封橡胶条使用效果并不理想，密封橡胶条安装后与钢梁存在间隙，起不到水密作用。

为解决水密问题，确保钢封门滴水不漏，经专题研讨决定取消密封橡胶条，只采用密封钢板 1 道密封，这样对整体钢封门安装质量提出了更高要求。

通过优化安装方案及检验流程[4]，钢封门水密质量完全满足要求。

3.3.3　钢封门安装间隙控制

由于预埋件偏差、钢封门结构件制作误差等原因，钢封门安装后与钢梁间不可避免存在间隙。考虑管节在 40 多米深海海底进行对接作业，水压力巨大，为了降低深海作业安全风险，必须对钢封门间隙进行有效控制。

经研讨初步确定三种处理钢封门间隙方案。

1）采用环氧灌浆方法，此方法优点是强度满足设计要求，操作方便，缺点是对环氧厚度有严格限制，灌浆周期长。

2）采用楔块将间隙填实，此方法操作简单，容易将间隙填实，缺点是楔块适用间隙较大位置，楔块加工量大，周期长，且成本高。

3）采用垫板方法，同样便于现场施工操作，由于间隙不一，垫板厚度也需不一，垫板安装要求严格，且必须按设计要求位置使用垫板。考虑现场实际因素，决定采取第三种方案进行处理，实际效果比较理想。

3.4　检测流程控制

沉管一次舾装为一个整体，工序及结构件众多，其中任一环节出现问题均会给管节浮运安装带来致命性的风险。为确保一次舾装质量，降低舾装风险，特制定检验流程（图 5），对关键点、难点严格控制。目前一次舾装已顺利完成 26 节管节，钢封门无一处漏水现象发生，压载水系统未发生一次质量事故，舾装质量得到了有效保证。

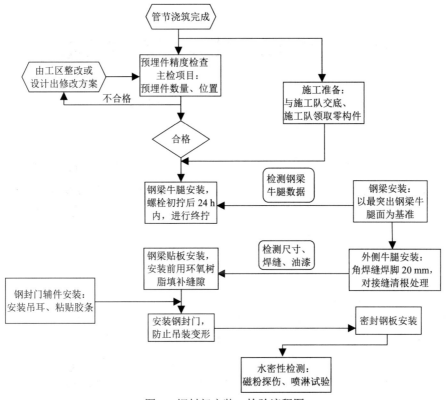

图 5　钢封门安装、检验流程图

4　结　语

在沉管管节预制中，一次舾装是一项十分重要的工序，其质量的好坏，直接关系到沉管后续浮运安装的安全与质量。目前一次舾装已顺利完成了 26 节管节，钢封门滴水不漏，压载水系统运行可靠，其质量、安全均达到规范要求，对类似工程有一定的借鉴作用。

参 考 文 献

[1]　范卓凡，范充，王李. 工厂法预制沉管混凝土施工与优化[J]. 中国港湾建设，2015，35(11)：94-97.

[2]　杨永宏，刘亚平，尹海卿. 超大型沉管舾装施工风险管控[J]. 中国港湾建设，2015，35(11)：134-137.

[3]　中华人民共和国国防科学技术委员会. 碳弧气刨工艺要求：CB/Z 67—2008[S]. 北京：中国标准出版社，2008.

[4]　中华人民共和国住房和城乡建设部. 钢结构工程施工规范：GB 50755—2012[S]. 北京：中国建筑工业出版社，2012.

沉管管节舾装件安装及精度控制方法[*]

王　伟，丁宇诚，宁进进，窦从越

（中交一航局第二工程有限公司，青岛）

摘　要： 某沉管隧道的管节舾装作为沉管预制和沉管出坞、浮运的连接环节，是沉管出坞、浮运、安装的前期工作，在整个沉管安装项目中起着较为重要的作用。其中导向杆、导向托架的安装精度对沉管的浮运、安装影响重大，故需在其安装过程中进行细致的精度控制。

关键词： 舾装件；精度；导向杆；导向托架

　　某沉管隧道的沉管管节舾装是指管节浮运、沉放、对接水上操作时安装在管面的临时设备，管节舾装作为沉管预制和沉管出坞、浮运的连接环节，是沉管出坞、浮运、安装的前期工作，在整个沉管安装项目中起着较为重要的作用。管节需要舾装的设备有测量塔、人孔井、绞缆盘、导缆器、羊角单滚轮导缆器、压载水系统、远程控制系统和测量系统等。其中导向杆、导向托架的安装精度对沉管的浮运、安装影响重大，故需在其安装过程中进行细致的精度控制。

　　以 E5 管节为例，管顶各舾装件位置如图 1 所示。

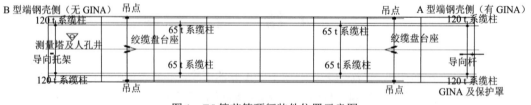

图 1　E5 管节管顶舾装件位置示意图

1　导向杆及导向托架的预埋件精度重核

1.1　导向杆的预埋件精度复核

　　在安装导向杆之前，首先对其预埋件位置进行复核。以指向出坞方向的预制管节廊

---

* 本文刊登于《中国水运》2014 年第 3 期。

道轴线为 X 坐标轴，以左手法则建立 Y 坐标轴，坐标原点 O 在钢筋加工区内、距浇筑区钢筋侧端模 100 m 处，见图 2。

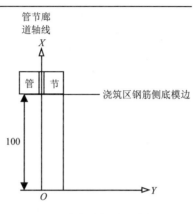

图 2 独立坐标系示意图

平面位置检测采用全站仪进行观测，测站点为 C4，后视点为 CF；高程检测采用水准仪进行标高测量，后视高程点为 C4′（由底部水准吊钢尺引）。

（1）导向杆前支座预埋件检测（图 3）

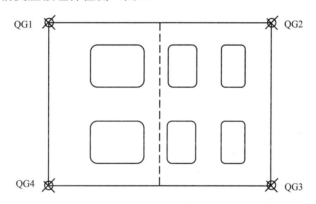

图 3 导向杆前支座预埋件测点分布示意图

导向杆前支座预埋件检测结果见表 1、表 2。

表 1 导向杆前支座预埋件平面位置

序号	点名	设计坐标		复核坐标		差值			Y 允许偏差 /mm
		X/m	Y/m	X/m	Y/m	ΔX/mm	ΔY/mm	Δp/mm	
1	QG1	102.928	-1.98	102.939 9	-1.981 0	11.9	-1	11.9	≤10
2	QG2	101.468	-1.98	101.491 4	-1.984 5	23.4	-4.5	23.8	≤10
3	QG3	101.468	-3.02	101.491 6	-3.020 2	23.6	-0.2	23.6	≤10
4	QG4	102.928	-3.02	102.938 2	-3.024 6	10.2	-4.6	11.2	≤10

注：测站点 C4(X: 108.898 9 m；Y: 23.588 9 m)，后视点 CF(X: 60.285 0 m，Y: 20.060 0 m)。

表 2　导向杆前支座预埋件高程

序号	点名	设计标高/m	复核标高/m	差值/mm
1	QG1	14.900	14.892	−8
2	QG2	14.900	14.884	−16
3	QG3	14.900	14.887	−13
4	QG4	14.900	14.895	−5

注：后视高程控制点 C4 高程为 15.188 m，后视读数 0.591 m。

（2）导向杆后支座预埋件预检测（图 4）

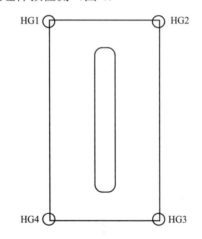

图 4　导向杆后支座预埋件测点分布示意图

导向杆后支座预埋件检测结果见表 3、表 4。

表 3　导向杆后支座预埋件平面位置

序号	点名	设计坐标		复核坐标		差值			Y 允许偏差 /mm
		X/m	Y/m	X/m	Y/m	ΔX/mm	ΔY/mm	Δp/mm	
1	HG1	107.488	−1.98	107.503 5	−1.979 4	15.5	0.6	15.5	≤10
2	HG2	106.968	−1.98	106.980 0	−1.978 1	12.0	1.9	12.1	≤10
3	HG3	106.968	−3.02	106.989 2	−3.021 5	21.2	−1.5	21.3	≤10
4	HG4	107.488	−3.02	107.505 8	−3.016 1	17.8	3.9	18.2	≤10

注：测站点 C4（X：108.898 9 m；Y：23.588 9 m），后视点 CF（X：60.285 0 m；Y：20.060 0 m）。

表 4　导向杆后支座预埋件高程

序号	点名	设计标高/m	复核标高/m	差值/mm
1	HG1	14.900	14.891	−9
2	HG2	14.900	14.892	−8
3	HG3	14.900	14.896	−4
4	HG4	14.900	14.894	−6

注：后视高程控制点 C4 高程为 15.188 m，后视读数 0.591 m。

1.2 导向托架预埋件精度复核

平面位置检测及高程检测方法同导向杆，其预埋件检测点见图5。

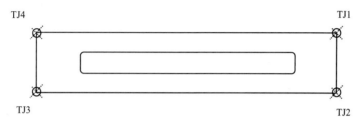

图 5 导向托架预埋件测点分布示意图

导向托架预埋件检测结果见表5、表6。

表 5 导向托架预埋件平面位置

序号	点名	设计坐标		复核坐标		差值			Y 允许偏差 /mm
		X/m	Y/m	X/m	Y/m	ΔX/mm	ΔY/mm	Δp/mm	
1	TJ1	122.369	−1.235	122.360 4	−1.240 1	−8.6	−5.1	10.0	≤10
2	TJ2	121.689	−1.235	121.684 5	−1.239 6	−4.5	−4.6	6.4	≤10
3	TJ3	121.689	−3.765	121.690 7	−3.764 1	1.7	0.9	1.9	≤10
4	TJ4	122.369	−3.765	122.366 5	−3.762 6	−2.5	2.4	3.5	≤10

注：测站点 C4（X: 108.898 9 m；Y: 23.588 9 m），后视点 CF（X: 60.285 0 m；Y: 20.060 0 m）。

表 6 导向托架预埋件高程

序号	点名	设计标高/m	复核标高/m	差值/mm
1	TJ1	14.900	14.895	−5
2	TJ2	14.900	14.897	−3
3	TJ3	14.900	14.900	0
4	TJ4	14.900	14.897	−3

注：后视高程控制点 C4′高程为 15.188 m，后视读数 0.591 m。

2 导向杆及导向托架的安装及其精度控制

导向杆和导向托架用于沉管横向对接，导向杆位于沉管舷端，导向托架位于沉管艉端，其作用为确保待安管节和已安管节在横向位置上保持一致。在沉管浮运至安装区后，向管节水箱内注入压载水使沉管逐步下沉至导向杆位于导向托架上方，然后使待安管节舾端的导向杆滑入已安管节艉端的导向托架内，管节落至基床。图 6 为导向杆就位示意图。

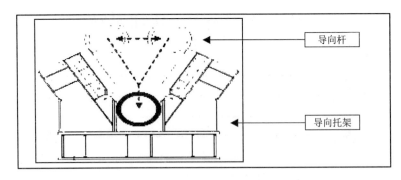

图 6　导向杆就位示意图

2.1　导向杆的安装及精度控制

在安装导向杆时，先用起重器将导向杆吊入设计位置，并用锚栓初步对其定位，再进行标定测量；平面基准取管节坐标系，高程基准取管节高程。

标定点分布：在导向杆支座中心位置分别布置测点，这三点连线为导向杆实际轴线，根据某大型岛隧工程《施工图设计》，导向杆实际轴线应距管节实际轴线 2.5 m（管节实际轴线为管节坐标系下的 X 轴），且偏向右行车道，点位分布示意图见图 7。

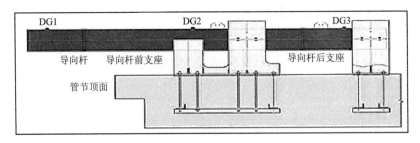

图 7　导向杆点位分布示意图

以 E5 管节说明如下：导向杆标定成果见表 7。

表 7　导向杆标定成果表

部位	点号	X/m	Y/m	高程/m
导向杆	DG1	2.065 5	2.496 6	1.389 7
	DG2	−2.413 9	2.495 7	1.398 1
	DG3	−6.169 7	2.495 1	1.394 9

导向杆安装偏差见表 8。

表8　导向杆安装偏差表

点号	设计 Y 坐标/m	实测 Y 坐标/m	差值/mm
DG1	2.5	2.496 6	−3.4
DG2	2.5	2.495 7	−4.3
DG3	2.5	2.495 1	−4.9

标定数据显示：导向杆前端测点（DG1）距管节实际轴线 2.496 6 m，比理论值偏小 3.4 mm，导向杆中间位置测点（DG2）距管节实际轴线 2.495 7 m，比理论值偏小 4.3 mm，导向杆尾端测点（DG3）距管节实际轴线 2.495 1 m，比理论值偏小 4.9 mm。表 7 中三点高程为相对高程。DGL、DG2、DG3 三个测点的横向误差均小于设计横向定位误差 10 mm，不再需要对其进行位置调整。

确定导向杆的位置后，再对其安装螺栓施加 200 kN 预紧力，并严格控制初拧和终拧施工工序，不得出现重拧现象。

2.2　导向托架的安装及精度控制

根据导向杆的位置，进而确定导向托架的位置。在导向托架底槽前后两边线上测量出两个距管节实际轴线 2.5 m 且偏向右行车道的点，确定出导向托架的实际轴线。点位分布示意图见图 8。

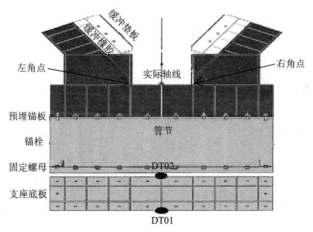

图 8　导向托架点位分布示意图

导向托架标定成果见表 9。

表 9　导向托架标定成果表

部位	点号	X/m	Y/m	高程/m
导向托架	DT01	−178.346 2	2.498 6	0.582 6
	DT02	−178.996 9	2.501 4	0.580 8

测量出实际轴线后，丈量底槽实际宽度，以及槽口角点距轴线的距离（高程为两点相对高程）。丈量成果见表 10、表 11。

表 10　未加垫块前导向托架标定成果表

部位	槽口实际宽度/m	槽口左角点距轴线距离/m	槽口右角点距轴线距离/m	备注
DT01 所在边	0.730	0.365	0.366	槽口角点左右是从 S8 向
DT02 所在边	0.730	0.365	0.365	S1 方向看分左右

表 11　加垫块后导向托架标定成果表

部位	垫块宽度		轴线距槽口角点距离/m	备注
	左/m	右/m		
DT01 所在边	0.04	0.04	0.325	槽口角点左右是从 S8 向
DT02 所在边	0.04	0.04	0.325	S1 方向看划分的

导向托架预埋件的安装应充分考虑模板和钢筋安装及制作误差，若误差偏大，则适当加宽导向托架卡槽宽度，综合考虑其与导向杆安装误差后，通过在卡槽贴焊相应厚度铜板以校正误差，最终横向误差需控制在＜±10 mm。

安装时，应对每个螺栓施加 85 kN 的预紧力，并严格控制初拧和终拧施工工序，不得出现重拧现象。

3　结　语

某沉管隧道的沉管是目前世界上最大的混凝土构件，标准管节重约 7.8 万 t，排水量近 7.5 万 m^3，浮运线路位于目前我国航运最繁忙的水域，日船舶交通量达 4000 艘次，气象、海况复杂，流向与基槽垂直，浮运时最大迎流面积达 2100 m^2，所受水流力较大，拖航阻力达到 300 tf[①]，故其浮运、安装风险大、难度高，沉管管节舾装件的精度控制就显得尤为重要。经过 8 个已安管节的实践验证，上述沉管管节舾装件安装及其精度控制方法高效、可行，值得以后在类似工程项目中进行推广。

---

① 1tf = 9.806 65×10³H。

超大型沉管舾装施工风险管控*

杨永宏 [1]，刘亚平 [2]，尹海卿 [3]

（1. 中交二航局第二工程有限公司，重庆；2. 中交第一航务工程局有限公司，天津；3. 中交第三航务工程局有限公司，上海）

摘　要：港珠澳大桥岛隧工程沉管浮运安装是集多项复杂技术与诸多风险于一体的系统性工程，管节一次、二次舾装为该系统的重要组成部分，质量优劣直接关系到沉管浮运、安装、对接的成败。为保障沉管安全对接，辨析沉管舾装施工的风险因数，描述管节舾装施工风险管控的具体措施，经过前 20 节管节的验证，所采取的一系列措施是有效的，保证了沉管顺利浮运安装。

关键词：港珠澳大桥；沉管；舾装；风险排查；风险管控

1　概　述

　　港珠澳大桥岛隧工程沉管段长 5664 m，共有沉管 33 节。沉管断面采用两孔一管廊截面形式，标准管节长 180 m，宽 37.95 m，高 11.4 m，重约 8 万 t。沉管舾装源于船舶制造的舾装，但内容完全不同。沉管舾装从空间上分为管内舾装和管外舾装，从工序上分为一次舾装和二次舾装[1, 2]。一次舾装为管节下水前必须做的舾装工作，包括钢封门、压载水箱、管系、节段接头、张拉压浆、聚脲涂层、压载混凝土等。二次舾装为管节下水后出坞前必须做的舾装工作，包括管内自动控制安装、管顶舾装件安装、调试等[3]。

　　管节舾装具有以下特点：①舾装件（内容）种类繁多；②涉及专业多、接口多（混凝土、钢结构、水电、测控、机械、潜水等）；③属于系统工程，舾装件间相关性强；④高风险，舾装件重复利用；⑤工期长，人员作业思想易麻痹；⑥缺乏施工经验，大型沉管舾装尚属首次。

　　港珠澳大桥岛隧工程沉管浮运安装是集多项复杂技术与诸多风险于一体的系统性工程，管节一次、二次舾装是该系统的重要组成部分。其质量优劣直接关系到沉管浮运、安装、对接的成败。

---

　*　本文曾刊登于《中国港湾建设》2015 年第 11 期。

2　舾装风险管控思路

以所属工区为质量控制责任主体，负责一次、二次舾装及管节出坞前沉放演练等工作的质量风险管理；成立舾装质量风险监控组进行舾装质量风险管理；达到一个目的：不让隐患出坞门；贯彻两个理念：每一节都是第一节，细节决定成败；采用三种方法：全面质量管理，PDCA（计划、执行、检查、处理）循环管理，零缺陷管理；执行四化管理：质量/风险控制、作业程序标准化，分门别类精细化，事前确认、事中控制、事后总结程序化，风险意识、风险排查常态化；实现五个可靠：钢封门焊缝可追溯、质量可靠，封门牛腿、枕梁结构安全可靠，管顶舾装件栓接可靠，结构孔洞水密可靠，浮运安装各系统运行可靠。

3　舾装风险管控的主要措施

舾装风险及管控的主要措施[4]如下。

3.1　施工放样参数

风险因素：放样参数计算错误，放样错误。

可能导致的后果：预埋件位置偏差。

处理措施：①对施工参数的计算和输入进行多方独立校核，确保参数的正确性；②严格按照监控指令进行施工。

3.2　预留预埋设施

风险描述：①预埋件位置偏差及埋设质量不达标；②预留套筒、预埋螺杆等未进行保护。

风险后果：①导致舾装件无法正常安装，增大拆除难度；②安全风险增大。

处置措施：①严格按照设计要求进行预埋件的加工、制作、安装；②在预制过程中对预埋件进行保护，并校核预埋件位置，发现问题及时纠正；③管节起浮、横移过程中加强对预埋套筒、螺杆的保护。

3.3　舾装件周转使用

风险描述：①舾装件周转次数多，使用环境恶劣，不可避免出现磨损、老化、锈蚀；②舾装件使用、拆除、运输过程中出现碰损、丢失。

风险后果：①导致舾装件无法正常地使用；②维修、采购周期长。

处置措施：①注意舾装设备的日常维护及保养，建立完善舾装件检修、移交、报废程序；②提前储备舾装件，包括蝶阀、管系、水下插座等；③安排专业技术人员现场服务；④坞内安排多次设备联调联试，并安排日常巡检。

3.4　端钢壳安装偏差

风险描述：①管节成形验收偏差大；②节段式匹配预制，张拉过程中管节线形控制难度大，导致端钢壳定位偏差大。

风险后果：影响管节安装线形，管节尾端偏差过大。

处置措施：①提高放样精度，按设计要求进行加固；②预制过程中加强监控；③加强半成品保护。

3.5　GINA 止水带保护

风险描述：①管节起浮、横移、坞内系泊过程中可能发生 GINA 止水带碰损；②恶劣天气可能造成 GINA 止水带碰损。

风险后果：①影响 GINA 止水带使用寿命；②需要修复时，工期可能大幅延误。

处置措施：①确保运输及安装中的成品保护；②横移中严格控制绞移速度、管节位置；③恶劣海况时提前关坞门，增加防风缆系，增加系缆柱的安全储备；④合理布置坞内管节位置，保持安全距离；⑤定期安排水下探摸、检查。

3.6　钢 封 门

3.6.1　水密性

风险描述：①钢封门焊缝长（图 1），水密性试验难度大；②钢封门水下存放时间长，腐蚀造成水密风险增大；③钢封门周转使用次数多，锈蚀、变形等造成水密风险增大。

图 1　钢封门安装

风险后果：钢封门渗漏水，影响管内舾装，可能造成封门内侧水密插座短路。

处置措施：①对作业人员进行培训、交底；②按照设计要求对钢封门焊缝进行 100%
检测；③对周转使用的钢封门质量进行检查和确认；④管节起浮时对封门进行水密性
检测。

3.6.2　钢封门结构安全

风险描述：①预埋件、舾装件的安装精度和安装质量问题；②混凝土枕梁预制质量
问题；③钢梁、钢梁牛腿、封门周转次数多，存在腐蚀、变形；④安装水深较深，钢封
门水压力大。

风险后果：钢封门失稳、变形、漏水，导致管节出现重大安全风险。

处置措施：①严格按照设计图纸、规范标准施工，加强安装前、中、后质量监控，
确保钢封门结构安全；②增设封门应力、变形监测系统，进行实时监测；③增设管内 CCTV
视频监控系统，进行实时监控。

3.7　水 下 线 缆

风险描述：①潜水水下线缆插接能见度低、难度较大；②使用环境恶劣，存在污损
风险；③长期、周转、重复使用，线缆老化、破损。

风险后果：水下插座插针折断，造成安装船与管内信号中断，施工中断。

处置措施：①固定水下线缆插拔潜水作业人员；②定期进行水下线缆、插座的维修、
保养和水下保护；③增加 1 套备用线缆和水下插座，及时对更换后的水下线缆返厂维修；
④安排专业技术人员现场服务。

3.8　压 载 水 系 统

3.8.1　压载水箱

风险描述：①预埋件安装精度和质量问题；②水箱布质量、固定、安装问题；③横
梁、立柱安装质量；④木方周转使用，存在破损、丢失。

风险后果：①水箱漏水，修补难度大，影响起浮横移；②水箱失稳，导致管内舾装
件电气设备浸水烧毁、人员安全风险增大；③管节安装后，水箱漏水导致管内定期维护
成本高。

处置措施：①控制预埋件安装精度，对水箱横梁、立柱安装、焊接质量进行监控
验收；②水箱布安装前，对木板、底板等可能造成水箱布破坏的异物进行检查、清理；
③水箱防水布改成一次性使用；④反复检查水箱结构安全和水密。

3.8.2 压载管系

风险描述：①管系长时间、周转使用，存在海水锈蚀、老化、损坏等问题；②拆除、运输中阀门、压力表等保护不当，易造成损坏；③舾装时管内遗留异物；④管系紧固不牢，使用后发生漏水、进气现象；⑤阀件未经检修直接使用。

风险后果：①蝶阀、压载泵损坏；②压载泵不能正常工作；③截止阀、蝶阀关闭不严，导致海水灌入水箱；④影响沉管沉放对接施工。

处置措施：①管系安装过程中加强过程控制；②对一次舾装设备进行 100%维保，并对阀门进行逐个打压试验；③严格执行水密性试验，确保水密性满足设计要求。

3.8.3 压载动力

风险描述：①船电故障，船电与管内传输故障；②管内设备、电缆周转使用、使用环境恶劣，易腐蚀、损坏；③管内设备使用、拆除、运输过程出现碰损、丢失；④副船控制系统硬件（如 UPS、PLC 等）异常故障；⑤维保不到位。

风险后果：①无法进行管内的压载作业；②影响沉管沉放对接施工。

处置措施：①管系安装过程中进行过程控制；②对二次舾装设备进行 100%维保；③定期进行联调联试及主副船的通信调试；④对易损件及关键件储备充足的备件。

3.8.4 压载水控制

风险描述：①误操作风险；②负浮力计算错误；③水箱液位传感器故障。

风险后果：①负浮力控制不准确，影响管节姿态控制；②无法准确判断压载水量；③结合腔排水故障，影响水力压接。

处置措施：①进行多次设备调试和沉放演练，现场进行海水密度测量，验证负浮力的参数计算结果；②聘请厂家专业技术人员进行操作，并实施"一岗双控"；③必要时人员从长人孔进入管内；④备用一套液位传感器。

3.9 测量、测控系统标定

3.9.1 深水测控系统标定

风险描述：①管节深坞区漂浮状态进行系统标定；②参数计算、转换出现错误；③传感器标定误差；④标定后支架拆除，首端支架现场恢复安装、尾端支架水下潜水安装存在一定误差。

风险后果：直接影响管节沉放对接过程中的定位精度。

处置措施：①对参数进行复核，标定时换人换设备，采用常规拉尺检核；②对系统进行全面检查，包括软件和硬件，对应答器进行通信测试；③出坞、浮运期间注意保护支架和底座；④对支架进行编号，按照编号进行重新安装；⑤制作专用装置，对压力传感器进行深度校准。

3.9.2　导向杆、导向托架、测量塔标定

风险描述：①管节深坞区漂浮状态进行系统标定；②参数计算、转换出现错误。

风险后果：①测量塔系统直接影响管节沉放对接过程中的定位精度；②导向杆、导向托架直接影响管节最终的安装定位精度。

处置措施：①对参数进行复核，标定时换人换设备，采用常规拉尺检核及 GPS 和全站仪比对；②对测量塔系统进行全面检查，包括软件和硬件；③二次标定时关闭坞门，改善标定环境。

3.9.3　测量监控系统标定

风险描述：①倾斜仪安装偏差；②姿态监测系统误差；③水箱液位传感器的标定偏差；④管内 CCTV 系统故障。

风险后果：①导致测量结果错误或精度降低；②影响管节安装测量精度；③影响管节沉放姿态测控精度；④无法精确控制水箱水量；⑤无法对管内设施状态进行实时图像监控。

处置措施：①加强设备维护保养；②管内安装多台倾斜仪，进行测试比对；③对测控设备定期进行测试；④增加备件储备。

3.10　长人孔水密性

风险描述：人孔封孔质量不理想。

风险后果：①长人孔拆除后人孔封板发生渗漏现象，后续处理难度大；②长人孔渗水，影响人员进入管内作业。

处置措施：①人孔封孔后进行长人孔灌水水密性试验，确保水密性满足设计要求；②长人孔拆除后对人孔封板进行保护；③加强预埋螺栓孔保护。

3.11　坞内系泊起浮横移

风险描述：①风暴潮引起的减水引起管节触底风险；②台风袭击影响坞内系泊安全；③坞内灌排水、横移作业对管节系泊造成影响。

风险后果：①缆系破坏；②系缆柱破坏；③端钢壳、GINA 止水带、钢封门损坏；④沉管与安装船、沉管发生碰撞、搁浅。

处置措施：①与国家海洋环境预报中心保持沟通，做好气象预报；②增加系缆柱的安全储备；③优化坞内防台缆系；④增加防风尼龙缆；⑤台风等恶劣天气来临前，关闭坞门。

3.12 船管连接

风险描述：①管顶压载混凝土安装船支墩处高差大；②吊点螺栓预留高度过大。

风险后果：①吊点插销无法插入；②船管连接后船体变形大，安装船支墩受力不均匀，浮运过程中安装船易发生移位。

处置措施：①提前采用高强度砂浆对混凝土支墩进行精确找平，并加强测量检测确认；②协调预制工区加强对预埋螺栓预留高度、预埋件安装质量控制，必要时进行水下切割；③坞内调试时，对吊点的设计受力进行复核验证。

4 结 语

港珠澳大桥岛隧工程从施工图设计阶段开始，充分考虑了舾装件承受的水压力、重复使用的可靠性等因素，确认了影响使用的各类施工荷载，核查了各施工阶段抗浮安全系数，辨析了舾装施工过程中可能存在的风险因素，制定了切实可行的安全保障措施，并在施工过程中不断优化和完善。经过至今20节管节的顺利浮运安装，舾装施工工艺、安全保障措施、风险防控体系等均得到了检验，证明是有效可行的，这也为后续管节的安装积累了宝贵的经验。本工程总结出的舾装施工管理思路、管理制度、风险管控措施，可为类似工程参考借鉴使用。

参 考 文 献

[1] 中交股份联合体港珠澳大桥岛隧工程第Ⅲ工区二分区项目经理部. 港珠澳大桥岛隧工程一次舾装及水密性试验专项施工方案[Z]. 珠海：中交股份联合体港珠澳大桥岛隧工程Ⅲ工区二分区项目经理部，2012.

[2] 中交股份联合体港珠澳大桥岛隧工程第Ⅴ工区项目经理部. 港珠澳大桥岛隧工程沉管二次舾装施工方案[Z]. 珠海：中交股份联合体港珠澳大桥岛隧工程第Ⅴ工区项目经理部，2013.

[3] 中国船舶工业总公司. 船舶设计实用手册：舾装分册[M]. 北京：国防工业出版社，2013：443-452.

[4] 中交股份联合体港珠澳大桥岛隧工程第Ⅴ工区项目经理部. 港珠澳大桥岛隧工程沉管安装施工风险管理手册：舾装分册[Z]. 珠海：中交股份联合体港珠澳大桥岛隧工程第Ⅴ工区项目经理部，2013.

港珠澳大桥沉管隧道管节压载水系统*

林 巍

（中交公路规划设计院有限公司，北京）

摘 要： 港珠澳大桥沉管隧道压载水系统是设计与施工的关键技术之一。基于在建的港珠澳大桥沉管隧道项目的工程实践，结合方案制定阶段国内的调研成果，本文对压载水系统的总体布置、结构设计、设备选型、制作、安装及操作等进行综合论述。工程已进行了成功的应用。

关键词： 沉管隧道；压载水系统；港珠澳大桥

1 工程概况与特点

港珠澳大桥跨越珠江口伶仃洋海域，是连接香港特别行政区、广东省珠海市、澳门特别行政区的大型跨海通道，是国家高速公路网规划中珠江三角洲地区环线跨越伶仃洋海域的关键性工程。本项目的建设条件呈现近海工程特点，沉管隧道的施工难度相比国内其他沉管隧道施工难度更高，表现在：

1）气象窗口严，沉管管节安装作业时间有限，热带气旋影响十分频繁，且主要集中在 6～10 月。

2）海域流速大，抗风险要求高。该海域为不规则半日潮，实测最高潮位 3.52 m，最低潮位 –1.32 m，最大潮差 3.58 m，最小潮差 0.02 m，平均海平面 0.54 m；潮流呈现往复流运动形式，具有落潮流速大于涨潮流速、中部海域潮流流速比两边大的特点。

3）受远期航道规划限制，沉管管节安放作业的最大水深达 45 m，给施工设备和工艺带来了技术挑战[1]。

2 施 工 要 求

管节压载水系统是管节安装作业中不可或缺的一部分，通过向管节内部的水箱内加

---

* 本文曾刊登于《中国港湾建设》2014 年第 2 期。

水或排水，在沉放阶段及沉放后期，起到了增加或减轻管节在水中的重量、稳定管节的作用[2]。

在港珠澳大桥的工艺环节之中，压载水系统主要应用于管节的起浮、沉放、水力压接及后续作业这几个阶段。

沉管隧道管节典型施工工序见图1，涉及压载水系统的几个主要阶段，如图1阴影部分所示。

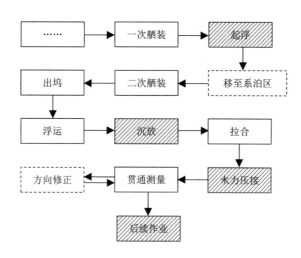

图1　沉管隧道管节典型施工工序

2.1　起　　浮

一次舾装作业完成之后，在干坞内灌水将沉管管节浮起。为了检查管节的水密性，并且为了加强起浮时管节的稳定性，采用了先往压载水箱中加水，待坞内的水位高出管节顶面一定高度后，再逐渐排水的起浮工序，因而需使用压载水系统进行供水和排水。

2.2　沉　　放

管节起浮后，移至深坞区进行二次舾装，然后出坞、浮运至安装现场。为了使漂浮状态的沉管管节下沉，用压载水系统往管节内的水箱内加水，使管节获得 1%～2%的负浮力。

另外，考虑沉放期间特殊情况下需要再将管节提升出水面的可能，要求管节沉放至基床后，仍能使用压载水系统排水来减轻管节的重量。

2.3　水 力 压 接

完成沉放和千斤顶初步拉合后，新安管节与前一个已安管节间的 GINA 止水带初步压接，形成一个封闭的空间（下文简称结合腔）。这时使用压载水系统的预留管将结合腔与已安管节内部的大气连通，使结合腔的压强转换为常态大气压，再排出结合腔内的残余水。

2.4　后 续 作 业

完成管节的测量和（必要时的）方向修正作业之后，为了保持管节在波浪或水流作用下的稳定，继续往水箱内加水使管节获得足够的负浮力。在管节顶部回填或管内压载混凝土浇筑之前，通常需要有大于 3%～5% 的负浮力来维持管节的稳定。

此后，作为临时结构的水箱排水系统将被拆除。

3　总体布置和施工工艺

3.1　总 体 布 置

压载水系统的布局受到沉管管节横断面形式的限制。原则上，水箱的位置越靠近管节的两端，在浮运和沉放作业期间管节的稳定性就越好。考虑管节的纵向受力，实际将水箱置于吊点的正下方，同时兼顾了管内施工运输和测量的便利性。压载水泵的布置考虑了与主水管相接的方式及电线和信号线连接的便利性。

经调研，日本东京湾临海公路隧道管节长 135 m、宽 32 m、高 10 m，单个管节重量约为 40 000 t，压载水箱布置于两侧的廊道中，水箱间用钢挡墙隔开，两条主水管线及压载水泵置于行车通道内。土耳其博斯普鲁斯海峡沉管隧道管节长约 135 m、宽 15.3 m、高 8.6 m，单管节重约 18 000 t，与东京湾临海公路隧道的不同之处为主水管邻近侧的水箱壁为钢结构，而并非利用管节的侧墙作为水箱壁，起到了在管内留出施工通道和光学测量时通视的作用。

港珠澳大桥沉管隧道包括两个行车孔和一个中间管廊，吸取已有成功项目的长处，最终布置如图 2 所示，优点在于：

1）长 180 m 的管节内布置 6 个水箱，对称置于两侧的行车通道中。利用通道两边的墙体作为水箱壁，进而最大程度地利用了宽 14.55 m 的车道的横向空间，并且节省了临时水箱结构的用料。

2）一条主水管贯通中间廊道，支水管与之相连并穿墙接入水箱内。与上述调研项目的单个管节内设置的两套供水系统相比，两条主水管及各自的抽水泵，既降低了系统失灵的风险，又具备较好的经济性。

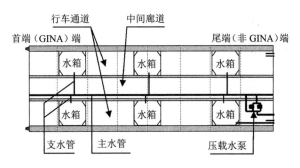

图2　港珠澳大桥沉管隧道管节压载水系统平面示意图

3）压载水泵置于管节尾端（非 GINA 端），从而便于管内的供电缆和信号线通过管节尾端的端封门的水下接头穿出，并与管节外部的发电机和远程控制设备相接。

3.2　施 工 工 艺

由本项目的施工要求，压载水系统的设计为能用两种方式进水，一种是打开管节中间管廊的主水管上两端的阀门和支水管上的阀门，通过管内外的水位差，让外部的水通过重力自流入水箱内，如图3所示。使用这种方式的前提条件是管外的水位需高于管内水箱的水位，在沉管隧道的施工中应用较为普遍，用于沉放开始的压载阶段及沉放阶段管节需要增加压载的时候。

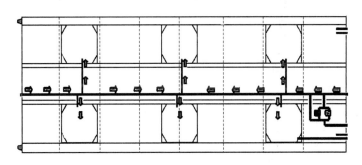

图3　压载水进水示意图（重力自流）

另一种方式为图4示意的用泵进行强制进水。用于两个施工阶段：

1）干坞内刚开始灌水时，管外的水位较低无法自流进入水箱。为了防止管节过早起浮，需要先加一部分压载水。

2）管节对接之后，可将新安管节与已安管节之间的结合腔内的残余水抽入指定的水箱内。

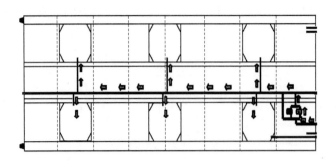

图 4　压载水进水示意图（泵送）

　　排水时，开启水泵抽水箱内的压载水，压载水经过主水管由管节尾端（非 GINA 端）的端封门排出。

　　新安管节初步拉合完成后，水力压接的作业方法为从已安管节的尾端开启位于端封门上方的进气管。由于新安管节尾端的水压及拉合千斤顶的作用力，结合腔内的压力大于已安管节内的普通大气压，结合腔中的少量水从进气管被挤出。然后已安管节内的空气从该进气管快速进入结合腔内以平衡气压，至此 GINA 止水带产生较大程度的压缩，水力压接基本完成。

4　结　构　设　计

4.1　压　载　水　箱

4.1.1　水箱的容量

　　压载水箱的容量取决于管节沉放阶段及沉放完成后维持稳定所需的重量，在本项目由以下因素计算确定：

　　1）开始沉放时，消除管节的干舷高度所需的重量。

　　2）为达到 1%～2% 负浮力所需的重量。

　　3）沉放过程中，克服表层和底层水密度差异所需的重量。

　　4）调整管节的纵向坡度对水箱一侧的水位增高的影响。

　　5）沉放过程中，水箱里的水晃荡对水箱高度的影响。

　　6）沉放完成后，为维持管节的稳定性，额外增加的重量。

　　鉴于精细化设计与施工的要求与目标，还进一步计算了：

　　7）沉放前，由于水管管件的构造，压载水箱里存在无法排出的残留水。将这部分重量计入在水箱容量之中。

　　8）水力压接阶段，结合腔内排出去的水的补偿重量。虽然结合腔的水能直接排入水箱内，但仍需考虑该部分的水的重量的损失或体积的转移。

9）沉放完成后，管顶的舾装件将被拆除。补偿舾装件被拆除部分的重量。

上述因素组成了 2 个工况，一是在沉放阶段，满足管节负浮力所需的重量 1）+2）+3）+4）+5）+7）；二是沉放后，为确保管节稳定性所需的重量 1）+3）+4）+6）+7）+8）+9）。通过具体的计算得到控制工况为后者，并得到压载水容量。

4.1.2　水箱结构及防水布

根据调研，博斯普鲁斯海峡沉管隧道的压载水箱采用了钢挡墙的结构（图 5）。该项目使用了后装的膨胀螺栓，钻螺栓孔时使用面层测厚仪避开了结构混凝土墙之中的钢筋。待管节沉放安装后，螺栓部位最终被压载路面混凝土和铁路两侧的站台的混凝土所覆盖，进而解决了在管节结构上打孔而可能导致的耐久性的问题。韩国釜山—巨济沉管隧道采用钢桁架加木板的结构。

图 5　土耳其博斯普鲁斯海峡沉管隧道压载水箱结构

考虑本项目的情况和特点，采用易于安装且较为经济的钢桁架加木板的结构，结构柱脚连接部位采用能保证防腐措施的预埋钢板加锚栓的方式（图 6）。水压力首先由木板承担，再由木板传递至钢立柱，钢立柱与横撑及斜撑共同支撑并将力较均匀地传递给柱脚。

图 6　港珠澳大桥沉管隧道管节内部行车通道的压载水箱结构

管节结构混凝土浇筑之前先预埋钢板和锚杆，浇筑后，一次舾装阶段将水箱的钢结构及木板运输至管内依次安装。

木板的内侧安装防水布。因为水箱尺寸大，单块防水布的重量大而无法人工搬运，所以在水箱结构安装封闭之前，用叉车将防水布运至水箱的内部存放。待水箱结构安装完成后，人工将防水布挂在水箱四壁的挂钩上。安装防水布时需特别注意对防水布进行保护，避免使用期间压载水泄漏。

4.2 水 管

4.2.1 几何布置

本工程水箱布置于两侧的行车道内，主水管布置于中间廊道，主水管的两端穿过端封门与外界接通。支水管的一端通过三通管连接着主水管，另一端穿过沉管管节的中墙接入水箱的内部。为保证对新安管节在中管廊能够进行贯通测量，主水管的位置偏向了一侧，见图 7（a）。

(a) 主水管　　　　　　　　(b) 支水管

图 7 港珠澳大桥沉管隧道压载水系统

4.2.2 管径

本项目的主送、排水管的管径决定因素如下。

1) 管径改变沉放期间压载水的作业时间。

管节沉放作业的计划时间越短，则可选择的沉放窗口越多，反之亦然，尤其对于外海施工的窗口时间较紧凑的沉管隧道，缩短作业时间，适当放宽作业窗口，对降低施工风险尤为重要。而压载水作业是沉放作业中占用一定量时间的一个环节，有时达 1 h 或更长时间。压载水进入管内的流速取决于管节所需的压载水方量、管径、水位差和水头损失等因素[2]，其中管径是可以人为选择的。而从另一方面看，管节系泊作业期间一般可同时进行压载水作业，因此在一定程度上压载水作业时间不影响管节安装的总时间。

2）管径越大，则水管、阀门和阀门驱动器（如果有）的尺寸和单位重量越大，增加运输和安装的难度。

3）管径越大，需要更大功率的阀门驱动器和压载水泵来开闭阀门和抽水，进而增加设备采购费用和供电费用。

4）管径越大，阀门关闭瞬间导致水管强烈震动的水锤效应（water hammer effect）就越明显。水锤效应较大时，其冲击作用可能引起管线的破裂，甚至损坏阀门和固定件。

对于支水管，其管径的选择主要考虑总流量的分配，与主水管管径相匹配，通常选择比主水管管径小的水管。

根据调研，韩国釜山—巨济沉管隧道采用了 400 mm 内径的主水管，可在两侧同时进水，支水管内径 200~250 mm；日本的沉管隧道多采用 200 mm 内径的主水管配以 150 mm 内径的支水管。

综合上述因素，本项目最终选用兼顾施工便利性、进水时间与经济性的内径 250 mm 的主水管，配以 200 mm 内径的支水管。

4.2.3 连接方式及分段长度

当管节数量较多时，考虑经济性需周转使用，即压载水管在已安管节内使用完毕后，拆卸至后续管节内使用。为此，对水管进行分段拼装的设计，水管的连接方式多为法兰式或卡箍式。两种连接方式各具优缺点：

法兰式可较好地抵抗阀门关闭瞬时的水锤效应，避免管节内部在沉放阶段出现接头部位的漏水。而卡箍式较容易安装，在一次舾装阶段安装时效率较高。根据调研，博斯普鲁斯海峡沉管隧道和日本已建沉管隧道使用法兰连接，而韩国釜山—巨济沉管隧道采用的是卡箍连接。

考虑本项目水深大、水锤效应明显的特点，使用了更为牢固的法兰连接。

支水管穿过沉管的混凝土墙进入水箱内，经研究采用了预埋法兰管的穿墙方法，如图 7（b）左上所示。其优势在于：

1）预埋的法兰管与混凝土牢固结合，可有效阻断阀门关闭时的水锤效应震动。

2）预埋的法兰管不突出结构混凝土表面，对混凝土浇筑的模板没有特殊要求。

3）除了穿墙部分法兰管将永久埋在墙体中，其他部位的水管可拆卸并周转使用。

此外，水箱内侧铺防水布时，法兰盘可将防水布夹住，确保接头部位的水密性。

4.2.4 其他

当往水箱内进水时，为了防止水流力作用于水箱底的反力对支水管的结构造成破坏，也为了保护防水布，本项目在支管的出水口下方制作了一个防护钢板构造［图 7（b）右下］，该钢板通过栓接与上方的支水管相连。

5　设 备 选 型

压载水系统的设备单价相比结构更加昂贵。根据沉管的不同施工方式，所需的设备种类也有差异。总体上可分为两种，即需要进行远程控制的"沉放安装船法"（placing pontoon/catamaran method）和沉放时需要人员进入管内操作的"人孔测量塔-浮箱法"（tower pontoon method）。

第一种方法所需的设备较多，包括安置在管节内部的压载水泵、阀门、阀门驱动器、监视摄像机、控制柜及沉放安装船上的发电机、数据处理设备、计算机和显示屏等。该方法的优势是沉放时不需人员进入管内，所有的操作皆可在沉放安装船上的指挥室完成，便于集中控制，突发事件时也能避免管内操作人员伤亡的风险。并且对于水深大，无法设置很高人孔的沉管隧道，也是不得不使用的方式。但由于需要用到较多的控制和监视设备，施工费用偏高。

对于第二种方法，由于人员可进入管内进行操作和查看，所需的设备相对少，必要的设备包括泵和阀门。如荷兰的第二座 COEN 沉管隧道，进水时只需人工操作打开阀门，而排水时则通过水箱上方设置的小型吊机将压载水泵置入水箱内抽水。

本项目由于中间段管节水深大，管顶水深最大可达 35 m，无法在管顶设置很长人孔，因而必须选用第一种。

5.1　压 载 水 泵

选择水泵需特别注意的问题如下。

1）可靠性：管节沉放作业是决定沉管隧道施工成败的重要环节之一。在沉放时，如果水泵失效，则意味着管节的负浮力无法被控制，产生的后果将不堪设想，尤其对于深水沉放的管节，发生故障时甚至无法将维修人员送入管内进行检查和维修，因而必须选用高质量、高可靠度的水泵。必要时，甚至需要在管内设置备用水泵。

2）扬程：取决于沉放现场的水位与管节水箱内水位的高差，以及被抽出的水通过压载水管时的水头损失，并考虑预留一定的富余量。控制工况通常为管节沉放至接近基槽底部时，为了重新将管节拉起来或为了减轻管节着床的负浮力，需要排出压载水箱内的水。然而由于该项目沉管管节段总长度超过 5 km，从两端洞口排水方式的便利性与效率显然不如直接从管节尾端海水侧排出的好。因而计划在第 n+2 个管节安装完成后，拆除第 n 个管节内的水箱时，从第 n+2 个管节的尾端（非 GINA 端）将第 n 个管节内的压载水排出（对于离洞口近的管节当然也可用其他方式排水，如用泵车运出）。因此，确定水泵扬程时还附加了压载水通过 2 个管节长度的主水管的水头损失。

3）流量：流量的大小决定了抽水时间的长短，因而需要核定是否满足施工计划时间要求。

4）尺寸：由于本项目管节数量多达 33 个，设备安装的可行性、便利性和周转使用的可能性均和尺寸有关。周转使用的次数决定了设备采购的数量，即方案的经济性。

5.2　阀　门

不同于沉放水深较浅的管节。管顶人孔能露出水面，人员可通过人孔进出管节。港珠澳大桥沉管隧道水深达到 45 m，在管节沉放期间，人员无法进入管内手动操作阀门。因此在主水管、分支水管和连接压载水泵的管路上分别设置了蝶阀，该蝶阀（包括压载水泵）可在安装船指挥室采用计算机进行远程遥控，实现阀门的开启和关闭，如图 8 所示。

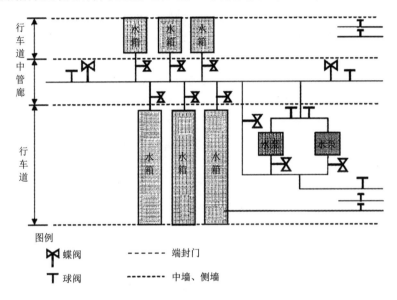

图 8　港珠澳大桥沉管隧道阀门布置示意图

5.3　阀门驱动器

除了选择高可靠性及合适重量和尺寸的产品，阀门驱动器选择时要特别注意一个关键点：驱动器在管节沉放期间供电或信号通信中断时能够自动将阀门关闭。

管节沉放期间，当电缆或通信缆由于某种原因断开，或发生无法对阀门驱动器供电或下指令时，如果阀门仍处于打开状态，则等同于沉管管节出现了一个漏洞，海水将一直灌入管节的内部。为避免风险，阀门驱动器的通信或供电被中断时必须能够关闭阀门。

根据调研，土耳其博斯普鲁斯海峡隧道的解决方案为选用内置弹簧的阀门驱动器，供电中断时，弹簧将自动复位关闭阀门；若通信异常，无法远程操控关闭阀门时，则人为中断驱动器的供电，也能及时将阀门关闭。类似的措施运用于本项目的主管道蝶阀驱动器上。

5.4 其他设施

（1）直尺、水位管、液位传感器和监视摄像机

为了掌握每个水箱实际的水量，在分支水管上安装透明管并标记水位刻度，以便于从中管廊进行读数，见图 7。

在沉放期间，人员无法进入管内，于是在水箱底部安装液位压力传感器，根据压力值换算水位高度，进而计算压载水的方量。考虑管节沉放时可能出现纵倾的姿态，因而将液位压力传感器安装在水箱的中间部位，测量水箱的平均储水高度。同时，在管内设置若干带云台的监视摄像机，读取水位刻度与液位传感器的数据并进行比对。摄像机也用于监视管内的漏水（包括水箱和水管等关键部位）和设备的运行情况。

（2）压力表和压力计

为了监视压载水泵的工作情况，在水泵的两侧可设置压力表。同样，为了检查水管在管节外侧是否由于回淤等原因被堵塞，或为了判断管节对接拉合阶段 GINA 止水带是否已完全封闭，在管节内部靠近端封门的水管上设置压力表。当需要在管外进行远程监控时，可使用压力计，通过信号线将数据传输至管外的指挥室。

（3）辅助设施

辅助设施包括管内临时照明、倾斜仪（采用远程操控时可将管节纵倾、横倾值集合至压载水的监视数据中）、控制柜、将管内的电缆与信号缆接至管外的水下密封接头等，较为常规。

6 关键问题

6.1 经济性——周转使用

本工程共有 33 个管节，如果每个管节都独立安装和使用 1 套压载水结构和设备，显然是极大的浪费，因而压载水系统的周转使用可有效节省工程费用。

水箱结构、水管（包括阀门）和压载水泵由于体积较大，需要在管节两端的端封门完全封闭前运至管内进行安装，即在一次舾装阶段进行安装，而拆除的前提是：当前管节首端（GINA 端）的端封门和相邻管节的尾端（非 GINA 端）的端封门已被拆除，具备空间供施工车辆进入该管节进行拆除、运输作业；同时还需满足当前管节已完成路面压重层或管顶回填施工，且管节在扣除压载水及压载水箱重量后仍具备足够的重量来确保管节的负浮力。

对于管节内安装的阀门驱动器、控制柜、倾斜仪、压力计、液位传感器和缆线等精密仪器和设备，因为体积较小，重量较轻，而费用相对昂贵，所以有条件时需考虑更多次的周转使用，即考虑在二次舾装阶段通过管顶的人孔运输至管内进行组装。管节沉放后，即可拆除并通过端封门上的人孔舱门运出。

采用以上周转方式并结合施工计划，可计算出需要加工或采购的压载水系统结构和设备的数量，其中需要考虑设备有损坏时的备用数量，以节约工程成本。

6.2 供电与通信

沉管管节起浮后，除顶面外四周被海水包围，因而管内通信与供电必须尽早考虑。对于本项目，一次舾装时缆线通过管顶的人孔接入管内；在二次舾装阶段，沉放安装船与管节连接后，由于浮运及后续工序的供电和控制都在安装船上，故缆线从管节尾端的临时钢端封门接入管内。

在沉放期间，由于洋流作用及沉放深度较大，缆线在水流力和自重作用下可能被拉断，或发生与管节沉放安装所使用的钢丝缆绞缠在一起，因此要对缆线进行加强处理，包括附加钢丝网，增强缆线的抗拉能力，或在缆线上悬挂浮体，降低缆线自重产生的拉力。

7 结 语

港珠澳大桥沉管隧道工程至 2013 年 8 月已安全沉放 3 节管节，上述压载水系统已经得到了实际应用，效果良好。今后随着工程的推进，该压载水系统将得到进一步完善。

参 考 文 献

[1] 刘晓东. 港珠澳大桥总体设计与技术挑战[C]//第十五届中国海洋（岸）工程学术讨论会论文集. 北京：中交公路规划设计院有限公司，2011.

[2] 圃田惠一郎. 沈埋函トンネル技術マニュアル[M]. 改訂版. 東京：財団法人沿岸開発技術研究センター，2002.

沉管管节钢木结构压载水箱安装工艺及特点*

陈　聪，李元庆

（中交四航局第二工程有限公司，广州）

摘　要：在沉管浮运安装施工中，作为临时结构的压载水箱显得尤为重要，其结构设计、安装效率直接影响沉管舾装的进度及成本。本文结合港珠澳大桥沉管隧道管节预制一次舾装，详细介绍了钢木结构压载水箱的施工工艺及优点，可为同类工程借鉴。

关键词：港珠澳大桥；沉管隧道；钢木结构；压载水箱

1　工　程　概　况

港珠澳大桥沉管隧道穿越珠江口广州、深圳西部港区的出海主航道，共有 33 个管节，自西向东依次编号为 E1～E33，沉管管节安装顺序为：先由西人工岛暗埋段至 E29 管节，长度约 5.1 km；再由东人工岛暗埋段至 E30 管节，长度约 0.6 km。

每个管节宽度 37.95 m，高度 11.40 m，标准管节长 180 m，由 8 个 22.5 m 的小节段组成，每个标准管节重约 8 万 t。压载水箱是港珠澳大桥沉管隧道重要的舾装结构，每个标准管节共有 6 个水箱，用于调节沉管在坞内横移、出运及沉放安装过程中的负浮力及姿态（图 1）。

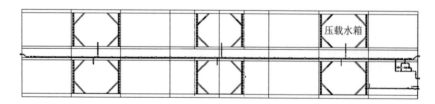

图 1　沉管压载水箱布置示意图

该工程压载水箱为钢木结构，由两道挡墙、沉管侧墙及中墙围成，平面尺寸为 14.55 m×20 m。挡墙由钢立柱、横梁、拉杆及木枋组合而成，木枋墙高 5 m，宽 14.55 m，采用 TB13 及 TC13 以上等级木材，水箱内侧铺设整体式 PVC 防水布作为防水层（图 2）[1]。

---

* 本文曾刊登于《中国港湾建设》2015 年第 11 期。

图2　压载水箱

2　安　装　工　艺

安装主要工艺流程：安装准备→钢立柱安装→上横梁安装→斜拉杆安装→挡墙木枋安装→墙体预埋孔洞及阳角处理→安装PVC防水布[2]。

2.1　安　装　准　备

1）水箱预埋件清理，预埋精度、数量检查。将立柱、横梁、斜拉杆预埋件表面及螺栓孔内杂物清理干净，确保钢构件安装之后能够与预埋件表面贴紧无间隙，使钢结构之间荷载传递均匀。另外，要检查预埋件精度、数量，如果不能满足使用要求，及时联系设计部门，制定整改方案。

2）水箱材料转运。在厂房预制、舾装要形成流水作业，水箱材料要及时转入管内，避免影响封门及其他工序施工作业。由于受场地影响，只能利用叉车等小型设备进行管内转运，并制作必要的平台工装等。

2.2　钢立柱安装

1）在准备安装的立柱预埋件旁边搭设临时操作平台。

2）采用加高叉车配合吊架将钢立柱按顺序吊装到位。

3）用连接螺栓（M30×75）将立柱与预埋件进行固定，用电动扳手将螺栓打紧，每个螺栓的预紧力为280 kN，然后利用临时操作平台卸扣，按同样方法将两个挡墙立柱安装到位，但每个挡墙预留1根立柱不安装，作为临时通道，方便后续作业。

2.3　上横梁安装

1）上横梁分两段安装，利用加高叉车提升到立柱正上方临近钢立柱顶部 10 cm 处，利用操作平台进行人工辅助安装，用连接螺栓（M30×75）将横梁与预埋件进行固定，用电动扳手将螺栓进行预紧，预紧力为 280 kN。

2）两段横梁安装好后，中间连接处用厚 10 mm 的连接钢板和 M20×60 螺栓连接成整体，用电动扳手预紧，预紧力为 125 kN。

2.4　斜拉杆安装

1）斜拉杆分 4 段安装，第一次安装前需先在地面用厚 10 mm 的连接钢板及 M20×60 的螺栓将第 1 段、第 2 段连接成整体，螺栓用电动扳手预紧，预紧力为 125 kN。

2）利用叉车及专用吊具将第 4 段提升到与墙体上预埋件齐平的位置，人工辅助安装，使构件方向正确且贴紧预埋件表面，用螺栓（M30×75）进行连接，使用电动扳手预紧，预紧力为 280 kN。

3）利用叉车将第 1 段、第 2 段整体提升到上横梁与斜拉杆安装位置附近，搭设临时操作平台进行人工辅助调整，调整到位后用 M20×70 螺栓进行连接固定，螺栓施加 125 kN 的预紧力。

4）第 3 段为调节段，测量第 2 段与第 4 段之间的距离，切割长度合适的槽钢填充间距，槽钢与斜拉杆之间采用全熔透焊接成整体，斜拉杆安装完成。

2.5　挡墙木枋安装

1）水箱挡墙木枋原材料采用 TB13 及 TC13 以上等级的木材，在工厂加工成标准件，尺寸为长 2.35 m、高 0.20 m、厚 0.90 m，另外非标准件根据现场实测尺寸进行加工，挡墙木枋划分为 25 层，高 5 m。

2）挡墙木枋安装遵循从下往上，从左到右的顺序，嵌入 T 形钢槽口内，可搭设临时操作平台，或用叉车辅助安装（预留通道木枋后装）。

3）挡墙两侧和倒角处木枋需按实际尺寸现量现裁现装，两侧木枋安装就位后，用水泥钉将木枋与墙体固定，防止木枋晃动，结构不稳定。

2.6　墙体预埋孔洞及阳角处理

1）管节侧墙内壁预留了消防洞室和逃生临时安全门，如果在压载水箱范围内，需要进行临时填充。

2）消防洞室用泡沫板填充至表面与墙体表面齐平，边缘粘贴无纺布保护防水布。

3）逃生临时安全门用临时封门钢板盖住洞口，背面用 20 号槽钢作反力梁，M20 拉杆预紧封门门体，边缘同样用无纺布覆盖保护防水布。

4）管节墙体阳角要处理，先铺设三角木条，再粘贴无纺布以保护防水布。

2.7 安装 PVC 防水布

1）安装防水布挂钩，挂钩沿压载水箱顶面四周分布，按图纸要求两侧墙体布置间距为 1.5 m，挡墙布置间距为 1.0 mm，高度为 5.033 m。

2）在水箱 PVC 防水布转入水箱区域后，封闭预留的临时通道，并安装下横梁。

3）对水箱区域内进行全面清理，清除杂物、灰尘，并确保防水布铺设范围内无尖锐棱角。

4）将防水布移至水箱内部的正中心，按顺序对称展开，使用梯子从防水布的中心线开始往两侧将防水布均匀挂上侧墙挂钩，再进行防水布位置调整，将富余的防水布贴紧墙体，使水箱注水时防水布不会由于受力不均匀而破损。

5）安装水箱给排水支管，准确在防水布上定位，避免在防水布上二次开孔。

6）压载水箱试水试验，检查是否存在渗漏，以便及时修补。

3 钢木结构水箱特点

3.1 布局合理

1）每个标准节段有 6 个水箱，均匀布置在两个行车道上，可以通过调节 6 个水箱水位，有效调节管节在水中的姿态，保持管节稳定。

2）每个压载水箱只安装了两个立面挡墙，另外两个立面有效利用管节混凝土墙体结构，分别支撑在侧墙和中墙上，最大程度节省材料，并保持水箱结构稳定。压载水箱结构示意图如图 3 所示。

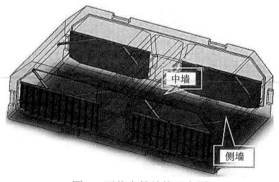

图 3 压载水箱结构示意图

3.2　结构简单

1）钢木结构压载水箱材料种类不多，并且每件重量较小，方便管内运输及安装。

2）水箱钢结构节点大部分采用螺栓连接，极少情况下采用焊接，方便安装、拆卸，操作简单方便。

3）水箱木枋直接嵌入到钢立柱上，操作简单，有效保护了木枋，同时，也能减少钢结构的使用量，降低了成本，并且减少了安装难度。

4）水箱防水布采用简单的挂钩方式直接挂在挡墙顶部，操作简单，有效防漏。

5）上下横梁、斜拉杆等钢构件，采用分段方式安装，操作简单，并且保证安装精度。

3.3　节能环保

钢木结构压载水箱基本采用螺栓连接、拼接等方式，有效减少安装、拆卸时管节内部的动火作业，尤其对于后期沉管沉放安装后，管内作业环境恶劣，通风效果较差，可有效减少管内空气污染及光污染，提高管内作业人员的舒适度，降低气体中毒的风险[3]。钢木结构压载水箱结构简单，采取有效措施可提高各种材料重复使用率，减少浪费，节能环保。

3.4　对预埋件精度要求高

由于压载水箱主体结构采用钢结构拼装，并且采用螺栓连接，所以对于水箱预埋件的精度要求非常高（＜5 mm）[4]，否则螺栓孔位将无法匹配。在沉管预制过程中，应特别重视预埋件安装精度控制，以便为下道工序的顺利实施提供条件，达到沉管压载水箱高效舾装的目的。

3.5　成本、工期优势

1）钢木结构水箱较钢结构水箱节约材料成本，并且安装简便，所需技术工种较少，人工成本降低，经过计算比对，单个钢木结构水箱较钢结构水箱节省成本约 16.7%。在预制管节较多时，钢木结构水箱可以重复利用，成本优势更加凸显。

2）钢木结构水箱在安装中较钢结构水箱灵活，可随意留出通道供管内作业人员通行，又不影响水箱的正常施工，可错开管内交叉作业，流水施工，有效提高安装效率，比较发现，钢木结构水箱安装工期可缩短约 25%。

4 结　语

港珠澳大桥沉管预制中所采用的钢木结构压载水箱，从设计到实施过程中均通过多次讨论，达到结构设计最优化，从成本、工期角度出发，均有较大的优势，值得后续同类工程借鉴。

参 考 文 献

[1]　中交公路规划设计院有限公司. 港珠澳大桥主体工程岛隧工程施工图设计：管节结构施工图[Z]. 北京：中交公路规划设计院有限公司，2012.

[2]　中交股份联合体港珠澳大桥岛隧工程第Ⅲ工区一分区项目经理部. 港珠澳大桥沉管预制施工组织设计[Z]. 珠海：中交股份联合体港珠澳大桥岛隧工程第Ⅲ工区一分区项目经理部，2012.

[3]　王宇，赵立新. 港珠澳大桥沉管隧道安全管理[J]. 中国港湾建设，2015，(7)：134-136.

[4]　港珠澳大桥管理局. 港珠澳大桥施工及质量验收标准[S]. 珠海：港珠澳大桥管理局，2013.

关于沉管隧道管节干舷计算及允许值的研究*

林　巍，李　塔，吕勇刚

（中交公路规划设计院有限公司，北京）

摘　要: 隧道管节干舷高度的计算与允许值选择是沉管隧道设计与施工的关键技术之一。本文结合国内外成功的工程经验进行分析与论述，提出干舷计算方法及允许值选择的建议，可为类似工程的设计和施工提供参考。

关键词: 沉管隧道；管节；干舷计算；允许值

0 引　言

不同于一般隧道的建造要求，沉管隧道的设计与施工除了必须满足结构空间、受力要求以外，还应同时考虑隧道管节在水中拖运、安装时的干舷高度等因素。干舷高度的计算与其允许值的选用将直接影响管内临时压载水箱规模、永久路面层厚度及管节拖运航道的挖方量，同时也是沉管隧道的外形尺寸的控制性因素。

从设计方面考虑，干舷的影响有两种可能的情况：①当采用重量较轻的管节时，即结构壁厚较薄，内部净空面积较大，管节的干舷（不计配重重量）的计算结果高于允许值。该情况下，干舷的高低将决定克服干舷高度需要的额外抗浮力的大小，该部分抗浮力正是由路面层的压载混凝土提供，也即干舷的高度决定了路面层的厚度，路面层的设计厚度又进而可能影响隧道结构的总高度。②采用重量较重的管节时，管节在预制完成后，干坞灌水时无法自浮，或者干舷低于允许值，该情况下，为增加结构的浮力，需额外加高或加宽管节断面，增大管节内部的净空面积，甚至采用助浮措施。上述为不同情况的干舷高度对结构尺寸的影响，而结构尺寸的变化必然影响沉管预制场地、管节基槽及航道的工程规模。

从施工方面考虑，如果选用较小的干舷进行浮运作业，管节浮力过小没入水中，以及管底碰撞海床面的风险就较大，因而要求更严格与精细的船舶操作指挥与管理，以及严格的拖运速度控制；如果干舷较大，管节拖运时的稳定性将较低，沉放压载的作业时间也会延长，特别对于水文气候敏感的海上施工，干舷过大将不利于窗口作业条件与

---

* 本文曾刊登于《中国港湾建设》2012 年第 4 期。

时机的选择，导致更高的施工设备能力要求。

由此可见，准确、合理地分析计算干舷高度，选择适当的干舷允许值，可起到优化设计方案，降低施工风险，节约工程造价的作用。本文首先讨论矩形混凝土沉管隧道的干舷计算原则方法和关键参数的选用，再进一步论述干舷允许值的控制因素和其理论计算方法，并结合国内外典型工程案例，分析不同水文条件下的管节干舷允许值。

1 干舷计算及参数

1.1 计算原则与方法

计算沉管隧道干舷的目的不仅是得到管节漂浮状况下露出水面的高度的预测值，更重要的是预测可能出现的干舷极大值、极小值，并研究增加不同配重条件下的干舷高度的变化情况，以用于分析隧道结构尺寸的合理性，指导压载水箱、管顶配重层和路面压重层的设计。干舷的计算方法简述如下：

首先计算浮运一个沉管管节时的管节总重量：

$$W_{管节}=\rho_{混凝土}\times V_{混凝土}+W_{附加}$$

式中，W——重量；

ρ——容重；

V——体积。

因为实际施工中必然存在材料重量的容差和尺寸误差，且同一座隧道不同管节的钢筋含量一般也不完全相同，所以需要采用上式分别计算所有可能出现的管节重量，再根据重量计算管节的排水体积。

$$V_{排水}=\frac{W_{管节}}{\rho_{垂线平均水}}$$

得到排水体积后，即可根据几何关系列出以管节干舷 f 为未知数的方程 $V_{管节排水}=V(f)$ 并求解 f。

由于管节端头部位的形状较复杂，如图 1 所示，如需简化计算，可忽略管节端部 GINA 止水带的自重与排水（经分析，一般沉管隧道的一圈 GINA 止水带的自重和排水的差值不超过 5 t，影响干舷值仅在 1 mm 的数量级），如果端封门外侧突出的混凝土、端钢壳及两侧施工预埋件突出部位的排水体积之和相比总的排水体积只占很小一部分比例，可进一步将计算简化为一个平面几何问题：

$$\frac{V_{排水}}{L_{纵向}}=A(f)_{管节浸没}$$

式中，L——长度；

　　　A——面积。

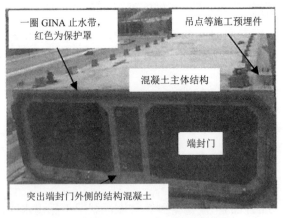

图 1　韩国釜山—巨济沉管隧道图片

1.2　关键参数的选用

干舷计算的主要参数包含管节形状、结构混凝土容重、水密度及施工期间管节承受的额外重量。其中混凝土容重、水密度变化及管节预制后的形状偏差是引起管节干舷高度波动与不确定性的主要因素。合理分析与选取这些计算参数就能较准确地预测可能出现的干舷高度范围，降低管节浮运、安放的风险与施工难度，也避免由于过于保守地估计干舷高度而额外增加工程投资。

1.2.1　混凝土容重及容差

混凝土容重取决于素混凝土容重、钢筋含量等因素。素混凝土容重受原材料密度、胶材用量及用水量、砂率、含气量、养护龄期及养护条件、施工控制水平这些因素的影响。目前，管节浇筑时都要求混凝土集中搅拌，由于原材料计量存在误差，一般骨料的累积误差为±2%，胶凝材料、水和外加剂的累积误差为±1%，不同盘数的混凝土材料组成存在波动，从而导致其容重在一个范围内波动。此外，不同场地来源的沙石料密度相差较大，也会对容重产生较大波动。因此计算干舷高度时应考虑一定的材料容差，广州市仑头—生物岛沉管隧道沉管段主体结构混凝土容重 2.36 tf/m³，偏差−0.01～+0.01 tf/m³；广州洲头咀隧道混凝土容重 2.3 tf/m³（偏差±1.5%）；日本东京湾临海公路沉管隧道混凝土的比重试验结果取 2.355～2.375 tf/m³。当承包商尚未提供混凝土容重的控制标准时，计算干舷时可初步假设材料容重偏差±1.5%。工程经验表明，对于沉管隧道，尤其是不设外包防水的隧道，结构自防水水密性要求高，施工振捣等过程的控制较严格，所以容重一般偏大。

钢筋含量取决于结构设计，通常埋深大、受力大的管节的含筋量大于埋深浅的管节。

日本东京湾临海公路沉管隧道根据管节不同受力情况和不同长度设计了 4 种不同钢筋含量的管节,最小 164 kg/m³,最大 203 kg/m³;韩国釜山—巨济沉管隧道的钢筋含量 130～185 kg/m³,岛头部位的管节由于考虑船舶撞击风险,增加了钢筋密度。

1.2.2 水密度

对于干舷计算,通常关注管节漂浮期间的水面以下管节吃水深度范围内的垂向平均水密度。如有可能,可分析多年测量的数据,宜采用拖运路线上 10 年重现期的水密度极值及系泊区 50 年重现期的水密度极值作为计算参数。

在内河里,淡水密度变化较小,一般随着水温及含沙量变动略有波动,大致为 0.999～1.001 t/m³;在海中,因为海水密度受到温度、含盐量及悬移质密度变化的影响,在相邻不同水域及不同时刻含盐量都可能出现较大差别,所以海水密度的变化范围相比内河会大很多。如广州沿海地区海水密度范围大致为 0.999～1.028 t/m³,管节浮运时干舷高度将随海水密度变化约 30 cm,管节在海水中浮运,这种在海中遇到淡水,干舷高度下降 30 cm 的现象也被称作"淡水作用"。

1.2.3 管节制作误差

管节制作误差取决于模板制作的精度和刚度及混凝土浇筑质量。一般地,管节顶板、底板外侧的制作精度由浇筑质量控制;其他部位的制作精度主要取决于模板的制作精度及刚度。图 2 是某沉管隧道浇筑阶段模板位移的分析结果。

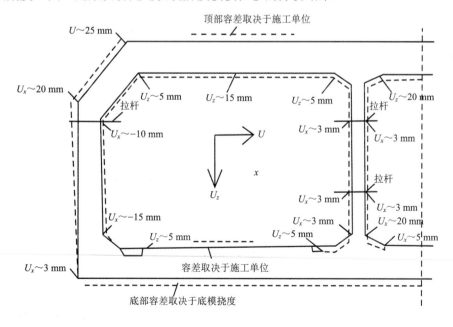

图 2　隧道管节制作误差示意图（断面尺寸 38 m×11.5 m）

注：U_x 为水平向容差；U_z 为竖直向容差；U 为法向容差

厄勒海峡沉管隧道采用工厂法全断面浇筑,断面尺寸 38.8 m×8.6 m,表面误差控制在±5 mm;韩国釜山—巨济沉管隧道采用传统干坞全断面浇筑,断面尺寸26.46 m×9.97 m,顶板、墙两侧的表面误差控制在±5 mm,隧道底板外侧不设模板,直接在地上浇筑,误差控制在±10 mm 之内,并且要求断面面积变化率不超过 1%;东京湾临海公路沉管隧道评估了±10 mm 变化对干舷高度的影响。表 1 列出了几座沉管隧道,仑头—生物岛沉管隧道、洲头咀隧道及上海外环隧道的施工几何尺寸允许误差要求。

表 1 国内几座沉管隧道的施工误差要求

隧道名称		仑头—生物岛沉管隧道	洲头咀隧道	上海外环隧道
断面尺寸:宽×高/(m×m)		23×8.7	(31.4～39.36)×9.68	43×9.55
施工误差要求/mm	内孔净宽	0～+10	0～+10	0～+5
	内孔净高	0～+5	0～+10	0～+10
	外墙、内墙厚度	0～−10	0～−10	0～−10
	顶板、底板厚度	0～−5	0～−10	0～5
	管节宽度	+5～−10	+5～−20	+10～−10
	管节高度	+5～−10	+5～−20	+5～−5
	管节长度	+30～−30	+30～−30	+30～−30

如果尚不明确管节浇筑与模板承包商的能力与信息,建议假设±10 mm 的制作误差,考虑最不利的情况:

$$重量变化率=\pm\frac{L_d \times 0.01 \times \dfrac{\rho_{素混凝土}-\rho_水}{\rho_{素混凝土}}+\sum_{i=1}^{j}L_i \times 0.01}{A_d}\times 100\%$$

式中,L_d——断面外轮廓周长,m;

L_i——断面上第 i 个孔洞的内侧周长,m;

A_d——断面面积,m²。

1.2.4 附加重量

测量塔、端封门、端钢壳、机电通风系统、管顶舾装件、压载水箱、压载管线系统的重量等都是浮运、系泊阶段及沉放前应计入的附加重量,均摊在管节上每延米重3～8 t。

2 干舷允许值

合理地预测管节干舷后,另一个关键问题是如何选择合理的干舷允许值,以用来分析计算结果,评判隧道管节结构设计的合理性。

2.1 干舷允许值的影响因素

干舷高度应控制在合适的范围以内,不能太高或太低,建议考虑以下因素折中确定。

1)不能太高的制约因素:缩短沉放作业的压载时间;确保沉放驳可套入管节,参见图 3;满足管节漂浮状态的稳定性。

2)不能太低的原因:有能力在受波浪影响的管顶区域工作;管节拖运时产生的下沉(尾墩)现象;可能增加拖运航道开挖工程量。

图 3   厄勒海峡沉管隧道的沉放驳安装(左)与管节拖运(右)

2.2 影响因素的讨论与分析

压载作业的时间及沉放驳(如果采用骑吊法安装)安装所需的干舷高度取决于沉放设备的自身条件与压载管线系统的给水能力。

管节在水中的稳定性问题主要为横向倾覆问题。在波流作用下,管节横向倾斜角度通常不能超过 10°,可采用下式评估[1]:

$$\overline{MG} = \frac{J - \sum J_w}{V} - \overline{GF}$$

式中,$\overline{MG}$——定倾高度,稳定状态时应不小于 30 cm;

   J——管节沿水位线包围的平面绕其中线轴的惯性矩,m^4;

   $\sum J_w$——管节各部分压载水的液面分别绕各自中线轴的惯性矩之和,m^4;

   V——管节排水体积,m^3;

   $\overline{GF}$——管节浮心与管节重心之间的距离,m,管节中心位于管节浮心之上为正。

下沉(尾墩)现象是指管节在水中运动时,管底水流流速加快引起水压力减小(伯努利力,Bernoulli forces),相对静止于水中情况的额外的下沉的现象。这将进一步减小管节底部和基槽(海床)底的净空,增大管节碰撞浮运航道底部的风险。下沉的距离主要受拖航速度及管节断面占航道断面的比例的影响。该值较难准确计算,对不同的浮运条件可借鉴表 2 中的经验公式进行估算[2]。

表 2　管节拖运时下沉值计算

	航道 $$Z = 0.018\,88\frac{B}{L}\frac{T}{h}v^2$$
	运河 $$Z_L = h\left[\frac{F_L^2}{2}(F_L^{1/3} - 1)\right]$$
	开挖航道 $$Z_r = \left(\frac{h_1 + h_2}{2h}\right)Z + \left(1 - \frac{h_1 + h_2}{2h}\right)Z_L$$

$$F_L = \frac{v}{\sqrt{gh}} \approx \left\{8\cos^3\left[\frac{\pi}{3} + 1/3\times\cos^{-1}\left(1 - \frac{A_S}{A_C}\right)\right]\right\}^{1/2}$$

式中，F_L——弗劳德数；

　　　T——管节吃水深度，即管节高度减去干舷高度，m；

　　　B——管节宽度，m；

　　　L——管节长度，m；

　　　v——拖航速度，km/h；

　h_1，h_2——航道两侧区域水深，m；

　　　h——航道水深，m；

　　　A_S——管节水下部分断面面积，m²；

　　　A_C——航道断面面积，m²。

从公式得出，浮运时干舷高度越小，管节可能下沉得更多，管节的底部碰撞航道的风险就会增加。为减少下沉量，需控制管节拖运的速度，这必然将延长管节安装作业的总时间。安装时间越长，气象窗口的选择时机将越少，或需要制造更强的沉放设备与更粗的缆索以用于匹配现场的水文、气象条件，即增大施工设备制造与使用的投入。

管节浮运航道开挖深度考虑的因素见图 4。其中的淡水作用、下沉深度已在上面讨论；安全预留距离、备淤深度、开挖容差这些因素不受干舷的影响，在此不深入讨论，可参考国家有关标准中船舶的航道设计水深进行分析；在所有的因素之中，波浪富余水深占据较大部分的比例且与干舷高度直接相关。这部分往往难以通过理论计算得出，因为波浪作用下的管节竖向运动由一系列影响组合决定：波高、周期、波长、传播速度、波向、管节尺寸、管节转动固有周期、管节吃水深度（等于总高度减干舷高度）、管节底部净水深、拖航速度、航道及侧岸水深、风速风向、流速流向及拖航方式。国内相关规范及 PIANC 提出一些计算波浪富余水深的方法，但若要较准确地预测该值，建议通过管节拖运物理模型实验，结合前几节管浮运的实测数据获得。

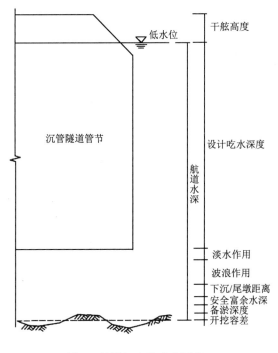

图 4 航道深度的决定因素

综上分析，施工设备及波流条件、水密度波动等水文因素对干舷允许值的选择有较大的影响。

2.3 干舷允许值的建议

对于仅在内河中浮运的管节，因为波浪影响较小或几乎没有，管节的竖向摆动较小，水密度恒定，而且可考虑顺流浮运以减小管节的下沉，所以干舷允许值范围可以选得较小，通常在 5～15 cm。广州市仑头—生物岛沉管隧道工程区域的平均波高的变化范围为 0.02～0.10 m，有效波高 0.03～0.18 m，最大波高 0.07～0.66 m，周期 1～5 s，最大流速 0.51～0.83 m/s，舾装完成后管节干舷允许值控制在 5～10 cm，并指出在有可靠安全保证措施的情况下，可适当调整干舷允许值下限；与此临近的广州洲头咀隧道场地的涨落潮最大流速 0.87～0.89 m/s，干舷允许值要求同仑头—生物岛沉管隧道。上海外环隧道施工时要求波高小于 0.5 m，流速 0.6～0.8 m/s，管节干舷允许值 10～15 cm[3]。

对于需要在外海环境下浮运的管节，如果水文情况相对恶劣，水密度差异大、波浪海流较急剧等，干舷可能需要控制在较高的值，一般需满足管节在淡水中拖运干舷不小于 10～15 cm，在海水约 30 cm 的高度[4]。

3　结　语

　　在计算或选定沉管隧道的管节干舷高度时，宜在综合考虑设计限制条件、施工方法及现场环境等各方面因素后，选取合适的参数进行分析。分析和决策时可借鉴上述的类似项目经验和方法。对于重大的工程项目，建议开展物模试验对关键参数进行系统的分析研究，以达到优化设计方案，指导施工作业的效果。

参 考 文 献

[1]　上海市建设和交通委员会. 道路隧道设计规范：DG/TJ 08—2033—2008[S]. 北京：人民交通出版社，2008.

[2]　Housley J G. Coastal Engineering Manual[M]. Washington D C：U.S. Army Corps of Engineers，2002.

[3]　邢永辉，陈海军. 浅谈沉管隧道起浮与抗浮设计[J]. 现代隧道技术，2008，45(3)：36-39.

[4]　Øresundsbro Konsortiet. The Tunnel[M]. Denmark：The Øresund Publication，2011.

沉管干舷调整施工技术

唐　宋，唐　旭，刘　然，冯　伟

（中交二航局第二工程有限公司，重庆）

摘　要： 沉管隧道建设中，管节的起浮与抗浮是设计中的关键技术之一，既要满足浮运期间的干舷要求，同时也要满足沉放及运营期间的抗浮要求。根据国内外的经验，对于钢筋混凝土矩形断面来说，干舷值可在 10～25 cm 内，港珠澳大桥沉管隧道采用驳船拖运法，管节干舷取值为 10 cm。干舷高度直接影响到沉管浮运和营运安全，对沉管干舷高度调整显得尤为重要，本文介绍了港珠澳大桥预制沉管浮运沉放前干舷调整施工工艺。

关键词： 沉管隧道　管节浮运　干舷调整

1　概　　述

1.1　工　程　概　况

沉管预制管节各由 8 个节段组成，长 180 m。管节采用两孔一管廊截面形式，宽 3795 cm，高 1140 cm，底板和顶板厚 150 cm，侧墙厚 150 cm，中隔墙厚 80 cm，管节横断面见图 1。混凝土 28 d 强度等级为 C45，56 d 强度等级为 C50，抗渗等级 P12。

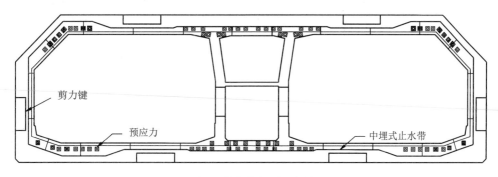

图 1　管节横断面示意图

1.2 施 工 背 景

港珠澳大桥沉管预制采用工厂法流水线施工，与传统的干坞法预制沉管不同，各个工序进行了细分，按照施工步骤可分为钢筋绑扎、钢筋笼顶推、模板安装、混凝土浇筑、管节整体顶推、一次舾装、管节横移、二次舾装、管节浮运等。其中管节浮运是整个沉管预制的关键技术之一，浮运安全系数与管节干舷高度有着直接的关系，干舷值越低，浮运中的风险越小，但并不能片面地认为干舷高度越小越好。在干舷高度设计上，不但要考虑浮运安全系数，还必须考虑管节起浮时管节的自浮能力，沉管管节在坞区内舾装完成后，自重可达 8 万 t 左右，它能否顺利起浮，必须认真对待。混凝土容重、钢筋配筋率、坞内水的容重等对干舷值都有影响，根据国内外经验，一般钢筋混凝土矩形断面沉管，干舷高度控制在 10～25 cm 内。但在设计起浮时，往往担心管节自浮能力不足，而有意放大干舷值。在港珠澳大桥沉管预制施工中，设计干舷值为 10 cm，但在管节起浮后，管节实测干舷值平均为 50 cm 左右。管节预制时，由于模板安装偏差、预留洞室及预埋件安装的数量与位置不同、混凝土振捣密实程度与混凝土坍落度等不尽相同，造成管节重量在横向和纵向上都有偏差，管节起浮后，四个角点干舷值不相同。为满足浮运干舷要求，须在浮运前将管节四个角点干舷值调整为 10 cm。干舷值调整方法有很多种，本工程采用在管顶现浇压载混凝土的方法进行干舷值调整，管节从浅坞区起浮横移至深坞后，在管顶浇筑压载混凝土。

坞区由三个部分组成（图 2），浅坞区、深坞区和寄放区，深坞区与浅坞区并排布置，寄放区与深坞区结合在一起，通过坞区内排灌水完成管节起浮横移与浮运出坞。管节预制为流水线作业，钢筋区分为底板、侧墙、顶板加工与绑扎区，钢筋笼绑扎完成顶推至模板区。模板采用自动液压系统，通过液压千斤顶控制底模、侧模的安装。在模板区通过泵送混凝土浇筑，每个小节段浇筑方量约 3400 m³，浇筑时间约 30 h，管节总共由 8 个节段组成，在模板区次第匹配浇筑。8 个节段浇筑完成后进行管节整体顶推至浅坞区，浅坞区内进行预应力张拉压浆、止水带安装、水密性试验等一次舾装。一次舾装完成后，关闭浅坞门与深坞门，坞区内灌水，管节起浮横移至寄放区，排水后打开坞门。寄放区进行管顶压载混凝土浇筑，对沉管干舷值调整到设计值 10 cm，后横移至深坞区二次舾装与出坞浮运至指定地点。

管节横移至寄放区后，起浮在坞区中部，四周全部由水环绕，将混凝土泵送至管顶，必须考虑泵送地点选择与泵管安装方法。经过综合对比，将拖式混凝土泵（以下简称拖泵）安装在浅坞区与寄放区中间道路，坞区内搭设浮桥，泵管放置在浮桥上通过浮桥跨过水域，泵送混凝土至管节顶板。考虑管节在压载混凝土浇筑过程中的水平姿态，最终选择在相对管节两端分别安装一台拖泵，各自搭设一个浮桥，共两台拖泵同时进行浇筑（图 3）。

图 2　厂区平面布置

图 3　浇筑区域布置

2　干舷调整施工工艺

2.1　高　度　计　算

管节起浮横移至寄放区后，实测四个角点干舷值，在量取起浮后的初始干舷值时需注意水箱内的水位必须在设计范围内。根据阿基米德原理，物体处于漂浮状态，排开水的重量等于物体所受的浮力，当管节处于平衡状态时，所受的浮力等于管节的重力。根据这一原理，将管节压载混凝土浇筑前后分为两个状态计算。在初始状态时（图4），实测四个角点干舷值 a、b、c、d，计算出浮出水面的初始体积 $V_{初}$。设计压载混凝土浇筑完成后，管节四个角点干舷值均为 10 cm，计算出浮出水面的最终体积 $V_{终}$。再根据以下计算方程式计算出压载混凝土浇筑的平均高度 $H_{平}$。

$$H_{平} = \frac{(V_{初} - V_{终}) \times \rho}{rh \times s}$$

式中，$H_平$——混凝土浇筑平均高度；

$\quad\quad V_初$——初始状态管节浮出水面的体积；

$\quad\quad V_初$——最终状态管节浮出水面的体积；

$\quad\quad \rho$——海水密度；

$\quad\quad rh$——混凝土容重；

$\quad\quad s$——混凝土浇筑区域面积。

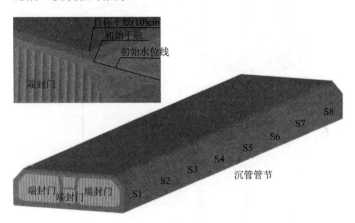

图 4　干舷计算示意图

2.2　模 板 施 工

模板系统主要是由砖块砌筑而成，根据设计的压载混凝土浇筑范围（图 5），用全站仪进行定位放样，对每一个角点进行放样，根据放样出的角点依次连接成线，在管顶上标记出压载混凝土的浇筑范围，用砖砌围墙作为压载混凝土的模板。砖围墙砌筑完成后，需要对整个模板进行验收，主要检查边界位置和预埋件预留位置是否合格。压载混凝土浇筑面积约 4800 m²，面积非常大，而且为保证浇筑后管节干舷高度在 10 cm，对各个部位的浇筑高度精度要求高。根据计算出的浇筑高度，对各个部位标高点的标记就非常重要，在砖砌墙模板上用双面胶带标记，其他中间部位，用粘贴钢筋头的方法做好标高点，这样模板安装与标高点放样就全部完成。

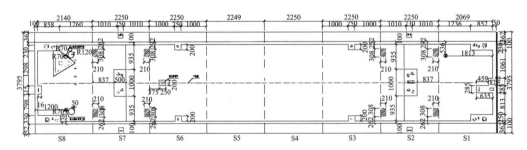

图 5　管顶压载混凝土浇筑区域

2.3　混凝土浇筑工艺

压载混凝土强度等级为 C30，由厂区搅拌站生产，罐车运输至现场，托泵布置于浅坞区与寄存区中间道路，混凝土由拖泵泵送至浇筑点进行浇筑。混凝土浇筑采用先调平后均匀、先中间后两边的原则对称浇筑。在浇筑过程中必须严格控制管节平衡，具体浇筑顺序（图 6）为：先浇筑中间的区域，基本消除管节横向干舷差；再浇筑两端头区域，消除管节纵向干舷差，最终确保管节干舷值为 10 cm。混凝土浇筑期间需要注意的是，中间部位浇筑完成后，立即再次对管节四个角点进行测量，对比中间浇筑完成后的设计干舷值。看管节横向干舷差是否已经调整完成，如仍然有横向干舷差，则在后续浇筑中需要进行混凝土浇筑高度调整，以保证横向干舷差完全消除。在两端头压载混凝土浇筑过程中，严格控制好管节水平姿态，两端对称浇筑。最后一部分混凝土浇筑时，每间隔一段时间对管节干舷值反复测量，做好纠偏工作，保证在压载混凝土浇筑完成后四个角点干舷值为 10 cm。

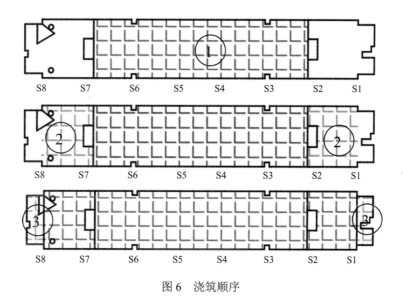

图 6　浇筑顺序

3　结　　语

港珠澳大桥施工技术难度大，工期紧迫，施工工艺复杂。本文立足于港珠澳大桥建设，介绍了沉管预制中的干舷调整方法。在经过多数管节的施工，并在施工中不断总结和优化，现在管节干舷调整施工技术相对完善，能为以后的管节干舷调整施工提供一些参考，其成果可推广应用于类似工程中。

参 考 文 献

[1]　中华人民共和国交通运输部. 公路桥涵施工技术规范：JTG F50—2011[S]. 北京：人民交通出版社，2011.

[2]　孙英广，梁桁，毛剑锋. 港珠澳大桥岛隧工程桂山沉管预制厂总平面设计[J]. 水运工程，2014，(2)：42-25.

[3]　高卫平. 沉管隧道浮运与沉放阶段受力性态研究[D]. 上海：同济大学，2004.

[4]　林巍，李塔，吕勇刚. 关于沉管隧道管节干舷计算及允许值得研究[J]. 中国港湾建设，2012，(4)：39-42.

管顶人孔井、测量塔的受力变形
数值模拟及控制*

丁宇诚，宁进进

（中交一航局第二工程有限公司，青岛）

摘　要： 某大型沉管工程的沉管艉端装有最高近 42.2 m 的人孔井和测量塔，其在浮运、安装过程中受到水流荷载、波浪荷载和风荷载的影响而存在受力变形。为了保证人孔井和测量塔的安全及测量塔的测量精度，对人孔井和测量塔的受力特性进行分析后，在人孔井和测量塔上添加抱箍结构，使其与测量塔呈刚性连接。

关键词： 人孔井；测量塔；风荷载；水流荷载

　　某大桥岛隧工程沉管隧道穿越珠江口广州、深圳西部港区出海主航道，沉管段长 5664 m，共有管节 33 节，是迄今世界上规模最大的海上沉管岛隧工程。

　　沉管浮运和安装是岛隧工程的关键点和难点，为了保证沉管艉端的安装精度和浮运安装安全，在沉管艉端设置了人孔井和测量塔，由于安装深度的增加，测量塔和人孔井的高度也随之增高，最高达到近 42.2 m。在 E6 管节浮运和安装过程中，发现人孔井、测量塔存在摆动的现象，通过倾斜仪观测到测量塔顶部最大位移分别为 174 mm 和 201 mm，为了保证二者的安全，在对其进行受力分析后，增加测量塔和人孔井的连接件——抱箍。

1　人孔井和测量塔介绍

　　测量塔位于沉管的非 GINA 端（沉管安装时的艉端），其位置见图 1。人孔井与测量塔均为钢结构，其中人孔为板厚 20 mm、内径 730 mm 的圆筒形式，测量塔为三角形的钢结构（图 2）。

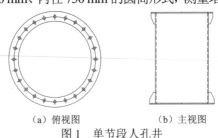

（a）俯视图　　　　　（b）主视图

图 1　单节段人孔井

＊ 本文曾刊登于《水运工程》2014 年第 9 期。

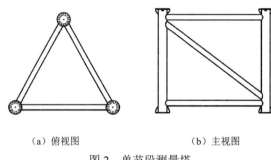

（a）俯视图　　　　　　　　　　（b）主视图

图 2　单节段测量塔

2　人孔井与测量塔的受力

浮运过程中沉管干舷为 150～300 mm，计算时取 150 mm，测量塔和人孔井在海面以上，目前国内外海洋移动式平台的稳性衡准都是采用所谓的"气象衡准"，即把平台在海上所受的荷载仅用风荷载表现出来，而将波浪对平台的影响及其他因素考虑在稳性衡准数中[1]，故人孔井和测量塔在浮运、安装过程中所受波浪荷载可忽略不计。在计算风荷载时作了如下假设：

1）任一受风构件所受的风力与风向一致；

2）风力作用在受风构件的风向投影面积的形心上；

3）在受风时，不考虑测量塔与人孔之间的相互遮蔽作用；

4）沉管、测量塔、人孔井在浮运、安装过程中受到的荷载产生的力偶矩只使其倾侧而不计使其绕 Z 轴旋转的影响。

2.1　浮运过程中的风荷载

据相关规定估算拖航过程中风阻力：

$$R_a = 0.5\rho v^2 \sum C_s A_i \times 10^{-3} \qquad （1）$$

式中，ρ——空气密度，取 1.22 kg/m³；

v——风速，m/s；

A_i——受风面积，m²；

C_s——受风面积 A_i 的形状系数。

由于风压与风速的平方成正比，故风速的取值就显得特别重要，而风速具有极大的脉动性，高耸的构筑物在不稳定的脉动风作用下，结构将出现一定的动力响应，特别是风速较大时，动力响应将更为显著[3]。计算时考虑逆风浮运，航速 2 kn，风速取阵风风速最大值，风向 0°，即风向与管节纵向一致。根据《海洋平台强度分析》[2]和美国 API 规范，不同时距的风速之间有一定的关系，时距短的风速比时距长的风速要大[3]，国家海洋环境预报中心提供的风速资料中只有时距为 6 s、1 min、10 min、1 h 的平均风速，没有时距 3 s、5 s 的平均风速，在模拟计算中，以 1 min 平均风速作为基本资料，将风速换算为时距 3 s 的平均风速。不同时距平均风速与 1 h 平均风速关系见表 1。

表 1　不同时距平均风速与 1 h 平均风速的比例系数

时距	1 h	10 min	1 min	15 s	5 s	3 s
系数值	1.00	1.04	1.16	1.26	1.32	1.35

国家海洋环境预报中心给出的风速为海面上 10 m 高处风值，而对于本文中计算所涉及的高空构筑物，需换算不同高度的风速，由《海洋平台强度分析》可知其他高度的风值用下式换算：

$$v_z = \left(\frac{z}{10} \right)^{\frac{2}{n}} v_{10} \tag{2}$$

式中，v_z——离海面高度为 z(m)的风速；

v_{10}——离海面高度为 10 m 的风速；

n 值与测量风速的时距及离岸的距离有关，一般在 1～13 变化，美国 API 规范建议在开放的海域，对于持续风风速 $n = 8$，对于阵风风速 $n = 13$，由于计算中风速取 3 s 时距，为阵风风速，n 在这里取 13；

$\left(\frac{z}{10} \right)^{\frac{2}{n}}$——可用高度系数 C_H 代替，海平面以上 0～15.3 m 取 1.00，海平面以上 15.3～30.3 m 取 1.10，海平面以上 30.3～46.0 m 取 1.20。

由式（2）可得出测量塔与人孔井上离沉管表面不同高度下的风速（表 2）。

表 2　测量塔、人孔井上不同高度下的风速

高度/m	0～15.15	15.15～30.15	30.15～42.2
风速/(m·s⁻¹)	10.25	11.28	12.30

注：高度均已扣除 15 cm 沉管浮运干舷，故比规范中小 15 cm。

忽略人孔井和测量塔之间的遮蔽作用，将两者作为独立的受力单元考虑。测量塔作为桁架结构，其受力面积取迎风面轮廓的 60%，为 113.9 m²。

由式（1）计算出人孔井和测量塔上的风荷载沿高程分布情况（表 3）。

表 3　测量塔、人孔井上不同高度的风荷载

高度/m	人孔井风荷载/kN	测量塔风荷载/kN
0～15.15	1.178	4.525
15.15～30.15	1.391	4.453
30.15～42.2	1.298	4.984

注：高度均已扣除 15 cm 沉管浮运干舷，故比规范中小 15 cm。

在不考虑风荷载的遮蔽效应、升力效应、脉动性、边界效应等情况时，应用 ANSYS 软件模拟出人孔井、测量塔的挠度分别为 75 mm 和 171 mm。

2.2 浮运过程中的极限风荷载

沉管浮运作业气象窗口的风级限制为 6 级，其风速为 10.8～13.8 m/s。极限条件下，风速取 13.8 m/s，则根据式（1）可计算出人孔井、测量塔上极限风荷载沿高程分布（表 4）。

表 4 人孔井、测量塔上不同高度的极限风荷载

高度/m	人孔井风荷载/kN	测量塔风荷载/kN
0～15.15	1.524	5.852
15.15～30.15	1.803	5.769
30.15～42.2	1.684	6.457

注：高度均已扣除 15 cm 沉管浮运干舷，故比规范中小 15 cm。

在不考虑风荷载的遮蔽效应、升力效应、脉动性、边界效应等情况时，应用 ANSYS 软件模拟出人孔井、测量塔的挠度分别为 97 mm 和 172 mm。

2.3 安装作业中的荷载计算

沉管安装过程中，沉管下沉近 44 m，人孔井和测量塔有近 32.3 m 在水面以下受水流荷载，还有近 9.9 m 在海面以上受风荷载、波浪荷载作用。

海洋中的水流一般包括两个部分，一是潮流，二是风海流。潮流是由于太阳、月球对地球的引力使海水涌起后而引起的水平方向的水流运动。潮流有季节性的变化，但大致以一定的方向流动。风海流是由于信风形成的大气环流吹成的水流，它还受到由于地球的转动、大陆架海水密度差异等的动力作用的影响。它的流向几乎是不变的，在北半球为顺时针，在南半球为逆时针。

海（潮）流力对结构的作用通常在波浪力计算中是以海流流速与水质点速度矢量叠加的形式加以考虑的。影响海（潮）流力大小的因素主要有：海（潮）流流速及其沿深度方向的分布规律、海（潮）流流向、结构构件的形状与尺寸。

通过《港口工程荷载规范》[4]水阻力公式可计算出构筑物在水下所受阻力：

$$R = \frac{1}{2} C_w \rho A v^2 \tag{3}$$

式中，R——拖航阻力，kN；

C_w——水阻力系数，由模型试验得出为 2.8；

ρ——海水的密度，1.025 t/m³；

A——迎流面积，m^2；

v——流速，m/s，取对应 z 范围内的平均流速[4]，暂无伶仃洋垂线流速分布规律资料，根据沉管安装资料，以其现场实测流速代替，取 0.65 m/s。

在安装过程中，人孔井和测量塔均露出海平面，则应考虑构件淹没深度和水深对水流力的影响，水流阻力系数 C_w 应乘以相应的淹没深度影响系数 n_1 和水深影响系数 n_2，根据《港口工程荷载规范》[4]表 13.0.3-3 和表 13.0.3-4，n_1 和 n_2 分别为 0.628 和 1.0；测量塔 3 个支座也为圆柱形，则应考虑其与人孔井之间的横向影响，根据《港口工程荷载规范》[4]表 13.0.3-5，水流阻力系数 C_w 应再乘以横向影响系数 m_2(1.5)。

沉管在安装时，可将其看作一个海洋平台，根据文献[2]，作用在海洋平台结构上的风荷载可根据下式计算：

$$F = pA \tag{4}$$

$$P = 0.613 C_H C_v v^2 \tag{5}$$

式中，F——作用在构件上的风力，N；

p——受风构件表面上的风压，N/m^2；

A——构件垂直于风向的轮廓投影面积，m^2；

C_H——考虑风压沿高度变化高度系数，0～15.3 m 取 1.00，15.3～30.3 m 取 1.10，30.3～46.0 m 取 1.20；

C_v——考虑受风构件形状影响的形状系数，此处人孔井受力面为圆柱形，取 0.5，测量塔为桁架结构，取 0.6；

v——设计风速，取最不利情况，13.8 m/s。

计算出加载在人孔井上的水流荷载、风荷载分别为 13.835 kN 和 0.774 kN，测量塔上的水流荷载、风荷载分别为 3.128 kN 和 2.971 kN。

应用 ANSYS 软件模拟出人孔井、测量塔的挠度分别为 473 mm 和 194 mm。

沉管安装作业条件最大水流流速为 0.8 m/s，极限风速仍取 13.8 m/s，计算方法同上，可得出人孔井上的水流荷载、风荷载分别为 20.958 kN 和 1.329 kN，测量塔上的水流荷载、风荷载分别为 80.478 kN 和 5.104 kN。应用 ANSYS 软件模拟出人孔井、测量塔顶端的挠度分别为 725 mm 和 222 mm。

3 添加抱箍结构后的受力分析

由上述计算可知，在沉管安装极限条件下，人孔井、测量塔顶端挠度分别达到近 725 mm 和 222 mm，已相当危险，为保证测量塔、人孔井在浮运过程中的安全及测量精度，添加刚性的抱箍结构使人孔井与测量塔连接到一块。连接后的人孔井与测量塔可看作一个新的桁架结构，计算出人孔井与测量塔对应上述 4 种工况下的顶端挠度均分别为：

171mm、171mm、193mm、221 mm。

　　增加抱箍结构后，人孔井、测量塔顶端在浮运、安装过程中最大变形分别为 167 mm 和 193 mm。

4　结　语

　　1）模拟结果具有一定的可靠性，现场实测数据与理论计算相比，误差很小。

　　2）抱箍结构行之有效。在连接抱箍结构后，相比较没加抱箍之前，人孔井、测量塔顶端变形明显变小。

　　3）本文在计算中忽略了沉管的浮运航速变化、风场变化、沉管晃动等因素对于其受力变形的影响，其更细致更精确的受力分析，仍有待于作更进一步的探讨。

参 考 文 献

[1]　沐建飞，潘斌. 海洋平台风载荷的分析与计算[J]. 中国海洋平台，1999，14(1)：7-11.

[2]　李润培，王志农. 海洋平台强度分析[M]. 上海：上海交通大学出版社，1992.

[3]　American Petroleum Institute. Recommended Practice for Planning，Designing and Constructing Fixed Offshore Platforms-Working Stress Design[R]. Washington DC：American Petroleum Institute，2000.

[4]　中华人民共和国交通部. 港口工程荷载规范：JTJ 215—1998[S]. 北京：人民交通出版社，1996.

外海沉管浮运安装作业窗口管理及工艺计划研究

宁进进，岳远征

（中交一航局第二工程有限公司，青岛）

摘　要：沉管出坞浮运安装是港珠澳大桥岛隧工程中的关键性工程，也是一个连续的、不间断的施工过程。为了降低施工风险，结合船机设备的能力，项目部提出了作业窗口管理系统，以此寻找最佳的作业时期。潮汐条件是作业窗口因素中的关键因素，项目部根据潮汐预报数编制24～36 h连续的浮运安装工艺计划，现场施工严格按照计划进行作业。经过33节沉管浮运安装的现场验证，浮运安装作业窗口管理系统满足项目要求，并有效保障了浮运安装安全。

关键词：超大型沉管；浮运；沉放对接；作业窗口管理；工艺计划

0 引　　言

　　沉管浮运安装是沉管隧道施工中技术难度最高、风险最大的分项工程，为了保证施工安全，一般沉管隧道都会提出有针对性的作业窗口限制条件，像日本的川崎港海底沉管隧道、东京湾临海公路沉管隧道均提出了"气象海况基准值"作业窗口限制条件。

　　港洙澳大桥岛隧工程沉管隧道穿越珠江口、广州深圳西部港区出海主航道，沉管段长5664 m，共有管节33节，是迄今世界上规模最大的海上沉管隧道工程。单节重78 000 t，排水量8万 m^3，是目前世界上最大的混凝土构件[1]。港珠澳大桥沉管隧道属于外海施工、尺寸巨大，其受风浪流影响明显，为了降低沉管浮运安装的风险，项目部开创性地针对每个关键工序提出了严格的外海、超大型沉管浮运作业窗口管理系统，并在窗口范围内结合潮位、海流情况针对每节管节制定详细的浮运安装工艺计划，为每节管节安装选择了最佳的作业时机。

1 浮运安装作业流程简介

　　管节安装施工的主要过程包括浮运、沉放两个阶段，是一个连贯的、不间断的作业过程，其主要施工流程包括出坞、浮运、系泊、沉放、对接等。

　　沉管出坞是沉管浮运安装中的首道工序，主要利用安装驳上的绞车及岸上的卷扬机完成，出坞后在坞口区拖轮直接编队进行浮运。沉管出坞用的设施包括安装驳绞车、岸上卷扬机、岸上系缆柱和海上系船浮鼓等[2]。

　　沉管浮运是沉管由预制场转移到安装区的工序，管节浮运包括坞口浮运编队、航道和基槽内浮运、转向区转向等作业。浮运航道总长度约 12 km，基槽内浮运最远距离约 3 km。港珠澳大桥沉管隧道的浮运是通过 10～12 艘大马力全回转拖轮将沉管由特定的浮运航道拖运到施工现场，为了保证沉管浮运安全和社会船舶正常作业，港珠澳大桥项目部开辟了三条浮运专用航道[3, 4]。

　　沉管系泊是沉管由拖轮控制转为锚系控制的过程，为了减少关键线路的系泊作业时间，浮运安装前提前将 12 口 HY-17 大抓力锚在指定位置进行抛锚、预拉等作业，标准段管节系泊锚系包括 8 根系泊缆、4 根安装缆，详见图 1。管节在基槽内纵拖至距离已安管节尾端 20～50 m 位置时开始进行系泊定位作业。GPS 实时监测管节具体位置，拖轮编队抵抗水流影响，采用多艘锚艇分两组协同同时送缆，驶至相应锚位后与安装锚、系泊锚相连，形成管节系泊定位锚系[5]。

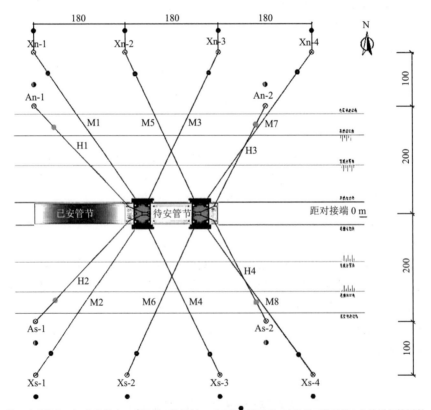

图 1　标准段管节锚系布置图

沉放和对接作业在沉管隧道施工中风险最大、难度最高。管节系泊等待直至沉放窗口来临，开始沉放对接作业。利用压载水控制管节负浮力[6]、锚碇系统控制管节平面位置、吊索绞车系统控制管节沉放速度、测控系统指导管节对接就位。管节落于基床后，拉合千斤顶精确测量、调整管节对接端偏差，并进行拉合使 GINA 止水带初步压缩。结合腔排水使 GINA 止水带完全压缩完成水力压接。贯通测量确定管节轴线偏差，偏差超过设计要求时采用体内调整系统精调。管节安装偏差满足设计要求后，向压载水箱内灌水至 1.05 倍抗浮系数[6]，完成管节沉放对接。锁定回填[7]后拆除舾装设施，完成管节安装。

2 作业窗口管理

2.1 施工区水文气象条件

伶仃洋潮汐类型属于不规则的半日混合潮。从实测潮位过程曲线分析，不等现象明显，其中大潮期间日潮现象较明显，小潮期间半日潮现象显著，中潮介于两者之间。涨潮的流向以偏 N 为主，落潮的流向多为偏 S。大小潮期的潮型详见图 2。工程水域高潮位由外海向珠江口内逐渐增大，低潮位由外海向珠江口逐渐降低，潮差也有由外海向珠江口内逐渐增大的趋势[8]。

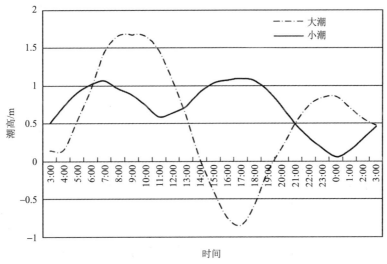

图 2　水域汛期潮位变化图

根据九澳站 1986～2001 年波浪观测资料统计，常浪向为 SE、ESE 和 S 向，出现频率分别为 20.024%、18.693% 和 16.907%；强浪向为 ESE～S 向；有效波高大于 1 m 的波出现频率为 4.96%。该站实测最大有效波高（H_s）2.86 m，周期（T）为 10.1 s，波向为 SE 向，出现于 1989 年 7 月 18 日 8908 号（Gordon）台风期间。港珠澳大桥站 2007 年 4 月～

2008 年 3 月和 2008 年 6～10 月间的实测资料，全年常浪向为 S 向，出现频率为 17.79%，次常浪向 SSW 向，出现频率为 13.14%；强浪向为 SSW 向，有效波高大于 0.8 m 的波出现频率为 2.04%。该站实测最大有效波高（H_s）3.64 m，周期（T）为 5.3 s，出现于 2008 年 12 号台风"鹦鹉"期间。

工程区盛行风向以东南偏东和东风为主，但季节变化明显。香港横澜岛测风站一年四季的盛行风向均为东风，秋冬季主导风向为东北风，春季为东和东南偏东风，夏季主导风向扇面较宽，在西南风到东风之间变化，其中以西南风为主。

按能见度小于 1000 m 为标准计算，香港年平均雾日为 5.9 d。多雾天气集中于每年的 1～4 月，其中以 3 月雾日最多，平均 7.3 d，6～11 月极少出现雾日。

2.2　作业气象窗口的确定

作业气象窗口是指一个连续的时间段，在此期间水文气象条件满足浮运安装施工要求。在此期间水文、波浪、气象条件满足浮运安装作业要求。日本川崎港海底沉管隧道也提出了作业气象窗口（气象海象基准值），但只是较为宽泛的对应全施工过程，其作业窗口条件详见表 1。

表 1　川崎港海底沉管隧道作业窗口限制条件表

数据来源	项目	可作业的基准值
气象预测数据	风速	10 m/s 以下
	风向	—
	降雨	小雨
	气温	—
	流速	0.8 节以下
现场观测数据	波高	30 cm 以下
	视界（能见度）	2000 m 以上

管节浮运沉放关键作业（从出坞、浮运至沉放完成的施工阶段）需要的作业时间为 24～36 h，考虑实际施工中因各种原因可能产生的延误，确定单管节安装（浮运和沉放）周期为 48～72 h，即每个管节安装的必要作业窗口时间为 2～3 d。

为了减小外部水文气象条件对沉管浮运安装的影响，并降低船舶、设备的建造费用，项目部提出作业窗口的概念，即寻找能满足目前船舶作业能力的作业窗口条件。作业限制条件主要包括对浮运安装影响显著的海流、波浪、风和雾等外部环境条件，其中海流力占所有外部作用力的 80%～90%，是作业窗口限制条件里面的首要因素。

2011 年项目部开展浮运阻力模型试验，初步确定沉管拖航过程中的水阻力系数[9]，考虑逆流拖航时船舶操控性比较好，因此初步选定拖航方式为逆流拖航。按照配备拖轮的能力，暂定作业窗口条件为表层 10 m 平均流速小于 0.8 m/s。2011 年四季度项目部开展大量锚抓力实验，最终确定系泊锚系采用荷兰的 HY-17 型锚[10-12]。锚的最大拉力按照 120 tf 计算，考虑缆绳角度和一定安全系数，初步确定系泊的流速限制条件为流速小于 1.3 m/s。关于对接窗口的边界条件，查阅国外相关资料、借鉴日本、韩国施工情况，并考虑潜水水下作业要求，初步确定沉放对接的流速限制条件为小于 0.5 m/s。

通过数值分析，在港珠澳大桥沉管的浮运和锚泊力的计算中，除水流力外还考虑波浪力的作用，在受波高 H_s=0.8 m，周期 T_s=6 s 的波浪作用下，波浪力的取值按水流力的 20% 计算。

项目初期的窗口限制条件是根据前期招标文件、数学物理模型计算提供成果进行分析确定，经过四次浮运演练和十几根管节的现场实际作业，并综合考虑目前船舶的能力，进一步修订、完善了作业窗口限制条件，主要修改的内容为流速条件，修改后的作业窗口限制条件表详见表 2。

由于港珠澳大桥处于珠江口影响范围内，珠江流域的降雨引起的大径流对施工区的海流影响显著，结合现场研究暂定珠江的北江、东江和西江（马口站、三水站、博罗站）的径流量总和不大于 20 000 m³ 的情况满足作业条件[13,14]。

表 2　作业窗口限制条件表

作业阶段和内容		流速/(m/s)	波高 H_s/m	波浪周期/s	风速/级	能见度/m
浮运	出坞、编队	0.4	0.8	≤6	≤6	≥1 000
	航道浮运	0.8	0.8	≤6	≤6	≥1 000
	转向区转向	0.5	0.8	≤6	≤6	≥1 000
	基槽内纵拖	0.5	0.8	≤6	≤6	≥1 000
	槽内系泊	0.6	0.8	≤6	≤6	≥1 000
沉放	系泊等待	1	0.8	≤6	≤6	≥1 000
	沉放实施	0.5	0.6	≤6	≤6	≥1 000
潜水作业		0.5	0.6	≤6	≤6	≥1 000

2.3　作业窗口保障系统

本项目委托国家海洋环境预报中心进行长期观测数据、预报模型的分析和工程区水文气象综合预报保障系统的建立，为管节安装提供窗口预报保障服务和决策支持。后方预报包括精细化天气、海浪、海流的数值预报产品，以及针对工程区的各类常规预报产品。现场实时监测目的有两个：一是校核预报系统模型，二是作为现场作业的保障。主要预报内容包括：

1）气象预报要素：天气现象、风向、风速、水平能见度等；

2）海浪预报要素：波高、周期、波向；

3）海流预报要素：流速、流向；

4）潮汐预报要素：潮高、高低潮位、高低潮时等。

3　浮运安装工艺计划

由于水流力是沉管浮运安装中受到的最大外力，工艺计划的编制主要参考潮位、流速条件。阴历的初七和廿三左右是阴历一个月中两次潮汐动力最弱的时期，也就是流速相对较小的时候，本地船长称之为"死水期"。经过长期的观测，珠江口区域的初七、廿三的潮汐存在一定的差异，整体而言，上半年的廿三附近的窗口优于初七的窗口，下半年初七的窗口优于廿三的窗口期。

3.1　工艺计划的初步确定

项目初期，结合大型沉箱的拖航经验暂定了逆流拖航的作业条件，在 E1 管节拖航到"出运航道一"时由于现场水流力超过物理数学模型计算的情况，出现沉管拖不动、甚至后退的情况；经过 E3 管节现场实体沉管抗流实验验证决定将浮运作业条件暂定为顺流拖航，因为桂山岛预制厂在施工现场的外海侧，即是涨潮流拖航。

按照浮运的涨潮流拖航的前提条件，相应确定出坞的窗口是在低平潮、转向和基槽浮运的作业窗口条件在高平潮期、系泊窗口在落潮期、沉放窗口在落潮期、对接在次高潮的涨潮期的初步的作业窗口条件。

3.2　对　接　窗　口

在 E10 管节沉放过程中，项目部遭遇世界性难题——深水深槽，经过现场实测发现水下 35 m 左右、涨极时刻存在较大的流速。为了保证沉管对接安全和质量，项目部进一步提出了"对接窗口"概念，对接窗口包括的作业内容为已安管节和待安管节即将接触的时刻，即对接过程中的拉合作业期，对接作业窗口的条件为到涨极之后、流速小于 0.25 m/s。

3.3　浮运安装工艺计划

根据浮运作业要求，潮位、潮流采用高分辨率小区域数值模式，预报结果由国家海洋环境预报中心提前 1～2 月提供。主要预报数据有潮位预报、流速预报，其中流速预报为分区域预报，分为坞口 A 点、榕树头航道 B 点、出运航路一、二交界 C 点、出运航路 F 点、三个转向区 D、E、G 点及基槽预报。预报点位见图 3。该流速预报结果误差在 ±20 cm/s 以内，满足浮运作业要求。

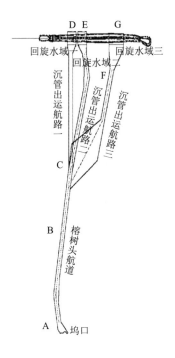

图3　流速预报点位置示意图

　　管节浮运、沉放作业要求的作业窗口期为48～72 h。一般情况下，每根管节需要制定首选窗口和2个备选窗口。以E12管节浮运安装计划为例说明详细的浮运安装计划，详见图4。

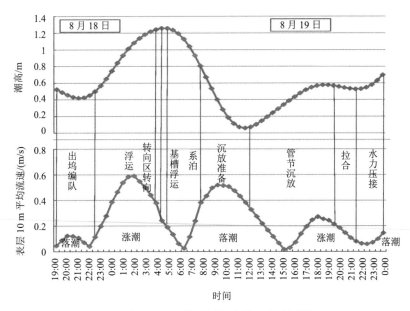

图4　E12管节浮运安装工艺计划图

4　结　语

港珠澳大桥沉管隧道已安全、高效地完成 33 节沉管的浮运安装作业，项目部提出的浮运安装作业窗口管理系统，按照潮汐条件、结合国家海洋环境预报中心提供的预报数据，制定了详细、完善的浮运安装工艺计划，为隧道顺利竣工提供了有力保障。随着红谷隧道、港珠澳大桥沉管隧道的顺利实施，国内将迎来沉管隧道施工的黄金期，后续出现了深中通道海底沉管隧道、大连湾海底隧道等一批外海沉管隧道，这套浮运安装作业窗口管理技术希望可以给类似沉管隧道施工提供参考。

参 考 文 献

[1]　宿发强. 超大型沉管浮运的风险管控[J]. 中国港湾建设, 2015, (7): 1-3, 73.

[2]　宁进进, 丁宇诚. 超大型沉管出坞施工及控制方法[J]. 中国港湾建设, 2014, (7), 54-55, 58.

[3]　宁进进, 郑秀磊, 孙健, 等. 超大型沉管拖航中拖轮的分工作用分析[J]. 中国港湾建设, 2015, 35(3): 67-69.

[4]　侯连青, 宁进进. 拖轮螺旋桨尾流对沉管或沉箱浮运的影响[J]. 中国港湾建设, 2013, (1): 5-8.

[5]　苏长玺, 冯海暴. 大型沉管安装工程用锚选型及锚系设计试验研究[J]. 中国港湾建设, 2017, (5): 82-86.

[6]　林巍. 港珠澳大桥沉管隧道管节压舱水系统[J]. 中国港湾建设, 2014, (2): 11-16.

[7]　林巍, 张志刚. 海中沉管隧道回填防护设计的讨论[J]. 中国港湾建设, 2013, (5): 29-33.

[8]　陈志民, 蔡南树, 辛文杰. 珠江口伶仃洋航道的回淤分析[J]. 海洋工程, 2002, (3): 61-68.

[9]　苏长玺, 冯海暴. 大型沉管与沉放驳摩擦型连接受力分析[J]. 中国港湾建设, 2016, (12): 19-22, 28.

[10]　徐加庆. 船舶走锚应对方法[J]. 航海技术, 2014, (4): 32-35.

[11]　陆忠杰, 周国平. 深水锚系泊作业技术应用初探[J]. 船舶设计通讯, 2011, (S1): 67-72.

[12]　蒋治强. 船用大抓力锚抓底性能研究[D]. 大连: 大连海事大学, 2013.

[13]　岳远征, 宁进进, 汤慧驰. 珠江三角洲强降雨对伶仃洋海域潮汐、海流的影响浅析[J]. 中国水运, 2014, 14(11): 197-198.

[14]　宿发强, 李进, 宁进进, 等. 珠江三角洲大径流对港珠澳大桥沉管隧道施工的影响[J]. 中国港湾建设, 2015, 35(11): 1-3.

超大型沉管出坞施工及控制方法

宁进进，丁宇诚

（中交一航局第二工程有限公司，青岛）

摘　要： 沉管出坞是沉管浮运安装阶段的重要节点和首道工序，预制场深坞区和坞口尺寸的限制增加了沉管出坞的难度。通过合理利用沉放驳上绞车、坞顶绞车、出坞定位系统及快速脱钩器等设备，制定一套完善的沉管出坞施工流程及方法。经过实际工程验证，该方法效率高、安全性高，且降低了成本。

关键词： 超大型沉管；出坞；绞车；定位系统

某大桥岛隧工程的沉管是目前世界上体量、重量最大的混凝土构件。外海沉管浮运对出坞有严格的潮水、流速和时间限制[1]，必须在 3 h 内完成。沉管预制场深坞区和坞口较狭窄，坞口区域水流情况复杂，超大型沉管出坞极具挑战性[2]。

在充分考虑坞口水文气象条件和坞口地理条件的情况下，选择低流速的小潮汛进行出坞作业，合理利用沉放驳的 25 t、65 t 绞车、坞顶的 25 t 绞车和快速脱钩器，并研究开发了出坞定位系统比较沉管和坞门轴线位置偏差，解决了快速出坞、快速带缆、解缆的超大型沉管出坞的难题。

1　工　程　概　况

某大桥岛隧工程沉管隧道穿越珠江口广州、深圳西部港区出海主航道，沉管段长 5664 m，共有管节 33 个。沉管截面采用两孔一管廊形式，标准管节长 180 m，宽 37.95 m，单根重 78 000 t。

沉管出坞作业是沉管安装的首道工序。由于坞口和预制场限制，出坞时沉放驳两侧与坞口的富余宽度仅 2 m，沉管两侧与坞口的富余宽度 13.5 m。沉管姿态控制难度大，出坞用缆绳最大直径 55 mm，取缆送缆难度大，并且换缆步骤多，操作难度大。沉管出坞主要利用沉放驳上的绞车及岸上的绞车完成，船上绞车和岸上绞车指挥需要双方协调配合，协同性要求高。

2 出坞设备

为保证沉管出坞过程中不碰撞坞门，结合坞口的水流情况，在 2 艘沉放驳设置了 8 台 25 t 绞车（P1～P8）和 2 台 65 t 绞车（H1、H2）（图 1），在深坞区内侧设置了 2 台 25 t 绞车（1 号～2 号），在出坞坞顶设置了 4 台 25 t 绞车（3 号～6 号），在出坞编队区预抛 8 t 大抓力锚连接沉放驳的 2 个 65 t 绞车（H1、H2）。利用 16 台绞车提供沉管出坞的动力并控制沉管的姿态和速度[3]。

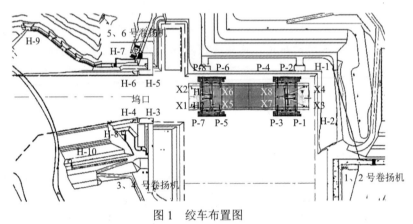

图 1　绞车布置图

沉放驳的 P、H 缆和陆上绞车上都可以显示缆力值。绞车采用应变销轴式取力传感器监测钢丝绳拉力，钢丝绳受力时传感器产生 4～20 mA 电流信号，通过对电流信号换算得出钢丝绳的受力。

在坞内和坞外安装系船柱和导缆器共 10 个（H-1～H-10），其中深坞区 2 个，坞顶坞外各 4 个。

为了提高送缆速度和减少人工作业，在坞外和沉放驳上安装 6 台 5 t 绞车负责引缆，收缆速度最快可以达到 20 m/min，控制单根送缆时间在 15～30 min。为了提高解缆速度和保证安全，绞车与系船柱之间通过 35 t 快速脱钩器连接。

3 定位系统

出坞定位系统利用 1 组双天线信标机作为沉管定位设备，主界面实时显示沉管信息，指挥室通过有线传输视频信号实现软件显示。主要硬件配置包括信标机、无线电台、无线 AP、计算机等。

实时、同步采集 GPS 的坐标数据，计算各特征点的空间关系，显示沉管在深坞区及出坞编队区的地理位置，实时显示实测的流速、流向及海水密度。用户可以使用不同颜色标示沉管出坞航道的控制边线、中心线，准确显示沉管位置和与坞门、边坡的距离，并设置 5 m 一条横向间隔线以判断沉管出坞的实际位置，所有数据实时记录，也可回放，便于事后观摩研究。

4　出坞流程

沉管出坞作业前，沉管和沉放驳通过加水调整到水平位置，利用沉放驳的钢支墩与沉管压接，钢支墩的压力约为 200 t，并用尼龙缆将沉管和沉放驳连接，形成半刚性连接。

出坞过程分为 5 个步骤。

1）系泊索解缆。沉管通过安装船的 8 台 25 t 绞车与岸上的系船柱或导缆器相连，沉管艏艉钢丝绳的连接方式为八字缆，沉管中间缆绳为交叉缆，8 根缆形成深坞区内系泊索系，可以保证沉管前后左右移动和下沉上浮，见图 2。当沉管在深坞区绞移时逐步解掉 8 根系泊索。

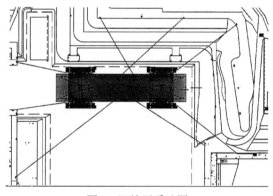

图 2　深坞区系泊图

2）深坞区带缆。深坞区带 8 根缆。艉端为 2 根收尾缆，主要控制沉管艉端姿态和控制出坞速度，为交叉缆。艏端 6 根缆，主要提供沉管前进动力和控制艏端姿态，中间为交叉缆，外面为八字缆，见图 3。

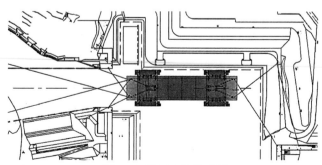

图 3　深坞区出坞缆系图

3）艏端沉放驳坞门内缆系带缆（艏端沉放驳已大部分绞出坞门）。为了克服坞口往复流的作用，沉管艏端带缆 6 根，中间为交叉缆，外面为八字缆。为了避免沉管碰撞坞门沉管中部带缆 4 根，均为交叉缆，主要控制沉管左右位置，见图 4。艉端的 2 根交叉缆不变。

4）艉端沉放驳坞门内缆系带缆（艉端沉放驳已大部分绞出坞门）。沉放驳上的 8 根缆绳全部带上，主要作用是控制艏艉端沉管的位置，艉端沉放驳的 4 根缆绳还起到抗流作用，艏端交叉缆提供动力，见图 5。艉端新增加 2 根收尾缆，等到原来的 2 根收尾缆角度不好或者磨坞门时改用新加的 2 根收尾缆。

5）正式出坞和浮运编队。为了保证在限制的潮位和流速要求的 3 h 内完成出坞和浮运编队作用，正式出坞期间只解缆不带缆。到坞口宽阔水域后，解缆和拖轮带缆相配合保证沉管姿态和安全。

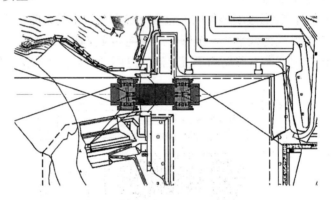

图 4　艏端沉放驳坞门内出坞缆系图

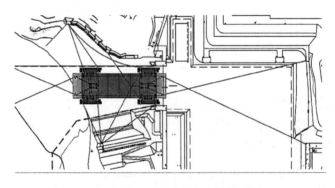

图 5　艉端沉放驳坞门内出坞缆系图

5　结　语

除沉放驳上的 25 t、65 t 绞车和沉管的系船柱外，为沉管出坞安装系船柱和导缆器共 3 个，其余设备全部共用坞门和沉管横移的绞车及系船柱，大大降低出坞成本。借助快速脱钩器和 5 t 绞车，沉管出坞时间由计划的 50 h 降低到 15 h，正式出坞时间由预计的 3 h 缩短到 2~2.5 h，起重人员也由计划的 50 人降低到 25 人，并最大程度保证作业人员的安全。出坞定位系统的使用，自动化程度高，出坞指挥人员在指挥室完成出坞工作指挥，准确度高，视野开阔，操作方便简单。

经过 E1~E7 沉管现场出坞验证，该施工控制方法效率高，安全性高，节省成本，可以为以后的相关项目提供参考。

参 考 文 献

[1]　朱升. 沉管隧道管段浮运和沉放过程中流场和阻力特性的研究[D]. 北京：北京交通大学，2009.

[2]　周敬梓. 浮筒助浮沉箱出坞施工技术[J]. 中国新技术新产品，2011，(15)：76.

[3]　黄荣深，杨家团. 大型沉箱出坞浮游拖运安装工艺[J]. 华南港工，2005，(1)：19-23.

港珠澳大桥岛隧工程浮运操作指挥系统开发

刘兆权，宁进进，孙阳阳

（中交一航局第二工程有限公司，青岛）

摘　要： 港珠澳大桥沉管隧道的沉管是目前世界上最大的混凝土构件，考虑沉管浮运区域狭窄，为了保证沉管在浮运窗口要求时间内安全浮运，港珠澳大桥岛隧工程项目部开发了沉管浮运导航软件。该系统包括 1 套定位系统和 2 套备用系统，可以显示沉管位置、姿态、航速、流速、流向、运动趋势等相关信息。经过多次沉管浮运现场验证该系统安全性、准确性和稳定性都满足沉管浮运要求。

关键词： 沉管；浮运；有限航区；导航系统；浮运指挥

0　引　　言

　　港洙澳大桥岛隧工程沉管隧道穿越珠江口、广州深圳西部港区出海主航道，沉管段长 5664 m，共有管节 33 个，是迄今世界上规模最大的海上沉管隧道工程。管节截面采用两孔一管廊形式，标准管节长 180 m，宽 37.95 m，高 11.4 m，单节重 78 000 t，排水量 8 万 m³，是目前世界上最大的混凝土构件[1]。考虑沉管浮运区域狭窄，为了保证沉管在浮运窗口要求时间内安全浮运，港珠澳大桥岛隧工程项目部开发了沉管浮运导航操作指挥系统。

1　沉管浮运状况

沉管浮运存在大量施工难点，主要施工难点如下。

1）施工区水域狭窄，浮运航道宽仅 240 m，外侧水域不满足吃水要求。

2）过往船只多，浮运线路位于目前我国航运最繁忙的水域，日船舶交通量达 4000 艘次。

3）管节尺寸大，是世界上最大的混凝土构件之一，标准管节重达 7.8 万 t，排水量 8 万 m³。

4）气象、海况复杂，流向与基槽垂直，水流力较大，浮运时最大迎流面积达

$2100 \, m^2$，拖航阻力达到 300 t，风险大。

5）浮运采用 8～10 艘拖轮（总马力数超过 30 000 hp[①]），一致性要求高，国内尚无这方面的施工经验，协同作业难度大[2]。

根据作业窗口，管节高平潮出坞、编队拖航或提前从深坞区移至坞口外临时系泊区，拖轮在坞外临时系泊区编队带缆，然后浮运至管节沉放位置。浮运航道总长约 12 km，基槽内浮运最大距离约 3 km，每节管节浮运有 3 次航道转换[3]。

浮运航线有三条：

1）预制场航道→榕树头航道→出运航道一→第一转向区→基槽→安装位置（用于 E1～E8、E10、E12～E14 浮运）。

2）预制场航道→榕树头航道→出运航道二→伶仃西航道→第二转向区→基槽→安装位置（用于 E9、E11、E15～E20 浮运）。

3）预制场航道→榕树头航道→一次横移区→出运航道三→第三转向区→基槽→安装位置（用于 E21～E33 浮运）。

为了克服拖航水流力降低施工风险，项目部首创了吊拖+傍拖的超大型沉管拖航方式，8～13 艘作业的拖航方式对拖轮协作要求极高，拖轮协同作业难度大。管节拖带方式见图 1。为保证管节浮运过程中管节、拖轮等的安全，在浮运过程中对管节位置、速度、姿态、方位、10 艘拖轮和管节相对于设计航线的偏距进行时时监测，十分有必要。

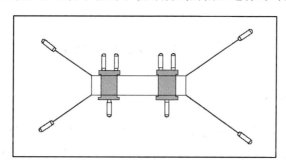

图1　管节拖带方式

2　浮运操作指挥系统研究

2.1　浮运操作指挥系统要求

为了保证沉管浮运安全性，增加浮运指挥的系统性和高效性，港珠澳大桥需要沉管浮运导航系统满足下列要求：

1）导航系统可视化，可以显示沉管位置、航道位置和主要拖轮位置。

2）定位系统稳定性。

---

① 1 hp=745.7 W。

3）沉管运动趋势、轨迹线。

4）航速、流速、流向显示。

2.2　沉管浮运指挥系统界面满足原则

管节拖航浮运桌面系统是管节拖航浮运的辅助工具，是决策科学化的依据，是管理可视化的手段，该界面系统的设计应满足以下原则。

（1）针对性

桌面系统针对管节拖航浮运的特殊性设计，反映管节在拖航浮运过程中的运动特性，同时满足航道、转向区、基槽区不同状况下的拖轮配置需要，能够灵活地进行拖轮控制。

（2）直观性

桌面系统不仅能够直观反映管节和拖轮运动轨迹，同时能够反映拖轮的使用情况，包括拖轮的用车情况、拖带角度和拖缆长度等详细信息，动态呈现管节的运动和受力数据。

（3）易操作

桌面系统针对岛隧工程的实际应用开发，界面操作简便，避免操作烦琐和晦涩难懂，影响桌面系统的应用效果。

2.3　沉管浮运保障措施

2.3.1　浮运气象窗口

气象作业窗口保障沉管浮运安装期间波浪流作用力在拖轮配置范围内，根据总体气象窗口限制条件选择浮运气象窗口。气象作业窗口一般在阴历初七和廿三小潮汛期间。浮运作业窗口见表1。

表1　浮运作业窗口

浮运沉放施工 \ 作业条件	水流速度/(m/s)	波浪高度/m	风速/级	能见度/m	作业时间/h
航道浮运	0.6				8
管节转向	0.5	≤0.8	≤6	>1000	1
基槽内纵拖	0.5				2

2.3.2　气象预报、气象水文分析

根据浮运作业要求，潮位、潮流采用高分辨率小区域数值模式，预报结果由国家海洋环境预报中心提前1~2月提供。主要预报数据有潮位预报、流速预报，其中流速预报为分区域预报，分为坞口A1、A2、A3点、榕树头航道B点、出运航道一、出运航道二

交界 C 点、转向区 D 及基槽预报。预报点位见图 2。该流速预报结果误差在 ±20 cm/s 以内，满足浮运作业要求。

根据已安管节的预报数据与实测数据对比，针对下一个气象作业窗口，项目部通过潮位对比比选出与已安管节类似的气象窗口，并将预报数据与选定日期的实测数据对比以修正国家海洋环境预报中心的预报结果。

为了提高预报精度，浮运作业前国家海洋环境预报中心提供 12 h 气象预报，对原预报结果进行修正，该预报结果和现场气象情况更为接近。

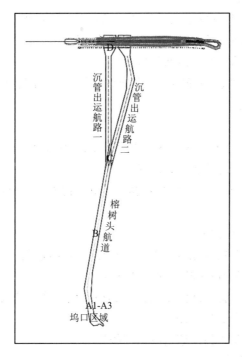

图 2　流速预报点位置示意图

3　浮运导航系统

为了保证沉管浮运安全和在规定的潮水时间内完成，港珠澳大桥岛隧工程开发了浮运导航系统。经过四次浮运系泊演练和 E1～E33 沉管现场操作的检验，浮运指挥系统可以满足港珠澳大桥岛隧工程沉管浮运的要求，该系统稳定可靠，准确性高。

3.1　浮运导航软件组成

浮运导航系统由导航系统功能区分安装三套独立的硬件系统，主要包括不间断电源（UPS）、计算机、GPS、电台、无线 AP 等设备[4]。

3.2　浮运导航软件功能

（1）位置解算

实时、同步采集 GPS 的坐标数据，计算各特征点（转向点、调头区、系泊区）与 GPS 之间的空间关系；显示管节在航道、调头区、基槽的地理位置。

（2）实时导航显示

实时显示浮运沉管和 10 艘拖轮的位置及已安管节的位置。

实时显示国家海洋环境预报中心实测的流速、流向数据。

实时显示测量船现场实测的海水密度。

实时显示 GPS 模式的已完成路程、剩余路程和已用时间、预计完成时间及其他在拖航中有参考意义的数据。

（3）数据导入导出

能够导入电子海图、Auto CAD 格式的背景图、设备形状细节图等，结合电子海图或者背景图实时显示航道两侧的航标、碍航物等。

能够导入 Office Excel 格式的相关数据，能够导出 Office Excel 格式或者自定义格式的相关数据[5]。

（4）边界设置和安全预警

用户可以设置使用不同颜色显示不同的水深范围及满足浮运要求的水深范围，设置不同颜色显示沉管浮运航道的控制边线、中心线。

设置沉管固定点距控制边线的距离值，如小于设定值时或其他预设预警值时以声响和屏幕图文提示方式给予及时报警。

流速大于气象窗口要求的流速值时给予报警。

（5）数据记录和回放

所有数据实时记录，数据可回放用于事后观摩研究。

自动记录相关数据为数据库格式。

（6）可靠性保证

系统能够根据设备数据给出的设备健康状况和设备冗余观测数据判断整个系统的定位精度和可靠性，并给出相应的警示。

（7）中英文切换

软件界面可以显示中文或者英文两种语言文字。

3.3　第一定位系统

此系统为首选定位系统，以信号稳定性为主，利用一台双天线信标机作为沉管定位设备，通过无线电台传输 9 艘拖轮信标机观测数据，主界面实时显示沉管和拖轮信息，指挥室和参观室通过有线传输视频信号实现软件显示。第一定位系统设备配置见表2。

表2 第一定位系统设备配置

序号	名称	数量	功能	安装位置
1	双天线信标机	1	接收信标信号，数据有线接入系统，显示沉管位置信息	天线安装在指挥室顶部
2	日精无线电台	9	拖轮数据接收	
3	研华无线AP	1	网络数据收发	
4	台式计算机	1	接入数据	指挥室
5	便携式计算机	1	处理流速数据信息	
6	显示器（40寸）	2	在指挥室和参观室显示软件信息	指挥室和参观室
7	单天线信标机	9	接收信标信号，数据通过无线设备接入系统，显示拖轮位置信息	拖轮
8	日精无线电台	9	拖轮数据发送	
9	研华无线AP	9	网络数据收发	
10	便携式计算机	9	在拖轮实现软件显示	

实时显示沉管和拖轮位置信息：在管节首尾两端系缆柱位置新增扇形刻度线，刻度线15°为一格；左上角显示流速与管节轴线关系，并显示与管节轴线夹角；软件界面增加距离标线网格（100 m为一格）；增加沉管方向矢量线、增加缆绳长度及与轴向方向夹角；增加首尾航迹线显示，显示沉管运动趋势，为指挥人员提供预判。导航系统显示界面见图3。

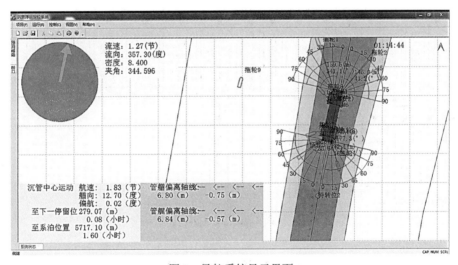

图3 导航系统显示界面

3.4 第二定位系统

此系统为次选定位系统，以数据精确性为主，利用4台GPS-RTK接收机作为定位设备，2台接收预制场参考站差分信号接入一台计算机，2台接收西人工岛参考站差分信号接入另一台计算机。实时显示沉管的位置信息，包括航速、航向、偏航等信息。

3.5　第三定位系统

此系统为备用定位系统，以数据稳定性为主，只接收双天线信标机数据，实施显示船舶信息，指挥室通过有线传输视频信号实现软件显示。实时显示沉管的位置信息，包括航速、航向、偏航等信息。

4　浮运导航软件操作流程

沉管浮运导航测控软件安装在安装船和拖轮上面。施工现场的工作程序如下：电子海图输入→GPS显示管节位置→国家海洋环境预报中心测流→流速信息输入软件→指挥人员根据流速和管节位置调整拖轮位置→浮运视频导出。操作流程图见图4。

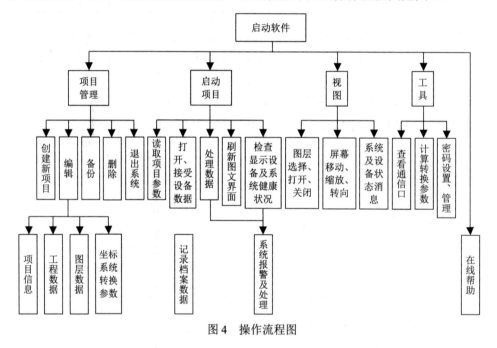

图4　操作流程图

5　工艺实施效果

导航系统融合导航定位、无线电等技术，以浮运现场管节作为指挥中心，通过可靠的数据传输、科学高效的数据处理分析，形象逼真地显示了沉管浮运状况[6]。导航系统包含拖轮位置显示，沉管位置显示，航道区域显示及航道预警区显示，现场流速、流向、航速显示，航迹线及运动趋势显示，数据存储等模块，是管节浮运导航的指挥平台，浮运指挥人员可以在操作室完成沉管浮运指挥。

（1）拖轮沉管位置显示

在拖轮及安装船上安装 GPS 天线实时观测拖轮及沉管的位置，并将其显示在浮运作业航路上。浮运指挥员可以清楚看到沉管和拖轮的位置，以及拖轮拖曳角度和缆绳长度。

（2）浮运航道显示

浮运航道在导航软件的背景图，可以清晰地看到沉管目前处于航道的位置。另外。在转向区、调头区和系泊区设置特征点，实时显示沉管到特征点的距离。在浮运航道的边界内 50 m 标出边界警戒区域，提醒浮运指挥员注意控制沉管姿态。

（3）航速、流速显示

现场国家海洋环境预报中心的四个现场测流浮漂每 15 min 发送一次流速流向信息，经过判断处理的流速信息显示在导航系统上；沉管浮运航速通过沉管位置差异计算出沉管瞬间流速；浮运指挥员可以通过流速和航速判断沉管受力情况。

（4）航迹线和运动趋势显示

导航系统实时记录沉管的运动轨迹，并在沉管首端、尾端显示沉管的运动轨迹点，很好地为指挥员提供沉管运动趋势，指挥员可以及时调整拖轮受力保证沉管姿态。

6 结　语

经过 E1～E33 沉管现场浮运作业，浮运指挥人员通过浮运导航系统可以坐在指挥室里完成沉管浮运指挥，并清楚地了解室外的风浪流、沉管的运动情况，彻底改变旧的浮运指挥方式，极大地保证港珠澳大桥沉管浮运的安全。该系统的准确性、稳定性和安全性得到集团、局和公司领导的肯定，并得到业主、海事局、香港 AEcom 等相关单位的一致肯定。

港珠澳大桥岛隧工程作为目前国内最大的外海工程，受到国内外的关注。沉管浮运作为该项目的难点和重点，精确浮运成功树立了公司、局及集团的旗帜。

港珠澳大桥岛隧工程沉管浮运导航系统是国内首次应用在沉管浮运导航的操作系统，改变了传统的浮运导航模式，提供了更为人性化、可视化和系统化的控制界面；现场流速流向的预报与实测数据提高了浮运作业的安全性。该系统为浮运作业提供安全保障，大大降低了人力、物力的投入，并为国内甚至世界上的沉管、沉箱浮运提供参考。

参 考 文 献

[1] 宿发强. 超大型沉管浮运的风险管控. [J]中国港湾建设, 2015, (7): 1-3, 73.

[2] 王伟, 丁宇诚, 宁进进, 等. 沉管管节舾装件安装及精度控制方法[J]. 中国水运, 2014, (3): 131-134.

[3] 戚政伟, 胡昌炳. 港珠澳大桥岛隧工程施工安全风险与控制措施[J]. 铁道建筑, 2014, (6): 31-34.

[4] 宁进进, 丁宇诚. 超大型坞管出坞施工及控制方法[J]. 中国港湾建设, 2014, (7), 54-55, 58.

[5] 许家帅, 马瑞鑫. 新型船舶智慧引航模式研究[J]. 中国水运, 2014, (11), 27-28, 30.

[6] 王崇明, 张毅, 雷鹏, 等. 南昌红谷隧道管节浮运监控技术研究[J]. 隧道建设, 2016, (9), 1155-1160.

港珠澳大桥管节沉放驳制造技术*

贾泽鑫，钟炳贵

（上海振华重工集团（南通）有限公司，南通）

摘　要：港珠澳大桥管节沉放驳为短周期项目，工期紧任务重，结构复杂、制作难度大。通过对其制造特点分析，本文介绍了分段制造及合拢、大型组件转运、船体整体吊装、锚机传感器重量标定，对同类沉放驳的制造具有借鉴作用。

关键词：管节沉放驳；制造技术；整体吊装；锚机重量标定

0　引　言

港珠澳大桥岛隧工程管节沉放驳船（图 1）是为港珠澳大桥量身定制的特种专用船舶。该船集吊运、定位、沉放、微调功能于一体，适用于沿海区域作业，作业过程中可抵抗波浪和水流引发的受力。可浮运和定位安装 8 万吨级深水隧道混凝土沉管管节，其最大埋深可达 46 m，是迄今为止世界海底隧道沉管最深的水下埋深，为国内首创、世界出运能力最大、功能最先进的管节沉放船。

1　制造特点分析

通过对管节沉放船结构图纸的研究，借鉴已造船舶的成功建造经验，分析其制造特点如下。

（1）平地造船、短周期合拢

因公司造船类型为工程船舶，船坞实际需求较小，造船主要采用"平地造船法"，此造船模式是将船体结构件用大型吊装设备直接在平地上总装，整体吊装下水或者滑移至浮船坞下水。管节沉放船最大结构重量约为 2700 t，且船体外形呈倒凹形，由一个跨梁和两个箱型浮体组成，结构复杂，直接吊装下水难度很大。小分段之间需精确定位，焊接过程变形很难控制，很容易出现分段不好对接、合拢焊缝间隙过大等问题，大分段

---

* 本文曾刊登于《科技展望》2016 年第 11 期。

（跨梁、浮体）重量达 600 t，致使设备占用周期长，转运困难，短周期合拢困难。

（2）核心设备重量标定

垂直提升锚机为该管节沉放船的核心部件之一，它的设备精度直接影响到沉放船的使用性能，按照设计要求，垂直提升锚机的重量传感器试重标定工作必须按照实际使用工况标定。目前国内这种锚机大吨位重量传感器即 300 t 以上的重量传感器在进行现场标定试重工作还处在探索试验阶段，一般是采用向下的力来进行标定，即在锚机下悬挂 600 t 的配重，配重为 6 m³ 的立方体，由于在现场吊钩下面的空间有限，仅有 4 m 的操作空间，无法挂钢丝绳，而理论吊高需控制在 20 m 左右，现场条件不能满足，因此在这种工况下无法进行操作，而目前国内还没有进行传感器现场标定的方法。

2 主要制造技术

2.1 分段制造及合拢

在制作港珠澳大桥管节沉放船分段合拢过程中，具体制作方法如下：①根据已有的造船工艺经验，并结合管节沉放船的实际情况（工期短、具体船型等），综合考虑，决定此次造船依旧推行无余量制作。②沉放船采用在重载码头进行大合拢，部分分段直接在车间整体制作，然后转运出车间在内场通过门机吊装中合拢成三大组件（全船含上建共 32 个分段）（图 1），即为两侧浮体、中间跨梁，然后转运至码头并配合浮吊吊装进行大合拢（图 2）的制作方法。

图 1　分段内场中合拢　　　　　图 2　分段重载码头大合拢

2.2 大型组件转运

管节沉放船两侧浮箱重量约 600 t，中间平台重量约 550 t，由 5 台 150 t 液压平板车联动转运。

新面临的必须解决的技术难题是：

1）构件下部台架位置已全部布置好。必须整体抬高组件，移除台架；

2）合理布置平板车，使每个平板车合理受压，在设备安全使用范围之内；

3）5台液压平板车同步性高要求。

2.3　船体整体吊装

采用双浮吊（稳强1800 t浮吊和自用全回转1600 t浮吊）吊装下水方案（图3），重量约2000 t（不含甲板设备）。

经过精确的船体重心计算、钢丝绳配置、吊耳强度及焊缝强度校验和反复的三维模拟试验，最终确定了吊装吊点位置，并通过有限元软件分析吊点及船体结构的应力情况（图4），在经过船体换厚板、吊耳处筋板加强、吊耳附近的船体焊缝全部VT100%超声波探伤仪等一系列措施后，直至满足理论和实际要求为止。

 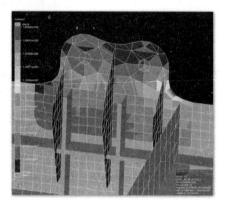

图3　双浮吊吊装下水　　　　　　　图4　吊耳应力云图

2.4　锚机传感器重量标定

按照船东要求锚机的重量传感器标定工作必须按照实际工况标定，但现场施工条件有限，场地工况复杂不利于施工。在锚机下挂配重，但40 t锚机通过动滑轮转化后需要标定600 t的拉力值，现场吊钩下方空间有限，仅有4 m的操作空间，无法挂钢丝绳，就连配重的空间也无法保证。最终通过反向思维，既然无法提供600 t的拉力，那就提供600 t的推力。

最后确定方案如下：40 t锚机的标定，自制顶升工装，使用600 t油压千斤顶，让顶升力代替牵引力。在动滑轮和定滑轮之间加入顶升工装，顶升支座的形状和滑轮支座的形状需要完全吻合，让整个滑轮支座受力，利用600 t油压千斤顶的推力完成标定工作。

3 结　语

　　管节沉放船的成功制作，标示工艺服务于生产又指导于生产的良性循环始终贯穿整个沉放船的生产过程。这是项目的成功，也是工艺技术管理上"加强工艺管理，精细工艺技术，优化工艺装备"战略目标的成功。该制作方法突破了传统的造船思路，为公司及国内同等项目的顺利完成提供了理论和实际操作的基础。

大型沉管与沉放驳摩擦型连接受力分析[*]

苏长玺[1]，冯海暴[1,2]

（1. 中交一航局第二工程有限公司，青岛；2. 中国交建海岸工程水动力重点实验室，天津）

摘　要： 大型沉放驳与沉管连接方式通常采用绳索拉紧、木墩支撑、钢结构支撑、混凝土墩等方式，在沉管管节进入基槽系泊等待期间，当管节遇到横流或波浪时，由于管节和沉放驳之间采用了连接的方式，可避免沉管与船舶之间发生撞击。本文结合港珠澳大桥沉管管节与沉放驳之间的摩擦性钢支墩连接方式，对管节在基槽处系泊等待安装期间受到波浪和水流作用时，进行了沉管管节与沉放驳之间连接的受力分析，得出了受力传递的趋势和途径，并提出了相应的预控措施，为大型沉管管节沉放安装提供了理论分析依据，可为类似工程施工提供借鉴。

关键词： 大型沉管；摩擦性连接；受力传递；抵抗波流力

1　工　程　概　况

港珠澳大桥沉管隧道工程穿越珠江口广州、深圳西部港区出海主航道，是我国重大基础设施项目，其中沉管隧道是目前世界上综合难度最大的沉管隧道之一，沉管隧道（含暗埋段）全长 5990 m，沉管段长 5664 m，共有管节 33 节，每节标准管节重量约 8 万 t，长×宽×高=180 m×37.95 m×11.4 m，是世界上总长度和断面尺寸最大、埋深达 45 m 以上的六线行车的先铺法沉管隧道的代表性工程。

港珠澳大桥沉管隧道施工隧址处受径流影响比较明显，表现为洪水季流速大于枯水季流速、落潮流速大于涨潮流速，根据实测资料，隧址处大潮表层最大流速达到 1.93 m/s，垂线平均流速达到 1.51 m/s。按照确定的管节沉放作业窗口（流速≤1.3 m/s、波高≤0.8 m、波周期 $T=6$ s），综合物模试验结果、数模计算结果和有关分析研究，管节沉放定位期间可能受到的波流力 F_w 将达到 3000 kN，如果采用沉管上安装缆抵抗此波流力，沉管顶部系缆桩、导向滑轮等舾装件结构将超出常规设计，实现非常困难，同时安装缆直径太大时带缆作业难度加大。因此通过综合分析影响因素，需对沉管在沉放系泊等待期间，抵抗波浪和水流作用力情况进行分析研究，根据分析结果做出预控措施，为大型沉管安

---

* 本文曾刊登于《中国港湾建设》2016 年第 12 期。

装施工提供技术依据。

2 沉管沉放前抗浪流调研

国内外沉管隧道施工中,多采用沉放驳进行沉管的沉放安装,沉管在基槽处系泊等待安装期间,抵抗波浪和水流联合作用的方式通常采用 2 种方式[1],第 1 种方式为利用沉管上锚缆抵抗波浪和水流力的作用,第 2 种方式为利用沉放驳上的锚缆抵抗波浪和水流力的作用。第 1 种抗浪流的方式受力明确便于操作和控制,但送缆和布设缆绳较为困难,适用于水流力较小的施工环境;第 2 种抵抗浪流的方式便于送缆作业,可减少管节顶部舾装件数量或减小舾装件规格,但操作要求比较高,适用于水流力较大的施工环境[1]。

结合港珠澳大桥沉管隧道施工的特点,沉管在基槽内系泊等待期间,可能会出现流速和波浪联合作用且自然条件相对较差的情况,因此为了能够实现安全保证在自然条件相对较差的情况下实现沉管系泊等待,第 2 种方式利用沉放驳上的锚缆抵抗波浪和水流力的作用较为符合工程实际施工条件,对于操作要求上,施工中严格控制操作程序和人员的培训,做到精细化施工完全可以实现。

经过综合分析,沉管在基槽内系泊等待期间抵抗水流和波浪作用,从自然条件和操作上初步选取第 2 种方式作为本工程中沉管的抗浪流的方法,但对于受力情况需要通过计算分析确定。

3 沉管与沉放驳连接受力分析

3.1 连接方式分析

结合本工程实际情况,利用沉放驳上的锚缆抵抗波浪和水流力作用的方式,需要分析沉管和沉放驳之间的连接受力情况,通过研究分析沉放驳和沉管之间连接分为以下 2 种方式即方案 1 和方案 2,两个方案在墩的数量、吊索预拉力、波浪力、水流力完全一致,每个沉放驳各设置 4 个钢支墩和 2 个吊点(2 个沉放驳钢支墩为 8 个,吊点 4 个)[2,3],沉放驳与沉管之间通过吊点施加预拉力为 10 000 kN,水流作用力 F_w 为 3000 kN。

方案 1 为沉管管节顶部预设混凝土支墩 8 个,在 2 个沉放驳上设置钢支墩 8 个(每个沉放驳 4 个钢支墩),通过沉放驳注水降低干弦坐落于沉管上,进行刚性支撑和限位,并利用 2 个沉放驳 4 个吊点在沉管和沉放驳之间预加 10 000 kN 总拉力,通过该方式抵抗沉管定位时的波流力,沉放驳总体结构布置见图 1。

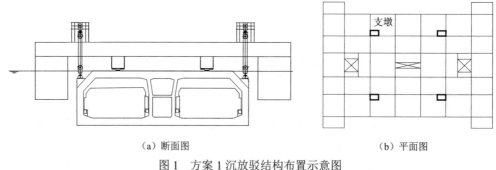

（a）断面图　　　　　　　　　　　　（b）平面图

图 1　方案 1 沉放驳结构布置示意图

　　方案 2 和方案 1 基本相同，不同之处为沉管和沉放驳之间通过端部镶入橡胶板的钢支墩连接，进行半刚性支撑和摩擦型限位[2]，并利用吊索在沉管和沉放驳之间预加 10 000 kN 拉力（内力），使钢支墩与沉管产生的摩擦力传递给沉放驳，再由沉放驳传递给系泊缆的方式抵抗沉管系泊等待时的波流力。

3.2　方案 1 连接方式受力分析

（1）连接设计

　　沉管顶部设置的 8 个长 1 m、宽 1 m、高 0.3 m 混凝土墩和 2 个沉放驳上的 8 个钢支墩进行套接，将沉管转向或将系泊时受到的波流力通过混凝土墩传递给钢支墩，再由钢支墩传递给沉放驳，通过沉放驳的系泊索抵抗波流力，局部大样见图 2。

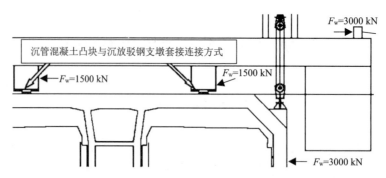

图 2　方案 1 局部大样图

（2）混凝土支墩抵抗水平剪力（水流力）分析

　　沉管上部的混凝土支墩与沉放驳钢支墩连接通过套接抗剪，根据文献[4, 5]考虑结构不均匀受力的不利情况下，每个沉放驳上的 4 个钢支墩中 2 个支墩共同受力（由于两船之间为柔性连接，每个沉放驳可实现 2 个支墩共同受力），则沉管上 4 个钢筋混凝土墩可共同受力，根据分析受到的水平剪力（水流力）按 3000 kN 计算，则每个钢筋混凝土墩承受水平剪力为 3000/4 = 750 kN。

　　根据文献[6]混凝土抗剪强度为抗压强度的 1/12～1/10，沉管混凝土强度等级为 C45，

抗剪强度最小为 $45 \div 12 = 3.75$ MPa，每个混凝土墩面积为 1 m²，可承受水平剪力约为 3750 kN，安全系数为 $3750 \div 750 \approx 5$，满足抗剪要求。

（3）支墩承受竖向力（波浪力）受力分析

结合工程施工流程，管节在基槽内系泊等待期间应预先消除干舷，管节消除干舷过程中，沉放驳与管节保持固结在一起，每个吊点 2500 kN 拉力，此时受到的最大浪高为 $H_s = 0.8$ m，由于沉放驳与管节不可能完全同步浮沉，沉放驳浮力会产生变化，吊放钢丝绳拉力将随之变化，沉放驳浮箱长 40.2 m、宽 7.2 m，最不利状态下为沉管静止在水中，沉放驳上浮增加沉管和沉放驳之间的吊索拉力，而沉放驳的浮箱正处于两个波峰处。最不利情况下每个吊点拉力增加值 $F = 40.2 \times 7.2 \times 0.4 \times 10.25 \approx 1200$ kN，此时每个吊点的拉力为 $1200 + 2500 = 3700$ kN，而沉管的吊点设计允许荷载值为 4500 kN[3]，吊点力在最不利状态下留有的安全系数为 $4500 \div 3700 = 1.22$，实际工程施工时将会适当减小沉管与沉放驳之间的拉力。

当沉管在上述状态遇到波谷时，沉管保持不变的情况下，沉管与管节之间吊力会相应减小 1200 kN，而沉管和沉放驳之间的拉力为 2500 kN，此时沉管和沉放驳之间保持的拉力为 1300 kN，仍然不会使得沉管和沉放驳之间脱离，则此时混凝土支墩会实现抵抗水流力的作用，满足沉管在系泊等待期间的波流力联合作用的要求。

3.3 方案 2 连接方式受力分析

（1）连接设计

方案 2 与方案 1 钢支墩设置方式相同，方案 2 中每个沉放驳设置 4 个钢支墩，在钢支墩端部镶入橡胶板加大摩擦系数[2, 3]，并利用吊索在沉管和沉放驳之间预加 10 000 kN 拉力（内力），使钢支墩与沉管产生的摩擦力传递给沉放驳，再由沉放驳传递给系泊索的方式抵抗沉管系泊等待时波流力。局部大样图见图 3。

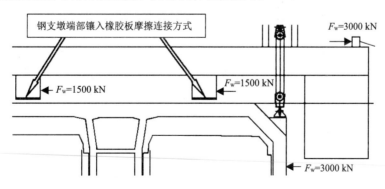

图 3　方案 2 局部大样图

（2）水平剪力（水流力）分析

钢支墩和沉管接触的端部镶入橡胶板，根据试验混凝土和橡胶之间的摩擦系数可以达到 0.75～0.8[7,8]，按照最小摩擦系数 0.75 取值，则 10 000 kN 拉力的情况下，可以产生摩擦力 $f = 10000 \times 0.75 = 7500$ kN，在压力满足的条件下水流力全部传递为 3000 kN，安全系数达到 7500/3000 = 2.5，满足设计要求。

（3）系泊等待波浪影响下时水平剪力

管节定位等待期间应预先消除干舷，此时沉放驳与管节连接在一起，此时每个吊点 2500 kN 拉力，此时受到浪高 $H_s = 0.8$ m 波浪时，沉放驳与管节不可能完全同步浮沉，吊放钢丝绳拉力将随之变化，根据方案 1 分析结果，最不利情况下每个吊点拉力将增加 1200 kN，单个吊点最大拉力将增加到 3700 kN＜4500 kN，满足沉管吊点容许荷载值。

在波谷时钢支墩和沉管之间的压力会随之减少 1200 kN，此时由于水流力即水平方向的传递力由摩擦力传递，所以剩余部分的压力值产生的摩擦力应不小于水流力 3000 kN，波谷时剩余压力为 10000–1200×4 = 5200 kN，摩擦力 $f = 5200 \times 0.75 = 3900$ kN＞3000 kN，此时摩擦力大于水流作用力，可以实现水流力完全传递的要求，在最不利工况下沉管和沉放驳之间不会产生滑移。

4　连接方式选择

根据沉管与沉放驳的两种连接方式计算分析，在沉管在基槽内系泊等待期间，方案 1 和方案 2 的连接方式都可以满足沉管与沉放驳之间的稳定性控制要求。

方案 1 与方案 2 的连接方式相比，虽然都可以满足抵抗沉管系泊等待期间的波浪与水流力联合作用，但方案 1 属于纯刚性接触，当船舶出现振动或偶然的船舶间碰撞时，将产生巨大的荷载，对沉管和沉放驳都会造成较大的破坏和影响，而且方案 1 属于"嵌入式"连接，在沉管和沉放驳连接时，船管的相对位置及姿态需要精确调整，给施工操作带来一定的困难，因此方案 1 不作为沉管与沉放驳连接方式的推荐方案。

方案 2 沉管与沉放驳之间的半刚性连接方式则会在偶然的船舶碰撞时[2]，由于船舶和沉管之间的橡胶可出现横向的剪切微量变形吸收碰撞荷载产生的能量[9]，不会对沉管和沉放驳造成较大的影响，可以实现沉管与沉放驳之间的紧密连接，同时方案 2 的连接方式在船管连接时无需精确对扣，只需要将钢支墩按规定位置压在沉管表面通过吊索预拉固定即可，操作方便快捷，因此推荐方案 2 作为沉管与沉放驳之间的连接方式。

经过综合分析，结合工程的实际情况经过比选，沉管与沉放驳之间的连接方式选取方案 2 半刚性连接方式。

5　结　语

通过对港珠澳大桥现场施工条件分析和计算对比，在沉管进入基槽系泊等待期间，采取以下方式进行抵抗波浪和水流力的作用。

1）推荐选取利用沉放驳上的锚缆抵抗波浪和水流的联合作用力，可减少管节顶部舾装件数量或减小舾装件规格。

2）沉管与沉放驳之间的连接方式中，采用混凝土支墩与钢支墩套接连接的方式抵抗水流和波浪的作用，虽可满足沉管稳定性要求，但刚性连接存在船舶间碰撞时会产生巨大的荷载，对沉管和沉放驳都会造成损坏的风险，而且属于"嵌入式"连接，在沉管和沉放驳连接时船管的相对位置及姿态需要精确调整，给施工操作带来一定的困难，因此不推荐采用。

3）沉管与沉放驳之间的连接推荐采用半刚性连接方式，即采用在钢支墩上镶嵌橡胶板与沉管之间进行拉压连接，可有效避免船舶碰撞损坏沉管和装备的风险。在船管连接时无需精确对扣，只需将钢支墩按规定定位在沉管表面通过吊索预拉力紧固即可，操作方便快捷。

4）沉管与沉放驳之间的连接方式中，不推荐采用钢丝绳吊索直接连接的完全柔性的固定方式，该连接方式虽然可以满足吊点的容许荷载值，但无法满足沉管的稳定性控制。

港珠澳大桥沉管隧道工程施工时，在沉管进入基槽系泊等待和浮运期间，选取了沉放驳抵抗波浪和水流力作用的方式，沉管与沉放驳之间的连接方式也采用了半刚性连接，目前工程已成功完成了 28 节管节的浮运沉放安装，实际验证了该抗浪流的方式选取是正确的。

综上所述，本文详细分析了沉管在进入基槽时的抗浪方式与沉管和沉放驳的连接方式，可为我国以后类似大型沉管安装中抗浪流的方式分析提供参考数据。

参 考 文 献

[1] 朱升. 沉管隧道管段浮运和沉放过程中流场和阻力特性的研究[D]. 北京：北京交通大学，2009.

[2] 林鸣，关秋枫，尹海卿，等. 用于沉放驳和管节的连接装置：201320006964.8[P]. 2013-08-28.

[3] 董美余，华晓涛，何可耕. 海底隧道管节沉放船设计特点[J]. 船舶工程，2016，38（S1）：42-45.

[4] 逯文茹. 钢锚箱式钢—混组合索塔锚固体系受力性能与设计方法研究[D]. 西安：长安大学，2015.

[5] 曾新平. 抗滑桩与重力式挡土墙联合支挡结构受力特性分析[D]. 长沙：湖南大学，2012.

[6] 中华人民共和国交通运输部. 水运工程混凝土结构设计规范：JTS 151—2011[S]. 北京：人民交通出版社，2012.

[7] 杜明宣，李炎保. 橡胶阻滑板与抛石基床摩擦系数统计特性与影响因素[J]. 中国港湾建设，2009，(5)：4-6.

[8] 谢善文，李炎保. 橡胶阻滑板在我国水运工程中的首次应用[J]. 水运工程，2006，(S2)：53-57.

[9] 冯海暴，徐国明. 深水航道施工船舶间靠泊撞击力研究与取值分析[J]. 港工技术，2015，(6)：57-61.

管节与安装船在浮运过程中连接的研究[*]

华晓涛[1]，何可耕[2]，董美余[2]

（1. 上海交通大学船舶海洋与建筑工程学院，上海；2. 上海振华重工集团股份有限公司，上海）

摘　要：管节安装船是近年来用于水下隧道管节安装的特殊工程船。采用该工程船进行安装的管节，在浮运过程中需要与安装船绑扎固定在一起，以减少水流力对整个系统的冲击并节省现场连接的时间。本文根据管节及安装船的结构特性及安装船上的机械设备，设计了一种较为可靠的连接方式，并对该连接方式进行了验算，可为工程人员提供借鉴。

关键词：工程船；管节安装船；水下隧道管节；浮运绑扎；港珠澳隧道

0　引　言

　　港珠澳大桥东连香港，西接珠海、澳门，是集桥、岛、隧于一体的跨海通道，工程全长 35.6 km，其中隧道部分采用沉管的方式建造。沉管隧道是目前世界上广泛采用的水下隧道施工方法之一[1]，管节沉放是整个沉管隧道水下施工中极为重要的一环，合理的管节沉放方案可以提高管节沉放的安全性，保证隧道施工质量。沉管隧道发展初期，管节沉放常采用浮吊法和拉沉法；随着沉管隧道规模的日益大型化和施工技术的发展，先后形成了浮箱沉吊法、升降平台法、抬吊法等管节沉放施工工艺[2]。韩国釜山—巨济沉管隧道和土耳其博斯普鲁斯沉管隧道采用的专用管节安装船是浮箱沉吊法进一步发展的成果。

　　港珠澳大桥岛隧工程隧道段位于珠江口伶仃洋内，在伶仃岛以南十多公里处。隧道段受洋流影响比较大，表现为洪水季流速大于枯水季流速、落潮流速大于涨潮流速。根据实测资料，隧道段大潮表层最大流速达到 1.9 m/s，平均流速约为 1.5 m/s。按照确定的作业条件（流速≤1.3 m/s、波高≤0.8 m、周期 $T = 6$ s），综合模型试验结果、软件模拟计算结果和有关分析研究，管节安装期间可能受到的波浪力在水平方向可达 3000 kN[3, 4]。如果采用缆绳进行系泊方式的固定，那么将会导致隧道管节上的预埋件结构超出常规设计要求，难以实现，同时系泊缆绳直径将会达到 65 mm 以上，给绑扎固定工作带来很大的困难。综合以上的各项因素，本文从安装操作的简易度和隧道管节预埋件的复杂度入手，设计了一套新型的连接装置，以解决上述难题。

---

　　[*] 本文曾刊登于《海洋工程装备与技术》2014 年第 3 期。

1 总体描述及连接结构布置

1.1 管节浮运安装总体流程

隧道管节为钢筋混凝土结构,在干坞内进行预制并封闭两端后通过坞内注水的方式浮到水面。两条安装船相隔一定的距离跨骑在管节上,通过连接装置与管节固定在一定。固定方式主要有两个步骤:一是收紧管节安装船上的缆绳,利用缆力将管节、钢支墩与管节安装船牢牢挤压在一起;二是利用尼龙缆绳将管节上的系缆桩与管节安装船上的系缆桩绑扎起来。两点措施一起形成了"双保险"。

管节与安装船绑扎好后,利用拖船将管节和安装船拖到指定的安装地点。管节安装船与管节的连接关系如图1所示。

图1 管节安装船与管节连接关系示意图

管节浮运到位后,待达到合适的气象窗口条件,首先解开连接管节和安装船系缆桩的缆绳,然后释放钢丝绳上的拉力,使管节与钢支墩自然脱开。待解绑工作结束后,通过线缆系统使管节缓慢下降到待安装位置,进行安装工作。管节安装的基本原理见图2。

图2 管节安装示意图

港珠澳大桥岛隧工程论文集 卷Ⅱ

1.2 管节与安装船连接结构的形式及布置

通过在安装船上设置钢支墩,在隧道管节下水进行二次舾装时,安装船打压载水,让安装船的钢支墩与隧道管节接触,达到刚性支撑和限位的目的。安装船上有用于安装管节的吊索钢缆。收紧钢缆,使钢支墩与隧道管节之间产生垂向的预紧力,每根隧道管节有4根钢缆,分别位于钢支墩附近。在钢支墩和隧道管节预埋件之间会放置橡胶块,其作用一是增加摩擦力,二是减少钢支墩与隧道管节之间的冲击。当隧道管节和钢支墩之间有横向移动趋势时,施加的垂向预紧力会产生水平的摩擦力,能够抵抗水流造成的水平力,避免安装船和隧道管节产生相对移动。

钢支墩的外形尺寸设计为宽2m、长3m、高2m,主体结构采用船用钢板,钢支墩与船体结构连接采用螺栓栓接,钢支墩与下方的橡胶垫片采用螺栓栓接,便于更换。其结构形式如图3所示。

每个管节安装船设置有2个支墩,两船共设有4个支墩,每根隧道管节上相应设置有4处预埋件,与安装船上的钢支墩一一对应。其布置形式如图4所示。

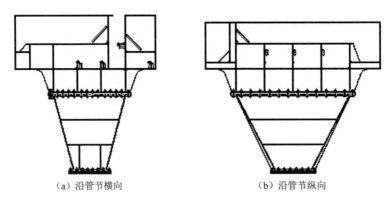

（a）沿管节横向 （b）沿管节纵向

图 3 钢支墩结构图

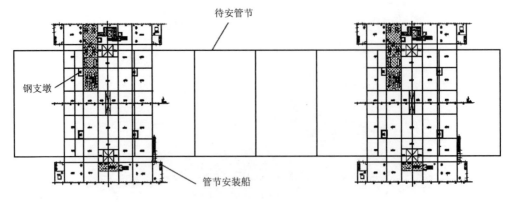

图 4 钢支墩布置图

2 连接装置有效性验算

采取水池模型试验的方式，在管节浮运阶段，管节在有效波高 $H_s = 0.9$ m 时受到的水平方向载荷有 1500 kN 左右[3]。考虑模型试验的误差，给定 2 倍的安全系数，认为若管节与安装船的连接装置能承受超过 3000 kN 的水平力，则装置是有效的。

在浮运过程中，由于受到波浪力的作用及制造尺寸误差、系统刚度影响，4 个钢支墩个体受力并不均衡，但从管节总体受力角度考虑，钢支墩不均衡因素为内力因素，对 4 个钢支墩总受力影响不大，不计入本节以下的验算之中。

2.1 浮运过程中水平力验算

钢支墩和管节之间垫一层橡胶垫，橡胶垫用螺栓紧固在钢支墩上。管节是用混凝土制成的，经查混凝土和橡胶之间的摩擦因数可达 0.8[5]，取保守值 0.75 作为本文计算的系数。管节浮运连接装置中，钢丝绳设计最大拉力为 10 000 kN，则钢支墩与管节之间的理论最大垂直作用力可达 10 000 kN，其可产生的水平摩擦力最大可达 $10000 \times 0.75 = 7500$ kN。管节浮运过程中，最大的水平受力约为 3000 kN，小于 7500 kN，装置是有效的。

2.2 考虑波浪作用的水平力验算

沉管浮运时，作业规程要求波高不得超过 0.8 m，水流与管节轴向相同，由于管节自身重量较重，尺寸较大，在波浪的作用下起伏较小，而管节安装船体积小得多，在波浪的作用下，起伏较大，会受到较大的垂向力。安装船在波谷时，其与管节之间的力会减小，导致水平方向可承受的摩擦力减小，而在波峰时刚好相反。为此，验证了安装船在波谷时水平摩擦力是否在安全范围内。安装船水面以下部分的面积为 $40.2 \times 7.2 = 289.44$ m²，每船 2 个浮体，总计 4 个，垂向波浪力可按简易公式估算：

$$F_1 = S \times H / 4 \times \rho \times 4 \times g = 289.44 \times 0.8 / 4 \times 1.025 \times 4 \times 9.8 = 2326 \text{ kN}, \qquad (1)$$

式中，S——浮体在水中的截面积，m²；

H——有效波高，m；

ρ——海水密度，kg/m³；

g——重力加速度。

管节安装船在波谷时，安装船与管节之间的拉力减少了 2326 kN，还剩余 $10000 - 2326 = 7674$ kN，大于 3000 kN 的安全值，不会产生滑移。

2.3　管节安装等待时的验算

管节定位等待期间，需要消除管节的干舷，此时安装船与管节连接在一起，吊缆提供 10 000 kN 的拉力。管节安装船安装等待时的环境窗口要求波浪不得超过 1.5 m/s，在此情况下，波浪造成的垂直力按下列简易公式估算：

$$F_2 = S \times H/4 \times \rho \times 4 \times g = 289.44 \times 1.5/4 \times 1.025 \times 4 \times 9.8 = 4361 \text{ kN.} \qquad (2)$$

安装船与管节之间的有效拉力变为 10000–4361 = 5639 kN，大于安全值 3000 kN，不会产生滑移。

3　管节浮运连接装置强度计算

连接装置虽然能够在各种工况下提供足够的水平摩擦力，但在浮运的时候，由于受到较大的垂直力和水平力作用，装置本身及船体是否能够承受，需要进行计算确定。此处采用有限元法进行计算。

3.1　钢支墩有限元模型描述

有限元计算采用 MSC.PATRAN&NASTRAN。钢支墩的结构形式完全相同，为方便计算，仅对单个钢支墩建模进行分析。模型采用右手坐标系，坐标的 X 轴对应管节的轴向，Y 轴对应管节的横向，Z 轴对应垂向。钢支墩全部建模分析，船体取局部结构建模分析，为避免结果受到边界的影响，船体结构建模超过 4 个肋板的距离。具体如图 5 所示。

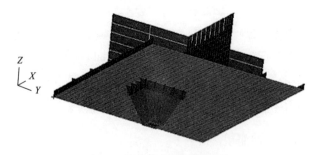

图 5　钢支墩有限元模型图

3.2　工　况　描　述

计算时需考虑最大的载荷，即管节受到 10 000 kN 的垂向力。当安装船位于波谷，将对支墩增加 4361 kN 的垂向力，因此支墩最大承受 14 361 kN 的垂向力，并且承受 3000 kN 的水平方向水流力。考虑实际工程中水流的流向可能突然改变，传递到支墩的水流力可能为 360° 方向，计算时选取每 45° 计算一次。由于结构的对称性，仅需考虑 0°，45°，90° 即可覆盖 360° 的情况。为方便对比，以下计算规定工况一水流力为 0° 方向，工况二水流力为 45° 方向，工况三水流力为 90° 方向。

3.3 计算结果

对于钢支墩而言，受到水平力将对其产生较大的弯矩，在钢支墩的单侧出现最大应力；船体接近钢支墩区域，一边受拉，一边受压，将产生较大的应力；最危险的工况为工况一，其受力方向为 0° 方向，此时受力与管节平行。具体的有限元计算结果如表 1 所示。

表 1 钢支墩及船体连接部位有限元结果表

工况	最大相当应力/MPa	最大剪切应力/MPa	最大位移/mm
工况一	163	80.7	3.22
工况二	127	66.0	2.35
工况三	152	78.2	2.68

有限元计算的应力云图如图 6 所示。

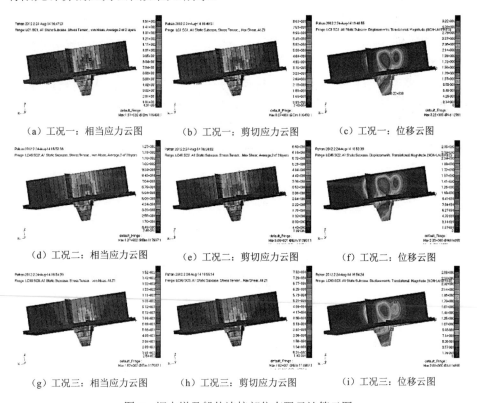

（a）工况一：相当应力云图　（b）工况一：剪切应力云图　（c）工况一：位移云图

（d）工况二：相当应力云图　（e）工况二：剪切应力云图　（f）工况二：位移云图

（g）工况三：相当应力云图　（h）工况三：剪切应力云图　（i）工况三：位移云图

图 6 钢支墩及船体连接部位有限元计算云图

钢支墩和船体的材料均采用 CCS-A 的钢板，屈服强度为 235 MPa。材料的相当许用应力为 235 MPa，剪切许用应力为 235×0.6 = 141 MPa[6]。根据计算的结果，最大应力出现在工况一，最大相当应力 163 MPa，最大剪切应力 80.7 MPa，均小于规范的规定值，连接装置及相连的结构是安全的。

由于规范中没有钢支墩的类型，参照集装箱开口最大许用扰度值为 0.002 8L，钢支墩模型计算时的最大尺寸 L 为 13 200 mm，许用扰度为 13200×0.0028 = 36.96 mm，计算最大位移为 3.22 mm，小于规范值，即扰度计算结果表明钢支墩是安全的。

4　结　　语

沉管安装法在水下隧道施工历史中出现较早，但限于技术的发展，采用专用安装船进行的安装工程目前还不多。采用专用安装船进行安装，需要解决浮运、安装过程中的诸多难题，其中本文研究的对象即管节与安装船的连接装置亦是其中之一。本文通过数据分析，从装置的有效性到装置结构可靠性进行剖析，证明了采用钢支墩加橡胶垫的方案可行；并且该装置在港珠澳大桥项目上已经通过实践，证明了其可行性、安全性和高效性。

采用钢支墩加橡胶垫块的连接方式，有以下优点：首先，钢支墩的受力较传统钢混结构更加优越，能够承受更大的载荷和冲击；其次，橡胶垫片能够缓冲波浪在水中造成的冲击，对隧道管节和安装船都能够进行有效的保护，更换垫片也较为经济和便捷；再者，钢支墩和橡胶垫片采用接触的方式与隧道管节进行连接，在遇到紧急情况时，只需要松开缆绳，隧道管节和安装船就可以快速脱开，而不需要人员到水下操作，提高了工作人员的安全性。应当注意的是，采用钢支墩的连接方式，需要在与管节和安装船接触的位置做加强，需要工程技术人员在设计管节结构时提前做好考虑。城市交通快速发展，水下隧道的建设逐渐增多。本文的研究将能为其他水下隧道沉管施工提供借鉴。

参 考 文 献

[1]　傅琼阁. 沉管隧道的发展与展望[J]. 中国港湾建设，2004，(5)：53-58.

[2]　吴瑞大，任朝军，吕黄，等. 沉管隧道管节沉放施工技术[J]. 水运工程，2013，(2)：150-155.

[3]　林黎阳. 沉管沉放节段运动及动力响应试验研究[D]. 大连：大连理工大学，2013.

[4]　吕卫清，应宗权，苏林王，等. 沉管管节浮运过程中波浪附加阻力的水动力学分析[J]. 水运工程，2011，(11)：1-5.

[5]　杜明宣，李炎保. 橡胶阻滑板与抛石基床摩擦系数统计特性与影响因素[J]. 中国港湾建设，2009，(5)：4-6.

[6]　中国船级社. 中国船级社钢质海船入级规范[S]. 北京：中国船级社，2012.

大型管节浮运关键技术分析[*]

朱建国，伦灿章

（上海振华重工（集团）股份有限公司，上海）

摘 要： 以港珠澳大桥岛隧工程为例，本文介绍大型管节海上长距离浮运的方法，分析浮运方案设计的关键技术，探讨浮运阻力确定、时间窗口确定及拖轮编队等问题，并确定最终方案。

关键词： 沉管隧道；管节浮运；模型试验；拖轮编队

港珠澳大桥岛隧工程总长 7440.5 m，其中沉管隧道长 5664 m，由 33 个管节 E1～E33 组成，管节宽 37.95 m、高 11.4 m、长 112.5 m（E1、E2、E32、E33）和 180 m（E3～E31），最重达 7.8 万 t，建成将成为世界范围内最长、埋置最深、单孔跨度最宽、单节柔性管节最长、规模最大的海底公路沉管隧道[1]。管节预制厂位于桂山岛，距离安装现场约 12 km。该工程管节浮运距离远，时间长，水深浅，航道窄，流态复杂，航道交通繁忙，需避免浮运过程中的搁浅、碰撞等风险，对浮运编队的拖力、操纵性、协同性提出了较高的要求。因此如何将管节安全地从预制厂运输至沉放水域，是沉管隧道施工的首要任务，也是该工程必须解决的关键技术问题。

目前，国内对管节浮运的研究主要集中在浮运阻力方面，而在时间窗口和拖轮编队方面，相关文献报道不多，系统性研究较少。因此，考虑从浮运阻力确定、时间窗口确定及拖轮编队方案三方面对管节浮运技术开展分析。

1 关 键 技 术

1.1 浮运阻力确定

港珠澳大桥岛隧工程的管节需在海上浮运，受到风、浪、流等荷载的综合作用，航道相对内河的环境因素更加复杂，管节从航道浮运到基槽的过程中，流向角、水深及流速的变化，使管节的阻力产生变得非常复杂。管节的阻力特性将影响到浮运方案中的

---

* 本文曾刊登于《船海工程》2016 年第 5 期。

作业时间窗口及拖轮编队方案等关键问题，因此在进行海上长距离管节浮运前，对管节的阻力大小及影响因素进行深入研究，最终得到准确的数据来指导管节浮运方案的设计[2]。

管节浮运阻力通常采用经验公式，如《港口工程荷载规范》（JTS 144—1—2010）中推荐的公式进行估算。但上述规范中没有针对大型钝体水流阻力的计算公式[3]，由于大型管节的阻力系数难以确定，经验估算值与实际值的偏差较大，仅适用于浮运施工方案的初步评估。在详细施工方案阶段，需根据浮运作业的实际情况进行针对性的模型试验，以确定管节在各种工况下的浮运阻力。

从理论上来讲，管节在水中的受力是一个钝体在限制区域的黏性兴波问题。物体在无限介质中的黏性绕流问题仅在小雷诺数时才有满意的解析解或数值解。然而，大型管节所涉及的内容除了钝体和介质的雷诺数大，还有限制边界及自由表面的影响等因素，十分复杂：①当管节与沉放驳、拖船组合在一起时，整个编队的形状极不规则；②浮运航道水深较浅，浮运时的浅水效应比较明显；③航道中存在波浪，也会产生一定的附加阻力。

因此，就目前掌握的资料及研究成果，通过数值模型试的方式来准确估算管节浮运阻力，还存在很大的困难，普遍认为最可靠的方法是物理模型试验。由于管节是方形钝体，流动分离点稳定，为试验研究中实现自相似创造了条件。因此，从理论上来说试验研究可获得较满意的结果[4]。

管节浮运包括航道浮运及基槽浮运2个阶段。物模试验分别考虑这2个阶段的实际情况，设计相应的试验。航道浮运阶段流向与管节浮运方向的夹角（下称流向角）较小，基本属于顺流或逆流状态，此阶段进行了0°、12°、18°和30°流向角的试验工况。同时，为了研究水流对浮运阻力的影响，设置了静水拖航和逆流拖航2种对比工况，用于分析相同的相对航速下静水与逆流的浮运阻力数据。另外，由于航道水深较浅，浮运时浅水效应明显，试验还需考虑水深对浮运阻力的影响，因此，试验分别模拟了14.4 m、16.0 m和25.0 m水深，得到不同水深下的浮运阻力数据。

管节浮运并非简单的一个管节在海上拖航，而是以编队的形式浮运。除了管节，浮运编队还包括2艘沉放驳和4艘拖船。为了定量分析其对浮运编队阻力的影响，模型试验加入了沉放驳与拖船的模型（图1），并结合实际浮运作业可能的编队形式，分别进行不含拖轮、4艘拖船顺靠和2艘拖船顺靠2艘拖船顶靠3种试验工况。

图1　模型试验现场

管节从航道浮运至基槽时，需 90° 转向，将承受横向水流作用。由于流向角较大，水流对浮运编队的作用力也较大，因此需要拖船顶靠在沉放驳上抵抗横向水流，保持浮运方向。为分析大流向角水流对浮运编队的作用力，此阶段试验将模型静置于流向角为 60° 和 90° 的水流中，测量整个浮运编队承受的水流力。

另外，浮运时海面的上波浪也会对浮运阻力产生影响，应考虑波浪产生的附加作用力。因此，模型试验设置了 0.8 m 有效波高的规则波作用下的浮运阻力工况，并与没有波浪作用的数据对比，分析波浪增阻系数。

试验结果表明：

1）拖船的靠泊方式对整个编队的阻力影响较大，拖船由顺靠改为顶靠后，阻力明显增大。

2）流向角增加，阻力显著增大。

3）在相同的相对航速下，逆流拖航的阻力比静水中的大。

4）水深增加，阻力明显下降，浅水效应比较显著。

5）0°、60° 和 90° 浪向的波浪作用下，拖航波浪增阻效应显著，增阻系数最高可达到 18%。

1.2 时间窗口确定

确定时间窗口时需深入研究潮汐的周期性变化规律，分析不同的潮汐、流速，以及其发生概率之间的关系。

浮运作业区域的潮汐属于不正规半日潮类型[6]，潮流为周期性南-北向的往复流，其中大潮期间日潮现象较明显，小潮期间半日潮现象显著，中潮介于二者之间。半日潮期间，潮水 2 涨 2 落，潮位曲线具有 2 峰 2 谷，对应的流速有 4 个峰值，各个峰值相差不大。而日潮通常有一个明显的主峰、主谷，同时，主谷与主峰之间有一个次峰和次谷。不管是日潮还是半日潮，落潮流速一般都要大于涨潮流速，流速峰值一般出现在最高、最低潮前 1～2 h。流速峰值与潮差相关，潮差越大，流速峰值越大，所以理想的浮运时间窗口一般都在小潮汛期间。

分析该区域的历史水文数据发现，0.6 m/s 及 0.8 m/s 的流速具有较典型的界限性。而管节浮运从开始带缆到基槽处锚泊，作业时间超过 12 h，将至少跨越 2 个流速峰值。因此，作业时间窗口可定为连续 2 个流速峰值小于 0.6 m/s，且第 3 个流速峰值小于 0.8 m/s 的时间，如图 2 所示的流速峰值二、峰值三和峰值四。该作业时间窗口全年平均保证率达到 70%。最大保证率在 7 月达到 97%，而最小保证率的 9 月也达到 55%。0.6 m/s 及 0.8 m/s 这 2 个界限流速是确定时间窗口的关键。虽然，取值太大保证率高，但拖航阻力大，所需配置的拖轮马力大大增加，经济性较差；取值太小则时间窗口保证率降低，难以确保隧道施工进度。

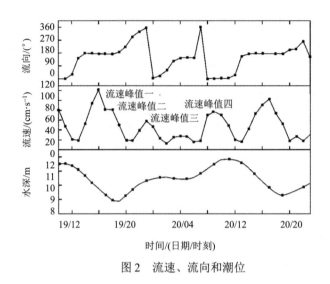

图 2 流速、流向和潮位

时间窗口确定后，每次浮运之前，都应根据天义、气象及江河流量等预报资料制定出详细的作业时间安排，确保在用现有的拖船配置情况下按计划到达基槽锚泊处。为了使作业计划具有足够的灵活性，详细作业时间安排中应包括一些临时停留的地点，这样就可对潮汐条件的变化作出机动调整。浮运过程应特别注意如航道变换，尤其是大角度转向的关键地段，这些地段必须选择在有利的潮汐条件时刻通过。

1.3 拖船编队方案

港珠澳大桥岛隧工程的管节浮运作业在交通繁忙的水域，同时由于管节巨大体积与重量会产生相当大的阻力和惯性，管节操纵响应滞后，操纵难度较大[7]，这对拖轮编队的拖力、操纵性、协同性等都提出了较高的要求。为避免浮运过程中管节搁浅、碰撞等风险，必须对拖船的数量、布置，以及连接方式等进行研究，并结合管节的阻力特性、作业时间窗口这 2 个关键因素，找出合理的拖轮编队方案。

目前，国内外大型沉管隧道的管节浮运多数采用大马力全回转拖船吊拖的编队方式，如丹麦厄勒海峡沉管隧道、韩国釜山—巨济沉管隧道管和上海外环隧道管节浮运[8]都采用了 4 艘拖船吊拖的编队方式。但是对于环境载荷更加复杂的海上浮运，此编队方式难以满足本工程对拖力和操纵性的要求，需采用吊拖与傍拖组合的编队方式。根据上述编队方案的设计原则及模型试验的阻力数据，从可行性分析得到 3 种编队方案。

方案 1（图 3）。4 艘拖船吊拖，4 艘拖船傍拖。航道浮运时，1 号、2 号拖船在前方领拖，提供浮运向前主动力；3 号、4 号拖船在后方反拖，用于制动、转向；5 号、6 号、7 号、8 号拖船并靠沉放驳两舷，控制管节浮运姿态。如出现较大的横流，5 号、6 号拖船则由顺靠改为顶靠提高横向控制能力。基槽内浮运时，4 艘傍拖拖船顶靠沉放驳，共同抵抗横流和控制管节姿态。

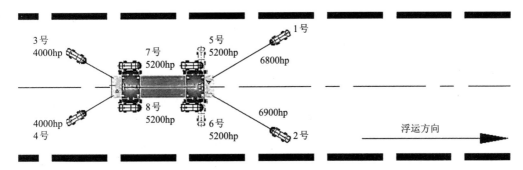

图 3　拖船编队方案 1

方案 2（图 4）。4 艘拖船吊拖、2 艘拖船傍拖。1 号、2 号、3 号、4 号吊拖拖船与方案 1 类似；5 号、6 号拖船并靠沉放驳两舷，逆流时协助提供向前拖力，顺流时协助控制管节姿态。

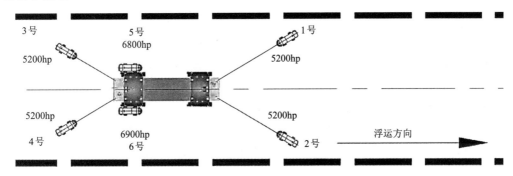

图 4　拖船编队方案 2

方案 3（图 5）。2 艘大功率拖船在艏艉龙须缆吊拖，4 艘拖船傍拖。航道浮运时 1 号拖船提供向前拖力；2 号拖船提供制动力；4 艘傍拖拖船与方案 1 类似。

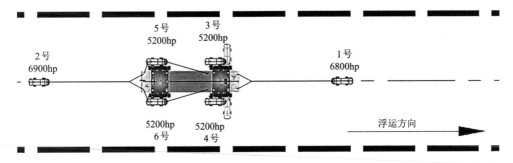

图 5　拖船编队方案 3

方案 1 动用 8 艘拖船，总功率超过 29 600 kW。该方案的优点是总拖力大、控制能力强。但是需要的拖船较多，成本高，指挥协调难。方案 2 只需 6 艘拖船，总功率约 25 160 kW。该方案拖船数量少，成本低，各个拖船受力清晰，分工明确，有利于浮运编队的指挥，但是拖力较小富余量不多。方案 3 所用拖船的数量与总功率与方案 2 相同。该方案对管节姿态的控制能力较强，但向前总拖力较差，遭遇大流速时容易失速甚至倒退。

综合比较以上 3 种编队方案，结合本工程的实际情况，方案 2 最优。与方案 1 相比，虽然方案 2 总拖力较小，但根据模型试验结果总拖力已满足浮运要求，在高效、合理的指挥协调下，可确保管节浮运的安全。另外，由于浮运的管节数量较多，随着浮运次数的增加，方案 2 的经济性优势将突显。与方案 3 相比，虽然拖船总功率一样，但方案 2 的向前总拖力较大，而且吊拖时拖缆与管节轴向约呈 30° 夹角，不但能提高操纵性，还能有效降低拖轮尾流对拖航阻力的影响。

2　结　语

1）拖船靠泊方式对阻力影响较大；浅水效应，波浪增阻效应显著，设计时应给予充分考虑。

2）理想的浮运时间窗口一般在小潮汛期间。确定时间窗口的限制环境参数时，需要综合考虑保证率与经济性的平衡。

3）拖船编队方案需要考虑拖船尾流对阻力的影响。

4）吊拖与傍拖组合方式可提高浮运编队的拖力和操纵性，但拖轮数量较多，编队的指挥协调难度较大，需要在施工过程中不断积累经验，提高熟练程度。

参 考 文 献

[1]　吕卫清，吴卫国，苏林王，等. 港珠澳大桥沉管隧道长大管节水动力性能试验研究[J]. 土木工程学报，2014，(3)：138-144.

[2]　吕卫清，应宗权，苏林王，等. 沉管管节浮运过程中波浪附加阻力的水动力学分析[J]. 水运工程，2013，(11)：1-5.

[3]　潘永仁. 上海外环沉管隧道大型管段浮运方法[J]. 施工技术，2004，33(5)：52-54.

[4]　高卫平. 沉管隧道浮运与沉放阶段受力性态研究[D]. 上海：同济大学，2004.

[5]　林祖亨，梁舜华. 珠江口水域的潮流分析[J]. 海洋通报，1996，15(2)：11-22.

[6]　詹德新，王兴权，刘祖源，等. 沉管隧道及其相关模型试验[J]. 武汉交通科技大学学报，2000，(24)：488-492.

[7]　王海峰. 大型沉管管节浮运的阻力计算及方案研究[D]. 大连：大连理工大学，2015.

超大型沉管拖航中拖轮的分工作用分析*

宁进进，郑秀磊，孙　健，王殿文

（中交一航局第二工程有限公司，青岛）

摘　要：对于超大型沉管、沉箱的拖航方式，目前世界上通常采用 4 艘拖轮吊拖，考虑航道限制和海流条件的复杂性，国内也出现了吊拖和绑拖的组合方式。从目前超大型沉管的拖航应用效果看，吊拖和绑拖的组合方式优点突出，各拖轮分工明确，可以在浮运限制条件多、作业难度大的工况下推荐使用。

关键词：超大型沉管；浮运；拖航；拖带方式

目前世界上超大型混凝土构件的浮运中，特别是沉管隧道浮运几乎都是采用 4～5 艘全回转大马力拖轮吊拖的方式，如国内的广州仑头—生物岛沉管隧道管段浮运考虑过 5 艘拖轮吊拖的浮运方式[2]，见图 1。上海外环隧道管段浮运[1]采用 4 艘拖轮吊拖，见图 2。

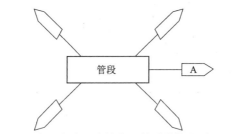

图 1　广州仑头—生物岛沉管隧道管段浮运方式

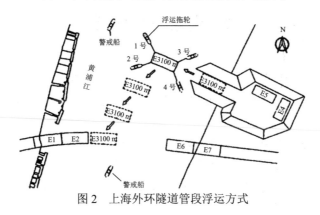

图 2　上海外环隧道管段浮运方式

* 本文曾刊登于《中国港湾建设》2015 年第 3 期。

对施工难度更大的有限航区、海况复杂的外海沉管隧道，4 艘拖轮拖航的方式存在一定安全风险。国内出现了吊拖+绑拖的 8 艘拖轮组合的拖带方式，见图 3。在降低施工风险和提高沉管姿态控制方面有一定优势。本文以吊拖+绑拖为例，进行拖轮分工作业的分析。

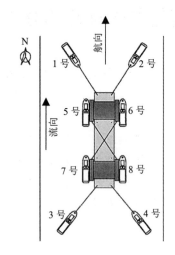

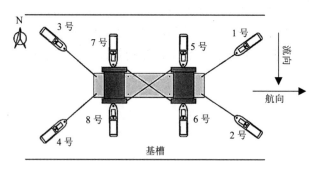

图 3　纵拖、横拖示意图

1　拖带方式比较

在没有水深条件限制的开阔水域，4 艘拖轮吊拖的拖带方式是经济又便于指挥的，但对船长的要求很高，由于沉管艏艉姿态的控制是由拖轮的转速或拖曳角控制，所以拖轮的调整比较频繁。

在有限航区、外海等施工条件恶劣的情况下，吊拖+绑拖的浮运拖带方式的优点在于可以更直接调整沉管艏艉姿态和抵抗侧向水流力，且从拖轮分工和指挥上看，指挥难度相对降低，拖轮调整次数不多。沉管艏艉姿态的调整主要通过绑拖拖轮完成，吊拖拖轮主要作用集中在控制航速上。

2 拖 航 时 机

2.1 顺 流 拖 航

国内某超大型沉管隧道的拖航包括航道区拖航和基槽区拖航，航道区轴线几乎和涨落潮主流向平行，基槽轴线几乎和涨落潮主流向垂直。根据实测资料，浮运区落潮流向（逆流作业）主要有 180° 和 167° 两个方向。

沉管在拖航阶段的拖航阻力[3]：

$$R = \frac{1}{2} C_{\mathrm{w}} \rho A V^2$$

式中，R——拖航阻力，kN；

C_{w}——水阻力系数；

ρ——水的密度；

A——迎流面积，m²；

V——流速，m/s。

沉管纵拖按照流向 180°、流速 1 kn、绝对航速 2 kn 计算标准管节纵拖水流力约为50 t，考虑 20% 的波浪增阻，水流力合计约为 60 t；沉管横拖按照流向 180° 和流速 1 kn、绝对航速 1 kn 计算标准管节横拖水流力约为 100 t，考虑 20% 的波浪增阻，水流力合计为 120 t。

纵拖中艉端 2 艘拖轮主要作用是抗流和提供动力，每艘拖轮提供动力要超过 30 t，考虑拖曳角和拖轮主机的功效，估算拖轮的功率要在 4476 kW（6000 hp）以上。

通过以上计算，如果流向小于 180°、流速超过 1 kn，首端 2 艘 4476 kW（6000 hp）的拖轮极有可能满足不了超过 1 kn 流速的作业工况，逆流拖航作业难度大。

从传统的船舶作业方式和传统的沉箱拖带方式看，沉管拖航应采用传统的逆流作业方式，沉管的姿态相对比较容易控制。但从超大型管节逆流纵拖受力分析看，与拖轮的拖带能力相比只能牺牲逆流拖航较容易控制的优势而选择顺流拖航。

据了解国内某外海沉管隧道出现过排水量 45 000 t 的沉管在逆流拖航中有拖不动和倒退的情况。虽然经过前期 4 次逆流拖航的浮运演练，但在强大的自然条件面前最终选择顺流拖航方式。

2.2 作 业 时 机

作业窗口的选择是一个综合、全面考虑的结果，除了考虑涨落潮、流速的情况还要考虑上下工序的限制条件和各相关工序的作业时间。一般作业时间集中在每月的小潮期，如果当地海况条件比较好也可以考虑选择在中潮期。

根据 2.1 的计算分析，结合现场施工经验建议纵拖的顺流流速控制在 1.4 kn 以内，横拖控制在流速 1 kn 以内。具体情况根据水阻力判断。

3 吊拖+绑拖拖带方式

3.1 吊拖拖曳角

拖轮尾流是由拖轮螺旋桨作用导致的，螺旋桨加速水体运动，通过射流作用给周围水体一个速度。吊拖拖轮如采用直拖方式，缆绳长度为 50～100 m，通过计算拖轮总尾流力占拖轮系柱拖力的 25%～45%[4]，严重影响拖轮工作效率。因此在浮运过程中应避开尾流直接冲击沉管，并且将拖缆延长，但缆绳越长越不容易控制沉管的位置和姿态，故缆绳长度不要超过 150 m。

根据国内某外海沉管隧道施工经验分析，可以采用艏端 1 号、2 号拖轮的拖带角度 30°～45°；拖轮 3、拖轮 4 的拖曳角尽量保持在 30°～60°；艏端 1 号、2 号拖缆长度 80～120 m，艉端 3 号、4 号拖缆长度 60～100 m 的拖带方式。

3.2 航 速 控 制

航速控制主要是通过 4 艘吊拖拖轮实现。航道拖航时，艏端 1 号、2 号拖轮提供前进动力，根据现场流速通过调整拖轮转速加速；艉端 3 号、4 号拖轮提供刹车和减速动力，顺流拖航时艉端拖轮处于低转速，逆流拖航时艉端拖轮完全不受力，随沉管向前移动。

在大流速的逆流情况下，可以通过改变绑拖拖轮和艉端拖轮的拖带方式进行抗流和加速。

（1）绑拖拖轮

绑拖拖轮的头缆、腰缆通过拖轮上的卷扬机连接，可以控制缆绳收紧、松开。当需要提供前进动力时，头缆、腰缆都收紧，拖轮轴线与沉管轴线相同，拖轮提供向前的动力。这种拖带方式提速加速时绑拖 5 号、6 号拖轮的尾流全部打在沉管或拖轮上，抵消拖轮拖力，因此一般只采用靠后的 7 号、8 号绑拖拖轮辅助加速。

（2）艉端拖轮

艉端 3 号、4 号拖轮由方向向后改成方向向前，4 艘吊拖拖轮呈"出"字形吊拖方式进行辅助提速。

3.3　姿 态 控 制

在有限航区，沉管姿态控制是浮运的关键。

4 艘绑拖拖轮的主要作用是控制沉管的艏艉姿态。由于港作拖轮的作业习惯是顶推，拖轮船长更习惯通过顶推控制沉管的"摇头摆尾"，以某沉管隧道为例进行力矩分析得沉管姿态顶推作用产生的沉管轴向、横向力臂比吊拖拖轮（拖曳角度 30°～45°）的力臂大 25 m、6 m。

3.4　拖 航 指 挥

吊拖拖轮的拖曳角度一般是保持固定角度，只调整拖轮转速，一方面减少缆绳磨损风险，一方面减少指挥难度，指挥口令固定、简化。

绑拖拖轮的指令根据沉管偏离航道轴线的情况进行指挥，而且顶推力直接，避免了传统的通过调整吊拖拖轮角度的操控难度。

3.5　拖轮调整频率

对某沉管隧道标准管节前 7 次顺流浮运的拖轮使用频率进行统计对比，见表 1。统计的浮运过程拖轮调整共计约 1600 次。

表 1　沉管拖轮的使用频率

托轮号	1	2	3	4	5	6	7	8
使用频率/%	8	8	7	9	21	16	22	9

从拖轮使用频率上看，5 号～8 号绑拖拖轮使用频率最高，说明沉管艏艉的姿态调整次数最多；艏端 5 号、6 号拖轮调整次数比艉端 7 号、8 号拖轮调整次数多 150 余次，说明艏端姿态调整是整个浮运作业过程的重点；4 艘绑拖拖轮中同侧的 5 号、7 号绑拖拖轮调整频率比对面的 6 号、8 号绑拖拖轮次数多，主要因为其承担了抗侧向海流的工作。

由于航道浮运大部分时间是顺流拖航，而且随着拖轮操控的不断熟练，1 号～4 号吊拖拖轮使用情况逐渐固定，调整频率比较少，大部分时间一直处于固定的转速和拖曳角。

4　结　　语

吊拖+绑拖的拖带方式目前应用仅限于有限航区和海况恶劣的外海隧道，施工经验还相对缺乏，浮运作业认识还不够透彻。在不断积累沉管浮运作业的经验基础上，需要固化、简化拖轮作业模式和拖航指挥，在保证安全的前提下尽量控制拖轮数量，并通过研究改进，更好地控制沉管浮运的速度和姿态。

参 考 文 献

[1]　潘永仁. 上海外环沉管隧道大型管段浮运方法[J]. 施工技术，2004，(3)：52-54.

[2]　彭红霞，王怀东. 仑头-生物岛沉管隧道管段浮运方案探讨[J]. 隧道建设，2007，27(4)：85-88.

[3]　中华人民共和国交通部. 港口工程荷载规范：JTJ 215—1998 [S]. 北京：人民交通出版社，1999.

[4]　侯连青，宁进进. 拖轮螺旋桨尾流对沉管或沉箱浮运的影响[J]. 中国港湾建设，2013，(1)：5-7.

利用沉管系泊缆力推算沉管外海
横拖时的水阻力系数*

王　伟，宁进进，窦从越

（中交一航局二公司，青岛）

摘　要： 目前国内沉管浮运系泊中的水阻力系数尚未在实际操作中确认，大多只是物理模型和数学模型的模拟数据。本文借助沉管系泊绞移过程中的缆力显示的数据，结合现场实测的流速数据反算沉管的绞移过程中的水阻力系数，为国内的沉管工程提供参考。

关键词： 沉管外海浮运；横拖；水阻力系数；系泊绞移；缆力

　　沉管浮运是沉管施工中的难点和重大风险点之一，主要是沉管的水动力特性的确定比较难，其中浮运过程中的水流力是沉管受力中的关键。目前外海沉管浮运的水流力计算往往是通过数学和物理模型确定的水阻力系数进行计算，国内尚没有外海施工过程中对水阻力系数进行验证。

　　目前正在施工的某世界上最大的沉管隧道工程已成功安装几段，根据前几段沉管浮运过程中系泊绞移时的缆力显示数据和现场实测流速流向情况，对实际作业中的水流力的水阻力系数进行反算，确定了外海沉管施工的水阻力系数的一个范围，为国内其他沉管浮运施工提供一些参考。

1　水流力的确定

　　管节在水面附近拖航时所遭受的阻力包括黏性阻力（或称绕流阻力）和兴波阻力，前者与雷诺数 Re 有关，后者与弗劳德数 Fr 有关。由于管节是方形钝体，黏性阻力中的主要成分是形状阻力（或称压差阻力或旋涡阻力），摩擦力所占比重较小。此外，试验的速度较低，弗劳德数仅在 $0\sim0.05$，兴波阻力也很小，在总阻力中将占非常次要的成分[1]。

* 本文曾刊登于《中国水运》2013 年第 12 期。

1.1　形　状　阻　力

形状阻力是管节钝体迎水面阻挡水流并使之分离后形成的，在迎水面上的水流速度瞬时为零而转化为压力，此时迎水面面积上的压力即成为形状阻力。

$$R_c = C_{\mathrm{E}} \cdot A \cdot \frac{1}{2} \rho V^2 \qquad （1）$$

式中，C_{E}——形状阻力系数；

$\quad$ A——沉管纵向或横向迎流面积，m^2；

$\quad$ ρ——水流密度，$\mathrm{t/m}^3$；

$\quad$ V——沉管纵向或横向相对速度，$\mathrm{m/s}$。

1.2　摩　擦　力

摩擦力为

$$R_f = C_f \cdot A \cdot \frac{1}{2} \rho V^2 \qquad （2）$$

式中，C_f——表面的摩擦力系数，$C_f = 0.75 \times (\lg Re - 2)^{-2}$（国际船模试验池会议公认的

$\quad$ ITTC 公式）；

$\quad$ Re——雷诺数，$Re = Vd/v$；

$\quad$ v——水的运动黏性系数；

$\quad$ d——管节迎流断面的水力直径，m；

$\quad$ ρ——水流密度，$\mathrm{t/m}^3$；

$\quad$ V——沉管纵向或横向相对速度，$\mathrm{m/s}$。

1.3　兴　波　阻　力

浮体在浅水中的兴波阻力较深水中的兴波阻力大，随着拖速的增加，兴波范围扩大，使兴波阻力增加，兴波阻力一般仅占总阻力的 5% 左右。

根据国际船模试验池会议，管节的兴波阻力为

$$R_{\mathrm{w}} = C_{\mathrm{w}} \cdot A \cdot \frac{1}{2} \rho V^2 \qquad （3）$$

式中，C_{w}——管节的兴波阻力系数。

1.4 总 阻 力

$$R_t = R_c + R_f + R_w \tag{4}$$

1.5 经 验 估 算

（1）根据交通部颁发规范：

$$R_t = K \cdot A \cdot \frac{1}{2} \rho V^2 \tag{5}$$

式中，R_t——拖曳力，kN；

$\quad\quad$ V——拖曳速度或沉放过程的水流速度，m/s；

$\quad\quad$ ρ——水流密度，t/m^3；

$\quad\quad$ A——沉管迎流面积，m^2；

$\quad\quad$ K——系数，根据据拖曳物体沿拖曳方向的长度与吃水的比值选定，在比值 2.30 的范围内，K 应取 1.10。

（2）在沉管隧道施工技术先进的荷兰，其经验公式（纵拖）

$$F = \frac{1}{2} C_w \cdot A \cdot \rho V^2 \tag{6}$$

式中，C_w——阻力系数（取值 1.3～6.0 甚至更大）；

$\quad\quad$ A——引水面积，m^2；

$\quad\quad$ v——流速，m/s。

2 系泊及绞移原理

沉管系泊采用预抛大抓力锚，利用安装船的绞车通过缆索和绞车来控制管节位移。在沉管浮运完成后由拖轮控制沉管姿态改由控制精度高、安全性好的锚系、缆系控制。缆系按照作用不同分为安装缆、系泊缆，安装锚系主要控制沉管姿态和沉管绞移；安装锚系主要控制沉管沉放过程中沉管姿态。

锚系布置及位置见图 1。

沉管绞移过程中，沉放驳上可以显示 12 条缆系的拉力值。沉放驳绞车采用应变销轴式取力传感器监测钢丝绳拉力，钢丝绳受力时传感器产生 4～20 mA 电流信号，通过对所测得的电流信号进行换算得出钢丝绳的受力。绞车采用两个量程为 120 t 的传感器，安装于绞车底座。

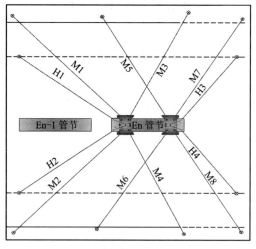

图 1　沉管系泊绞移示意图

3　水阻力系数确定

系泊绞移过程中根据现场实测流速、流向数据、现场实测海水密度数据和沉放驳上采集的缆系受力数据，借助公式（6）反算沉放驳纵拖时的水阻力系数（图 2）。

某沉管隧道工程的迎流面尺寸为 180 m×11.4 m，在某根沉管的系泊绞移过程中现场实测流速为 0.187 9 m/s，流向为垂直管节（自上而下），现场实测海水密度为 1.018 t/m³。借助公式（6）反算水阻力系数，即

$$C_{\mathrm{w}} = \frac{2F}{A \cdot \rho V^2} \tag{7}$$

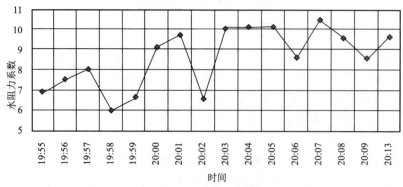

图 2　水阻力系数曲线

　　计算出的 16 个水阻力系数最小值为 5.96，最大值为 10.38，平均值为 8.55。从数据上看现场实测数据明显比物理数学模型计算的数据大 2～3 倍，也比荷兰的沉管隧道经验公式（纵拖）的水阻力系数大一些。

4　结　　论

　　目前在国内尚未给出外海沉管浮运过程中的水阻力系数的范围，本文借助某项目沉管绞移过程中的测力系统实测数据计算出沉管在外海横移过程中的水阻力系数，为相关项目提供一些参考。

　　现场绞移过程中流速偏小，这样流速的测量的准确度会对计算误差产生较大影响。沉放驳上的测力系统的误差在±0.5%，也会影响水阻力系数的准确性。

参 考 文 献

[1]　　朱升. 沉管隧道管段浮运和沉放过程中流场和阻力特性的研究[D]. 北京：北京交通大学，2009：16-19.

拖轮螺旋桨尾流对沉管或沉箱浮运的影响*

侯连青，宁进进

（中交一航局第二工程有限公司，青岛）

摘　要： 随着沉管和沉箱体积的大型化，浮运船舶尾流作用不容忽视，但目前国内相关研究较少。根据外文资料中计算螺旋桨射流作用的方法，本文分析船舶尾流作用范围及其流速变化，并计算其在沉管或沉箱上的尾流作用力，为沉箱、沉管浮运提供计算依据。

关键词： 拖轮螺旋桨尾流；射流；速度场；水流力；浮运

　　随着国内沉管和沉箱体积、重量越来越大，如港珠澳大桥中的沉管重达 74 000 t（180 m×37.95 m×11.4 m）和大连南部滨海大道工程沉箱单箱 26 000 t（69 m×44 m×17 m），且吃水越来越深，这给浮运带来一定的难度。对于沉管的浮运，目前国际上通常采用如图 1 所示的形式拖航，沉管艏端的拖轮 1 号和 2 号航向与沉管轴线存在一定的夹角，就是为了减少拖轮尾流对沉管浮运的影响。

　　为了更好地使用拖轮，减少浮运过程中拖轮尾流对沉管的影响，需要对拖轮尾流力进行计算，以确定最佳缆绳长度和缆绳与沉管轴线的夹角。本文依据国外射流理论研究，计算和分析在螺旋桨作用下形成的尾流场及尾流场对沉管或沉箱的作用力。

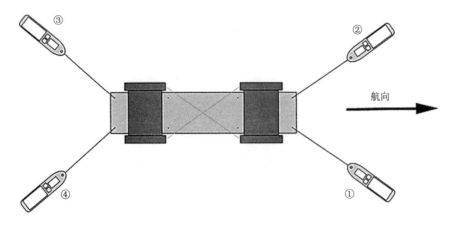

图 1　沉管浮运方式示意图

---

* 本文曾刊登于《中国港湾建设》2013 年第 1 期。

1 速 度 场

1.1 射 流

射流是由螺旋桨作用导致的，螺旋桨加速水体运动给了水体在轴向、径向和切向的速度，通过射流作用给周围水体一个较低的速度。射流理论的基本假设为：在螺旋桨出口的射流具有相等的速度分布，此后的速度假设为具有正态分布的形状（图2）。

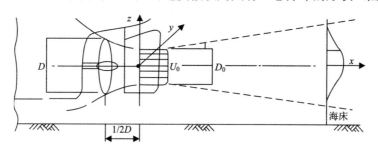

图2 螺旋桨出口射流速度分布图

1.2 速 度 场

本文以使用螺旋桨前的初速度 U_0 为基础计算射流任意位置的速度，这里该值只考虑轴向速度。实际上，也存在由于螺旋桨切向速度引起的切向和径向水流速度[1]。

Albertson 等的理论可以估算在任意位置的射流速度 $U_{x,z}$，并使用以下假设：

1）静水压力连续分布；

2）在所有条件下扩散过程动态相似；

3）扩散区的纵向速度分量在每个截面为正态概率分布。

该理论给出两个区域的范围，一个是流形成区，一个是流成熟区。

在第一个区域，射流是持续发展的，从图3可以看出，螺旋桨外侧的流并没有影响到 x 轴的速度，然后到过渡区。第一段的速度分布可写为

$$\frac{U_{x,z}}{U_0} = \exp\left[-\frac{(z + Cx - D_0 / 2)^2}{2(Cx)^2}\right] \tag{1}$$

式中，x——距离螺旋桨的长度，m；

$\quad U_{x,z}$——该点的速度，m/s；

$\quad z$——距离 x 轴的长度，m；

$\quad C$——常数。

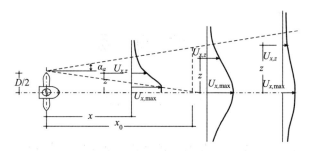

图 3　尾流分区情况

套管螺旋桨的直径：

$$D_0 = D \tag{2}$$

无套管螺旋桨的直径：

$$D_0 = 0.71D \tag{3}$$

最大流速出现在 x 轴上，然而在（$x \leqslant x_0$）流形成区的流速不变。

$$\frac{U_{\max}}{U_0} = 1 \ \text{对于}（x \leqslant x_0） \tag{4}$$

对于流成熟区（$x > x_0$）射流的速度分布分为两步，第一步是流速沿 x 轴，通过 x 计算。

$$\frac{U_{\max}}{U_0} = \frac{1}{2C_1}\left(\frac{x}{D_0}\right)^{-1} \tag{5}$$

下一步，在径向上的流速基于 $U_{\max}$ 计算该位置的流速。

$$\frac{U_{x,z}}{U_{\max}} = \exp\left[-\frac{1}{2C_2^2} \cdot \frac{z^2}{x^2}\right] \tag{6}$$

Römisch 和 Fuehrer 指出，对于非套管螺旋桨，$C_1 = 0.192$，$C_2 = 0.15$，用 D 替代 D_0。将该值代入式（5）和（6）有

$$\frac{U_{\max}}{U_0} = 2.6\left(\frac{x}{D}\right)^{-1} \tag{7}$$

$$\frac{U_{x,z}}{U_{\max}} = \exp\left[-22.2 \cdot \frac{z^2}{x^2}\right] \tag{8}$$

式（7）和（8）针对流成熟区和不受干扰的螺旋桨射流是有效的。另外其他人也导出不同的 C 值，如 Blaauw 和 van de Kaa 提出 $C_1 = C_2 = 0.18$，有

$$\frac{U_{\max}}{U_0} = 2.8\left(\frac{x}{D}\right)^{-1} \tag{9}$$

$$\frac{U_{x,z}}{U_{\max}} = \exp\left[-15.4 \cdot \frac{z^2}{x^2}\right] \tag{10}$$

2　水流力计算

为了简便计算，假设沉管尺寸为 200 m×38 m×11 m，拖轮布置见图 4，浮运时对应的水阻力系数为 1.4，并以 4858 kW（6600 hp）拖轮为例，单机功率为 2429 kW（3300 hp），查拖轮资料得螺旋桨的直径 $D = 2.9$ m。

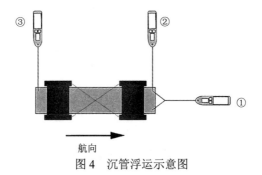

航向

图 4　沉管浮运示意图

Blaauw 和 van de Kaa 给出以发动机功率（单位：W）为基础的公式计算初速度 U_0[1]，海水密度取 1.025×10^3 kg/m³，拖轮螺旋桨为无导管螺旋桨即 $D_0 = 0.71D$，拖轮功率按 80% 效率计算，则 U_0 为

$$U_0 = 1.15\left(\frac{P}{\rho D_0^2}\right)^{\frac{1}{3}} = 1.15\left(\frac{3300 \cdot 0.8 \cdot 735}{1.025 \cdot 1000 \cdot 2.06^2}\right)^{\frac{1}{3}} = 8.79 \text{ m/s}$$

2.1　尾流计算

尾流开始形成时在尾端有一个扩展角 $2\alpha_a$（图 3），$2\alpha_a$ 一般为 30°～60°，该角度与船速、船型关系不大，扩展到某一距离该扩展角急剧减小，且不大于 1°[2]。

以缆绳长为 50 m（假定螺旋桨到沉管的投影长度 $x = 50$ m）为例进行计算，并假设 $\alpha_a = 20°$，则有

$$z = x \cdot \tan 20° + \frac{D}{2} = 19.65 \text{ m}$$

以 $x = 50$ m 代入式（9）：

$$U_{\max} = 2.8 U_0 \left(\frac{x}{D}\right)^{-1} = 2.8 \cdot 8.79 \cdot \left(\frac{50}{2.9}\right)^{-1} = 1.43 \text{ m/s}$$

且令 $U_{\max} = U_0$，$x = x_0$，$C_1 = 0.18$ 代入式（5），得 $x_0 = 5.72$ m；
最边缘 $z = 19.65$ m 处的速度为

$$U_{x,z} = U_{\max} \cdot \exp\left(-15.4 \cdot \frac{z^2}{x^2}\right) =$$

$$1.43 \exp\left(-15.4 \cdot \frac{19.65^2}{50^2}\right) = 0.132\,4 \text{ m/s}$$

尾流影响范围 z 内的流速呈正态分布，为简化正态分布计算，且影响范围边缘 z 处的 $U_{x,z}$ 相比 $U_{\max}$ 小很多，故按梯形求 z 范围内的平均流速。

$$\overline{U} = U_{x,z} + (U_{\max} - U_{x,z}) \cdot \frac{2}{3} = 0.99 \text{ m/s}$$

2.2　水流力计算

通过以下阻力公式可计算出沉管在拖航阶段的拖航阻力

$$R = \frac{1}{2} C_w \rho A V^2 \tag{11}$$

式中，R——拖航阻力，kN；
　　C_w——总阻力系数（由模型试验确定），这里取 1.4；
　　ρ——海水的密度，1.025 t/m³；
　　A——迎流面积，m²；
　　V——流速，m/s，取 $V =$ 对应 z 范围内的平均流速。
浮运过程中不考虑干舷的影响，缆绳长 50 m 时拖轮 1 尾流影响的面积为 $A = 11 \times 19.65 = 216.15$ m²。

$$R = \frac{1}{2} C_w \rho A V^2 = \frac{1}{2} \cdot 1.4 \cdot 1.025 \cdot 1000 \cdot 216 \cdot 0.99^2 = 153900 \text{ N}$$

即尾流阻力为 15.7 t。

分别针对拖轮的缆绳长度为 100 m、150 m、200 m、250 m 和 300 m 的情况进行计算（面积 A=38 m×11 m=418 m²），结果见表 1。

表 1 1 号拖轮尾流计算结果

缆绳长度/m	初速度/(m·s⁻¹)	U_{max}/(m·s⁻¹)	z/m	$U_{x,z}$/(m·s⁻¹)	$\overline{U}$/(m·s⁻¹)	尾流力/t
50		1.43	19.65	0.132 4	0.99	15.7
100		0.71	37.85	0.078 6	0.50	7.72
150	8.79	0.48	56	0.055 4	0.34	3.45
200		0.36	74	0.042 7	0.25	1.95
250		0.29	93	0.034 8	0.20	1.25
300		0.24	111	0.029 3	0.17	0.87

3 结　语

由表 1 尾流力和 U_{max} 变化趋势可以得出：

1）U_{max} 随着缆绳长度变长而迅速变小。缆绳长度为 50 m 时，U_{max} 为 1.43 m/s，缆绳长度为 300 m 时，U_{max} 为 0.24 m/s。$U_{x,z}$ 变化趋势类似。

2）拖轮尾流阻力受缆绳长度影响明显，随缆绳变长而变小。缆绳长度为 50 m 时，尾流力为 15.7 t，缆绳长度为 300 m 时，尾流力为 0.87 tf。

浮运作业过程中，缆绳越长拖轮越不容易控制沉管的位置和姿态，缆绳长度最好不要超过 150 m，因此在施工中采用缆绳长度为 100～150 m。并且，当缆绳长度为 50～100 m[考虑 4858 kN（6600 hp）拖轮上 2 个螺旋桨，则拖轮尾流力为以上计算结果的 2 倍]，拖轮总尾流力占了 4858 kN（6600 hp）拖轮系柱拖力的 25%～45%，严重影响拖轮的工作效率。因此在浮运过程中应避开尾流直接冲击沉管。

该方法可以通过理论计算得出拖轮尾流力，但理论公式未考虑尾流边界和射流过程中的流速折减，也没有给出一个准确的速度场，因此在实际应用中需要通过物模实验进一步核算。

参 考 文 献

[1]   Schokking L A. Bowthruster-induced Damage[D]. The Netherlands：TU Delft，2002：21-27.

[2]   刘浪涛. 舰船尾流光散射空间谱分布的试验研究[D]. 西安：西安电子科技大学，2007.

超大型沉管浮运的风险管控*

宿发强

（中交一航局第二工程有限公司，青岛）

摘　要： 超大型沉管的浮运是沉管隧道施工中难度和风险最大的工序之一。为了保障沉管在有限航区、外海、大流速等恶劣条件下的浮运安全，从演练、导航软件、风险排查等方面着手严抓安全和风险管理。从目前15节沉管的浮运效果看，采用的一系列风险控制措施是有效的，风险管理方式和方法可以在类似工程中参考应用。

关键词： 沉管；浮运；风险管理；演练；导航系统；风险排查

　　港珠澳大桥岛隧工程沉管隧道穿越珠江口广州、深圳西部港区出海主航道，沉管段长5664 m，共有沉管33节。沉管截面采用两孔一管廊形式，标准沉管长180 m，宽37.95 m，单节重78 000 t。

　　该项目的沉管是目前世界上体量、重量最大的预制钢筋混凝土构件，一方面沉管迎流面积大，惯性大，造成沉管姿态控制难度极大；另一方面沉管浮运是在外海、有限航区浮运，海浪、海流条件复杂；另外沉管的浮运方式与传统的沉箱拖运差别很大。在充分考虑施工难度、风险的情况下，项目部从浮运设计、前期演练、浮运指挥等方面进行风险管理，争取将风险降到零。

1　浮运风险分析

1.1　航 道 狭 窄

　　浮运航道总长约12 km，基槽内浮运最大距离约3 km，为了不影响社会船舶的通航，采用3条浮运线路，每节管节浮运有3次航道转换。满足管节浮运的航道底标高为–14.4 m（1985国家高程基准），浮运航道和基槽最窄宽度仅为240 m和76 m。

---

* 本文曾刊登于《中国港湾建设》2015年第7期。

1.2 水 流 力 大

航道区轴线几乎和涨落潮主流向平行，基槽轴线几乎和涨落潮主流向垂直。浮运区落潮流向（逆流作业）主要有 180° 和 167° 两个方向。

通过水流力公式可计算出沉管在拖航阶段的拖航阻力[1]：

$$R = \frac{1}{2} C_{w} \rho A V^{2}$$

式中，R——拖航阻力，kN；

$\quad C_{w}$——水阻力系数；

$\quad \rho$——水的密度；

$\quad A$——迎流的面积，m^2；

$\quad V$——流速，m/s。

沉管纵拖按照流向 180°、流速 1 kn、绝对航速 2 kn 计算标准管节纵拖阻力约为 500 kN，考虑 20% 的波浪增阻，水流力合计约为 600 kN；沉管横拖按照流向 180° 和流速 1 kn，绝对航速 1 kn 计算标准管节横拖阻力约为 1000 kN，考虑 20% 的波浪增阻，水流力合计为 1200 kN。

1.3 船舶配合难度大

经过浮运演练确定了 10 艘拖轮配合的拖带方式，为降低风险，现场安排 4 艘起锚艇随航应急。10 艘拖轮相互配合控制沉管拖航速度、姿态难度大，指挥人员同时协调 14 艘船舶难度大。

1.4 警 戒 难 度 大

港珠澳大桥岛隧工程位于珠江口伶仃洋西部、大屿山以东水域，岛隧区及附近水域现有通航航道主要有伶仃航道、铜鼓航道、榕树头航道和龙鼓西航道等，航线密集，通航密度大，船舶种类复杂，几乎涵盖了所有船种，现场海事部门警戒、封航难度大。

2 浮 运 设 计

2.1 浮 运 演 练

在首节沉管浮运前，使用排水量超过 45 000 t 的半潜驳替代沉管进行了 4 次浮运演练。主要演练内容见表 1。

表 1　浮运演练的主要内容

名称	主要演练内容
第 1 次	全航线拖运演练、航道内断缆应急演练、基槽内断缆应急演练、基槽稳船演练
第 2 次	全航线拖运演练、直拖演练、"出"字形演练、倒拖演练、刹车演练、基槽稳船演练
第 3 次	全航线拖运演练、绑拖提速演练、刹车演练、起拖演练、直拖演练、艉端拖轮不受力演练、基槽搁浅的应急演练
第 4 次	全航线拖运演练、艉端拖轮不受力演练、基槽稳船演练、回拖演练、大流速基槽拖航演练、大流速转向演练

经过 4 次浮运演练，基本掌握航道水深、航道宽度和拖轮性能等情况，增加拖轮配合熟练程度，并为首节浮运做好准备。

2.2　拖带方式

经过 4 次沉管浮运演练，确定了 4 艘拖轮吊拖、4 艘拖轮绑拖和 2 艘拖轮基槽内顶流的拖轮拖带方式。现场需要 10 艘拖轮抗流、调整姿态和控制沉管在航道内浮运，拖轮配合和指挥难度大。考虑到拖轮及尾流等因素[2, 3]，经过计算和现场演练，确定了 4 艘吊拖拖轮的拖曳角和缆绳长度分别为 30°～45° 和 60～80 m。沉管纵拖、横拖方式见图 1。

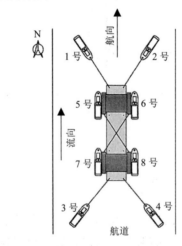

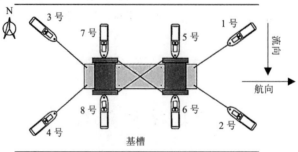

图 1　沉管纵拖、横拖示意图

2.3 作业窗口

为了降低海流对沉管浮运、安装的影响，沉管的浮运作业窗口选择在每月的小潮汛期间。在总结浮运演练和前两节沉管浮运过程的基础上，摸索出沉管可以顺流拖航。作业窗口的选择除了考虑涨落潮、流速，还要考虑上下工序的限制条件和各相关工序的作业时间。根据总体气象窗口限制条件，选择浮运气象窗口见表2。

表 2　浮运作业窗口

浮运沉放施工	作业条件			
	水流速度/(m·s⁻¹)	波高/m	风级	能见度/m
浮运编队	0.2			
航道浮运	0.7	≤0.6	≤6 级	>1 000
管节转向	0.5			
基槽内横拖	0.5			

3　安全措施

3.1　浮运导航软件

浮运导航系统利用 1 台双天线信标机作为沉管定位设备，主界面实时显示沉管信息，指挥室通过有线传输视频信号实现软件显示。主要硬件配置包括信标机、无线电台、无线 AP、计算机等。为降低风险，现场共配备 3 套独立浮运导航系统。

浮运导航系统实时、同步采集 GPS 的坐标数据，计算各特征点与 GPS 之间的空间关系；显示沉管在深坞区及出坞编队区的地理位置；实时显示实测的流速、流向数据，实时显示现场实测的海水密度；用户可以设置使用不同颜色显示不同的水深范围及满足出坞浮运要求的水深范围，设置不同颜色显示沉管出坞航道的控制边线、中心线，在显示器上准确显示沉管位置和到坞门、边坡的距离，并设置每 5 米 1 条横向间隔线以判断沉管出坞的实际位置，见图 2。所有数据实时记录，可回放用于事后观摩研究。自动记录相关数据为数据库格式。

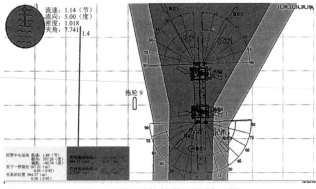

图 2　浮运导航软件现场施工图

3.2 海流观测、预报

为了掌握浮运航道的海流特征及变化规律，为沉管浮运提供水文参数，在浮运航道的重要转折点、回旋水域和基槽南北侧，共安放固定的测流仪 5 台。在流场比较复杂区域如坞口、基槽进行多点、定期测流。

联合专业单位对各航道进行潮位、海流预报，流场复杂的区域增加潮位、流速预报点，如在坞口设置 3 个预报点，利用预报数据选择符合作业窗口的时间段，编制浮运计划。

3.3 风 险 排 查

浮运施工风险排查以"全员、全过程、动态管理"为思路，采用头脑风暴法与专家调查法相结合的方式，由沉管浮运技术人员、操作人员和咨询专家共同辨识和确认出浮运中可能出现的风险，并根据施工经验分析制定针对筛选出的风险对应的风险等级和风险应对措施等相关内容。截止到现在，共筛选出浮运风险 20 余项。

针对筛选的浮运风险，制定一系列的风险排查工作。目前风险排查分两步完成，第一步为不定期的风险排查；第二步是施工前进行全面的风险排查。风险排查的内容见表 3。

表 3 风险排查记录表样式

序号	风险排查内容	检查结果（YES/NO）	整改要求	整改责任人	检查人
1	航道多波束扫测				
2	航道浮标移除、碍航清理				
3	海事警戒准备情况				
4	浮运导航软件调试				
5	船机检查				
6	拖缆检查				
7	通信系统检查				
8	系缆柱防磨准备				

3.4 应 急 预 案

通过对管节浮运施工工艺可能存在的危险源的分析和识别，在施工过程中可能会发生沉管搁浅、断缆、突发强对流天气等引发的生产安全事故。为保证人员、设备、工程结构物的安全，结合施工现场的具体特点，除按规定严格做好安全防护，加强管理外，还必须建立适合现场特点的应急救援机制，制定和完善相应的应急组织预案。根据前期施工经验和现场发现的风险点，目前制定了一系列的应急预案，包括坞口编队、搁浅、强对流天气等应急预案。

4 结 语

为降低沉管浮运的风险，从前期准备、拖带设计入手，借助导航软件、海流分析预报等手段保障拖航安全，加强日常的风险排查工作，并针对突发风险制定相应的应急预案，从目前的施工情况看，这些风险管控措施是有效的、可行的。

参 考 文 献

[1] 中华人民共和国交通运输部. 港口工程荷载规范：JTS 144-1—2010 [S]. 北京：人民交通出版社，2011.

[2] 侯连青，宁进进. 拖轮螺旋桨尾流对沉管或沉箱浮运的影响[J]. 中国港湾建设，2013，(1)：5-7.

[3] 宁进进，郑秀磊，孙健，等. 超大型沉管拖航中拖轮的分工作用分析[J]. 中国港湾建设，2015，(3)：67-69.

港珠澳大桥隧道管节沉放船锚泊系泊系统设计*

王　博，汤　晶，胡　文

（上海振华重工（集团）股份有限公司，上海）

摘　要：本文以港珠澳隧道管节浮运、沉放为工程背景，主要介绍锚泊系泊系统的设计依据，以及根据项目实际要求使用工况进行的合理化设计。

关键词：舾装数；设计工况；锚泊系统；系泊系统

1　工　程　概　述

港珠澳大桥项目，跨越伶仃洋海域，东连香港特别行政区，西接广东省珠海市和澳门特别行政区。港珠澳大桥由珠澳口岸人工岛、大桥、两座隧道人工岛及下穿两个主航道的海底隧道组成。港珠澳大桥沉管隧道长度为 5664 m，由 33 节沉放在基槽中的管节组成。除特殊位置管节长度为 112.5 m，其余均为标准管节长度 180 m，最大埋深约为 40 m。根据施工方案，全部 33 节管节浮运及安装采用两条相同规格沉放驳同时进行施工。图 1 为该船作业状态模型图。因项目为特殊用途工程船，本船锚泊、系泊系统不仅应用于浮运拖航时的临时锚泊，更重要的是考虑沉放作业时驳船的移位系统，下文作详细介绍。

图 1　作业状态模型图

＊ 本文曾刊登于《物流工程与管理》2016 年第 5 期。

2　锚泊、系泊系统设计基础

2.1　设　计　依　据

本船锚泊系统及码头系泊系统以舾装数计算结果为依据。

2.2　舾装数计算

本船为非自航船，船型有别于其他常规船型，由左右两个浮箱及上方贯穿的横梁组成，以拖航方向定义为舾尾方向，且船宽值大于船长值。根据中国船级社（CCS）《钢质海船入级规范》（以下简称《钢规》）的舾装数计算公式：

$$N = \Delta^{2/3} + 2 \times Bh + A/10$$

考虑船型的特殊性对受风面积的影响，分别以两个方向计算舾装数。

1）以拖航方向为船长方向计算：（图 2 和图 3）

$$N_1 = \Delta^{2/3} + 2 \times Bh + A/10$$

$$= \Delta^{2/3} + 2 \times (B_1 h_1 + B_2 h_2) + A/10$$

式中，Δ——夏季载重水线下的型排水量，t；

B_1——为浮体宽，m；

B_2——横梁宽，m；

h_1——从夏季载重水线至横梁下表面间高度，m；

h_2——从横梁下表面至 A 甲板间高度，m；

A——船长 L 范围内夏季载重水线以上的船体部分和上层建筑及各层宽度大于 $B/4$ 的甲板室的侧投影面积的总和，m^2。

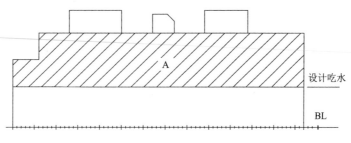

图 2

港珠澳大桥岛隧工程论文集　卷Ⅱ

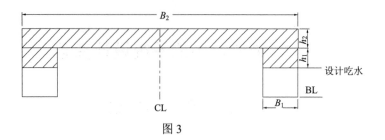

图 3

2）以长宽较大值为拟船长方向计算：（图 4 和图 5）

$$N = \Delta^{2/3} + 2 \times B'h' + A'/10$$

$$= \Delta^{2/3} + 2 \times (B_1'h_1' + B_2'h_2' + B_3'h_3') + A'/10$$

式中，Δ ——夏季载重水线下的型排水量，t；

　　　B_1' ——浮体长度，m；

　　　B_2' ——A 甲板宽，m；

　　　B_3' ——甲板舱室长，m；

　　　h_1' ——从夏季载重水线至横梁下表面间高度，m；

　　　h_2' ——从横梁下表面至 A 甲板间高度，m；

　　　h_3' ——从 A 甲板上表面到甲板室顶部高度，m；

　　　A' ——沿浮体宽度方向范围内夏季载重水线以上的船体部分和上层建筑及各层宽度大于 $B/4$ 的甲板室的侧投影面积的总和，m²。

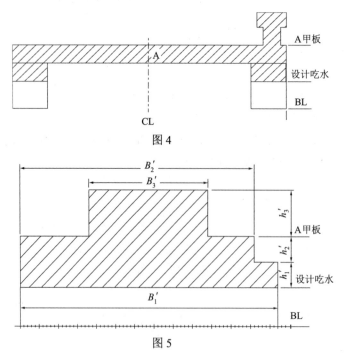

图 4

图 5

以上两个方向计算结果：$N_1 = 755.51$，$N_2 = 1045.164$（计算过程省略）。显见第二种方法计算值较大，则最终舾装数按较大值选取，即 $N = 1045.164$。查表可得：（《钢规》第二篇第三章表 3.2.1.（2））

首锚：数量 3 个，每个 3060 kg。

有档首锚链：总长度 522.5 m，AM3 直径 44 mm。

拖索：长度 200 m，破断负荷不小于 603.1 kN。

系船索：数量 4 根，每根长度 180 m，破断负荷不小于 230.5 kN。

因本船为无人驳船，按《钢规》规定艏锚可仅配 1 只，但本船实际使用时，用户要求艉尾可以调换方向拖航，故最终实配锚 2 个（每个 3060 kg），位于船艏左舷及船尾右舷，锚链长分别为 275 m 和 247.5 m，直径 46 mm（为保险起见锚链按 N 增大 2 档选取。）系船索 4 根（每根长 180 m，破断负荷不小于 230.5 kN，且号灯配两套，满足艉尾换向拖航）。

3 锚泊系统设计

本船浮运拖航时采用临时锚泊系统。

3.1 锚机的选择

根据《钢规》要求配置船用锚机。满足平均速度不小于 9 m/min 时，起锚机应有连续工作 30 min 的能力，其工作负载为：A3 级有挡链 $47.5d^2$，N（d——锚链直径，mm）。起锚机应能在过载拉力作用下（不要求速度）线序工作 2 min。过载拉力应不小于工作负载的 1.5 倍。且配有倒转装置、离合器、制动器，以及具有过载保护。

3.2 锚的回收及存放

船艏左舷及船尾右舷 A 甲板以下舱内各设一个独立的锚链舱，锚链舱的容量足以使锚链方便存放。锚链舱下部设置钢质格栅，并在格栅以下的舱壁上设置水密人孔盖，用于清除锚链舱内的污物。锚链舱配置舱底抽水管。因艉尾外板均为方形垂直线型，为便于锚的回收及存放，特采用锚架形式，并设外置锚链筒，筒内装有锚链冲水系统，起到防浪及锚链清洁作用。

4 系泊系统设计

以下简要介绍本船的系泊系统布置情况。本船系泊系统包括码头系泊系统及作业区移位系统。

4.1　码头系泊系统

　　根据舾装数计算结果，选择满足要求的系船索及相应规格的带缆装置，带缆桩布置如图 6 所示。左右舷各配双柱带缆桩 6 个，即艏尾各 3 个，构造典型的码头系泊模式。另外，驳船四个角位置各布置一台系泊绞车，通过主动收放缆绳，达到调整驳船位置的作用，尤其在双船浮运管节出坞时使用更为方便。这种对称布置的设计，在实际应用中，尤其针对本船较为方正的船型，可以满足艏尾可调换，且使用更为灵活、合理。

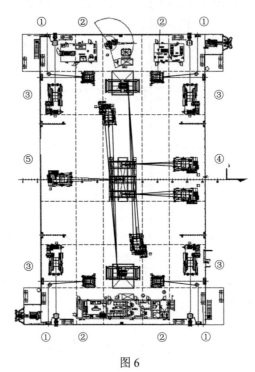

图 6
①系缆柱；②系泊绞车；③移位绞车（驳船）；
④横向调节绞车（管节）；⑤纵向调节绞车（管节）

4.2　作业区移位系统

　　工况及环境条件见表 1。

表 1　工况及环境条件

	流速/(m/s)	有效波高/m	周期/s	风速/级
浮运	1.3	0.8	6	≤7
等待	1.3	0.8	6	≤9
沉放	0.6	0.8	6	≤6
避风工况	—	—	—	≤9

超过9级风则选择锚区抗风。

拖航海况：≤7级风

作业环境温度：−9.9～45℃

作业区移位系统分为驳船移位系统及管节移位系统。该系统的受力情况是根据环境条件通过系泊性能计算及模型试验最终确认的，非本文介绍内容。

驳船移位系统包括，每条管节船上配有4台水平调节绞车。通过4根线缆与海床上的预埋锚碇相连，根据海水流向，利用绞车的收放动作对管节船进行位置调整，见图7。

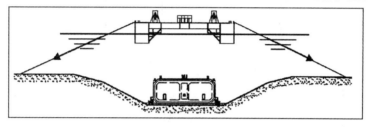

图7

管节移位系统，顾名思义即通过该系统对下放的管节位置进行及时调整。以达到准确无误地与前面的管节对接，调整的方向包括水平调节及纵向调节。每条船的横梁中部配有三台绞车（位置如图6所示），负责管节一端的位置控制，两条船配合使用。这三台绞车，其中两台位于艏部，一台位于艉部。三根线缆穿过中间月池到达管节顶部，再通过管节顶部导向滑轮及管节端部导缆器与海床上的预置锚碇连接。伸向两边的线缆在管节下放的过程中，对管节进行水平调节，位于中间的线缆则对管节进行纵向调节，如图8所示。

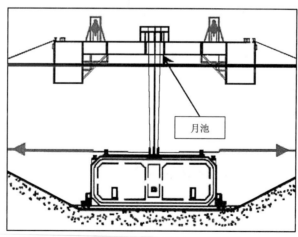

图8

5 结　语

随着人们对海洋的不断开发利用，越来越多的新型海洋工程船被研制。作为舾装专业设计人员，在保证安全的前提下，有效合理的设计是我们追求的目标。本文介绍的管节沉放船于 2012 年底交付使用。作为我国首例沉放管节规格最大、施工标准要求最高的建设工程之一，管节沉放船已经通过了实践的考验，可为后续类似船型提供参考。

大型沉管安装工程用锚选型
及锚系设计试验研究[*]

苏长玺，冯海暴

（中交一航局第二工程有限公司，青岛）

摘　要： 本文结合港珠澳大桥沉管隧道工程，调研分析了多种型号的工程用锚，进行了现场试验，得出锚抓力和起锚力等关键技术参数，设计了外海条件下大型沉管的锚泊系统，为隧道管节系泊期间的抛锚起锚等操作施工提供了可行的施工方案，可为类似工程提供借鉴。

关键词： 沉管隧道；锚泊系统；抓重比；起锚力

0　引　言

　　锚不仅使用在船舶上，还被用作海中浮动构筑物的定位等。随着沉管隧道工程越来越多，施工条件也越来越差，沉管在基槽内系泊和沉放期间，需要通过锚实现沉管的稳定。工程用锚主要为海中漂浮状态的沉管提供固定点，避免风浪流造成沉管失控。锚泊系统的设计主要以锚的操作性和抓重比系数[1]确定选型。针对不同的地质条件，锚产生的抓力也大有不同[2]。因此对于重点工程项目，需要根据工程的自然条件和地质条件，通过锚现场试验得出锚的关键参数和操作性能，为锚泊系统的设计提供较为翔实的技术参数。由于锚的现场试验费用昂贵，现在锚的研究多采用理论分析和数值模拟分析[2]。对于世界瞩目的重点工程港珠澳大桥沉管隧道工程，因其处于外海且工况条件恶劣，没有可以借鉴的技术资料，理论分析和数值模拟分析已经无法满足要求[3]，必须采用锚的现场试验来确定关键技术参数和操作性能。本文结合港珠澳大桥沉管隧道工程现场的自然条件和地质条件，开展了锚的选型和锚的现场试验，为锚泊系统的设计提供关键技术参数。

---

　　[*] 本文曾刊登于《中国港湾建设》2017 年第 5 期。

1 工程概况

港珠澳大桥是我国重大基础设施项目，东连香港、西接珠海、澳门，是集桥、岛、隧为一体的超大型跨海通道。岛隧工程是大桥工程的施工控制性工程，由沉管隧道、东人工岛、西人工岛三大部分组成，其中沉管隧道是目前世界上综合难度最大的沉管隧道之一。沉管隧道总长度为 5664 m，预制安装管节 33 节，东西两端与人工岛暗埋段相接，沉管隧道为东西走向，穿越伶仃西航道和规划 30 万 t 油轮航道，最大水下深度 46 m。

隧址处表层最大流速达到 1.93 m/s，垂线平均流速达到 1.51 m/s。管节定位安装作业窗口为流速≤1.3 m/s、波高≤0.8 m、波周期 6 s，管节所受波流力约为 3000 kN[4]。

沉管在隧址处系泊等待及沉放安装时，根据现场的自然条件和施工操控性分析，采用 8+4 的模式设计锚泊系统较为可靠，即沉放驳 8 缆+沉管 4 缆的锚泊体系。根据受力模型分析计算，该锚泊体系下需要的单个锚提供抓力最大为 1000 kN，取 1.5 安全系数[5]，锚泊系统需配置抓力最大为 1500 kN。

在大的抓力限制条件下具有较好的施工操控性，常规的锚无法实现，需要研究选取较大抓重比系数和较小起锚力的锚型，以利于提高施工的操控性和可靠度。

2 锚泊系统大抓力锚选型分析

2.1 项目区域地质结构情况

沉管施工区域内主要地质自上而下分别为①$_1$淤泥、①$_2$淤泥、①$_3$淤泥质土、①$_2$淤泥混砂、②$_1$黏土、②$_2$粉细砂、②$_3$粉细砂、②$_4$中砂、③$_1$淤泥质土、③$_{1-1}$粉质黏土、②$_2$粉质黏土夹砂、③$_{2-1}$粉细砂、③$_{2-2}$粉细砂、③$_{2-3}$中砂、③$_3$粉质黏土、④$_1$粉细砂、④$_2$粉细砂。

2.2 用锚选型

2.2.1 调研分析

港珠澳大桥沉管隧道区域淤泥及淤泥质黏土层厚度较大，通过对国内外沉管隧道工程施工用锚调研分析，锚的抓力受地质条件影响较大且没有既定的规律，也没有成熟的计算解析方法，针对本项目地质结构、自然条件和操作工艺分析，初步选取了在实践工程中，4 种应用效果较好的大抓力锚型进行分析研究，见表 1。

表 1　常用大抓力锚列表

名称	抓重比系数	性能特点
HYD-14 型锚	9～20	用于硬泥地质，适用于工作船、作业船、浮标定位、海洋平台等
AC-14 型锚	12～14	对淤泥、砂质等地质都有较好的适用性，操控性较好，多用于超大型船、滚装船等
VLA 型锚	45	适用于淤泥及砂质，属于拖曳嵌入式法向受力的板锚，抓力受拉力方向变化影响较大，抛锚、起锚需采用专用船舶，操控要求高
HY-17 型锚	10～30	适用于淤泥质及砂质，多用于工程船系泊如起重船、铺管船和石油平台等。制造和结构简单，抓重比系数超大，起锚需专用装备

适用于淤泥质及砂质，多用于工程船系泊如起重船、铺管船和石油平台等。制造和结构简单，抓重比系数超大，起锚需专用装备。

2.2.2　试验用锚选型

本项目施工区域淤泥和黏土层较厚，表 1 中的锚型对区域地质都有较好的适用性。但 VLA 型锚对受力的方向性要求较高，沉管和沉放驳在现场系泊和沉放安装时，无法避免锚缆的方向发生变化，而 VLA 型锚在锚缆方向变化时锚抓力将发生大的变化，在本项目工艺中可靠性较差，因此该锚不作为工程用锚。

对于 HYD-14 型锚、AC-14 型锚和 HY-17 型锚，通过工程应用分析，对本项目的类似地质情况都有较好的适应性和可靠度，但是锚的抓力随地质的变化影响较大，港珠澳大桥沉管的重量大、施工自然条件差，需要具有精确的技术数据和可靠的操控性，因此，对于经以往工程应用时得出的抓重比系数和操控性，无法在本项目中进行定量的分析和直接应用，必须通过在本项目施工区域进行实体锚试验，得出精确的技术数据和施工操控情况，选取最适合本项目的锚型，用于大型沉管安装的锚泊系统设计，确保工程的施工安全性和精准控制。

结合本项目需要的锚抓力和现有的工程用锚情况，选取了质量为 3.94 t 的 AC-14 型锚、质量 4 t 的 HYD-14 型锚和质量 3 t 的 HY-17 型锚在沉管隧址处进行试验。

3　锚抓力试验研究

3.1　试　验　区　域

试验区域选取以具有代表性的地质结构和水深分布的 E3、E4、E5 管节附近进行试验，地质结构自上而下为淤泥、淤泥质黏土、黏土及粉质黏土、粉细砂等，表层淤泥厚度 9.8～22.53 m，水深在 8～11 m，地质结构见图 1。

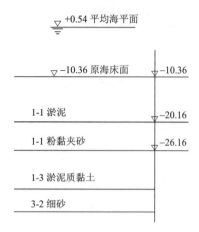

图 1　项目典型区域地质结构图

3.2　试验材料和关键工序控制

3.2.1　动力装备及锚缆

试验起锚设备采用满洋 16 号起锚艇，拉力拖曳设备为交工 55 号，满足试验技术指标要求。

锚缆采用直径 52 mm、长度 300 m 钢缆。在锚缆端部安装拉力传感器用于锚抓力的数据采集。

下锚位置和锚拖曳入土距离等参数通过 GPS 配合角度测量数据得出，设备配置见表 2。

表 2　设备配备及性能表

序号	船机名称	用途
1	交工 55 号	锚抓力试验中锚拉力和拖曳的动力装备
2	砂桩 1 号	试验用锚和锚缆的运送及存放
3	满洋 16 号	起锚装备
4	起锚艇 12 号	起锚装备
5	测力计	锚抓力数据采集

3.2.2　数据采集及试验操作方法

（1）数据采集
本次试验需采集工程区域的波高、流速等自然条件和锚抓力、起锚力等参数。
（2）关键参数的确定
抓重比系数的确定：依据锚抓力随时间的变化曲线，直至锚抓力随时间曲线出现收敛时即判定为该型锚的最大锚抓力，最大锚抓力与锚重的比值即为该区域地质的抓重比系数。

起锚力的确定：在锚抓力随时间曲线收敛后，通过起锚艇拉起预留在锚尾端的与测力计连接的起锚缆，测力计另一端与起锚艇拉力绳索连接，启动提升设备进行起锚作业，记录起锚过程中拉力随时间的曲线，当拉力达到峰值时突然下降，此时锚破土快速上升时得到的拉力峰值，即为起锚力。

（3）操作方法

试验操作时锚缆长度为300 m，拖船交工55号提前在预定位置待机，锚艇在预定区域抛锚完成后，将锚缆端部与测力计连接，数据采集仪器安放在拖船主控室内，启动拖船进行锚抓力及拖曳试验。

拖船以1 kn航速匀速航行，使锚缆逐步带紧。为检测锚受力方向对抓力的影响敏感度，结合工程中可能出现的缆绳变化最大角度60°，在第一次正拉试验完成后，进行斜向60°拉力试验。锚抓力试验操作示意见图2。

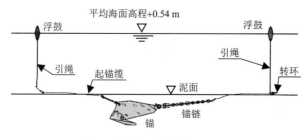

图2　锚抓力试验操作示意图

3.3　锚抓力与起锚力试验

3.3.1　锚抓力试验结果

（1）HYD-14型锚

根据工程特点锚抓力试验方案，交工55号拖轮沿试验区域的隧道轴线和斜向60°分别进行2组试验，HYD-14型锚在E3、E4、E5管节附近共进行了5次锚抓力试验，试验期间装备运行正常，试验仪器数据采集达到了预期效果，试验结果见表3。

表3　HYD-14型锚试验结果

技术参数	试验一	试验二	试验三	试验四	试验五
泥面标高/m	−10.2	−10.3	−10.25	−9.6	−9.6
试验位置	E3管节附近	E4管节附近	E5管节附近	E4管节附近	E3管节附近
锚抓力/kN	375	370	400	402	390
抓重比	9.375	>9.25	10	10	>9.75

（2）AC-14 型锚

AC-14 型锚的试验，按照 HYD-14 型锚试验的过程进行优化操作程序后，以相同的方式在 E3、E4、E5 管节附近共进行了 5 次锚抓力试验，试验仪器和装备运行正常，试验结果见表 4。

表 4　AC-14 型锚试验结果

技术参数	试验一	试验二	试验三	试验四	试验五
泥面标高/m	−10.2	−10.1	−9.6	−9.9	−10.4
试验位置	E3 管节附近	E3 管节附近	E4 管节附近	E4 管节附近	E5 管节附近
锚抓力/kN	90	125	150	135	107
抓重比	2.3	3.2	3.8	3.4	2.7

（3）HY-17 型锚

根据前两次试验过程得出，上述试验区域中，E3、E5 管节的试验区域更具有代表性，因此决定将 HY-17 型锚试验确定在 E3 和 E5 管节附近，进行了 3 次锚抓力试验，试验结果见表 5。

表 5　HY-17 型锚试验结果

技术参数	试验一	试验二	试验三
泥面标高/m	−11.95	−11.9	−12.16
试验位置	E3 管节附近	E5 和 E6 管节附近	E5 和 E6 管节附近
锚抓力/kN	700	650	640
抓重比	23.33	21.67	21.33

3.3.2　起锚力试验结果

通过表 4 中 AC-14 型锚抓力试验结果计算得出，该型锚的抓重比系数介于 2.3～3.8，远小于预期值。本项目沉管系泊和沉放安装期间的稳定锚抓力约为 1500 kN（含安全系数 1.5），如要保证沉管施工期间的安全施工，该型锚需要配置的锚最大质量约为 65 t，锚的尺度也将非常大，随着锚的质量和尺度的增加必将降低锚的操控性，因此该型锚将不再作为工程用锚的选型。起锚力试验只针对 HY-17 型锚和 HYD-14 型锚进行试验。

（1）HY-17 型锚

HY-17 型锚虽然抓重比最大，其经济性具有较大优势，文献[6]对该型锚起锚力研究也较多，因此对该型锚进行了 1 次起锚力试验，起锚操作采用了尾端拖带的方式，重 30 kN 的 HY-17 型锚起锚力为 345 kN，最小锚抓力近 640 kN，起锚力与锚抓力的比值为 53.9%，结合试验的情况，起锚力配置留有一定的富余量按照锚抓力 75% 计算较为可靠。

（2）HYD-14 型锚

HYD-14 型锚起锚力试验同 HY-17 型锚的操作方式，在 E3、E4、E5 进行了 3 次起锚试验，结果见表 6。

表6　HYD-14型锚起锚试验结果

技术参数	试验一	试验二	试验三
试验位置	E3管节附近	E4管节附近	E5管节附近
起锚力/kN	270	270	225
锚抓力/kN	390	402	400
起锚力与锚抓力比值/%	69.2	67.2	56.0

4　工程用锚分析

4.1　沉管系泊沉放工程用锚分析

根据本项目沉管系泊和沉放物理模型试验结果分析,沉放驳系泊锚最大锚抓力控制值为1500 kN,沉管安装锚最大锚抓力控制值为75 kN,通过对HYD-14型锚、AC-14型锚和HY-17型锚的试验结果分析,AC-14型锚抓重比远小于预期值,不作为本项目的用锚,针对HYD-14型锚和HY-17型锚选型如下:

HYD-14型锚最小抓重比系数为9.25,按照9倍抓重比配置锚重,系泊锚重18 t,安装锚重9 t。

HY-17型锚最小抓重比系数为21.33,按照20倍抓重比配置锚重,系泊锚重8 t,安装锚重5 t。

通过本项目大型沉管的安装工艺、抛起锚操控性和施工成本等方面综合分析,选用HY-17型锚不仅可以保证沉管顺利安装,而且可有效提高施工工效,降低综合费用,经过最终分析选取HY-17型锚作为沉管安装用锚和沉放驳系泊用锚。结合锚的试验过程中的操控性和选型,设计了沉管施工锚系布置,见图3。

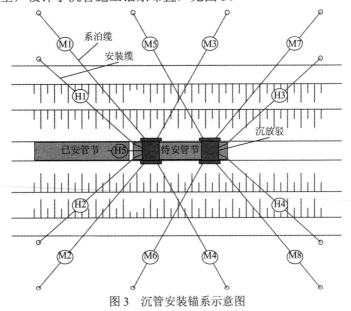

图3　沉管安装锚系示意图

4.2 锚泊系统应用效果分析

港珠澳大桥沉管隧道工程管节安装中采用的 HY-17 型锚和设计的锚系，已顺利完成了所有的管节（33 节）的沉放安装，施工中锚系运行稳定，抛锚方式采用了预拉的方式，不占用沉管系泊带缆时间，单口锚起锚平均耗时 30 min，通过施工中采集的起锚力、锚抓力均与试验和分析结果相符合，达到了预期的效果，保障了沉管施工的顺利实施。

5 结 语

1）通过综合分析，选取了适用于港珠澳大桥沉管隧道安装的试验用锚，通过试验结果得出，本项目地质结构条件下，AC-14 型锚抓重比系数为 2.3～3.8，达不到预期抓力值。HY-17 型锚的最小抓重比为 21.33～23.33，HYD-14 型锚的抓重比系数为 9.25～10。

2）结合沉管施工工艺的特点和自然条件，采用了理论分析和试验结果相结合的方法，为港珠澳大桥沉管隧道工程优选了 HY-17 型锚作为沉管安装的工程用锚。

3）设计了港珠澳大桥沉管系泊和安装锚系，并安装锚为 5 t 重 HY-17，系泊锚为 8 t 重 HY-17。

4）通过综合分析设计了锚抓力试验的方法，并给出了试验关键工序和取值指标，为类似的重点工程锚现场试验提供了技术参考。

参 考 文 献

[1] 闫澍旺，任宇晓，孙立强，等. 砂土中的拖锚模型试验及锚抓力计算方法研究[J]. 中国造船，2016，(1)：103-115.

[2] 徐加庆. 船舶走锚应对方法[J]. 航海技术，2014，(4)：32-35.

[3] 陆忠杰，周国平. 深水锚系泊作业技术应用初探[J]. 船舶设计通讯，2011，(S1)：67-72.

[4] 苏长玺，冯海暴. 大型沉管与沉放驳摩擦型连接受力分析[J]. 中国港湾建设，2016，36(12)：19-22，28.

[5] 刘德进，冯海暴. 用概率法结合 ANSYS 分析深水航道整治铺排锚缆在恶劣工况下的受力[J]. 水运工程，2013，(12)：8-12.

[6] 蒋治强. 船用大抓力锚抓底性能研究[D]. 大连：大连海事大学，2013.

新型多用途起锚艇的研发与建造

赵　雨，孙　靓

（中交第一航务工程局第二工程有限公司，青岛）

摘　要：为了满足港珠澳大桥沉管安装的起锚、抛锚需要，研发建造新型多用途起锚艇。通过计算沉管的水流力，优化沉管安装布锚方案，本文对锚抓力进行试验，对沉管进行物模试验和对起锚设施进行分析，最终确定起锚艇的主要技术指标和设备配置。实船建造投产后使用表明，新造多用途起锚艇的各项性能指标优良，达到了预期的目标。

关键词：沉管安装；起锚艇；锚抓力

港珠澳大桥海底隧道长约 6 km，共使用节段式沉管 33 个，其中标准管节外形尺寸为 180 m×39.5 m×9.9 m，重约 73 000 t，沉管定位和安装都需要强大的锚系设施。国内现有起锚艇的能力不满足施工要求，需要研发建造专用起锚艇进行起锚、抛锚作业。

1　主要性能参数

1.1　航区与用途

该船适合在中国沿海航区航行、拖带作业，具有起锚功能，并可在近海单航。

1.2　主　要　参　数

总长：37.10 m。
垂线间长：32.26 m。
型宽：11.60 m。
型深：5.10 m。
满载吃水：4.00 m。
尾垂直起锚能力：120 t。
尾起吊杆：15 t。

主机功率：2×900 kW。

推进装置：2×360°Z 推进装置。

航速：轻载试航速度约 11.0 kn。

续航力：≥1500 n mile。

系柱拖力：30 t。

定员：14 人。

柴油燃油舱：约 80 m³。

淡水舱：约 30 m³。

压载水舱：约 103 m³。

1.3　总体布置

该船为单甲板，三层甲板室，倾斜首柱和方艉形式。驾驶室和居住舱位于前部，一层甲板室布置厨房、卫生间、会议室等；二层甲板室为船员居住舱室；三层甲板室为驾驶室。主船体以下由 4 道钢质水密横舱壁分割为：艏尖舱、锚链舱、船员舱（其底部为双层底舱）、压载水舱、机舱（其底部有部分双层底舱）、舵桨舱。

2　相关技术措施与试验

由于该船的首要任务是为沉管安装进行起锚、抛锚作业，起锚力是最关键的技术指标，为了确定起锚力，需要开展一系列的技术研究和试验工作，主要有如下内容。①计算沉管的水流力；②研究沉管安装工艺；③研究沉管安装布锚方案；④委托大连理工大学对沉管（标准管节）安装的系缆力进行物模试验，确定系缆力最大值；⑤进行锚抓力试验、选取锚的类型和锚重；⑥研究起锚艇的起锚设施和主要设备配置。

2.1　沉管水流力的计算

选用《港口工程荷载规范》（JTS 144—1—2010）[1]中的水流力计算公式计算沉管水流力，公式为

$$F_W = C_W \frac{\rho}{2} V^2 A \tag{1}$$

将 $C_W = 1.2$，$\rho = 1.0$ t/m³，$V = 1.0$ m/s，以及 $A = 1764$ m² 代入式（1），得 $F_W = 1058.4$ kN。

2.2 沉管安装工艺的研究

经研究采用 1 对（2 艘）安装船骑跨在沉管上方进行沉管的吊放安装。每艘安装船设置 4 个锚缆用于沉管定位，另设置 2 个锚缆用于控制沉管下沉安装过程的轴向位置，见图 1。

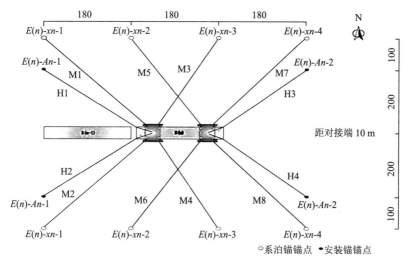

图 1 沉管安装布锚示意

2.3 沉管安装布锚方案

沉管安装选择在平流时进行，因占用航道，为保障安全，需要缩短安装时间。利用本船提前将 12 个锚定点抛设，沉管拖至安装现场后，使用本船和其他拖船快速将锚缆连接好。

经过反复优化，沉管安装的施工布锚方案见图 1，图中 M1～M8 为安装船定位锚缆，H1～H4 为沉管安装控制缆，内侧椭圆点为安装布锚点，外侧椭圆点为安装船定位布锚点。

2.4 沉管系缆力的计算

沉管定位时的流向为垂直于沉管安装轴线，水流力靠水流来向的一侧的 4 根定位缆来克服，考虑 4 根缆受力不均衡，按 3 根缆受力进行计算。

假定系缆力为 F，系泊缆与沉管安装轴线的夹角为 α，系泊缆与水面夹角为 β，则

$$F_{\mathrm{W}} = 3F \sin\alpha \cos\beta \tag{2}$$

根据布锚方案，α 在 35°～60° 变化，β 在 5°～15° 变化，由式（2）可见，α 越小，β 越大，系缆力越大，选取 $\alpha = 35°$、$\beta = 15°$ 进行计算，则算得 $F = 636.8$ kN。

2.5 沉管系缆力的物模试验

为验证系缆力计算结果，委托大连理工大学对沉管系缆力进行物模试验，物模试验结果为：沉管上 4 根缆绳系泊标准管节（E20）单根系泊缆力最大值为 914 kN。

因此，选取沉管（标准管节）系缆力的最大值为 914 kN。

2.6 锚抓力试验

由于施工区域地质为软泥，为降低锚重，需要选择大抓力型的锚，为此选用了 AC-14、HYD-14 和 HY-17 3 种大抓力锚在施工现场分别进行多次锚抓力试验，试验抓重比结果见表 1。

表 1 试验抓重比结果

序号	型号	锚重/t	平均抓重比	锚的特点
1	AC-14	3.86	3.1	常规大抓力锚
2	HYD-14	4.00	9.6	新开发型大抓力锚，易于抛锚、起锚和收锚
3	HY-17	4.00	13.7	异型锚，不易存放，抛锚、起锚和收锚困难

根据前面的分析讨论，选用 8t HYD-14 锚作为沉管定位锚和控制锚。

2.7 起锚力的确定

根据 8t HYD-14 锚的锚抓力（1096 kN），8 个定位锚提前进行布设，锚会有下沉量，锚抓力会加大，考虑富余量，起锚力选取 1200 kN。

3 主要设备的配置

3.1 起锚设施

1）起锚绞车。选用组合式，液压驱动，带主、副 2 个同轴的卷筒，主卷筒用于起锚，副卷筒用于起重吊杆的吊钩，泵站与锚机、吊杆变幅油缸及绞车等共用。绞车拉力 1200 kN，主卷筒容绳量为直径 68 mm、长 150 m，副卷筒的容绳量为直径 30 mm、长

60 m。

2）起锚吊杆。用于吊锚和吊放的辅助设备，可放倒在二层甲板支架上，由 A 字架和 2 个变幅油缸组成，A 字架底部铰接于甲板上，可通过 2 个液压缸起升和收回，起重能力 15 t，起升高度为设计吃水线上 11 m，起吊点距船艉水平距离为 3 m。

3）液压挡销和鲨鱼钳为 50 t 连杆式鲨鱼钳，液压伸缩控制，带鲨鱼钳和液压挡销，在机旁控制，工作时伸出甲板，不工作时可收到甲板下与甲板齐平。

4）艉部滚筒设于船艉舯部，滚筒长度 4 m，直径 600 mm。

5）系泊绞车用于起锚辅助作业和系泊使用，液压马达驱动，卧式、单卷筒，拉力 10 t，容绳量为直径 30 mm、长 120 m。

3.2 主机、辅机

1）主机。主机选用 2 台济柴（G12V190ZLC）生产的 900 kW 柴油机，额定转速 1450 r/min，空气压缩启动，闭式冷却，海水泵、冷却淡水泵、滑油泵和燃油泵由主机直接驱动。双机工作可提供 300 kN 的正拖系柱拖力。

2）辅机。辅机选用 2 台 250 kW 的发电机组及 1 台 75 kW 应急发电机组。主发电柴油机为康明 NTA855-G2(M)，额定功率 284 kW，额定转速为 1500 r/min，电启动，闭式冷却。电机型式为无刷励磁，AC400 V，50 Hz，三相，功率 250 kW。停泊发电柴油机为康明斯 6BT5.9-D(M)，额定功率 86 kW，额定转速 1500 r/min，压缩空气起动，闭式冷却。发电机型式为无刷励磁，AC400 V，50 Hz，三相，功率 75 kW。

3.3 推进装置

选用 Z 型舵桨推进，型号 NRP120，数量 2 台，功率 900 kW，输入转数 1450 r/min，螺旋桨直径约 1750 mm，四叶定距螺旋桨。

3.4 压载设备

设压载总用泵 1 台（100 m³/h×20 m）、舱底泵（兼作消防泵）两台，舱底泵可作压载泵使用，用于调节船舶的浮态。

3.5 锚机

液压马达驱动，带 2 个锚链轮，1 个缆绳卷筒及 2 个副绞缆轮。配锚 780 kg，锚链直径 26 mm，制动力 600 kN，可在机旁和驾驶室遥控。

3.6　驾　控　台

1）前驾控台。驾驶室前部设 2 个控制台（左右舷各 1 个）用于航行，由以下几部分组成：主机转速控制、舵桨转向控制，以及主机、舵桨的报警和指示系统，各通信导航设备、电话等；艏锚机操纵控制及指示系统；电罗径复示器。在驾驶室中部安装集中控制板，由以下控制单元组成：航行灯控制板、信号灯控制板、火警探测和报警板、通用报警板、汽笛控制板、风机油泵切断按钮、室外照明分电箱、助航分电箱、低压分电箱、无线电分电箱及公共广播等。

2）后驾控台。在驾驶室后部设 2 个控制台（左右舷各 1 个）用于起锚作业，由以下几部分组成：主机转速控制、舵桨转向控制，以及主机、舵桨必要的仪表等；后部拖缆机、A 型架、卷车、鲨鱼钳等甲板机械操纵控制及指示系统；后探照等控制板，拖钩释放按钮等。

3.7　测　量　设　备

安装多波束测深仪 1 套，型号为 Kongsberg EM2040，扫宽可达 140°（单声呐探头），深度分辨率为 2 mm，频率范围为 200～400 kHz，最大频率为 50 Hz。

3.8　拖　　　钩

配 40 t 蝶形气控拖钩 1 个，可受机旁控制和驾驶室遥控，用于船舶拖带。

3.9　其　他　设　备

救生、消防、航行、信号、防止污染设备、生活污水处理装置、通信、导航设备及报警设备等按中国海事局《国内航行海船法定检验技术规则（2011）》[2]和中国船级社《国内航行海船建造规范（2009）》[3]及相关修改通报的要求配备[2]。

4　主要技术特点和创新点

4.1　主要技术特点

1）起锚力大。该船的起锚力为 1200 kN，远大于常规起锚艇的起锚力。

2）采用艉起锚方式。该船采用艉起锚方式,有足够的起锚作业面积。

3）自由航速大。常规起锚艇的航速一般在 7~8 kn,该船自由航速为 11 kn。

4）船舶操纵性能好。该船采用双全回转舵桨推进,回转半径小、操纵灵活,在狭窄区域作业优势更加明显。主机功率大,系柱拖力为 300 kN,有足够的推进力。

5）经济性好。该船除用作沉管安装船、平台式碎石铺设船、供料船等进行起锚、抛锚作业外,还可进行船舶拖带作业,使用率大大提高,经济性较好。

6）起锚设施配置高。常规起锚艇一般仅配置起锚绞车或起锚吊杆,该船除配置 1200 kN 起锚绞车外,还配置了艉滚筒、液压挡销、鲨鱼钳、起吊锚杆和收放缆绞车。

7）设置前后驾控台。该船设置前后驾控台,前驾控台用于正常航行,后驾控台用于起锚作业使用。可遥控 2 台主机、2 台舵桨、起锚绞车、液压挡销、鲨鱼钳和起锚吊杆工作。

8）船舶线型好。该船采用拖轮船型,艏部线型瘦削,提高了快速性;船艉丰满,水线面积大,一般起锚作业不用调载。

9）干舷高。该船航区为近海,干舷大,可在外海施工区域进行施工作业,使用范围大大扩展。

4.2 创 新 点

1）起锚工艺。常规起锚艇采用艏起锚方式,该船采用艉起锚方式,起锚辅助设施齐全,起锚能力和效率都大大提高。

2）多用途、多功能。该船安装了 1 套多波束测深仪,除具有较强的起锚功能和中长途拖带作业功能外,还具备了工前扫海测量及低精度测量验收功能。

5 使用效果与评价

经过充分的技术调研和一系列的技术分析,2012 年 2 月确定了该船的总体技术方案,随后由烟台海越船舶服务有限公司进行了船舶详细设计,设计图纸获得中国船级社审批后,2012 年 6 月该船在广州文冲船厂有限公司开工建造,2013 年 1 月 16 日完成建造并投入了港珠澳大桥的施工,主要为沉管安装进行起锚、布锚及通、解缆作业。由于起锚能力强和作业效率高,为沉管安装提供了重要保障,发挥了无可替代的重要作用,截至目前为止已顺利完成 17 个沉管的安装。

该船是以满足港珠澳大桥实际施工需求为目标进行技术创新的新拖轮船型,其建造质量优良,性能优异,达到了研发建造的预期目的。由于该船采用了较佳的线型,功率适中,设备配置合理,性能优良,操纵性和回转性能好,多用途,特别适用于港口施工单位使用,是今后港口施工单位老旧拖轮更新的首选船型之一。

参 考 文 献

[1]　中华人民共和国交通运输部. 港口工程荷载规范：JST 144—1—2010[S]. 北京：人民交通出版社，2010.

[2]　中国海事局. 国内航行海船法定检验技术规则[M]. 北京：人民交通出版社，2011.

[3]　中国船级社. 国内航行海船建造规范[M]. 北京：人民交通出版社，2009.

超大型沉管管节拉合系统及控制方法*

汤慧驰，岳远征，张建军，宁进进

（中交一航局第二工程有限公司，青岛）

摘　要：管节拉合作业是沉管隧道管节浮运安装过程中衔接管节沉放及水力压接的重要步骤，港珠澳大桥沉管隧道使用的拉合系统包括自动搭接、距离监测、拉力检测、水下视频监控等功能。本文详细介绍了该系统及控制方法的 4 个阶段 7 个步骤。工程实践证明，可以完全适用于沉管隧道管节拉合作业。

关键词：港珠澳大桥；沉管；管节；拉合系统；控制方法

0　引　言

港珠澳大桥沉管隧道的预制管节是目前世界上体量最大、重量最大的钢筋混凝土构件，沉管安装作业水域存在基槽区流态复杂、海水密度变化大、交叉作业船舶多、船行波影响大等特点、难点。

为了精确控制沉管安装过程中管节的姿态及受力，管节拉合作业有着严格的潮水、流速和时间限制，需要利用小潮汛低平潮时段按时完成管节拉合作业。

1　工程概况

港珠澳大桥跨越珠江口伶仃洋海域，是连接香港特别行政区、广东省珠海市、澳门特别行政区的大型跨海通道[1]。岛隧工程是港珠澳大桥的控制性工程，隧道采用沉管方案，沉管段总长 5664 m，采用节段式柔性管节结构，共 33 节，标准管节长 180 m，由 8 节长 22.5 m、宽 37.95 m、高 11.4 m 的节段组成，总重约 7.5 万 t，最大沉放水深约 46 m，是目前世界上综合难度最大的沉管隧道之一。

＊ 本文曾刊登于《中国港湾建设》2015 年第 11 期。

2　工艺简介

沉管管节的安装包括沉放准备、绞移沉放、着床、拉合、水力压接及贯通测量 6 个主要步骤[2]，拉合作业是衔接管节着床和水力压接的关键步骤。

管节安装过程中，待安管节着床后，需要将待安管节平稳拉向已安管节，直至待安管节端部的 GINA 橡胶止水带碰触已安管节的端钢壳，并提供一定的拉力压缩 GINA 橡胶止水带鼻尖[3]，使待安管节与已安管节间形成密闭结合腔，达到初步水密状态，为水力压接创造条件。

3　设备介绍

根据工程特点及工艺要求，设计制造了专用的拉合系统，该系统具备水下自动搭接、精确测量管节对接端面间距离、精确监测千斤顶拉力、水下可视化等功能。如图 1 所示，拉合系统主要由①主控台；②主动拉合单元；③被动拉合单元；④电子线缆及液压油管卷盘；⑤油泵控制柜等部分组成[4]。

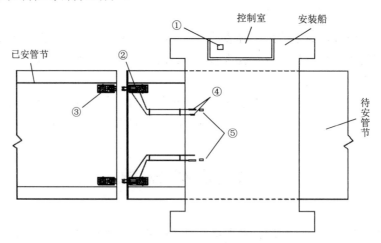

图 1　管节拉合系统平面布置图

被动拉合单元安装在已安管节尾端两侧，主动拉合单元安装在待安管节首端两侧，主动、被动拉合单元完成连接后，主动拉合单元提供拉力，将待安管节拉向已安管节。待安管节上的主动拉合单元通过液压油管与电子线缆与安装船甲板上的油泵控制柜连接，然后通过数据信号线将千斤顶的各项数据传输给控制室的主控台。

该设备通过以下 4 项特殊系统来适应复杂的水下条件，满足工程要求，同时也提高了工作效率，大大降低了潜水员的工作强度，减少了施工成本。

3.1　水下自动搭接系统

水下自动搭接系统由 2 组千斤顶及被动拉合单元上的反勾结构组成，通过水下视频监控系统的配合，实现了操作人员在主控台完成拉合系统的水下搭接，摆脱了以往需要潜水员连接主动、被动拉合单元的工艺，减少了潜水员水下作业时间及作业量。

3.2　水下视频监控系统

水下视频监控系统利用 2 组水下电视录像监控作为主体设备，主界面实时显示水下情况，指挥室通过有线传输视频信号实现同步显示。主要硬件包括低光摄像头、C2300 高强度防水电缆、手提箱式控制台等。通过该套系统，可以实时监控拉合系统在水下的工作状态，为指挥操作提供参考，减少了潜水员水下检查的工作量。

3.3　距离监控系统

距离监控系统利用 2 组磁致位移传感器作为距离监控设备，主控台界面实时显示千斤顶伸出距离。主要硬件包括磁致位移传感器、水下电子接头、电子控制单元等。

利用该套系统，通过与管节安装参数的比对，不仅可以判断拉合系统是否顺利完成搭接，还能了解待安管节与已安管节之间的端面间距，为拉合作业操作提供依据。

3.4　压力监测系统

压力监测系统利用 2 组压力传感器作为压力监测设备，主控台界面实时显示拉合系统压力。主要硬件包括压力传感器、拉合单元截止阀、压力泄压阀、液压控制模块、电子控制单元等。

利用压力监测系统，通过管节重量、摩擦力、设备性能等参数，可以综合判断拉合作业所处的阶段，从而更好地控制拉合作业的进程。

4　施工工艺流程及控制方法

按照管节安装的流程，管节拉合作业可分为 4 个阶段 7 个步骤，分别是沉放准备阶段的系统安装，管节沉放阶段的液压油管及电子线缆（以下简称"管线"）下放，拉合阶段的水下无人自动搭接（以下简称"搭接"）、预紧、距离拉合、压力拉合及水力压接阶段的配合。

4.1　沉放准备阶段——拉合系统安装

为减小拖缆对拉合系统的影响,在管节沉放准备阶段进行系统的安装调试。首先对照坞内标定的位置,准备安装管节首尾端的主动、被动拉合单元,然后通过水下接头将油管及线缆连接至主动拉合单元,利用管顶锚固装置固定管节顶面的管线,减小水流对管线的扰动。安装完成后,对 2 台千斤顶同步性进行测试,并依次检查各系统能够正常运转、设备是否存在渗漏油现象、数据显示是否正常等。

4.2　沉放阶段——管线下放

管节沉放及着床过程中,利用主控台与管节同步下放管线,根据管节姿态监控系统、安装船吊缆监测系统及拉合卷盘监测系统,调整管线长度,始终保持管线下放长度大于管节下放距离。为确保拉合系统管线的安全,在管线下放过程中需要人员巡视,防止管线尤其是电子线缆出现剐蹭造成损坏,同时甲板人员需要定时手动检查管线富余长度,与系统提供的数值进行对比,确保下放长度满足要求。

4.3　拉合作业阶段

4.3.1　水下无人自动搭接

如图 2 所示,待安管节着床后,利用主控台控制主动拉合单元,依次进行回收竖向千斤顶、伸出拉合千斤顶、伸出竖向千斤顶的操作,完成待安管节主动拉合单元与已安管节被动拉合单元的搭接作业。

搭接作业为拉合作业首个关键节点,如果拉合系统无法自动完成水下搭接作业,需要潜水船及潜水员水下辅助进行搭接,必将延长 1～1.5 h 的拉合作业时间,可能会导致在水力压接时海流增大,波浪增高,错过最佳安装窗口,影响整个安装作业效率及成功率,增加作业风险。

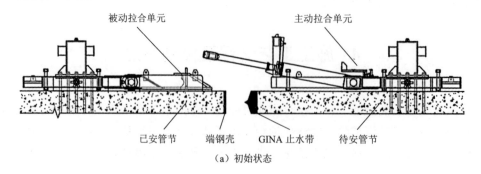

（a）初始状态

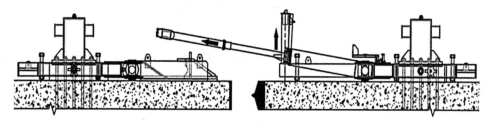

（b）拉合千斤顶伸出

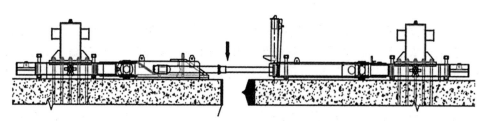

（c）拉合系统搭接

图 2 拉合系统水下无人自动搭接

4.3.2 拉合预紧

主动、被动拉合单元搭接完成，回程拉合千斤顶，使拉合千斤顶拉力达到 784 kN，消除主动、被动拉合单元之间及钢结构与混凝土支墩之间的间隙。根据重载试验的观察及数据分析，拉合千斤顶拉力为 490～784 kN 时，上述间隙已经消除。

4.3.3 距离拉合

根据管节姿态监控系统、拉合控制监测系统综合判断两管节端面间距，设定距离拉合长度，将待安管节拉向已安管节，使距离拉合完成时待安管节的 GINA 止水带鼻尖与已安管节尾端端钢壳接触。

在距离拉合过程中，为保护拉合系统，同时更加平稳地将待安管节拉向已安管节，需要综合调整管节负浮力与安装船吊力，控制管节与碎石基床之间的摩擦力小于拉合系统拉力[5]，需要综合调整安装船各缆力的大小，使吊缆力基本保持不变或者同步变化，确保在距离拉合过程中管节在平行于碎石基床平面的受力均衡。

4.3.4 压力拉合

待安管节 GINA 止水带鼻尖与已安管节尾端端钢壳接触后，拉合系统进一步提高拉力，使待安管节的 GINA 止水带尽量压缩，在两管节间形成密闭结合腔，为水力压接创造条件。

4.4 水力压接阶段

水力压接阶段，拉合系统保持 70%左右的拉力，辅助水力压接进行排水，同时实时监测两管节端面间距，辅助判断水力压接的进展，为压接决策提供数据依据。

5 结　语

利用本套拉合系统，按照既定的控制方案施工，取消了潜水员水下千斤顶搭接作业，减少了潜水员水下检查搭接质量、测量两管节端面间距的时间，不仅提高了工作效率，还减少了潜水员的工作强度；同时利用该系统进行距离监测，可以在对接全过程中连续进行，相对于潜水员测量提高了精度，减少了误差。

经过港珠澳大桥岛隧工程 E1～E20 管节现场安装验证，本套拉合系统及控制方法效率高，安全性高，节省成本，完全适用于沉管隧道管节拉合作业。

参 考 文 献

[1] 陈越. 港珠澳大桥岛隧工程建造技术综述[J]. 施工技术，2013，(9)：1-5.
[2] 孟民强. 沉管法隧道沉放对接施工工艺[J]. 广东造船，2013，(3)：69-72.
[3] 王光辉，宋妍. 沉管隧道短管节拉合试验[J]. 隧道建设，2010，(4)：385-387.
[4] 林鸣. 管节拉合系统：CN203129181U[P]. 2013-08-14.
[5] 尚乾坤，王殿文. 钢筋混凝土沉管管节与基床摩擦阻力的试验研究[J]. 中国港湾建设，2015，35(7)：46-48.

钢筋混凝土沉管管节与基床摩擦力的试验研究[*]

尚乾坤，王殿文

（中交一航局第二工程有限公司，青岛）

摘　要： 为正确掌握不同工况下钢筋混凝土沉管管节与基床的摩擦力，本文开展了不同碎石粒径、满铺和有垄沟碎石基床、不同负浮力条件下沉管管节模型与碎石基床摩擦系数、碎石基床的沉降等试验研究，并对试验结果进行了分析，为沉管安装受力计算提供参考依据。

关键词： 沉管；管节；基床；摩擦系数；钢筋混凝土

1　工　程　概　况

　　港珠澳大桥跨越珠江口伶仃洋海域，是连接香港特别行政区、广东省珠海市、澳门特别行政区的大型跨海通道，是国家高速公路网规划中珠江三角洲地区环线的组成部分，同时也是跨越伶仃洋海域的关键性工程，属于世界级跨海通道。

2　研　究　意　义

　　港珠澳大桥隧道工程需要在深达 40 余米的水底完成长达 180 m 沉管管节的沉放对接、精调作业，这是一项具有挑战性的工作。针对钢筋混凝土沉管管节与基床摩擦力的试验研究，国内外有关研究成果很少[1-3]。以往使用的抛石基床与重力式结构间摩擦系数试验方法是否合适，如何确定碎石基床摩擦系数，都需要通过试验研究确定，并根据试验结果对精调设备进行正确选型，以确保沉管安装工程质量。

　　本次试验主要是通过检测沉管管节模型与碎石基床的摩擦系数、碎石基床的沉降，为沉管安装受力计算提供参考依据。

---

　　* 本文曾刊登于《中国港湾建设》2015 年第 7 期。

3　试　验　简　介

3.1　技　术　要　求

1）模型按照管节与基床单位面积正压力相似原则进行设计，管节模型在长度和宽度相似的情况下进行简化。

2）管节模型制作过程中，首先保证模型刚度，通过调整钢水箱内的注水量模拟不同正压力。

3）管节长度覆盖 3 条碎石带及其两端垄沟宽度的一半，严格控制边界条件，保证垄沟相似。

3.2　试　验　内　容

1）碎石粒径为 2～6 cm 满铺工况下摩擦系数试验。

2）碎石粒径为 2～6 cm 带垄沟工况下摩擦系数试验。

3）碎石粒径为 1～3 cm 带垄沟工况下摩擦系数试验。

4）碎石粒径为 1～3 cm 满铺工况下摩擦系数试验。

3.3　试　验　方　法

3.3.1　基床铺设

向水槽内装填 0.35 cm 厚碎石，装填完成后，通过在碎石顶面周边铺设导轨辅助成型，成型后基床采用人工刮道方式进行整平。带垄沟工况时，标准管节碎石与基床接触面积为 62%，试验模型接触面积为 63%，与标准管节接触面积基本相同。每组试验做完后，重新铺设碎石基床。

3.3.2　水平加载设备安装及加水

基床铺设完成后，预安装水平千斤顶及压力传感器，然后打开注水管道向水槽内加水至相应水位。

3.3.3　模型称重、竖向加载

采用吊车起吊管节模型，吊钩与模型之间连接称重传感器，对管节模型进行称重，称重后将其缓慢吊装，防止管节模型冲击碎石基床。

3.3.4 水平加载测读数

采用 50 kN 千斤顶及手动泵人工加压的方式为管节模型水平加载。试验中千斤顶通过连接的压力传感器顶推管节模型。水平加载时，保证千斤顶、压力传感器、管节模型混凝土底板三者轴心三点一线。

顶推过程中，通过压力传感器数据采集系统实时监测试验水平荷载变化情况。

4 试 验 结 果

管节与基床摩擦阻力试验自 2012 年 6 月 13 日～7 月 23 日共计开展 12 批 127 次试验。

4.1 碎石粒径 2～6 cm 纵向平推试验

1）基床满铺工况下摩擦系数随负浮力的变化趋势如图 1（a）所示。

2）基床带垄沟工况下摩擦系数随负浮力的变化趋势如图 1（b）所示。

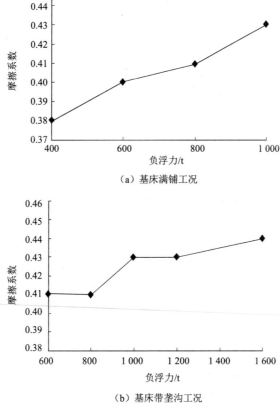

（a）基床满铺工况

（b）基床带垄沟工况

图 1　摩擦系数变化趋势（粒径 2～6 cm）

4.2　碎石粒径 1～3 cm 纵向平推试验

基床满铺工况下摩擦系数随负浮力的变化趋势如图 2 所示。

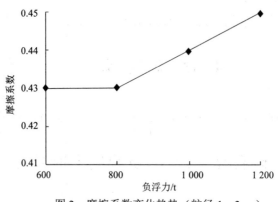

图 2　摩擦系数变化趋势（粒径 1～3cm）

5　试验结果分析

（1）摩擦系数

试验中摩擦系数达到一极值后趋于稳定，并有缓慢增长的趋势。造成这一现象的原因：试验中板底碎石运动情况复杂，存在滚动摩擦情况，摩擦系数达到一极值后，基床碎石密实度增大，滚动碎石减少，摩擦系数缓慢增长。

（2）基床沉降

试验前后碎石基床的变形不明显，无论是满铺还是带垄沟基床，沉降值都很小，随着竖向荷载的增加沉降变化不显著。通过试验结果可知，沉降量与基床平整度相关性大，伴随着基床粗糙程度增加沉降量有缓慢增长的趋势。

（3）摩擦系数对不同接触面积的敏感性

2～6 cm 粒径碎石基床在纵向平推试验中，在相同竖向荷载（分别模拟负浮力 6000 kN、8000 kN、10 000 kN 三组试验）条件下，满铺工况的摩擦系数 6 次试验平均值为 0.41，波动范围 0.41±0.04；带垄沟（接触面积 63%）工况的摩擦系数 6 次试验平均值为 0.42，波动范围 0.42±0.02，较满铺工况摩擦系数提高 2.4%，摩擦系数对基床采用满铺还是垄沟并不敏感。分析 1～3 cm 粒径碎石基床试验（两次摩擦系数均为 0.44）也得到相同的结论。

（4）摩擦系数对基床粗糙程度的敏感性

2～6 cm 粒径碎石、垄沟基床粗糙整平工况（<4 cm）摩擦系数（两次平均 0.41），在相同竖向荷载条件下（模拟 6000 kN 负浮力），与垄沟基床整平精细工况（<1 cm）

摩擦系数（0.41）相同，摩擦系数对基床整平粗糙程度敏感性很小。

（5）摩擦系数对不同竖向荷载的敏感性

在 2～6 cm 粒径碎石、垄沟基床纵向平推（模拟负浮力 6000～16000 kN）试验中，可以看出摩擦系数对竖向荷载大小非常敏感。当竖向荷载变大时，摩擦系数增大，同时，首次达到最大水平推力所需时间变长，后期水平推力缓慢增长，但与竖向荷载较小工况相比，增长速度放缓。

（6）摩擦系数对管节模型平动方向的敏感性

在 2～6 cm 粒径碎石、垄沟基床平推（模拟负浮力 6000 kN、8000 kN）试验中，横向平推摩擦系数（平均值 0.40，波动范围 0.40±0.02）比纵向平推摩擦系数（平均值 0.41，波动范围 0.41±0.02）降低了 2.5%，可以看出，摩擦系数对管节模型平动方向的敏感性较小。

（7）摩擦系数对碎石粒径的敏感性

在相同竖向荷载（模拟负浮力 6000～10000 kN）、相同基床形状条件下，基床采用粒径（1～3 cm）碎石的摩擦系数（平均值为 0.44，波动范围为 0.44±0.01），基床采用粒径（2～6 cm）碎石的摩擦系数（平均值 0.42，波动范围 0.42±0.02），相对于小粒径碎石基床工况试验，摩擦系数降低 4.5%，摩擦系数对碎石粒径敏感性较小。同时，对于小粒径碎石每 2 次重复试验，未重新整平基床试验摩擦系数较重新整平基床试验摩擦系数有较大增长，摩擦系数对基床是否重新整平比较敏感。原因在于小粒径碎石基床更容易密实，且管节模型板底参与滚动的碎石较少。

6 结 语

通过本次在港珠澳大桥岛隧工程项目中对沉管管节与基床的摩擦力试验研究，取得了大量的宝贵数据，通过对这些数据的分析，得出了很多有价值的结论，这些结论对后续沉管安装用拉合千斤顶的选择及工程安全管理有着重要的指导意义。

参 考 文 献

[1] 周柔娥，程端华. 混凝土与碎石间摩擦系数统计分析[M]. 北京：人民交通出版社，1992：147-153.

[2] 杜明宣，李炎保. 橡胶阻滑板与抛石基床摩擦系数统计特性与影响因素[J]. 中国港湾建设，2009，(5)：4-6，44.

[3] 天津大学摩擦系数研究课题组. 混凝土预制块体与块石基床间摩擦系数的现场实验研究——油毡原纸或泥浆夹层对摩擦系数的影响[J]. 港口工程，1993，(6)：1-4.

沉管隧道管节线形控制方法*

马宗豪，孙　健，管泽旭

（中交一航局第二工程有限公司，青岛）

摘　要： 沉管隧道管节线形控制是沉管安装施工的一个重要工序。本文综合世界上具有标志意义的沉管隧道管节调位方法进行分类和比较，较完整地阐述世界各大沉管隧道的管节线形调整工艺，对沉管隧道管节线形控制具有一定借鉴意义。

关键词： 沉管隧道；线形控制；沉管安装；管节调位

0　引　言

根据国际沉管隧道施工惯例，沉管隧道施工顺序一般先进行两端安装，最后在中间段或暗埋段处合龙，即最终接头施工。沉管安装过程需要严格控制管节线形及平面误差，确保隧道施工质量。管节线形控制不仅包含安装前的线形调整，还包括安装后的管节调位，沉管安装过程的定位包含鼻托导向或导向杆定位，沉管安装后的管节调位从施工环境上划分为体外调整和体内调整。本文从沉管线形调位方面研究了世界几个具有标志性的沉管隧道进行系统研究，对管节平面轴线的控制和调整方法进行了阐述。

影响管节沉放后尾端偏差的主要因素有：端钢壳平整度、导向装置的安装精度。端钢壳的平整度受管节预制精度影响，导向装置的安装精度取决于管节二次舾装件的特征点标定精度。如果预制过程中端钢壳的平整度过大导致管节尾端偏差超过设计值，需要进行管节调位来确保管节安装后的平面误差，此外也可以通过提前进行管节导向装置调整或通过管节错牙的方式保证沉管隧道线形。

1　安装前调整

当前一管节安装完，尾端的轴线偏差通过贯通测量值获得，下一管节沉放前，需要对管节的特征点进行标定，通过 CAD 等专业软件能准确计算出管节的尾端偏差范围。在

---

* 本文曾刊登于《中国港湾建设》2014 年第 11 期。

尽量减少管节体位调整的前提下，可以通过调整导向杆与导向托架之间的间隙来满足施工精度，如果尾端偏差较大，可先调整导向装置间的缝隙，后通过管节错牙的方式，保证沉管安装的精度。这一方法在上海外环隧道[1,2]和港珠澳大桥沉管隧道中得到应用，且效果显著。调整管节对接端横向错位时尽量不要过大，否则会影响管节的施工质量。

2　安装后调整

世界上大多数沉管隧道在做好施工前管节预制及舾装件标定精度的前提下，沉管安装后采取了不同类型的管节平面调整方案。内部调整的案例主要有千斤顶调整和楔形块调整，外部调整的案例主要有 EPS 体外调整和尾端调整。

2.1　日本多摩川沉管隧道

多摩川沉管隧道全长 1549.5 m，由 12 个管节组成，单个管节长 128.6 m，宽 39.9 m，最大沉放水深 28.8 m，隧道基础采用后铺法，管节纵坡采用尾端的竖向千斤顶调整[3]。沉管沉放到位后，如果尾端偏差大于设计值，在新安管节结合腔内两竖向侧墙安装油压千斤顶，一侧为反力支撑千斤顶，一侧为修正千斤顶，上一管节结合腔内安装限位千斤顶。内部千斤顶顶推的调整量必须经过设计计算，主要取决于水力压接时的 GINA 止水带压缩量、蠕变变形量、可防水的压缩量、地震拉伸量和温度变形量等。

其间，E5 管节安装后尾端偏离轴线 8 cm，采用内部千斤顶调位的方式，尾端修正最大顶推力 3600 t，顶推距离 1.1 cm，尾端调整 2.2 cm。

管节调位方式如图 1 所示。

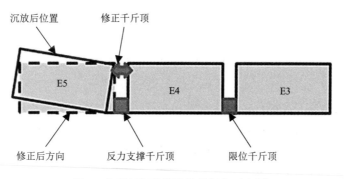

图 1　多摩川沉管隧道管节调位示意图

2.2　厄勒海峡沉管隧道

厄勒海峡沉管隧道全长 4000 m，其中沉管段长 3510 m，由 20 个管节组成，单管节长 175.5 m，宽度 39.75 m，高度 8.7 m，重约 55 000 t，最大沉放水深 22 m。隧道基础首次采用先铺法即碎石基床机械刮平工艺，有别于常见的填砂法[4]。考虑沉管预制时端钢壳的平面误差及安装误差，管节预制期间对接端预留液压千斤顶孔洞，事先将千斤顶放置在预留的外墙孔洞中，沉管安装后尾端轴线偏差大于设计值时，进行体内千斤顶调位处理。首先降低管节压载量以减小沉管与基床的摩擦力，提升管节的竖向吊力，以满足千斤顶的顶推要求。

该工程采用安装在外墙内的 3 个 500 t 千斤顶，精调施工后沉管轴线允许偏差为 ±25 mm，管节安装断面间相对允许误差为 ±10 mm，精调完成后锁住千斤顶，当压载混凝土和回填完成后，拆除精调设备。

该系统运输及操作灵活，不受外界干扰，施工相对便捷，但是受预留的影响，设备投入量较大，维护工作量大。

体内调位方式如图 2 所示。

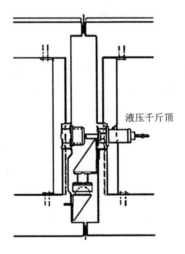

图 2　厄勒海峡沉管隧道体内调位示意图

2.3　上海外环隧道

上海外环隧道全长 2880 m，其中沉管段长 736 m，由 7 个管节组成，单管节长 100～108 m，宽度 43 m，高度 9.55 m，最大沉放水深 33 m。隧道基础采用后铺法，管节尾端侧墙上预留两台竖向千斤顶，支撑在临时钢管桩桩帽上，通过竖向调整管节纵坡。管节轴线调整采用内置千斤顶"顶头摆尾"的方式，即在沉管结合腔内设置一定数量的千斤顶，纠偏后利用临时钢支撑代替千斤顶，等到管节回填覆盖结束后再拆除临时钢支撑，顶推距离及千斤顶吨位通过初始计算获得。

其间，E3 管节安装后尾端轴线偏差 131 mm，尾端调整时最大顶推力 3600 t，尾端调整 26 mm，如图 3 所示。后续管节沉放过程采用错位对接调整的方式，逐渐消除较大的尾端轴线偏差，以满足施工要求。

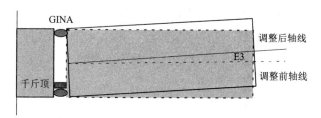

图 3　上海外环隧道管节调位示意图

2.4　韩国釜山—巨济沉管隧道

韩国釜山—巨济沉管隧道全长 3700 m，其中沉管段长 3240 m，由 18 个管节组成，标准管节长 180 m，宽度 26.46 m，高度 9.97 m，重约 48 000 t，最大沉放水深 49 m，隧道基础采用先铺法施工工艺。

针对管节水下精确调位系统，专门开发了体外调整系统 EPS，该系统由 2 套 EPS 钢结构构成，单套 EPS 宽 42.15 m，高度 9 m，重约 1400 t，分别横跨在沉管首端和尾端，该系统底部共配置 4 台 800 t 的竖向千斤顶和 8 台 200 t 的水平千斤顶，竖向千斤顶将管节提升，脱离基床；水平千斤顶将提升的管节进行水平方向的微调，以满足管节线形控制的精度要求。

该系统安装过程烦琐，系统精度高，自动化程度高，能够适应深水条件，但是系统与管节相对固定，拆卸及操作不够灵活。

EPS 体外调整如图 4 所示。

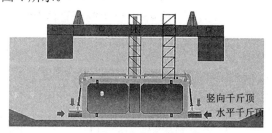

图 4　EPS 管节体外调整示意图

2.5　土耳其博斯普鲁斯海峡沉管隧道

博斯普鲁斯海峡沉管隧道全长 1387 m，由 11 个管节组成，其中 135 m 长的管节 8 个，110 m 管节 1 个，98.5 m 的管节 2 个，最大沉放水深约 60 m。隧道基础采用后铺法，沉管沉放时尾部安装 2 台竖向千斤顶，进行管节纵坡调位，水平方向安装专门设计的尾端调整系统。

针对工程施工特点，专门研发了一套沉管尾端调位系统，该系统由 2 台水平千斤顶组成，沉管出坞前采用浮吊船将钢结构安装在沉管尾端并固定，随着沉管一起浮运、沉放，千斤顶可调行程为 20 cm，最大顶推力为 200 tf。

该系统设备独立，安装简单，使用快捷，拆卸、运输需要一定时间，能够满足沉管体外调整的需求。

体外尾端调整系统如图 5 所示。

图 5　博斯普鲁斯海峡沉管隧道体外精调系统

2.6　港珠澳大桥沉管隧道

港珠澳大桥岛隧工程全长 6000 m，其中沉管隧道长 5664 m，由 33 节管节组成，标准管节长 180 m，宽 37.95 m，高 11.4 m，重约 80 000 t，最大沉放水深约 45 m。隧道基础采用先铺法。针对管节调位，开发了体内精调系统。沉管安装后进行贯通测量，测得尾端轴线偏差大于设计值时，需要进行沉管精调。通过在沉管对接端结合腔的已安管节和待安管节侧墙上设置顶推千斤顶和限位千斤顶，启动液压顶推系统顶推待安管节侧墙，使得待安管节尾端实现调整。系统采用高精度传感器和集成化控制系统完成千斤顶的顶推作业，最大顶推力 5500 t，能够满足水深 45 m 以上的沉管体内精调作业。如图 6 所示。

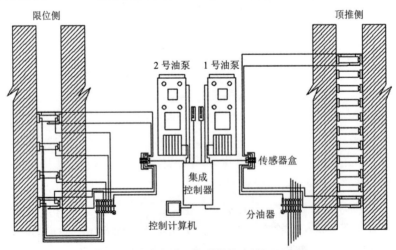

图 6　港珠澳大桥沉管隧道体内精调示意图

其间，E5 管节沉放后管节尾端偏差 6.4 cm，进行了体内精调，系统顶推 1.5 cm，调整后的管节尾端偏差为 26.5 mm。

2.7 楔形块调整

楔形块调整是一项日本专利，该系统是在沉管外侧墙上安装楔形块设备，设备连接竖向千斤顶，当管节对接后需要尾端偏位时，启动一侧油缸，新安管节侧的楔形块在千斤顶的推力作用下与已安管节的楔形块呈现接触并相互挤压的状态，管节一侧的位置相对张开，以达到管节尾端调位的目的。楔形块向下挤压时对接端张开的距离与新安管节尾端调整的距离有一定的几何关系，需要通过计算获得数据。楔形块调整如图7所示。

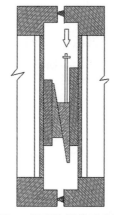

图7　楔形块调整示意图

3　结　语

为了确保沉管隧道的线形控制要求，管节预制的精度尤其是端钢壳的平整度控制指标是至关重要的，高精度的测量手段能够提高管节的预制精度，有效降低管节安装后的调位风险；导向结构的调位能够通过管节对接端的错牙调整控制管节尾端的轴线偏差。沉管安装是高风险的施工，一套安全有效的管节调位系统能够降低施工风险，确保沉管隧道工程的工期和质量。

参 考 文 献

[1]　潘永仁, 杨我清. 沉管隧道平面轴线控制与调整方法探讨[J]. 现代隧道技术, 2004, (3): 62-65.

[2]　朱家祥, 陈彬. 外环沉管隧道工程[M]. 上海: 上海科学技术出版社, 2005.

[3]　高木武康. 日本多摩川隧道的设计与施工[J]. 世界隧道, 1995, (5): 52-75.

[4]　兰利敏, 王华. 厄勒海峡沉管隧道会议论文集[C]. 成都: 中铁西南科学研究院, 2003.

沉管尾端钢封门保护罩安装施工技术*

宿发强，马宗豪

（中交一航局第二工程有限公司，青岛）

摘　要： 港珠澳大桥沉管隧道基槽回淤是施工面临的重大难题，为保障专用清淤船在沉管尾端清淤时钢封门的安全，自主研发一套能够保护沉管尾端安全的保护罩。实现了保护罩的水下精确安装与拆除，对后续沉管隧道的钢封门保护具有一定借鉴意义。

关键词： 沉管隧道；钢封门保护罩；水下安装

1　工程概况

港珠澳大桥岛隧工程位于珠江口水域，毗邻香港、澳门。沉管隧道横跨伶仃航道、龙鼓西航道等主航道，是目前世界上施工技术难度最大、风险最高的工程项目。

沉管隧道全长 5664 m，由 33 节管节组成，纵向呈"W"形布置，自西向东管节依次编号为 E1～E33，两个最低点分别位于 E13 管节和 E23 管节，最大安装水深约 46 m。标准管节长 180 m、宽 37.95 m、高 11.4 m。沉管基础采用先铺法施工，管节预制、舾装完成后，由大马力拖轮组成的编队拖运沉管至安装水域，进行水下无人沉放对接，完成管节安装。

E15 管节安装前基槽出现大面积回淤，必须采用专用清淤船进行基槽清淤。为保证清淤过程中 E14 管节尾端端钢壳及钢封门的安全，避免施工船舶碰撞造成端钢壳变形或钢封门漏水等重大安全隐患，采用在 E14 管节尾端钢封门前安装保护罩的工程措施。

本文研究了大型钢结构保护罩水下吊装的案例[1,2]，从安全、质量、施工精度等方面进行了对比分析，务求取得新的突破。

2　保护罩选型

根据管节尾端需要保护面积大的特点，并考虑保护罩安拆方便且安装后要具有自稳

---

　* 本文曾刊登于《中国港湾建设》2015 年第 8 期。

性，经多方案比选，确定采用整体钢结构"眼镜式"保护罩，如图 1 所示。

结构前端主框架即"镜片"部分和两侧辅框架"镜腿"部分均为钢管焊接成的钢框架结构，其中外轮廓采用直径 1000 mm，壁厚 18 mm 钢管形成框架、内部采用直径 630 mm，壁厚 10 mm 钢管加强，并形成防撞结构，内侧增设 D 形橡胶护舷。主框架高 8.0 m，外侧总宽度为 45.4 m，内宽 39.4 m；两端辅框架高 5.8 m，长 8 m，顶部低于主框架 1.0 m。

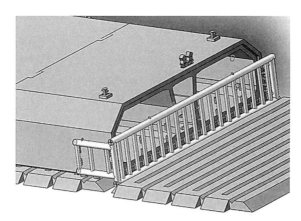

图 1 "眼镜式"保护罩

3 施工难点分析

（1）安装精度要求高

将长 41.4 m、高 8 m 的钢桁架结构在深度约 43 m 的水下，安装在已安管节尾端，水下测控精度要求高。研发一套水下三维定位测控系统，精确掌握结构在水下的位置和姿态，指导保护罩在水下安装。

（2）结构入水前后重心发生变化

保护罩钢结构入水前重量约为 135 t，入水后载重约 66 t，严格计算钢结构入水前后的结构重心，选择合适长度的吊索具。

（3）过程控制难度大

受碎石垫层限制，如何保证保护罩在吊装过程中不碰撞损害端钢壳和钢封门是施工中控制的重点。采用 4 口 8 t 的大抓力锚更换起重船原有的 5 t 霍尔锚，保证起重船锚缆系统安全；选择在平流期进行吊装作业，增加钢结构牵引绳，避免水流影响船体稳性造成保护罩的摇摆、晃动。

（4）潜水作业难度大

保护罩安装完成后及从水下吊除前，需要潜水员进行水下摘钩、挂钩作业，受流速限制，以上工作只能在平流期进行。合理优化方案，确保潜水员水下作业安全，保证作业效率。

4　施 工 工 艺

4.1　钢结构计算及钢丝绳选型

（1）钢结构变形计算

采用 MIDAS/civil8.2.1 空间有限元分析软件，对保护罩的内侧变形和竖向挠度进行计算分析，确保吊装时结构安全。经计算，侧翼向内侧收缩变形 8.4 mm，变形率 8.4/7500=0.112%，竖向挠度 1.57 cm，变形率 15.7/41000=0.038%，均满足要求。

（2）结构重心计算

根据结构重心计算公式计算得出钢结构入水前的重心为 $x=0$，$y=1.12$ m，$z=3.62$ m；钢结构入水后的重心为 $x=0$，$y=1.78$ m，$z=3.6$ m。即钢结构入水后，钢结构重心向 Y 方向增加了约 0.66 m。

（3）钢丝绳选型

保护罩采用四点吊方式[1, 2]，选择 700 t 的起重船。钢丝绳的配备按照保护罩入水后的重心进行计算，取水下平衡状态，前梁钢丝绳长 $X=47$ m，吊点间距离为 21.8 m，垂直距离为 10.9 m。经计算，两翼钢丝绳长为 51.3 m，钢构件到吊钩间距离为 45.7 m。

保护罩悬吊方式如图 2 所示。

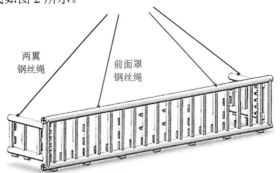

两翼钢丝绳

前面罩钢丝绳

图 2　保护罩四点吊示意图

对钢丝绳吊力进行受力计算。保护罩入水前重量约为 135 t，入水后重量 66.8 t，经计算，吊装入水前前面罩钢丝绳受力 49.9 t，两翼钢丝绳受力 10.3 t；入水后前面罩钢丝绳受力 26.5 t，两翼钢丝绳受力 8.4 t。查阅钢丝绳选型计算手册[3]，安全系数计算如表 1 所示。

表 1　钢丝绳选型参数表

吊点位置	钢丝绳直径/mm	长度/m	破断力/kN	使用方法	计算受力/kN	安全系数	卡环型号
前面罩	76	70	2 570	双股使用	489	10	4 个 110 t 弓形（T-BX110-3）
	94	12	3 930	单股使用	489	8	

续表

吊点位置	钢丝绳直径/mm	长度/m	破断力/kN	使用方法	计算受力/kN	安全系数	卡环型号
两侧翼	76	70	2 570	双股使用	101	50	4 个 110 t 弓形（T-BX110-3）
	40	32.6	711	双股使用	101	14	

4.2　安装测控系统

在起重船上安装 2 台 GPS，在保护罩钢结构顶部中间位置安装 1 台倾斜传感器，数据有线传输至定位驳。2 台定位仪安装在定位驳靠近保护罩一侧船舷，中线两侧各 21 m 位置布置，定位仪的钢丝连接在保护罩"镜腿"端部的滑轮上；数据传输采用串口服务器加路由器，在甲板上铺设网线，定位驳上数据无线发送到起重船控制室，2 台计算机安装在起重船控制室内，测量员在控制室操作定位系统。测控精度为平面±20 cm、高程±15 cm。

测控设备安装位置如图 3 所示。

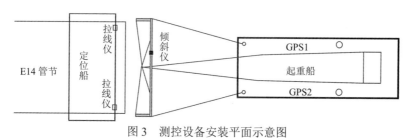

图 3　测控设备安装平面示意图

4.3　保护罩安装

保护罩吊装工艺流程如图 4 所示，图中深度方向指两翼底部护舷起算，水平方向指前面罩内侧护舷面起算。

（1）开始下沉、安装测控仪器

起重船缓慢下放保护罩至上横梁淹没水面，潜水员将拉线法测控仪器连接在保护罩上指定位置，测量人员进行比对调试。

（2）继续下沉至距沉管顶折板下拐点 0.5 m 处

缓慢下放保护罩，至两侧翼底部护舷距离沉管顶折板下拐点约 0.5 m 停止，测控系统控制保护罩水下姿态，潜水员水下检查相对位置。

（3）下沉至距基床高度 1.5 m

缓慢下放保护罩至两侧翼底部护舷距基床 1.5 m 停止，测控系统控制保护罩姿态，潜水员水下检查。

（4）向管节靠拢 2 m

起重船趴杆，使保护罩向西移动 2 m，保护罩内侧护舷与端钢壳接触，测控系统控制保护罩在水下的位置和姿态。

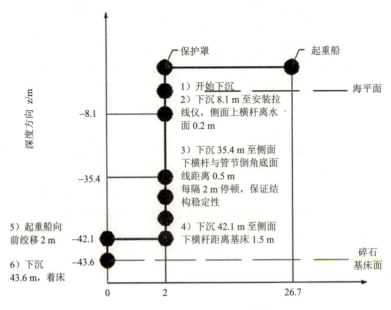

图 4　保护罩吊装流程图

（5）下沉着床、潜水检查确认

下放吊缆 1.5 m，保护罩着床，潜水员水下检查保护罩与沉管之间的位置，保护罩安装后的偏差小于 20 cm，满足施工要求。

（6）船舶撤离

下放钢丝绳，起重船、潜水定位船依次撤离。

5　结　语

经过实践检验，沉管尾端钢封门保护罩大跨度钢结构水下精确定位安装工艺取得成功，结构设计合理，安装工艺安全可靠，施工精度高，有效保障了沉管钢封门的安全，达到了预期目标要求，可为国内外类似工程提供借鉴。

参 考 文 献

[1]　阚有俊. 苏通大桥主跨钢箱梁水上吊装工艺及通航管理[J]. 船海工程, 2007, (6): 74-77.

[2]　李国栋, 杨光. 嘉陵江草街航电枢纽船闸工程人字门安装[J]. 中国港湾建设, 2015, (2): 85-90.

[3]　中华人民共和国国家质量监督检验检疫总局, 中国国家标准化管理委员会. 一般用途钢丝绳: GB/T 20118—2006[S].
　　北京: 中国标准出版社, 2006.

船行波对近距沉管隧道管节
安装施工的影响分析*

曲俐俐，冯海暴，付大伟

（中交一航局第二工程有限公司，青岛）

摘　要：目前国内规范尚未规定船行波对临近岸坡和船舶的作用，得出船行波对海上作业船舶的影响规律尤为重要。为了能够分析清楚船行波对港珠澳大桥岛隧工程沉管隧道管节安装过程中的影响，提前采取防范措施，避免因船行波的影响对工程造成损失，本文对国内外学者发表的相关文献及国外相关的规范进行了研究，修订了一些文献中的笔误，推荐了适用于港珠澳大桥沉管隧道管节安装中船行波的计算公式。通过现场实际条件计算，结合已有的物理模型试验、现场实测等成果，给出了船行波的主要影响因素和随距离衰减的规律，从而得出了沉管安装的船舶航行限速条件。

关键词：船行波；波高计算；衰减趋势；沉管；近距安装；限定；规律

1　工　程　概　况

　　港珠澳大桥沉管隧道隧址位于珠江口伶仃洋海域，是连接香港特别行政区、广东省珠海市、澳门特别行政区的大型跨海通道的关键性工程，隧道基槽全长 5990 m（不含桥隧过渡段，两岛之间的沉管段长 5664 m），分别连接于东西两个人工岛。伶仃西航道横穿隧址，大濠水道、铜鼓航道和榕树头航道与伶仃航道对接，隧址附近船舶通行频繁。2008 年的统计数据显示通航量为：铜鼓航道 120 艘次/d，伶仃西航道 700 艘次/d，大濠水道 300 艘次/d，榕树头航道 200 艘次/d，粤港澳之间穿梭航行的高速客船 500 艘次/d，还有大量在航道水域外航行的中小型船舶和渔船。

　　沉管隧道管节安装中，要保证沉管安装的安全施工，必须对船行波的影响情况进行深入分析研究，为工程施工做到预控，提前采取防范措施。

　　港珠澳大桥沉管隧道与航道平面位置关系见图 1。

＊ 本文曾刊登于《水运工程》2012 年第 7 期。

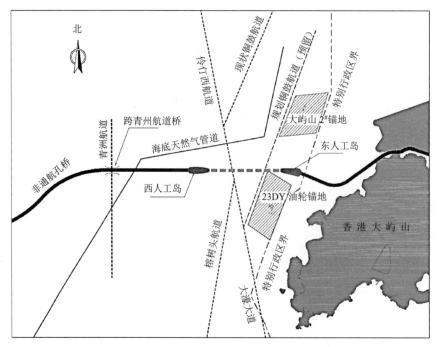

图 1　沉管隧道与航道平面位置关系

沉管隧道施工期间，跨越岛隧工程的主要航道通行等级见表 1。

根据广州 VTS 中心交通流量统计资料，2009 年珠江口水域船舶交通流量中，广州港和深圳西部港区进出工程施工区的大部分为中小型船舶和渔船，万吨以上 30～50 艘次/d，10 万吨级 3 艘次/d。由于隧道沉管安装考虑最不利因素，故考虑按照 10 万吨级船舶进行计算对比，便于采取预控措施。

表 1　岛隧工程航道现状

航道（水道）	通航等级/万吨级	航道底宽/m	航道底高程/m	说明
伶仃西航道	5	250	−15.0	人工航道
铜鼓航道	10	210	−15.8	人工航道
榕树头航道	2.5	160	−12.5	天然航道
大濠水道	30	500	−21.2	天然航道

2　船行波计算公式

2.1　国外文献、规范

2.1.1　文献

1）苏联学者鲍世契教授[1]根据在莫斯科运河进行的实船试验和实验室进行的模型试

验所获得的成果，认为船行波的形态与航速 v 和临界航速之比有关，建议船首扩散波的最大波高和紧靠船舶的船尾横波波高 H_{CB} 按式（1）、（2）计算：

$$H_{CB} = \frac{v^2}{2g}\left(0.65 + 3.2\frac{bT}{B_0 H}\right)^2 \tag{1}$$

$$v = 10 \sim 20 \text{ km/h}$$

$$H_{CB} = \frac{v^2}{2g}\left(0.83 + 3.1\frac{bT}{B_0 H}\right)^2 \tag{2}$$

$$\sqrt{gH} > v > 20 \text{ km/h}$$

式中，b——船舶中剖面上的船宽，m；

T——船舶满载时的吃水深度，m；

B_0——当船舶沿运河轴线航行时船舶吃水处的河宽，当船舶偏航时，B_0 为自船轴至欲确定波高一岸的水边线距离的两倍；

H——航道水深，m；

g——重力加速度。

2）苏联学者向金教授[1]研究了前人的成果，认为鲍世契公式局限性较大，特别在断面系数较小和较大的情况下，按照鲍氏公式计算船行波将出现明显的偏差。最后提出 $v < \sqrt{gH}$ 且 $n > 4$ 时，计算船边扩散波及船后横波波高 H_{CB} 按式（3）计算：

$$H_{CB} = \frac{3.1}{\sqrt{n}}\frac{v^2}{2g} \tag{3}$$

向金教授又对临近岸坡的波高进行了分析，得出临近岸坡波高 H_{CB} 公式：

$$H_{AB} = \frac{2 + \sqrt{\dfrac{B_0}{L}}}{1 + \sqrt{\dfrac{B_0}{L}}}\frac{3.1}{\sqrt{n}}\frac{v^2}{2g} \tag{4}$$

式中，n——$\dfrac{A}{S}$，为断面系数；

A——航道的过水断面，m²；

S——船舶中剖面水下部分的断面，m²；

L——船长，m。向金公式已被苏联《决定波浪对海、河建筑物及岸坡作用的技术规范》所采用。

3）荷兰 Delft 水工试验所泼赖和费厄[2]在船模资料和原体实测资料分析基础上提出了计算公式（5）。

$$H_x = aH\left(\frac{x}{H}\right)^{-0.33}\left(\frac{v}{\sqrt{gH}}\right)^{2.67} \tag{5}$$

式中，H_x——船边到计算点 x 的波高，m；

　　　　x——船舷到河道岸边的距离，m；

　　　　a——船型修正系数，巡逻艇、满载内河马达船取 1.0，欧洲空载货驳取 0.5，空载马达船和拖牵轮 0.35，该公式属于衰减公式。

4）日本航海学会论文集 83[3]中介绍的经验公式，适用条件为相对水深 $H/T > 6$，海船在深水水域情况下：

$$H_{CB} = av^3 \tag{6}$$

式中，a——与船型、船舶吃水和航速有关的系数，通过船模试验与原体观测值确定。

　　　　$a = 0.013$ 时，适用于杂货船；$a = 0.015$ 时，适用于补给船；$a = 0.020$ 时，适用于油轮；$a = 0.012$ 时，适用于班轮（集装箱船）。

2.1.2 国外规范

1）苏联水工建筑物荷载 cllull II -57-75 规范[4]中，给出了船行波波高计算公式：

$$H_{CB} = B_1\frac{v_{ck}^2}{g}\sqrt{\frac{C_bT}{L}} \tag{7}$$

式中，v_{ck}——按运行要求的容许船舶速度，m/s；

　　　　C_b——船舶方形系数；

　　　　B_1——与容许航速和航道水深有关的参数：

$$B_1 = 2.5\exp\left(-\frac{gH}{4v_c^2k}\right) \tag{8}$$

2）苏联建筑规范与规程 cllull II 2.06.04-82[4]中对式中的 v_{ck}，给出了计算式：

$$v_{ck} = 0.9\sqrt{\left\{6\cos\left[\frac{\pi + \arccos(1 - K_a)}{3} - 2(1 - K_a)\right]\right\}g\frac{A}{B_0}} \tag{9}$$

式中，K_a——船舶水线下横剖面面积 S 与航道过水断面面积 A 之比，即 $K_a = \dfrac{S}{A}$。

式（9）对航速做了限定，适用于航速小于临界速度的条件，即适用于亚临界速度区。

蒋宗燕等引用苏联水工建筑物荷载规范[2]：

$$H_{CB} = 2\frac{v_{ck}^2}{g}\sqrt{\frac{C_bT}{L}} \tag{10}$$

式（10）和式（7）基本相同，只是将式（7）的 B_1 更换成了 2，下一步将进行验证。

2.2　国内规范、文献

2.2.1　规范

对于船行波波高衰减和对岸坡的作用，没有发现规范对船行波方面的明确规定，在文献[6]中，也提到规范尚未将船行波列入其中。

2.2.2　文献

国内文献中对船行波进行研究的主要有河海大学海工所项菁[5]、南京水利科学研究所李润琛[7]等学者，项菁主要对快速双体船的船行波和衰减要素进行了研究[5]，李润琛则是对船舶船行波进行了实船试验，并对衰减情况进行了观测[7]。

另外对船行波研究的还有国际航运协会[3]、南科所余广明教授[1]、美国学者约翰逊教授、苏联学者柏拉宁和泊柯夫、库斯科夫、Gokhsteyn 和美国陆军工程团、日本等国内外学者[3]。文献[1]中还提到加拿大学者勃莱纳、索伦森、加拿大学者邓肯海，也对船行波进行了研究。

3　本工程计算公式选择

根据上述经验公式，港珠澳大桥沉管隧道所处海域属于珠江口水域。本文主要研究的是沉管隧道管节安装过程中，横穿伶仃航道的船舶产生的船行波对沉放驳的影响情况，由于伶仃西航道有航速、船舶类型、船舶吨级等参数限定，所以对于计算公式的选取主要从这几方面考虑。

3.1　边　界　条　件

3.1.1　航速

根据《广东海事局关于印发〈珠江口水域船舶安全航行规定〉的通知（2010 修订）》第 11 条规定，船舶进入主航道应使用港内速度，在马友石灯船至南沙港区之间水域航行时，航速应控制在 15 kn 以下，所以在过伶仃航道内的船舶航速应不超过 15 kn。

3.1.2　船舶类型

航道内通行船舶主要为杂货船、散货船、集装箱和油轮等船舶，文献[3]中提到，对以上 4 种船型进行比较，在相同航速下散货船产生的波高最大，油轮次之，杂货船和集装箱船产生的船行波波高相对较小。为此，本工程为考虑最不利因素，选取 10 万吨级散货船作为本课题的研究主体。

3.2　航　道　参　数

根据钢珠澳大桥现场资料，主要影响沉管安装的有伶仃西航道和临时航道，两者距离最近处约为 600 m，按照施工区域分析，临时航道影响施工区域最近距离为 250 m，在 250 m 距离范围内，伶仃西航道和临时航道之间可以互相转换，确保航行距离施工现场距离 $L \geqslant 250$ m。

3.2.1　伶仃西航道

伶仃西航道横跨隧道，底口宽度 250 m；航道底高程 –15.0 m，取零水位时作为计算取值，则水深 15 m。

3.2.2　临时航道

临时航道需要和伶仃西航道宽度相同。

3.2.3　10 万吨级船舶尺寸

10 万吨级船舶中，散货船设计船型总长 L=250 m，型宽 B=43 m，型深 H=20.3 m，满载吃水 T=14.5 m；油船设计船型总长 L=246 m，型宽 B=43 m，型深 H=21.4 m，满载吃水 T=14.8 m；杂货船船型设计中，没有 10 万吨级的相关参数；10 万吨级的巴拿马籍集装箱船"MSCRANIA"（地中海兰尼亚）轮船型总长 L=332 m，型宽 B=43.2 m，满载吃水 T=11.75 m。

3.2.4　航速

港珠澳大桥岛隧工程沉管隧道所处的海域中 $h/d < 2$；航速限制在 v=15 kn×0.514=7.71 m/s=27.75 km/h。

4　船舶航行产生的船行波影响计算

4.1　通用参数取值

在计算公式中，所有的参数意义统一，参数的取值主要结合港珠澳大桥岛隧工程的现场实际情况，船舶取值按 10 万吨级散货船满载工况下取值。

船舶航速 v=7.71 m/s，船舶中剖面上的船宽 b=43 m，船舶满载吃水深度 T=14.5 m，船舶长度 L=250 m，河面宽度 B_0=460 m（航道水深 15 m，边坡系数取 7，根据文献[8]得，顶面有效宽度 $B_0=2Hm+B_b$=460 m。B_b 底宽），航道水深为 15 m，航道过水断面 A=5325 m²，船舶水下部分的断面 S=623.5 m²（近似值），航道过水断面系数 n=8.54，船型修正系数 a 随不同船舶取值不同，系数 K_a=0.12，重力加速度 g=9.8 m/s²，船舶方形系数 C_b=0.74[9]。

4.2　船舷处船行波波高计算

4.2.1　不同航速船行波影响情况

在计算中，苏联荷载规范公式中的 v_{ck} 计算结果小于 v，为考虑不利组合，留有一定的安全储备，本文按照 v 计算。不同航速和计算公式结果见表 2。

表 2　航行船舶船边波高 H_{CB} 参数取值　　　　　　　（单位：m）

公式	航速				
	5 kn	10 kn	15 kn	20 kn	25 kn
鲍世契公式（2）	0.42	1.66	3.74	6.64	10.38
向金公式（3）	0.36	1.43	3.22	5.72	8.94
姜忠燕、潘宝雄校核苏联规范公式（10）	0.28	1.12	2.51	4.47	6.98
苏联 75 规范公式（7）	0.05	0.35	1.69	3.94	6.99
荷兰公式（5）	属于衰减公式，不适用				
日本公式（6）	公式适用深海，不适应本工程				

图 2 中给出了 10 万吨级散货船随航速变化趋势，可以看出，船行波的船舷处波高受航速影响明显。

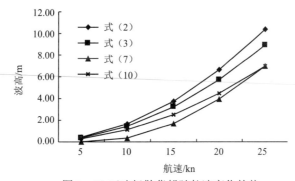

图 2　10 万吨级散货船随航速变化趋势

4.2.2　不同吨位级船行波影响情况

为验证船舷处船行波其他影响因素，现对不同吨位级散货船在航速一定的情况下船舷处船行波情况，不同吨级散货船设计尺寸见表3，计算结果见表4。

表3　散货船设计船型尺度

船舶等级/万吨级	设计船型尺度/m			
	总长 L	型宽 b	型深 H_1	满载吃水 T
1	135	20.5	11.4	8.5
5	223	32.3	17.9	12.8
10	250	43.0	20.3	14.5
20	312	50.0	25.5	18.5
30	339	58.0	30.0	23.0

表4　航行船舶船边波高 H_{CB} 计算参数取值　　　　　（单位：m）

公式	航速船舶等级				
	5万t	10万t	15万t	20万t	25万t
鲍世契公式（2）	2.50	3.13	3.74	4.71	6.20
向金公式（3）	1.70	2.62	3.22	3.92	4.71
姜忠燕、潘宝雄校核苏联规范公式（10）	2.62	3.21	3.42	3.86	4.31
苏联75规范公式（7）	1.76	2.16	2.30	2.60	2.90
荷兰公式（5）	属于衰减公式，不适用				
日本公式（6）	公式适用深海，不适应本工程				

15 kn 航速散货船不同吨级产生的船行波计算结果变化趋势见图3。

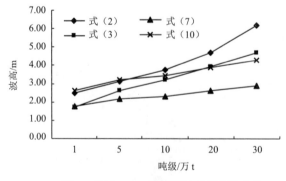

图3　航速15 kn散货船随吨级变化趋势

通过图 3 中可以看出，船舶航行时产生的船舷处船行波波高和吨级变化影响较大，但鲍世契教授[1]的公式中，船行波对船舶的型宽和吃水的增加而存在变大的趋势，主要是没有考虑船舶长度变化影响，显然该因素应该不可忽视，所以该公式不能作为反映船行波随吨级变化的公式，向金公式、苏联荷载规范[3]等公式可以反映船行波随吨级变化的规律。

4.2.3 不同船型船行波影响情况

为验证船型对船行波的影响情况，现取 10 万吨级航速 15 kn 的散货船、油船、化学品船对比。不同型号船舶设计尺寸见表 5。根据表 5 中的船舶尺寸，对船舷处船行波波高进行计算对比，结果见表 6。

表5 10 万吨级船舶设计船型尺度

船型	设计船型尺度/m			
	总长 L	型宽 b	型深 H_1	满载吃水 T
散货船	250	43.0	20.3	14.5
油船	246	43.0	21.4	14.8
化学品船	244	42.0	21.0	14.9

表6 航行船舶船边波高 H_{CB}　　　　（单位：m）

项目	散货船	油船	化学品船
鲍世契公式（2）	3.74	3.74	3.73
向金公式（3）	3.22	3.21	3.21
姜忠燕、潘宝雄校核苏联规范公式（10）	2.51	2.50	2.49
苏联 75 规范公式（7）	1.69	1.69	1.68
荷兰公式（5）	属于衰减公式，不适用		
本公式（6）	公式适用深海，不适应本工程		

15 kn 航速不同型号船舶产生的船舷处船行波计算结果变化趋势见图 4。

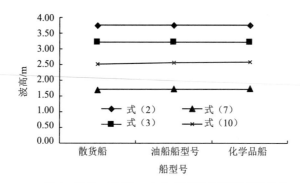

图4 船舶（航速 15 kn）船行波随船型变化趋势

港珠澳大桥岛隧工程论文集　卷Ⅱ

通过图 4 可以知道，船舶的型号对船行波的影响较小，几乎可以忽略不计。

通过对航行船舶船舷处波高计算分析，由上述 4 个公式计算可知，船行波的主要影响因素是船舶航行速度和吨级。通过对港珠澳大桥施工现场长期观测中，也发现了该情况。所以说，影响船行波最大波高的主要因素是航速和吨级，船型的影响不大。但是如何找出适合于本工程的计算公式，经过对现场进行初步测定，发现向金公式和姜忠燕、潘宝雄校核苏联规范公式（10）与实际相符合，由于向金公式也编入了规范，故拟选取向金教授的计算公式作为本工程船行波的计算校核公式。

4.2.4　船行波衰减分析

1）河海大学海工所项菁等室内模型试验[5]中得出：

$$\frac{H_x}{H_{CB}}=0.72\exp\left[\frac{(0.086F_d-0.211)(x-6.9)}{T}\right]+0.28 \tag{11}$$

本公式适用于高速双体船，并不适用于本工程。

2）文献[3]中波高衰减公式：

$$H_x=H_{CB}\exp\left(-0.11\frac{x}{\lambda}\right) \tag{12}$$

式中，λ——船行波波长，m。

式（12）适用于水深傅汝德数 $F_d<1$，且相对水深 $h/d>2$（h 为航道水深，d 为船舶吃水），适用于深水环境中，不适用于本工程。

3）文献[3]中的波高衰减公式：

$$H_x=H_{CB}\left(\frac{C_b}{b/L}\right)^{-0.015x} \tag{13}$$

式（13）适用于运河或内河水域，或相对水深 $h/d<2$ 的海港航道，可作为本工程计算校核。

4）1987 年国际航运协会常设技术委员会秘书处 57 号公告[3]推荐经验公式：

$$H_x=T\left(\frac{x}{T}\right)^{-0.33}\left(\frac{v}{\sqrt{gH}}\right)^4 \tag{14}$$

5）南京水利科学研究所李润琛等[7]于 1959 年对京杭大运河问题进行过试验研究，通过对波高衰减过程的观测，发现波高的衰减过程近于直线。

6）本工程拟选定式（13）和（14）进行计算核对，计算选取航速 15 kn 散货船，向金公式计算的船舷处波高 H_{CB}=3.22 m，随距离的衰减情况，计算参数见表 7。

表7 波高计算参数取值 （单位：m）

项目	x（距离船舶）					
	10	50	100	150	200	250
公式（13）	2.59	1.08	0.36	0.12	0.04	0.01
国际航运协会公式（14）	2.67	1.57	1.25	1.09	1.00	0.92

15 kn 航速散货船，使用向金公式计算船舷处波高，通过式（13）和（14）计算波高随距离衰减趋势见图5。

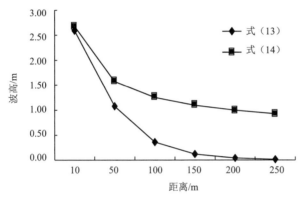

图5 散货船（航速15 kn）船行波随距离衰减趋势

7）为了验证波高的衰减情况，笔者于2011年12月对港珠澳大桥伶仃西航道通行的船舶进行了现场观测，发现波高随距离衰减的趋势，在离开船舶时，波高衰减速度较快，慢慢地衰减速度降低，与李润琛教授[7]和国际航运协会[3]推荐的衰减公式计算的结果基本吻合。

8）物理模型试验。

李焱等[10,11]对船行波也进行了物理模型，物理模型和船模比尺均取为 1∶60，模型按重力相似准则设计。对于船模，除几何尺度、形状、吃水和排水量都应与实船相似外，其运动速度及时间也应与实船相似。船模主要技术参数见表8。

表8 3万级船模型主要技术参数

总长/m	宽度/m	满载吃水/m	满载排水量/m³	压载吃水/m	压载排水量/m³
3.02	0.46	0.18	0.26	0.10	0.14

试验通过对大船进行牵引，在满载和压载2种情况下，对不同航速兴起的船行波进行观测，船行波测点位置见图6，船行波物理模型试验结果见表9。

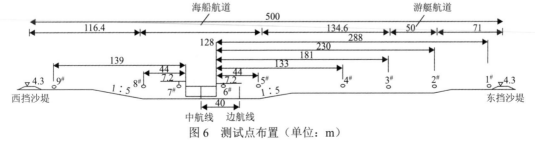

图6 测试点布置（单位：m）

表 9　水位为 2.5 m 时各测点船行波波高　（单位：m）

航速/kn	6 号	5 号	4 号	3 号	1 号
6	0.38	0.24	0.23	0.20	0.09
8	0.94	0.57	0.45	0.42	0.35
10	1.36	0.98	0.91	0.89	0.92
12	2.08	1.89	1.82	1.76	1.54

通过物模试验得出船行波随距离变化趋势见图 7。

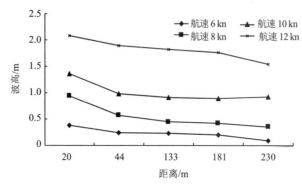

图 7　3 万吨级船模物理模型试验波高衰减趋势

通过对港珠澳大桥岛隧工程沉管安装现场的实际工况分析，结合国内外船行波公式计算、物理模型试验、现场实测结果分析，船行波的波高衰减趋势符合 1987 年国际航运协会常设技术委员会秘书处 57 号公告和文献[12]中推荐的波高衰减经验公式计算的结果，故选取该公式作为港珠澳大桥沉管隧道安装时的船行波波高衰减计算公式，作为该工程的波高衰减计算公式。

5　结　论

针对港珠澳大桥岛隧工程施工现场的实际条件，对工程现场的航道通行船舶进行计算分析，得出了在满足工程现场船行波波高小于 0.8 m 的工况下，管节沉放可正常施工的条件。

本文得出了影响船行波波要素的主要因素是航速和吨级，航速影响更为严重，控制好通过施工现场船舶的通行航速尤为重要，从计算结果可以看出航行船和沉管安装距离在 0～50 m 内，随着距离的增加，船行波的波高衰减明显，可以得出船行波衰减随距离趋于线性。经过计算，船行波的波高衰减在距离港珠澳大桥沉管隧道施工现场 250 m 时，按照国际航运协会波高衰减公式，计算的波高仍为 0.92 m，不满足施工工况（限制波高 0.8 m）的要求，需要采取降低通行船舶航速的措施，来满足沉管安装的工况要求。

经过二次核算，在 10 万吨级散货船通过距离沉管施工现场 250 m 时，航速控制在 14 kn，衰减后的波高为 0.7 m。可以满足施工工况要求。

综上所述，如果将作用波高 0.8 m 作为施工限定波高，则伶仃西航道可通航 10 万吨级船舶，经过沉管施工现场时，需要对航速进行限定，不得超过 14 kn。

参 考 文 献

[1]　王水田. 关于船行波问题的研究（二）[J]. 水道港口，1981，(1)：9-16.

[2]　蒋宗燕，潘宝雄. 船行波的研究和研究趋势[J]. 中国港湾建设，2000，(6)：34-38.

[3]　刘洋. 船行波对港口航道周边工作船舶的影响及应用[D]. 大连：大连海事大学，2007.

[4]　苏联部长会议国家建设委员会. 波浪、冰凌和船舶对水工建筑物的荷载和作用[M]. 潘少华译. 北京：海洋出版社，1986.

[5]　项菁，石根娣. 天然航道船行波波高计算方法[J]. 河海大学学报，1994，(2)：45-49.

[6]　王亥索，杨兴晏. 船行波对系泊船的影响[J]. 港工技术，2010，(5)：9-10，35.

[7]　李润琛. 船行波试验研究报告[R]. 南京：南京水利科学研究所，1959.

[8]　中华人民共和国建设部，中华人民共和国国家质量监督检验检疫总局. 内河通航标准：GB 50139—2004[S]. 北京：中国计划出版社，2004.

[9]　盛振邦，刘应中. 船舶原理（上册）[M]. 上海：上海交通大学出版社，2004.

[10]　李焱，马隽，赵杨. 海船船行波对游艇航行安全影响试验[J]. 水道港口，2010，31(1)：45-50.

[11]　王亥索. 船行波对大型船舶与游艇组成的复式航道船舶间富裕宽度的影响[D]. 天津：天津大学，2011.

[12]　Dupont B. Bone marrow transplantation in sever combined immunodeficiency with an unrelated MLC compatible donor[C]// White H J，Smith R. Proceedings of the Third Annual Meeting of the International Society for Experimental Hematology. Houston：International Society for Experimental Hematology，1997：44-46.

强对流天气对超大型沉管浮运安装的影响及应急预案*

李　进，朱　岭，侯亚飞，宁进进

（中交一航局第二工程有限公司，青岛）

摘　要：强对流天气是珠江流域夏季高发的灾害性天气，且很难预报。如果在沉管浮运安装过程中遭遇强对流天气，将严重影响沉管、船舶和作业人员的安全。港珠澳大桥岛隧工程针对强对流可能对沉管的影响，提前准备，制定有针对性的应急措施，并在 E27 管节安装中成功战胜强对流天气。

关键词：强对流；超大型沉管；浮运；安装；预报；应急预案

0　引　言

　　强对流天气是珠江流域气象灾害的主要天气类型之一，发生强对流天气时常伴有雷雨大风、冰雹、龙卷风和局部强降雨等恶劣天气现象。强对流天气在气象学上指发生在中小型尺度的天气系统，空间尺度小，具有发生突然、移动迅速、破坏力极强的特点[1, 2]。由于其发生发展的突发性和局域性强，预报难度较大。

　　沉管浮运安装有严格气象作业窗口要求，浮运安装中如果遭遇强对流天气，将造成不可预估的后果。

1　工　程　概　况

　　港珠澳大桥岛隧工程隧道段长 5664 m，共 33 个管节，标准管节长 180 m，采用 2 艘双沉放泊吊扛浮运安装，管节及安装船断面详见图 1。施工区域处于伶仃洋区域，受特殊地理环境影响，自然灾害频繁，除了台风、冬季季风对施工区影响较大之外，强对流天气更是多次袭击施工区域。

---

* 本文刊登于《中国港湾建设》2017 年第 9 期。

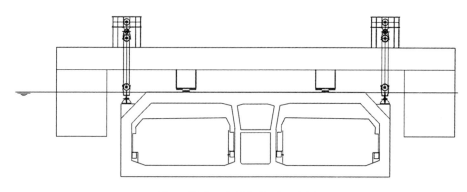

图 1　管节及安装船断面示意图

港珠澳大桥沉管浮运安装中遭遇多次强对流恶劣天气，其中 E27 系泊期间遭遇强对流时间长达 80 min，现场实测 10 min 最大累计降水为 13.7 mm（表 1），现场实测有效波高最大为 0.72 m，实测最大风速为 10.41 m/s，水平能见度降低到 6 km 以内，严重影响正常浮运安装作业，只能启动应急预案，暂停现场作业。

表 1　E27 安装期间强对流期间降雨量统计表

项目	时间	10 min 最大累计降水/mm
1	2016 年 6 月 11 日 3:40—5:00	13.7
2	2016 年 6 月 11 日 5:20—6:30	2.8
3	2016 年 6 月 11 日 11:10—11:30	2.3
4	2016 年 6 月 12 日 0:50—1:20	4.0
5	2016 年 6 月 12 日 1:50—2:40	1.0
6	2016 年 6 月 12 日 10:40—11:40	5.3

2　强对流对沉管浮运安装的影响

强对流天气对沉管浮运安装作业影响很大，主要影响包括能见度降低、瞬时大风和强降雨等。

2.1　能见度降低

雷雨来临时，乌云翻滚，雨点大而密集使能见度突然降低，视线模糊不清，能见度甚至只有几米。2016 年 6 月 11 日 3:40～5:00 强对流期间，现场实测能见度由 40.71 km 瞬间降低到不足 6 km。

强降雨不仅降低能见度，还对雷达影响明显，雷达屏幕上杂波影响巨大，很难发现目标回波。目测或雷达观察受限，船舶航行抓点定向的目标很难确定，现场很难准确判断船位。

受雷达、GPS 等助航设备、性能的影响,进入雨区,船舶之间互见性变差,而且沉管浮运拖航编队船舶超过 40 艘,包括浮运船舶和海事警戒船,且船舶距离较近,在近距离发现来船后,船舶控制难度大,如果采取错误的避让方法和行动,给浮运船队操作带来极大威胁,易发生船损事故。

2.2　大 风 影 响

雷雨时伴随着大风,且发展快,风力从原来 3～5 级可在短短 1～2 min 内猛增至 9 级以上,其风向与原风向基本不一致。

沉管浮运安装过程中,主要受风面是安装船,其中风阻力估算公式为

$$R_a = 0.5\rho V^2 \sum C_s A_i \times 10^{-3}$$

式中,ρ——空气密度,kg/m³,按 1.22 kg/m³ 计算;

　　　V——风速,m/s;

　　　A_i——受风面积,m²,按顶风计算;

　　　C_s——受风面积 A_i 的形状系数,按照 $C_s=1$ 进行计算。

由此对 6～8 级风进行风阻力计算,其中沉管干舷按照 15 cm 计算,计算情况详见表 2,受大风影响,沉管和安装船受力增加数倍。

表 2　安装船、沉管风阻力计算表

序号	风级	对应风速/(m·s⁻¹)	风阻力/kN
1	6 级	10.8～13.8	48.4～78.9
2	7 级	13.9～17.1	80.1～121.3
3	8 级	17.2～20.7	122.7～177.7

沉管非 GINA 端设置了人孔井和测量塔,属于高耸结构,最大高度接近 42.2 m,测量塔为三角形钢结构,人孔为圆筒形式,迎风面大,约为 113 m²。

瞬时大风将导致浮运拖轮受风横摇加剧,船舶操控难度增大,且航道宽度仅为 240 m,如果流向和风向一致,很容易导致沉管偏离航道搁浅,4 艘绑拖拖轮绑在安装船上,在风浪作用下极易造成拖轮与安装船碰撞、拖缆断裂等事故,严重威胁沉管施工作业安全。

2.3　降 雨 影 响

强降雨影响船上和管上人员作业安全,大雨期间管节和船甲板容易湿滑,作业人员容易摔倒,且均为邻水、临边作业,如果落水,既难以发现,又难以施救[3]。

3 强对流处置措施

3.1 临近预报

强对流天气生命史短、生成迅速、有突发性，在所有的天气类型中属于最难预测和预报的天气之一[3]。

国家海洋环境预报中心结合"降水率的雷达回波图"，提前半小时预报强对流天气，为安装团队提供最新数据。

3.2 能见度不足应对措施

项目部设计开发的浮运导航系统，是利用一台双天线信标机作为沉管定位设备，主界面实时显示沉管信息，指挥室通过有线传输视频信号实现软件显示。浮运导航系统实时、同步采集 GPS 的坐标数据，可以显示出沉管、拖轮、航道的相对位置。在能见度降低时，可以利用该系统进行拖轮指挥[4]。

为保证编队在浮运过程中的安全，海事部门进行环绕式海事警戒船艇布置，由内向外分别布置核心警戒组和第 1~3 警戒组[5]，引导社会船舶与沉管编队保持安全距离，详见图 2。编队使用安全网设备维护（VHF）和雷达站（VTS）时刻与来往船舶保持联系，随时通报船位，按章鸣放声号。利用视觉、听觉等一切有效手段保持正规瞭望，开启远近 2 部雷达，开启船舶自动识别系统（AIS）、利用多部 VHF 值守获取周围船舶信息，将瞭望情况随时与雷达图像进行对照，及时判断是否存在碰撞危险。如继续航行困难或者指挥中心禁止续航时，应及时停航等待，需指挥各拖轮密切配合控制好沉管位置，按章鸣放雾号和显示号灯号型。

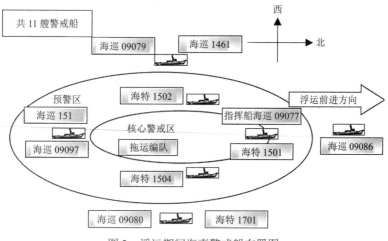

图 2　浮运期间海事警戒船布置图

结合同样造成能见度降低的大雾的影响，在 E14 管节浮运期间进行雾航（能见度受限）演练，通过 VHF、VTS 与海事警戒船联动，演练船舶碰撞、外部船舶闯入等情况。

3.3　大风应对措施

如果编队受到大风作用而发生偏航时，主拖轮应立即减速，降低船队的速度、暂停拖航，同时安排应急拖轮协助稳定船舶。

为了增加测量塔和人孔井的结构安全性，增加测量塔和人孔井的连接件——抱箍结构，利用 ANSYS 软件计算，增加抱箍后人孔井、测量塔顶端在各种荷载作用下变形明显变小[6]。另外为了保证在偶然工况下人孔井上部结构先于预埋件破坏而沉管主体结构不受损坏，在原人孔井结构的基础上增加刚度弱化节段，其高度 0.5 m，壁厚 18 mm，相对于其他节段，壁厚减少 2 mm，以实现人孔井整体刚度弱化的目的。

4　E27 现场处置情况

管节浮运安装期间 E27（2016 年 6 月 11 日），连续遭遇 6 次短时强对流，其中第 1轮强对流过程（系泊期间）带来的影响最大，风力增强到 4～5 级，持续约 0.5 h，10 min最大风速 8.1 m/s，1 min 瞬时风速最大为 11.1 m/s，10 min 最大累计降水达到 13.7 mm，这是 E1～E28 安装期间遭遇的最强降雨。

4.1　应急流程

沉管浮运安装期间，由国家海洋环境预报中心天气预报现场工作组对即将影响施工区域的强对流天气系统进行跟踪、分析和预报，并将相关情况随时报告给现场决策组。决策组根据强对流天气预报和现场实际施工情况召集浮运安装指挥人员研究下一步工作，并下达命令。由浮运安装指挥人员及时发布停止作业、原地待命或恢复作业等具体工作指令。

现场 HSE[①]负责人员和国家海洋环境预报中心现场工作组密切联系，保持沟通，并根据最高决策组的要求及时发布强对流天气等预警信息至相关船舶和班组，提醒相关船舶、班组做好人身防护、防风浪、防暴雨、防雷电等安全工作。

4.2　现场应急措施

为确保现场作业人员安全，下达暂停施工指令，要求所有作业人员停止现场施工，

---

① HSE 是指健康（health）、安全（safety）和环境（environment）的简称。

到船舱内避雨避风，防止淋雨和雷击。

浮运指挥通过浮运导航软件进行现场拖轮指挥，拖轮船长通过船上导航软件按照软件位置进行应急准备。浮运指挥一方面组织绑拖拖轮进行现场抗流，稳住沉管，确保管节、安装船安全；另一方面通知系泊锚艇按照应急预案就近靠泊、避免碰撞。

现场 HSE 通过 VHF 通告外围海事警戒船暂停作业，并通报主要船舶的位置。海事警戒船通过高频通知临近往来船舶，一方面控制航速，另一方面避免进入沉管系泊区域。

4.3　后续计划调整

沉管出坞、浮运、沉放对接是一系列复杂施工工序，各流程环环相扣，每个工序都有明确时间限定，由于系泊暂停作业，后续工作将推迟。现场指挥结合现场强对流情况，启动浮运安装备用计划，科学决策将管节沉放分为两阶段进行，这是沉管安装以来第一次分两个阶段进行沉放施工，严格按照对接窗口要求施工，有效避开了强对流天气对浮运安装的影响。

5　结　　语

强对流天气严重威胁沉管安全拖航和作业，为保证沉管在浮运安装过程中的安全，港珠澳大桥安装团队一方面联合国家海洋环境预报中心加强雷暴等强对流天气的临近分析和预警预报；另一方面提前准备制定预案、改进结构安全性，提高应对防护能力。后续将结合沉管浮运安装特点，细化完善相关应急预案。

参 考 文 献

[1]　孙继松，陶祖钰. 强对流天气分析与预报中的若干基本问题[J]. 气象，2012，38(2)：164-173.

[2]　李崇银，屈昕. 伴随南海夏季风爆发的大尺度大气环流演变[J]. 大气科学，2000，24(1)：1-14.

[3]　金永兴. 局部突发气流对系泊船舶的影响及防范措施[J]. 上海海运学院学报，1994，(2)：9-16.

[4]　宿发强. 超大型沉管浮运的风险管控[J]. 中国港湾建设，2015，35(7)：1-3.

[5]　范铁锐，李瀚，郑秀磊. 港珠澳大桥航道区沉管施工安全措施[J]. 中国港湾建设，2015，35(7)：140-142.

[6]　丁宇诚，宁进进. 管顶人孔井、测量塔的受力变形数值模拟及控制[J]. 水运工程，2014，(9)：170-176.

珠江三角洲大径流对港珠澳大桥
沉管隧道施工的影响*

宿发强，李　进，宁进进，张建军

（中交一航局第二工程有限公司，青岛）

摘　要： 目前正在施工的港珠澳大桥沉管隧道位于珠江三角洲径流的影响范围内，为了掌握大径流对沉管安装的影响，开展了潮位、流场和海水密度等一系列实时观测。通过现场实测，珠江三角洲汛期带来的大径流，一方面影响流速，另一方面影响海水密度和浊度等。大径流对沉管施工影响显著，尤其对沉管浮运拖航和沉放对接等关键工序影响极大。

关键词： 港珠澳大桥；沉管；径流；潮位；流速

1　概　述

伶仃洋是一个宽而浅的喇叭状海湾，它汇集了珠江八大口门中的东部 4 个口门的来水来沙。进入伶仃洋的平均流量约 5663 m^3/s，径流总量约 1792 亿 m^3/a，近年来其出流量约占珠江出海总量的 65%，洪季径流量占全年的 80%，枯季的径流量仅占 20%。

2014～2015 年珠江三角洲三大口门（高要、石角、博罗）日径流量在 4～9 月显示出明显的洪季特征，大约占年径流总量的 80%，特别是 6～8 月，流量急剧增大，3 个月占年径流量的 50%以上，而从 10 月开始到次年 3 月则为枯季[1]。

港珠澳大桥岛隧工程沉管隧道穿越珠江口广州、深圳西部港区出海主航道，沉管段长 5664 m，共有沉管 33 节。沉管截面采用两孔一管廊形式，标准沉管长 180 m，宽 37.95 m，单节重 75 000 t。珠江三角洲的南江、北江和西江 3 个口门距离施工区的直线距离约为 170 km、180 km 和 120 km。

该项目的沉管是目前世界上体量、重量最大的预制钢筋混凝土构件，沉管迎流面积大，最大迎流面积超过 2000 m^2。为了降低施工风险，沉管浮运安装只能在小潮汛期进行，并在沉管浮运和安装过程中对现场流速有严格的限制。施工区进入汛期后，发现现场实测流速存在一定变化，为此开展了汛期径流对施工区影响的研究。本文主要分析小潮汛期施工区径流引起潮位和流速的变化情况。

伶仃洋潮汐类型属于不规则的半日混合潮。从实测潮位过程曲线分析，不等现象明

---

* 本文曾刊登于《中国港湾建设》2015 年第 11 期。

显，其中大潮期间日潮现象较明显，小潮期间半日潮现象显著，中潮介于两者之间。涨潮的流向以偏 N 为主，落潮的流向多为偏 S。

工程水域高潮位由外海向珠江口内逐渐增大，低潮位由外海向珠江口逐渐降低，潮差也有由外海向珠江口内逐渐增大的趋势[1, 2]。

2　2015 年 5 月份与 2014 年同期实测数据对比

2015 年 5 月 22～26 日（阴历四月初五至初九）和 2014 年 5 月 3～7 日（阴历四月初五至初九）为小潮汛期，观测期三大口门径流情况统计见图 1。2015 年 5 月 22～26 日日径流量均超过 35 000 m³/s，比 2014 年同期增大超 27 000 m³/s。

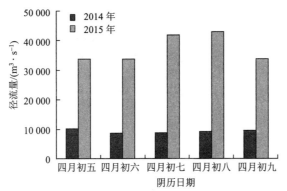

图 1　2015 年 5 月份与 2014 年同期实测径流情况对比图

2.1　潮　位　对　比

从 2015 年 5 月 22～26 日小潮汛期与 2014 年同期的潮位比较看，二者的潮位波形接近，2015 年整体潮位偏高；2015 年的高高潮的涨潮、落潮潮差较 2014 年同期大，落潮最大潮差较 2014 年大约 0.20 m，涨潮最大潮差较 2014 年大约 0.15 m；小潮汛期的次高潮涨潮落潮和 2014 年变化不明显。潮位对比情况见图 2。

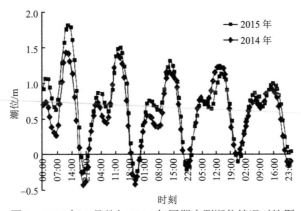

图 2　2015 年 5 月份与 2014 年同期实测潮位情况对比图

港珠澳大桥岛隧工程论文集　卷Ⅱ

2.2　表层流速对比

从 2015 年 5 月 22～26 日小潮汛期与 2014 年同期的表层 2～3 m 流速比较看，二者的流速相差较大，平均偏大近 20 cm/s；其中 2015 年高高潮落极流速增大较多，最大流速超过 120 cm/s。表层流速对比情况见图 3。

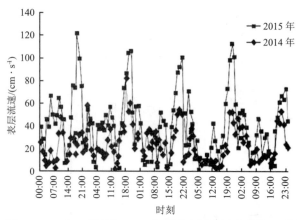

图 3　2015 年 5 月份与 2014 年同期实测表层流速情况对比图

2.3　平均流速对比

从 2015 年 5 月 22～26 日小潮汛期与 2014 年同期的表层 10 m 平均流速比较看，二者的流速相差较大，平均偏大近 8 cm/s；其中 2015 年高高潮落极流速增大较多，最大流速超过 100 cm/s。表层 10 m 平均流速对比情况见图 4。

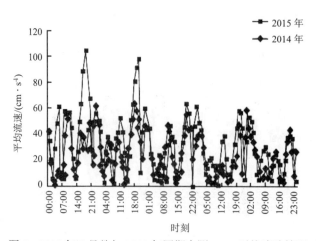

图 4　2015 年 5 月份与 2014 年同期实测 10 m 平均流速情况对比图

3 海水浊度、密度变化

3.1 浊度变化

通过现场实测，2015 年 5 月海水浊度明显提高，浊度是 2014 年同期的 4～5 倍。高浑浊带位于水面下 5～20 m 区域，最大浊度约为 45 NTU。[①]

3.2 密度变化

从现场实测的海水密度看，落潮期海水表层 10 m 几乎为淡水；在水深 10 m 处存在强的密度跃层，10 m 以下为海水。

4 大径流对沉管安装的影响分析

2015 年 6 月在日径流量近 15 000 m^3/s 的情况下进行了一节沉管的浮运安装，施工中发现径流对沉管安装影响巨大，增加了沉管安装期间的施工难度和风险。

沉管出坞浮运期间，尤其高潮的落极时，实测流速远超过预报值，沉管出坞和拖航难度增大，现场只得进行抗流等待。

大径流引起海水浑浊增大，对潜水作业水下可视距离、探摸检查、测量结果造成直接影响；影响水下可视化系统效果；对深水定位系统的精度造成影响；增加基槽的回淤量。

由于海水密度存在较大变化，沉管在沉放过程中需要不断调整压载水和缆绳，以控制沉管姿态，增加多个施工步骤，施工难度明显加大。

5 应对措施

针对沉管浮运、安装特点和大径流对浮运安装影响制定相应措施，主要如下。

1）选择合适的作业窗口。

2）在浮运、安装关键区域设置现场测流船、海水密度测量设备，实时了解现场流速、密度等情况。

3）增加拖轮，保证沉管浮运安全。

---

① NTU 为散射浓度单位。

4）沉放过程中注意观察负浮力变化，及时进行压载水调整。

5）制定大径流应急预案。

6　结　语

通过现场实测潮位、流速的对比分析，珠江三角洲的大径流对施工现场的流场影响明显，特别是对落极流速影响较大。从实测海水盐度和浊度数据看，大径流期间海水浊度、密度变化显著，对沉管安装、基础回淤影响较大。

针对大径流对沉管施工的影响，项目部制定了一系列应急措施，尽最大努力将施工风险降到可接受状态。

参 考 文 献

[1]　陈志民，蔡南树，辛文杰. 珠江口伶仃洋航道的回淤分析[J]. 海洋工程，2002，(20)：61-68.

[2]　陈相铨，朱良生，王青，等. 珠江伶仃洋余流垂向分布的季节变化及其与径流的关系研究[J]. 热带海洋学报，2010，(29)：24-28.

[3]　岳远征，宁进进，汤慧驰. 珠江三角洲强降雨对伶仃洋海域潮汐、海流的影响浅析[J]. 中国水运，2014，14(11)：197-198.

沉管安装碎石回填质量控制

张建军，尚乾坤

（中交一航局第二工程有限公司，青岛）

摘　要： 碎石回填是沉管安装完成后的一道重要工序，关系到沉管在海底的安全。港珠澳大桥隧道工程的碎石回填作业是在外海、深槽环境下进行，潮流、波浪情况复杂，且施工区处于航道区，船行波影响明显，增加了作业难度。为了保证碎石回填的精度，施工过程中从测深仪、多波束扫测等测量手段入手严加控制，有效保证了回填质量。

关键词： 沉管；碎石回填；外海；深槽；测深仪；多波束

1　工　程　概　况

港珠澳大桥沉管隧道穿越珠江口广州港、深圳西部港区出海主航道，沉管段长5664 m，共有管节 33 个，其中 E28～E33 管节位于半径为 5500 m 的平面曲线上，其余为直线段。

沉管回填的平面轴线与沉管隧道路线平面轴线相一致，回填宽度以沉管段平面轴线为对称。沉管回填的纵断面形状基本与沉管隧道路线纵断面一致，回填顶标高结合沉管结构顶标高、各区段回填厚度等确定。锁定回填和护面层回填之间为一般回填，回填高度与管节顶齐平，以减小防护块体和块石填筑时对沉管结构的不利影响。一般回填采用粒径为 5～80 mm 的碎石，顶轮廓设计允许误差为 ±500 mm[1]。

2　施　工　难　点

（1）缺乏施工经验

本工程在国内尚属首次，没有使用自带皮带机系统的溜管船的经验可循，需要不断摸索、系统调研和计算分析，因此技术难度大是施工的最大难点。

（2）海浪、海流影响大

本工程全部位于海上，属于典型外海无掩护施工，水流急、海浪大，施工作业水域最大水深达 45 m。表 1 为中国科学院南海海洋研究所通过 1 年的观测值统计整理出的临时测点各级有效波高出现频率。

（3）回填精度高，技术难度大

作为管节安装后的重要工序，回填精度要求高。回填需对称、均匀同步施工，对施工设备、施工工艺和质量控制提出了更高的要求。回填施工作业水域水深较深，常规施工工艺难以保证施工质量，需要专门的回填船进行管节回填施工。

表 1　临时测点各级有效波高出现频率统计表　　　　　　　（单位：%）

日期（月-日）	波高分段/m								
	[0.0, 0.2)	[0.2, 0.4)	[0.4, 0.6)	[0.6, 0.8)	[0.8, 1.0)	[1.0, 1.2)	[1.2, 1.4)	[1.4, 1.6)	[1.6, ∞)
07-04	6.40	65.65	22.39	3.47	1.81	0.28	0.00	0.00	0.00
07-05	11.69	61.56	24.19	2.29	0.27	0.00	0.00	0.00	0.00
07-06	5.42	45.80	35.97	10.42	1.39	0.00	0.00	0.00	0.00
07-07	4.17	44.49	43.01	8.20	0.13	0.00	0.00	0.00	0.00
07-08	6.05	62.10	22.58	6.05	1.61	0.94	0.40	0.27	0.00
07-09	6.80	66.39	19.03	6.39	1.39	0.00	0.00	0.00	0.00
07-10	1.61	68.95	22.99	6.48	0.00	0.00	0.00	0.00	0.00
07-11	0.56	53.47	31.80	7.50	4.31	2.22	0.14	0.00	0.00
07-12	8.06	64.78	20.43	6.59	0.14	0.00	0.00	0.00	0.00
08-01	6.45	47.04	18.15	25.00	3.36	0.00	0.00	0.00	0.00
08-02	4.74	35.92	32.61	18.68	7.76	0.29	0.00	0.00	0.00
08-03	13.71	66.40	15.86	3.76	0.27	0.00	0.00	0.00	0.00
全年	6.33	55.88	26.88	8.70	1.83	0.31	0.05	0.02	0.00

（4）交叉作业多，前后工序衔接严密

沉管回填施工时交叉工序繁多，如碎石基床整平、沉管浮运安装、舾装件拆除等，特别是岛隧结合部的施工交叉搭接多，施工区域内的船舶作业多，给现场的施工协调带来了很大困难。

（5）施工位于航道区，船行波影响大

回填作业临近通航航道，回填船受船行波影响大，同时遭遇意外碰撞风险增大。

3　一般回填流程

一般回填施工流程如图 1 所示。

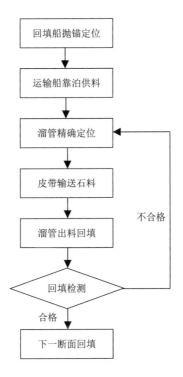

图 1　碎石回填流程图

4　质量控制方案

4.1　施工方案控制

1）施工前期要做好施工方案的制定及审核，技术负责人对参与施工人员做好详细交底工作，确保每个人熟练掌握所负责工作内容和技术要点。

2）加强技术管理，做好审核图纸、文件、变更设计、技术交底、测量放样、复核等工作，做好监测及质量验收评定，配合监理人员做好隐蔽工程检查及验收。

3）坚持一切以数据说话的原则，做好各种检测记录，使整个施工过程技术管理标准化、制度化、规范化。

4.2　材料质量控制

1）对原材料料源、供应商、运输路线、存放场地等进行详细考察，对其质量保证能力、质量符合性及稳定性进行评估，提前解决可能存在的问题。

2）进场材料严格按规定检验，一般回填石料采用粒径 5～80 mm 碎石，级配良好，碎石中不得含有黏土块及植物杂质，石料饱和单轴极限抗压强度不低于 30 MPa。

4.3　施工过程控制

1）为了减少大流速对溜管的影响，尽量选择在小流速情况下进行回填施工。经过多次现场施工观测，积累经验，逐步确定在 10 m 平均流速小于 0.5 m/s 条件下进行施工。为了减少船行波的影响，通过现场观测和船行波研究，对航道内的船舶进行限速，航速限制在 10 kn 以内。

2）2 个下料管精确定位，溜管底端距管节顶 5 m 左右，防止溜管碰撞管节造成管节损坏及对船体造成破坏。平面位置通过船上的 GPS 和溜管的位置关系来确定，竖向位置通过 GPS 高程和溜管下方长度来计算距管节顶面距离。

3）回填时必须保障管节两侧同步、等量回填，施工过程中管节两侧回填高差不超过 2 m，以防止造成管节移位，如图 2 所示。

图 2　碎石回填示意图

4）在完成一个点位的回填施工后，停止皮带机运转及石料输送，移动回填台车，下料管空管移动，利用安装在下料管底端的测深仪进行标高检测，合格后移动溜管至下一点回填，见图 3。

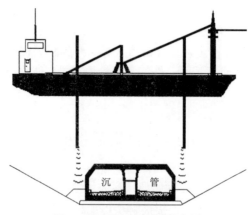

图 3　测深仪标高测量示意图

5）管节顶面接头处一般回填应使用移动距离较长的溜管进行单管回填，要严格控制溜管平面位置和移动距离，精确定位。每3 m移动一次溜管作为一个回填点位。

6）为了防止回填碎石滑落至待安管节位置，影响下一管节安装，每个管节只回填前165 m，剩余25 m在下一管节安装完成后进行回填，依次顺延。

7）一般回填时，要控制好靠近隧道结构侧的抛填落距，避免对隧道结构造成损坏。

8）一般回填结束后，采用多波束探测声呐测深系统对能覆盖防护层回填区域及以外至少10 m范围的区域进行探测测量，每5～10 m一个测试量断面，每2～5 m一个测点[1,2]，检查回填范围、标高和坡肩宽度等是否满足设计要求，如出现漏抛现象要重新进行定位进行补抛。

9）回填碎石时尽量采用溜管船，减少皮带船施工定位偏差风险，回填时勤用高度计测深仪进行检测。回填块石时勤校核潮位，勤打水测量水深。具备多波束检测条件时采用测量船进行全断面检测，出现漏抛时重新定位补抛，直至检测合格后再提交监理验收。

10）定时监控GPS信号[3]，防止定位和石料落点出现偏差。GPS信号不稳时停止施工。

11）回填施工过程中密切注意涨、落潮，避免石料落点出现重叠，造成超高现象。

4.4 船机设备控制

1）回填施工前及时对船上锚机、皮带系统、溜管等关键部位及设备进行校核和检查。

2）施工过程中要重视对高度计测深仪和GPS的校核，防止回填过程中GPS信号不稳和高度计测深仪测深数据不准确，造成回填精度误差过大。

3）回填船锚系严格按照方案要求布置，保证锚缆抛出部分长度足够，防止走锚导致回填位置偏移或溜管碰撞边坡造成船体破坏。

5 结 语

开工至今，采用上述施工方法已成功完成近一半的沉管回填作业，回填合格率达100%，未出现过质量问题，保障了沉管的稳定及安全，有效控制了石料的损耗，达到了控制成本的效果。今后将不断积累施工经验，优化改进施工方案，进一步提高施工效率和质量。

参 考 文 献

[1] 港珠澳大桥管理局. 港珠澳大桥施工及质量验收标准[S]. 珠海：港珠澳大桥管理局，2013.

[2] 中华人民共和国交通部. 港口工程质量检验评定标准：JTJ 221—1998[S]. 北京：人民交通出版社，1999.

[3] 中华人民共和国国家质量监督检验检疫总局，中国国家标准化委员会. 全球定位系统（GPS）测量规范：GB/T 18314—2009[S]. 北京：中国标准出版社，2009.

沉管隧道回填减载技术[*]

杨润来[1]，靳　胜[2]，李海平[2]

（中交一航局第一工程有限公司，天津）

摘　要： 港珠澳大桥西人工岛设置岛上段隧道暗埋段作为海上段沉管隧道对接施工的起始端。其中岛上段隧道暗埋段采用 PHC 桩刚性基础，与暗埋段隧道对接的沉管隧道 E1 管节 S1、S2 节段采用高压旋喷半刚性基础。为适应基础刚度变化，确保结构沉降协调，在岛隧结合部暗埋段与沉管隧道 E1 管节 S1、S2 节段顶部设计采用减载结构以降低沉管顶部荷载。本文以西人工岛岛隧结合部施工为背景，详细介绍了该减载结构的设计方案及原理。

关键词： 港珠澳大桥；岛隧结合部；基础刚度；减载结构；陶粒

1　工　程　概　况

港珠澳大桥西人工岛设置岛上段隧道暗埋段，作为沉管隧道对接施工的起始端。其中暗埋段 CW1 段、CW2 段及岛隧结合部二次止水结构施工完成，即可拆除岛头钢圆筒止水围护结构，并具备沉管隧道与岛上段暗埋段隧道对接条件。

由于所处施工环境、施工工艺及地基差异，海上段沉管隧道采用抛石夯平天然基础，暗埋段隧道采用 PHC 桩复合地基。为适应基础刚度的变化，确保结构沉降的协调，岛隧结合部与暗埋段隧道对接部位沉管 E1 管节 S1、S2 节段采用半刚性的高压旋喷复合地基。如图 1 所示为暗埋段隧道与沉管隧道基础纵剖面图。

沉管隧道 E1 管节安装完成后，需重新恢复岛隧结合部围闭状态，并形成陆域。为保证岛隧结合部地基刚度平顺过渡，降低差异沉降，在岛隧结合部暗埋段隧道与沉管隧道顶部采用减载结构以降低岛隧结合部的荷载。

2　岛隧结合部减载结构设计方案

岛隧结合部减载结构采用钢筋混凝土沉箱结构，沿人工岛前沿线共计布置 4 榀减载

---

* 本文曾刊登于《2015 年度科技成果论文汇编》，中交一航局第一工程有限公司。

沉箱。减载沉箱平面呈等腰梯形，上底宽 13.46 m，下底宽 15.8 m，高 8.1 m，减载沉箱外围壁板厚度均为 0.4 m，内格板厚 0.3 m。减载沉箱顶部设置现浇胸墙及 L 型现浇素混凝土挡浪墙，与岛壁挡浪墙形成围闭体系。如图 2 所示为岛隧结合部减载沉箱布置平面示意图。

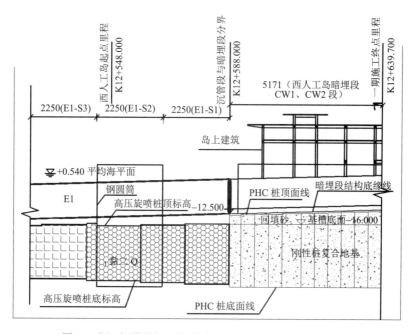

图 1 暗埋段隧道与沉管隧道基础纵剖面图（单位：cm）

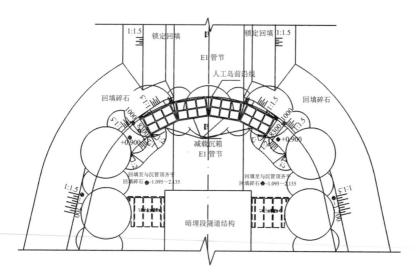

图 2 岛隧结合部减载沉箱布置平面示意图

为防止岛内回填料流失，规避减载沉箱安装间隙形成的管涌路径，在减载沉箱之间设置倒滤井。如图 3 所示，为减载沉箱之间倒滤井设置示意图。

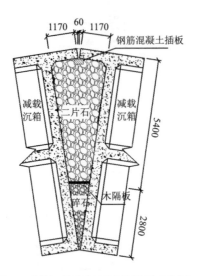

图 3　减载沉箱之间倒滤井设置示意图

　　减载沉箱后方围闭区域，如采用常规回填料，因密度较大将造成沉管 E1-S1、S2 节段顶部荷载过大，形成与暗埋段隧道的过大差异沉箱。特别是 E1 管节 S2 节段位于切除后的岛头钢圆筒顶部，基础刚度与 E1-S1 节段高压旋喷桩半刚性基础存在一定差别。当沉管隧道顶部较大时，E1-S1 与 S2 节段间剪力键将产生不利应力，进而形成结构损坏。

　　为此，经综合研究，在减载沉箱后方围闭区域，沉管隧道两侧回填碎石，隧道顶部则采用轻质的陶粒进行回填。其中陶粒级配为 5～25 mm，饱和筒压强度≥3 MPa，堆积密度为 600～800 kg/m³。陶粒回填至+2 m 标高后，在此基础上回填碎石至+4 m 标高。经计算，回填材料综合堆积密度为 1.1～1.17 t/m³，可避免上浮。如图 4 所示为岛隧结合部回填纵断面图。

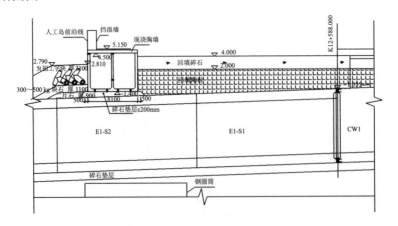

图 4　岛隧结合部回填纵断面图（单位：cm）

　　回填陶粒时，主要采用驳船运输至施工现场，并采用履带吊配合抓斗开展回填作业。回填过程中，按照设计方量充分考虑回填碎石层时，整体沉降值。

3 结 论

西人工岛岛上段隧道暗埋段及沉管 E1 管节对接完成后，对沉管 E1-S1 节段及暗埋段隧道分别进行沉降位移监测。其中对接部位 E1 管节 S1 节段最大累计沉降为 84.5 mm，暗埋段 CW1 段最大累计沉降为 66.2 mm，沉降量已收敛并稳定。竖向差异沉降北侧为 -34.71 mm 及 -34.69 mm，南侧为 -42.8 mm 及 -42.75 mm。考虑暗埋段 CW1 段顶部尚有岛上房建尚未施工，后期差异沉降将进一步缩小。

综上所述，通过采用大型沉箱围闭岛体，并在围闭区域后方回填陶粒的方式，有效地减少了沉管隧道顶部荷载，实现了不同基础条件下，沉管隧道与现浇暗埋段隧道的沉降协调。对于保证后期对接接头处止水性能及结构安全奠定了坚实基础。该减载方式，设计新颖，应用成效显著，可供类似工程参考。

长距离沉管隧道施工通风技术*

马宗豪

（中交一航局第二工程有限公司，青岛）

摘　要：港珠澳大桥沉管隧道全长约 6 km，海底隧道沿纵向呈 W 形布置，长距离隧道通风存在难点。本文分别研究了长距离沉管隧道单机压入式通风和串联式通风技术，通过在工艺设计、风机选型、经济性方面进行对比验证，阐述了单机压入式通风技术的优点，对于解决国内外长距离隧道通风有一定的借鉴和参考意义。

关键词：长距离；沉管隧道；单机压入式通风；港珠澳大桥

随着隧道掘进技术的发展，长距离深埋隧道不断涌现，隧道施工环境成为关键课题。在没有辅助导坑的条件下，隧道传统的施工通风方式采用多台串联或抽压混合的通风方式[1]，通过串联或混合来弥补因风机功率不足所引起的缺陷，但该方式在经济性方面存在较大缺陷，不利于长期的通风管理。近年来随着风机结构的不断优化，风管材质的不断更新，单机压入式通风方式在多个长大隧道中得到应用且效果明显。

1　长距离独头通风技术

单机独头压入式通风是指在单洞隧道通过一台风机压入式通风满足整个隧道施工通风。该项技术的难点在于随着隧道的加长，风机的功率和能量损耗成为瓶颈。为此，大功率风机、大直径风管的研究成为重点。1995 年西康线秦岭Ⅱ线 6.2 km 平导进口端采用独头压入式通风，选用日产 PF-110SW55 型对旋轴流风机[2]；2007 年锦屏水电站建设 TBM 项目 8 km 段采用 Swedvent 单机压入式通风，风管直径 3 m，风机功率超过 150 kW[3]；2012 年南昌梁山隧道 1 号斜井 5.2 km 采用 2×200 kW 的两级轴流变频风机单机压入式通风，风管直径 2.2 m[4]。港珠澳大桥沉管隧道全长 5.99 km，沿纵向呈 W 形布置，隧道最低点底高程−43.947 m，隧道结构为 Y 形中隔墙两孔一管廊形式，中隔墙预留安全门与排烟道，保证两行车孔相通。长距离较大高差的海底隧道通风采用单机压入式是本文研究的重点。

---

* 本文曾刊登于《水运工程》2014 年第 5 期。

2　通风方案

港珠澳大桥沉管隧道建设分为两个阶段：E1～E29 管节，全长约 5.3 km，隧道纵断面呈下降后上升状态，最大落差约 32 m；E33～E30 管节，全长约 750 m，隧道呈下降状态，最大落差约 15 m。本文重点分析 5.3 km 段的施工通风，采用压入式送风，保证作业端的新鲜气流大，空气流通顺畅。压入式通风分为单机压入式、串联压入式，针对两种通风方式分别在设备选型和经济成本两方面进行比较。

2.1　单机压入式通风

采用两个行车道单机压入式送风，最长送风距离约 5.3 km；每个行车道设一台大功率轴流风机，采用变频控制，可根据距离调节风量需求，节约用电成本，见图 1。

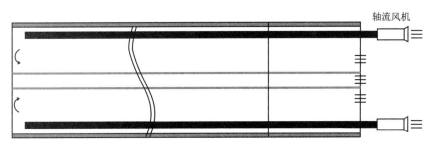

图 1　单机压入式通风

2.1.1　通风设计标准

在整个施工过程中，隧道作业环境应符合下列职业健康及安全标准：①空气中氧气含量，按体积计不得小于 20%；②粉尘容许浓度，空气中含有 10%以上的游离二氧化硅的粉尘不得大于 2 mg/m³，10%以下的游离二氧化硅的矿物性粉尘不得大于 4 mg/m³；③有害气体最高容许浓度：一氧化碳最高容许浓度为 30 mg/m³，二氧化碳按体积计不得大于 0.5%，氮氧化物（换算成 NO_2）为 5 mg/m³ 以下；④隧道内气温不得高于 28℃；⑤隧道内噪声不得大于 90 dB；⑥隧道施工通风应提供管内作业所需的最小风量，每人应供应新鲜空气 3 m³/min。

2.1.2　计算条件

①单管廊最大作业人数按 200 人考虑；②隧道施工内燃机设备及废气量为 1496 kW；

③沉管隧道最大高差 14.6 m；④采用内燃机械作业时 1 kW 功率的机械设备供风量不宜小于 4.5 m³/min，内燃机设备利用系数取 0.65，同时利用系数取 0.85；⑤按允许最低风速计算时，要求隧道内平均风速不低于 0.2 m/s；⑥管路阻力计算时，需要考虑隧道的坡度变化；⑦通风管直径 ϕ1.5～ϕ3.0 m，根据试算确定，管节不短于 20 m；⑧风管百米漏风率 β=1.0%（根据有关调研，目前最好的 10 m 节长拉链软风管的百米漏风率通常在 1% 以下）；⑨风管内摩擦系数 λ=0.014（摩擦系数 λ 主要取决于所用风管内壁的相对光滑度，目前一些国外承包商为我国隧道工程项目提供的技术文件中常用的数值为 0.014）；⑩风量备用系数 k=1.2。

2.1.3　计算公式

（1）供风量计算

风量计算按压入式通风考虑，确定工作面需风量，需计算出满足洞内工作人员呼吸所需空气量 Q_1，施工内燃机设备所需要的空气量 Q_2，满足洞内最小风速（v=0.2 m/s）所需空气量 Q_3，取 3 种计算中的最大值作为通风系统出风口的所需风量。

1）按作业人员数量计算：

$$Q_1=qnk \tag{1}$$

式中，q——每人每分钟呼吸所需新鲜空气量，取 3.0 m³/(min·人)；

　　　n——隧道内同时工作的最多人数，按照隧道作业最多人数计算，考虑后续内装施工较多，初步估计 5300 m 段单管廊最大作业人数约 200 人；

　　　k——风量备用系数。

2）按稀释和排除内燃机废气计算风量。

沉管隧道管内作业主要涉及水电管路、拆除钢封门、压载混凝土现浇等。单管廊需要的机械设备有运输车、高空作业车、叉车、混凝土罐车等。

$$Q_2 = K\sum_{i=1}^{N} N_i T_i \tag{2}$$

式中，K——功率通风计算系数，我国暂行规定为 4.5 m³/(min·kW)；

　　　N_i——各台柴油机械设备的功率；

　　　T_i——内燃机设备利用系数，一般取 0.65（考虑隧道内内燃机设备同时公用的原则，可以乘以同时利用系数 0.85）。

3）按允许最低平均风速计算：

$$Q_3=60Av \tag{3}$$

式中，A——隧道有效断面积；

　　　v——隧道内平均风速。

（2）漏风量计算

通风机的供风量除满足上述计算的需要风量外，还应考虑漏失的风量。

漏风系数的计算公式如下：

$$P_L = \frac{1}{(1-\beta)^{\frac{L}{100}}} \tag{4}$$

式中，β——风管百米漏风率，取 1.0%；

      L——风管计算长度。

（3）风机送风量计算

$$Q_j = P_L Q \tag{5}$$

式中，Q_j——通风机风量，m^3/s；

      Q——风管出口风量，m^3/s。

（4）风管直径

从表 1 风管与风速、沿程损失的关系看出，风管越大，沿程损失越小，风速也越小。沿程损失减小的梯度大于管内风速的梯度，风管内风速不宜大于 15 m/s，风管直径可根据沉管断面的富余情况在 2.5~3.0 m 选择，本计算选 3.0 m。

表 1 风管直径对照

风管直径 D/m	管内风速 v/(m·s⁻¹)	风管沿程损失/Pa
2.0	33.6	15 472.4
2.1	30.5	12 123.0
2.2	27.8	9 607.1
2.3	25.4	7 692.5
2.4	23.3	6 218.0
2.5	21.5	5 070.0
2.6	19.9	4 167.2
2.7	18.4	3 450.5
2.8	17.1	2 876.8
2.9	16.0	2 413.9
3.0	14.9	2 037.5

（5）管路通风阻力计算

通风阻力包括风管内的摩擦力、局部阻力，以及隧道内沿程摩阻损失、车辆设备通风阻力；风管及隧道的摩擦阻力在风流的全部流程内存在，如拐弯、分支及风流受到其他阻碍的地方。为保证将所需风量送到工作面，并达到规定的风速，通风机应有足够的风压以克服管道系统阻力，即 $H > H_{阻}$。其中，总通风阻力为摩阻力与局部阻力之和，即有

$$H_{阻} = \sum h_{摩} + \sum h_{局} + \Delta P_r + \Delta P_t \tag{6}$$

1）风管局部阻力损失

在本隧道通风方案中，主要有转弯引起的局部压力损失，按公式（7）计算：

$$h_{局}=\xi\frac{\rho}{2}v^2 \tag{7}$$

式中，ξ——局部阻力系数；

ρ——空气密度；

v——转弯管道风速。

拐弯局部阻力系数 ξ 计算公式[5]为

$$\xi=\left[0.131+0.1632\cdot\left(\frac{D}{r}\right)^{\frac{7}{2}}\right]\cdot\left(\frac{\theta}{90}\right)^{\frac{1}{2}} \tag{8}$$

式中，D——风管直径，m；

r——弯曲管节内壁半径，m。

2）风管沿程阻力损失

考虑漏风影响，在洞口轴流风机出口处的风量最大，等于风机设计风量；在风管末端出风口风量最小，等于实际所需的风量，按公式（9）计算：

$$h_{摩}=\lambda\frac{\rho}{2}\frac{L}{D}\left[Q_j(1-\beta)^{\frac{L}{100}}\right]^2 \tag{9}$$

式中，λ——摩擦系数；

ρ——空气密度；

D——过风断面当量直径；

L——风管长度；

β——风管百米漏风率平均值；

Q_j——风机工作点风量。

3）隧道内沿程阻力损失

$$\Delta P_r=\left(1+\lambda\frac{L}{D_r}\right)\frac{\rho}{2}v_r^2 \tag{10}$$

式中，λ——行车道内摩擦系数；

L——行车道长度，m；

D_r——行车道当量直径，m，考虑路面铺设后的断面净空，计算公式为

$$D=\frac{4A_r}{C_{隧}} \tag{11}$$

式中，ρ——空气密度，kg/m^3；

　　v_r——行车道内风速，m/s。

　　4）隧道内车辆设备通风阻力

$$\Delta P_t = \frac{A_m}{A_r} \frac{\rho}{2} n v_r^2 \qquad (12)$$

式中，ΔP_t——车辆、机械设备造成的通风阻力；

　　n——隧道内的车辆数，辆；

　　v_r——隧道设计风速，m/s；

　　A_m——汽车等效阻抗面积，m^2。

2.1.4　计算结果

　　单机压入式通风计算结果：风管出风量为 3719.4 m^3/min，漏风系数为 1.7，风机送风量为 6323 m^3/min，风机风压为 2077 Pa。

2.2　串联压入式通风

　　采用两个行车道串联压入式送风，最长送风距离约 5.3 km，每个行车道设 2 台大功率轴流风机，洞口 1 台，中间接力 1 台风机，采用变频控制，可根据距离调节风量需求，节约用电成本（图2）。

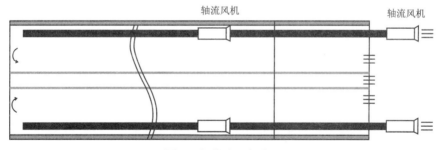

图2　串联压入式通风

　　风量计算过程与单机压入式完全相同，但沿程阻力计算存在差异。

2.2.1　风管沿程阻力损失

　　按照考虑漏风率的沿程损失计算公式，前半段的沿程损失值为

$$h_{摩} = \lambda \frac{\rho}{2} \frac{L}{D} \left[Q_j (1-\beta)^{\frac{L}{100}} \right]^2 \qquad (13)$$

式中，λ——摩擦系数；

　　ρ——空气密度；

　　D——过风断面当量直径；

　　L——前半段的风管长度；

　　β——风管百米漏风率平均值；

　　Q_j——风机工作点风量。

后半段的风机风量为

$$Q_j{}' = Q_j(1-\beta)^{\frac{L}{100}} \tag{14}$$

后半段的沿程损失值为

$$h_{摩} = \lambda \frac{\rho}{2} \frac{L}{D}\left[Q_j{}'(1-\beta)^{\frac{L}{100}}\right]^2 \tag{15}$$

2.2.2　计算结果

串联式通风计算结果见表 2。

表 2　串联式通风计算结果

风机	风管出风量/(m³·min⁻¹)	漏风系数	风机送风量/(m³·min⁻¹)	风机风压/Pa
第 1 台	3 719.4	1.31	4 872	1 293.4
第 2 台	4 872.0	1.31	6 382	744.2

3　设备选型及经济性对比

通过以上计算结果，对通风设备进行选型，进而比较经济性。方案以浙江上风实业股份有限公司 DTF 系列风机为样本进行分析（表 3）。

表 3　经济性对比

方案	风管直径/m	风机型号	风机数量/台	单台风机电机功率/kW	每个回路电机功率/kW	风机购置成本/万元	电费/万元	维护成本/万元	长距离通风稳定性及可靠性	噪声污染	综合成本/万元
方案 1：单机压入	3.0	DTF-2400-1250-6P	2	420	420	110	2 286	30	较好	良好，仅限于洞口段	2 426
方案 2：串联接力压入	3.0	洞口：DTF-2200-1120-6P 中继：DTF-2000-1000-8P	4	250/132	382	65/40	2 294	60	较差，存在风险	一般，洞口及洞内中继风机处均有噪声	2 459

注：按 3 年工期计算。

综合以上分析，可以看出两种方案的总成本相差不大，串联压入式的能耗高一些，如果采用变频技术的情况下，总成本会有所降低；单机压入式具有安装方便、维护简单、操作灵活的特点，且在管内没有太大的噪声污染。通过以上对比分析，建议选用单机压入式通风方案。

4 结 语

本文从长距离沉管隧道施工通风着手，分析了国内外长隧道施工通风方案，得出单机压入式通风与串联压入式通风是长隧道通常采用的方案。

本工程通过两套通风方案在工艺设计、风机选型、经济性方面的综合对比，总结出单机压入式通风具有安装方便、维护简单、操作灵活且噪声污染低等特点，最终选择单机压入式通风为港珠澳大桥沉管隧道施工通风方案。作为未来长隧道通风的主要应用方式，只有合理解决长距离压入式通风在通风系统设计、风机和风管选型等方面与施工能耗、维护成本等存在的矛盾，才能有效提高施工效率。

参 考 文 献

[1] 张红婴，林和荣. 长距离独头掘进技术巷道通风技术应用研究进展[J]. 江西有色金属，2008，(4)：8-11.

[2] 杨立新，洪开荣，刘招伟. 现代隧道施工通风技术[M]. 北京：人民交通出版社，2012.

[3] 孙甲友. 锦屏水电站交通隧道的三阶段施工通风设计[J]. 铁道建筑技术，2004，(S1)：89-92.

[4] 沈碧辉，杨其新. 吕梁山隧道 5 号斜井工区施工通风方案研究[J]. 隧道建设，2008，(2)：23-25.

[5] 李炜. 水力计算手册[M]. 北京：中国水利水电出版社，2006.

外海沉管隧道压载混凝土施工技术[*]

张　端，朱宝华，孙建强

（中交一航局第一工程有限公司，青岛）

摘　要： 港珠澳大桥岛隧工程沉管隧道管节沉放完成后，为保证其抗浮安全，需适时在沉管行车道内浇筑压载混凝土。浇筑过程与管节内的压载水箱排水及管顶回填配合进行，以保证抗浮安全系数满足设计要求。鉴于苛刻的施工环境及质量要求，浇筑工艺较常规工艺复杂，浇筑难度较大。本文针对沉管隧道压载混凝土浇筑施工，对混凝土倒运、分块浇筑方式、残余混凝土清理等施工技术进行详细介绍。

关键词： 沉管隧道；压载混凝土；混凝土倒运；混凝土清理

1　工　程　概　况

　　港珠澳大桥主体工程岛隧工程位于珠江口伶仃洋海域，通过设置东人工岛、西人工岛以实现桥隧转换。沉管沉放总体分 4 个阶段实施，第一阶段：由西人工岛岛头 E1 管节向东人工岛方向逐节沉放至 E10 管节；第二阶段：继续依次沉放 E11～E15 管节；第三阶段：继续依次沉放 E16～E28 管节；第四阶段：由东人工岛岛头 E33 管节向西人工岛方向沉放 E29-1 管节，最后 E30（含 E29-2）管节。

　　为保证沉管在起浮、系泊和沉放时的干舷高度及抗浮安全，通过在沉管南北行车道内设置压载水箱和浇筑压载混凝土进行压重控制。其中压载水箱在沉管浮运前已安装就位，并发挥功能效用，压载混凝土在后一节沉管沉放完毕后进行浇筑，以确保沉管抗浮安全满足设计要求。

2　压载混凝土施工技术

　　En 管节压载混凝土施工需要满足以下条件：

　　1）E(n+1)管节沉放完成。

---

* 本文曾刊登于《中国港湾建设》2015 年第 11 期。

2）E*n* 管节锁定回填、一般回填、护面层回填完成。

3）E*n* 管节压载水箱已拆除。

4）E*n* 与 E(*n*-1)之间的钢封门已拆除。

2.1 混凝土运输技术

因西人工岛隧道暗埋段施工周期长，为保证后续沉管压载混凝土顺利浇筑，需采取切实有效的混凝土运输技术。

2.1.1 预留施工孔洞

在西人工岛隧道暗埋段顶板处预留施工孔洞。孔洞尺寸 15 m×16.85 m，位于 CW3-1 中管廊顶板正中位置。通过该孔洞，可向隧道内吊放混凝土罐车、车载泵等机械设备，并向隧道内供应混凝土、模板等施工材料。待沉管压载混凝土浇筑完成后，对预留施工孔洞做封孔施工。预留施工孔洞平面位置如图 1 所示。

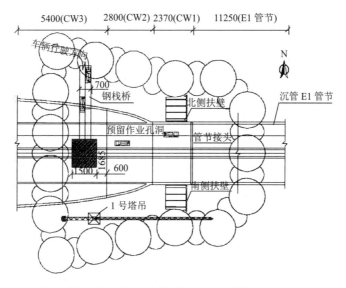

图 1 预留施工孔洞平面位置示意图（单位：cm）

2.1.2 孔洞周围设施

（1）钢栈桥

为便于进行沉管隧道内压载混凝土浇筑，西小岛基坑北侧采用贝雷梁和型钢搭建 1 座钢栈桥，钢栈桥宽 6 m，两跨布置（图 1），以满足混凝土罐车及 80 t 履带吊行走安全。

（2）钢管溜槽

预留孔洞位置配置钢管溜槽进行混凝土接力倒运。钢管溜槽采用直径 50 cm 钢管制成，呈 45° 布设（图 2）。钢管溜槽为活动式设计，在 CW3-1 顶板设置固定支架，溜槽底部设置钢丝绳吊点。进行压载混凝土浇筑时，通过钢丝绳调整溜槽坡度。未进行施工时，解掉钢丝绳，使溜槽处于垂直状态，避免对其他工序造成干扰。

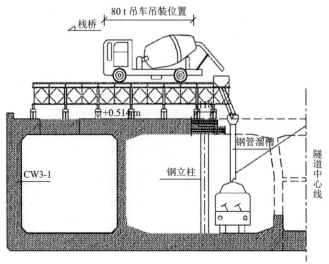

图 2　混凝土倒运示意图

（3）钢立柱

由于沉管压载混凝土浇筑周期较长，为避免 CW3-1 预留孔洞位置顶板在重复动荷载作用下受到损坏，在该处顶板与底板间加设钢立柱进行支撑（图 2）。钢立柱为直径 0.72 m 壁厚 12 mm 的钢管桩，在 CW3-1 顶板施工前安装就位。

2.1.3　混凝土倒运技术

压载混凝土浇筑前，在 CW3-1 顶板采用 80 t 履带吊向北侧行车道内吊放混凝土罐车。拌和站拌制的混凝土通过岛上的混凝土罐车，经由岛上施工道路及钢栈桥，通过预留施工孔洞向隧道内罐车倒运混凝土，如图 2 所示。

2.2　压载混凝土泵管布置

沉管隧道南侧行车道作为施工人行通道，施工人员出入频繁。为保证隧道内施工安全，混凝土泵车及罐车统一走北侧行车道。

为实现压载混凝土顺利浇筑，在南北行车道布置 1 套泵管。混凝土浇筑前，车载泵驻位于北侧行车道靠近浇筑区域位置。浇筑北侧混凝土时，北侧泵管直接与车载泵相连接。浇筑南侧混凝土时，南侧行车道泵管在节段接头处穿过中墙预留孔洞与车载泵相连。该节段压载混凝土浇筑完成后，泵管向下一节段倒运并安装，从而保证流水施工。

2.3　压载混凝土临时作业平台

为便于压载混凝土浇筑厚度及表面平整度控制，在待浇筑压载混凝土分块中心线处搭设 1.2 m 宽支架，支架本身作为泵管架设的平台，其纵向连接杆作为压载混凝土顶部刮杠的轨道。与此同时，在侧模上安装高程控制定位杆，确保压载混凝土顶标高满足要求。同时，在支架与侧模上搭设跳板，以便于振捣施工。定位杆随压载混凝土浇筑逐步拔除。压载混凝土临时作业平台布置如图 3 所示。

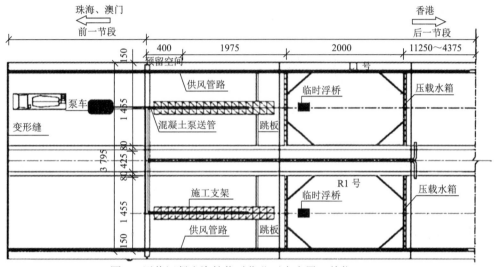

图 3　压载混凝土浇筑临时作业平台布置（单位：cm）

2.4　压载混凝土浇筑

为保证混凝土质量，浇筑时通过多次数、多方向转换弯头的方式均匀布料，并严格控制混凝土分层厚度。在混凝土浇筑过程中通过增加踏板数量增大施工人员的工作面，并加强混凝土振捣[1]。压载混凝土现场浇筑照片如图 4 所示。

图 4　压载混凝土浇筑现场照片

2.5　混凝土温度控制措施

在拌和站粉料罐顶部设置环形水管，水管按照每 10°划分一段，每段设置 1 个喷嘴。通过水分的蒸发过程吸收热量，从而降低粉料仓温度。

砂、石进场后，储存在拌和站边的堆料仓中，在骨料表面覆盖 1 层土工布，并在土工布上覆盖 1 层反光布，对骨料进行保温。每座混凝土拌和站配备 1 套 ILG405S（4℃）Y 混凝土专用冷水机组进行搅拌用水制冷，并配备 1 座冷藏箱，储存冰块，与制冷机配合使用，制冷温度由 28℃降至 4℃以下[2, 3]。

3　残余混凝土清理

3.1　隧道内泵车及罐车清洗

压载混凝土浇筑完成后，泵车和罐车的清理工作需在隧道内进行。因隧道内空间狭小，且淡水倒运困难，故清洗操作难度极大。为此，在隧道入口处设置泵车罐车循环清洗装置。

泵车罐车循环清洗装置由 1 号～3 号水池组成，并配有高压水枪。其中 1 号、2 号水池为沉淀池，3 号水池为蓄水池。1 号～3 号水池的布置形式如图 5 所示。

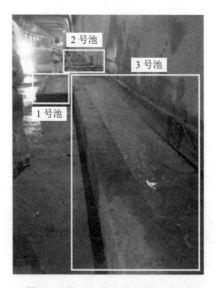

图 5　1 号～3 号水池布置示意图

泵车在 1 号池处清洗，罐车在 2 号池处清洗，清洗用水均来自于 3 号池，清洗后的混凝土等杂质分别沉淀在 1 号池和 2 号池。

待混凝土等杂质沉淀后，将 1 号池和 2 号池上方的清水导入 3 号池，并将 1 号池、2 号池内混凝土等杂质清理倒运出隧道。

该清洗装置可实现淡水的循环利用，减少淡水的用量，较好地解决了向管内倒运淡水困难的问题，且可降低施工成本。

3.2 隧道内残余混凝土清理

沉管隧道内残余的混凝土较难集中向隧道外倒运。为此，特采用钢模板拼装成钢槽搜集残余混凝土。

在混凝土浇筑期间，将钢槽摆放于容易溢出混凝土的位置，并在混凝土溢出后及时装入钢槽中，保证施工场地的清洁。每隔一段时间用振捣棒对钢槽内的混凝土进行振捣，使混凝土形成整体块体。

待钢槽内的混凝土硬化后，拆除模板，将里面的混凝土块体取出，并倒运至沉管隧道外作为配重块。钢模板经清理后重新组装，并重新用于搜集残余混凝土等杂质。

该方式操作简便，极大改善了传统施工过程中使用吨袋倒运残余混凝土时混凝土散落的问题。

4 结 语

港珠澳大桥沉管隧道空间狭小，安全防护措施要求高，施工难度大。通过不断改进施工工艺与技术，加强质量要求，规范过程控制，克服空间狭小的障碍，使得压载混凝土顺利浇筑，质量满足要求，同时极大提高了施工效率，节省了人力物力，为以后类似工程积累了宝贵经验。

参 考 文 献

[1] 中华人民共和国住房和城乡建设部. 大体积混凝土施工规范：GB 50496—2009[S]. 北京：中国计划出版社，2009.

[2] 港珠澳大桥管理局. 港珠澳大桥大体积混凝土耐久性质量控制技术规程[S]. 珠海：港珠澳大桥管理局，2013.

[3] 港珠澳大桥管理局. 港珠澳大桥大体积混凝土施工期裂缝控制技术规程[S]. 珠海：港珠澳大桥管理局，2013.

外海沉管隧道人孔封堵技术*

朱宝华，张　端，杨润来

（中交一航局第一工程有限公司，天津）

摘　要： 本文以港珠澳大桥岛隧工程沉管隧道人孔封堵为例，详细介绍外海沉管隧道人孔封堵技术，重点介绍了压力注浆在实际施工中的应用。

关键词： 沉管隧道；人孔封堵；人孔注浆

1　工　程　概　况

　　港珠澳大桥主体工程岛隧工程沉管通过浮运系泊进行安装，为方便操作人员在管节系泊、沉放就位时进入管节内部，在管节顶板上设置 1 个临时作业用人孔，人孔直径为 800 mm，高 1.5 m，安装在非对接端即近无 GINA 的一端。待管节沉放完毕后，需对顶板人孔进行封孔。为确保沉管安全及尽快提供管内作业面，首先对人孔顶封盖板进行安装。如图 1 所示为沉管人孔井布置图。

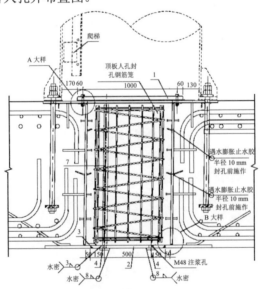

图 1　沉管人孔井布置图（单位：cm）

---

* 本文曾刊登于《2015 年度科技成果论文汇编》，中交一航局第一工程有限公司。

1.1 自然条件

由于工程为沉管管内作业，通风条件主要依靠西人工岛隧道暗埋段 CW2 段左右行车道内各设置的一台风机进行供风（图2、图3）。管内涉及钢封门及其预埋件拆除电气焊作业，沉管压载混凝土浇筑等交叉作业，通风条件有限，气温较高，一般在 25～30℃。

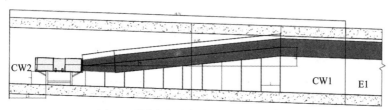

图2 隧道内主风机布置纵断面示意图

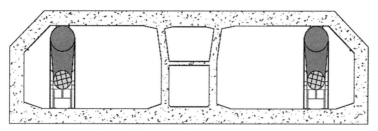

图3 隧道内主风机布置纵断面示意图

1.2 工程特点及技术难点

港珠澳大桥岛隧工程沉管人孔井封堵施工具有以下特点[1]。

（1）施工难度大、质量要求高

沉管人孔井在管节顶板处，需搭设支架进行钢筋笼安装及底盖板水密焊接，焊缝质量要求为二级焊缝，质量要求极高。由于钢板厚 3 cm 属于较厚板，现场采用仰焊形式，钢筋笼安装无起重设备配合作业，施工难度大。

（2）安全管理难度大

沉管人孔井封堵期间，管内正值进行钢封门拆除、压载混凝土浇筑等作业同步进行，施工面交叉作业频繁，各类作业人员及机械众多。与此同时，人孔封堵涉及高空作业、电气焊等，安全管理难度较大。

2 施 工 内 容

沉管隧道在安装完成并按照设计要求进行顶盖板安装，管内具备作业条件后即可进行人孔井封堵。在正式封堵前，需对人孔井钢圆筒进行打磨除锈。除锈完成后按照要求在钢圆筒止水钢片上涂装直径 2 cm 遇水膨胀止水胶，并安装人孔封堵钢筋笼。人孔封堵钢筋笼安装完成后，即可进行底盖板安装及焊接。在安装底盖板前，需进行排气管焊接。底盖板焊接完成后，需按照规范要求对焊缝进行超声波检测。超声波检测合格后，按照配合比进行水泥浆压浆。压浆过程中，制作同条件试块。待压块强度满足设计要求后，进行注浆口及排气口封盖钢板焊接，最后按照要求对所有焊缝及施工过程中造成破坏的防腐涂层进行重涂装及恢复。流程见图 4。

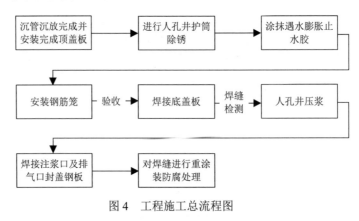

图 4　工程施工总流程图

2.1　施工前准备

沉管人孔井封堵在沉管安装完成并按照要求进行顶盖板封堵后进行。为便于人孔封堵，在人孔封堵处采用 ϕ 48.3 mm 承插型盘扣式钢管脚手架搭设施工支架，该施工支架设置顶托与隧道结构底板及顶板顶撑牢固，并按照规范要求安装斜撑（图 5）。

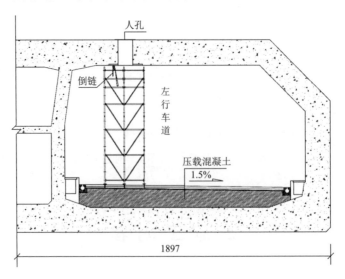

图 5　人孔封堵支架搭设及上下倒运措施施工示意图（单位：cm）

封孔前，应仔细检查预埋件的结构完好程度。由于沉管安装就位前，人孔井处于海水环境，钢圆筒存在锈蚀。因此，在正式封堵该孔洞前，需对钢圆筒进行打磨除锈，重点清除预埋件上的锈蚀和杂物。

锈蚀及杂物清除完毕后，在钢圆筒内侧的两道止水钢板上各施作一圈直径 2 cm 的遇水膨胀止水胶，呈环布置。该止水胶型号为 PJ-400，需满足规范《遇水膨胀止水胶》（JG/T 312—2011）中相关规定的性能指标要求。在正式压浆前，需确保该止水胶处于无水环境中。

2.2 钢筋笼制作及安装

完成止水胶的施工后进行人孔封堵钢筋笼的安装，人孔封堵钢筋笼在封孔前提前进行制作，其中应注意钢筋级别、种类和直径满足设计要求。钢筋表面应洁净，无损伤，使用前应将表面的油渍、漆皮、鳞锈等清除干净，带有颗粒状老锈的钢筋不得使用。钢筋采用焊接搭接时，单面焊接应确保不小于 10 d。钢筋笼绑扎时，应首先制作台架，确保骨架尺寸满足设计要求（图 6）。钢筋笼在运输及安装过程中，应采取必要的措施防止骨架变形。

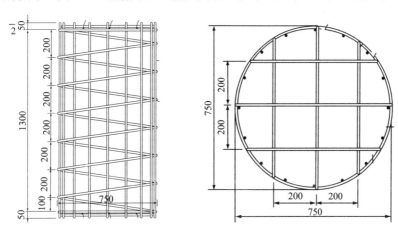

图 6　钢筋绑扎示意图

为确保人孔封堵时管内检查及安装混凝土垫块，钢筋笼底口封堵钢筋暂不安装，待监理检查验收合格后再进行安装。钢筋笼在人孔内临时固定后，通过在四周设置 5 cm 混凝土垫块对钢筋笼进行固定。

钢筋笼及钢板安装时，主要安装方式为通过在人孔预埋件上焊接临时吊耳，采用倒链将待安装件上提至顶板后，反顶至人孔内。

2.3 底盖板焊接

钢筋笼安装验收合格后，采用倒链将人孔底盖板顶固定就位，点焊固定。该钢板应提前焊接好排气管。

1）排气管与人孔底盖板需进行水密焊接，焊缝为角焊缝，焊缝厚度为 3 mm。

2）人孔底盖板为坡口焊，钢板厚 3 cm。焊接前，需按照设计要求沿钢板一圈开设 45°坡口。

3）进行正式焊接前，应彻底清除待焊区域的铁锈、氧化铁皮、油污、水分等有害物，使之表面露出金属光泽。焊接时严禁在母材的非焊接部位引弧，焊接后应清理焊缝表面的熔渣及两侧的飞溅。

4）所有焊接均应确保水密，焊缝不得有表面气孔、夹渣、弧坑裂缝、电弧擦伤等缺陷。焊缝感观应达到：外形均匀、成型较好、焊道与焊道、焊道与钢板间过渡平滑，焊渣和飞溅物基本清除干净。

5）焊条等焊接材料与钢板母材应匹配并符合设计要求及《钢结构焊接规范》（GB 50661—2011）的规定。焊条在使用前，应按照产品说明书及焊接工艺规定进行烘焙和存放。本工程中采用 E5016 或同等强度焊条进行焊接。

6）焊接前，应按照《钢结构焊接规范》（GB 50661—2011）规定制定焊接工艺，并采取必要措施如对称焊接、分段退焊法，提高预热温度等进行施焊以消除层状撕裂、控制焊接变形对结构的不利影响。

7）本工程中焊缝等级为二级，焊接完成后需进行超声波探伤。并对焊缝外观进行检查，本工程中焊缝压痕、咬边深度不得大于 1 mm，焊缝余高允许偏差为 0～3 mm。确认焊接质量合格后，方可进行人孔井压浆作业。

8）焊条应储存在干燥、通风良好的地方，由专人保管。

9）焊条在使用前，必须按照产品说明书及有关工艺文件的规定进行烘干。

10）低氢型焊条烘干温度应为 350～380℃，保温时间应为 1.5～2 h，烘干后应缓冷放置于 110～120℃的保温箱中存放、待用。

11）施焊前，焊工应检查焊接部位的组装和表面清理的质量，如不符合要求，应修磨补焊合格后方能施焊。坡口组装允许偏差值应符合规范规定，间隙超过允许偏差规定时，可在坡口单侧或两侧堆焊、修磨使其符合要求。

12）严禁在接头间隙中塞填焊条头、铁块等杂物。

13）焊接作业区的相对湿度不得大于 90%。

14）厚板多层焊接时应连续施焊，每一焊道焊接完成后应及时清理焊渣及表面飞溅物，发现影响焊接质量的缺陷时，应清除后方可再焊。遇有中断施焊的情况，应采取适当的后热、保温措施，再次焊接时重新预热温度应高于初始预热温度。

15）在焊接前，需对待焊接板进行预热，预热最低温度应大于 60℃。

16）焊接预热及层间温度的保持宜采用电加热器、火焰加热器等加热，并采用专用的测温仪器测量。

17）预热的加热区域应在焊接坡口两侧，宽度应各位焊件施焊处厚度的 1.5 倍以上，且不小于 100 mm。

18）为防止层状撕裂的工艺措施主要有采用低强度焊条在坡口内母材板面上先堆

焊塑性过渡层,采用低氢型、超低氢型焊条或气体保护电弧焊施焊,以及提高预热温度施焊。

19) 控制焊接变形的工艺措施主要有对于有对称截面的构件,宜采用对称于构件中和轴的顺序焊接,对于本工程中坡口焊接,宜采用先焊深坡口侧部分焊缝、后焊浅坡口侧、最后焊完深坡口侧焊缝的顺序,对于长焊缝宜采用分段退焊法或多人对称焊接法同时运用,宜采用跳焊法,避免工件局部加热集中。

20) 熔化焊缝缺陷返修。焊缝表面缺陷超过设计要求的二级焊缝质量要求时,对气孔、夹渣、焊瘤、余高过大等缺陷应用砂轮打磨、铲凿、钻、铣等方法去除,必要时应进行焊补;对焊缝尺寸不足,咬边、弧坑未填满等缺陷应进行补焊。

经无损检测确定焊缝内部存在超标缺陷时应进行返修,返修应符合下列规定:

1) 应根据无损检测确定的缺陷位置、深度,用砂轮打磨或碳弧气刨清除缺陷。缺陷为裂纹时,碳弧气刨前应在裂纹两端钻至裂孔并清除裂纹及两端各 50 mm 长的焊缝或母材。

2) 清除缺陷时应将刨槽加工成四层边斜面角大于 10° 的坡口,并应修整表面、磨除气刨渗碳层,必要时应用渗透探伤或磁粉探伤方法确定裂纹是否彻底清除。

3) 焊补时应在坡口内引弧,熄弧时应填满弧坑;多层焊的焊层之间接头应错开,焊缝长度应不小于 100 mm;当焊缝长度超过 500 mm,应采用分段退焊法。

4) 返修部位应连续焊成。如中断焊接时,应采取后热、保温措施,防止产生裂纹。

5) 焊接修补的预热温度应比同条件下正常焊接的预热温度高,并应根据工程节点的实际情况确定是否需要采用超低氢型焊条焊接或进行焊后消氢处理。

6) 返修焊接应填报返修施工记录及返修前后的无损检测报告。

2.4 人 孔 压 浆

人孔底盖板焊接完成并通过监理验收后,即可进行人孔压浆。本工程采用微膨胀 M50 水泥净浆进行人孔封堵,设计强度为 M50,配合比表 1。

表 1　水泥净浆配合比

水泥净浆配合比			
水灰比	水/(kg/m³)	水泥/(kg/m³)	外加剂/(kg/m³)
0.27	440	1 500	130

压浆前,在排气口 M48 注浆口处各设置一个球阀,正式压浆前,应确保球阀处于打开状态,排气管排气顺畅。压浆泵采用 HS-4 双缸灰浆泵,在正式压浆前,需按照设备使用说明书确保设备性能处于最佳状态,并保证压力表工作正常。本工程中单个人孔需压浆 0.95 m³,压浆操作要点如下。

1) 必须严格按照试验站给定配合比进行搅拌。

2) 水泥浆必须搅拌均匀,纯搅拌时间 5～10 min。

3）严格控制生产废弃物的排放。

4）每罐搅拌 0.3 m³ 浆液，加料先后顺序及用量为：水（132 kg）、压浆剂（39 kg，即 2 包）、水泥（450 kg）。加料过程中搅拌机不停。

5）水泥浆应搅拌均匀，颜色一致，不得有水泥团或水泥块。

6）搅拌过程中，搅拌机及回流管同时工作搅拌。

7）搅拌罐搅拌完毕后，排至储浆罐，储浆罐中搅拌机也同时工作。

压浆过程中，应注意排气口是否正常排气，并关注压力表显示压力是否上升。排气管大量排浆时，逐渐关闭排气管球阀，并保持压浆。关闭球阀继续压浆直至压力达到 0.6 MPa，持压 30 s 后关闭注浆阀门。注浆过程中，试验班组应根据设计及规范要求留置同条件试块。浆液达到设计强度后，拆除排气管及注浆口球阀，并按照设计图纸要求焊接封口钢板。焊接质量应确保水密，焊缝厚度为 8 mm，质量满足设计相关规范要求。

焊接封口钢板完成后，应对底钢板及封口钢板焊接部位进行重涂装防腐处理。涂层为 75 μm 环氧富锌底漆（500+700）μm 环氧漆 EX-600。

3　结　语

港珠澳大桥岛隧工程沉管隧道的施工为国内开创了一种新型的施工方法，为中国交通事业开辟了一条新的道路，为今后相似的工程提供了依据，外海沉管隧道人孔封堵技术在本工程中的应用为未来技术的进步提供了依据和可能。

参 考 文 献

[1]　中交股份联合体港珠澳大桥岛隧工程第Ⅰ工区项目经理部. 港珠澳大桥岛隧工程沉管人孔封堵专项施工方案[Z]. 珠海：中交股份联合体港珠澳大桥岛隧工程第Ⅰ工区项目经理部，2003.

创新型注浆囊袋在沉管隧道不规则抗剪支撑体系中的应用[*]

陈伟彬，邹正周，王　蔚

（中交四航局第二工程有限公司，广州）

摘　要： 近年来，随着我国跨江跨海隧道工程的不断增加，沉管法施工得到越来越多的应用。管节接头是沉管隧道中很薄弱但非常关键的环节，管节的不均匀沉降会导致接头的错位与张开，对接头位置抗剪结构的施工造成了极大的不便，也对整个沉管隧道结构受力的安全产生巨大的威胁。一方面，沉管隧道内狭窄的作业空间限制了抗剪结构的施工方法，另一方面，不均匀沉降带来不规则位移，令抗剪结构难以完成刚性连接，抗剪性能面临失效风险。本文依托港珠澳大桥岛隧工程，介绍了创新型注浆囊袋的在沉管隧道不规则抗剪支撑体系中的应用，有效解决了施工空间不足，以及抗剪结构失效的问题，为沉管隧道接头抗剪结构施工积累了宝贵经验。此外，本文为创新型注浆囊袋广泛应用于各类不规则支撑体系设计、施工提供了思路。

关键词： 注浆囊袋；沉管隧道；不规则剪力支撑体系

0　引　言

自1910年美国底特律河建成世界上第一座水下沉管隧道以来，水下沉管隧道技术经历了不断的发展和完善。近年来，水下沉管隧道建设技术迅速发展，国内外现有数量可观的已建成、在建及规划中的水下沉管隧道。作为水下沉管隧道结构受力的关键所在，抗剪结构的形式对整个工程有着巨大的影响。本文将以港珠澳大桥岛隧工程为背景，介绍创新型注浆囊袋在沉管隧道不规则抗剪支撑体系中的应用。

1　绪　论

1.1　工　程　概　况

港珠澳大桥岛隧工程沉管隧道总长度为 5664 m，是迄今为止规模最大的海上沉管隧

＊ 本文曾刊登于《公路》2018年第8期。

道工程，隧址穿越伶仃西航道和规划 30 万 t 油轮航道，最大水下深度达 46 m，隧道布置见图 1。

图 1　隧道平面布置方案

港珠澳大桥岛隧工程使用寿命达到 120 年，工程满足国家、行业及《港珠澳大桥专用质量检验标准》等相关标准规范的要求[1]。

沉管隧道由 33 个管节组成，采用两孔一管廊截面形式，宽 3795 cm，高 1140 cm，底板厚 150 cm，侧腹板及顶板厚 150 cm，中腹板厚 80 cm，混凝土强度等级为 C50，采用全断面一次整体浇筑成型施工工艺。

沉管隧道管节接头采用 GINA 止水带及 OMEGA 止水带进行止水。柔性连接的接头可以有效地适应管节沉放安装时产生的误差和沉放到位后出现的不均匀沉降，保证沉管隧道的安全系数及水密性。

1.2　节段接头抗剪结构形式

沉管隧道管节接头抗剪结构形式为剪力键，在管节沉放完成后在隧道内侧进行安装。管节两侧侧墙位置安装竖向钢剪力键，钢构件通过栓接连接到管节端头预埋件上，再将钢剪力键之间垫实。管节中墙位置在前 8 个管节使用现浇混凝剪力键，之后的管节采用焊接形式的钢剪力键，管节底板设置现浇混凝土剪力键。节段接头剪力键布置见图 2。

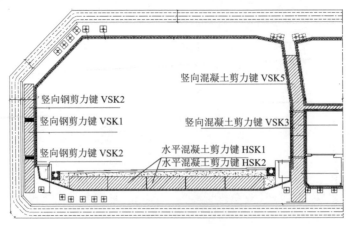

图 2　节段接头剪力键布置图

本文着重介绍两侧侧墙位置栓接钢剪力键及其垫层。

侧墙位置钢剪力键分为两种型式：VSK1 和 VSK2，按照图 3 所示进行布置，并用高强螺栓与预埋件预紧，最后再安装钢构件间垫层[2]。

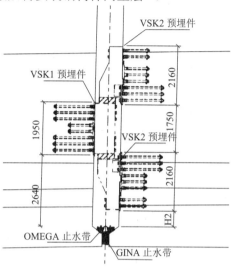

图 3　侧墙钢剪力键布置图（单位：mm）

1.3　注浆囊袋简介

注浆囊袋是一种高强度、整体密封、可注浆液的袋状产品，可根据需要定制形状、尺寸。本文介绍的注浆囊袋主要为枕头型，大小根据钢剪力键间接触面尺寸确定，材料一般选用高强度 PVC、橡胶等。注浆囊袋整体密封，袋体有数量不等的注浆口，可供注浆或排气，同时其具有一定的可塑性和延展性，在向袋内注浆时通过体积膨胀，并填充其所在空间。几种形式的注浆囊袋见图 4。

图 4　注浆囊袋（不同形式）

本文中所注浆液为改性环氧树脂浆液，具有凝固快、强度高、防渗、耐腐蚀性好等特点。

2　原理与特点

2.1　现场存在的问题

（1）剪力键施工作业空间小，且不能使用动火作业

钢剪力键安装位置位于管节接头侧墙结合腔内混凝土纵向断面方向上，沿管节方向上的水平距离略大于钢剪力键构件本身，施工作业空间十分狭窄。且钢剪力键紧邻侧墙OMEGA止水带，为保护止水带严禁使用焊接等需动火作业的方式进行安装。这就排除掉了焊接连接的安装方式。

（2）不均匀沉降导致剪力键位置改变

不均匀沉降是沉管隧道面临的一个重要问题。不均匀沉降会导致管节接头的错位与张开，直接导致钢剪力键安装后，两个构件之间相对的面不能如设计构想般相互平行，且往往存在多个方向的位移和扭转，形成了一种不规则的支撑体系。在这种情况下，若采用加垫钢板或制作特殊形状钢板的方法，就一定会产生垫层某处受应力集中，而其他位置应力很小的情况，使整体抗剪结构失效，风险很大[3]。

2.2　注浆囊袋能够适应上述问题的特点

注浆囊袋最大的特点就是在注浆时能够膨胀、延展，充分填满周围的空间，紧贴表面。在上述不规则支撑体系中，这个特性充分地发挥了其优点，通过自身的变形，紧贴在两侧不规则的钢剪力键构件平面上，在浆液凝固后，两个钢剪力键间即形成一个靠垫层直接相连的抗剪结构，有效解决了局部应力集中的问题。

此外，注浆囊袋具有材料环保，施工安全、方便、快捷，占用空间很小，施工人员少、作业安排灵活，不需要大型机具配合，施工过程对周边环境几乎无污染等特点，单位体积的注浆材料重量远小于钢材，可减少结构自重，较传统的钢构件安装方式更适合在沉管隧道中使用。

3　施 工 方 法

3.1　注浆囊袋比选

注浆囊袋作为一种创新型设计，没有成熟的规范可以进行参考，在使用前，需要对

不同材料和结构形式进行比选，并对强度进行检测。

与各厂家沟通过后，选定了几种结构形式和材质的注浆囊袋进行抗压试验，使用水代替浆液对注浆囊袋进行灌注，压力超过 1 MPa，对强度进行检测，结果汇总如表 1 所示。

表 1　注浆囊袋抗压试验结果汇总表

序号	结构形式	材质	开口数	试验结果
1	枕头型	高分子量高密度聚乙烯	2	侧边漏水，无法保压
2	枕头型	高强度 PVC 材质	2	两个注浆囊袋进浆口形式不同，均在注浆过程中出现进浆口漏浆，无法保压
3	枕头型	高强度 PVC 材质	2	
4	枕头型	高强度 PVC 材质	2	进浆口漏水，无法保压
5	枕头型	高强度 PVC 材质	2	侧面胶合处漏水；最终注浆压力：<0.4 MPa
6	枕头型	高强度 PVC 材质	2	侧面胶合处漏水；最终注浆压力：<0.1 MPa
7	桶型	高强度 PVC 材质	2	管口处材料撕裂破坏；最终注浆压力：<0.4 MPa
8	枕头型	高强度 PVC 材质	2	尖角位置材料撕裂破坏；最终注浆压力：<0.1 MPa
9	枕头型	橡胶	1	注浆囊袋完好，无渗漏水处；最终水压力：1.4 MPa

试验的结果显示：①材料方面，高强度 PVC 材质的注浆囊袋均存在胶合位置及开口位置强度不足的现象，压力始终未能达到预期，而橡胶材料一次整体制作成型的囊袋在压力超过 1 MPa 的情况下仍保持完好，囊袋延展性很好。②结构形式方面，考虑垫层施工扁平状的工作区域，枕头型囊袋较桶型更为实用。

图 5 展示了一些注浆囊袋抗压试验过程中的照片。

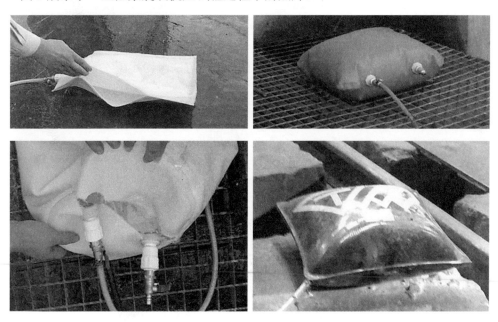

图 5　注浆囊袋抗压试验部分过程照片（最后一张为橡胶制囊袋）

经过比选，最终选定 9 号橡胶制注浆囊袋作为施工用材料。

3.2 注浆囊袋安装

注浆囊袋结构简单、安装便捷。主要步骤如下。

1）在钢剪力键完成安装和螺栓预紧后，根据现场实际情况，先加垫厚度 1 mm、2 mm、5 mm 和 10 mm 等不同规格的钢板，减小构件间距，以保证注浆囊袋两侧与构件间的接触面积一致。

2）将注浆囊袋平放入垫层内正中位置，注浆口朝向外侧并接好注浆管。

3）向注浆囊袋内进行注浆，至达到设计要求的压力为止，保压 5 min 后，关闭注浆管口，完成注浆。注浆过程需要全程监控，保证注浆囊袋上下两侧均与钢剪力键紧密贴合。待浆液完全凝固后，再进行检查，确保整个抗剪支撑体系能够正常运作。

完成注浆囊袋安装后，还需定期对注浆囊袋位置进行检查，同时避免在剪力键附近进行动火作业等，防止对注浆囊袋内固化物产生影响。

4 结论与建议

通过实验和工程实际应用，得出如下结论：创新型注浆囊袋在沉管隧道不规则抗剪支撑体系中具有良好的适应性和较强的实用性，其延展性能大大降低了受力结构局部应力过大的风险，而其施工的便捷性更是大大减少了工程人机成本的投入。

由本工程类推，注浆囊袋可以广泛应用于各种情况下的不规则支撑体系中，完成优秀的结构间传力功能。其轻便、快速、无污染的施工方法也为其在各类工程中的应用提供了有理条件。

参 考 文 献

[1] 中交港珠澳大桥岛隧工程Ⅲ工区二分区项目部. 沉管预制预埋件安装专项施工方案（B）[Z]. 珠海：中交港珠澳大桥岛隧工程Ⅲ工区二分区项目部，2011.

[2] 中交公路规划设计院有限公司. 港珠澳大桥主体工程岛隧工程施工图设计：沉管隧道[Z]. 北京：中交公路规划设计院有限公司，2011.

[3] 胡指南. 沉管隧道节段接头剪力键结构形式与力学特性研究[D]. 西安：长安大学，2013.

港珠澳大桥沉管隧道最终接头吊装解析

刘凌锋[1]，林　巍[1]，尹朝晖[2]，邵新慧[3]，李　毅[1]

（1.中交公路规划设计院有限公司，北京；2.国家海洋环境预报中心，北京；3.中国航空工业集团公司北京长城计量测试技术研究所，北京）

摘　要： 港珠澳大桥沉管隧道最终接头重量超过 6000 t，采用 12 000 t 浮吊安装，是国内最大的一次吊装作业。其安装作业的一个关键问题是了解最终接头进入龙口后沿隧道轴向的运动幅度，进而判断碰撞的可能性。本文基于对工程海况、施工工艺方案的认知，通过单摆公式与船舶动力学公式的结合，推导了吊装过程最终接头的动位移幅值的理论解。计算结果与实际作业观测结果较符合。

关键词： 沉管隧道；港珠澳大桥；最终接头；吊装；单摆公式；动力学；系泊计算

1　概　述

港珠澳大桥沉管隧道的最终接头采用可逆式主动止水理念，不同于以往任何一种最终接头工法[1]，是一种沉管隧道最终接头新工法。其主体结构采用三明治结构[2,3]，浇筑混凝土后，重量接近 6000 t，使用世界最大 12 000 t 全回转浮吊进行吊装沉放安装。

本文旨在通过单摆公式、动力学等公式解析最终接头从起吊到着床前的运动位移的量级、运动趋势及与有关工艺参数的相关性[4]，从而起到加深对最终接头吊装运动规律及工艺关联性的认识。

2　浮吊运动分析

2.1　现　场　工　况

浮吊船体总长 297.55 m，型宽 58.00 m，型深 28.80 m，航行吃水约 9 m，预计最终接头吊装作业时最大吃水约 11 m。

浮吊作业区域水深约为 28 m，沉管隧道管节高度为 11.4 m，E29 管顶离最终接头 20 m 范围内暂不进行回填，管顶其余部分回填碎石厚度约为 2.2 m，如图 1 所示。

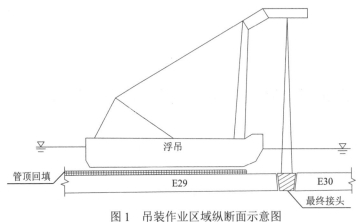

图 1　吊装作业区域纵断面示意图

图 1 可见，最终接头吊装作业时，浮吊船底距 E29 管顶回填碎石仅 2～3 m，因此无法使用螺旋桨自稳，浮吊的平面约束采用系泊索。

最终接头吊装作业区域属于珠江口伶仃洋海域，浮吊将因水流和波浪作用产生横向和竖向位移及各个方向的转动。如图 2 所示，最终接头需入水近 20 m，龙口最小净间距 15 cm。吊装过程中最终接头横向运动相对自由，沿隧道轴向运动幅值如果太大，则会与 E29-S8、E30-S1 管节钢帽发生碰撞，导致最终接头顶推和临时止水系统受到破坏。为避免发生此类风险，需重点研究最终接头沿隧道轴向的运动幅值。

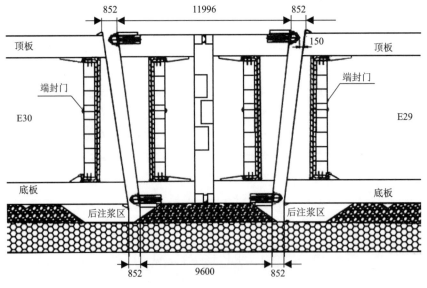

图 2　最终接头与相邻管节立面图

引起最终接头沿着隧道轴向运动的主要因素有两个：一为浮吊船由于水流和波浪作用发生的轴向位移及转角，如图 3 所示；二为沉放过程中，由于水流和波浪的动力效应，最终接头块及吊绳类似于钟摆模型而产生的轴向摆动，如图 4 所示。

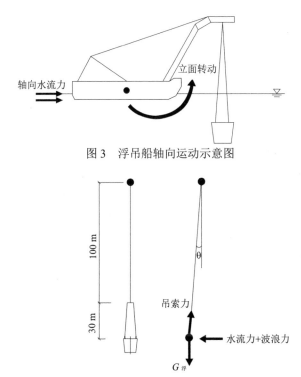

图 3 浮吊船轴向运动示意图

图 4 最终接头及吊绳钟摆模型示意图

2.2 浮吊运动刚度计算

2.2.1 水平刚度

在波浪和水流的动力作用下，为了限制浮吊及最终接头的运动，使用 8 条 84 mm×2600 m 钢丝绳与抛锚作为主要系泊固定系统。图 5 为浮吊船缆绳布置方案，送缆长度 1000 m。

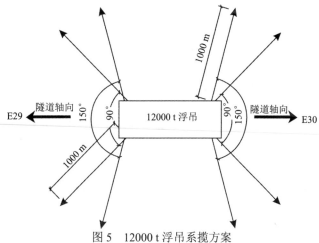

图 5 12000 t 浮吊系揽方案

显然，当浮吊船因水流和波浪作用产生轴向水平位移时，将受到 4 条并联钢丝缆绳的约束。按照弹性理论，单根缆绳的轴向刚度为

$$k = \frac{EA}{l} \tag{1}$$

式中，E——缆绳弹性模量，取钢的弹模；

　　　A——单根缆绳的截面积；

　　　l——送缆长度。代入数值，易得缆绳刚度 $k = 1.14 \times 10^6 \text{ N/m}$。

R. K. Jain 认为[5]，应采用悬链线模型对系泊缆刚度进行计算，才能得到更为精确的结果。如图 6 所示，假设缆绳为完全柔性且不可拉伸，缆绳锚于海床点为 B，与浮吊相连点为 A，缆绳长度为 L，其水平投影长度为 X，竖直投影长度为 Y，缆绳与水平线夹角为 θ_0。

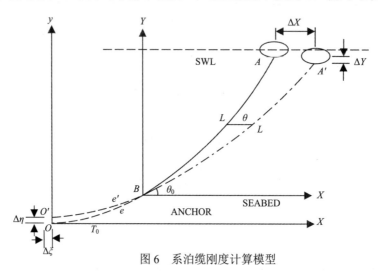

图 6　系泊缆刚度计算模型

Jain 认为系泊缆可等效为一根悬链线，该悬链线水中每延米自重为 w，将该问题简化为二维平面问题，通过静力平衡推导，可得出悬链线的轴向刚度为

$$k_{xx} = \frac{w}{T_0}\left(\frac{L'T_B - lT_A}{T_A T_B}\right)k_{xy} \tag{2}$$

k_{xy} 为因竖向位移而引起的横向刚度，且有

$$k_{xy} = T_0\left[w\left(\frac{L'T_B - lT_A}{T_A - T_B}\right)\left\{\frac{X}{T_0} - \left(\frac{L'T_B - lT_A}{T_A T_B}\right)\right\} - \frac{T_0^2 Y}{T_A T_B}\right]^{-1} \tag{3}$$

式中，T_0——系泊缆所受浮吊绞车拉力，取值为 1000 kN；

　　　L'——$L+l$，l 为由 B 点至悬链线与水平线夹角为 0 的点所延伸的长度。

吊装工程中，系泊索的竖向投影长度取抛锚处海域水深，即 $Y \approx 18 \text{ m}$，系泊索与海

床夹角取值为 30°。代入相关数值，利用 MATLAB 编程，可解得单根缆绳的轴向刚度为 $k = 5.8 \times 10^5 \, \text{N/m}$。

可见，利用 Jain 的方法算出的悬链线刚度小于弹性方法得到的轴向刚度，为保守起见，应用较小刚度进行计算。

由 12 000 t 浮吊系泊方案，当浮吊发生纵荡时，艏或艉 4 根缆绳起到并联阻止作用，故还应计算缆绳的并联刚度。

对于 4 根并联缆绳，其并联刚度为[6]

$$k_{\text{并}} = \sum k_i \cos^2 \phi_i \tag{4}$$

式中，k_i——单根缆绳刚度；

ϕ_i——该缆绳与隧道纵向的夹角。

根据实际系泊方案，代入相应数值，可得系泊缆的纵向并联刚度为

$$k_{\text{纵}} = 2 \times 5.8 \times 10^5 \times (\cos^2 45° + \cos^2 75°) = 6.58 \times 10^5 \, \text{N/m} \tag{5}$$

2.2.2 垂向刚度

在水流和波浪作用下，浮吊可能产生竖直方向的运动，为研究其竖直方向运动幅值的大小，需要对浮吊垂向刚度进行计算。

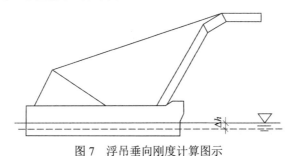

图 7 浮吊垂向刚度计算图示

如图 7 所示，当浮吊产生垂荡运动，假设其相对原位置发生向下的微小位移 Δh，则浮吊所受浮力增量为

$$\Delta F = \rho (\Delta V) g = \rho (A \Delta h) g \tag{6}$$

式中，ρ——海水密度，取值 $1.025 \times 10^3 \, \text{kg/m}^3$；

A——船体水面线面积；

g——重力加速度，取值 9.81 N/kg。

根据刚度的定义，易得浮吊垂向刚度为

$$k_h = \frac{\Delta F}{\Delta h} = \rho A g = 8.68 \times 10^7 \, \text{N/m} \tag{7}$$

2.2.3　垂摆刚度

当浮吊受到水流和波浪作用而发生垂摆运动，如图 8 所示，外力矩需克服排水体积和浮吊自身重力从而使浮吊产生一定的转角。浮吊的垂摆刚度[3]为

$$k_\theta = \rho V g H \tag{8}$$

式中，H——船的纵稳心高度。

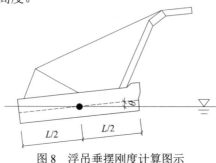

图8　浮吊垂摆刚度计算图示

当浮吊船处于工作吃水深度时，H=530.71 m，由此可算得浮吊船的垂摆刚度为

$$k_\theta = \rho V g H = 5.99 \times 10^8 \, \text{kN} \cdot \text{m} \tag{9}$$

2.3　浮吊受到的外荷载及静位移计算

为确保施工安全，最终接头吊装、沉放、安装期间选择在小潮期进行。根据《港珠澳大桥东人工岛岛隧结合部沉放区掩护方案数模试验-最终接头海流条件分析》报告，合龙口处的实测资料和数值模拟结果均表明，小潮期合龙口流速具有"落潮时表层大、底层小，涨潮时表层小、底层大，落潮大于涨潮"的分布特点。图 9 为最终接头施工海域小潮期的落急和涨急流速及流向随深度分布图。

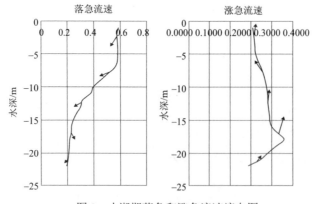

图9　小潮期落急和涨急流速流向图

从图 9 中可以看出，小潮期落急时刻水面以下 11 m（浮吊作业吃水深度）范围内平均流速约为 0.5 m/s，流向为西南方向，与隧道纵向夹角约为 65°。结合水流作用大小及 12 000 t 浮吊结构特点，风荷载因素近乎可以忽略不计。

浮吊所受纵向水流力大小可用《港口工程荷载规范》（JTS 144—1—2010）中水流力公式进行计算：

$$F_{w} = C_{w} \frac{\rho}{2} v^2 A \qquad (10)$$

式中，C_{w}——水流阻力系数，取 0.73（浮吊船体迎水面可近似看作为圆柱）；

ρ——海水密度，取 $1.025 \times 10^3 \, kg/m^3$；

v——水流速度沿纵向的分量，取值为 $0.5 \times \cos 65° = 0.25$ m/s；

A——浮吊船体在与流向垂直平面上的投影面积，$A = 11 \times 58 = 638 \, m^2$。

由此可以算得浮吊所受纵向水流力大小为 $F_{w} = 1.53$ t，结合 2.2.1 节中所述缆绳纵向刚度，可得浮吊的纵向位移为 $\Delta y = 0.023$ m。

同理，浮吊受到最大竖向水流力为 100 t，由此可算得浮吊竖向最大静位移为 0.013 m；浮吊所受最大水流弯矩为 1000 kN・m，由此可算得浮吊最大垂摆角度（纵摇转角）为 $\theta = 0.000096°$。

可见，浮吊纵摇转角极小，但浮吊纵摇运动对最终接头产生的纵向牵连运动是否可以忽略不计，还取决于浮吊臂的长度，将在第 4 节中详细讨论。浮吊竖向位移虽达到 0.013 m，但其对最终接头不会产生纵向牵连运动，故不列入讨论范围。

3 最终接头运动分析

3.1 最终接头吊装作业

港珠澳大桥沉管隧道最终接头为倒梯形钢壳混凝土三明治结构，倒梯形顶板长 11.926 m，底板长 9.526 m，高 11.4 m，斜角 6°，横断面与普通管节相同。最终接头总重近 6000 t，入水后受到浮力约 3800 t，浮重约 2200 t。

最终接头吊装采用 4 吊带吊装方案，单根吊带工作长度 60 m，工作荷载 900 t。12 000 t 浮吊双钩通过长度为 100 m 的钢丝缆与浮吊臂相连，如图 10 所示。

从保守计算角度出发，暂不考虑最终接头横向缆绳约束，且假定钢丝缆、吊钩及吊带重量为 0，计算偏于安全。

最终接头入水较浅时，仍受到表层波浪的动力作用。当其沉放至龙口深度时，波浪作用已非常微弱，可忽略不计，故仅考虑水流力作用。由于吊带直径较小，其所受水流力大小相对于最终接头块所受水流力大小亦可忽略不计。

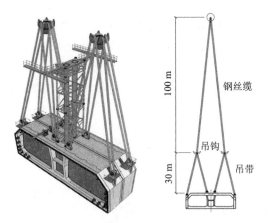

图 10　最终接头吊装方案图示

综上所述，仅需考虑最终接头沉放过程中因水流力作用而产生的纵向和垂向位移，最终接头及吊带的运动可简化平面小角度单摆问题，见图 4。

3.2　最终接头运动刚度计算

3.2.1　竖向刚度

吊带及钢丝缆的力学参数由生产厂商提供，吊带干重量伸长率为 $\delta=0.8\%$，钢丝缆干重量伸长率为 1.23%。显然，最终接头入水后，由于浮重量减小，根据比例关系，吊带和钢丝缆的浮重量伸长率分别为

$$\delta'_{吊带}=\frac{G_浮}{G_干}\delta=0.3\%$$

$$\delta'_{钢丝缆}=\frac{G_浮}{G_干}\delta=0.45\%$$

（11）

由此可算得吊带及钢丝缆浮重量伸长量的竖向投影分别为

$$\Delta l_{吊带}=0.3\%\times\cos\varphi_1\times30=0.087\text{m}$$

$$\Delta l_{钢丝缆}=0.45\%\times\cos\varphi_2\times30=0.045\text{m}$$

（12）

式中，φ_1、φ_2——分别为吊带和钢丝缆与竖直线的夹角，可通过几何关系求得。

吊带承受水下浮重量的最终接头时的非松弛刚度为

$$k_{吊带}=\frac{2200\times9.81}{0.087}=247\times10^6\,\text{N/m}$$

$$k_{钢丝缆}=\frac{2200\times9.81}{0.045}=480\times10^6\,\text{N/m}$$

（13）

整个体系的竖向刚度为

$$k_{合} = \cfrac{1}{\cfrac{1}{k_{吊带}} + \cfrac{1}{k_{钢丝缆}}} = 163 \times 10^6 \, \text{N/m} \tag{14}$$

3.2.2 水平刚度

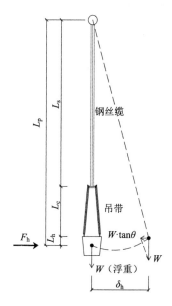

图 11 水平刚度计算图示

如图 11 所示，假设最终接头在水中受到水平力 F_h 作用，发生横向位移 δ_h，则根据受力平衡及刚度定义，可得到系统的等效水平刚度为

$$k_h = \frac{F_h}{\delta_h} = \frac{W \cdot \tan\theta}{L_p \cdot \sin\theta} \approx \frac{W \cdot \theta}{L_p \cdot \theta} = \frac{W}{L_c + L_s + L_h}$$

$$= \frac{2200 \times 1000 \times 9.81}{30 + 100 + 6} = 159 \times 10^3 \, \text{N/m} \tag{15}$$

3.3 最终接头运动周期计算

最终接头运动导致周围水体运动，并产生反向于最终接头运动方向的力。该力可分解为两部分：一部分与最终接头运动速度呈线性关系，即阻尼；另一部分与最终接头运动加速度呈线性关系，即附连水质量系数。

（1）阻尼

阻尼越大，运动幅值越小，自振周期略增，考虑最终接头运动的低频特性，阻尼比[6]ζ取 0.1，是偏于保守的[7]。

（2）附连水质量系数

附连水质量系数影响最终接头的自振周期，根据最终接头形状特征，可算得最终接头附连水质量系数的一个保守值为

$$A = 0.974 \cdot M \tag{16}$$

式中，M——最终接头重量，取 6000 t。

由此，可得最终接头水平向自振周期为

$$T_{\mathrm{H}} = 2\pi\sqrt{\frac{M + A}{k_h}} = 2\pi\sqrt{\frac{6000000 + (0 \sim 1.5) \times 6000000}{159 \times 10^3}} = 54.3\mathrm{s} \tag{17}$$

竖向自振周期为

$$T_{\mathrm{H}} = 2\pi\sqrt{\frac{M + A}{k_h}} = 2\pi\sqrt{\frac{6000000 + (0 \sim 1.5) \times 6000000}{159 \times 10^3}} = 54.3\mathrm{s} \tag{18}$$

3.4 最终接头运动位移量计算

3.4.1 波浪作用分析

根据最终接头海域水流和波浪现场实测资料，得到最大波周期范围 T_{w}=3.5～9.5 s。结合 3.3 节中最终接头自振周期，可算得最终接头在波浪荷载作用下的横向和纵向动力增幅分别为[8]

$$u_1 = \frac{1}{\sqrt{\left\{1 - \left(\dfrac{T_{\mathrm{h}}}{T_{\mathrm{w}}}\right)^2\right\}^2 + 4\left(\dfrac{T_{\mathrm{h}}}{T_{\mathrm{w}}}\xi\right)^2}} = 0.003 \sim 0.065 \tag{19}$$

$$u_2 = \frac{1}{\sqrt{\left\{1 - \left(\dfrac{T_{\mathrm{v}}}{T_{\mathrm{w}}}\right)^2\right\}^2 + 4\left(\dfrac{T_{\mathrm{v}}}{T_{\mathrm{w}}}\xi\right)^2}} = 1.016 \sim 1.418 \tag{20}$$

最终接头吊装系统水平自振周期远离波浪周期，因此，最终接头吊装系统在水平波浪作用下的动力增幅仅有静力计算位移的 3%～6.5%[9]，波浪对最终接头水平运动的影响近乎可以忽略不计。

最终接头吊装系统竖向自振周期接近波浪周期，因此，最终接头吊装系统在竖向波浪作用下的动力增幅可达静力计算位移的 1.5 倍左右，但由于波浪竖向荷载极小，故也

可以忽略不计。

综上所述，波浪力对最终接头的影响可以忽略不计。

3.4.2 水流力作用分析

最终接头安装选择小潮期期，下沉至龙口附近时，由于龙口间隙仅 15 cm，故需对最终接头沿隧道纵向的运动幅值进行严格把控，以确保施工安全。

根据《港珠澳大桥岛隧工程最终接头区域观测分析和数值模拟报告》报告，最终接头下沉至龙口附近时所受的最大纵向水流力约为 1.5 t，最大竖向水流力约为 1 t，故其纵向和竖向最大静力位移分别为

$$\delta_{h,static} = \frac{1.5 \times 1000 \times 9.81}{k_h} = 0.093 \text{ m}$$
$$\delta_{v,static} = \frac{1 \times 1000 \times 9.81}{k_v} = 6.014 \times 10^{-5} \text{ m} \tag{21}$$

根据最终接头施工海域水流监测数据，保守估计水流力持续时间为 5 s，则最终接头在水流力动荷载作用下的动力增幅为

$$\mu = \frac{e^{-\xi \frac{2\pi}{T_H}t}}{\frac{2\pi}{T_H}\sqrt{1-\xi^2}}\left\{-\xi\frac{2\pi}{T_H}\sin\left(\frac{2\pi}{T_H}\sqrt{1-\xi^2}t\right)\right\}$$
$$-\frac{e^{-\xi\frac{2\pi}{T_H}t}}{\frac{2\pi}{T_H}\sqrt{1-\xi^2}}\left\{\frac{2\pi}{T_H}\sqrt{1-\xi^2}\cos\left(\frac{2\pi}{T_H}\sqrt{1-\xi^2}t\right)\right\}+1=0.11 \tag{22}$$

由于竖向静力位移极其微小，且最终接头的纵向位移才是主要关心参数，故仅需计算纵向动位移：

$$\delta_{h,c} = \mu \cdot \delta_{h,static} = 0.11 \times 0.093 = 1 \text{ cm} \tag{23}$$

4 最终接头运动时与浮吊运动的耦合分析

最终接头运动时与浮吊运动的耦合效应原则上应从两个方面考虑：一为浮吊运动对最终接头运动的牵连影响；二为最终接头运动反作用于浮吊所产生的影响。由于最终接头自身运动对浮吊产生的牵连运动效应极小，故可忽略不计，仅需考虑浮吊自身运动对最终接头块产生的牵连运动。考虑关注目标为控制最终接头块的纵向位移，可能引起最终接头块纵向位移的有：

1）浮吊纵向位移 u_1。

2）浮吊垂摆角度 θ。

3）最终接头块在水流力作用下的纵向位移 u_2。

4.1　浮吊纵向位移 u_1 的影响

当浮吊在水流波浪作用下产生纵向晃动位移 u_1 时，最终接头可能产生纵向的微幅摆动。考虑最不利工况，若浮吊产生持续的纵向晃动，则经过足够长的时间后，最终接头块亦将产生同样大小的纵向牵连位移 u_1。

4.2　浮吊垂摆角度 θ 的影响

当浮吊在水流波浪作用下发生垂摆运动时，如图 12 所示，假设浮吊产生 θ 转角，通过几何关系分析，容易得到最终接头因浮吊垂摆运动而产生的纵向位移为

$$\Delta x = 123 \cdot \theta \tag{24}$$

式中，123——浮吊臂的竖向投影长度，单位 m。

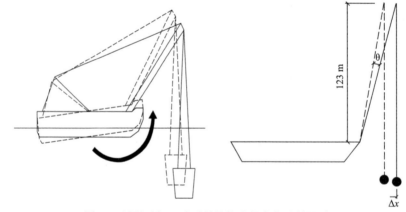

图 12　浮吊垂摆运动对最终接头纵向位移的影响

浮吊垂摆运动产生的纵摇转角 θ 详见 2.3 节。

4.3　最终接头块纵向位移 u_2

当考虑浮吊运动时，最终接头块在纵向水流力的作用下，其产生的位移应综合考虑浮吊系泊索的水平刚度 k_{h1} 及最终接头吊绳和钢丝缆系统的水平刚度 k_{h2}，且两者为串联关系。因此，若最终接头块受到的纵向水流力大小为 F_h，则由 F_h 引起的最终接头块纵向

位移为

$$u_2 = \frac{F_h}{\left(\dfrac{1}{k_{h1}} + \dfrac{1}{k_{h2}}\right)^{-1}} \tag{25}$$

式中，k_{h1}、k_{h2}——见 2.2.1 节和 3.2.2 节。

综上所述，最终接头块纵向位移的总和为

$$u = u_1 + u_2 + 123 \cdot \theta = (2.7 \sim 4.6)\,\text{cm}$$

4.4　讨　论

以上分析结果表明，在平均水流流速 0.5 m/s，水流力 1.5 t 条件下，最终接头纵向位移为 2.7～4.6 cm。计算的理论纵向位移虽在 5 cm 施工预留偏差范围以内，但是项目部考虑测控、吊放等误差及龙口水流条件极其复杂，且可能存在不可预期的情况，因此在最终接头下沉过程中高度重视，采用了以下措施。

1）尽量提高测控系统的精度，以便准确实时掌握最终接头与 E29、E30 的间隙状态。

2）选择适宜的气象、水文窗口进行施工作业安排。

3）下沉过程中持续观测波浪、水流及最终接头运动姿态。

5　安装观测情况

最终接头安装时，在最终接头内安装了加速度仪来实时观测最终接头的运动位移，现场观测发现最终接头的纵向位移平均 2 cm，观测到的最大位移在 3 cm（图 13）。与计算结果较符合。

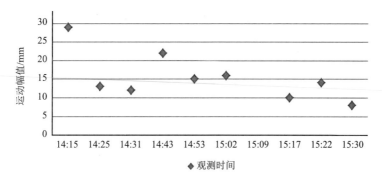

图 13　最终接头运动姿态观测结果

6　总　　结

本文结合单摆公式和船舶动力学公式，分析了 12 000 t 浮吊船和最终接头在水流及波浪作用下的运动情况，并考虑二者的耦合作用，重点关注最终接头在吊装沉放过程中的纵向位移幅值。通过工程现场观测，发现理论计算值与实测值较为吻合。本文得到的主要结论如下：

1）采用 Jain 的悬链线模型和并联理论计算得到的浮吊船水平系泊缆刚度与工程实际较为符合，浮吊船垂摆刚度对最终接头块纵向位移的影响不可忽略。

2）利用单摆模型分析最终接头吊装系统的水平和竖向刚度，考虑阻尼和附连水质量系数对最终接头分别在波浪力和水流力作用下的运动周期及动力增幅进行计算。经工程实测数据比较，分析方法和计算理论较接近。

3）考虑最终接头与浮吊的耦合作用时，由于质量相差悬殊，最终接头对浮吊运动影响可忽略不计，浮吊船对最终接头块纵向位移的影响主要体现在浮吊的纵向位移及其垂摆角度。

参 考 文 献

[1]　林鸣，史福生，表莲. 日本沉管隧道最终接头施工新工法[J]. 中国港湾建设，2012，(4)：1-4.

[2]　林鸣，刘晓东，林巍. 钢混三明治沉管结构发展历史及设计方法适用边际研究[J]. 中国港湾建设，2016，(12)：1-7.

[3]　林鸣，刘晓东，林巍，等. 钢混三明治沉管结构综述[J]. 中国港湾建设，2016，36(11)：1-4，10.

[4]　谭志中，方靖淮. 单摆周期公式的母函数建构[J]. 南通大学学报（自然科学版），2010，9(4)：60-64.

[5]　Jain R K. A simple method of calculating the equivalent stiffnesses in mooring cables[J]. Applied Ocean Research，1980，2(3)：139-142.

[6]　Ogawa Y. Fundamental analysis of deep sea mooring line in static equilibrium[J]. Applied Ocean Research，1984，6(3)：140-147.

[7]　王学亮，董艳秋，张艳芳. 大型起重船水动力系数的研究[J]. 中国海上油气（工程），2003，15(5)：12-15.

[8]　刘爽，廉立虎，杜齐鲁，等. 波浪周期对系泊船舶运动影响实验研究[J]. 水动力学研究与进展，2016，31(2)：220-224.

[9]　沈雨生，刘堃，刘新勇. 波浪周期对系泊船舶运动量及系泊力的影响研究[J]. 港工技术，2015，52(6)：47-50.

沉 管 预 制

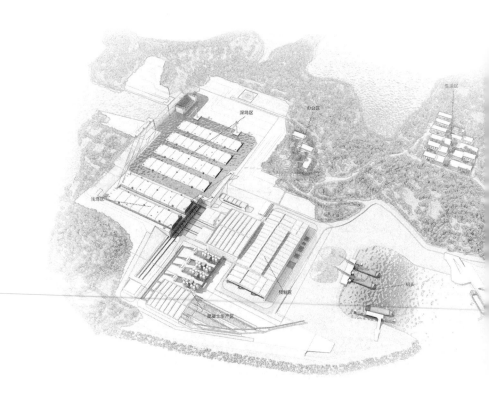

沉管工厂化预制技术
在港珠澳大桥工程中的应用[*]

翟世鸿 [1,2]，吴海波 [2]，杨秀礼 [1,2]

（1. 长大桥梁建设施工技术交通行业重点实验室，武汉；2. 中交第二航务工程局有限公司，武汉）

摘　要： 港珠澳大桥隧道工程是目前世界上外海条件下埋深最深的沉管隧道工程，该沉管隧道断面大、管节质量大、混凝土抗裂要求高，在国内首次采用了工厂化预制工艺进行沉管管节的预制。由于预制工艺复杂，项目前期进行了深入的研究，并进行了众多工艺的改进和创新。本文介绍了工厂法预制的工艺及关键技术和应用情况。

关键词： 沉管隧道；沉管预制；工厂法预制

1　工程概况

港珠澳大桥连接香港、珠海和澳门，其中穿越伶仃西航道和铜鼓航道的海底隧道工程采用沉管方案，沉管隧道总长 5.664 km，分为 33 个管节，其中每个标准管节长 180 m，由 8 个 22.5 m 长的节段通过预应力张拉联成整体。这是迄今为止世界规模最大、埋深最深（最大回淤埋深达 23 m）的海中沉管隧道，设计寿命 120 年。其管节质量巨大，每节管节质量达 7.5 万 t。断面宽 37.95 m、高 11.4 m（图 1）。

传统的沉管预制方法主要采用干坞整体预制分批出运，该工艺在多个沉管隧道中曾被采用，如我国上海外环隧道、韩国釜山—巨济沉管隧道[1]等，而工厂化预制工艺仅在连接丹麦与瑞典的厄勒海峡沉管隧道[2]中曾采用。

所谓工厂化预制是指：在工厂厂房内，进行沉管节段的匹配流水预制，最后形成整个沉管并浮运下水[3]，其工艺流程概念见图 2。其主要优点为：可全天候预制、流水线标准化生产、预制质量有保障、可全断面浇筑控制混凝土温度裂缝、能实现连续不中断地预制。

---

* 本文曾刊登于《水运工程》2015 年第 8 期。

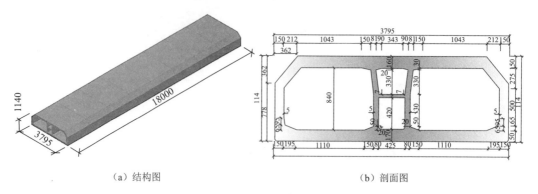

（a）结构图　　　　　　　　　　　　（b）剖面图

图1　港珠澳大桥沉管隧道结构（单位：mm）

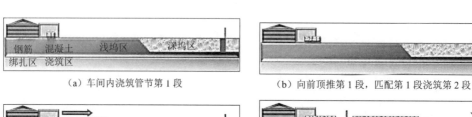

（a）车间内浇筑管节第1段　　　　　　（b）向前顶推第1段，匹配第1段浇筑第2段

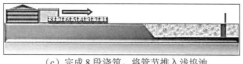
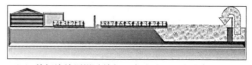

（c）完成8段浇筑，将管节推入浅坞池　　　（d）关闭浅坞区滑动坞门，向浅坞区注水升高水位

（e）关闭浅坞区滑动坞门，向浅坞区注水升　（f）池水降低坞池水位至坞外海水位，打
高水位，将管节浮运到深坞区　　　　　开浮运坞门，将管节浮运出深坞区

图2　管节工厂化预制流程

由于传统模式干坞涉及大量土石方开挖，干坞投入生产时间过晚，管节施工周期过长，每批预制完成后管节出坞阶段预制必须中断，预制进度受到影响，并且南方多雨、炎热的气候条件使预制质量难以保证。工厂化预制的优点能满足工期要求、预制质量更可控，因此工程开工前就开始了工厂化预制的研究。

2　预制工艺

2.1　预制工厂厂址的选择

工程前期对潜在可能的预制工厂厂址进行比选，包括位于广州南沙港和位于伶仃洋内的牛头岛厂址。

　　两个厂址的优缺点均非常明显，南沙港厂址位于大陆，交通、水电、物资材料供应方便，但地基条件不好（为软基），对超过 7 万 t 的沉管预制台座及顶推滑移轨道的承载设计是巨大的挑战。并且沉管浮运距离施工现场约 35 km，长距离浮运风险较大；而牛头岛是一座孤岛，为花岗岩地基，无水电供应，距沉放现场仅 7 n mile。最终从有利于沉管浮运风险控制、便于沉管顶推滑移轨道沉降控制等因素考虑，选择了牛头岛作为预制厂址。

2.2　预制工艺设计及预制厂平面布置

　　预制工艺设计是工厂化预制的核心，而工厂化流水线生产工艺决定了预制厂的平面布置。由于港珠澳大桥沉管隧道的钢筋含量高（290 kg/m³），且断面形式特殊，密集的配筋决定了无法采取钢筋网片组装的方式，只能采取单根现场绑扎。为了提高钢筋的绑扎工效，将钢筋安排在 3 个不同的台座同时进行底板、侧墙及隔墙和顶板钢筋流水绑扎，流水绑扎的工艺解决了钢筋的标准化生产、工效与质量控制等问题。其工艺流程布置见图 3。

　　总平面布置结合了预制工艺与现场场地条件，进行厂房和深坞区、浅坞区设计，并将浅坞区与深坞区并排布置。浅坞区用作沉管一次舾装，与工厂高程一致，用一道滑移钢坞门与工厂隔离；深坞区用于转移并寄放管节，高程与坞外一致。图 4 为港珠澳大桥沉管隧道预制工厂。

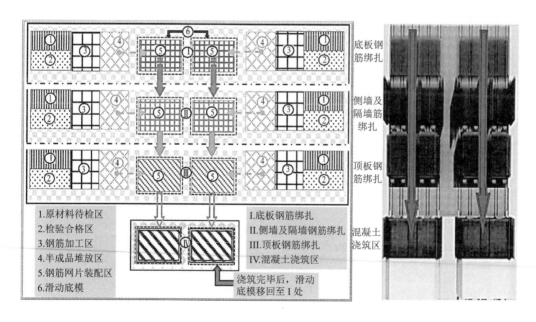

图 3　港珠澳大桥隧道管节生产流水线工艺布置

图 4　港珠澳大桥沉管隧道预制工厂布置

3　工厂化预制关键技术

3.1　钢筋笼生产与顶推

钢筋笼的生产包括：采用数控钢筋加工设备，使钢筋加工精度在 1 mm 内；流水线的钢筋下料、加工生产线，使得钢筋的下料、弯曲工效极大地提高；采取固定的绑扎作业平台兼做定位支架，工装的大量使用确保了钢筋定位的精度和保护层的厚度；各个绑扎区域配置专门的桥式起重机，每个台座固定熟练的工人，确保工效。实际每个钢筋绑扎台座均能在 5 d 左右完成，保证了均衡的流水生产节拍。

钢筋笼在不同的台座上绑扎，最终需要顶推至浇筑台座上立模浇筑（图 5）。钢筋笼整体在精确安装好有侧向限位的 12 条平行轨道上滑移，并设计了能随钢筋笼整体移动的顶板绑扎台架，依托台架控制钢筋笼的变形，确保顶推过程不左右偏移，若钢筋笼左右偏位 1 mm，保护层的厚度误差就会增加 1 mm，并且调整整体钢筋笼左右位置来确保保护层的厚度也异常困难。

（a）底板钢筋绑扎

（b）侧墙及隔墙钢筋绑扎

（c）顶板钢筋绑扎　　　　　　　　　（d）浇筑台座钢筋笼转换充气胶囊

图5　钢筋笼绑扎流水现场

利用12条充气胶囊顶起钢筋笼，抽出移动滑轨，钢筋笼顺利就位于底模上。

3.2　混凝土模板

本工程模板特点是：外模安装在浇筑台座固定的位置，能实现全液压开、合，内模为全断面液压模板，悬挂于针形梁上，能沿针形梁纵向移动（图6）。单个节段混凝土浇筑完成后，拆除外模和内模，底模下降，质量达7000 t的节段从底模转换至顶推的支撑千斤顶上面。本工程外侧墙模板取消了穿墙的对拉杆，设置反力墙抵抗外侧墙模板的混凝土侧压力，而内模混凝土侧压力则利用混凝土的左右对称浇筑实现力的自平衡。对于自防水的沉管混凝土耐久性来说，意义重大且节省了大量封堵费用。

图6　带针形梁支撑的全断面液压模板

3.3　混凝土浇筑与养护

管节采取泵送工艺全断面一次浇筑成型（图7）。对于大断面的沉管混凝土浇筑而言，如何避免温度裂缝是实现120年耐久性的关键。理论研究[4]和实际观测表明，全断面浇筑工艺对混凝土的温度裂缝控制非常有利，因为水化散热更加均匀且规避了分次浇筑带来的约束裂缝问题。

设置带喷雾系统的封闭养护棚，实现了沉管养护的环境湿度和内外温差控制，这是确保管节不出现温度裂缝的重要举措。

图 7　泵送混凝土全断面浇筑

3.4　节段顶推

质量达 7.5 万 t 的沉管要实现从工厂区向浅坞区纵向移动约 300 m，是一个巨大的挑战。顶推面临的主要问题包括如何提供巨大的顶推力、如何控制轨道的沉降和不平整度。

为了降低单点顶推力，采用了分散顶推力的方案，即在每个节段下面布置 8 个顶推点（图 8），每个顶推点提供 800 kN 顶力，一个标准管节 8 个节段就能提供 51 200 kN 的总顶力。通过同步控制系统，确保 8 个节段之间同步顶推而不至于节段之间张开。

图 8　沉管分散顶推及支撑千斤顶

由于沉管的刚度足够大，即便在轨道 ±10 mm 的不平整度情况下，顶推过程中也不会出现局部脱空。有限元分析计算表明[4]，支点的脱空将导致沉管开裂。最终采用了液压千斤顶支撑（图 8）沉管向前滑动的方案，采用 32 个 900 t 液压千斤顶支撑每个节段，一个标准管节 8 个节段采用 256（8×32）个液压千斤顶，按照三点形成面的支撑原理，千斤顶被分成 3 组，形成 3 个独立的支撑区域，以便在滑移轨道产生高低变化时，能提供类似弹簧的支撑反力，而不至于支点脱空。

为了防止顶推产生偏向，专门设置了侧向导向千斤顶。并且利用千斤顶下的四氟滑板与不锈钢滑移轨道之间的滑动来减小滑动摩擦力。图9为沉管脱离底模后沿滑移轨道顶推。

图9 沉管脱离底模后沿滑移轨道顶推

4 结　语

1）沉管工厂化预制工艺在港珠澳大桥成功应用，是"预制化、工厂化、大型化、装配化"建设目标的最佳实践，代表了未来的发展方向，并将产生重大的示范效应。

2）作为一项全新的预制工艺，可借鉴的工程经验少，预制工艺的研究与应用、预制工厂的设计结合了工程的具体特点，取得多项创新性的成果。

3）关键技术的研究与应用，实践证明是成功的，但一些方面仍然值得改进：总体工艺设计和相关设备的匹配性、钢筋笼绑扎与体系转换工效的优化、管节顶推滑移方案的优选、混凝土输送方案的进一步完善等。

参 考 文 献

[1] Busby J，Marshall C. Design and construction of the Øresund tunnel[C]//Proceedings of the Institution of Civil Engineers-London：Civil Engineering，2000，138(4)：157-166.

[2] Jassen W，de Haas P，Yoon Y H. Busan-Geoje Link：Immersed tunnel opening horizons[J]. Tunnelling and Underground Space Technology，2006，21(3)：332.

[3] 肖晓春. 大型沉管隧道管节工厂化预制关键技术[J]. 隧道建设，2011，31(6)：701-705.

[4] 翟世鸿. 港珠澳大桥沉管工厂化预制研究报告[R]. 武汉：中交第二航务工程局有限公司，2010.

港珠澳大桥岛隧工程
桂山沉管预制厂总平面设计*

孙英广，梁　桁，毛剑锋
（中交第四航务工程勘察设计院有限公司，广州）

摘　要： 本文介绍了世界范围内第2个、中国第1个大型沉管预制厂——港珠澳大桥岛隧工程桂山沉管预制厂总平面设计过程中遇到的难题及解决方案。本文提供灵活多变、具体问题具体分析的总平面设计思路，为未来类似工程的平面布置提供有益的参考。

关键词： 港珠澳大桥；沉管预制厂；总平面

桂山沉管预制厂工程是港珠澳大桥的配套临时工程，是世界第2个、中国第1个流水线式预制沉管管节的工厂，可借鉴工程经验不多。其总平面布置要适应桂山牛头岛地形地貌地质现状，考虑当地台风频发等自然条件，同时，还要考虑孤岛工程带来的一系列生产、生活问题。总体上，桂山沉管预制厂的重要性要求平面布局合理，考虑孤岛工程特点，工厂建成后原料输送畅通，沉管预制方便，顶推距离较短，管节起浮、寄放、舾装、浮运安全可靠；而桂山沉管预制厂的临时性又要求平面布置上尽可能利用现有条件，做到工程量节省，使工程造价得到控制，总平面设计难度较高。

1　工厂法预制沉管简介

与传统的干坞法预制沉管不同，工厂法预制沉管将沉管预制、出运过程中的工序进行细分，按步骤划分为钢筋绑扎、模板安装、混凝土浇筑、混凝土养护、一次舾装、管节起浮、管节横移、二次舾装、管节出运等。以上工序满足空间与时间上的线性要求，起浮前通过顶推系统、起浮后通过系泊绞缆系统逐步有序进行，前置工序是后续工序的条件，后续工序对前置工序没有影响，形成流水作业生产模式。世界上第1个沉管预制厂厄勒海峡沉管预制厂采用了预制车间、浅坞区、深坞区一字型布置形式（图1）。

---

* 本文曾刊登于《水运工程》2017年第2期。

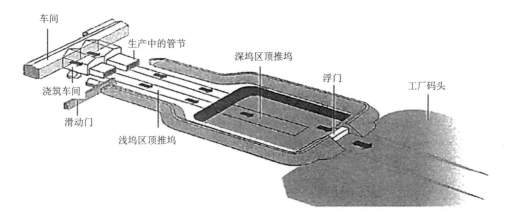

图 1　厄勒海峡沉管预制厂生产概念

2　桂山牛头岛地形地貌分析

桂山牛头岛总体呈葫芦状，地形地质具有以下几个特点，①平面尺度不大，南北纵深约 550 m，东西向纵深约 660 m；②地形起伏较大，地面多为裸露岩基，开挖难度较大；③现场已形成平面尺度约为 220 m×200 m 的近方形采石深坑；④岛体外侧岩面迅速入海，坡度较陡，上部覆盖深厚软泥层（图 2）。

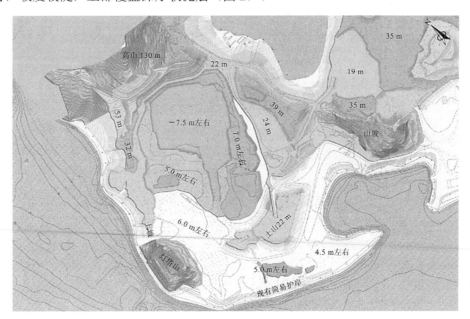

图 2　桂山牛头岛平面地形

3　总平面布置原案及其优化过程

厄勒海峡沉管预制厂采用了预制车间、浅坞区、深坞区一字型布置形式，按此形式布置沉管预制厂平面，其主要生产功能区的长度约 700 m（图 3），而桂山牛头岛的平面尺度不能满足预制车间、浅坞区和深坞区一字型布置的要求。这是总平面布置遇到的第一个难题。为解决这一难题，在满足功能的前提下，桂山沉管预制厂总平面设计提出了深坞区、浅坞区并列布置的创新形式，使预制厂生产功能区的长度方向尺度由约 700 m 缩短到约 500 m（图 4），满足了桂山牛头岛有限的场地条件。总平面布置原案见图 5，预制车间和浅坞区呈一字型布置，深坞区和存放区呈一字型布置，浅坞区和深坞区并列布置。

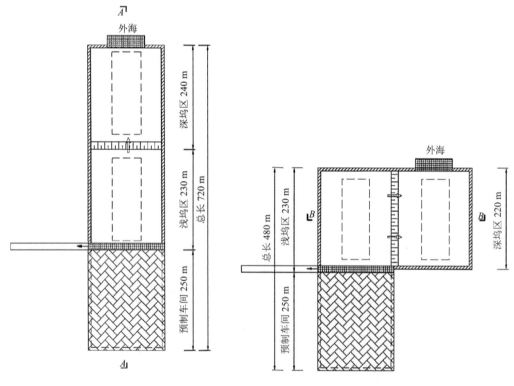

图 3　预制厂一字型布置　　　　　　　　图 4　预制厂深坞区、浅坞区并列布置

总平面布置原案解决了一字型布置形式不能满足桂山场地要求的难题。但桂山牛头岛外海风浪较大，工程所在地台风多发，岛外侧淤泥厚度很大。总平面布置原案将沉管寄放区安置在岛外，通过建设防波堤的方式形成掩护水域，虽然形成了独立的沉管寄放水域，但是深厚淤泥地质建设防波堤的代价高昂，更为重要的是防波堤难以保证沉管在台风期的安全，这对总平面原案具有颠覆性影响，形成了对原案的一票否决。

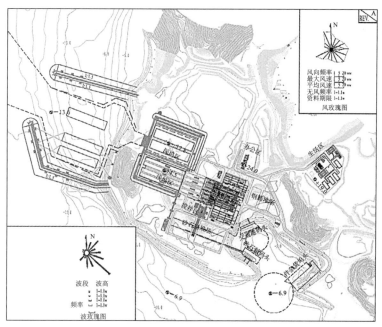

图5 桂山岛预制厂总平面布置原案

因此，避免岛外设置防波堤，保证沉管在台风期的安全同时降低工程造价，便成为总平面设计要解决的第2个难题。为解决这一难题，结合桂山牛头岛的地形地貌特征，桂山沉管预制厂总平面设计提出了将深坞区和沉管寄放区结合，利用牛头岛平面尺度约为 220 m×200 m 的近方形采石深坑形成深坞区和沉管寄放区统一布置的"大深坞区"方案，将沉管寄放区由岛外移至岛内，彻底确保台风期沉管寄放的安全性，一举解决了岛外建设防波堤难题。

4 总平面布置优化方案[1]

优化后的总平面布置（图6）总体上由沉管预制工厂区、配套办公生活区、配套码头区三部分组成。其中沉管预制工厂区又可分为预制车间、浅坞区、深坞区、沉管寄放舾装区、坞口区和搅拌站堆场区六部分；配套办公生活区的办公区和生活区分开设置。

深坞区与浅坞区并排布置；寄放区与深坞区结合，增大了深坞区面积、灌排水量，并增加了作业时间，经评估牛头岛内场地面积满足扩大深坞区的面积需求，同时灌排水量增加造成的影响不大。

挡水结构在东北侧、东南侧、西北侧皆利用现有岩石边坡挡水，西南浅坞区侧建设直立式拦水坝挡水。深坞区及沉管寄放舾装区部分利用现有采石深坑，减少陆上爆破工程量。

砂石料堆场及搅拌站布置在预制车间南侧，远离辅助建筑区。在搅拌站东西两侧分别独立布置砂石料堆场，满足砂石料储备。

办公管理区布置在预制生产线北侧 24 m 高地，视野宽阔，可俯瞰整个预制工厂区。生活区布置在牛头岛南侧葫芦上部 19 m 平整场地，与生产区分离，环境安静且私密性较好。考虑孤岛工程需要，生活区设有娱乐、医疗等齐全的生活配套设施。

配套码头布置在牛头岛南侧现有的天然港湾内，包括件杂货码头、散料码头及交通船（砂石料）码头。

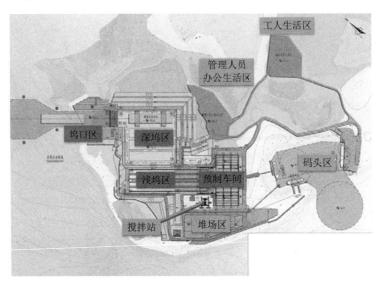

图 6　预制厂总平面布置

5　结　　语

桂山预制厂平面布局合理，取得了良好的经济效益、技术效益和社会效益。总平面设计过程中通过对"工厂法"的理解、解构与创新，大胆突破一字型厄勒海峡模式，结合孤岛工程特点、工程地点台风多发现状及地形地貌特征，具体问题具体分析，解决了桂山牛头岛场地尺度不满足现有布置模式和岛外设置沉管寄放水域安全不能保证、造价高昂的两大难题，为港珠澳大桥主体工程岛隧工程的顺利实施创造了有利的条件。

参 考 文 献

[1]　中交第四航务工程勘察设计院有限公司，中交公路规划设计院有限公司，COWI A/S（丹麦科威国际咨询公司），等. 港珠澳大桥主体工程岛隧工程桂山沉管预制厂工程施工图总体设计[Z]. 广州：中交第四航务工程勘察设计院有限公司，2011.

大跨度自稳式横拉钢闸门的应用*

董　政，王晓东，刘远林

（中交四航局第二工程有限公司，广州）

摘　要： 以港珠澳大桥岛隧工程沉管隧道管节的工厂化制作为工程背景，本文对用于隔离工厂区与浅坞区的大跨度自稳式横拉钢闸门的启闭施工工艺进行介绍，阐述用于支撑体系转换的液压升降系统和 U 形管水平姿态监测系统。实际工程中已成功实现 13 次钢闸门启闭过程，该工艺安全可靠，具有广阔的推广应用前景。

关键词： 大跨度钢闸门；体系转换；液压同步升降；连通器定律；水平姿态监测

0　引　言

港珠澳大桥隧道工程的沉管采用工厂法预制方式，为国内首例。预制厂主要由工厂区、浅坞区及深坞区组成，工厂区及浅坞区布置通长的纵向顶推轨道，满足沉管从工厂区向浅坞区的顶推滑移功能[1-3]。当管节灌水横移期间，浅坞区灌水至 15 m 标高，工厂区正常作业，需要一道止水结构将工厂区及浅坞区隔开。因此设计研发了大跨度自稳式横拉钢闸门，在深浅坞区灌水期间起到拦水围堰功能。

1　概　述

港珠澳大桥沉管预制厂钢闸门采用由工字钢及钢管组合而成的混合桁架结构形式，以三角钢架为基本受力单元，内部设置钢管系杆和斜撑，通过相互联系的撑杆形成整体受力钢架[4]，见图 1。钢闸门总长约 105 m，高约 13.5 m，宽约 14.6 m，结构总重约 800 t，为大跨度自稳式钢闸门。

钢闸门采用卷扬机牵引使其在滑移轨道上横移实现启闭，钢闸门滑移轨道沿长度方向分为钢闸门作业区和钢闸门存放区，2 台卷扬机设置于存放区端部。钢闸门作业区和存放区平面示意见图 2。

---

* 本文曾刊登于《中国港湾建设》2015 年第 11 期。

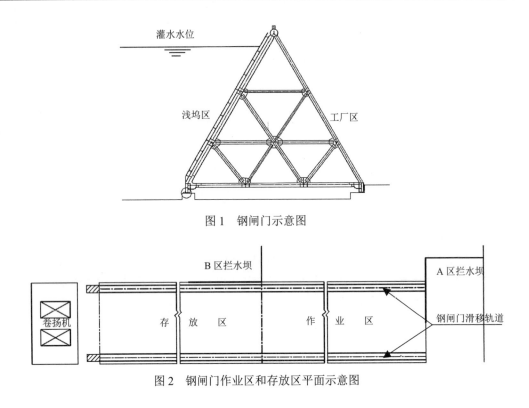

图 1　钢闸门示意图

图 2　钢闸门作业区和存放区平面示意图

2　钢闸门启闭施工

钢闸门启闭施工主要包括卷扬机牵引操作、钢闸门支撑体系转换和波形橡胶止水带的安装。

2.1　卷扬机牵引操作

浅坞门开启和关闭通过 2 台 75 t 绞车牵引支撑在 26 个坦克轮上的浅坞钢闸门在 2 条轨道上滑移来实现，钢丝绳直径为 52 mm，采用机旁操作台集中控制绞车。绞车放置于钢闸门存放区的尾端，钢丝绳缠绕示意见图 3，开启或者关闭过程始终为 1 台负责牵引，1 台负责溜尾。

图 3　绞车钢丝绳缠绕示意图

2.2 钢闸门支撑体系转换

钢闸门移动通过底部安装坦克轮实现，而为了实现闸门止水功能，运动到位后需要拆除坦克轮，安装波形橡胶止水带，这两个阶段的转换叫体系转换。钢闸门关闭阶段，钢闸门需从坦克轮支撑体系转换为滑移轨道支撑体系；而当钢闸门开启时，再从滑移轨道支撑体系转换为坦克轮支撑体系。

钢闸门的坦克轮支撑体系为 2 组坦克轮均匀分布在钢闸门的滑移轨道方向，每组 13 个坦克轮。体系转换采用液压升降系统和 U 形管水平姿态监测系统相互配合来实现，保证钢闸门体系转换时的整体平稳抬升和下降。

（1）钢闸门体系转换施工工艺流程

钢闸门行走坦克轮高度 190 mm，在体系转换过程中借助厚度为 100 mm 和 160 mm 的钢支墩，完成整个体系转换施工（图 4）。

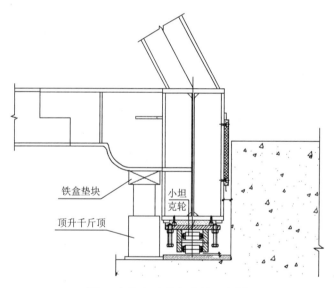

铁盒垫块

小坦克轮

顶升千斤顶

图 4 钢闸门安装坦克轮示意图

钢闸门体系转换循环流程见图 5。

（2）液压升降系统

液压升降系统包括 12 个液压千斤顶、1 个总控液压泵站和其他附属液压配件。

其工作原理是：通过集中控制系统控制液压千斤顶的同步顶升、下降，实现长约 105 m，总重约 800 t 的钢闸门同步升降。

钢闸门抬升或下降利用 12 个液压千斤顶来实现，分 2 组（每组 6 个）在钢闸门迎水侧和背水侧平均布置（间隔约 18 m），12 个千斤顶的控制采用总控液压泵站实现。液压千斤顶和液压泵站的布置见图 6。

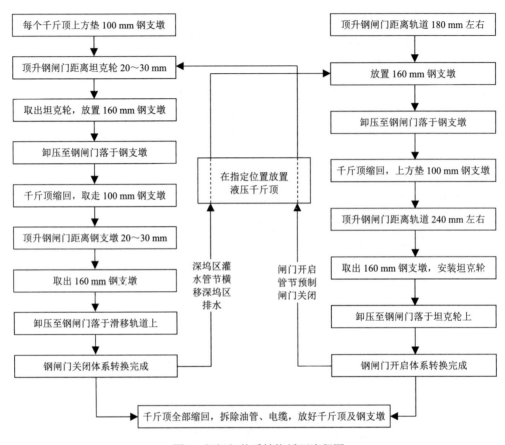

图 5 钢闸门体系转换循环流程图

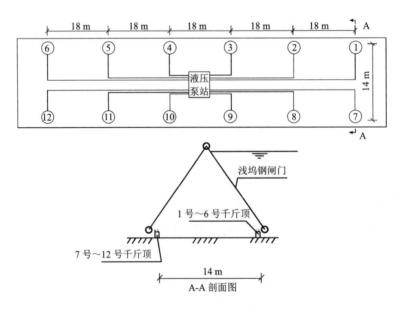

图 6 液压千斤顶和液压泵站布置示意图

（3）U形管水平姿态监测系统

钢闸门体系转换需保证整体相对平稳，各千斤顶受力均匀，否则会对钢闸门的结构造成较大影响，同时也会影响液压千斤顶受力不均，千斤顶易损坏，故需设置钢闸门水平姿态监测系统，实时检测钢闸门水平姿态，调节各千斤顶受力，以保证钢闸门的平稳抬升或下降。

采用U形管水平姿态监测系统，以细长水管为U形管，水为液体，一端为监测端，另一端为显示端。监测端设置在各千斤顶位置处，布置如图7所示，图中①～⑫为12个液压千斤顶位置，⑬为钢闸门顶升千斤顶泵站位置，⑭为U形管显示面板位置。显示端置于泵站处，在标有水平线的显示面板上设置12根细长试管，与各监测端连接构成U形管水平姿态监测系统，显示面板如图8所示，编号与千斤顶编号、监测端编号相匹配。液压总控泵站操作人员可以根据显示面板的液位水平来调整各液压千斤顶的流量，控制液压千斤顶的升降，从而准确控制钢闸门的平稳升降，确保钢闸门体系转换正常。

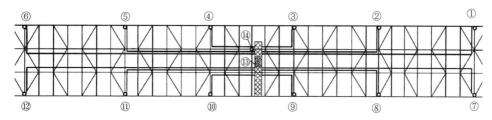

图7　钢闸门U形管监测端布置图

图8　钢闸门U形管显示面板实体图

2.3　波形橡胶止水带的安装

钢闸门体系转换后，需进行波形橡胶止水带的安装来满足闸门的止水功能。止水带安装在迎水面侧，采用钢压板及螺栓固定方式，一端固定在钢闸门上，另一端固定于轨道及侧墙拦水坝沉箱上，保证15 m水头下不渗漏[5]。波形橡胶止水带如图9所示。

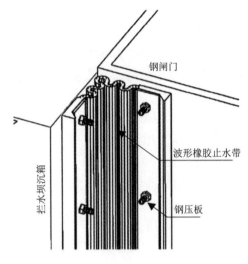

图 9　止水带安装示意图

3　结　语

大跨度自稳式横拉钢闸门有效地解决了工厂法沉管预制中工厂区和浅坞区的隔离，具有操作简单、安全可靠等优点，在港珠澳大桥沉管隧道沉管预制中已成功完成 13 次启闭过程，施工工艺也得到了不断提升和改进，具有广阔的推广应用前景。

参 考 文 献

[1]　毛剑峰，邓涛. 沉管隧道管节预制方法综述[J]. 交通科技，2013，(6)：79-82.

[2]　杨文武. 沉管隧道工程技术的发展[J]. 隧道建设，2009，29(4)：397-404.

[3]　李海峰，刘远林. 沉管顶推施工的保障措施[J]. 中国港湾建设，2015，35(7)：105-109.

[4]　肖晓春. 大型沉管隧道管节工厂化预制关键技术[J]. 隧道建设，2011，31(6)：701-705.

[5]　中交公路规划设计院有限公司. 港珠澳主体岛隧工程施工图设计：浅坞钢闸门止水布置图[Z]. 北京：中交公路规划设计院有限公司，2011.

坞门大沉箱预制技术*

李惠明，梁杰忠，袁　立

（中交第四航务工程局有限公司，广州）

摘　要：沉箱结构的坞门是港珠澳大桥沉管隧道预制场的重要构件，尺寸达 59 m×25.2 m×29.1 m，为当时国内最大的混凝土沉箱结构之一。采用不同寻常的施工工艺，可满足其止水、多次起浮、多次启闭等功能要求。此施工方法为类似大型沉箱结构施工的典范，可大力推广。

关键词：超大型沉箱；止水；起浮

1　项　目　简　介

深坞坞门是港珠澳大桥主体工程沉管预制厂的重要组成部分，是预制厂工程的关键构件，坞门的质量直接影响深浅坞的灌水。其主要功能是实现干坞内的蓄水，保障沉管移动、出运。沉箱预制尺寸：长 59.00 m、宽 25.20 m、高 29.10 m，共 40 个内舱格，舱格尺寸为 5780 mm×5565 mm，总混凝土方量 5365 m³，重约 1.30 万 t。沉箱主体为钢筋混凝土结构，立面断面形状为 U 形，U 形槽部分拦水采用钢扶壁结构，沉箱设计顶标高 +15.80 m，设计底标高 –13.30 m。坞门结构形式详见图 1、图 2。

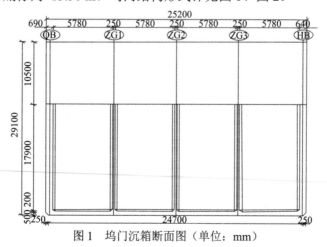

图 1　坞门沉箱断面图（单位：mm）

---

* 本文曾刊登于《中国港湾建设》2013 年第 3 期。

图2　坞门沉箱断面模型图

坞门沉箱施工具有以下特点：

1）坞门沉箱为分层、分段浇筑，形成流水作业，工序交叉，相互影响较大。

2）坞门沉箱根据浇筑分段情况，在现场进行钢筋绑扎，作业高度大，危险性较高，受天气影响程度较大。

3）坞门沉箱模板分块吊装，最重一块达 12 t，安装难度较大。

4）受孤岛施工条件限制，施工用水、用电缺乏。

5）计划工期内，本地区为雨季，且台风频繁，施工进度受天气影响较大。

2　工程构成及主要内容

深坞坞门工程主要包括坞门预制场、坞门主沉箱和坞门钢结构。

坞门预制场包括移动式塔式起重机基础、预制场地底胎模。移动式塔式起重机基础分两段，每段 75 m，高 30 cm，宽 50 cm；预制场地底胎模为 1800 m²，浇筑 20 cm 厚 C15 混凝土；另外还包括钢筋加工场地 1200 m²、模板休整区 1800 m²，浇筑 10 cm 厚 C15 混凝土。

坞门主沉箱（U 形结构的下半部）1～5 层每层分两段浇筑（图3），6～8 层每层浇筑 1 次；混凝土总方量 5365 m³，钢筋总量 1473 t。

坞门钢结构包括挡水扶壁、栏杆及人行桥等。

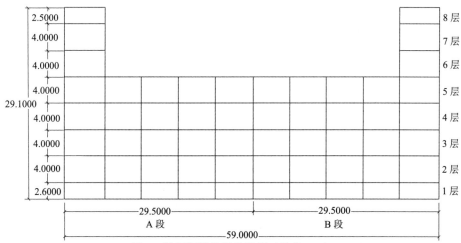

图 3　坞门沉箱分层分段图（单位：m）

3　施工顺序及流程

根据工期的要求，坞门沉箱准备了底层外模 1 套（半个沉箱）、标准层外模 1 套（半个沉箱），箱格内模 24 个/套，浇筑盖板 20 个，外工作平台 2 套，内工作平台 40 个。

实际施工顺序为：A1 块→B1 块→A2 块→B2 块→……→A8 块→B8 块。

4　主要分部、分项工程施工过程

4.1　坞门预制场地

4.1.1　场地整平

本着就近预制原则，坞门预制场选择在深坞区底面，表面为坚硬岩石面，回填至统一标高。采用坞口坞门停放区爆破出来的碎石进行回填。基础顶层回填一层石粉进行细平，标高控制在 5 cm 以内。面层浇筑 20 cm 厚 C15 混凝土地坪，尺寸约为 120 m×30 m，地坪标高统一为 –13.33 m。

4.1.2　底模制作

考虑起浮功能，沉箱预制底模刻凹槽，纵向 1 道，横向 3 道，每道 20 cm 宽，10 cm 深。确保坞内灌水后水可以进入沉箱底板下。槽内填沙，用灌水密实，槽上铺宽 25 cm，厚 1 mm 的铁皮，防止振捣棒将底模打穿。

地坪浇筑完成后，需要设置隔离材料，隔离材料分 4 层：

1）最底下涂一层黄油（1 号锂基脂）。

2）铺一层牛皮纸。

3）牛皮纸上放塑料薄膜。

4）最上面再铺一层牛皮纸，保护薄膜不被钢筋损伤，并方便钢筋绑扎做标记。

4.2　钢　筋　工　程

坞门沉箱钢筋绑扎主要为钢筋下料，分层绑扎，钢筋直接在预制位置绑扎。各层钢筋笼绑扎按规范要求预留搭接长度。钢筋分区绑扎见图 4。

图 4　标准层钢筋绑扎

整个钢筋绑扎具体施工流程如下：

钢筋加工→绑扎底板钢筋→安装内模、外模→浇筑底层混凝土→吊入钢筋绑扎辅助架→绑扎上层钢筋→与预埋钢筋搭接→成型验收→吊出钢筋绑扎辅助架→安装内模、外模→浇筑该层混凝土→绑扎上一层钢筋笼。

钢筋绑扎初始方案：上层钢筋绑扎采用整体绑扎吊装方案，但由于大坞门沉箱钢筋重量大，标准层钢筋的重量达 200 t 以上。采用半幅浇筑，分区吊装（将整层分为 12 个区），采用 3 种钢筋吊具形式，每次浇筑仍然需要吊装 6 次。

分析该沉箱不同于一般沉箱结构，采用钢筋笼吊装方案有如下几点不足：

1）钢筋笼加钢筋吊架重量大，增加现场吊装作业难度；

2）钢筋笼在吊上沉箱区以后，由于不是整体吊装，依然存在大量的搭接工作，工效不高；

3）3 个钢筋吊架会影响流水作业，如果继续增加钢筋吊架则不容易安排施工场地和吊装位置；

4）采用吊架，搭接多、损耗大。由于大沉箱的主筋基本上是 $\phi25$ 的，故损耗量将会很大，不经济。

进行比选后决定钢筋采用现场绑扎方案。

现场绑扎钢筋，由于外墙厚度大（690 mm），分层高度高（4 m），故使用了内、外钢筋绑扎辅助架，详见图5。

图5　钢筋内外绑扎辅助架图

外辅助架置于沉箱外平台上。外平台承载力为 2 t/m，故外辅助架上可放置原材料及半成品钢筋，控制在 3 捆以内，每段外平台承载力满足堆放 9 t 钢筋的荷载。

由于高空作业及可能的大风天气，保证钢筋外绑扎架的安全尤为重要。除用安全网围护以外，用麻绳或钢丝绳将内外绑扎台连接起来，如有大风天气，需用钢筋焊接内外绑扎架，确保外绑扎平台稳定。

4.3　预　埋　件

4.3.1　预埋件的种类

由于坞门沉箱有浮运、关闭、止水等功能，所以坞门沉箱预埋件繁多，并且要求定位准确。主要有以下几种：

1）保护混凝土结构的预埋件：护边角钢、底部防撞钢板、防撞缓冲垫的预埋套筒。

2）安装坞门沉箱相关的预埋件：底部斜角预埋钢板（结合坞口预埋钢板，起到安装时导向的作用），系船环、系船柱的预埋件。

3）通道类：钢爬梯预埋钢板、钢格构通道预埋钢板、人行桥预埋钢板。

4）止水类：施工段连接处的止水钢板、逆向止水角钢预埋、钢闸门止水钢板预埋。

5）为钢扶壁安装而设置的预埋件。

4.3.2　预埋件的安装定位

（1）底部预埋钢板的安装

由于大沉箱设置了底模，最上面一层是牛皮纸，直接在牛皮纸上放样不现实。故需将测量定位线延伸至大沉箱范围之外，定位每条轴线。

（2）逆向止水角钢和钢闸门调平钢板的安装

逆向止水角钢和调平钢板安装主要是纵向确保竖直，表面平整。采用经纬仪定位，在安装完模板之后，在预埋件表面焊螺栓，用螺丝固定在模板上，确保表面平整。安装完成后用全站仪根据坐标进行复测，拆模后对钢板表面进行打磨。调平钢板要求误差控制在 3 mm 之内。

（3）防撞缓冲垫的预埋套筒

预埋套筒的位置直接在模板上定位，开孔，再用螺栓将其固定在模板上，确保之后防撞缓冲垫的精确安装。

4.4　模板工程

4.4.1　模板的设计

底层外模高度为 2.675 m，加工 1 套，根据起重能力共分 8 块。底层模板内模底盘高度为 0.204 m，底模平台模板加工 24 套，内模采用组合式定型钢模板+底托+可调节钢架支撑形式。由混凝土墩柱支撑。

2～7 层层均为 4.000 m，为标准层，标准层外模高度为 4.070 m，根据长度不同由 5 种主要类型模板组成，共 10 块。顶层第 8 层层高 2.500 m，与标准层共享一套外模。外模的设计考虑了 6～8 层坞门沉箱结构上的变化，同样适合 U 形两段的浇筑。

箱格内模高度与标准层外模一样均为 4.070 m，长宽为 5565 mm×5780 mm，加工 24 套，内模由四片模板和吊装架组成一个整体内芯模板。

坞门沉箱模板按每层分两次浇筑进行设计。第一次浇筑时，安装 24 个内模和 3 面的外模，端部封头采用木模封头，封堵前后墙和 3 道隔墙（底层浇筑时需要对 70 cm 高的隔墙进行封堵）；第二次浇筑时留 4 个内模不拆，另半幅安装 16 个内模，外模调转到另一边继续使用。

4.4.2　施工过程中模板遇到的问题和设计改进的想法

（1）底角螺栓

底角螺栓底部采用圆形钢管嵌入钻出的孔洞中（侧模侧压力抵消装置），详见图 6。

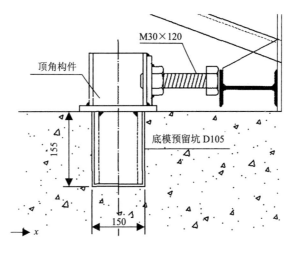

图 6　底角构件图

该方案有以下问题：

1）钻孔速度慢，难度大。

2）底角构件支撑底层模板时，由于是圆角，可能会出现松动。

在类似顶角构件的使用中要使用预埋盒留洞，并且避免使用圆形的角，防止支撑模板时松动。

（2）分两段浇筑时外侧模板的总长度

外侧模板总长度为 29.875 m，仅比大沉箱的一半长出 37.5 cm，在半幅封头时，可以进行选择的断面较少，仅为 37.5×2=75 cm，设置施工缝时尚应避免大沉箱上下两层接缝重叠的现象，尽量错开布置。

（3）模板的现场拼装

由于坞门沉箱模板尺寸大，难以整块运输，故厂家采取分块运输，现场拼装，出现以下困难：

1）模板的变形和整体尺寸难控制。由于现场条件不如工厂的拼装条件，组装时保证尺寸严格准确的难度加大。

2）现场焊接工作量巨大，对施工用电产生影响，孤岛作业，需增加发电机供电才能满足。

3）由于拼装模板作业多，对吊机的占用率高，影响现场其他的工作。

4）由于拼装作业多，加上现场条件限制，往往造成工期十分紧张，出现窝工等现象。

对于这些情况，建议大型模板的制作和加工要选择可以直接进行海运的厂家，模板可以整体装运，内模可以拼装完成后运到现场，避免增加现场工作难度。

4.4.3　模板的安装

深坞坞门模板的装卸主要采用现场布置的 350 t·m 移动式塔式起重机和 200 t 履带

式起重机。底层模板安装前，对坞门沉箱混凝土支座进行了标高复核，保证底座平整、准确。

（1）底层模板安装

底层模板使用 350 t·m 移动塔吊进行吊装。

沉箱钢筋绑扎完成后，先安装内模，后装外模。底层的模板需要安装底托。底托模板支撑在预制的混凝土支墩上。安装前先放样确定各混凝土支墩的位置，再安装混凝土支墩，支墩底面与沉箱底座贴平，顶面支撑底托模板，底板钢筋遇支墩时，适当移动钢筋。底层外模支撑在沉箱底胎上，用底角构件从外部顶紧，上部与内模模板用 φ30 螺杆对拉。

由于沉箱面积大，工作面宽广，工序流程长，可以在钢筋完成一排后即进行模板的安装，形成流水作业。这样大大节约了时间，并且使吊机合理均匀使用，避免吊装作业过度集中，具体详见图 7。

图 7　钢筋绑扎和模板安装衔接紧密

由于坞门沉箱尺寸要求严格，对安装完毕后的模板进行复核是一项很重要的工作。采用预制时定下的坐标，用全站仪进行角点测量复核，并在外模接头处进行测量复核。尤其在调平钢板面，每次测量控制在 3 mm 以内，才允许浇筑混凝土。

（2）标准层模板安装

标准层模板主要使用 350 t·m 和 200 t 履带式起重机进行模板的安装，既方便场地布置，又使安装的吊装距离优化。

标准层模板外模支撑于下层预埋 M30 螺栓上，内模支撑于下层预留孔上。当钢筋笼安装完成并经验收合格后，吊出钢筋辅助架，先安装内模，再安装外模。模板安装完成后，进行测量复核，最后安装预埋螺栓和预留孔模板盒。

4.5　混凝土工程

坞门沉箱尺寸为：59 m×25.2 m×29.1 m，总混凝土量 5365 m³，采用 C40 混凝土。由于体形较大，采用分 1～8 层，A、B 两段浇筑，共分 18 块。分层、分段浇筑如前述图 3

所示。

沉箱半幅底板浇筑方量约为 689 m³，标准层半幅浇筑方量为 392 m³，采用两辆泵车浇筑（37 m 和 47 m 布料杆）。6 层以上一次浇筑方量为 132 m³，一辆泵车浇筑（47 m 布料杆）。据工地搅拌站生产混凝土能力，浇筑速度约为 55 m³/h，底层浇筑时间约为 12.5 h，标准层浇筑时间为 7 h，6 层以上为 2.5 h。

（1）施工浇筑顺序

坞门底层沉箱浇筑顺序为先底板，后隔墙；标准层按照标注顺序施工。浇筑舱格顺序如图 8 所示。

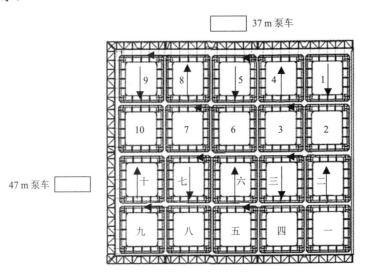

图 8   浇筑舱格顺序平面图

（2）具体浇筑过程

1）坞门沉箱第 1 层浇筑高度约 2.6 m，标准层浇筑高度为 4 m，第 8 层浇筑高度为 2.5 m，混凝土分层入模、分层振捣。

2）底层浇筑时首先在每个舱格内浇筑至底板高度（70 cm），然后按照图 8 顺序进入下一个舱格进行浇筑施工。进行隔墙浇筑时先浇筑至覆盖底托的高度，然后再以每层 50 cm 控制厚度。

3）为避免产生施工缝，需每 2.5 h 覆盖加高，进行阶梯形浇筑，防止下层出现初凝。此道程序底层和标准层均需遵从。

5 结 语

浮坞门大沉箱预制不同于一般沉箱结构，应重点控制预制场地布置、模板设计、混凝土浇筑工艺、吊装设备配置、止水功能质量控制及起浮相关附属设施预埋等多方面因素。沉箱施工前，做好详细的技术及施工计划非常必要，施工过程中抓好关键部位质量控制是重点，确保预制完成后满足设计的多种特殊功能要求。通过大坞门多次起浮及横移结果验证，沉箱式大坞门止水、起浮及附属结构功能满足设计要求，结构稳定，整体评价达到预期目标，为同类工程施工积累了宝贵的施工经验。

坞门式沉箱模板设计及施工要点*

黄文慧，董　政

（中交四航局第二工程有限公司，广州）

摘　要：沉箱结构的坞门在沉管隧道预制场中是重要的构件，其尺寸达到了 59 m×25.2 m×29.1 m。虽然沉箱施工在水工行业已较为普遍，但大型化需浮运的沉箱施工有其特点。本文从港珠澳大桥沉管预制厂大型化沉箱模板的设计和施工入手，对特别需要注意的方面进行探讨，得到一些有益的经验。

关键词：沉管；坞门；沉箱；模板

1　工　程　概　况

深坞浮坞门是港珠澳大桥沉管预制厂干坞建设中的关键构件，其质量直接影响干坞的使用性能。坞门的主要功能是实现深坞区与大海的隔离，通过调节坞内的蓄水高度，进行沉管在坞内的横移及出运。

深坞浮坞门采用钢筋混凝土重力式箱形结构[1]，沉箱预制尺寸：长 59.00 m、宽 25.20 m、高 29.10 m。浮坞门标高 18.6 m 以下由 40 个舱格（长度方向 10 个，宽度方向 4 个）组成，18.6～29.1 m 为 8 个舱格组成，舱格尺寸均为 5780 mm×5565 mm，总混凝土方量 5365 m³，重约 1.30 万 t。沉箱主体为钢筋混凝土结构，立面断面形状为 U 形，U 形槽部分拦水采用钢扶壁结构。沉箱设计顶标高+15.80 m，设计底标高−13.30 m，见图 1。

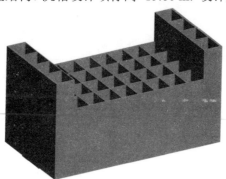

图 1　坞门沉箱立体图

* 本文曾刊登于《中国港湾建设》2015 年第 7 期。

2 模板设计思路

坞门沉箱体积庞大，模板设计前，首先要确定沉箱浇筑的分层、分段，并结合预制厂现有的吊装设备考虑，现场拟用吊装设备有：350 t·m 移动式塔式起重机，200 t 履带式起重机。

方案一：实行全断面分层浇筑，假设分 8 层，底层层高 2.6 m，标准层层高 4 m，顶层层高 2.5 m，则一次浇筑混凝土方量较大，底层浇筑方量达到 1400 m³；模板块数较多，需要底层外模 1 套、标准层外模 1 套，40 个底层内模、40 个标准层内模；模板重量较大，整套模板重量达到 1300 t，预制工作将会十分繁重。模板数量多将造成预制场地紧张、吊装设备能力不足，且模板费用较高，故不予考虑。

方案二：考虑将沉箱垂直方向分 8 层，水平方向分 3 段进行浇筑，此种分法需要浇筑 21 次，底层每次浇筑方量为 480 m³；需底层外模 1 套、标准层外模 1 套、16 个底层内模、16 个标准层内模；整套模板重量约 550 t；水平向混凝土施工接头 10 个。

方案三：由于沉管预制厂的建设任务十分紧迫，于是改变思路，垂直方向分 8 层，水平方向分为 2 段进行浇筑。此种分法需要浇筑 16 次，底层每次浇筑方量 720 m³；需底层外模 1 套、标准层外模 1 套、20 个底层内模，20 个标准层内模；整套模板重量约 730 t；水平方向混凝土施工接头 5 个，见图 2、表 1。

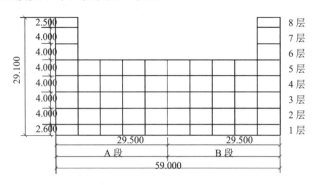

图 2　分层示意图（单位：m）

表 1　分段工况对照表

分段工况	方案二	方案三
水平分段/段	3	2
浇筑次数/次	21	16
单次浇筑最大方量/m³	480	720
水平接头数量/个	10	5
模板重量/t	550	730
模板费用/万元	396	518
预计坞门工期/月	5.5	4

经过分析，最终选择了方案三，主要有以下两点原因：

1）当时深坞区爆破不是很顺利，时至 7 月份才有启动坞门沉箱的条件。面对年底需要完成预制厂建设的压力，最终做出有利于项目进度的选择。

2）如果选择方案二，坞门沉箱将存在两条通长的施工缝，对于坞门的止水不利。另外，接头处的施工十分烦琐，凿毛质量在进度压力下难以保证，将会影响止水效果。

3 设计受力验算

3.1 混凝土及模板参数

3.1.1 混凝土参数

混凝土坍落度（16+2）cm；入模温度 25℃；初凝时间 6 h；混凝土浇筑速度约 30 m^3/h，以 0.5 m/h 浇筑高度计。

3.1.2 模板基本参数

1）内模部分：单个内胆重量需要事先重点考虑。现场拟采用 1 台 200 t 履带式起重机和 1 台 350 t·m 移动式塔式起重机，考虑现场起吊设备能力、现场布置和坞门沉箱的尺寸，选择控制单个标准层内模重量不大于 11 t，最终选择模板面板厚为 3 mm；内楞最大间距横向 400 mm，纵向 365 mm；内楞材料为[8、−4×60、−8×80；外楞最大间距 1082.5 mm；桁架材料上下弦 2[6.3，腹杆[6.3；内模架用料[8、[6.3、∟63、∟80；钢面板厚度 3 mm；角部盖板 5 mm；模板连接螺栓采用 4.8 级 M20 螺栓。

2）外模部分：内楞最大间距横向 450 mm；内楞材料为[10、I10；外楞最大间距 1490 mm；桁架材料上下弦 2[8，腹杆[6.3；内模架用料[8、[6.3、∟63、∟80；钢面板厚度 5 mm；模板连接螺栓采用 4.8 级 M20 螺栓。

3）拉杆参数：采用 ϕ20 圆钢。

3.2 模板荷载标准值计算

按照相关标准和计算手册[2-4]，新浇混凝土作用于模板的最大侧压力按下列公式计算，并取其中的较小值：

$$F_1 = 0.22\gamma_c t_0 \beta_1 \beta_2 v^{1/2}; \quad F_2 = \gamma_c H$$

式中，γ_c——混凝土的重力密度，取 24.0 kN/m^3；

t_0——新浇混凝土的初凝时间，按现场实际值取约 6 h；

v——混凝土浇筑速度，m/h；

H——混凝土侧压力计算总高度，m；

β_1——外加剂影响修正系数，取 1.2；

β_2——混凝土坍落度影响修正系数，当坍落度小于 30 mm 时，取 0.85，50～90 mm 时，取 1.0，110～150 mm 时，取 1.15。

按每小时浇筑速度（$v=0.5$ m/h），以及初凝时间（$t_0=6$ h）计算，$H=0.5\times6=3$ m，则

$F_1=0.22\times24\times6\times1.2\times1.15\times0.5^{1/2}=30.91$ kPa

$F_2=24\times3=72$ kPa

从 F_1、F_2 两者中，取较小值 30.91 kPa 作为本工程计算荷载标准值，则混凝土侧压力计算位置处至新浇混凝土顶面的有效高度为 $h=\dfrac{F}{\gamma_c}=\dfrac{30.91}{24}=1.29$ m，倾倒混凝土及振捣时产生的荷载标准值 $P_2=4.000$ kN/m²；新浇混凝土侧压力设计值 $q_1=(1.2\times30.9+1.4\times4.0)\times0.85=36.3$ kN/m²，其中 0.85 为临时结构荷载折减系数[2]。

3.3　作用荷载和分析

整个沉箱主要受到浇筑时混凝土的侧压力、施工荷载及整个沉箱的自重。

混凝土侧压力按照流体压力均布荷载作用在内外模板单元上。

边界条件假设：内模架插销处假设为固结，外模桁架预埋螺栓假设为固结，拉杆及顶杆假设为铰接。

按照上述简化分析，采用有限元程序 MIDASCIVIL2010 对整体模板建立空间三维模型，添加边界条件，以及作用荷载进行分析计算，得出最终结论，模板整体结构在保证下列前提下能满足强度、刚度及稳定性的要求：

1）外侧模固定螺栓具有足够的强度，同时按相关规范安装好，确保安装牢固。

2）内模插销按相关规范安装好。

3）各模板连接紧固。

4　施　工　要　点

4.1　底模的设置

底模的设置主要考虑坞门的起浮。坞门预制场地为深坞区底面，表面为坚硬岩石面，场地比较平整，可用挖掘机对场地基础稍作平整，清理碎渣土后，直接在场地区浇筑 20 cm 厚 C20 混凝土地坪，尺寸约为 120 m×30 m，地坪标高统一。

底模上留凹槽，避免沉箱底部与底模无间隙造成水难以进入沉箱底部，影响以后坞门沉箱起浮。现场凹槽按 10 cm 深、20 cm 宽，一纵三横通长设置。之后在凹槽内填沙，浇水使沙密实，防止沉箱底部浇筑时下陷。最后在沟槽处铺设 25 cm 宽、1 mm 厚的镀锌钢板，防止振捣棒将底模打穿。

为避免预制沉箱黏底，底模设置比较谨慎，最后实施方案为，隔离材料分 5 层，最底涂 1 层黄油（1 号锂基脂），黄油上铺 1 层牛皮纸，牛皮纸上铺设 1 层沥青纸，沥青纸上铺设塑料薄膜，最上面再铺 1 层牛皮纸，保护隔离层不被钢筋损伤，以及表面方便刻度标记。

4.2　顶角螺栓的设置

底层外模顶角采取圆柱形构件插入底模固定，直径 100 mm。现场采用 1 台水钻进行钻孔，152 个钻孔利用底模材料铺设的时间，3 d 即可完成。构件顶紧外模时候，构件受力不可能完全在圆形的直径上，故底部圆柱形受力会有旋转不稳的问题。另外由于圆柱构件和预留孔之间的受力面实际为一条线，所以在受力大的地方压强过大，造成预留孔洞的破损。在以后沉箱的施工中，建议采用矩形构件固定顶角件，采取在底模上预留矩形孔的方法，不要再使用圆柱形构件固定。

4.3　结构上端 U 形模板的考虑

上端 U 形模板采用标准层的外模进行简单改制即可，在设计标准层外模时，要求分块长度恰好可以进行标准层→上端 U 形模板的改造。

设置好长边侧模分段位置，进行简单改造即可形成上端 U 形模板。需要注意在模板改造时，要提前规划好外模工作平台和外工作平台的改造时机和材料，以免临时改造影响进度及产生安全问题。

第七层浇筑时需注意锥形螺母预留孔和内平台插销孔位置的变化。由于第八层的层高为 2.5 m，并非标准层的 4 m，故需要降低最后一层内、外模安装的位置，从而锥形螺母预留孔和内平台插销孔的位置也需相应发生改变。

4.4　施工缝的处理

如图 3 所示，坞门沉箱模板按每层进行两次浇筑进行设计。

第一次浇筑时，安装 20 个内模和 3 面的外模，端部采用木模封堵，封堵前后墙和 3 道隔墙，底层浇筑时需要对 70 cm 高的隔墙进行封堵。

第二次浇筑时留 4 个内模不拆，留作端模使用，另半幅安装 20 个内模，外模调转到另一边继续使用，木模拆除后采取凿毛处理。

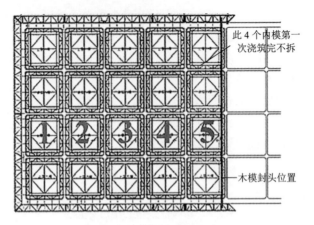

图 3　坞门沉箱分次浇筑方式一

如按此思路施工，由于现场工作十分紧凑，不可能等待一半浇筑完成再进行下一半钢筋的绑扎，于是木模封头就位于 5 号纵隔墙钢筋里，相隔一层钢筋，造成装模和凿毛十分困难。另外如果一直在同一位置进行木模封堵，则会产生一条上下通长的施工缝，对坞门沉箱的结构十分不利。经讨论，决定增加另一种装模方式，如图 4 所示，照此施工，木模封头和凿毛工作就处于 5 号纵隔墙钢筋的外侧，无钢筋层阻挡，方便施工；另外此两种方式结合施工，避免了通长的施工缝产生。

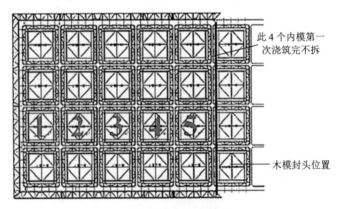

图 4　坞门沉箱分次浇筑方式二

4.5　流水施工的关键

坞门沉箱流水施工的关键在于拆模之后模板的摆放和内外平台的迅速提升。由于外模两次安装时位置是相反的，故安排好外模的摆放位置和拆装顺序尤为关键，拆下来的外模要有利于下一次装模吊运的需要。

提升内外平台对流水作业十分关键，一旦升完内外平台，钢筋绑扎架可以马上从另一半已完成的钢筋绑扎段调运过来，进行此段钢筋的绑扎。

5 关于底层模板的讨论

以往的沉箱或者底层有前趾，或者相同型号的沉箱数量较多，故一般采取底层、标准层两种不同类型模板进行施工。

具体到坞门沉箱的模板，则应该讨论是否有必要设置两种模板，因为坞门沉箱无前趾，底层模板在浇筑底层混凝土之后，就没有作用了，且占用堆放场地，而坞门沉箱的底层模板重量约 270 t，造价近 200 万元，因此是否设置底层模板需要慎重考虑。

按照目前的浇筑分层高度，可以在底层浇筑完毕后，对底层内外模进行拼接加高，使之成为标准层模板，这样就节省了一套底层模板重量的材料，但用工时间略有增加。若舍弃底层和标准层的区别，按照 3.72 m 的层高设计模板，仍然可以 8 次浇筑即完成坞门沉箱的浇筑工作，并且只需进行一套模板的运输、卸车、堆放和拼装。

6 结 语

对于大型沉箱，在设计模板时最关键的因素是考虑其浇筑的分层和分段，以及利用好模板的循环进行流水作业，也需要考虑施工缝的妥善处理。希望本次坞门沉箱预制中的一些经验，能够为今后类似工程提供参考。

参 考 文 献

[1] 李惠明，梁杰忠，袁立. 坞门大沉箱预制技术[J]. 中国港湾建设，2013，(3)：55-59.

[2] 江正荣. 建筑施工计算手册[M]. 北京：中国建筑工业出版社，2001.

[3] 铁道部经济规划研究院. 铁路隧道工程施工技术指南：TZ 204—2008 [S]. 北京：中国铁路出版社，2008.

[4] 中华人民共和国建设部，国家质量监督检验检疫总局. 混凝土结构工程施工质量验收规范：GB 50204—2002[S]. 北京：中国建筑工业出版社，2002.

大体积钢混组合箱形浮坞门启闭施工工艺

王晓东，陈　聪

（中交四航局第二工程有限公司，广州）

摘　要： 以港珠澳大桥岛隧工程沉管隧道管节的工厂化制作为工程背景，本文对用于隔离深坞区与外海的大体积钢混组合式浮坞门启闭施工工艺进行介绍，阐述可以实现浮坞门排水起浮、灌水坐底和蓄水横移后深坞区排水的压载系统，并叙述满足管节灌水横移的坞口止水系统。实际工程中已成功实现几十次浮坞门启闭过程，该工艺安全可靠，具有广阔的推广应用前景。

关键词： 组合箱形浮坞门；压载系统；排水起浮；浮力计算；浮运

0　引　言

港珠澳大桥岛隧工程的沉管采用工厂法预制方式，为国内首例。该预制厂主要由工厂区、浅坞区及深坞区组成，工厂区及浅坞区布置通长的纵向顶推轨道，满足沉管从工厂区向浅坞区的顶推滑移功能，用于寄存管节的深坞区与外海相连，满足管节出运安装的功能[1,2]。而当管节灌水横移期间，整个深浅坞区域形成一个连续封闭止水体，深浅坞区灌水至+15 m标高，工厂区正常作业。除需一道大跨度自稳式横拉钢闸门止水构造将工厂区与浅坞区隔开，还需一套结构将深坞区与外海隔开[3]。因此设计研发了大体积钢混组合式浮坞门，在深浅坞区灌水期间起到拦水围堰功能，并在台风来临之际保护坞内管节。

1　概　述

港珠澳大桥沉管预制厂浮坞门采用钢筋混凝土重力式箱形结构+钢扶壁组合结构形式，浮坞门沉箱长59 m，宽25.2 m，高29.1 m，重量约为1.3万t，设计吃水10.5 m[4]。整个浮坞门沉箱高度方向分为两个部分，下部18.6 m（标高−13.30～+5.30 m）范围内，由40个舱格（长度方向10个，宽度方向4个）组成；上部10.5 m（标高+5.3～+15.8 m）范围内，靠坞墩两侧舱格（共2列8个舱格）高出10.5 m，高出的舱格之间靠海侧处设置10.5 m高挡水钢扶壁[5]。

　　管节灌水横移期间，深坞门将深坞区与外海隔开。利用压载系统排出深坞门舱格内压载水使坞门起浮，然后通过绞缆系统将深坞门从寄存区绞移至坞口区，舱格灌水精确安装至坞口底板，实现坞门的关闭。坞门开启，同理通过压载系统使坞门起浮，由绞缆系统从坞口绞移至存放区。浮坞门在寄存区坐底存放，下一批管节预制完成后，再进行下一次的浮坞门关闭，如此循环。浮坞门寄存区和坞口区平面示意见图 1，浮坞门启闭施工流程见图2。

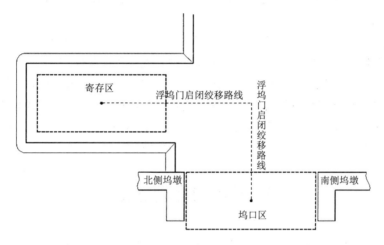

图1　浮坞门寄存区和坞口区平面示意图

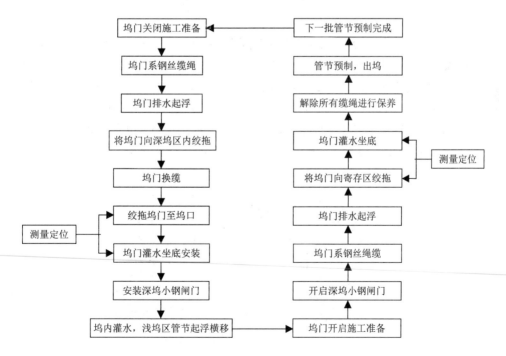

图2　浮坞门启闭施工流程图

2　浮坞门压载系统

浮坞门压载系统可实现以下功能：排水起浮、灌水坐底和蓄水管节横移后深坞区排水。

浮坞门的 40 个舱格划分为 4 个独立大舱格，分别为 1 号～4 号调载舱。每个大舱格由 10 个舱格组成，舱格之间连通。在每个调载舱配有各式闸门、阀门及潜水泵等附属设施以实现相应功能。

排水起浮： 在每个调载舱各设置一个潜水泵，并设置一个 300 mm 排水口，用于排除调载舱内的压载水，使坞门起浮。潜水泵控制开关设在顶部操作平台上。

灌水坐底： 在离坞门底板 8.8 m 高处，每个调载舱设置一个 400 mm 进水口，可在操作平台上通过控制杆实现对闸门进行不同开闭角度的操作，控制坞门调载舱的灌水速度。

深坞排水： 在离坞门底板 11.3 m 高处，设置两根 800 mm 的排水管，用于坞内高水位的排水，排水管靠坞侧设置阀门，控制深坞与外海的通断。

3　浮坞门启闭施工

浮坞门启闭施工主要包括系泊带缆、排水起浮、绞移浮运和灌水坐底。

3.1　系泊带缆

浮坞门顶部设置 6 套 250 kN 双柱型缆桩供系泊带缆用，分别为 1 号～12 号缆桩（从东北角开始逆时针依次编号）。坞门进行绞移施工，缆绳布置如下：1 号缆绳通过 H25 缆桩至坞门沉箱 2 号缆桩上，2 号缆绳通过 H2 缆桩至坞门 1 号缆桩上，4 号缆绳通过 H26、H11 揽桩至坞门 11 号缆桩，7 号缆绳通过 H16 缆桩至坞门 10 号缆桩，8 号缆绳通过 H17、H19 缆桩至坞门 9 号缆桩，9 号缆绳通过 H21 缆桩至 4 号缆桩，10 号缆绳通过 H20-1、H23 缆桩至坞门 3 号缆桩。浮坞门绞移缆绳布置见图 3。

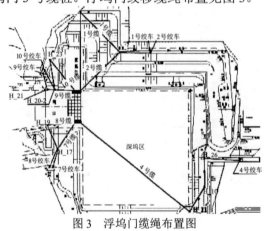

图 3　浮坞门缆绳布置图

3.2 排 水 起 浮

完成浮坞门缆绳布置，且缆绳保持松弛状态，可进行浮坞门的排水起浮作业。绞移过程缆绳需跨越部分缆桩，缆桩最大高度超出坞门标高 1.8 m；另外，绞移过程海水潮位会有变化，综合考虑安全跨越缆桩和潮差的影响，选取坞门满足绞移的起浮高度为 2.5 m。

计算不同潮位，浮坞门起浮时和起浮完成时浮坞门舱格内的水位情况，以便实际操作中及时控制。海水潮位为 h（$h>0$，单位：m），浮坞门舱格内海水高度为 H（单位：m）。

计算公式如下：

$$G_1 + G_2 = F = \rho_{海} g V_1 \tag{1}$$

$$G_2 = \rho_{海} S_2 H g \tag{2}$$

起浮时：

$$F = \rho_{海} g V_1 = \rho_{海} g S_1 (A + h) \tag{3}$$

起浮完成后：

$$F = \rho_{海} g V_1 = \rho_{海} g S_1 (A + h - B) \tag{4}$$

式中，g——10 N/kg；

G_1——浮坞门自重，N，本工程为 1.3×10^8 N；

G_2——浮坞门舱格内压载水自重，N；

F——起浮过程中的浮坞门的浮力，N；

$\rho_{海}$——海水的密度，kg/m³，本工程取 1.025×10^3 kg/m³；

V_1——浮坞门起浮过程排水体积，m³；

S_2——浮坞门舱格面积，m²，本工程为 $40 \times 5.565 \times 5.780 = 1286.63$ m²；

S_1——浮坞门底板面积，m²，本工程为 $59 \times 25.2 = 1486.8$ m²；

A——浮坞门在海平面下高度，m，本工程为 13.3 m；

B——浮运时需满足的起浮高度，m，本工程为 2.5 m。

综上式（1）～式（4）可得

起浮时：

$$H = 1.12h + 5.34 \tag{5}$$

起浮完成后：

$$H=1.12h+2.57 \tag{6}$$

排水起浮具体步骤如下：

1）根据海水潮位和式（5）、式（6）计算浮坞门临界起浮和起浮完成时舱格内水位。

2）启动坞门4台DN300潜水泵排水；排水过程中，定时用水位测绳测出坞内舱格内水深。

3）接近临界起浮水位时加大测量频率且关注坞门情况；起浮后，测量4个角点标高，通过水泵调整坞门水平姿态。

4）坞门4个角顶标高达18.3 m，即平稳起浮2.5 m后，停止排水。

3.3　绞移浮运

浮坞门排水起浮完成后，即可进行绞移浮运作业，实现浮坞门在寄存区和坞口区位置转变，从而达到坞门启闭的功能。

坞门关闭施工为将坞门沉箱从寄存区绞拖至坞口，具体施工流程如下（图4）：

1）坞门起浮后，调整各绞车缆绳均匀受力。

2）坞门处于稳定状态后，绞动4号、8号绞车缆绳，同时保持受力均匀松1号、2号、10号绞车绳，调整7号缆绳不受力，坞门向南移动。

3）坞门向南移动40 m后，调整牵引绞车，改为4号、7号绞车主拖，8号绞车铺拖，绞动4号、7号绞车，同时保持受力均匀松1号、2号、10号绞车绳，调整8号缆绳不受力，坞门向南移动。

4）坞门向南移动至正对坞口时，暂停绞拖；将9号绞车缆绳带至坞门4号缆桩，松掉1号缆绳。

5）将8号、9号绞车转为恒张力绞拖，以6 t力绞动8号、9号绞车，2号、4号绞车保持受力均匀松缆，坞门向坞口移动，调整7号、10号绞车缆绳，辅助进入坞口，移动至坞门深坞侧平齐南北坞墩时，停止绞拖。

6）根据测量定位，将坞门绞拖到精确位置，打开进水阀，使坞门坐底，坐底完成后，测量再进行复测，检验标高及位置是否在指定位置，确认无误，解除所有缆绳。

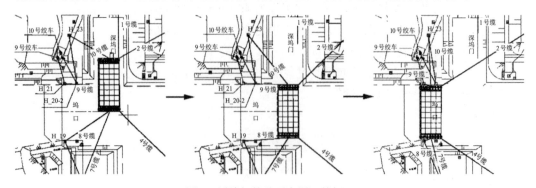

图4　浮坞门绞移示意图（关闭）

坞门开启施工流程为,将坞门沉箱从坞口绞拖至寄存区,步骤与坞门关闭流程相反。

3.4　灌水坐底

浮坞门绞移浮运到位后,即可在寄存区或坞口区进行灌水坐底作业,打开浮坞门进水阀,对浮坞门舱格进行灌水压载作业,把浮坞门准确地安装在寄存区或坞口区指定的位置。

浮坞门底部 0.5 m 范围内四边侧面削成斜面,整个浮坞门为楔字形,该斜面表面铺设护面钢板与坞内侧和海侧坞门槛及基梁两端导向槛相匹配[5]。浮坞门就位坐底过程中,通过四边斜面与底部坞门槛和导向槛起导向作用,保证浮坞门精确就位坐底[5]。在进行浮坞门关闭施工时,需精确把握浮坞门底部与坞门槛的位置。浮坞门底部与坞门槛匹配示意见图 4。

浮坞门在坞口区灌水坐底具体施工流程如下:浮坞门绞拖至坞口区后,打开 4 个进水阀,对坞门舱格平衡灌水。坞门标高降至+16.8 m 时,停止灌水,将坞门调平后,根据测量数据调整其位置偏差≤10 mm,再同时打开进水阀平衡灌水。坞门平衡下沉,开始进入坞底导向槛时,即标高降至+16.3 m 时,停止灌水,调平后再次调整坞门位置,再同时打开进水阀灌水。坞门灌水坐底,坞门坐底后,深坞门顶标高为+15.8 m。坞门坐底后,对坞门进行定位测量,保证坞门 4 个角标高偏差≤±30 mm,东西偏差≤20 mm,南北偏差≤50 mm。坞门在寄存区灌水坐底的施工流程同在坞口区相同。

4　坞口止水系统

浮坞门在坞口区安装就位后,为保证深浅坞灌水时,坞口区域在 15 m 水头压力下不渗透,需设置坞口止水系统满足止水功能。坞口止水系统分为两部分:坞口底部止水和坞门侧面止水。

4.1　坞口底部止水

坞口底板顶部铺设两条 OMEGA 止水橡胶,采用螺栓固定于预埋钢板上,深坞门坐底与 OMEGA 止水橡胶压紧,实现双向止水。OMEGA 止水橡胶布置示意见图 5。

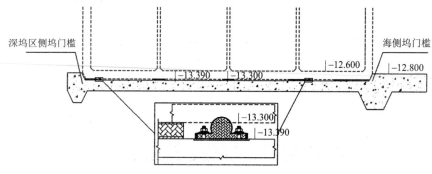

图 5　OMEGA 止水橡胶双向止水布置示意图

4.2　坞门侧面止水

坞口宽 61 m，深坞门宽 59 m，深坞门与两侧坞门墩之间存在 1 m 间距。两侧 1 m 空隙，通过钢闸门止水。钢闸门主体为壁厚 16 mm 的钢管，长 28.95 m，外海侧焊接限位钢板、深坞区侧安装吊耳以便吊装，两侧分别焊接止水钢板，止水钢板侧面焊设加强肋，且海侧面通长铺设承压垫和 OMEGA 止水橡胶[5]。钢闸门截面示意见图 6。

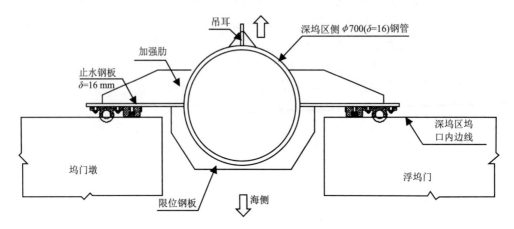

图 6　钢闸门截面示意图

钢闸门平时系存于坞门墩侧面。蓄水时，通过设置于坞门墩顶部的桅杆起重机吊装就位。钢闸门就位后在预紧措施的作用下 OMEGA 止水橡胶与坞门坞墩止水面贴紧止水。钢闸门预紧示意见图 7。

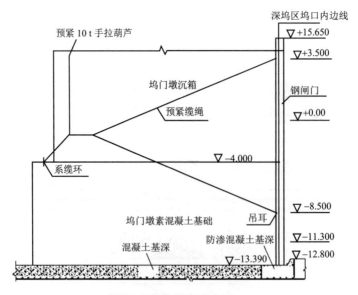

图 7　钢闸门预紧示意图

5 结 语

大体积钢扶壁混凝土组合式浮坞门有效地解决了工厂法沉管预制中深浅坞和外海的隔离，创新地采用钢混组合结构，并综合应用 OMEGA 止水橡胶双向底部和钢闸门侧面止水，具有操作简单、安全可靠等优点。在港珠澳大桥沉管隧道沉管预制中已成功完成15 批管节的预制，并在多次防台作业中保证了坞内管节的安全，已进行几十次启闭作业，施工工艺也得到了不断的提升和改进，具有广阔的推广应用前景，可应用到管节预制、管节安装、船坞施工和可装配式构件等多个施工领域。

参 考 文 献

[1] 毛剑峰，邓涛. 沉管隧道管节预制方法综述[J]. 交通科技，2013，(6)：79-82.

[2] 李惠明，梁杰忠，袁立. 坞门大沉箱预制技术[J]. 中国港湾建设，2013，33(3)：55-59.

[3] 董政，王晓东，刘远林. 大跨度自稳式横拉钢闸门的应用[J]. 中国港湾建设，2015，35(11)：102-105.

[4] 黄文慧，董政. 坞门式沉箱模板设计及施工要点[J]. 中国港湾建设，2015，35(7)：32-35.

[5] 中交第四航务工程勘察设计院有限公司，等. 港珠澳主体岛隧工程施工图设计[Z]. 广州：中交第四航务工程勘察设计院有限公司，2011.

用于大型浮式坞门的橡胶垫结构设计*

马　勇，黄丹苹，陈良志

（中交第四航务工程勘察设计院有限公司，广州）

摘　要： 港珠澳大桥桂山沉管预制厂项目中，首次提出将橡胶垫结构用作大型浮式坞门的缓冲装置。在设计过程中，本文借鉴橡胶支座的设计原理，采用有限元软件 ANSYS 对橡胶垫与浮坞门之间的相互作用进行数值模拟，通过分析橡胶垫的结构受力和变形情况，确定了合理的结构尺寸和布置方式。工程实践中使用效果良好，充分验证了该方案的可行性，相关设计方法可供其他类似工程参考。

关键词： 大型浮式坞门；橡胶垫；数值模拟；港珠澳大桥

0　引　言

　　橡胶垫是一种以橡胶为原料的垫片结构，工程中多用作防撞缓冲结构，避免刚性物体之间的碰撞破坏，其结构特性类似于桥梁工程中广泛使用的橡胶支座。在港珠澳大桥桂山沉管预制厂项目中，橡胶垫结构首次被用作大型浮式坞门的启闭缓冲装置。

　　桂山沉管预制厂作为港珠澳大桥项目的重要配套工程，在整个项目中起着极为重要的作用。为满足工厂化流水线生产沉管的技术要求，设置了深坞区和浅坞区两个功能区，其中深坞坞口是管节出坞的咽喉，为适应坞内蓄水和管节出坞的需求，深坞坞口处设置了具备反复启闭功能的浮坞门结构，其典型断面见图1。浮坞门为钢筋混凝土沉箱结构，长59 m、宽25.2 m、高28.6 m，总重量约为13 600 t。蓄水工作时，坞内蓄水标高为15.35 m，浮坞门内外最大水头差为15.8 m，其产生的水平荷载约为202 180 kN，此时浮坞门承受的竖向荷载约为322 250 kN，在如此巨大的水平荷载和竖向荷载作用下，坞门底部将产生较大的压应力；同时，由于坞门底板为大尺寸混凝土构件（长59 m、宽25.2 m，其面积相当于2个篮球场），其表面上的平整度偏差难以避免。若浮坞门与坞口底板直接接触，两刚性体之间的大面积接触势必存在接触不均而导致的应力集中问题，因而产生极大的压应力，可能导致坞门底板的破坏。为避免这一情况的发生，提出了橡胶垫的设计方案，即在坞口底板上铺设一层橡胶垫作为缓冲设备[1]，实现浮坞门与坞口底板之间的"软接触"。

---

* 本文曾刊登于《中国港湾建设》2017 年第 8 期。

本文将对这种橡胶垫结构的设计方法进行介绍，以期为其他同类项目提供参考。

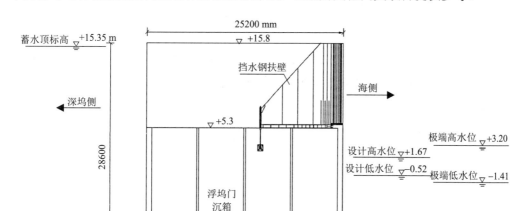

图1 深坞浮坞门典型断面图（蓄水工作状态）

1 结 构 设 计

1.1 设 计 原 理

橡胶垫的结构特性与橡胶支座类似，两者都具备缓冲和扩散应力的作用，其主要区别在于橡胶支座由多层橡胶和加劲薄钢板组成，竖向刚度较大[2]，而橡胶垫为单层橡胶结构，竖向刚度较小，具备更好的弹性变形能力[3]。

本工程所需的缓冲设备应具有足够的压缩变形能力，以便适应坞门底板和坞口底板的不平整，结合这一功能需求，选用了刚度较小的橡胶垫结构作为缓冲设备。

目前，关于橡胶支座的设计理论已非常成熟，由于橡胶垫和橡胶支座的结构特性及设计原理基本相同，本文将参照橡胶支座的技术要求对橡胶垫进行结构设计[4]。

1.2 压 缩 变 形 要 求

为了适应浮坞门底板和坞口底板的不平整度，消除两者之间因接触不均而导致的应力集中问题，所需的橡胶垫结构应具备足够的压缩变形能力。根据现有的预制工艺条件，平整度偏差可控制在5 mm以内，考虑橡胶的抗压强度约为10 MPa，因此要求橡胶垫的压缩变形能力需满足以下条件：在5 MPa的面压作用下，橡胶垫压缩变形在20 mm左右。

1.3　结构尺寸确定

《公路桥梁板式橡胶支座》（JT/T 4—2004）中第 4.2 条，关于矩形橡胶支座抗压弹性模量 E 给出了相关规定，要求支座抗压弹性模量 E 和支座形状系数 S 分别按照式（1）和式（2）计算[5]：

$$E = 5.4GS^2 \tag{1}$$

$$S = \frac{l_{oa} \cdot l_{ob}}{2t(l_{oa} + l_{ob})} \tag{2}$$

式中，E——抗压弹性模量，MPa；

　　　G——抗剪弹性模量，取 $G = 1.0$ MPa；

　　　S——支座形状系数；

　　　l_{oa}——加劲钢板短边尺寸，mm；

　　　l_{ob}——加劲钢板长边尺寸，mm；

　　　t——中间单层橡胶片厚度，mm。

同时，考虑支座橡胶的稳定性，规范规定支座中橡胶总厚度应满足以下条件[5]：

$\dfrac{l_a}{10} \leqslant t_e \leqslant \dfrac{l_a}{5}$，$l_a$ 为矩形支座短边尺寸。

根据以上关于橡胶支座的技术要求，结合压缩变形能力要求，经计算，确定橡胶垫的结构尺寸为：0.5 m×0.5 m×0.09 m（中间橡胶块厚度为 70 mm，上下两块钢板厚度为 10 mm），具体结构见图 2 和图 3。

此时，橡胶垫的形状系数为 $S = \dfrac{l_{oa} \cdot l_{ob}}{2t(l_{oa} + l_{ob})} = 1.786$；抗压弹性模量为 $E = 5.4GS^2 =$

17.22 MPa；在 5 MPa 面压作用下的压缩变形量 $\Delta t = \dfrac{pt}{E} = 20.33$ mm。

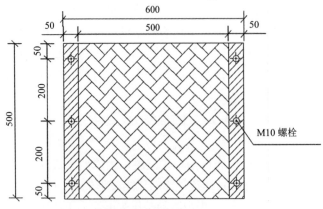

图 2　橡胶垫结构平面图（单位：mm）

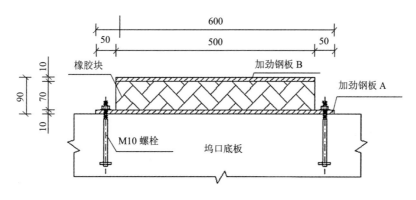

图3　橡胶垫结构断面图（单位：mm）

1.4　布置方式确定

通过分析橡胶垫与浮坞门之间的受力特点，主要从以下几个方面考虑橡胶垫的布置：

1）尽量缩小橡胶垫的布置面积，增大作用在橡胶垫上的压应力，充分发挥橡胶垫的承压能力，从而节省工程造价；

2）将橡胶垫集中布置在对应坞门竖向壁板处，这样既符合受力特点，同时可避免橡胶垫的支座反力使坞门底板产生较大的弯矩；

3）在靠海侧布置较多数量的橡胶垫，在靠深坞侧布置少量的橡胶垫。

根据以上分析思路，确定了如图4所示的布置方案。

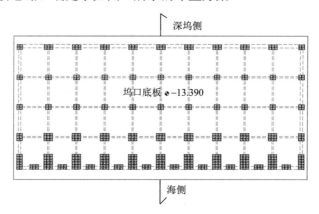

图4　橡胶垫布置图（单位：m）

2　数值模拟

采用通用有限元软件 ANSYS 对橡胶垫与浮坞门之间的相互作用进行数值模拟[6]，通过分析橡胶垫的结构受力和变形情况，验证了橡胶垫布置方式的合理性。

2.1　模型羊元选取

浮坞门为钢筋混凝土沉箱结构，选用常用的 She1143 单元模拟；橡胶垫与浮坞门为接触关系，两者之间仅能产生压应力，因此选用非线性弹簧单元 Combin39 模拟橡胶垫[6,7]，其等效弹簧的刚度按照式（3）计算：

$$K = \frac{EA}{t} \tag{3}$$

式中，K——模拟橡胶垫的等效弹簧刚度，kN/m；

E——橡胶垫的抗压弹性模量，kPa；由前述计算得 E=17.22 MPa；

t ——橡胶垫厚度，m，本工程中 t=0.07 m；

A ——模型中坞门底板网格单元面积，m²。

2.2　数　值　分　析

（1）有限元模型

建立的数值分析模型见图 5 和图 6。

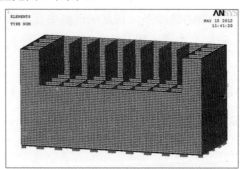

图 5　数值分析整体模型

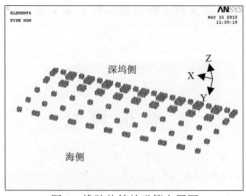

图 6　橡胶垫等效弹簧布置图

模型中，坞门底板网格单元面积为 $A = 0.5 \times 0.5 = 0.25 \ \text{m}^2$；橡胶垫等效弹簧刚度为

$$K = \frac{EA}{t} = 6.15 \times 10^4 \ \text{kN/m}。$$

（2）数值分析结果

数值分析的计算结果详见表 1。

表 1　数值分析结果汇总表

构件	压缩变形/mm		支座反力/kN		等效面压/MPa	
	max	min	max	min	max	min
橡胶垫	−10.3	−2.76	633.6	170.0	2.53	0.68

构件	最大弯矩/(kN·m·m⁻¹)	最大剪力/(kN·m⁻¹)	竖向位移/mm	
			max	min
坞门底板	630	800	10.3	2.8

根据数值分析计算结果，进行以下几个方面的核算：

1）考虑浮坞门底板存在 5 mm 的平整度偏差，作用在橡胶垫上的最大面压为 $\sigma = \sigma_1 + \sigma_2 = 3.78$ MPa；橡胶垫平均压应力限值 $\sigma_c = 10$ MPa $> \sigma = 3.78$ MPa，满足设计要求；C40 混凝土轴心抗压强度 $f_c = 19.5$ MPa $> \sigma = 3.78$ MPa，满足设计要求。

2）根据《水运工程混凝土结构设计规范》（JTS 151—2011）[8]中相关规定，复核浮坞门底板的受弯和受剪承载力，计算结果见表 2。

表 2　浮坞门底板强度复核结果

构件	弯矩/(kN·m·m⁻¹)	剪力/(kN·m⁻¹)	受弯承载力/(kN·m·m⁻¹)	受剪承载力/(kN·m⁻¹)	结论
浮坞门底板	630	800	650	830	满足规范要求

3）根据浮坞门底板的竖向位移可以看出，在浮坞门蓄水工作状态下，橡胶垫均处在压缩状态，这说明浮坞门与橡胶垫之间未发生脱开现象，有效地保证了浮坞门与位于坞口底板上的橡胶止水带之间的良好接触，起到了止水效果，满足了使用要求。

根据上述复核计算结果可以看出，拟定的橡胶垫布置方案是可行的；浮坞门底板所承受的弯矩和剪力均已接近承载能力限值，说明此时橡胶垫布置个数已接近最优状态。

3　结　语

桂山沉管预制厂项目为国内首次将橡胶垫应用于大型浮式坞门结构，本项目自交工投产以来，使用状况良好，运行高效，有力地保证了港珠澳大桥岛隧工程的实施。至今坞内蓄水、浮坞门启闭共计 20 多次，浮坞门的使用一切正常，已成功出运了 31 节沉管管节（本项目共计 33 节管节），实践的检验充分验证了橡胶垫方案的合理性和可行性，这对大型浮动式坞门的发展有着重大意义，应用前景广阔。

参 考 文 献

[1] 梁戚，杨青芳，薛丹，等. 减震用橡胶材料及其应用[J]. 合成橡胶工业，2006，29(4)：313-316.

[2] 庄军生. 桥梁支座[M]. 北京：中国铁道出版社，2000.

[3] 王新，李同春，赵兰浩，等. 考虑橡胶垫减振的灯泡贯流泵房非线性振动分析[J]. 水力发电学报，2010，29(4)：189-193.

[4] 朱文正，刘健新. 普通橡胶缓冲装置设计方法研究[J]. 广州大学学报：自然科学版，2006，5(2)：59-62

[5] 中华人民共和国交通部. 公路桥梁板式橡胶支座：JT/T 4—2004 [S]. 北京：人民交通出版社，2004.

[6] 叶蔚始，蔡增伸，李文炳. 基于 ANSYS 的桥梁橡胶支座测试系统刚度分析[J]. 浙江工业大学学报，2005，33(2)：214-215.

[7] 张振秀，聂军，沈梅，等. ANSYS 中超弹性模型及其在橡胶工程中的应用[J]. 橡塑技术与装备，2005，31(9)：1-4.

[8] 中华人民共和国运输部. 水运工程混凝土结构设计规范：JTS 151—2011 [S]. 北京：人民交通出版社，2011.

自动化钢筋加工生产线在港珠澳大桥沉管预制中的运用*

杨绍斌，张　洪

（中交二航局第二工程有限公司，重庆）

摘　要：为适应港珠澳大桥大型化、工厂化、标准化、装配化的建设理念，沉管预制钢筋加工采用自动化钢筋加工生产线方案，引进国外先进设备，合理配置，达到工效最优化。本文主要通过港珠澳大桥沉管预制钢筋加工方案的描述，阐述了自动化钢筋加工生产线的优势和未来发展趋势。

关键词：沉管预制；钢筋；工厂化；生产线

0 引　言

近年来，伴随着我国经济和基础建设的迅速发展，大型工程乃至超级工程也越来越多地涌现。提高建筑工业化水平和施工水平渐渐成为现代建筑工程的目标之一，而现行钢筋混凝土工程的三个施工要素（钢筋、模板和混凝土）中，专业化模板和商品化混凝土配送技术发展很快，而钢筋加工部分发展却很慢。目前我国施工中钢筋加工生产多数仍然采用传统的手工为主的加工方式，劳动强度大、加工质量不稳定、加工效率低、材料浪费大、成本难以控制、安全隐患多等问题[1]，一直是困扰施工企业的一个难题，不管是从生产上还是管理上，所带来的弊端越来越突出，钢筋加工的变革创新是必然的趋势[2]。本文主要以正在建设的港珠澳大桥工程为例，简述钢筋加工方案的确立和优势，重点探讨我国未来大型工程钢筋加工方式的演变，以及该种转变对建筑行业的促进作用。

1 钢筋加工方案研究

1.1 工程特点

港珠澳大桥标准管节长 180 m，分成 8 个标准节段，每个节段长 22.5 m，单节段钢

---

* 本文曾刊登于《中国港湾建设》2013 年第 3 期。

筋最大重量约 1000 t，钢筋级别为 HRB400。纵向、横向主筋设计采用规格如下：

横向：Φ40、Φ36、Φ32、Φ28、Φ25；纵向：Φ36、Φ32、Φ28、Φ22、Φ16。

箍筋采用 HRB400 级钢筋，规格：Φ25、Φ20、Φ16、Φ12 等。

单节段预制周期为 7 d，单日钢筋加工量达到 150 t，厂内空间局限，钢筋加工需采用较为集约化的方式。此外，加工方案还应考虑以下几个特点：

1）根据设计图纸所提供的钢筋大样图，必须分析每种钢筋规格对应的各种配料方式，也即在选用设备前需要对配料进行分析；

2）基于所用钢筋直径均较大，为降低损耗，采用了钢厂定制非标定尺的钢筋（主要是较大直径钢筋），该部分将考虑在加工量分析中；

3）半成品种类高达 300 余种之多，需做好设备的合理布置和加工顺序研究，缩短不必要的工作停顿时间，以免影响作业工效；

4）需要适应工厂化施工理念，包括场地布置合理、工装设备稳定可靠、提高作业工效、降低劳动负荷等。

1.2 钢筋加工量分析

1.2.1 分析方法

由于主要的钢筋加工仅涉及剪切、套丝、弯曲三类方式，故钢筋加工量的分析选用方法如下：首先根据钢筋设计图纸，统计出所有钢筋的类别、数量及加工样式，将之简化为该三类加工方式对应的次数，再利用已有经验和设备参数，计算出设备工效和对应人数。

1.2.2 数量统计

钢筋的剪切、套丝、弯曲数量见表 1～表 3。

表 1 剪（锯）切钢筋量统计（简表）

序号	直径/mm	质量合计/kg	半成品根数	数控锯切次数	数控剪切次数（小）	数控剪切次数（大）	电动剪切次数
1	36	53 597.7	1 050	105	1 050	525	1 050
2	32	219 667.3	4 025	402	4 025	2 013	4 025
3	28	37 843.5	700	50	700	350	700
4	25	44 613.4	3 350	209	1 117	559	2 150
5	20	49 209.2	6 250	372	1 563	782	3 126
6	16	53 944.1	27 140	1 802	4 523	2 262	6 785
7	12	1 550.2	84	4	14	7	28
合计		460 425.4	42 599	2 944	12 992	6 498	17 864

表 2　套丝数量统计（简表）

序号	直径/mm	套丝根数
1	36	1 050
2	32	5 250
3	20	700
4	16	84
合计		7 084

表 3　弯曲数量统计（简表）

序号	直径/mm	大半径弯曲根数	其他弯曲根数	拉钩根数	数控总弯曲次数	电动总弯曲次数
1	36	1 050	700		700	700
2	32	350	1 400		1 400	1 400
3	28		700		700	700
	25		2 300		2 300	2 300
4	20		5 550		2 776	5 550
5	20/16		6 638	20 502	6 785	13 570
合计		1 400	17 288	20 502	14 661	24 220

1.3　设备与配备人员汇总

根据以上分析，选用自动化设备和普通设备两套方案进行比选，根据设备调研，取得各种设备对应的参数，取定各种加工方式对应的设备数量，将不同方案的设备与配备的人员数量汇总如表 4 所示。

表 4　钢筋加工设备和人员配置数量统计表

方案一（自动化设备）			方案二（普通设备）		
设备名称	设备数量	人员数量（单班）	设备名称	设备数量	人员数量（单班）
剪切线/锯切线	1	4	电动剪切机	4	12
套丝机	4	4	套丝机	4	8
数控立式弯曲机	1	1	电动弯曲机	10	20
自动平弯弯曲机	2	4	改型弯曲机	1	3
配送料		4	配送料		20
合计	—	17		—	63

1.4　比　选　评　价

本比选方案基于经济效果、规范要求、劳动强度、管理难度、环境影响和适用性进行评价，列表如表 5 所示。

表 5 方案比选表

比选项目	新型加工方案（自动化设备）	传统加工方案（普通设备）
经济效果	前期设备和基建投入多，设备采购不便，但后期维修和更换费用较少，按本工程估算，设备费用约 800 万元，人工费用约 720 万元，其他费用不计	前期设备和基建投入少，设备采购方便，但后期维修和更换费用将增多，按本工程估算，设备费用约 100 万元，人工费用约 1800 万元，其他费用不计
规范要求	设备保证率高，成品质量高于规范要求（主筋允许误差：±3 mm，弯起钢筋±5 mm，箍筋拉钩筋±2 mm）	基本能满足规范要求（主筋允许误差±10 mm，弯起钢筋±20 mm，箍筋拉钩筋±5 mm）
劳动强度	设备自带工装，流水施工不需人力，工人大部分仅操作设备，较少搬动钢筋，劳动强度小	工人搬抬钢筋较多，且钢筋直径大，劳动强度大，尤其是主筋弯曲中，需要较多人配合
管理难度	设备较少，较规范，布置规整，且人员较少，场地清爽整洁，利于工厂化管理	设备较多，布置较杂乱，且人员较多，空间有限，不利于工厂化管理
环境影响	设备设计合理，配备废料收集装置，在合理配料下仅有较少废料，场地整洁	无专门废料收集，场地较脏乱，半成品规格差异大，不易摆放规范
适用性	适用于大型或超大型工程，对施工管理和质量要求极高	适用于中小型工程，对施工管理和质量要求不高

如表 5 比选，新型加工方案具有传统方案无法比拟的优势，在超级工程——港珠澳大桥建设中毫无疑问列为首选方案。经过前期国内外考察研究，最终确定进口设备和国产设备共同互补原则，选定了两家厂家，其中剪切生产线+主筋箍筋弯曲机采用进口设备，在加工精度和设备可靠性上拥有卓越表现，而锯切生产线+套丝生产线采用国产设备，在成本上具有更大优势。

1.5　实测生产效率

港珠澳大桥沉管预制厂选用全自动钢筋加工生产线，经过运用，充分发挥了其加工精度高、加工工效高和降低劳动强度的优势。其生产效率统计如下：

1）剪切生产线：以剪切箍筋和拉钩筋为主，以 $\phi 20$ mm 为主，平均效率为 1 次/min（含停顿时间），每次剪切 10 根，每日有效作业时间 7 h（单班作业），则 1 周内生产的箍筋原材料根数为 29 400 根＞25 000 根（需求量）。

2）锯切生产线：以锯切需要套丝的钢筋为主，以 $\phi 28 \sim \phi 40$ mm 为主，平均效率为 1 次/5 min（含停顿时间），每次锯切 10 根，每日有效作业时间 7 h（单班作业），则 1 周内生产的钢筋根数为 5880 根≈5775 根（需求量）。

3）主筋弯曲机：主要弯制 $\phi 28 \sim \phi 40$ mm 的主筋，平均效率 1 次/min（含停顿时间），每次弯曲 1 根，每日有效作业时间 7 h（单班作业），则 1 周内弯曲的主筋根数为 5880 根＞4200 根（需求量）。

4）箍筋立式弯曲机：主要弯制 $\phi 16 \sim \phi 25$ mm 的箍筋和拉钩筋，平均效率 3 次/min（含停顿时间），每次弯曲 4 根，每日有效作业时间 10 h（适量加班），则 1 周内弯曲的箍筋和拉钩筋根数为 33 600 根≈34 990 根（需求量）。

5）套丝生产线：以 $\phi 28 \sim \phi 40$ mm 钢筋为主，设 4 台套丝机（三用一备），单台平均效率为 1 次/min（含停顿时间），每次套丝 1 根，每日有效作业时间 7 h（单班作业），则 1 周内生产的钢筋根数为 8820 根＞7084 根（需求量）。

根据以上现场实测数据和现场施工状况，在满足预制厂正常运转的情况下，该套钢筋加工全自动生产线尚具有 1 倍的富余系数，以应对各种特殊情况。

2　自动化钢筋加工生产线在未来工程中的运用展望

2.1　新型加工方式展现项目管理的内在所需

现代项目管理越来越强调管理水平，无论从质量管控，还是从成本控制均提出更高要求，新型钢筋加工方式具有降低工程成本、提高施工内部质量和提高建筑企业管理水平等优势，逐渐成为项目管理的内在所需。

2.1.1　降低工程成本

1）采用计算机控制生产管理系统和设备操作，降低人为操作的失误概率，降低损耗。

2）综合优化配料加工，钢筋利用率高，最大限度地追求和实现"零损耗"目标，减少浪费。

3）使用自动化钢筋加工设备可以大大降低人工费用，使每个工人的生产效率平均提高 5～8 倍。

4）采用自动化物流传输系统，降低工人劳动强度，提高物流效率。

2.1.2　提高施工内部质量

1）采用先进设备加工，钢筋半成品尺寸偏差明显优于规范要求的标准，半成品自身美观（图 1）。

图 1　钢筋半成品照片

2）钢筋加工精度的提高，促进了钢筋绑扎的精度控制，提高了施工质量。

3）钢筋加工标准化，促进了施工方法和施工工艺的改变和提高，增加了企业内部竞争力。

2.1.3　提高建筑企业管理水平

1）专业化钢筋加工可以根据施工计划和图纸，提前在基地加工，自动化的生产线可以充分保证钢筋加工的高效率，施工现场主要进行安装作业，缩短施工周期。

2）施工现场管理简化、不需要在施工现场堆积大量建筑材料，减少工地施工占地面积。

3）减少工地的噪声和扰民现象，降低工人劳动强度，提高施工文明程度。

2.2　自动化钢筋加工生产线是现代
集约化管理的表现方式之一

集约化管理是现代企业集团提高效率与效益的基本取向。集约化的"集"就是指集中，集合人力、物力、财力、管理等生产要素，进行统一配置，集约化的"约"是指在集中、统一配置生产要素的过程中，达到节俭、约束、高效的目标。我国是一个发展中大国，又是一个建筑大国，在全世界能源危机、气候变暖的背景下，降低能耗迫在眉睫，我国正积极倡导建筑节能[3]。自动化钢筋加工生产线方式实现了原有流程的改变、机构的重新整合、要素配置的优化，以设备的可靠替代人工的不确定性，达到降低成本、高效管理，进而使企业集中核心力量，获得可持续竞争的优势。

目前，国外商品化钢筋供应已成规模，原来的现场钢筋加工生产线已与单个建筑项目脱离，由专业公司组建，形成高度集约的商品化钢筋供应中心，由专业人员操作专业设备，符合工厂化作业和工艺流程要求，实现自动化的生产线。但是在国内，目前仍需产业政策和规范引导，逐步向该种方式转变。

2.3　新型加工工艺具有对现行规范的提升作用

规范源自于实践，反过来又将用于指导实践。在实践不断创新的过程中，规范也会随着更新，但是却永远滞后于实践。近年来，在各大型工程项目的建设过程中，越来越明显的一个特征就是：现行规范大多时候都无法满足大型工程的建设实际，于是基于项目自身的专有规范概念就此诞生。而专有规范往往高于现行规范，如该工程具有后续的复制性和拓展性，那么其专有规范就将慢慢融入现行规范和在建项目中，作为一类引导性的标杆工程，其工艺的提升同时还具有对于其他行业的促进作用，如钢筋加工方式的改变同时也促进了加工设备和物流设备的优化和改良，以及钢筋绑扎工装的设计、混凝土保护层标准的提升。

3　结　　语

　　大型工程乃至超级工程的出现，更加趋向于大型化、工厂化、标准化、装配化的建设理念，对设计施工各个环节提出更高的要求，包括设计施工对建筑行业的引导意义、对现有规范的提升意义、对现有管理方式的转变，而传统工艺已无法满足该种需求。港珠澳大桥沉管预制钢筋加工，除了选用先进的加工设备外，还选用了整套物流传输设备，共同组建了两条自动化钢筋加工生产线，该套生产线除了为沉管预制自身提供钢筋半成品外，还为外部单位提供商品化半成品钢筋，该种料单式生产、产品式供应的方式俨然成为商品化钢筋工艺的缩影。笔者也相信，港珠澳大桥的建设，还将为中国建筑行业提供更多更广泛的借鉴。

参 考 文 献

[1]　梁绍平. 钢筋巧加工[J]. 建筑工人，2010，(2)：32-35.

[2]　王乾. 浅谈钢筋工厂化和机械化加工在铁路工程中的发展[J]. 城市建设，2011，(3)：84-85.

[3]　邱荣祖. 我国成型钢筋加工配送现状与发展对策[J]. 物流技术，2010，(29)：33-35.

沉管钢筋笼全断面整体置换法*

董　政，黄文慧

（中交四航局第二工程有限公司，广州）

摘　要： 港珠澳大桥沉管管节采用工厂法全断面整体浇筑工艺，要求钢筋笼也采用全断面整体绑扎成型方法。本文叙述了提高钢筋笼整体刚度、完成整体体系转换及内模安装等关键工序。施工工艺安全可控，施工质量有保证，可供大型钢筋流水线作业借鉴。

关键词： 沉管；全断面；顶推；钢筋；置换

0　引　言

目前，沉管隧道管节预制大多采用钢筋分段绑扎混凝土多次浇筑成型的工艺，而采用全断面钢筋绑扎、混凝土一次性浇筑成型的工艺较少。港珠澳大桥沉管断面大，钢筋全断面绑扎完成后需要进行全断面整体置换后方可进行模板工程和混凝土浇筑。

1　概　况

港珠澳大桥采用桥、岛、隧组合方式，其中海底沉管隧道长 5664 m，是迄今为止世界上规模最大的海底沉管隧道工程，最大水下深度达 46 m。单个标准管节长 180 m，由 8 个长 22.5 m 的节段组成。管节宽 37.95 m，高 11.40 m，底板和顶板厚 1.50 m，侧墙厚 1.50 m，中隔墙厚 0.80 m[1]。沉管单个节段钢筋设计量约 1100 t，配筋率约 315 kg/m³，管节钢筋横断面见图 1。

---

* 本文曾刊登于《中国港湾建设》2015 年第 7 期。

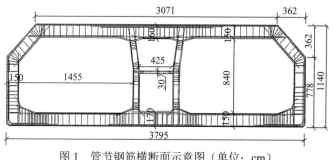

图 1 管节钢筋横断面示意图（单位：cm）

2 沉管钢筋工程的特点及难点

1）主筋最大直径为 $\Phi 40$，箍筋最大直径为 $\Phi 25$，钢筋加工及绑扎要求高；

2）单个节段钢筋量大，约 1100 t，且工期紧，要求 7 d 完成 1 个节段，高峰期约需要完成 200 t/d 的钢筋绑扎[2]；

3）沉管断面尺寸大，需要设置工效高又便于人工操作的钢筋绑扎台架，台架充当钢筋笼整体支撑及移动设备；

4）钢筋笼整体绑扎高度高，体积庞大，采用分区流水顶推作业及体系转换工艺，确保钢筋笼在施工过程中不变形等难度大；

5）钢筋笼顶推及体系转换程序多，工艺复杂，工序之间需要进行紧密衔接方可满足施工进度要求。

3 沉管钢筋笼施工方法

3.1 钢筋施工场地布置

沉管钢筋施工场地采用流水线施工布置方式，绑扎采取移动式绑扎台架分区流水绑扎。每条生产线设置 3 个钢筋绑扎区，分别进行底板、侧（中隔）墙和顶板钢筋施工。钢筋在移动式绑扎台架上进行流水绑扎，顶板钢筋绑扎成型后，连同移动式绑扎台架一起滑移至底模上，进行钢筋笼体系转换工作。钢筋分区流水绑扎布置见图 2。

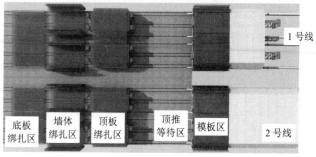

图 2 钢筋分区流水绑扎布置图

3.2 钢筋绑扎系统设计

3.2.1 顶推及滑移系统

为了实现钢筋笼流水顶推施工，底板绑扎区、墙体绑扎区、顶板绑扎区、顶推等待区及模板区均设通长的 14 条滑移轨道，模板区滑移轨道为活动式，其他均采用固定式。每条轨道槽内均安装有滑移方钢，14 条滑移方钢由 1 根横梁在顶推端连接为整体，横梁与 4 台液压推进系统连成整体，形成顶推动力单元，同步完成顶推作业。

3.2.2 钢筋绑扎台架

沉管钢筋分为底板钢筋、墙体钢筋及顶板钢筋 3 个绑扎阶段。

（1）底板、墙体钢筋绑扎阶段

底板钢筋直接支撑在 14 条滑移方钢上绑扎，在该区域设置侧面绑扎架，方便进行侧墙、底板结合部位钢筋的固定。在底板钢筋绑扎完成后，将墙体与顶板钢筋绑扎台架的基础支架安装到位，为墙体及顶板钢筋绑扎台架安装做好准备。

与底板钢筋绑扎相似，墙体钢筋绑扎同样设内外绑扎操作平台，以满足钢筋笼绑扎及其设计线形的要求。

（2）顶板钢筋绑扎阶段

顶板钢筋绑扎台架作为顶板钢筋操作平台，安装在基础支架上，具有滑移功能，可以将其推进或从钢筋笼中取出，活动式顶板钢筋内台架是体系转换的基本条件，详见图 3。

图 3　顶板钢筋绑扎台架示意图

3.3 钢筋笼体系转换

钢筋笼顶推进入模板区后，需要拆除钢筋绑扎支撑系统，满足内模安装条件，由绑扎台架支撑转换成模板支撑即为钢筋笼的体系转换。

3.3.1　钢筋笼受力模型分析

根据沉管钢筋笼入模后的状态，其结构受力分为 3 种状态。

（1）钢筋绑扎台架支撑

钢筋笼刚进入模板时，钢筋受力均由钢筋绑扎台架传递至滑移方钢上，此时滑移方钢由模板底模支撑，受力模型与绑扎期间相同，受力结构体系稳定（图 3）。

（2）桥式起重机吊起及自身结构刚度支撑

为了保证钢筋笼台架拆出后，模板可以顺利安装，要求钢筋笼本身具备足够的刚度，跨中挠度小于 20 mm。然而通过受力模型计算及实测证明，钢筋笼自然状态下的挠度大于 150 mm，远大于规定允许值。

（3）模板支撑

模板支撑受力为体系转换的最后一步，经过前期大量的受力体系验算及现场足尺模型试验证明，只要钢筋笼能保证足够的刚度，模板安装后钢筋笼可满足结构受力要求。

通过以上 3 种状态受力模型分析，沉管钢筋笼需要桥式起重机辅助受力及增加劲性骨架等其他措施后方可满足施工要求。

3.3.2　钢筋笼刚度加强

为了增加沉管钢筋笼的整体刚度，需要设计劲性骨架参与结构受力，骨架主要材料采用∟75×50×6 角钢。骨架弦杆外侧建立梁单元模拟 ф32 钢筋，并与弦杆刚性连接，确保其与弦杆共同受力。

受力体系中同时考虑 4 台钢筋吊架，每个吊架设计 8 个吊点，每个吊点提供 70 kN 吊力参与钢筋劲性骨架整体受力，整个节段钢筋笼中共设置 12 榀等间距劲性骨架，骨架如图 4 所示。

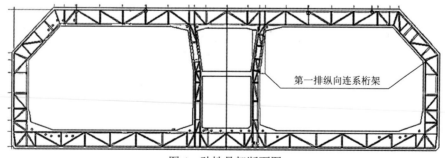

第一排纵向连系桁架

图 4　劲性骨架断面图

计算钢筋骨架整体受力，钢筋自重产生的荷载按照均布荷载计算，由于不考虑钢筋绑扎成型后的整体刚度，荷载系数取 1.0（图 5）。

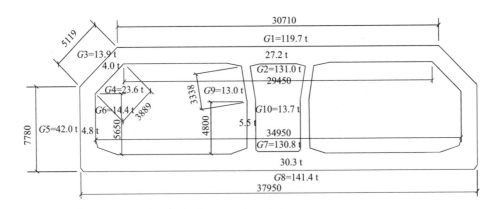

图 5　沉管表面钢筋荷载图

经计算，增加骨架结构后，钢筋笼整体计算最大挠度为 8.74 mm。在顶板跨中处设置 1.5 cm 预拱，满足施工工艺要求[3,4]。

3.3.3　气囊及钢筋吊架置换法

钢筋笼进入模板区后，钢筋吊架将顶板钢筋笼悬挂后，移出顶板钢筋绑扎台架及基础支架，充气胶囊充气顶升钢筋笼，并退出滑移方钢及活动轨道。之后充气胶囊放气，使钢筋笼下放至底模，由混凝土垫块承受钢筋笼荷载。移入内模予以支撑钢筋笼，抽出气囊，松开钢筋笼吊架，完成体系转换工作。

（1）气囊顶升

气囊顶升要求两项指标必须满足施工要求：①钢筋笼有效抬升高度须大于滑移方钢的高度，满足抽出滑移方钢要求；②气囊的承载能力必须大于设计承载重量。

根据气囊使用环境及生产厂家产品标准，选用气囊直径 250 mm，有效抬升高度为 125 mm（图 6），有效长度 23 m，满足滑移方钢的抽出要求，气囊放气状态下高度仅为 32 mm，满足小于净保护层 70 mm 及气囊抽出的要求。

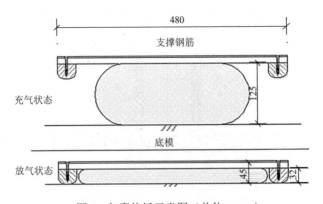

图 6　气囊垫板示意图（单位：mm）

气囊有效面积：

$$S = \frac{\pi}{2}(D - H) \times L = 4.51\,\mathrm{m}^2 \qquad (1)$$

气囊在额定压力下的承载：

$$F = pS = 1804\,\mathrm{kN} \qquad (2)$$

在钢筋笼的两侧端的荷载达到 44 kN/m，在有效长度为 23 m 的情况下，总荷载为 1012 kN，具有 1.78 倍的安全余量，满足承载力使用要求。

（2）吊架受力

吊架受力是体系转换中最为重要的环节，如何保证吊力满足设计要求，是关系到整个体系转换结构稳定的关键。吊架受力如图 7 所示。

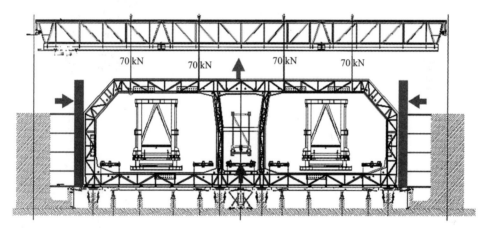

图 7　吊架受力示意图

在体系转换整个过程中，气囊顶升与下降均会影响顶板钢筋笼的挠度，进而导致吊架受力过大或过小，故在气囊顶升与下降整个过程中，要同步操作吊机的悬挂系统。

设置 32 个吊点，采用液压集中控制提升方案，每个钢筋吊架上设 1 台集中控制台，控制钢筋笼升降过程中千斤顶受力，满足施工工艺要求。

4　结　　语

1）沉管钢筋笼在体系转换过程中，32 个吊点受力均匀，钢筋笼挠度为 5～10 mm，体系转换的效率及质量满足要求。

2）经过验证，目前体系转换相关工艺均满足沉管施工进度及结构安全要求，并且施工工效在逐步提高。

3）该沉管钢筋笼绑扎顶推流水线施工工艺安全可控，施工环境优越，职业健康均保持其独特的先进性。

目前，港珠澳大桥岛隧工程沉管预制厂已完成一半以上的管节制作，施工质量、安全可控，体系转换等工厂化流水作业程序已趋于成熟，可推广至其他大型结构的钢筋流水线施工。

参 考 文 献

[1] 中交公路规划设计院有限公司，等. 港珠澳大桥主体工程岛隧工程施工图设计：管节结构施工图[Z]. 北京：中交公路规划设计院有限公司，2012.

[2] 中交股份联合体港珠澳大桥岛隧工程第Ⅲ工区一分区项目经理部. 港珠澳大桥沉管预制施工组织设计[Z]. 珠海：中交股份联合体港珠澳大桥岛隧工程第Ⅲ工区一分区项目经理部，2012.

[3] 港珠澳大桥管理局. 港珠澳大桥施工及质量验收标准[S]. 珠海：港珠澳大桥管理局，2013.

[4] 中华人民共和国交通部. 公路钢筋混凝土及预应力混凝土桥涵设计规范：JTG D 62—2004[S]. 北京：人民交通出版社，2004.

工厂法预制沉管钢筋笼变形控制*

冯　伟，戴书学，李凯凯

（中交二航局第二工程有限公司，重庆）

摘　要： 港珠澳大桥岛隧工程预制沉管节段长 22.5 m、宽 37.95 m、高 11.4 m，钢筋重量达 1100 t，采用工厂法流水施工。钢筋在绑扎台座分区绑扎并依次顶推，与普通工程项目钢筋施工不同，预制沉管钢筋的精度不仅取决于绑扎的精度，还与钢筋笼刚度、顶推和体系转换施工的精度及其过程中的变形控制等因素密切相关，港珠澳大桥岛隧工程在预制沉管钢筋笼质量控制方面针对性地采取了变形控制措施，取得了很好的效果。

关键词： 沉管；钢筋笼；变形控制

1　工程概况

港珠澳大桥沉管隧道是目前世界上规模最大、技术难度最大、环境条件最复杂的大型海底隧道，最大埋置深度 46 m。沉管节段长 22.5 m、宽 37.95 m、高 11.4 m，采用两孔一管廊断面形式，钢筋总重 1100 t。采用工厂法预制工艺[1]，钢筋在绑扎区分底板、侧墙和中隔墙、顶板三个区域依次绑扎、顶推，最后顶推入模。钢筋笼的精度对沉管成品尺寸、保护层厚度等影响极大，在各道工序确保钢筋笼施工精度和防止变形是控制钢筋笼施工质量的关键。

2　工厂法预制沉管钢筋施工的主要特点

与常规工程项目钢筋施工相比，港珠澳大桥沉管隧道钢筋施工的特点和难点有：

1）单个节段钢筋量大，施工周期短，每天加工和绑扎约 150 t，对施工设备和人员要求高。

2）钢筋密集，预埋件众多，钢筋笼施工尺寸和保护层精度控制要求高。

3）行车道宽度达 14.5 m，顶板钢筋变形控制难度大。

---

* 本文曾刊登于《中国港湾建设》2015 年第 7 期。

4）钢筋笼从底板绑扎至入模完成，需经 4 次顶推作业，顶推过程中的变形控制难度大。侧墙区顶推时钢筋笼高度大且顶端处于自由状态，顶推时钢筋笼变形大，安全风险大。

5）钢筋笼体系转换过程较复杂，转换过程中钢筋笼稳定和变形控制需重点关注。

3　钢筋笼变形控制

根据钢筋笼设计图纸和施工工艺，通过分析可能导致钢筋笼变形过大的因素，制定出钢筋笼变形控制的重点为：钢筋笼自身刚度、钢筋笼绑扎台架刚度及稳定性、钢筋笼顶推变形、钢筋笼体系转换变形控制等几个方面。

3.1　钢筋笼自身刚度控制

3.1.1　劲性骨架

预制沉管钢筋笼高 11.4 m，顶板单跨最大跨度 14.5 m，采用扎丝绑扎。由于钢筋笼自身的刚度较弱，不能满足钢筋施工对其刚度的要求，经计算，采用型钢劲性骨架对钢筋笼进行加强。劲性骨架的尺寸和间距经足尺模型试验检验，可以满足施工工艺对钢筋笼刚度的要求。

劲性骨架采用∟75 型钢加工成桁架式结构，间距为 2 m，骨架间设斜撑（间距 2 m），劲性骨架与侧墙钢筋之间采用焊接固定，劲性骨架布置见图 1。

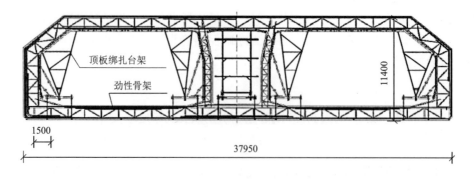

图 1　劲性骨架总体布置（单位：mm）

劲性骨架材料采用国家标准型原材料，在专用台座上制作。为防止焊接过程中弯曲变形，通过限位卡和定位控制销固定劲性骨架角钢，采用二氧化碳气体保护焊从中间向两端逐一施焊。加工完成经验收合格后堆放于堆场备用，严格按要求堆放，防止堆存时劲性骨架变形。根据钢筋笼质量验收标准[2]要求，劲性骨架尺寸及制作精度要求见表 1。

表 1 劲性骨架尺寸控制表

序号	使用部位	骨架高度/mm	允许偏差/mm
1	底板	1 195	0, +3
2	侧墙	1 200	±3
3	顶板	1 200	0, +3
4	顶板倒角	1 900	0, +3

劲性骨架安装与钢筋绑扎、预应力孔道和预埋件安装等施工需交叉进行，见图 2，施工时各工序需协调好施工顺序。劲性骨架安装时要严格控制安装位置、间距、直线度等，接头用同型号角钢按帮条焊要求焊接牢固，所有焊缝经验收合格后进行后续工序施工，杜绝质量隐患。

（a）底板劲性骨架安装　　　　　　　　（b）侧墙劲性骨架安装

图 2　劲性骨架安装图

3.1.2　钢筋绑扎

钢筋绑扎对钢筋笼自身刚度的影响主要来自于绑扎铁丝型号和绑扎的牢固程度。根据不同的钢筋直径和部位，选用 18 号～22 号绑扎铁丝。绑扎要求为外层钢筋必须满扎，其余各层跳扎间距不得超过两根钢筋，绑扎铁丝必须扭紧，避免钢筋松动。

钢筋绑扎的主要注意事项：

1）钢筋绑扎前钢筋笼滑移台车、墙体定位支架和顶板绑扎台架须经过测量放样，确保位置安装准确；侧墙定位支架就位后竖向必须调整顺直，保证墙体钢筋绑扎顺直。钢筋绑扎牢固，不得产生位移，避免钢筋在绑扎过程中出现变形。

2）箍筋和拉钩筋必须严格按照要求安装并绑扎牢固，箍筋的搭接长度要满足规范和设计要求。

3）所有横向主筋接头不得设置于劲性骨架接头附近，顶板、底板内侧横向主筋接头不能设置于跨中，而外侧横向主筋接头设置于跨中附近。

4）钢筋经顶推作业后，进行绑扎情况检查，如发现有松动需重新绑扎。

3.2　钢筋笼绑扎台架刚度及稳定性控制

钢筋笼绑扎台架作为钢筋笼的"模板"，是钢筋施工所需的极其重要的临时结构，其刚度和稳定性直接决定了钢筋笼的精度和稳定性。钢筋笼绑扎过程中主要的受力结构有顶推滑道、侧墙绑扎台架、顶板绑扎台架等[3]。

3.2.1　顶推滑道

顶推滑道为带聚四氟乙烯滑块的厚钢板（宽×厚 = 100 mm × 100 mm），安装于底板钢筋下方，是底板钢筋的受力支点，将承受整个钢筋笼的重量，其位置布置是否合理将决定底板钢筋笼的变形量。根据钢筋笼设计图，通过计算确定顶推滑道的布置位置，原则是保证各条滑道受力基本一致。经计算，共设 14 条顶推滑道，可以满足钢筋笼变形控制要求。

3.2.2　侧墙绑扎台架

侧墙绑扎台架又分为外侧墙绑扎台架和中隔墙绑扎台架。

外侧墙绑扎台架固定部分通过地脚螺栓固定在地基上，活动部分则通过调节螺杆与固定部分锁紧，钢筋笼由底板区域顶推到侧墙绑扎区（或从侧墙区顶推到顶板绑扎区）之后，钢筋绑扎前精确调整活动部分至设计位置并锁紧固定牢固。

中隔墙绑扎台架安装于台架底座上，通过台架底座将其所受荷载传递到顶推滑道上，采用钢筋作为配重保证台架底座稳定。

通过以上措施，侧墙绑扎台架可以保证钢筋绑扎过程中墙体钢筋的稳定。

3.2.3　顶板绑扎台架

顶板绑扎台架结构类似于沉管内模，安装于台架底座的钢轨上（台架底座与侧墙绑扎台架共用），安装和拆除均通过卷扬机牵引来完成。顶板绑扎台架由 PERI 公司设计，其强度、刚度、稳定性满足要求，其对钢筋笼的变形量影响主要体现在以下两个方面：

（1）台架底座稳定性

每个台架底座由 4 根钢棒支撑于顶推滑道上的凹槽内，底部约束小，在侧墙钢筋绑扎及顶推过程中因其受力较小，稳定性安全系数较高。在顶板钢筋绑扎完成后，整个钢筋笼的重量全部由这些钢棒传递，为了降低失稳风险，在行车道两侧的台架底座间增设了精轧螺纹钢筋拉杆，保证了支撑钢棒的稳定性。

（2）廊道顶板绑扎台架拆除时机

受廊道顶板绑扎台架结构和模板系统廊道针式梁的影响，廊道顶板绑扎台架需在钢筋笼顶推入模前拆除，在台架拆除后将带来钢筋笼的局部变形。经过模拟分析和现场观测数据对比，确定廊道顶板绑扎台架拆除时机尽量选择在入模前夕（即钢筋笼顶推到模板修整区之后）进行，尽量缩短台架拆除到入模的时间间隔。

3.3 钢筋笼顶推变形控制

钢筋笼绑扎采取分区绑扎、逐步顶推的流水施工，钢筋笼顶推见图3。

图3 钢筋笼顶推

单个节段钢筋笼顶推距离约 200 m，在顶推过程中钢筋笼承受动荷载，且底板与顶板不同步，钢筋笼极容易变形，钢筋笼顶推过程中变形控制难度大。钢筋笼顶推工序采取的变形控制措施主要有以下几个方面。

3.3.1 顶推同步性控制

钢筋笼顶推的同步性对其变形量有重大影响，顶推过程中必须保证各顶推滑道前进里程基本一致。钢筋笼由 4 台液压千斤顶顶推，分为两组采用集成的顶推同步控制系统保证顶推系统同步性，具有行程监测和自动调整能力。为确保顶推同步性，采取了以下措施。

1）顶推横梁的安装需经测量检测，使其与顶推滑道垂直。

2）除利用设备本身的行程监测系统外，由测量人员在每条顶推滑槽上间隔 3 m 布设观测点（同一断面的观测点连线与顶推滑道垂直），顶推过程中派专人负责观测顶推横梁边线与观测点连线的偏差情况，如出现较大偏差需及时调整。

3）滑槽接头不得出现过大错台，顶推前必须清理干净并均匀涂抹滑润油脂，保证各滑道摩擦力大致相同。

4）顶推前全面检查绑扎台架上的临时定位、限位设施是否全部拆除，顶板钢筋笼内和顶推前进道路上的杂物是否清理干净，避免顶推时因擦挂影响同步性。

3.3.2　顶推速度控制

顶推过程中除观测顶推千斤顶行程同步性之外，还需注意观察钢筋笼底板与顶板前进的同步性。在顶推过程中，因底板与顶板速度不一致，导致钢筋笼会发生前后的小幅度晃动，一旦超出允许幅度需停止顶推，待钢筋笼恢复静止状态后再进行顶推。钢筋笼的晃动幅度通过加强侧墙钢筋的整体性可得到大幅度减小，因此也可看出侧墙钢筋绑扎和劲性骨架安装质量的重要性。

3.3.3　专用波纹管连接件匹配时的影响

沉管节段沿断面布置有 60 根预应力孔道，专用波纹管连接件匹配施工因先浇端（已制节段）和后浇端（钢筋笼）在顶推入模时存在高差（后浇端受滑道影响略高于先浇端），连接件是高精度制作的紧密配合组件，匹配时内、外管间的摩擦力增大了顶推的阻力，对顶推的同步性有较大影响，特别是对顶板前行影响更大。为解决这一问题，采取以下措施。

1）在专用波纹管连接件内、外管上涂抹润滑黄油。

2）连接件在钢筋绑扎时端头 1.5 m 暂时不固定，其与波纹管连接处的变径截面处用 U 形定位筋固定牢固，使顶推时专用波纹管连接件不会出现后退现象。

3.4　钢筋笼体系转换变形控制

钢筋笼体系转换过程中，悬挂吊具安装和拆除、钢筋笼顶板绑扎台架拆除、滑道和充气胶囊拆除、模板安装和调整都会对钢筋笼的形态产生一定影响。这一工序作业过程多，涉及作业班组多，控制难度大，必须协调好各作业的关系，加快体系转换进度，尽可能减小体系转换过程中钢筋笼的变形量。

3.4.1　悬挂吊具安装和拆除

钢筋笼顶推到位后，立即安装顶板钢筋悬挂吊具，并通过液压千斤顶调整至各吊杆均匀受力。注意吊杆下方必须安装在劲性骨架上，并保证吊杆的铅垂度。吊杆拆除时通过集中的液压泵站同步放松，避免出现吊杆受力不均的现象。

3.4.2　钢筋笼顶板绑扎台架拆除

吊杆安装并完成调整后，安装并调整中管廊内模，然后依次拆除行车道顶板绑扎台架。拆除前安排专人负责观察台架与钢筋笼是否存在擦挂，确保台架拆除安全，防止因擦挂造成钢筋笼变形。

3.4.3 滑道和充气胶囊拆除

所有充气胶囊采取串联的方式连接，由同一设备给充气管道充气（滑道拆除后放气也同时进行），保证钢筋笼顶升（或下降）同步，减小钢筋笼变形。

3.4.4 模板安装和调整

根据体系转换的进程，依次安装、调整各部位模板。模板安装和调整过程中，尽量保证液压系统的同步性，使两侧模板同时打开，避免钢筋笼一侧受力造成变形。

4 结 语

工厂法沉管预制钢筋笼体形庞大，其变形控制事关模板安装、保护层厚度控制等关键项目的质量，必须引起高度重视。因工厂法钢筋施工较常规工程项目更为复杂，其变形控制涉及多个工序，施工中通过系统地分析各工序作业中钢筋笼变形的影响因素，并针对性地制定控制措施，取得了良好的效果。

参 考 文 献

[1] 尹海卿. 港珠澳大桥岛隧工程设计施工关键技术[J]. 隧道建设，2014，34(1)：60-66.

[2] 港珠澳大桥管理局. 港珠澳大桥主体工程隧道工程施工及质量验收标准[S]. 修订版. 珠海：港珠澳大桥管理局，2013.

[3] 德国 PERI 系统模板有限公司. 模板系统操作手册[K]. 2011.

劲性骨架在大跨度混凝土构件中的应用

陈刚强，董　政

（中交四航局第二工程有限公司，广州）

摘　要：针对体积大、跨度大的钢筋混凝土构件施工，容易发现弯曲变形，保护层厚度和钢筋笼线形不易控制等施工技术难题，采用劲性骨架辅助钢筋笼在施工过程中的受力，可以有效提高钢筋笼的整体刚度，从而实现有效控制钢筋混凝土构件变形的目的。

关键词：沉管预制；劲性骨架；变形

1　工　程　概　况

港珠澳大桥沉管隧道是世界范围最长、埋置最深、单孔跨度最宽、单节柔性管节最长、规模最大的海底公路沉管隧道，也是我国交通建设史上最复杂、标准最高的海中隧道工程。港珠澳大桥岛隧工程沉管隧道总长度为 5664 m，由 33 个管节组成，其中直线段管节 28 个，曲线段管节 5 个，曲率半径 5500 m。单个标准管节长 180 m，由 8 个长 22.5 m 的节段组成。由于跨度大，钢筋笼体积大，含钢量大，对钢筋笼自身结构稳定性构成影响，在底板、墙体、顶板均需要进行劲性骨架安装，使其成为一个整体，保证钢筋笼整体受力均匀，结构安全及钢筋绑扎质量有保障。

2　劲性骨架加工和安装工艺

2.1　劲性骨架加工

为了提高劲性骨架加工质量，规范劲性骨架加工程序，厂区设置劲性骨架加工车间，进行规范化批量生产，所有的劲性骨架半成品均与钢筋半成品一样，验收完成后方可投入使用。在原材料堆放场周边选择劲性骨架焊接场地，按 30 cm 间隔进行标高放点，用砂浆对原地面找平。平台由 2 cm 厚的钢板制作而成，加工劲性骨架前，需根据劲性骨架加工图纸设计尺寸进行放样，精确放点，并设置焊接限位装置，保证劲性骨架的焊接尺寸满足要求。

根据劲性骨架加工图纸设计尺寸对骨架进行开料,开料时使用电锯进行切割,确保下料尺寸偏差在±2 mm以内,根据设计图纸,进行每榀分段骨架的板型制作,在板型周边加焊角钢限位,各分段角钢对号入座后即可进行焊接[1]。将已经开料的原材料放在预先制作好的模板上进行逐块焊接拼装,骨架采用手工焊接,采用角焊缝,要求对∟75×50角钢的长边进行满焊,完成一道焊缝后使用小尖锥敲掉焊渣,观察焊缝是否饱满,焊接作业时先将焊缝正面、背面点焊固定,将骨架固定在板型或平台上焊接,焊接时切勿电流过大导致角钢烧穿。焊接过程中产生大量热量会导致钢结构变形,故需对产生变形的骨架进行线形校正,校正使用火攻校正方法。劲性骨架制作、校正完成后,使用钢筋加工区的摆渡车、龙门式起重机等设备将劲性骨架分别转运至底板、墙体、顶板半成品堆放区存放。劲性骨架在堆放存储时需要注意对骨架线形的控制,劲性骨架底部支垫间距不应大于2 m。

2.2　劲性骨架安装

底板劲性骨架安装控制:施工前查看施工图纸上交通工程孔洞及大型管道的位置,调整劲性骨架位置,避开孔洞及大型管道。将劲性骨架位置放样到底板绑扎架上及底板绑扎区的地坪上,加密测量参考点,以利于劲性骨架初安装时定位。根据劲性骨架分段的形状,制作、使用专用的吊运平台,防止劲性骨架在吊运中发生变形[2]。

劲性骨架安装顺序应从两边到中间,避免安装误差累积。利用绑扎架上的定位点吊垂线进行骨架垂直度调整。利用同一榀骨架在两侧绑扎架上的定位点拉直线调整骨架线形。同一榀骨架相邻分段用角钢搭接焊接,焊接前调整骨架横截面上的位置,使骨架的竖向支撑放在滑移轨道上方。每榀骨架侧面,每隔2～3 m用1.5 m长的ϕ32 mm钢筋将骨架与底板主筋焊接连接,作为斜撑加固。完成底板顶上钢筋铺设绑扎后,将骨架顶部与纵向主筋跳焊连接。

墙体劲性骨架安装控制:将底板劲性骨架顶部角钢一侧的边界点引至墙体绑扎架上,同时在墙体劲性骨架的内侧面用5 cm长ϕ16 mm钢筋以12 cm间距焊接,以此作为纵向主筋卡槽。用绑扎架上的定位点吊垂线调整骨架垂直度。在骨架顶部、中部及底部各选取一处与纵向主筋点焊固定,再从上往下跳焊固定,以免出现累积变形。墙体劲性骨架与底板劲性骨架接触面满焊处理,必要时辅以角钢焊接加固,确保骨架的稳固性。将侧墙内侧纵向主筋置于骨架卡槽上并与骨架绑扎固定。将绑扎架上的定位点引至侧墙内侧,吊垂线对骨架垂直度校正,焊接时注意对骨架进行变形校正。对骨架从上到下跳焊固定,然后满焊。

顶板劲性骨架安装控制:在两侧行车道台架上放样顶板劲性骨架安装点,利用顶板两侧劲性骨架放样点及侧墙劲性骨架定位点进行拉线,以备骨架线形调整。用吊运平台将骨架转运到位,进行骨架初定位,骨架安装顺序为从两边墙体骨架往中间安装。依靠定位直线对骨架线形及垂直度进行调整，用角钢将相邻骨架搭接焊接成为整体[3]。进行中墙位置的骨架线形调整时，适当调整中墙斜倒角钢筋及横向主筋位置，以确保顶板骨架能够与中墙骨架顺利对接。用三根 7 cm 长的角钢对两部分骨架焊接固定。对劲性骨架底部与纵向主筋跳焊，在中管廊位置进行全点焊加固。与 12 榀劲性骨架竖撑的焊接及斜撑加固与底板骨架相同。完成顶板顶上钢筋铺设绑扎后，将骨架顶部与纵向主筋跳焊连接，并将中管廊位置的接触面均点焊加固。

3　劲性骨架的作用

3.1　安全控制方面

增设劲性骨架后，由于劲性骨架刚度较大，可以起到钢筋骨架的作用，钢筋在劲性骨架上固定，可预防钢筋笼整体歪倒和垮塌事故的发生。工人操作时可利用劲性骨架固定安全带，对操作工人起到安全保护的作用。

3.2　质量控制方面

钢筋笼整体高度高，体积庞大，采用顶推移动分区流水绑扎工艺，确保钢筋笼在移动过程中的位置及不变形等难度大，增设劲性骨架后，可利用劲性骨架对钢筋笼进行纠偏和固定，这样就能够保证钢筋安装时位置准确，对钢筋笼的整体偏位控制起到作用。劲性骨架同时兼做支撑构造筋，大大减少了构造钢筋工程量，减少了浪费。并且劲性骨架更加有利于钢筋的线形控制，有利于保护层合格率的提高[4]。

劲性骨架加工和安装要做到零缺陷，需要从以下几个方面进行控制：加工时需要严控下料尺寸，精准切割；每次焊接时需要复核制作场地地平和焊接平台，复核限位板型精度；焊接过程中控制变形，用尺量进行复核。劲性骨架安装时要根据底板、墙体、顶板的不同安装特点针对性进行控制，合理布置劲性骨架，根据现场预埋设施进行调整；同时通过加密测量点，进行精密测量布点；调整安装顺序，避免累计误差产生，导致骨架安装偏位；通过增加斜撑进行加固，保证骨架的整体性。

4　结　语

劲性骨架在大跨度混凝土构件所起的作用是多方面的，已逐渐成为常用和成熟的工艺技术。港珠澳大桥岛隧项目部对节段预制的劲性骨架进行专项设计，保证其强度和刚度自始至终能满足钢筋施工的要求。沉管节段预制施工中，劲性骨架在施工导向、固位纠偏和安全控制等方面充分发挥其特殊作用，为实现沉管预制施工期间无一安全质量事故，稳健优质地完成港珠澳大桥建设作出了重要的贡献。

参 考 文 献

[1] 港珠澳大桥岛隧工程设计分部. 港珠澳大桥岛隧工程《第四篇隧道第二册沉管段第四分册管节结构施工图》设计说明[Z]. 珠海：港珠澳大桥岛隧工程设计分部，2013.

[2] 中华人民共和国交通运输部. 公路桥涵施工技术规范：JTG/T F50—2011[S]. 北京：人民交通出版社，2011.

[3] 张力. 浅谈劲性骨架在高墩施工中的作用[J]. 山西建设，2009，35(35)：342.

[4] 港珠澳大桥管理局. 港珠澳大桥大体积混凝土耐久性质量控制技术规程[M]. 珠海：港珠澳大桥管理局，2013.

钢筋笼顶推系统研究与分析

唐三波，刘远林

（中交四航局第二工程有限公司，广州）

摘　要： 本文以港珠澳大桥岛隧工程沉管预制为工程实例，详细介绍了钢筋笼顶推系统组成，并根据现场实际施工情况，提出了一些优化措施，为今后相关施工提供借鉴。

关键词： 岛隧工程；沉管预制；钢筋笼；顶推

1　工　程　概　况

港珠澳大桥岛隧工程沉管预制的钢筋绑扎采取流水线施工工艺，钢筋笼的移动是通过钢筋笼顶推系统实现的[1-3]。

在进行底板钢筋绑扎前，先在底板绑扎区的 14 条滑移轨道上铺设滑移方钢，再进行底板钢筋绑扎。钢筋在底板区域绑扎完成后，顶推至竖墙绑扎区，竖墙钢筋绑扎完成后，顶推至顶板绑扎区，顶板钢筋绑扎完成后，钢筋笼整体顶推至浇筑区底模上。具体流程详见图1。

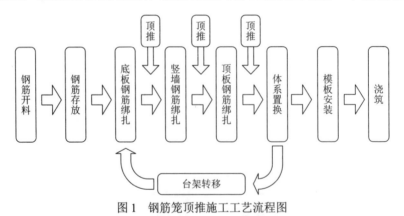

图1　钢筋笼顶推施工工艺流程图

2　钢筋笼顶推系统

夹轨器滑移技术在很多钢结构整体滑移施工中应用广泛，港珠澳大桥岛隧工程沉管预制钢筋笼顶推系统在原先滑移技术的基础上进一步优化，导入先进的计算机控制技术，使水平滑移技术再上一个台阶，保证了滑移过程中的同步性。该套系统主要由液压系统、滑移夹轨器、滑移导向装置、计算机控制系统 4 个部分组成。该系统具有布置灵活、安装方便、体积小、荷载大等特点；可以结合标准轨道进行顶推施工，滑移距离不受限制；自动化程度高，操作方式灵活；控制精确，可实现毫米级的微调功能，能实现精确定位。下面详细介绍该系统。

2.1　液　压　系　统

液压系统由动力元件、执行元件、控制元件和辅助元件 4 个部分组成，是整个钢筋笼顶推系统的动力单元。

2.1.1　动力元件

液压泵站是顶推系统的动力元件，它的作用是将原动机的机械能转换成液体的压力能，为整个钢筋笼顶推系统提供动力。

液压泵站安装在顶推大梁上，实现泵站跟随滑移构件同时移动，能够实现长距离滑移。

2.1.2　执行元件

油缸为顶推系统的执行元件，它的作用是将液体的压力能转换为机械能，驱动负载作直线运动。一套顶推系统有 4 个 80 t 的油缸。安装时，拆除销轴螺栓，将油缸吊装到轨道上，人工调整高度，穿入销轴并连接好螺栓。油缸大腔端与夹轨器连接，小腔端与导向机构安装，导向机构连接顶推大梁。

2.1.3　控制元件和辅助元件

顶推系统中的各种液压阀是系统的控制元件，在液压系统中控制和调节液体的压力、流量和方向。顶推系统中的液压阀包括压力控制阀、流量控制阀和方向控制阀。

辅助元件包括油箱、滤油器、油管及接头、密封圈、快换接头、高压球阀、油管总成、测压接头、压力表、油位计、油温计等。

2.2　滑移夹轨器

2.2.1　夹轨器

夹轨器是用来夹紧轨道，为钢筋笼顶推提供反作用力。

2.2.2　夹轨器安装

安装夹轨器时，拆除图 2 中 A、B 部位固定螺栓，拆下连接附件，然后整体吊到轨道面上，再将相应的连接附件安装上去，并锁紧螺栓。

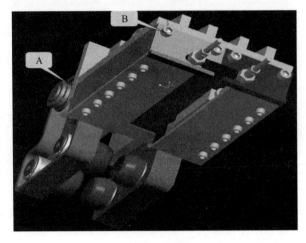

图 2　夹轨器

2.3　滑移导向装置

2.3.1　滑移方钢

滑移方钢是承载着整个钢筋笼在轨道上滑移的元件，滑移方钢是通过在其下面安装的特氟龙滑板与轨道面进行滑移的，特氟龙滑板可以起到降低摩擦系数的作用。

在安装滑移方钢前，先将滑移轨道清理干净并涂抹润滑油，然后通过电磁铁将滑移方钢吊装到滑移轨道上，并调整滑移方钢轴线与轨道轴线保持一致，每一条滑移方钢长3 m，方钢之间通过夹片和螺栓连接。

2.3.2　导向装置安装

滑移导向装置主要是将滑移时产生的垂直方向的力抵消，同时根据该项目的特殊要求，用来转化结构受力体系。

2.3.3　导向机构与顶推大梁连接

1）拆除挂钩上 4 只螺栓 D，取下扣件。
2）将顶推大梁吊到导向机构上部，如图 3 所示。
3）分别安装好扣件，锁紧螺栓，安装完成。

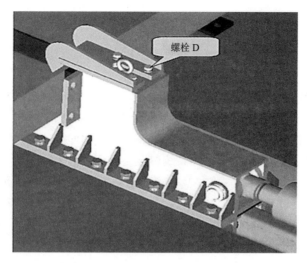

图 3 导轨装置与滑移装置连接

2.4 计算机控制系统

2.4.1 控制柜

控制柜通过采集传感器信号，读取泵站及油缸动作的各个参数，然后通过手动、自动、顺控三种模式来远程控制泵站，实现工作的目的。

2.4.2 行程传感器

行程传感器安装在顶推油缸和导向机构上，将测量到的行程转换为电信号，并将电信号直接送入计算机控制系统，用来反映油缸的行程，即钢筋笼每个行程前进的距离。

2.4.3 压力传感器

压力传感器通过三通接头连接到油缸进油口上，用来测量每个顶推行程油缸的进油压力，通过调整每个油缸的压力来调整每个油缸动作。

2.4.4 系统调试

（1）信号检查

1）控制柜选择手动模式，分别单独给每个油缸动作信号，检查油缸动作是否与控制信号对应。

2）控制柜手动模式，调整比例阀按钮，检查泵站仪表上的数值是否与控制柜显示一致。

3）拉动行程传感器的感应钢丝绳，检查控制柜接收到的数值是否与传感器显示的一样。

4）手动调整激光测距仪的数值，检查控制柜数值是否对应变化。

（2）动作检查

1）拆除夹轨器上的齿条。

2）启动泵站，选择手动模式，给伸缩缸动作，观察输出动作与油缸动作是否对应。

3）旋转比例阀旋钮，伸缸，观察比例阀调节过程与伸缸速度是否一致。

4）伸缸到极限位置，继续伸缸，系统伸缸压力调到最大，观察是否有漏油情况。

5）缩缸到极限位置，继续缩缸，系统缩缸压力调到最大，观察是否有漏油情况。

6）泵站控制转到自动模式，通过控制柜手动模式给动作，检查油缸动作和速度与控制动作是否对应。

7）控制柜选择自动顺控模式，分别检查动作与同步情况。

8）安装好齿条，进入正式顶推。

3　系统优化

3.1　减小摩擦系数

3.1.1　现场问题

在沉管预制场 2 号生产线上进行 S2 段足尺模型的钢筋笼顶推作业时，记录的相关数据见表 1。

表 1　顶推系统压力

顶推阶段	油缸压力/MPa				
行程	第一次	第二次	第三次	第四次	第五次
启动压力	28.0	20.0	18.0	18.0	15.0
顶推压力	14.5	8.5	9.0	7.5	8.0
缩缸压力	6.2	4.6	3.8	3.5	3.6

由表 1 分析，S2 钢筋笼+台架+预埋件 $M=300$ t，顶推系统成套设备额定顶推力 $F_n=200$ t，启动时克服最大静摩擦力的顶推力 $F_1=126$ t，顶推后克服动摩擦力的顶推力 $F_2=72$ t

通过数据分析，滑移轨道的摩擦系数 f_0 达到 0.24～0.4。摩擦系数过大可能导致以下问题：

1）顶推启动压力过大，启动顶推力难以克服钢筋笼所受的静摩擦力。

2）足尺模型 S2 段钢筋笼长度为 5.8 m，仅为标准节长度的 1/4，顶推过程中泵站压力偏高，难以满足以后整个节段钢筋笼顶推的要求。

3）钢筋笼在顶推过程中不稳定，导致部分钢筋扎丝因受力过大断开，钢筋笼内部结构发生变化。

3.1.2 优化措施

（1）对轨道不锈钢表面进行打磨抛光处理

在滑移方钢安放之前，对滑移轨道不锈钢表面进行打磨抛光，并清理干净之后再涂抹润滑油，最后安放方钢。

（2）绑扎区域轨道的防护

由于滑移方钢的宽度小于滑移轨道宽度，滑移方钢两侧与轨道两侧翼板之间存在间隙。现场在绑扎钢筋笼时，扎丝、灰尘、焊渣等杂物容易落入下方的滑移轨道上，增大了摩擦力，并且容易损伤方钢的特氟龙滑板。在滑移方钢上两侧焊接 40 mm×40 mm 角钢，覆盖滑移方钢与轨道之间的间隙，防止作业时杂物落入。

（3）选用合适润滑油

润滑油是影响钢筋笼顶推摩擦系数的重要因素，在成本合理的情况下，必须选用最合适的润滑油，减小摩擦系数。通过进行润滑油摩擦试验，选用几种最常用的润滑油：液压油、石墨粉、机油、机油+石墨粉、锂基脂、机油+锂基脂。润滑油摩擦系数见表 2。分别在无润滑状态下和使用各种润滑油状态下进行现场模拟实验，记录试验数据，并进行对比分析。

试验数据证明，使用机油+锂基脂的润滑效果最理想，再通过调整机油+锂基脂的混合比，分别进行试验，选出最佳混合比，使润滑油达到最佳效果。

在进行了上述优化措施后，成功降低了钢筋笼顶推的摩擦系数，保障了钢筋笼顶推施工的顺利进行。

表 2　润滑油摩擦系数

摩擦系数	轨道进行防护并做好抛光打磨处理条件下进行						
	无润滑	液压油	石墨粉	机油	机油石墨粉	锂基脂	机油锂基脂
静摩擦系数	0.40	0.35	0.20	0.30	0.20	0.25	0.13
动摩擦系数	0.35	0.32	0.18	0.25	0.18	0.20	0.09

3.2 顶推偏差控制

3.2.1 现场问题

通过几个节段钢筋笼顶推施工，发现顶推泵站出现油温过高的情况。油温过高导致液压密封件损坏而造成液压系统渗油、漏油的现象，导致系统顶推不同步的状况，最终出现钢筋笼左右两边行程偏差较大的情况。

3.2.2　优化措施

为解决液压系统油温高的问题，以保证钢筋笼顶推的精确性，我们对设备进行改进：

（1）改进控制系统的散热装置

钢筋笼顶推系统的泵站将控制系统装配在电机和油箱上方，并且整体装配在一个密封的铁柜中。因此，系统在运转时油箱和电机的热量都直接传递到控制系统，对控制模块造成很大影响。

在控制箱上安装两个可以对流的散热风机，能够将控制箱中的热量很好地散发出去，另外将本来封闭的铁柜顶打开，变成可以开闭的折叠门，系统运行时将其打开可以很好地进行系统散热。

（2）增加水冷降温措施

在液压泵站油箱的 4 个侧面加设水箱。系统运行时，在水箱中加满水，可以达到很好的降温效果。

（3）采用风冷设施

在液压泵站的电机旁增加了一套风冷设施，不仅能够通过送风给电机散热，而且能够通过循环给液压油降温，能够更好地为系统降温。

对顶推系统进行以上几项改进后，钢筋笼顶推的精度得到了很好控制。

4　结　　语

港珠澳大桥岛隧工程钢筋笼顶推作为工厂法沉管预制的一项关键工序，是保障沉管预制流水线施工的一项重要环节。因此，选择比较先进的钢筋笼顶推系统以保证钢筋笼顶推施工。在前一阶段的钢筋笼顶推施工中，顶推系统出现了摩擦力大、左右两侧顶推行程偏差大等问题，我们根据现场情况和设备的特点，对顶推系统进行改进，提高了系统的有效性和稳定性，使钢筋笼顶推施工能够顺利进行，满足施工的安全、质量和进度要求。

参 考 文 献

[1]　肖晓春. 大型沉管隧道管节工厂化预制关键技术[J]. 隧道建设，2011，31(6)：701-705.

[2]　毛剑峰，邓涛. 沉管隧道管节预制方法综述[J]. 交通科技，2013，(6)：79-82.

[3]　杨文武. 沉管隧道工程技术的发展[J]. 隧道建设，2009，29(4)：397-404.

装配式绑扎平台在曲线段沉管顶板 钢筋绑扎中的改造技术

朱 成[1]，唐 艳[1,2]，张宇航[1]

（1. 中交四航局第二工程有限公司，广州；2. 重庆交通大学，重庆）

摘 要： 港珠澳大桥预制沉管钢筋绑扎采用工厂法流水线施工工艺，通过装配式平台实现顶板钢筋绑扎作业的工艺衔接。本文针对曲线段沉管的姿态变化，对顶板钢筋绑扎平台进行改造，为顶板钢筋绑扎提供充足的工作面，使钢筋绑扎工作安全和高效进行，同时为其他类似工程提供了有益参考。

关键词： 绑扎平台；装配式；沉管隧道；曲线段改造

1 工 程 概 况

港珠澳大桥沉管隧道由 33 个管节组成，其中直线段管节 28 个，曲线段管节 5 个。曲线段管节位于半径 5500 m 圆曲面上，以节段为单元，通过以直代曲进行曲线拟合，即单个节段为直线[1]。沉管预制采用流水线施工工艺，钢筋绑扎台座使用了装配式绑扎平台，由于曲线段沉管的姿态变化，管节曲向一侧，最大偏差达 370 mm，为保证曲线段顶板钢筋正常绑扎，需要对装配式顶板钢筋绑扎平台进行改造。

2 绑扎平台的构造特点及使用要求

2.1 顶板绑扎工艺

沉管采用流水线预制，对钢筋笼分为底板、墙体和顶板三个区域进行绑扎。钢筋在绑扎台架上完成作业，按照"底板区—墙体区—顶板区—浇筑区"的位置顺序依次顶推至下一个作业区域[2,3]。顶板区的钢筋笼绑扎施工如下：

1）钢筋笼完成顶板钢筋绑扎后，将其连同顶板钢筋绑扎台架一起顶推至浇筑区；

2）已完成墙体绑扎的钢筋笼从墙体区顶推至顶板区，并拆除相应墙体绑扎台架；

3）浇筑区内钢筋笼进行体系转换，将顶板绑扎台架通过行走轨道移至顶板区钢筋笼内；

4）测量放点后进行顶板钢筋笼绑扎，其中顶板底层钢筋主要依靠钢筋绑扎台架进行定位。

2.2 顶板绑扎平台使用

（1）提供钢筋笼绑扎作业平台

顶板钢筋笼绑扎区域距底面约 10 m，绑扎作业必须在一个安全、稳定的平台进行。使用传统固定式支架或脚手架进行支撑作为绑扎作业平台的方式，安装和拆除时安全性低，且工效严重低下。此平台则提供了一个安全稳定的作业面，可通过此平台进行钢筋、预埋件的放样定位，并在此平台上进行绑扎作业。同时台架平台可实现线形整体移动，安全性高，使得钢筋绑扎、浇筑形成流水线，精准、快速、便捷地衔接，工效大大增加。

（2）提供合理的钢筋笼受力支撑平台

顶板钢筋重量约 300 t，基本由绑扎平台承力。该平台通过支撑组件来承力，而支撑组件则采用等腰三角形设置，稳定绑扎平台及支撑组件自重重心，使得平台所受的力能够垂直向下传导至支撑组件下端的固定梁上，确保重心不偏位，使支撑更加稳定。支撑架采用多个支撑组件，将绑扎平台上重量均匀分散，使绑扎平台的移动趋于平稳。

2.3 直线段管节平台施工

2.3.1 顶板区侧绑扎平台

1）侧绑扎台架平稳无变形、无脱焊。

2）顶层严禁堆放任何钢筋，堆放的工具总重量不得超过 800 kg，且不得集中放置，放置的工具必须绑扎牢固。

3）侧绑扎平台使用时不得有晃动现象，如若有晃动则停止使用，予以加固再使用。

2.3.2 顶板区台架平台

1）台架底座无倾斜，支撑螺杆平稳插入滑移方钢定位孔内，无移位；

2）内台架轨道间距满足内台架行走要求；

3）两侧墙体台架无变形脱焊，螺杆调节完好，插销标准齐全无代用；

4）顶板钢筋绑扎前，两侧墙体台架和中管廊墙体台架经测量检验已调正，台架调节螺杆已锁紧，其垂直度和宽度尺寸符合设计要求；内台架底部对拉杆已对拉好锁紧；

5）内台架滚轮完好，并加润滑油脂润滑，轨道落入滚轮槽置中，滚轮轴线对准台架底座中心支点。

3 曲线段沉管钢筋绑扎平台改造

3.1 装配式顶板绑扎平台改造

曲线段沉管共 5 个管节，曲率半径 5500 m，总长 804 m，预制时管节曲向一侧。由于曲线段沉管偏差最大达 370 mm，使得首尾节段的钢筋笼与左侧绑扎平台冲突 20 cm，与右侧绑扎平台间隙达 80 cm；而中间节段的钢筋笼与左侧绑扎平台间隙 80 cm，与右侧绑扎平台冲突 20 cm。因此处理措施如下：

1）将两侧绑扎平台向后移动 50 cm，解决侧绑扎平台冲突问题。

2）在侧绑扎平台与钢筋笼间隙间设置可移动踏板，如图 1 所示。

图 1 可移动平台踏板铺设

3）校核踏板的受力性能，校核焊缝的受力性能。

4）补充侧绑扎平台的使用要求。

3.2 装配式顶板绑扎平台踏板验算

（1）SOLIWORKS 有限元仿真（均布荷载 2500 N）

两端固定的情况下（不考虑变形），踏板平面均布荷载施加 2500 N（等于 250 kg），屈服应力 50.861MPa<<6061-t6 材料屈服应力 275 MPa，最大位移 1.751 mm，最小安全系数 5.4，如图 2、图 3 所示。

（2）SOLIWORKS 有限元仿真（中点集中力 2500 N）

踏板中心位集中荷载 250 kg，有限元力学分析得屈服应力 65.237 MPa<<6061-t6 材料屈服应力 275 MPa；位移 2.774 mm；安全系数最小 4.215，如图 4、图 5 所示。

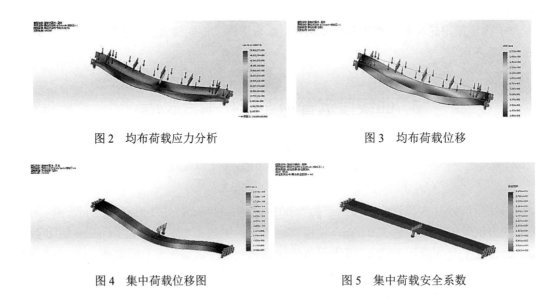

图2　均布荷载应力分析　　　　　　　　图3　均布荷载位移

图4　集中荷载位移图　　　　　　　　图5　集中荷载安全系数

综合以上两种有限元仿真，踏板结构布置是可行的，同时满足踏板均布荷载 250 kg 和中心集中荷载 250 kg 的使用需求。

3.3　装配式顶板绑扎连接焊缝验算

根据现场情况，顶板绑扎台架整改主要用于施工人员站立使用，踏板平铺于钢管上，钢管一侧搭设在绑扎台架上，另一侧搭设在钢筋笼主筋上，主筋与骨架焊接固定。由于失效情况主要出现在倒角主筋与劲性骨架之间，因此对主筋与劲性骨架之间的连接焊缝强度进行校核[4]，焊缝受力示意如图6所示。

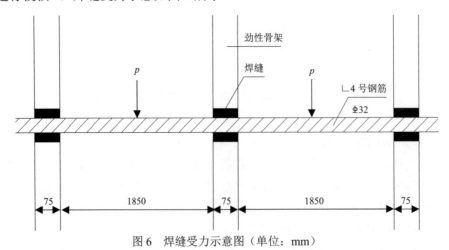

图6　焊缝受力示意图（单位：mm）

工人、材料、踏板、钢管、钢筋的自重荷载传递到焊缝上，焊缝长度的剪应力为

$$\tau=\frac{p}{0.7k\sum L}$$

式中，p——荷载

$\quad\sum L$——焊缝总长度，mm；

$\quad k$——焊脚高度，mm；

$\quad \sigma_b$——焊接木材抗拉强度，375 N/mm²。

$$[\tau]=0.18\sigma_b$$

式中，$[\tau]$——焊缝容许切应力，N/mm²。

$$p=p_1+p_2+p_3+p_4=x+630\,\text{N}$$

式中，p_1——工人自重+材料堆放=x；

$\quad p_2$——踏板自重=10 kg/块×4 块×10 N/kg =400 N；

$\quad p_3$——钢管自重=10 kg/根×1 根×10 N/kg =100 N；

$\quad p_4$——钢筋自重=6.31 kg/m×2 m×10 N/kg ≈130 N。

$$\sum L=75\,\text{mm}\times2=150\,\text{mm}$$

$$\tau=\frac{p}{0.7k\sum L}=\frac{x+630}{0.7\times4\times150}\approx<[\tau]=0.18\sigma_b=67.5\text{MPa}$$

$$x<27720\text{N}\approx2.7\text{t}$$

因此，极限状态下，该踏板可容纳 27 人（按 100 kg/人计算）同时在踏板上工作或 2.7 t 堆载。

3.4 装配式绑扎平台使用

顶板绑扎台架操作平台施工过程中，安装、拆除均需按以下要求进行，做到操作步骤明确，质量目标鲜明，安全措施到位。

1）操作平台安装顺序：安全网系挂→钢管安装→铁丝与钢管固定→踏板铺设。

2）操作平台拆除顺序：靠近钢筋笼的 1~2 块踏板拆除→剩余踏板拆除→钢管拆除→安全网拆除。

3）平台安拆人员作业中必须系有安全带，必须有管理人员全程监控。

4）操作平台踏板上只允许不超过 2 人同时使用，禁止堆放任何材料和设备。

5）操作平台搭的钢管、踏板、铁丝和连接点等未经管理人员同意不得拆除。

6）操作平台下方设置警戒区，禁止无关人员进入，底部两层绑扎台架未使用时必须落锁。

7）操作平台使用前需进行检查验收，验收合格方可使用。在施工过程中由安全员随时检查，发现异常应及时上报。

4　结　　语

本文通过分析沉管顶板钢筋绑扎工艺、装配式顶板钢筋绑扎平台构造及特点，归纳了平台的施工要点，以便用于指导施工及验收；针对曲线段管节钢筋笼绑扎遇到的平台不匹配问题，经过焊缝计算和踏板计算，完成了平台改造，对原有施工工序及验收提出改进，实现了从直线段到曲线段绑扎平台的改造，确保沉管预制顺利进行。

参 考 文 献

[1]　港珠澳大桥岛隧工程项目总经理部. 港珠澳大桥沉管预制施工组织设计[Z]. 珠海：港珠澳大桥岛隧工程项目总经理部，2012.

[2]　董政，黄文慧. 沉管钢筋笼全断面整体置换法[J].中国港湾建设，2015，35(7)：92-95.

[3]　冯伟，戴书学，李凯凯. 工厂法预制沉管钢筋笼变形控制[J]. 中国港湾建设，2015，35(7)：14-17.

[4]　港珠澳大桥管理局. 港珠澳大桥施工及质量验收标准[S]. 珠海：港珠澳大桥管理局，2013.

沉管钢筋笼劲性骨架制作与安装精度控制*

张宇航，申昌洲

（中交四航局第二工程有限公司，广州）

摘　要： 以港珠澳大桥沉管隧道管节预制工程为依托，为减小管节预制钢筋笼在整个预制过程中的变形，采取在钢筋笼内部加入劲性骨架的措施。本文从角钢下料、制作场地、骨架分段定位、焊接变形控制、原材料保护、骨架结构设计 6 个方面论述了骨架制作精度控制方法及底板、墙体、顶板骨架的安装精度控制方法。骨架外形尺寸及安装精度均满足工程要求。

关键词： 沉管；钢筋笼；劲性骨架；精度控制

1　工　程　概　况

港珠澳大桥沉管隧道是迄今为止的世界上最大规模的海底深埋沉管隧道，其钢筋的特点和难点有：

1）钢筋强度等级高，所有钢筋均采用 HRB400，主筋最大直径为 Φ40，箍筋最大直径为 Φ25。

2）单个节段钢筋用量大，约为 1000 t。

3）沉管断面尺寸大，部分钢筋绑扎时需要设置架立筋，钢筋定位和绑扎难度大。

4）钢筋笼整体高度高，体积庞大，采用分区绑扎顶推移动的流水工艺，要确保钢筋笼在移动过程中的位置准确及不变形等，难度大。

在足尺模型两个试验段的钢筋绑扎中，发现钢筋笼最大挠度达 10 cm，不能满足设计及验收标准要求[1,2]。

为减小钢筋笼在整个预制过程中的变形，采取在钢筋笼内部加入劲性骨架的方法[3, 4]。劲性骨架由 75 mm×50 mm×6 mm 的角钢制作而成，安装在钢筋笼内部，见图 1。

---

* 本文曾刊登于《中国港湾建设》2015 年第 11 期。

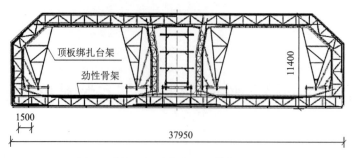

图 1　劲性骨架总体布置（单位：cm）

2　施 工 难 点

在沉管预制过程中，钢筋笼于底板绑扎区开始绑扎，完成后顶推至墙体绑扎区绑扎，完成后继续顶推至顶板绑扎区，最终形成封闭钢筋笼结构，顶推至混凝土浇筑坑。在这种"动态"流水线施工中要控制钢筋笼的整体变形，其难点有[2]：

1）钢筋笼到达浇筑坑之前需要多次移动。

2）沉管预埋件种类多，重量大。

3）钢筋笼顶推过程中可能出现一定幅度的摆动，极易导致钢筋笼变形。

4）钢筋笼体系转换拖动台架、内模移入时，均可能有钢筋头卡在钢筋笼上，造成钢筋笼变形。

5）沉管横断面尺寸较大，相对应的骨架在频繁的烧焊作业中很难保证骨架不产生烧焊变形。

6）劲性骨架从制作区转运至钢筋绑扎区要经过数次转运，为保证转运效率，一次叠放转运多个骨架，骨架重叠吊运极易发生变形。

7）骨架安装时，均从骨架一端焊接至另一端，这也会造成骨架变形。

3　精 度 控 制

3.1　制作精度控制

骨架的制作精度，主要从以下 6 个方面进行控制：

1）角钢下料尺寸：每段角钢下料均需进行精确测量，做好标记后方可下料。需注意保证切口平顺，以利于角钢焊接时有足够的接触面，满足受力要求。下料时要使用小型切割机进行，不可使用割枪。

2）制作场地：在原材料堆放场周边选择劲性骨架焊接场地，按 30 cm 间隔进行标高放点，用砂浆对原地面找平，其上用 2 cm 厚的钢板制作骨架焊接平台，按 20 cm 间隔测量标高，对钢板平整度精调。

3）骨架中分段角钢焊接前的定位：①根据设计图纸，进行每榀分段骨架的板型制作，在板型周边加焊角钢限位，各分段角钢对号入座后即可进行焊接；②在焊接平台上按骨架尺寸测量放点，烧焊 75 mm×50 mm×6 mm 角钢作为限位。

4）焊接变形控制：焊接作业时先将焊缝正面、背面点焊固定，将骨架固定在板型或平台上烧焊，烧焊时切勿电流过大导致角钢烧穿。完成一道焊缝后使用小尖锥敲掉焊渣，观察焊缝是否饱满。焊接完成后若发现骨架变形，可用火工对其进行校正。

5）原材料保护：角钢原材料如表面出现严重锈蚀，不但影响骨架的刚度，而且影响骨架的焊接质量。原材料在转运中若发生严重的碰撞变形，亦将影响骨架的制作精度。为此在角钢转运过程中应加强保护，轻起轻放，选择平整的场地堆放。角钢存放时做到下垫上盖。

6）骨架结构设计：骨架结构设计是否合理将直接影响骨架使用效果。骨架设计时应考虑该榀骨架的受力状况。底板的劲性骨架应多设置竖撑，竖撑位置应置于钢筋笼受力点处，即滑移轨道上方，另设置斜撑以承受钢筋笼顶推过程中产生的侧向力。骨架的分段亦是设计的重点，分段过长不便于转运，制作安装精度也难以控制，容易累积过大焊接变形而无法校正。

3.2 安装精度控制

3.2.1 底板骨架安装精度控制

1）每个节段的劲性骨架位置不尽相同，施工前需查看施工图纸上交通工程孔洞及大型管道的位置，以便对劲性骨架位置进行调整，避开孔洞及大型管道。此举可避免为避开骨架而影响交通工程预埋设施安装精度，还减少了为安装孔洞模板及管道而切割劲性骨架，从而影响钢筋笼整体稳定性。

2）测量员将劲性骨架位置放样到底板绑扎架上及底板绑扎区的地坪上，放样时适当加密参考点，以利于骨架初安装时定位。

3）用桥式起重机、吊运平台将骨架转运至底板绑扎区。需要注意，为防止骨架在吊运中发生变形，应根据骨架分段的形状，制作、使用专用的吊运平台。

4）利用绑扎台架上所放的定位点进行骨架初定位。需要注意，骨架安装顺序应从两边到中间，因两侧骨架可以借助绑扎台架固定，中间骨架初定位较困难；切不可从一侧往另一侧安装，避免安装误差累积。初定位完成后，利用绑扎台架上的定位点吊垂线进行骨架垂直度调整，随后将该榀骨架与纵向主筋的接触面跳焊固定。

5）利用同一榀骨架在两侧绑扎台架上的定位点拉直线调整骨架线形。该骨架的后续分段转运到位后，通过地坪上的定位点及所拉的直线进行垂直度及线形调整。

6）同一榀骨架相邻分段用角钢搭接烧焊。烧焊前注意调整骨架横断面上的位置，使骨架的竖撑放在滑移轨道上方。

7）劲性骨架底部与纵向主筋接触面满焊加固。每隔 3～4 m，用通长角钢将 12 榀劲性骨架的竖撑烧焊连接。每榀骨架侧面，每隔 2～3 m 用 1.5 m 长的 ϕ32 mm 钢筋将骨架与底板主筋烧焊连接，作为斜撑加固。

8）完成底板顶上钢筋铺设绑扎后，将骨架顶部与纵向主筋跳焊连接。

3.2.2 墙体骨架安装精度控制

1）将底板劲性骨架顶部角钢一侧的边界点引至墙体绑扎台架上，同时在墙体骨架的内侧面用 5 cm 长 ϕ16 mm 钢筋以 12 cm 间距烧焊，以此作为纵向主筋卡槽。

2）将骨架用吊运平台转运到位，进行侧墙骨架初定位。利用绑扎台架上的定位点吊垂线调整骨架垂直度，在骨架顶部、中部及底部各选取一处与纵向主筋点焊固定，再从上往下跳焊固定。切不可按照从一端到另一端的顺序烧焊，以免出现累积变形造成骨架歪扭难以校正。最后将骨架与纵向钢筋的所有接触面满焊固定。

3）将墙体骨架与底板骨架的接触面进行满焊处理，必要时辅以角钢烧焊加固，确保骨架的稳固性。

4）将侧墙内侧纵向主筋置于骨架卡槽上并与骨架绑扎固定。

5）将绑扎台架上的定位点引至侧墙内侧，吊垂线对骨架垂直度校正，将顶部、中部及底部与三根纵向主筋点焊初步定位。烧焊时注意对骨架进行变形校正。

6）对骨架从上到下跳焊固定，然后满焊。

3.2.3 顶板骨架安装精度控制

1）顶板钢筋台架标高与位置调整到位后，在两侧行车道台架上放样顶板劲性骨架安装点，利用顶板两侧劲性骨架放样点及侧墙骨架定位点进行拉线，以备骨架线形调整。

2）用吊运平台将骨架转运到位，进行骨架初定位，骨架的安装顺序为从两边墙体骨架往中间安装。

3）依靠定位直线对骨架线形及垂直度进行调整，用角钢将相邻骨架搭接烧焊成为整体。

4）进行中墙位置的骨架线形调整时，必要时可适当调整中墙斜倒角钢筋及横向主筋位置，以确保顶板骨架能够与中墙骨架顺利对接。另用 3 根 7 cm 长的角钢对两部分骨架烧焊固定。

5）对劲性骨架底部与纵向主筋跳焊，在中管廊位置进行全点焊加固。与 12 榀劲性骨架竖撑的焊接及斜撑加固与底板骨架相同。

6）完成顶板顶上钢筋铺设绑扎后，将骨架顶部与纵向主筋跳焊连接，并将中管廊位置的接触面均点焊加固。

4 结　语

　　沉管预制厂开工至今已近 3 年，从施工效果看，骨架外形尺寸及安装精度均满足工程要求，彻底解决了钢筋笼变形大、挠度大、影响保护层厚度及模板支立困难等问题。沉管劲性骨架精度控制技术可为类似工程提供有益参考。

参 考 文 献

[1]　港珠澳大桥管理局. 港珠澳大桥主体工程隧道工程施工及质量验收标准[S]. 珠海：港珠澳大桥管理局，2013.

[2]　中交公路规划设计院有限公司. 港珠澳大桥主体工程岛隧工程施工图设计：管节结构施工图[Z]. 北京：中交公路规划设计院有限公司，2012.

[3]　中交股份联合体港珠澳大桥岛隧工程第Ⅲ工区一分区项目经理部. 港珠澳大桥沉管预制施工组织设计[Z]. 珠海：中交股份联合体港珠澳大桥岛隧工程第Ⅲ工区一分区项目经理部，2012.

[4]　冯伟，戴书学，李凯凯. 工厂法预制沉管钢筋笼变形控制[J]. 中国港湾建设，2015，35(7)：14-17.

工厂法预制沉管钢筋笼施工技术与优化*

李凯凯，冯　伟

（中交二航局第二工程有限公司，重庆）

摘　要： 为适应港珠澳大桥大型化、工厂化、标准化的建设理念，通过引进国外先进设备，提高施工技术水平，合理运用新型技术，达到钢筋施工技术最优化。沉管隧道预制钢筋加工采用全自动钢筋加工生产线，钢筋笼施工采用流水化区域绑扎工艺。本文主要介绍港珠澳大桥沉管钢筋笼施工技术及变形控制方案。

关键词： 沉管；预制；钢筋笼；钢筋绑扎；变形控制

1　工　程　概　述

港珠澳大桥岛隧工程沉管隧道由 33 个管节组成，其中直线段管节 28 个，曲线段管节 5 个，曲率半径 5000 m。沉管采用两孔一管廊截面形式，宽 3795 cm，高 1140 cm，底板、侧墙及顶板厚 150 cm，中隔墙厚 80 cm，见图 1。标准管节长 180 m，分成 8 个标准节段，每个节段长 22.5 m，单节段钢筋重量约 1100 t，钢筋级别为 HRB400。

图 1　沉管管节

2　工　程　特　点

港珠澳大桥沉管隧道是国内首个采用工厂法进行沉管预制的工程，也是迄今为止世

---

* 本文曾刊登于《中国港湾建设》2015 年第 7 期。

界上最大规模的海上沉管隧道[1]，较之其他工程，其钢筋笼施工具有以下显著特点。

1）所采用的钢筋强度等级高，所有钢筋均采用 HRB400，主筋最大直径为 Φ40，箍筋最大直径为 Φ25，对钢筋加工及绑扎要求高。

2）单个节段钢筋笼总重量大，为了确保整体质量，只能将整体拆分，进行分区域流水绑扎，对钢筋绑扎技术要求高。

3）沉管断面尺寸大，且不单独设置钢筋绑扎台架（滑移台车充当钢筋笼支撑），钢筋定位和绑扎难度大。

4）体积庞大，钢筋笼整体高度高，采用顶推移动分区流水绑扎工艺，确保钢筋笼在移动过程中的位置及不变形等难度大，如钢筋笼变形将导致整条流水线停工，将对整个港珠澳大桥项目造成较大影响。

5）钢筋笼顶推及体系转换的程序多，工艺较复杂。

3 钢筋施工

3.1 钢筋加工

由于本工程的预制场地限制，材料运输不便，为了降低成本且避免影响工期，本工程钢筋采用现场全自动化分区加工[2]，运输加工一体化，不仅满足了钢筋需求量和减少了资源消耗，而且保证了工程的连续性。

3.1.1 钢筋剪切

钢筋下料主要采用一套自动化锯（剪）切生产线，满足预制场加工量和套丝对端头的要求，其中，为提高锯切线的效率，采用双层供料系统，锯切过程与原材料码放同时进行。锯切线钢筋定位装置采用固定挡板，每 500 mm 一格，主机在纵向可移动 500 mm，严格控制钢筋下料的长度，精度可达到 ±1 mm。

3.1.2 钢筋套丝

采用滚扎直螺纹套筒机械连接方式，根据配料通知单，取用相应的钢筋，核对下料钢筋的品种、规格及套丝长度，调整套丝机定位装置，进行套丝操作。丝头加工完毕经检验合格后，立即带上丝头保护帽或拧上连接套筒，防止移运钢筋时损坏丝头。

3.1.3 钢筋弯曲

从直径上总共分为两类钢筋的弯曲：$\phi 32$ mm 以上及以下的钢筋；从工序上分为两类钢筋的弯曲：锯（剪）切料直接弯曲和需要套丝后的弯曲；对于直径 $\phi 32$ mm 以上

的钢筋，采用 B-52S 平弯式自动弯曲机，可最大弯制 $\phi50$ mm 的钢筋，通过对弯曲中心进行调整，弯制沉管特殊弯曲半径的钢筋；而对于直径 $\phi32$ mm 以下（含 $\phi32$ mm）的钢筋，包括主筋和箍筋，采用 B-33 平弯式自动弯曲机和 TBS-25-NC4 立式弯曲机进行加工。

3.2　钢　筋　安　装

与一般的工程整体安装不同，本工程将钢筋笼"拆分"，通过台车移动完成底板、中侧墙、顶板钢筋绑扎流水作业，从根本上解决大型钢筋笼绑扎难的问题[3]。

3.2.1　底板钢筋安装及定位

底板钢筋的定位和绑扎顺序：底板箍筋下半肢→底板横向钢筋→纵向钢筋（中部分层绑扎）→安装劲性骨架→分层摆放顶层横向钢筋→纵向钢筋→顶层横向钢筋→箍筋上半肢和拉钩筋。底板钢筋垫块的布置密度按侧墙底板（横向 4 m 宽）和中隔墙底板（横向 4 m 宽）4 个/m²，其余部分按 2 个/m² 布置。

1）底板下方钢筋依靠在钢筋笼滑移台车上设置的定位钢板进行定位，滑移钢板两侧安装 2 块锯齿形钢板，锯齿凹槽按主筋间距布置，主筋直接放入凹槽定位。台车在钢筋绑扎过程中固定，不得产生位移。

2）底板侧墙外侧横向主筋定位利用限位装置上安装的定位钢板进行定位。

3）底板纵向主筋定位采用型钢开槽定位，槽钢安放在滑移台车上。

3.2.2　中侧墙钢筋安装及定位

中侧墙钢筋绑扎前，先安装钢筋绑扎支架，利用内外钢筋绑扎支架进行钢筋定位。

钢筋绑扎时，先绑扎封闭箍区域，箍筋和纵向主筋交替绑扎，形成整体。再依次按从下到上的顺序进行竖向钢筋和纵向钢筋的绑扎，最后依次绑扎箍筋另半肢和拉钩筋。在中侧墙箍筋绑扎时，需预先按 2.5 m 的间距预留混凝土溜筒的安放位置，并根据施工实际需要预留混凝土施工振捣通道，在混凝土浇筑过程中进行复位绑扎。

3.2.3　顶板钢筋安装及定位

顶板钢筋绑扎定位采用在绑扎托架上焊接定位型钢对横、纵向主筋进行定位。

顶板钢筋绑扎步骤：外墙倒角→顶板箍筋→横向钢筋→纵向钢筋→劲性骨架安装→底层横向钢筋分层铺设→劲性骨架安装→顶层横向钢筋分层铺设→顶层纵向钢筋→顶层横向钢筋→箍筋。

顶板钢筋绑扎前，先安装顶板绑扎支架。顶板底层钢筋主要依靠钢筋绑扎支架进行定位，顶板顶层钢筋主要依靠劲性骨架进行定位。顶板绑扎支架如图 2 所示。

图 2　顶板钢筋绑扎支架

在顶板钢筋绑扎时，需预先考虑中侧墙、底板混凝土浇筑的下料孔及人孔。预留位置每道墙考虑 1 排，间距按 2.5 m 布置，同时与中侧墙预留孔在同一条通道，孔洞尺寸 40 cm×40 cm。顶板钢筋采用锥形垫块支撑，密度按 2 个/m² 布置。

3.3　钢筋连接点

因管节断面尺寸较大，钢筋定尺长度有限，故必须对钢筋各个连接点（接头）进行合理设计，以满足设计受力和安装工艺要求。

3.3.1　钢筋连接点设置原则

根据钢筋绑扎总体工艺要求，钢筋分为底板、中侧墙及顶板 3 个绑扎区，钢筋连接必须在底板和中侧墙，中侧墙和顶板之间设置分段连接点。连接点设置的基本原则如下。

1）尽量减少钢筋接头，减少丝头加工量和套筒数量。

2）考虑施工的可操作性和便利性，合理断开界面。

3）科学合理考虑钢筋配料，减少钢筋损耗。

3.3.2　钢筋连接点设置

为提高钢筋使用效率，加快施工进度，提前进行各部分钢筋的配料设计。侧墙外倒角连接点设置以距离底板 2.5 m 高度为基准，中隔墙以倒角处为基准，同时考虑搭接头的错开，其中侧墙外倒角中加强钢筋较短，不考虑截断。中隔墙处竖向主筋在侧墙绑扎区域绑扎，纵向钢筋分为两段，连接点设在节段中部附近。所有箍筋不考虑接头。

4　钢筋笼变形控制

钢筋笼变形控制是最大难题，由于钢筋笼体积庞大，整体高度高，且采用顶推移动分区流水绑扎工艺，钢筋笼顶推距离长达 200 m，在绑扎、顶推移动和钢筋笼体系转换过程中，钢筋笼整体形态极易变形。由于钢筋笼自身条件所限，一般控制变形的方案无法满足本工程的需求。为了确保钢筋笼在绑扎、顶推移动和体系转换过程中整体变形不会太大，施工技术中除了针对台架进行专门设计外，还针对钢筋笼自身选择加强方案。通过方案比选，采用劲性骨架。劲性骨架起着钢筋笼成型和控制大跨度钢筋变形的双重作用，横向骨架设置在上下两层主筋之间，与钢筋笼连接起来，共同承担钢筋的重量，减少横向挠度，同时形成一个封闭整体，提高钢筋笼的稳定性。对于内层加强钢筋层，采用纵向型钢隔开，既可与横向骨架连接增加稳定性，也可严格控制主筋层距。

4.1　顶推变形控制

采用计算机控制同步液压顶推系统完成钢筋笼顶推，钢筋笼下方设置了 14 条钢筋绑扎台车（由导轨和滑轨组成）和 4 条顶推轨道，钢筋笼在台车上绑扎成型后，安装顶推装置，进行钢筋笼顶推施工，如图 3 所示。

图 3　钢筋笼顶推

钢筋笼顶推过程中变形控制难度大，为了保证钢筋笼质量，在顶推过程中主要采取以下措施。

1）钢筋笼顶推过程中 4 个顶推千斤顶必须同步启动和停止，平衡顶推钢筋笼，且测量全过程监控，确保钢筋笼按照轴线前行，保证同步。

2）保证钢筋笼顶推轨道对接处平滑过渡，活动滑轨安装过程中控制中心线偏差小于 5 mm。

3）钢筋笼顶推时 14 条滑轨均匀涂抹润滑油，减小滑轨与绑扎台车滑块件的摩擦力，从而减小钢筋笼振动。

4.2　体系转换变形控制

体系转换过程中，钢筋笼顶板绑扎台架拆除后，顶板钢筋笼处于悬空状态，钢筋笼受自重会出现下挠现象，造成钢筋笼整体结构出现变形。劲性骨架的安装和顶板钢筋笼增设吊点提升顶板钢筋笼很好地解决了钢筋笼体系转换过程中的变形难题。

体系转换主要工序是：钢筋笼顶推至浇筑台座后，采用 16 个吊点悬挂钢筋笼顶板钢筋，拆出顶板绑扎台架进入内模，充气胶囊充气顶升钢筋笼，滑出钢筋绑扎台车，然后胶囊泄气下放钢筋笼直到钢筋笼全部由底模上垫块承受，完成钢筋笼的体系转换。钢筋笼体系转换如图 4 所示。

图 4　钢筋笼体系转换

针对钢筋吊点和钢筋笼的特点，设计多点悬吊分散钢筋笼自重的系统，主要由桥式起重机、吊杆、液压千斤顶及花篮螺丝组成，钢筋笼顶推入模后悬挂钢筋笼顶板，通过该系统从根本上对钢筋笼变形进行控制，主要措施如下。

1）保证顶升过程中钢筋笼受力平衡，将所有充气胶囊并联在一起，控制空气机压力到指定压力，充气胶囊需满足最大承受 0.8 MPa 的压力。

2）16 个吊点均匀分布在钢筋笼顶板上，体系转换中 16 个吊点同时工作，并且液压千斤顶压力都必须达到 10.0 MPa。

3）顶板吊点必须在内模全部进入并且打开后才能拆除。

5　结　　语

目前，港珠澳大桥岛隧工程沉管预制项目已完成 160 个节段的钢筋笼绑扎、顶推和体系转换施工。通过工厂法预制，不断优化施工技术，使钢筋笼形态得到了有效的控制，保证了钢筋施工质量，为港珠澳大桥沉管预制打下了坚实的基础。

参 考 文 献

[1]　肖晓春. 大型沉管隧道管节工厂化预制关键技术[J]. 隧道建设，2011，31(6)：701-705.

[2]　杨绍斌，张洪. 自动化钢筋加工生产线在港珠澳大桥沉管预制中的运用[J]. 中国港湾建设，2013，(3)：66-70.

[3]　杜治良. 钢筋施工中常见的质量问题及处理措施[J]. 科技创新导报，2008，(10)：80.

摩擦焊在港珠澳大桥沉管预制中的应用*

戴书学，李　阳

（中交二航局第二工程有限公司，重庆）

摘　要： 本文介绍了钢筋摩擦焊工艺原理、操作方法和 J 形拉钩筋制安工艺，在操作空间受限、钢筋密集的结构中，该工艺是解决钢筋锚固的一种有效途径。港珠澳大桥沉管预制中采用摩擦焊工艺成功解决了拉钩筋的施工难题。

关键词： 港珠澳大桥；摩擦焊；沉管；J 形拉钩筋

1　工　程　概　况

港珠澳大桥岛隧工程沉管隧道全长 5664 m，由 33 个预制沉管管节组成。预制沉管采用两孔一管廊截面形式，宽 3795 cm，高 1140 cm，底板、侧墙、顶板厚 150 cm，中隔墙厚 80 cm。标准管节长 180 m，分成 8 个节段，每个节段长 22.5 m，混凝土 3413 m³，全断面一次浇筑成型。

2　钢筋设计与施工工艺

管节钢筋采用 HRB400，最大直径 40 mm，单个节段钢筋最大用量约 1100 t。预制沉管的横向主筋直径为 32 mm 和 40 mm 两种，分 4 层布置，最外层主筋为环管节横断面封闭形式，间距除端部加密段之外为 10 cm、14 cm 间隔布置。箍筋设计为外箍分两半制作、搭接连接，中间设拉钩筋加强的形式，横向主筋及封闭箍筋布置见图 1。为保证钢筋骨架刚度及在绑扎和顶推过程中的稳定性，间距 2 m 设置沿管节横断面封闭的型钢劲性骨架。

钢筋绑扎采用分区绑扎、顶推移位施工工艺，即在底板区完成底板钢筋绑扎后，顶推到墙体区绑扎侧墙和中隔墙钢筋，然后顶推到顶板区绑扎顶板钢筋，最后顶推到模板区，依次流水施工。

受主筋间距、长度、施工工艺和钢筋绑扎区场地限制，导致封闭箍筋的拉钩筋如采用常规设计将无法施工，必须采取新型拉钩筋形式才能解决拉钩筋安装的施工难题。

＊ 本文曾刊登于《中国港湾建设》2015 年第 3 期。

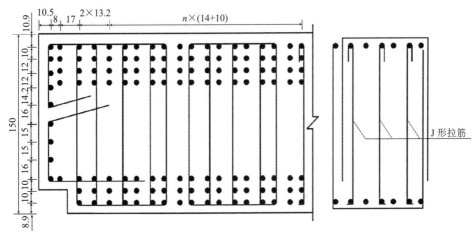

图 1　横向主筋布置及封闭箍筋组合示意图（单位：cm）

3　拉钩筋和锚固板形式比选

国内外常用的拉钩筋构造形式见图 2。锚固钢板采用 Q345B 材质，尺寸见表 1。钢筋锚固板的连接主要有螺纹连接式和焊接式两种，对比情况见表 2。经过调研和比较，选定预制沉管拉钩筋构造形式为一端锚固板的 J 形构造，摩擦焊连接形式。

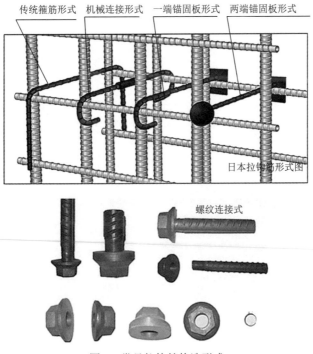

图 2　常见拉钩筋构造形式

表 1　锚固钢板尺寸一览表

		钢板平面尺寸/（mm×mm）						钢板厚度/mm
主筋直径 *D*/mm		16	25	28	32	36	40	
拉钩筋直径 *d*/mm	12	65×35	—	65×35	—	—	—	12
	16	65×35	65×35	—	65×35	65×35	65×35	12
	20	80×40	80×40	—	80×40	80×40	80×40	16
	25	100×50	100×50	—	100×50	100×50	100×50	20

表 2　常用钢筋锚固板连接形式对比表

序号	项目	螺纹连接式	焊接式
1	质量控制	主要控制内容为螺纹加工、连接时扭矩值，工艺成熟，但控制点较多，影响因素较多	主要控制内容为焊接质量，影响因素相对较少
2	施工便利性	安装方便，但要满足螺帽能勾住主筋，则圆形锚固板尺寸较大安装困难，需定制异形螺帽	安装方便，锚固板采用钢板加工而成，形状可根据现场情况确定，加工简便，也可直接采购半成品
3	施工效率	丝头加工约 240 根/台班	摩擦焊接约 800 根/台班
4	设备配置	现有设备即可满足；需配置 8 台套丝机才能满足沉管预制进度要求	摩擦焊机需进口；配置 3 台摩擦焊机可满足沉管预制进度要求
5	其他	锚固板厚度较大，可能引起保护层不足	锚固板厚度相对较薄，能保证保护层厚度

4　摩擦焊机构造、工作原理及主要特点

4.1　摩擦焊机构造及工作原理

根据沉管预制所加工的钢筋强度、直径、工效等要求，采购 3 台日本 SAKAE 公司生产的 WF-30SH 型摩擦焊机，其最大压接推力 100 kN，电机功率 15 kW，主轴最高转速 2500 r/min，可加工钢筋直径 12～25 mm，可加工钢筋长度 1300～1760 mm，可以满足沉管预制所需拉钩筋加工要求，摩擦焊机构造见图 3。

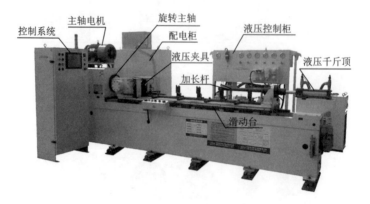

图 3　摩擦焊机构造图

工作原理为：锚固钢板安装于旋转主轴前端的旋转头凹槽内，钢筋安装于滑动台的支座上，通过加长杆保证钢筋与锚固钢板有效接触并由液压夹具固定，后方液压千斤顶顶动滑动台使钢筋与锚固钢板接触压力满足加热压力要求，主轴电机带动旋转主轴高速旋转使钢筋与锚固钢板间摩擦发热，当钢筋与钢板熔化后主轴停止旋转，通过液压千斤顶顶推滑动台带动钢筋与钢板压接成型。设备运行参数在控制系统触摸屏上设置。

4.2　摩擦焊工艺的主要特点

摩擦焊利用摩擦生热的原理，需焊接的两工件在确定压力条件下通过高速相对旋转摩擦生热至金属熔融，再通过压紧压力使两金属结合为整体。其主要特点如下。

1）摩擦焊将两个工件完全紧贴使其发热，有效阻止空气进入焊接部位，并能够将接合面的污垢及阻碍接合的氧化膜等杂质化为飞边以清除，从而避免传统焊接容易出现的气孔、夹渣、虚焊等质量缺陷；

2）焊接部位为面接触，受热均匀，能有效抑制金属变形；

3）主要控制参数为接触压力、焊接时间、工件尺寸等物理量，通过压接焊机的数控系统控制，不受人员技能、经验、熟练程度等因素影响，质量稳定可靠；

4）材质适应范围广，不同金属材料间也能进行焊接；

5）焊接过程中不产生飞溅物和烟尘，相对传统焊接作业有更好的作业环境。

5　摩擦焊工艺介绍

5.1　设 备 配 置

J 形拉钩筋平均数量为 22 500 根/节段，按预制进度 2 节段/周，生产能力需达到约 6500 根/d，按 3 班作业时间计算，所需摩擦焊台数为：6500/（800×3）=2.7 台，配置 3 台设备可以满足预制进度需要。同时为满足锚固钢板表面处理需要，配置 1 台抛丸清理机。抛丸清理机、摩擦焊机布置在一间加工厂房内。

5.2　摩擦焊工艺流程

摩擦焊工艺流程见图 4。

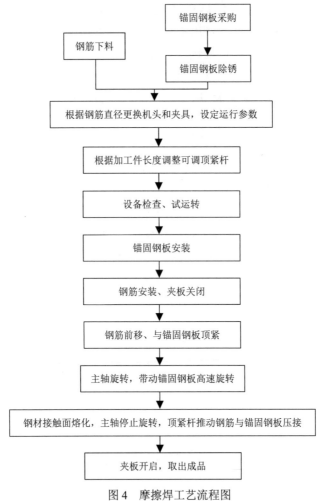

图 4　摩擦焊工艺流程图

5.3　主要工艺介绍

（1）材料准备

钢筋采用切断机下料，要求端面平整，无明显变形。下料长度偏差小于 3 mm，否则摩擦焊机会报错而无法焊接。

锚固钢板按设计尺寸在钢材市场购买成品，焊接前用抛丸清理机对钢板表面进行处理，处理后的钢板表面要求无锈蚀、油污等杂质。钢板应做到随处理随使用，避免处理后的表面二次污染影响焊接质量。

（2）更换旋转头、设置运行参数

根据所加工的钢筋直径，更换相应的旋转头。

设备运行参数包括：主轴旋转头转速、加热压力 $P1$（MPa）、接合压力 $P2$（MPa）、钢筋长度、加热时间、接合时间、液压夹具夹持力等，参数选择的主要依据为钢筋强度等级、钢筋直径、经试验得到的参数图表。在设备投入使用前，抽检所用钢筋、钢板进行力学性能试验，根据厂家提供的参数曲线选定设备运行参数，进行试加工并检验焊接接头力学性能，如接头力学性能不能满足要求则对运行参数进行微调并再次进行试加工和检验。接头检验合格后该运行参数即固定不变，除非材料有明显变化导致接头质量不合格才需重新进行试加工检验。港珠澳大桥岛隧工程沉管预制 J 形拉钩筋所用锚固钢板和钢筋试验得到的摩擦焊参数曲线见图 5。

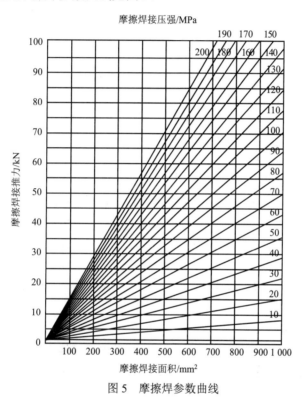

图 5　摩擦焊参数曲线

为防止工人误操作或因人员变更引起设备运行参数设置错误，将各规格拉钩筋焊接参数存储于控制系统的存储器内，工人在设备运行前只需按所加工的拉钩筋在设置表中选定相应规格，即可从存储器中直接调出全套参数设置。

$$F = C \times P$$
$$D = 5027 \ mm^2$$
$$P' = [(F \div D) \times 10] + f$$

式中，F——摩擦焊接所需的推力，N；

　　C——摩擦焊接面积，mm^2；

　　P——摩擦焊接压力，MPa，通过试验确定；

　　P'——液压千斤顶油缸油压，MPa；

　　D——液压千斤顶油缸有效截面面积，mm^2，WF-30SH 型摩擦焊机为 5027 mm^2；

　　f——滑动台与导轨间的摩擦力，MPa，此处取 0.2。

港珠澳大桥岛隧工程论文集　卷Ⅱ

　　液压夹具夹持力应满足钢筋在摩擦焊接过程中不发生转动或前后移位，液压夹具油压与夹持力对应数据见表3。

表3　液压夹具油压与夹持力对应表

油表压力/MPa	夹持力/kN	油压压力/MPa	夹持力/kN
1.0	8.0	10.0	85.0
2.0	17.0	11.0	93.0
3.0	25.0	12.0	102.0
4.0	34.0	13.0	110.0
5.0	42.0	14.0	119.0
6.0	51.0	15.0	127.0
7.0	59.0	16.0	136.0
8.0	68.0	17.0	144.0
9.0	76.0	—	—

　　（3）设备检查和试运行

　　每工作班开始焊接前，需对设备进行检查和试运行，主要检查内容包括：确认工件安装部位和钢筋夹具等位置无杂物和粉尘；确认各部分液压单元、液压油管及接头无漏油，电磁阀等电器元件正常；确认各液压单元油位正常，液压油无污染，压力计指针在绿色使用压力范围内；确认主轴旋转头侧面的油脂泵内润滑油量满足要求。

　　（4）调节加长杆

　　根据成品所需尺寸，安装或拆除加长杆，并调节加长杆后方螺纹使钢筋前端与锚固钢板顶紧、后方与加长杆顶紧即可。

　　（5）钢筋与锚固钢板焊接

　　设备运行参数设置完成，试运行后即可正式开始钢筋与锚固钢板焊接作业。设备运行过程全自动化，工人只需要进行锚固钢板、钢筋安装和取出成品即可，消除了人为因素可能带来的质量波动。

　　焊接过程中需注意安全事项包括：设备运行中要注意观察主轴旋转头和滑动台等运动装置，防止焊接工件脱落；焊接过程中可能会有高温的钢筋氧化皮飞起，人员不得靠近焊接处；链条传动驱动装置和主轴旋转装置上均装有安全盖，在拆下安全盖的状态下不得运行设备；刚焊接好的拉钩筋接合部位温度很高，不可接触人体以免烫伤；停止运行或人员离开设备时，应关闭设备的电源。

5.4　摩擦焊接头验收

　　根据设计要求，每沉管节段所用各规格摩擦焊接头均随机抽取3根试件按《钢筋锚固板应用技术规程》（JGJ 256—2011）要求进行接头力学性能试验，如3根试件的极限拉力均不小于钢筋达到极限强度标准值时拉力，则判定该批焊接接头合格。如有1根试件不满足抗拉强度要求，则再取6根试件进行复检，复检中如仍有1根试件不满足抗拉强度要求，则该批焊接接头判定为不合格。

6 J形拉钩筋加工与安装

锚固钢板与钢筋焊接好之后，用数控弯曲机加工弯钩。为满足拉钩筋安装需要，拉钩筋长度较设计增加3～5 mm，弯制好的拉钩筋用专用钢筋吊笼装好备用。拉钩筋安装时将锚固钢板一端从主筋间穿入，弯钩到位后旋转拉钩筋使锚固钢板勾住主筋，再绑扎牢固即可。

7 结　语

港珠澳大桥岛隧工程沉管隧道管节预制采用J形拉钩筋成功解决了拉钩筋的安装难题，摩擦焊工艺满足了沉管预制施工效率、加工精度、质量稳定性等方面的要求。在港珠澳大桥岛隧工程后续开工的人工岛上隧道、非通航孔桥中推广采用了该工艺，也获得了良好效果。摩擦焊工艺在本项目的成功应用，可为类似工程提供借鉴。

参 考 文 献

[1] 中华人民共和国住房和城乡建设部. 钢筋锚固板应用技术规程: JGJ 256—2011[S]. 北京: 中国建筑工业出版社, 2011.

[2] Sakae Industries Co., Ltd. Automatic friction welding machine in-struction manual WF-30SH[Z]. 2010.

[3] 吴广彬, 葛召深, 李智斌, 等. CABR钢筋锚固板在AP1000核电工程中的应用[J]. 施工技术, 2011, 40(12): 69-71.

沉管预制钢筋质量通病治理*

陈刚强，柳志刚

（中交四航局第二工程有限公司，广州）

摘　要： 本文结合港珠澳大桥岛隧工程沉管预制施工中钢筋质量通病的治理，从钢筋支垫不到位、卡槽变形损坏、钢筋间距超限等方面，介绍沉管预制施工中钢筋质量通病治理的措施及效果。通过治理，沉管预制工程的耐久性、安全性和可靠性有了实质性的提高。

关键词： 沉管；质量通病；制度；培训；标准化

0　引　言

港珠澳大桥设计使用年限为 120 年，为保证沉管的耐久性，管节混凝土浇筑采用全断面一次浇筑工艺。单个标准管节长 180 m，由 8 个长 22.5 m 的节段组成，单个节段混凝土方量约 3400 m³，钢筋用量约 1000 t。

根据工程特点，明确治理目标和环节，认真组织制定治理质量通病实施要点，落实设计、施工、监理、试验检测等单位责任[1]。成立了质量通病治理活动领导小组，保证了活动有效推进。在管理上，加强施工组织，完善各项制度，落实质量责任，推行标准化施工管理；在技术上，加强技术创新，鼓励研发、推广和采用新技术、新材料，完善工艺流程和标准，限制或淘汰落后的工艺，严格执行强制性标准。认真落实质量保证体系，查找质量通病具体问题，制定整改措施，全员动员开展质量通病治理工作，严格落实"自检、交接检、质检员专检"三检制度，确保不留质量隐患。

1　钢筋支垫高度不足

1）成因：沉管预制厂钢筋使用量大，存放钢筋量要求高，各类舾装件数量多，场地狭窄，原来厂房设计的空间不能完全保证存放钢筋的要求，使得部分钢筋堆放在露天，钢筋支垫的条形块高度不足，引起钢筋锈蚀。

* 本文曾刊登于《中国港湾建设》2015 年第 11 期。

2）预防和处理措施：组织模板、钢筋和混凝土班组人员对条形块改造进行专项技术交底。交底内容主要包括条形块规格，模板安装牢固性要求，钢筋绑扎质量要求，混凝土浇筑技术要点及注意事项[2]。钢筋绑扎并支模完成后进行自检，自检合格后及时通知监理工程师进行验收。通过验收后混凝土施工班组进行混凝土浇筑，浇筑过程中试验员和质检员进行全程监控，并对混凝土各项性能指标进行检测，并制作混凝土试块便于后期检定混凝土强度指标，浇筑完成后及时用土工布覆盖进行养护，养护时间 14 d。

技术员加强施工过程的巡查，特别针对混凝土条形块长度、宽度和高度的检查，发现尺寸不符合要求的情况及时制止，将质量隐患消除在萌芽状态。

完善项目部管理制度，增加奖惩条例，若出现条形块未经验收就私自浇筑混凝土的情况，发现一次对该施工班组罚款 500 元，对不服从管理的个别人员及时辞退。

3）实施效果：通过对班组作业人员进行技术交底，大家都明确了混凝土条形块制作的施工要点，施工时都能按照要求进行。

加强施工过程的巡查，有利于及时发现违规操作，及时加以纠正，对质量通病能及早防范，将其消灭于萌芽状态之中，行之有效。

项目部的管理制度得到完善，增加了奖惩条例，对施工人员起到一定的震慑作用。对制作完成的预制条形块尺寸和留置的试块进行检测，未发现有不合格的现象，条形块预制合格率达到 100%，满足现场钢筋支垫要求，钢筋支垫质量通病得到了有效解决。

2 定位卡槽变形、损坏

1）成因：定位卡槽周转次数多，每个节段施工都要使用一次，工人维修保养不及时，使得一些卡槽变形、损坏。

2）预防和处理措施：在施工现场设置质量责任制制度牌，并张贴标准化施工图片，挂牌标识，张贴操作规程等文字交底说明供工人观摩、学习。

钢筋笼顶推完成后立即对卡槽及周边进行清扫，将灰尘、污垢和油渍等清除干净，然后用抹布擦干，吸尘器二次清扫，清扫彻底干净后拆除变形和损坏的卡槽进行维修保养。维修保养前先对拆除下来的卡槽进行评估，如不需要更换则进行维修保养，对破损的卡槽重新进行焊接，对变形的卡槽进行调直，确保卡槽线形顺直，消除破损现象，并按要求做好维修保养记录。

重新编写班组质量技术交底资料，增加有关针对性措施和改进后的施工方法，组织班组作业人员再次进行技术交底，学习灌输工艺要领，对质量通病进行分析、讲解，考试合格后再上岗。对班组长落实质量责任制和奖罚制度，对不服从管理和技术水平较差的个别人员及时辞退。

实行自检、交接检和质检员专检的"三检"制度[3]，班长负责本班组施工范围内的质量自检工作；自检合格报主管技术员，由技术员组织班组之间交接检；最后由质检员组织有关人员进行专检。通过现场巡查、实体检测，及时发现、纠正班组人员的违规操作。

3）实施效果："标准化"制度杜绝了班组片面追求进度，忽视质量的侥幸心理，及时发现素质较差的班组和个人，加以防范，甚至劝其退场，避免经济损失，提高了项目部的管理效能。

通过对卡槽的维修保养，避免了由于卡槽变形、损坏引起钢筋间距不合格而造成验收不通过的风险，保证了钢筋绑扎时稳固牢靠，保证了钢筋绑扎间距的合格率。

通过对班组人员的再次技术交底、培训、考试，在学习中相互观摩、交流，增强了工人的实际操作能力，纠正了部分员工的不良认识和错误操作。通过样板定位卡槽现场实物展示和工序分解，让每一个施工工人真正领会管理者的意图和各工序的流程、搭接，而文字说明也对重点部位、重要环节做了详细说明，规范了施工行为，促进了班组工人自我素质的提高，教育效果明显。

实行三检制度，提高了工人的自我管理能力，专职质检员和技术员的巡检，有利于及时发现违规操作，及时加以纠正，对卡槽安装质量通病能及早防范，消灭于萌芽状态之中，通病治理行之有效。经过检查，卡槽安装合格率达到100%，杜绝了卡槽变形、破损现象的出现。

3　钢筋绑扎间距超限

1）成因：钢筋绑扎工人质量意识淡薄，绑扎时技术不够熟练，绑扎完成后未进行适当调整。

2）预防和处理措施：针对现场钢筋间距合格率偏低的现象，项目部经过现场调研，广泛征集意见，开会讨论决定制定钢筋验收停工待检点验收制度。根据制定好的停工待检点验收制度，班组、工程部和质检部逐一对制度表上的检查项目进行仔细检查，对合格项目进行签字确认，直到制度表上所有项目检查合格并签字确认后，再报监理工程师验收，合格后才能进行下一道工序施工，沉管节段钢筋实行顶推令制度。

完善项目管理制度，建立健全的培训机制，创建了农民工业余学校、牛头岛讲坛、金点子工程，项目经理为学校校长，项目技术负责人为教学负责人，下设兼职教师10名，兼职教师均为经过公司培训、考评合格的内训师。每周组织农民工进行教育培训，规范工人现场施工作业，规避质量通病的出现。培训采用互动方式，设置有奖问答，提高工人参与培训的积极性。培训完成后，工人基本掌握了教育培训的内容，对质量管理提升和质量通病治理起到了极大的推动作用。

制定月度班组综合管理检查评比办法。班组综合检查贯穿施工全过程[4,5]，按照施工顺序对施工的各环节进行严格认真的监督检查，坚持"预防为主"，实行专项检查、巡检及施工班组人员自检、互检相结合的方法，检查后对每个班组进行综合考核评比，每月进行总结，并在厂房内标准化展板上公布考核评价结果。根据评比排名对各班组及相关管理人员实施挂牌制度：第一名三颗五角星★★★，第二名两颗五角星★★，第三名一颗五角星★；严重警告的三个三角▲▲▲，重点警告的两个三角▲▲，一般警告用一个三角▲对其依次进行标示。根据考评结果对优秀班组进行表彰鼓励，评分记录存档。给予月度评比第一名的班组成员按 200 元/人进行奖励，评出当月优秀管理人员 2 名，给予 500 元/人的奖励，对重点警告的班组罚款 2000 元，班组长罚款 500 元。

实行钢筋验收挂牌制度，要求班组自检合格后进行签字确认，再通知项目工程部复查，复查合格后签字并通知质检部进行验收，验收合格并签字确认后通知监理工程师进行验收。

3）实施效果：实施停工点待检验收制度后，钢筋绑扎班组施工过程中自查自纠的意识得到了进一步的加强，提高了处理质量通病问题的效率，整改力度得到了有效提高，整改完成率明显提高，钢筋间距不合格的现象得到了有效消除。制度实施后钢筋间距的合格率均达到 90%以上，保证了钢筋验收一次通过率。

培训体系的建设与实施，为质量通病治理提供了良好的教育平台，通过这个平台，项目管理人员分批多次对工人进行教育。通过投影仪放映丰富的视频和图片资料，配置详细的文字说明，同时和工人交流互动，增强了工人的质量意识和操作能力，纠正了工人的操作错误和不良意识，进而使农民工综合水平得到明显提高，尤其在实际操作上更熟练，施工质量提升很大。

月度班组综合管理检查评比办法的实施，进一步完善奖惩措施。项目部将所有班组纳入体系进行评比，各班组之间进行竞争，加上物质奖励的刺激，极大调动了各班组的工作积极性，涌现了很多优秀班组和先进个人，每月评比结束后立即兑现奖金，并进行现场公示，使项目部各个班组的施工作业综合水平有了明显提高。

通过借鉴国外好的做法，结合沉管预制的特点，推行挂牌制度，能够很好地保证班组的施工质量，钢筋绑扎间距合格率超过 95%，大大提高了施工质量，保证了钢筋验收的一次通过率。

4 结　语

通过开展质量通病治理防治活动，深化综合治理，沉管预制施工质量得到了全面提升，精细化程度也得到了较大提高，为打造出世界瞩目的精品工程奠定了良好的基础，为类似工程质量通病治理提供了良好的借鉴经验。

参 考 文 献

[1]　梁杰忠，陈刚强. 超大型沉管预制构件质量管理[J]. 中国港湾建设，2015，35(7)：131-133.

[2]　吴丹. 浅谈重力式码头施工中质量通病治理[J]. 港工技术，2013，50(3)：34-36.

[3]　高平原，郭佳斌. 港口工程施工质量管理工作探究[J]. 中国港湾建设，2015，35(3)：70-73.

[4]　黄明俊，刘晔. 营口港创建治理水运工程质量通病示范项目设计成果分析[J]. 中国港湾建设，2010，(4)：79-80.

[5]　王光庆. 浅谈水运工程混凝土质量通病治理工作几点体会[J]. 中国水运，2012，(10)：104-105.

预制沉管大型预埋件精确安装技术*

李凯凯，李誉文，冯　伟

（中交二航局第二工程有限公司，重庆）

摘　要：港珠澳大桥岛隧工程预制沉管结构尺寸和埋置深度大，为满足隧道预制、安装施工和使用的要求，设置了数量众多的预埋件，按预埋件的功能可分为结构受力、止水、安装辅助。沉管预制中大部分预埋件主要作用是防水，为了保证工程质量，必须严格控制其精度。本文主要介绍港珠澳大桥沉管预制中大型预埋件精确安装技术，包括端钢壳、OMEGA、中埋式止水带等。经工程实践，该技术可靠有效。

关键词：沉管；预埋件；精确安装；端钢壳；OMEGA；中埋式止水带

1　概　述

1.1　工　程　概　况

港珠澳大桥岛隧工程沉管隧道的沉管由 33 个管节组成，其中直线段管节 28 个，曲线段管节 5 个，曲率半径 5500 m。管节采用两孔一管廊截面形式，宽 37.95 m，高 11.40 m，底板、侧墙及顶板厚 1.50 m，中隔墙厚 0.80 m。标准管节长 180 m，分成 8 个节段，每个节段长 22.5 m，每个标准管节两端采用全封闭式端封门，管节接头处安装有大型防水预埋件端钢壳。

1.2　工　程　特　点

港珠澳大桥沉管隧道是迄今为止世界上最大规模的深埋海底沉管隧道，较之其他工程，其预埋件有以下显著特点。

1）大部分为大型预埋件，安装难度大，精度要求高。

2）由于端钢壳、OMEGA 等预埋件体量较大，为了确保整体质量，只能将其整体拆分，分块安装，对安装技术要求高。

---

* 本文曾刊登于《中国港湾建设》2015 年第 11 期。

3）沉管安装与对接在水下 40 多米进行，对预埋件的安装质量是重大考验，加工与验收极其严格。

2 总 体 思 路

预埋件种类多，部分预埋件又体量较大，如何能够保证预埋件精确安装是一个很大的技术难题[1-3]。港珠澳大桥沉管预制利用先进的设备作为前提，通过不断优化、创新施工技术，保证预埋件的质量与精度，提高工程整体质量。

3 预埋件施工

3.1 预埋件种类

沉管隧道预制管节中预埋件按照功能主要分为 3 种：管节、节段接头结构及防水预埋件、临时辅助安装设施预埋件及交通工程预留预埋设施，大量的预埋件须在管节预制混凝土浇筑前加工、安装完成，具体如下。

1）管节、节段结构及防水预埋件：端钢壳、钢剪力键（VSP1、VSP2 和竖向剪力键 VSK1、VSK2）、OMEGA 预埋件、混凝土剪力键预埋件、中埋式可注浆钢边止水带、波纹管及锚具等。

2）临时辅助安装设施预埋件：系缆柱预埋件、拉合装置预埋件、导缆器预埋件、绞缆盘台座预埋件、羊角单滚轮导缆器预埋件、导向杆预埋件、导向托架预埋件、测量塔预埋件、人孔预埋件、吊点预埋件、水下电缆固定支座预埋件、钢梁牛腿预埋件、外侧牛腿预埋件、压载水箱预埋件等。

3）交通工程预留预埋设施：安全门、排烟孔、消防预留孔等。

3.2 预埋件加工与检验

根据预埋件的种类，预埋件集中在专业钢结构加工车间加工，运至现场安装。所有预埋件在进场前必须经过检验，合格后方可入库存放。检验依照《钢结构工程施工质量验收规范》（GB 50205—2001）及设计要求进行。

1）所有焊缝质量必须满足焊接等级和缺陷检验标准。

2）预埋件或预留孔尺寸满足设计要求。

3）预埋件外露表面必须进行防锈防腐处理。

3.3　预埋件安装

3.3.1　端钢壳安装

端钢壳作为管节接头的关键构件设置在沉管管节两端，与管节混凝土联为一体，其上安装 GINA 止水带和 OMEGA 止水带，是管节结构重要的永久性预埋件。

根据 GINA 止水带尺寸及沉管管节纵断面、横断面布置，端钢壳断面尺寸为 650 mm×280 mm，主要由端部面板（24 mm 厚×620 mm 高）、翼缘板（30 mm 厚×280 mm 高）、加劲板（10 mm 厚×120 mm 高×170 mm 宽）及连接焊钉（ϕ25）组成。整个端钢壳轮廓宽度 37.95 m，高度 11.4 m，呈环形。

1）端钢壳安装前，在场外将 OMEGA 预埋件焊接成八大块，分段形式如图 1。

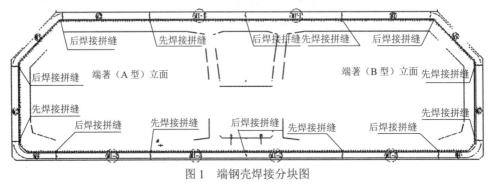

图 1　端钢壳焊接分块图

2）在钢筋绑扎过程中，根据钢筋绑扎区域位置及进度，初步安装相应端钢壳分块。即在底板钢筋绑扎完成顶推至腹板钢筋绑扎区之前，安装底板处端钢壳分段；在顶板钢筋绑扎完成顶推之前安装顶板处端钢壳分段。侧墙处端钢壳分段可在钢筋笼绑扎完成顶推之前安装。

3）端钢壳分段安装后，采取有效的临时措施进行固定，防止顶推过程中移位、变形。

4）钢筋笼顶推至浇筑坑，完成体系转换，内模滑入并展开支护后，安装临时操作平台，整体对端钢壳进行调整，焊接成整体，随后安装 EJ 端模，利用端模调节螺杆及进行平面度精确调整（图 2），调整到位后浇筑混凝土。

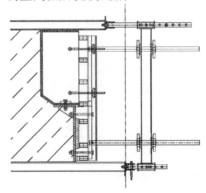

图 2　端钢壳与端模安装连接形式（侧墙处）

5）混凝土浇筑过程中，时刻监控端钢壳位置，随时利用调节螺杆调整因混凝土挤压引起的端钢壳位置变化。

3.3.2　混凝土剪力键安装

为了保证节段接头剪力的有效传递，每个节段接头共设 4 组水平向和 4 组竖向钢筋混凝土剪力键预埋件（图 3），其中，水平向剪力键在顶、底板各设置 2 组，竖向剪力键分别在 2 个侧墙、2 个中隔墙处各设置 1 组。每组剪力键包括剪力键榫和剪力键槽，按节段浇筑顺序和所处位置，分别位于先浇段和匹配段。

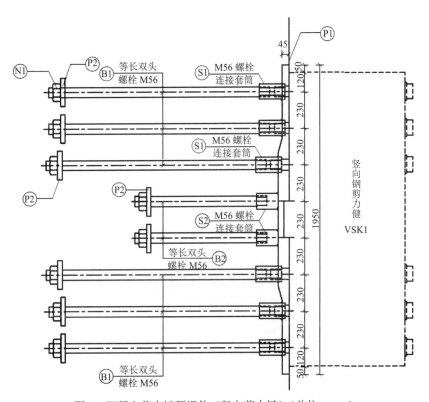

图 3　混凝土剪力键预埋件（竖向剪力键）（单位：mm）

在每组混凝土剪力键榫槽受力角区设置预埋件，混凝土剪力键预埋件按照安装方向的不同分为侧面预埋件和正面预埋件。侧面预埋件有 A、B 两种型号，分别安装在竖墙、顶板和底板混凝土剪力键侧面，混凝土剪力键侧面预埋件每种型号每套为配套两件预埋件，分别为滑动镜面预埋件——安装在先浇段；滑动组件预埋件——安装在匹配段。

混凝土剪力键正面预埋件有 5 种规格（C、D、E、F、G 型），安装在混凝土剪力键受力角正面。在每组剪力键榫槽的受力面之间采用聚苯乙烯泡沫板充填。

混凝土剪力键侧面预埋件 A、B 为组合构件，在先浇段和后浇段（匹配段）分别安装。先浇段安装时，直接安装固定在钢筋上，并在模板上采取临时固定措施。后浇段（匹配段）直接安装在混凝土剪力键预埋件 A、B 处（先浇段）。

混凝土剪力键正面预埋件在钢筋绑扎过程中安装。施工时根据钢筋绑扎进度，提前做好定位台架，初步安装，待钢筋顶推到位，完成体系转换后精调固定。

3.3.3　中埋式可注浆钢边止水带安装

中埋式可注浆钢边止水带橡胶及注浆管材由国外专业厂家加工、运至现场安装，接头亦由厂家派专业技术人员施工。

中埋式可注浆钢边止水带安装在钢筋完成就位后进行，安装前底板、顶板端模下半部分可先安装到位，以便固定止水带。中埋式可注浆钢边止水带橡胶安装过程如下。

1）施工准备，安装操作平台，利用桥式起重机将止水带橡胶盘吊起至端面侧墙顶上方。

2）下放止水带橡胶端头从侧墙顶下移，绕底板沿另一侧侧墙至顶板中线附近，然后转盘横移至顶板中线附近与止水带接头搭接。

3）止水带调位并于钢筋笼固定，完成接头接驳及注浆管安装施工。

4）端模安装到位后，止水带外漏部分（匹配段侧）与端模固定。

3.3.4　OMEGA预埋件安装

OMEGA 主要包含两种，一种为管节接头 OS400-100 型 OMEGA，安装在端钢壳 25 cm 宽构件上，另一种为节段接头 OS240-40 型 OMEGA，安装预埋件见图 4。

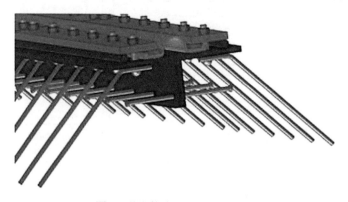

图 4　节段接头 OMEGA 预埋件

1）安装方法：OMEGA 预埋件在钢筋绑扎过程中预先安装，在钢筋绑扎完成顶推之前调整到位，焊接成整体。

2）安装顺序为：底板、顶板（中间→侧墙倒角）→侧墙（底倒角→顶倒角）。

3）安装注意事项：①底板 OMEGA 预埋件在底板钢筋绑扎过程中应提前焊接好固定台架。②防水密封胶应在 OMEGA 预埋件安装前涂抹，待 OMEGA 预埋件焊接完成后对焊接部位补涂。③注浆管安装应防止焊接烧伤。

4　安装精度控制

预埋件安装过程中合适的时机把握和必要的创新型辅助设备必不可少，通过控制安装时机，辅以创新型设备，再利用不断优化的施工技术，保证其准确安装及精度要求。

4.1　安装时机

OMEGA 预埋件安装时机：OMEGA 预埋件在钢筋绑扎过程中预先分区域安装，从底板开始，按照钢筋绑扎顺序安装，倒角位置最后进行。

端钢壳安装时机：端钢壳安装在钢筋绑扎过程中分块初步安装，钢筋笼顶推至浇筑坑完成体系转换，内模滑入并展开护后，安装临时操作平台，整体调整到位后焊接成整体，最后安装端模进行平面度校核。

中埋式可注浆钢边止水带安装时机：钢筋笼顶推至浇筑区后，先安部分模板，然后从右侧墙开始穿插止水带，待完成后再安装剩余模板，达到固定作用，最后完成接驳作业。

4.2　创新型反力架

混凝土剪力键在安装过程中由于体量大，加之属于高空作业，短时间无法准确安装，且安装后 AB 板下垂，不能满足精度要求，创新型反力架（图 5）通过反力作用固定及调节预埋件，其采用屋架式钢结构，上部结构采用等腰三角形构架，下部结构则由两根带钩的螺杆组成，螺杆拉钩弯度 180°，中间部位通过竖直矩形钢管支撑作为主梁，两侧采用斜拉小型矩形钢管，底部则设置横向卡槽，钢架整体通过无缝焊接固定，螺杆从两端预留孔穿出，通过螺母旋转伸缩螺杆，其中斜拉小型无缝方管主要增强整体结构的抗拉抗压强度。

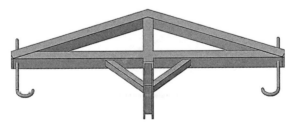

图 5　反力架

采用三点一线卡槽固定，利用杠杆原理起到构件调位的效果，当构件安装于钢筋笼内时，由于自重下垂，无法成功匹配，此装置则通过主梁底部卡槽将整体构架固定在横向主筋上，一端螺杆的拉钩固定于大型构件上，另一端与主筋相连，大致粗调后再通过螺母旋转控制构件位置精度。

4.3　精度控制要点

预埋件安装过程中应采取有效措施保证预埋件安装精度及质量，在混凝土浇筑完成后满足设计要求。施工中应注意以下几点：

1）根据预埋件结构及安装部位，确定预埋件安装最佳时机，提前在钢筋绑扎过程中预留其安装位置或安装固定措施。

2）顶部舾装件及接头等多数预埋件安装采用全站仪精确定位，在混凝土浇筑过程中进行监控，保障安装精度满足设计要求。

3）安装定位架对测量塔等预埋件进行相对位置固定，保证安装精度。

4）端头预埋件安装到位后，采取有效措施与模板固定，保证其与端面的位置。

5）预埋件精调到位后，采取有效措施固定牢固，混凝土浇筑过程中监控其位置，保证预埋件最终安装质量。

6）预埋件螺栓孔（杆）应采取有效保护措施，防止封堵、损伤。

7）预埋件焊接质量应满足设计要求。

8）加强预埋件防腐涂层的保护，及时按照设计要求对防腐涂层损伤部位进行修补。

9）预埋件安装过程中与钢筋位置冲突时，可微调钢筋位置优先保证预埋件安装精度。

5　结　　语

目前，港珠澳大桥岛隧工程沉管预制已完成 24 个管节的预制，通过工厂法预制，不断优化施工技术，大型预埋件安装更加准确，保证了钢筋施工质量，为港珠澳大桥顺利完工打下了坚实的基础。

参 考 文 献

[1]　杨文武，毛儒，曾楚坚，等. 香港海底沉管隧道工程发展概述[J]. 现代隧道技术，2008，(S1)：41-46.

[2]　肖晓春. 大型沉管隧道管节工厂化预制关键技术[J]. 隧道建设，2011，31(6)：701-705.

[3]　陆明，陈鸿. 超深埋海底沉管隧道接头防水设计探讨[J]. 中国建筑防水，2012，(8)：17-21.

沉管交通工程预埋设施安装精度控制*

陈　聪[1]，申昌洲[1,2]，朱　成[1]

（1. 中交四航局第二工程有限公司，广州；2. 重庆交通大学，重庆）

摘　要： 在沉管预制过程中，根据沉管隧道使用要求，在管内预留安全门、排烟口、灭火器箱等交通工程预埋设施[1]。本文以港珠澳大桥沉管隧道建设为案例，分析沉管交通工程预埋设施在制作阶段和安装阶段的精度控制方法。通过对预埋设施采取尺寸控制、原材料保护、安装定位控制、滑移轨道安装质量控制、钢筋笼顶推同步控制等措施，有效提高沉管交通工程预埋设施安装精度，并为类似沉管交通工程预埋设施安装工程提供有益参考。

关键词： 大型沉管；交通工程预埋设施；安装精度

1　工　程　概　况

港珠澳大桥沉管隧道是我国交通建设史上最复杂、标准最高的外海隧道工程，沉管交通工程预埋设施安装精度要求高，预埋设施出现偏差将严重影响到交通工程的使用，对沉管结构性造成破坏甚至会影响沉管的水密性[2,3]。沉管交通工程预埋设施施工的特点和难点有：

1）交通工程预埋设施种类多，多达到 58 种；

2）墙体钢筋密集，出现偏差整改难度大；

3）精度要求高，要求尺寸偏差控制在 5 mm 以内；

4）预埋管道多数以斜管，或者 U 形管设置，固定难度大，浇筑过程中容易移位。

交通工程预埋设施布置如图 1 所示。

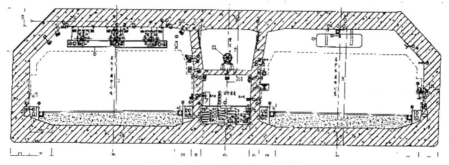

图 1　交通工程预埋设施布置图

---

* 本文曾刊登于《公路》2018 年第 8 期。

2　交通工程预埋设施制作精度控制

制作精度主要从以下两点进行控制：①预埋设施的尺寸控制；②原材料保护。

2.1　预埋设施的尺寸控制

1）木板、木方尺量下料，严格把控切口的倾斜度。

2）木箱制作尺量下料，确保连接稳固。

3）分析交通工程预埋木盒的受力情况，优化布置木方的设计方案。

2.2　原材料保护

1）木板木方用帆布或土工布覆盖，做好防雨防晒的措施。

2）对 HDPE 管及镀锌钢管存放采取下垫上盖措施，利用废旧的集装箱制作成原材料储存间。

3　交通工程预埋设施安装精度控制

交通工程预埋设施安装精度控制主要分为：①安装定位控制；②滑移轨道安装质量控制；③钢筋笼顶推同步控制。

3.1　安装定位控制

（1）制作过程

根据现场实际需要，使用不同型号的垫块、模具及钢筋，特制交通工程预埋设施固定工具。制作过程如下：

1）模具脱膜剂涂刷。

2）垫块模具安装，钢尺尺量配合，手持钢筋定位，预留 5 cm 左右的厚度，避免在受力的过程中出现垫块破碎致使钢筋直接抵到木盒，导致拆模完成后出现漏筋情况。

3）灌入与沉管混凝土同等级的混凝土，脱膜后运至现场备用。

（2）初定位与精确定位

1）以节段接头或管节接头端面为基准线进行初定位，按照图 2 位置定位，使用 30m 皮尺进行测量。

2）体系转换完成后，使用尺量确定木盒、管线中心线，将反光片设置于木盒同高程的两个角点，测量配合高程定位、纵向定位。

图 2　交通工程预埋件定位

（3）检查与加固

1）检查垫块支撑情况，钢筋不可直接抵住木盒进行固定，如若出现切割钢筋的情况，工后对切割位置进行补强。

2）将交通工程预埋设施与周边主筋点焊，采用固定工具固定。交通工程预埋设施加固见图 3。

图 3　交通工程预埋设施加固

3.2　钢筋笼顶推滑移轨道安装质量控制

钢筋笼顶推的质量直接影响钢筋笼姿态，继而影响交通工程预埋设施的安装精度[4]。钢筋笼通过滑移轨道向前顶推，分为两种工况，一种是在休整区上用灌浆料筑成护边，形成固定轨道；另一种是铺设在浇筑区，因为不能直接浇筑到混凝土里面，采用活动轨道。

（1）固定轨道加固

1）测量人员根据设计的轨道坐标放出轨道中心的坐标。

2）孔道弹出轨道两侧的边界线，每隔 1 m 在两边界线外侧 1 cm 位置钻孔植筋以备固定轨道。

3）待植筋胶强度达到后，铺上滑移轨道，对齐轨道边界线，点焊固定。

4）选取边界线 15 cm 外作为护坡的边线，立木挡板对模板进行固定，使用灌浆料制作成轨道护边。

5）轨道护边钝化处理，避免移动设备压坏护边或轨道。

休整区固定轨道固定见图 4。

图 4　休整区固定轨道固定

（2）活动轨道优化

1）制作轨道铺设记号线。测量人员在底模上放出轨道中心点，小切割机及砂轮片在底模沿轨道两侧的边界线上，每隔 1 m 划出一道 10 cm 长的线，作为轨道铺设记号线。

2）轨道周转检查。轨道拆除后，对滑移轨道进行检查，及时对存在变形的部分进行校正。采用 2 cm 厚的钢板制作 U 形板，校正时把 U 形板两侧与滑移轨道固定，使用千斤顶进行校正。

3）轨道校正复核。校正完成后，对滑移轨道线形的校正效果进行检测，使用火攻将部分线形不达标的滑移轨道进行校正，待冷却后即完成校正工作。

4）滑移轨道安装偏差处理。滑移轨道安装时，对线形顺直度及分段的滑移轨道的接头处的高差进行检查。对存在细微高差的地方，轨道偏低位置采用垫薄铁片的方法进行纠正；对存在较大高差的地方，需检查底模、滑移轨道变形情况并采取措施进一步解决。

5）滑移轨道拆除保养，及时清理油污、更换破损螺钉、归堆覆盖。

轨道调直和校正见图 5。

（a）轨道调直

（b）轨道校正

图 5　轨道调直和校正

3.3 钢筋笼顶推同步控制

钢筋笼顶推由 4 个千斤顶控制，长距离顶推需保证整体完全同步，控制难度极大。顶推不同步将导致钢筋笼内的交通工程预埋设施偏位。

1）制作定位钢片（图6）。测量人员配合放点，在滑移轨道边上每隔 5 m 焊定位钢片，用于顶推过程自控。即每顶推 5～6 个行程，现场技术人员可以以定位钢片作为参考点，计算各千斤顶顶推距离，检查顶推同步性，以便及时调整。

图6　里程定位钢片

2）顶推系统改造（图7）。增加手动操作系统，当滑移轨道累计位移超出允许范围时，根据实际情况对千斤顶进行手动调整；在钢筋笼顶推装置上安装行程差报警装置，超出允许范围后报警并自动停止顶推作业。

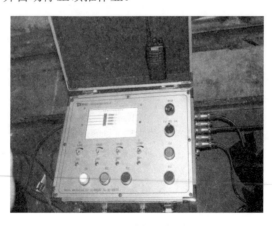

图7　手动控制装置

3）对操作钢筋笼顶推的工人进行交底、培训[5]。确保每个工人能够熟练操作该套设备，避免因人员变动而导致顶推作业出现异常情况。另顶推过程中除安排两名操作工人外，每台千斤顶位置还应各安排一名工人对顶推作业过程中千斤顶有无异常情况进行监控。除此之外，还需安排两名技术人员对顶推过程中钢筋笼的线形进行观测。

4）顶推作业前，对钢筋笼顶板进行检查，不允许有重物压载一边，造成局部顶推压力加大的情况出现，致使在顶推的过程中出现顶推不同步的情况。

4　结　　语

港珠澳大桥沉管隧道交通工程预埋设施安装精度要求高，施工难度大，经过分析和解决沉管交通工程预埋设施的制作和安装阶段存在的问题，现场交通工程预埋设施安装合格率稳定在 95%以上，有效减少了不必要的返工，节省了人力、物力的投入，为类似沉管交通工程预埋设施安装精度的控制提供有益参考。

参 考 文 献

[1]　中华人民共和国交通部. 公路桥涵设计通用规范：JTG D60—2004[S]. 北京：人民交通出版社，2004.

[2]　李凯凯，李誉文，冯伟. 预制沉管大型预埋件精确安装技术[J]. 中国港湾建设，2015，35(1)：98-101.

[3]　张宇航，申昌洲.沉管钢筋笼劲性骨架制作与安装精度控制[J]. 中国港湾建设，2015，35(11)：113-115.

[4]　港珠澳大桥管理局. 港珠澳大桥施工及质量验收标准[J]. 珠海：港珠澳大桥管理局 2013.

[5]　王宇，赵立新. 港珠澳大桥沉管隧道安全管理[J]. 中国港湾建设，2015，35(7)：134-136.

大型沉管端钢壳施工工艺比选*

张文森，黄文慧

（中交四航局第二工程有限公司，广州）

摘　要： 沉管隧道的各管节通过接头连接，端钢壳作为安装 GINA 止水带和 OMEGA 止水带的载体，是沉管隧道接头的重要组成部分，端钢壳的安装精度和工效在沉管隧道建设中具有重要作用。本文通过对一次成型、二次成型端钢壳施工工艺的分析，阐述了两种工艺在适用范围、安全、质量等方面的优缺点。一次成型端钢壳施工工艺作为一种新型工艺，对于管节预制数量多的沉管施工更具优势。

关键词： 沉管；端钢壳；一次成型；二次成型；GINA 止水带

1　工　程　概　况

端钢壳安装在沉管管节的 2 个端头，与管节混凝土浇筑为整体，其施工方法有一次整体浇筑的一次成型和分段施工的二次成型，一次成型适用于工厂法管节预制，二次成型适用于管节干坞法预制。本文阐述的一次成型端钢壳施工工艺主要借鉴港珠澳大桥岛隧工程，二次成型施工工艺主要参考洲头咀隧道工程。

港珠澳大桥海底沉管隧道全长 5.664 km，由 33 个管节组成，共 34 个管节接头，标准管节长 180 m，宽 37.95 m，高 11.4 m，采用两孔一管廊截面形式，端钢壳采用一次性整体浇筑形式，有两种类型：A 型（共 34 套）、B 型（共 32 套），端钢壳尺寸为 650 mm×280 mm 的 L 形截面，主要由端部面板（24 mm×620 mm）、翼缘板（30 mm×280 mm）、加劲板及连接焊钉（ϕ25 mm）组成，端钢壳断面如图 1 所示。

洲头咀隧道工程沉管段全长 340 m，预制混凝土沉管数量为 5 节，各管节水平投影长度分别为 85 m、85 m、79.5 m、3.5 m、85 m，宽 31.4 m，高 9.68 m，端钢壳共 10 个，采用在干坞预制的方法。二次成型端钢壳断面如图 2 所示。

---

* 本文曾刊登于《中国港湾建设》2015 年第 7 期。

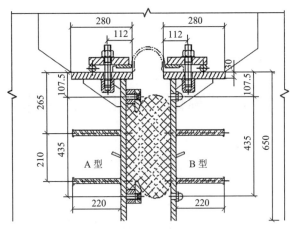

图 1　一次成型端钢壳断面图（单位：mm）

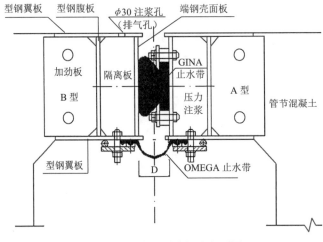

图 2　二次成型端钢壳断面图

2　一次成型端钢壳施工工艺

　　一次成型端钢壳是指管节端钢壳采用整体式设计，在管节混凝土浇筑时安装就位并调整到设计要求的精度，管节预制完成后即可使用，无需进行面板安装、灌浆及防腐等二次施工[1,2]。施工工艺流程：端钢壳制作→端钢壳拼装→端钢壳安装固定→端钢壳调整→端钢壳防腐处理。

2.1　端钢壳制作

　　为提高端钢壳的加工制作精度，单个端钢壳由专业钢结构制作厂家分 14 块在工厂内制作，如图 3 所示。为方便制作过程的变形控制，端钢壳所有材料均使用数控下料，采用专业工装拼装固定后再进行分段焊接成型。考虑沉管预制在岛上施工，为保证端钢壳对接接头的焊接质量及控制单块构件的变形，在考虑构件装车运输全体情况下，将部分较小的端钢壳加工成型后对接成整体，减少后期现场拼装、焊接的工作量。根据端钢壳加工分块的特点，到达预制厂时为 10 块。

2.2 端钢壳拼装

端钢壳拼装分为三部分，一是在工厂内预拼装，二是在预制厂拼装场地拼装，三是在预制厂厂房内拼装。预制厂拼装场地拼装指端钢壳运输到达预制厂后，为减少安装对接的工作量，加快端钢壳安装进度，在拼装场地专用拼装台座上，提前将 B1+B2、B3+B4、B9+B10 对接成整体再运输至预制厂厂房内，拼装完成后，端钢壳共分为 7 块（图 3）。

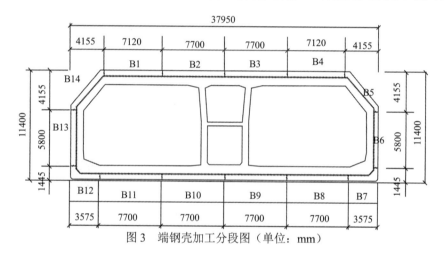

图 3　端钢壳加工分段图（单位：mm）

预制厂厂房内拼装指在端钢壳安装前，提前将端钢壳转运至厂房内，将（B1+B2+B3+B4）、（B7+B8+B9+B10+B11+B12）在厂房内进行拼装、焊接、调整平整度，提前对焊接点进行焊缝检测，以减少在钢筋笼上的对接工作量，拼装完成后，端钢壳共分为 4 块，分别为底板 1 块、墙体 2 块、顶板 1 块。

2.3 端钢壳安装固定

顶板钢筋绑扎完成后，为便于端钢壳安装，提前将钢筋笼向前顶推 1 m，在测量放样出端钢壳定位基准线后开始安装。端钢壳安装采用先底板、后侧墙、再顶板的安装顺序，对底板端钢壳与墙体端钢壳接头进行对接、焊接及打磨。顶板端钢壳安装前，提前对底板与墙体接头平整度及焊缝进行检测，再根据测量台架上的放样点，安装顶板端钢壳，并固定于钢筋笼上，随钢筋笼一起顶推至浇筑坑，如图 4 所示。

图 4　端钢壳与钢筋笼一起顶推

2.4　端钢壳调整

端钢壳调整共分为 3 个阶段:体系转换后、模板安装后、混凝土浇筑过程中。

钢筋笼顶推至浇筑坑,完成体系转换后,通过全站仪测量,按底板、侧墙、顶板的顺序,采用手拉葫芦将端钢壳整体初调至基准线。

端钢壳初调到位,安装模板端模系统,通过端钢壳与端模支撑系统上的定位螺栓对端钢壳进行精调,并调节端模支架的支撑螺栓,使支撑螺栓与端钢壳紧贴、固定。仔细检查各支撑螺栓的预紧状况,然后再次对端钢壳进行全面复测,确认平整度满足要求后,用角钢将端钢壳与钢筋笼进行焊接加固。

在管节混凝土浇筑过程中,对端钢壳进行全过程实时监测[3,4],根据测量数据通过调节支撑螺栓对端钢壳的平整度进行微调,确保端钢壳质量。

2.5　端钢壳防腐处理

端钢壳除在钢结构厂内进行防腐处理外,在管节顶推到浅坞区,完成预应力施工后,对所有焊接位置及表面重新进行防腐处理,端钢壳防腐按永久钢结构等级标准执行,采用热浸锌 70 μm 重度防腐涂装,并在底板内侧钢结构上附加牺牲阳极保护,外侧设置 5 mm 预留腐蚀厚度。

3　二次成型端钢壳施工工艺

二次成型端钢壳指在管节混凝土浇筑时先安装端钢壳主体结构,等管节预制完成后再整体安装端钢壳面板,最后需在端钢壳主体与面板之间灌注高强砂浆。端钢壳的现场安装分 3 次进行:第一次在浇筑混凝土底板前安装下段,第二次在浇筑上层结构前安装上段,第三次是待混凝土充分固化后安装端钢壳面板。二次成型端钢壳施工工艺流程为:端钢壳制作→端钢壳下段工字钢安装→端钢壳上段工字钢安装→端钢壳面板安装→端钢壳防腐→端钢壳注浆。

3.1 二次成型端钢壳制作

二次成型端钢壳工字钢及钢面板分开加工制作,考虑端钢壳整体尺寸、加工误差、运输便利、现场拼装和精度控制等因素,将工字钢分 9 段加工,钢面板按设计图纸分块加工制作。

3.2 二次成型端钢壳下段工字钢安装

在进行端钢壳下段工字钢安装前,先进行测量放线,再将端钢壳下段工字钢吊至安装位置,以中心线、半宽/全宽轮廓线定位,直立面用线锤吊点定位和对照边墙上的斜度线进行粗安装。粗安装完成后,安装支撑台架。支撑台架除了支撑端钢壳外,同时提供安装端钢壳的操作平台,并能夹紧端钢壳半成品部件,使半成品固定在正确的位置上,安装支撑台架还要抵抗浇筑混凝土时的侧向推力。

支撑台架安装完成后,将直立面与支撑台架和沉管侧板固定,下梁的下翼缘固定于沉管底板和现场预埋件上,上翼缘按照现场预埋件的间隔固定于短柱上,固定完成后,进行端钢壳下段工字钢的精调和沉管底板混凝土的浇筑。

3.3 二次成型端钢壳上段工字钢安装

底板混凝土浇筑完成后,开始安装端钢壳上段工字钢,首先在支撑台架上标注端钢壳安装线,复核其半宽、全宽、高度、对角尺寸的正确性,将两侧的端钢壳根据倾斜度进行固定,然后将上面水平两段安装固定在支架上,用测量仪整体测量端钢壳的平整度和倾斜度,再焊接必要的定位马板和准备必要的定位工具固定整个端钢壳。

整个端钢壳固定后,先将两侧的拼缝焊接好,再依次焊接剩余的 3 个接头,待 UT 探伤检验合格后进行侧墙和顶板混凝土浇筑。

3.4 二次成型端钢壳面板安装

待侧墙和顶板混凝土浇筑完成后,即可开始进行端钢壳面板的安装。首先用测量仪检查端钢壳在浇筑混凝土后的变形情况,用测量仪定出止水板的安装线,将安装线用洋冲孔打在端钢壳的上下翼缘上;其次在端钢壳 H 型钢的下翼缘焊接 2 个卡码,用吊卡将止水板吊入卡码中,在端钢壳 H 型钢的上翼缘再焊接 2 个卡码卡住止水板,卸下吊卡,用卡码和铁楔固定好并点焊;最后采取从中间向两边、从下而上进行的安装顺序,将已焊好螺栓并开好焊接坡口的止水板吊装定位,顶紧于定位板上,并随时检查与安装线的对应,每延米间用钢直尺检查平整度。定位焊应牢固,无缺陷,焊接前将焊缝周围清洁干净,先焊接头隔板处的塞焊,再从中间向两边逐段焊接。

第一块止水板焊完后,测量其变形情况,确认施工方式能达到要求后再装焊其他钢面板,过程中边装焊边测量,保证精度要求。

3.5 二次成型端钢壳防腐

端钢壳制作安装完成后,进行防锈、防腐蚀处理,防腐涂层包括端钢壳面板施工完成以后所有的外露表面,首先进行 1 道底漆施工,采用 702 环氧富锌底漆(20 μm 厚),再进行 2 道防锈漆施工,采用 846 环氧沥青厚浆型防锈漆(250 μm 厚)。

3.6 二次成型端钢壳注浆

在端钢壳面板姿态和平整度复测满足要求的情况下,进行端钢壳注浆,端钢壳注浆采用 M40 水泥砂浆,将端钢壳腹板和面板之间的空腔填充,灌注压力控制在 0.3～0.5 MPa。水泥砂浆灌注从下至上,从中间至两边,分步对称缓慢均匀进行。每一隔腔的灌注应待其相应的排气孔持续流出水泥浆 5 s 后方可封闭排气孔,封孔后持续加压灌注10～20 s 后封闭灌注孔。注浆完成后,及时将注浆孔及排气孔封焊,并将焊疤打磨平整。

4 工 艺 比 选

通过以上一次成型和二次成型的工艺分析可知,一次成型端钢壳存在施工费用低、施工工期短等优点,适用于工厂化、流水施工管节预制;二次成型施工工序繁杂,施工工期较长,施工费用较高,适用于分段施工的干坞预制。以下从施工方法、施工成本、施工工期、质量控制和安全保证等方面进行对比分析,详见表 1 所示。

表 1 一次成型与二次成型端钢壳施工工艺对比

工艺		一次成型	二次成型
施工方法	端钢壳制作	专业钢结构厂家制作,整体分 10 段	专业钢结构厂家制作,工字钢和面板分开制作,工字钢分 9 段,面板分块
	端钢壳拼装	工厂内预拼装后,为施工方便,减少分块安装的次数,分底板、墙体、顶板三整块进行拼装	只在工厂内预拼装,运至现场后分块安装
	端钢壳安装固定	端钢壳整体固定在钢筋笼上,采用模板进行支撑	分节段进行安装,采用辅助支撑台架进行固定
	端钢壳调整	整体安装后,整体进行端钢壳精调	分段安装,分段精调

工艺		一次成型	二次成型
施工方法	端钢壳防腐	热浸锌 70 μm 重度防腐	20 μm 厚 702 环氧富锌底漆+250 μm 厚 846 环氧沥青厚浆型防锈漆
	端钢壳注浆	无	采用 M40 水泥砂浆灌浆
	施工成本	面板与主体合二为一，总体用钢量少；不需二次灌浆；不需要进行面板安装；不需要搭设专用施工脚手架	总体用钢量较大；需要进行二次注浆；需要安装面板；需搭设专用施工脚手架；需要专用安装支撑台架
	施工工期	施工工序少；工厂化程度高；施工工期短，约为 3 d	施工工序多，需要进行面板安装及二次注浆；工厂化程度低，大量施工需在现场完成；施工工期长，约需 28 d
	质量控制	现场焊接工作量少，安装精度高，施工质量较好；防腐涂层在工厂完成，质量较好；成型精度控制风险高	现场焊接作业量较多，受天气影响较大，质量较难保证；表面防腐涂层在现场施工，受环境影响较大；可通过面板进行二次精调，精度控制风险低
	安全保证	采用流水施工作业，交叉作业少，安装精度高，施工质量较好；可利用钢筋台架及模板的施工安全设施，安全风险低；采用整体吊装、拼装的方式，减少了吊装及高空作业工作量	面板安装及注浆与一次舾装交叉作业较多，安全风险较高；需专门投入施工安全设施；吊装及高空作业工作量较多，存在安全隐患
	使用范围	工厂法全断面、流水线预制	干坞分段预制

5 结　语

本文通过对两种典型沉管预制法端钢壳施工工艺的介绍，总结、分析了两种端钢壳的特点和适用范围。从分析可知，两种端钢壳施工工艺均可行，各具优劣，但比较而言，一次成型端钢壳施工工艺作为端钢壳施工的一种新型工艺，适应性强，工期短，成本低，对于管节预制数量多的沉管施工更具优势，可为今后工厂化管节预制及其他类似工程提供参考。

参 考 文 献

[1]　向剑，刘经国，苏怀平. 沉管管节端钢壳制造及安装工艺[J]. 中国港湾建设，2014，(8)：54-56.

[2]　梁艳. 浅谈沉管隧道端钢壳设计[J]. 安徽建筑，2008，15(4)：132-133.

[3]　刘凯，陈霞. 沉管隧道钢端壳安装精度控制[J]. 隧道建设，2012，32(1)：99-102.

[4]　李惠明，梁杰忠，董政. 沉管预制混凝土施工工艺比选[J]. 中国港湾建设，2013，(4)：57-62.

沉管管节端钢壳制造及安装工艺*

向　剑，刘经国，苏怀平

（中交二航局第二工程有限公司，重庆）

摘　要：港珠澳大桥沉管隧道总长度为 5664 m，由 33 个管节组成，端钢壳作为管节柔性接头的关键构件，安装质量直接关系到管节接头止水效果，安装精度要求极高。施工中，受焊接变形影响及安装后受混凝土浇筑过程中压力影响，精度控制难度较大。本文针对端钢壳的安装施工工艺及端钢壳精度控制方法进行阐述。工程实践证明，方法有效，满足精度要求。

关键词：沉管隧道；端钢壳；安装精度；精调

近年来，随着沉管隧道技术的发展，预制沉管尺寸根据功能需求趋于更大型方向发展，管节接头防水预埋件——端钢壳则趋于超重、超大、精度要求更高的方向发展。在管节预制中，端钢壳安装精度要求很高，施工中，受焊接变形及安装后受混凝土浇筑过程中侧压力影响，整体精度控制难度较大。

1　工程概况

港珠澳大桥沉管隧道总长度为 5664 m，由 33 个管节组成，单个标准管节长 180 m，宽 3795 cm，高 1140 cm。

港珠澳大桥沉管采用工厂预制工艺，即先在隧道以外的预制厂预制沉管管节，管节两端密封，拖运至隧道位置，然后沉放管节。沉放完毕后，进行管节水下连接，然后覆盖回填[1]。港珠澳大桥管节接头采用柔性设计，由压缩后的橡胶止水带（GINA）止水及适应接头变形。

2　设　计

2.1　功　能

1）作为 GINA 止水带和 OMEGA 止水带安装的基础面。

---

* 本文曾刊登于《中国港湾建设》2014 年第 8 期。

2）由端钢壳面板与管节纵轴线间角度的变化来拟合隧道纵坡的变化。

3）在管节沉放水力压接过程中，将自由端整个断面上承受的强大水压力通过端钢壳传递到相邻管节上[2]。

2.2　形　式

早期国外的一些沉管隧道中，端钢壳是做成 U 形构件整体预埋。这种形式的端钢壳刚度较大，安装时粗调和混凝土浇筑过程中精调较难，端钢壳成型质量难以保障。

近期，在国内外类似沉管预制端钢壳施工中，通常采用二次施工法，即先安装端面预埋件基座钢板（大多采用 H 型钢），在混凝土浇筑完成后，再焊接预埋件面板，然后在面板和基座之间灌浆填充，分阶段调整控制达到安装精度要求，如图 1 所示。由于 GINA 止水带的接触面钢板是在管节成型后再安装的，这种形式的端钢壳精度控制较好，但钢板间的焊接产生的较大热量可能损伤已成型的混凝土，造成质量缺陷，且额外增加了二次安装钢板和注浆的时间。

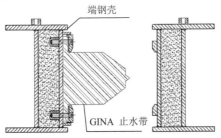

图 1　常用端钢壳形式

港珠澳大桥沉管隧道采用工厂法施工，在流水线上标准化预制，管节预制完成后顶推至浅坞区进行一次舾装作业，一次舾装完成后再横移至深坞区。在港珠澳大桥沉管隧

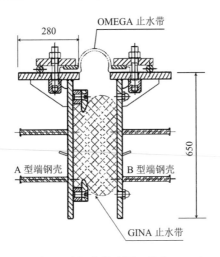

图 2　端钢壳构造图（单位：mm）

道设计中，综合考虑端钢壳调位、作业时间及端钢壳成型质量，将端钢壳设计成 L 形，如图 2 所示，这种端钢壳刚度较小，在混凝土浇筑期间通过专用调位系统精调后一次成型，避免了在舾装区进行二次安装带来的工期压力。

3 安装精度要求

沉管隧道管节接头止水依靠止水带与端钢壳挤压密贴实现，因此对端钢壳安装平面度、平整度等提出更高要求，具体要求见表 1。

表 1 端钢壳几何及平整度要求

主控项目	允许偏差	备注
表面不平整度	≤5	整个面
GINA 止水带接触面不平整度	≤1	每延米
横向垂直度	≤3	左侧、右侧壁外缘 2 点之差
竖向倾斜度	≤3	顶板、底板外缘 2 点之差

4 加工及安装

4.1 安装工艺及方法

1）L 形端钢壳由 2 块垂直的钢板焊接而成，较厚钢板之间焊接将产生较大的热量，为了保证加工质量，端钢壳在专业钢结构加工厂加工成长约 7 m 的小块，主要工序为：配料、切割、坡口加工、半成品焊接、变形控制及矫正[3]。

2）端钢壳安装前，在临时胎具上将小块端钢壳焊接成六大块（图 3），尽量缩短现场作业时间。焊接时须注意焊缝收缩引起的变形，采取预设反变形量保证焊缝处平整度。

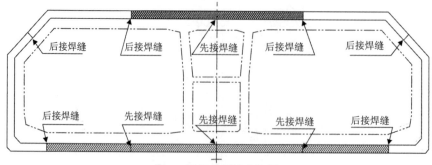

图 3 端钢壳焊接分块图

3）大块端钢壳安装后，通过测量系统控制端钢壳的成型尺寸及断面平整度，将各大块端钢壳焊接为一个整体。

4）端钢壳与端模固定，在测量仪器的配合下，利用端模上的调节螺杆及固定、限位螺栓进行断面平整度精确调整，调整到位后方可浇筑混凝土。

5）混凝土浇筑过程中，监控端钢壳位移变化，及时利用调节螺杆及固定、限位螺栓调整因混凝土挤压引起的端钢壳位置变化。

4.2 精调方法

端钢壳的精调主要通过固定限位设施——端模上设置的精调构件来实现，具体操作原理如下：

1）端钢壳通过固定螺栓与端模固定后通过支撑螺杆上蝶形螺母可进行平面度和倾斜度调整，见图4。主要进行整个平面度较大范围粗调、精调。

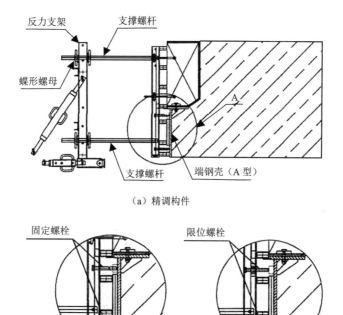

（a）精调构件

（b）A大样图

图4 端钢壳精调构件示意图

2）通过限位螺栓的顶撑与固定螺栓的拉紧可实现端钢壳微量调整，同时也可弥补由于端模变形导致的端模与端钢壳无法密贴所造成的变形空隙，主要进行局部精调及密贴限位。

3）端钢壳安装调整到位后，在混凝土浇筑过程中，利用全站仪全程监控端钢壳位置变化情况，通过支撑螺杆及固定螺栓与限位螺栓的配合，可实现对端钢壳平面度位置的有效控制。

4.3　测　　量

端钢壳在安装前，需测定已安管节对接端端钢壳的实际位置和实际倾斜度，计算待安管节对接端端钢壳的空间姿态（主要是倾斜度），在此基础上才能进行端钢壳安装测量。

端钢壳在安装调整过程中，采用高精度全站仪结合平整度、横向倾斜度、竖向倾斜度和特征点理论坐标进行安装测量的精密定位。

在混凝土浇筑过程中需要跟踪测量、动态调整，以不大于每浇筑 50 cm 高度时间间隔监测调校 1 次，对混凝土浇筑引起的变形及时调整，以确保端钢壳安装精度。

在管节预应力张拉完成后，测定空间姿态，并进行三维模拟，评定其安装精度，确定后续端钢壳安装参数[4]。

5　结　　语

港珠澳大桥沉管隧道端钢壳安装施工重点在于安装精度控制，精度调整利用端模的固定限位构件来实现，使其在施工阶段（尤其混凝土浇筑阶段）具备调节变形的能力，满足一次成型的高精度要求，可为类似工程提供借鉴、参考。

参 考 文 献

[1]　陆明. 沉管隧道管段接头等部位的防水防腐设计[J]. 中国建筑防水，2002，(4)：27-29.

[2]　蔡岳峰. 上海外环沉管隧道设计（十）——外环隧道端钢壳设计[J]. 地下工程与隧道，2005，(4)：17-20.

[3]　张薇，郭井龙. 浅谈沉管隧道施工中钢端壳的制作安装[J]. 河南科技，2010，(8)：37-38.

[4]　何元甲，刘旭麟. 港珠澳大桥沉管预制端钢壳安装测量技术[J]. 科技致富向导，2013，(20)：254-255.

港珠澳大桥沉管预制端钢壳测量技术*

邹正周，胡志远，季拥军

（中交四航局第二工程有限公司，广州）

摘　要：端钢壳面板的平整度直接关系到 GINA 止水带压接后的止水效果及管节安装轴向偏差。本文介绍了港珠澳大桥直线段沉管预制端钢壳的安装和测量方法，以及管节在预应力张拉压浆及顶升转换完成后端钢壳平整度的检测方法。工程实践表明，此方法切实可行。

关键词：沉管预制；端钢壳；测量；平整度；检测

1　概　述

港珠澳大桥主体工程沉管隧道共有 33 个管节，采用工厂法分节段预制工艺，每个管节首尾两端分别设置 A、B 型端钢壳[1]。端钢壳与管节混凝土连为一体并一次浇筑成型，为安装 GINA 止水带和 OMEGA 止水带而设置，是管节重要的永久性钢构件之一。端钢壳设计尺寸为 650 mm×280 mm 的 L 形截面，呈环形布置，整体宽度 37.95 m，高度 11.4 m。

管节在完成预应力张拉、压浆及顶升转换后，端钢壳安装 GINA 止水带面板的平整度是否满足要求是管节沉放后成功止水的关键。因此，端钢壳安装 GINA 止水带面板的精调及平整度控制尤为重要。

2　端钢壳制造及安装

端钢壳在专业的钢构件工厂分成 14 块加工生产，然后组拼成 10 块整体发运至沉管预制厂[1]，在预制厂专业组装平台上组拼成 7 块后转运到顶板钢筋绑扎区进行安装及精调。完成精调的端钢壳平整度应符合表 1 的要求[2]。

表 1　管节端钢壳几何及平整度要求

序号	主控项目	规定值或允许偏差/mm	备注
1	外包宽度	±10	

---

* 本文曾刊登于《中国港湾建设》2016 年第 7 期。

续表

序号	主控项目	规定值或允许偏差/mm	备注
2	外包高度	±10	
3	不平整度	≤1	GINA 止水带接触面，1 m 直尺
4		≤1	OMEGA 止水带接触面，0.5 m 直尺

安装前，先通过全站仪极坐标法在底模、侧模及内模顶面分别放出端钢壳的安装端线及特征点，以便端钢壳的整体定位安装。

3 端钢壳精调

3.1 控制网的建立

端钢壳精调的控制网采用沉管预制施工控制网，平面控制网采用《工程测量规范》（GB 50026—2007）中二等边角网的技术要求，高程控制网采用《国家一、二等水准测量规范》（GB/T 12897—2006）中二等水准的技术要求。

为减小仪器对中误差，提高端钢壳精调的测量精度，用于端钢壳精调测量的控制点设置为强制对中观测墩形式。

3.2 端钢壳测点布置

为加强端钢壳精度控制和管节间端钢壳平整度对比分析，端钢壳测点布置采用统一要求（图 1）。

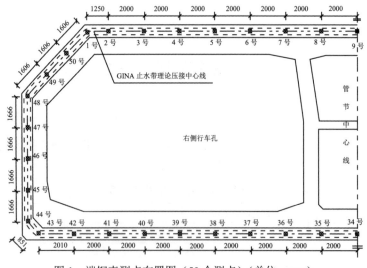

图 1　端钢壳测点布置图（50 个测点）（单位：mm）

3.3 端钢壳精调

端钢壳精调在端钢壳拼装焊接完成并检测合格、端模安装完成后进行，精调应选用测角和测距精度分别不低于 $1''$ 和 $1\ mm+10^{-6}D$（D 为测量距离）的全站仪。

直线段管节端钢壳精调时，在沉管预制施工控制网坐标系下设站完成后对每个测点用全站仪极坐标法测量，并根据式（1）及测量结果计算每个测点的调节量，指挥现场及时调整。

$$x = x_0 + \Delta x / 11.4 \times (h - h_0) \tag{1}$$

式中，x ——端钢壳测点的理论端面坐标；

$\quad\quad x_0$ ——端钢壳底面的设计端面坐标；

$\quad\quad \Delta x$ ——端钢壳顶面相对于底面的长度增量；

$\quad\quad h$ ——端钢壳测点的实测高程；

$\quad\quad h_0$ ——端钢壳底面设计高程。

在测量及调整过程中应注意如下事项：

1）为防止混凝土浇筑引起端钢壳变形，端钢壳顶部可在长度增量的基础上向管内预收 3 mm，其余高程部位按照线性内插的方法处理。

2）为防止混凝土浇筑引起端钢壳变形，精调过程中的偏差应取偏向管内 2～3 mm。

3）在精调及混凝土浇筑过程中，应尽量采取"固定人员、固定仪器、固定测站、固定方法"的原则对端钢壳进行测量。

4）受全站仪信号强度的影响，端钢壳上粘贴的反射片尺寸不宜小于 30 mm×30 mm。

5）全站仪设站位置尽量位于管节横断面的中部，防止测量过程中的角度过大；当测量偏角较大时，可在测点前方设站进行复测。

6）混凝土浇筑期间，特别是在管节上倒角及顶板浇筑时，应加强对端钢壳的监测。当与精调完成后的变化量超过 3 mm 时，应组织进行调整。

7）混凝土浇筑期间监测端钢壳的变形量时，Δx 不应再考虑预收量，且计算出的偏差值仍应偏向管内，否则应组织调整。

8）当对 1 个点进行调整后，应及时对该点相邻 2 m 范围内的点进行复测。

9）当受视线通视影响需搬站进行其他点位的测量时，应找共同点进行测量比对，其 x 坐标较差应在 2 mm 内。

4 端钢壳平整度检测

端钢壳平整度检测应在管节预应力张拉压浆及顶升转换后进行，要求面板不平整度≤5 mm[2]。

端钢壳平整度检测的操作方法如下：

1）在沉管预制施工控制网坐标系下，采用全站仪对端钢壳的 50 个测点的三维坐标进行实测。

2）对 50 个测点的实测坐标按式（2）、式（3）、式（4）计算出端钢壳的拟合面[3]。

$$XY = [\text{ones}(50,1)xy] \tag{2}$$

$$b = \text{vpa}(\text{regress}(h, XY),10) \tag{3}$$

$$h = b(1) + b(2) \times x + b(3) \times y \tag{4}$$

3）根据拟合参数按照式（5）、式（6）、式（7）计算出测点到拟合面的距离（即平整度）及端钢壳端面的竖向和水平向偏角。

$$d = (Ax + By + Ch + D) / \sqrt{A^2 + B^2 + C^2} \tag{5}$$

式中，A——$b(2)$；

　　　B——$b(3)$；

　　　C——-1；

　　　D——$b(1)$。

$$竖向偏角 = \arctan(b(2)) \tag{6}$$

$$水平向偏角 = \arctan(b(3)/b(2)) \tag{7}$$

5　工 程 应 用

在港珠澳大桥主体工程沉管预制中，现场施工严格按照上述方法对端钢壳的制作、拼接、安装、测量、监测及检测等工序进行控制。通过对已完成张拉及压浆后的 7 个管节共 14 个端钢壳的面板平整度进行检测分析，平整度统计结果如表 2 所示。

表 2　端钢壳平整度分析数据表

项目	管节													
	E1S1	E1S5	E3S1	E3S8	E5S1	E5S8	E7S1	E7S8	E9S1	E9S8	E11S1	E11S8	E13S1	E13S8
不平整度最大值/mm	5.39	4.33	4.85	3.27	5.60	5.09	3.88	3.86	3.42	3.59	4.26	4.04	4.58	3.92
总测点数/个	50	50	50	50	50	50	50	50	50	50	50	50	50	50
合格点数/个	49	50	50	50	48	49	50	50	50	50	50	50	50	50
合格率/%	98	100	100	100	96	98	100	100	100	100	100	100	100	100

续表

项目	管节													
	E1S1	E1S5	E3S1	E3S8	E5S1	E5S8	E7S1	E7S8	E9S1	E9S8	E11S1	E11S8	E13S1	E13S8
竖向偏角实测值/(°)	88.2978	88.2561	89.0877	89.0572	89.1276	89.1271	89.0335	88.9988	88.9202	88.8561	89.5442	89.5440	89.9191	89.9498
竖向偏角理论值/(°)	88.2867		89.0753		89.1410		89.0251		88.9095		89.5577		89.9447	
水平向偏角实测值/(°)	0.0000	−0.0138	0.0061	0.0208	−0.0107	0.0041	0.0006	0.0109	0.0075	0.0064	0.0007	0.0220	−0.0047	−0.0051
水平向偏角理论值/(°)	0		0		0		0		0		0		0	

为了提高端钢壳面板平整度的可信度，避免由于 50 个测点布置的不合理而导致端钢壳平整度拟合出现局部失真的情况，在 E9、E11、E13 管节检测时又增加如下措施：

1）在两个相邻的检测点中间加密，将检测点数由 50 个加密到 96 个，如图 2 所示。

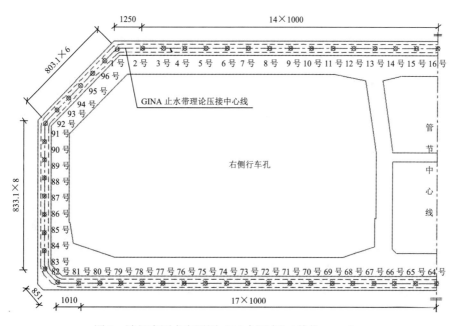

图 2　端钢壳测点布置图（96 个测点）（单位：mm）

2）分别用 96 个和 50 个测点的测量数据进行拟合分析，并检验端钢壳两的平整度是否满足设计要求。

3）采用 50 个测点的拟合参数按式（5）对 96 个点的平整度进行重新计算，再次检验端钢壳的平整度是否满足设计要求，其计算及比较结果如表 3 所示。

表 3　端钢壳平整度分析数据比较表

管节	项目					
	①96 个点拟合的不平整度最大值/mm	96 个点拟合的不平整度合格率/%	②50 个点拟合参数计算 96 个点的不平整度最大值/mm	50 个点拟合参数计算 96 个点的不平整度合格率/%	①–②的最大值/mm	①–②>0.1 mm 的比率/%
E9S1	4.38	100	4.53	100	0.16	30.2（29/96）
E9S8	4.31	100	4.15	100	0.24	68.7（66/96）
E11S1	4.22	100	4.42	100	0.23	61.4（59/96）
E11S8	4.31	100	4.43	100	0.13	42.7（41/96）
E13S1	4.58	100	4.58	100	0.12	14.6（14/96）
E13S8	4.36	100	4.44	100	0.09	0（0/96）

通过表 2、表 3 的统计数据和已沉放安装的 E1～E19 管节的实际情况分析，管节间 GINA 止水带的压接止水效果均很好，表明上述关于端钢壳拼接、安装、精调、测量及平整度分析检测的方法是正确的。

从表 2 的数据中可以看出，在后续施工中应加强管节顶推监测，提高顶推行程的一致性，以便匹配浇筑时减小端钢壳的水平向偏角，继续提高端钢壳的安装及测量精度。

6　结　语

本文给出的沉管预制端钢壳测量方法是切实可行的，实践结果表明，该技术能够将端钢壳面板最终的平整度控制在 5 mm 以内，满足 GINA 止水带压接后的止水要求。

参 考 文 献

[1]　张文森，黄文慧. 大型沉管端钢壳施工工艺比选[J]. 中国港湾建设，2015，35(7)：96-99.

[2]　中交公路规划设计院有限公司. 港珠澳大桥主体工程岛隧工程施工图设计：管节接头、节段接头施工图[Z]. 北京：中交公路规划设计院有限公司，2012.

[3]　中交股份联合体港珠澳大桥岛隧项目部. 关于沉管端钢壳空间姿态测量的规定[Z]. 珠海：中交股份联合体港珠澳大桥岛隧项目部，2013.

港珠澳大桥岛隧工程沉管预制模板施工工艺*

张　洪，范卓凡，刘　然

（中交二航局第二工程有限公司，重庆）

摘　要： 港珠澳大桥岛隧工程沉管预制采用工厂法施工，是目前世界上体量最大的钢筋混凝土预制构件，其模板采用由德国 PERI 公司设计的全液压大型钢模板，具有精度高、操作方便、工效高等优点。本文论述了模板结构、工作原理和施工工艺，以期为类似工程模板设计和施工提供借鉴。

关键词： 沉管；预制；全液压；大型钢模板

1　概　述

1.1　工　程　概　况

　　港珠澳大桥沉管隧道沉管段总长 5.664 km，由 33 个管节组成，其中直线段管节 28 个，曲线段管节 5 个，曲率半径 5000 m。沉管管节采用两孔一管廊截面形式，宽 3795 cm，高 1140 cm，底板厚 150 cm，外侧墙及顶板厚 150 cm，中隔墙厚 80 cm，管节横断面见图 1。标准管节长 180 m，分成 8 个标准节段，每个节段长 22.5 m。管节采用工厂法预

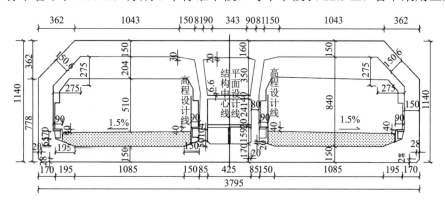

图 1　管节横断面示意图（单位：cm）

＊ 本文曾刊登于《中国港湾建设》2015 年第 7 期。

制，节段混凝土全断面一次浇筑。混凝土强度等级为 C45（28 d）、C50（56 d），单次混凝土浇筑方量约 3400 m³，是迄今为止世界上规模最大的沉管隧道工程。

1.2　钢模板概况

模板系统由以下部分组成[1,2]：1 个固定的底模、2 个公路隧道的内模车及针形梁、1 个廊道隧道内模车及针形梁、2 个固定的外墙模及支撑系统、端头模板。端头模板设计了节段止水与管节间端钢壳安装固定装置。模板系统立体图见图 2。

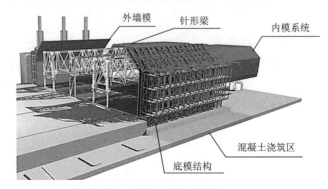

图 2　模板系统立体图

（1）底模

设置 1 套底模。底模通过支撑千斤顶和支撑固定于条形混凝土基础上，综合考虑曲线管节预制时底模需要，底模设计长 23.96 m，宽 39 m。底模采用整体分块式，单块重量轻，便于周转运输及安装。底模为定型加工大块钢模，布置横向支撑大梁和纵向分配梁，面板厚 6 mm。底模支撑系统包括：929 kN 自锁式液压千斤顶 16 台（每块行车道底板 2 台）、1000 kN 楔形千斤顶 64 台、420 kN 楔形千斤顶 24 台、支撑关节 204 个和其他附属顶伸液压装置。底模断面图见图 3。

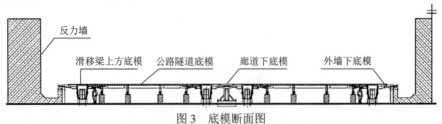

图 3　底模断面图

（2）侧模系统

侧模在纵向分为 4 块，单块长度为 5.98 m，总长 23.96 m。侧模固定安装在浇筑坑两侧，由后方的混凝土反力墙支撑。采用全液压驱动，整体安装、整体脱模、整体移动，全部采用集成系统，插销连接，安装精度高，整体安装或拆除均可在 8 h 内完成，外墙模外侧设置混凝土反力墙作为外墙模板横向支撑体。采用反力墙可有效控制混凝土的涨模，外墙模板不设拉杆，对提高墙体耐久性具有重要意义。

（3）内模系统

内模采用穿入式移动模架。内模系统由模板结构、液压系统、内模支架、针形梁及行走系统组成（图4）。每段长约5.98 m，每套由4个分段组成，即每套约为23.92 m。

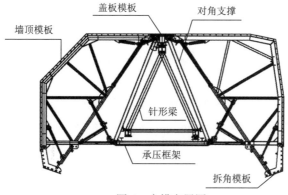

图4　内模布置图

（4）端模

设置两套可拆卸式端模。

1）节段接头端模：用钢围楞与拉杆将端模连接在内模、外模与底模上，可以将橡胶止水带固定在需要的位置上。此模块安装需要用手工或吊车进行操作。

2）管节接头端模：在第一节段与第八节段前后，必须安装端钢壳接头，以安装GINA止水带。为了在浇筑混凝土时保证管节接头的准确位置，端钢壳与端模连接并安装可调装置，并在混凝土浇筑中不断进行测量与调整，此项工作由2名作业人员与1名测量人员完成。

（5）针形梁系统

设置2条针形梁和1套针式梁，针形梁（LB）由4个桁架组成，每个桁架长12 m，针形梁前后配有支座。在安装针形梁时，每节桁架由高强螺纹拉杆连接，方便内模的拆模和移位等。针形梁在内模滑移时提供内支撑和滑移轨道，可满足内模的前后移动；内模支腿就位后，针形梁支腿收起，亦可在内模轨道上滑动，从而实现内模和针形梁（图5）的前后自由移动。

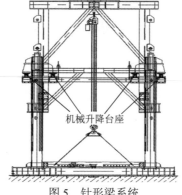

图5　针形梁系统

2　技术参数与设计要求

按照规范[3,4]标准进行模板设计。

2.1　模板受力工况

底模设计考虑单个节段自重 9000 t 的荷载；墙体模板设计额定混凝土侧向压力为 50 kN/m²；内模设计时考虑了顶板的钢筋与混凝土自重约 4000 t；针形梁及内模台车设计考虑重量 5000 t。

2.2　模 板 长 度

考虑要满足剪力键生产及第一节段与第八节段长度调整的要求，模板的长度根据不同的模板单元进行了不同的选择。具体长度为：底模 23 960 mm，外墙模 23 960 mm，公路隧道内模 23 200 mm，廊道隧道内模 23 200 mm。

2.3　端头模板的倾斜调整

在设置伸缩缝时，端头模板保持与节段纵轴线处于垂直状态，在长度方向上可以准确地调整到满足节段长度 22.5 m 的要求。在生产每个管节非标准的第一节段与第八节段时，端头模板可在垂直方向上进行 ±3% 的倾斜调整。

3　模板施工工艺

3.1　模板施工步骤

每节段模板施工顺序如下：
1）拆除端模、外模板，底模下降，管节节段由顶推轨道上的千斤顶支撑。
2）打开内模支腿支撑于节段底板上，收起针形梁的前支腿、后支腿和临时中支腿。
3）针形梁滑移至其中部位置，使两端的悬臂长度近似相等。
4）顶推管节向前移动 22.5 m。
5）针形梁回位。

6）针形梁前后支腿支撑，拆除内模支撑，滑出内模并清理。

7）内模再次滑入节段内，打开内模支撑，收起针形梁前支腿，顶升底模至设计标高。

8）移入钢筋笼。

9）针形梁前支腿和后支腿支撑。

10）第二节内模就位，准备混凝土浇筑工作。

3.2　模　板　施　工

3.2.1　底模

（1）拆模

拆模前，为 VSL 的大千斤顶加压，使其处于受力状态，原来由底模承受的所有作用力都由 VSL 的千斤顶传递给滑移梁后，开始进行拆模。

1）为螺母锁定油缸加压，完全打开螺母锁定，所有关节支撑处于卸载状态后，用 36 mm 扳手打开关节支撑。

2）液压系统控制可折叠边模的拆模。在拆模之前打开保险杆，并用手拿住直至折叠边模完全落下为止。

3）用 42 mm 和 80 mm 扳手为机械升降台座卸载，侧向推移，直到离开底模的支腿范围。

4）下降螺母锁定油缸的活塞杆，降下整个底模，下降高度为 190 mm。

（2）立模

1）用带螺母锁定的油缸提升底模，并使其达到准确的位置，以导轨框架上的标记为准。

2）将所有机械升降台座移到支撑位置，并将其高度调到准确位置。

3）可折叠边模将由液压系统顶起，直到水平位置，将保险杆安装到位。

4）推起关节支撑，安装六角螺母锁定。

3.2.2　侧模

（1）拆模

1）将导角上拆模块的护栏向前翻转并固定在操作平台上，同时拆除两模块中间的连接销栓。

2）导角上拆模的受压杆卸载，拆除，操作液压系统翻转。

3）导角下拆模卸载前要先为受压框架卸载，具体操作是将把手上的拉杆螺盘放松，将扳手从原来的工作状态翻转下来。随即收回导角下拆模，让其垂直。

4）取下拉杆上部的螺母。

5）墙模与底模过渡处的螺栓也必须打开，取下拆卸拆模框架之间的剪刀撑。

6）通过拆模框架上的液压系统为拆模框架与模板之间卸载。

7）在支撑框架利用折叠活塞完全折叠到位后，取出拉杆。

8）利用挂梁将模块向后缩回 1 m。

（2）立模

1）推进钢筋笼，并调整就位。挂梁上的液压系统将模板向前推到立模位置。

2）为了承受导角上拆模块的水平力，必须安装支撑螺栓并安装上部拉杆。

3）支撑框架在折叠液压系统的作用下向前折回，在水平方向上支撑外墙模板块。

4）拆模液压系统收回到原位。

5）安装并紧固支撑框架中的剪刀撑。

6）待两个模块都准确到位后，在水平方向上将两个模块在中间用螺栓连接起来。在墙模与底模过渡的位置将墙模与导角模连接起来。

7）安装垂直方向的拉杆。

3.2.3　内模

（1）拆模

1）先抽出内墙的模板对拉杆。

2）取下墙体与拆模脚之间固定木条螺栓。

3）给拆模脚卸载，打开关节支撑，用液压系统上提拆模脚。

4）导向框架与关节支撑之间卸载，用液压系统将其翻起。整个内模系统通过液压系统将前支座与后支座下降，使内模整体下降 5 cm，然后整体拆模。

5）模板块利用模板的推进系统推出节段。

（2）立模

1）通过针形梁的前后支座将内模调整到准确的高度，用机械升降台座支撑，用液压系统操作关节支撑，使得墙顶板模块到位，并定位。

2）用液压系统操纵关节支撑，将墙顶模块立模到位。

3）放下拆模脚，并定位。

4）安装墙体与拆模脚间的木条板。安装好内隔墙的模板对拉杆后，准备浇筑混凝土。

3.2.4　端模

（1）拆模

1）解除框架与面板的约束。

2）从上至下拆除面板，拆除钢盒子。

3）拆除结构框架。

（2）立模

1）底板位置预埋件安装，同时安装端模下部结构。

2）安装端模上部结构。

3）用螺栓与销栓将端模模块连接起来。

4）完成底板位置端模的安装。

5）安装结构框架。

4 结 语

港珠澳大桥岛隧工程沉管预制厂自开工以来，已经完成了 77 个节段的预制工作，各项质量指标均符合规范要求，未发生任何安全事故，在施工过程中采取的技术方案和安全措施有效保证了施工任务的顺利进行。

港珠澳大桥沉管预制超大型液压钢模板在加工精度、现场安装精度及液压系统同步稳定性等方面都达到了很高的要求，超大型模板采用液压系统实现合、拆模动作，缩短了模板合、拆时间，有效减少了模板局部变形，对控制沉管管节混凝土外观质量非常有利。

参 考 文 献

[1] 德国 PERI 系统模板有限公司. 模板系统操作手册[K]. 2011.

[2] 德国 PERI 系统模板有限公司. 模板系统维护保养手册[K]. 2011.

[3] 中华人民共和国交通部. 公路工程技术标准：JTG B01—2003[S]. 北京：人民交通出版社，2003.

[4] 中华人民共和国运输部. 公路桥涵施工技术规范：JTG/T F50—2011[S]. 北京：人民交通出版社，2011.

沉管预制侧模承载力分析[*]

（中交四航局第二工程有限公司，广州）

摘　要： 侧模的稳定性是沉管尺寸精度控制的关键，主要判断依据是承载力大小。不同工况对模板承载力的需求不一样，应合理设计模板结构。但有时为了追求"绝对"的稳定性，模板设计存在过于保守的现象，导致了材料的浪费，增加了工程投资成本。本文选取港珠澳大桥岛隧工程沉管预制侧模体系为研究对象，建立空间三维模型，假设不同结构设计情况下分析承载力的变化情况。模拟结果表明，侧模结构设计过于保守，影响结构承载力的关键因素是结构构件设计间距。因此，在侧模体系设计时，应充分考虑结构构件之间间距问题，可适当降低钢材属性，节约投资。

关键词： 沉管；侧模；结构承载力

0　引　言

港珠澳大桥由桥、岛、隧三种结构形式组成，隧道长 5.99 km，埋置在海底 46 m 深处，是目前世界第二、国内首例的超级工程。海底隧道由 33 个管节组成，标准管节尺寸为 180 m×37.95 m×11.4 m（长×宽×高，分为 8 个节段）。管节具有数量多、截面尺寸大、预制尺寸精度及防水控裂要求高、工期紧等特点，传统的施工工艺难以满足施工要求。经研究，最终确定采用全断面液压模板一次成型沉管的预制工艺，一种能够用于"大体积隧道沉管整体浇筑的模板系统"，以及相应的"隧道沉管模板安拆方法"，实现了现代化、机械化、大型化、工厂化的先进理念。全断面液压模板体系能够满足大型沉管混凝土一次性全断面浇筑要求，避免因底板约束作用引起的侧墙裂缝及沿墙体温度梯度的差异发生的温差收缩引起的裂缝，增强了沉管混凝土自防水功能。

侧模是沉管预制模板体系结构之一，主要由上部翻折板、垂直面板、旋转架、反力墙和液压千斤顶等部分组成。传统的侧模承载力分析主要是参考材料力学和结构力学结构等力学体系的计算方法，普遍简化为二维平面问题，计算结果偏于保守。随着计算机飞速发展，可用于空间计算的软件大量涌现，实现空间建模和数值计算分析不再烦琐。

---

[*] 本文曾刊登于《公路》2018 年第 8 期。

如 ANSYS、ABAQUS、MIDAS 等结构计算软件均能对侧模进行有限元数值分析。采用空间结构计算方法较传统计算更为合理，可清楚地得到各个构件之间的受力、变形和相互作用情况，清晰地反映出结构的稳定性。本文依托的港珠澳大桥岛隧工程沉管预制全断面液压模板体系已经投入生产使用，且效果理想，但是对于模板设计承载力是否保守问题尚未有深入研究。本文基于前期的设计成果，对侧模结构承载力进行深入的计算分析，得出有益结论，为工程设计提供参考[1]。

1 工程背景

结合港珠澳大桥岛隧工程沉管预制采用的全断面液压模板体系[2,3]，现选取侧模作为数值分析对象，建立三维空间模型。侧模侧视图如图 1 所示，面板结构图如图 2 所示。

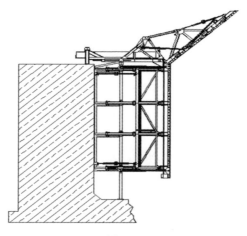

图 1 侧模侧视图

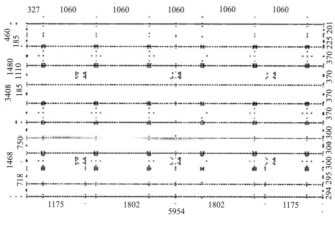

图 2 面板结构图

侧模面板分为四块，每两块拼装成一个整体，采用液压千斤顶实现拆模、合模动作，整块面板同步安拆，改变了传统拆模、合模费时费力的烦琐工序，提高了工作效率。空间建模主要选取荷载组合方式代入计算，侧模荷载主要有自重和混凝土侧压力，结构的尺寸和材料属性决定了自重，荷载取值如下：

1）混凝土侧压力：38 kN/m²；

2）倾倒混凝土时产生的水平荷载：2 kN/m²。

2　计 算 模 型

本文采用 MIDAS 结构计算软件，选取侧模垂直面板的 1/4 建立空间三维模型，面板设计采用 6 mm 厚的钢板，材质为 Q235 钢。次楞采用 100 mm×6.8 mm 的 Q235 工字钢，设计间距主要由 370 mm、245 mm 和 255 mm 组合而成。主楞采用 250 mm×14 mm 的 Q345 型钢，间距为 1600 mm。外模支撑系统采用矩形立体可旋转桁架，旋转架由 Q345 钢冷弯矩形空心型钢组成，截面尺寸为 140 mm×120 mm，采用 1016 mm×1600 mm 间距、步距 2100 mm。建立空间模型时，面板属性根据实际尺寸输入计算，构件之间的连接假设为刚接，边界条件按固端约束处理，计算模型中只考虑固端约束条件以上结构部分[4]，空间计算模型如图 3 所示。

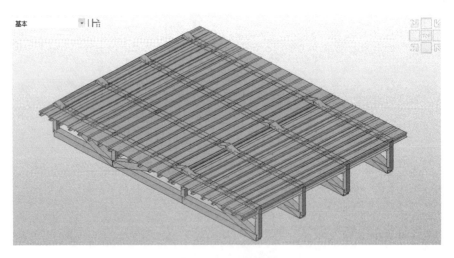

图 3　空间计算模型

3　计算结果分析

侧模设计承载力时考虑的荷载为额定混凝土侧压 50 kN/m²，现空间建模计算选取输入的荷载为自重和额定侧压力组合。侧模结构自重大部分直接作用在底模上，考虑一定的安全系数，取最不利荷载组合工况代入模型计算，提取不同面板厚度、次楞设计间距、钢材型号情况下，分析侧模承载力的变化。首先，严格按照侧模结构设计建立空间模型进行数值分析，结果表明，结构最大弯矩值为 $5.5e \times 10^4$ kN·m，由此产生的挠度为 3.25 mm，变形较小，不影响生产使用，因为侧模面板结构尺寸较大，由于自身惯性必然会产生一定的挠度，微小变形量可忽略不计。侧模结构整体计算分析见图 4 和图 5。

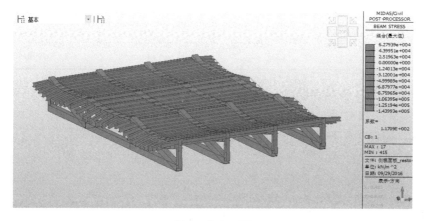

图 4　应力云图

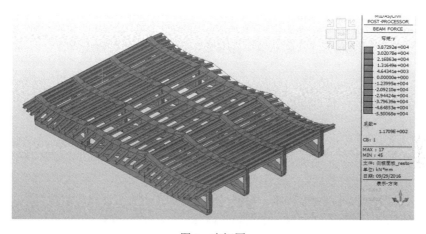

图 5　弯矩图

由图 4、图 5 可知，旋转架受力较为集中，最大受力点集中在旋转架和面板接触位置。主楞变形量最大，最大挠度达 3.3 mm，由于结构使用的材料属性是钢材，钢材本身必不可少有一定的含碳量，所以规范规定允许有一定的塑性变形范围，主楞变形量很小，完全满足规范要求。[5]侧模整体所受最大应力值为 144 MPa，由于结构极限承载力为 235 MPa，因此侧模整体承载力可视为满足规范及施工要求。通过建模计算分析，原侧模设计结构承载力均能满足各项规范指标要求，现对结构细节部分加以改造进行空间建模数值分析，以此为依据判断结构设计的保守性问题。具体改造情况如下：

1）原侧模钢板厚度为 6 mm，现选取 5 mm 带入空间模型计算；

2）主楞材料属性由 Q235 钢改为 Q345 钢；

3）次楞间距由 370 mm、245 mm 和 255 mm 等改为 370 mm。

将不同改造情况分别代入模型进行模拟计算，具体计算结果见表 1。

表 1　建模计算结果

材质	变形/mm	应力/MPa	弯矩/kN·m
6mm 厚钢板	3.254	144	55 007
5mm 厚钢板	3.336	145	56 583
5mm 厚钢板，主楞改为 Q235 钢	3.335	146	56 585

分析上表可知，侧模钢板由 6 mm 变为 5 mm 时，结构变形量和应力变化很小，几乎可以忽略不计；相对而言，弯矩影响较大，随着钢板厚度减少 1 mm，弯矩值增大了 1576 kN·m，故侧模设计时不建议更改钢板厚度。当主楞材料属性由 Q235 钢变为 Q345 钢时，结构变形量、应力和弯矩都没有明显的变化，由此可知，相同条件下，适当降低侧模某些构件的材料属性并不会影响结构极限承载力，安全有保障的情况下还可降低成本。

观察侧模结构发现，钢板次楞工字钢设置比较密集，且间距不唯一，现选取最大间距 370 mm 等间距布置，修改模型，其他参数保持不变，进行计算分析。结果显示，当次楞间距以 370 mm 等间距布置时，计算出结构变形量高达 30 mm，严重超出规范规定。当次楞改为 350 mm 等间距布置时，结构变形量依旧不满足要求，由此可以看出，在其他参数保持不变的情况下，次楞布置间距是影响侧模变形的关键因素。

4　结　语

改变侧模结构某些构件材质的情况下，结构承载力变化很小，可忽略不计，这并不是说模板材质可以随意更改，一些主要受力构件不能随意变动，需经过严密的模拟计算才能判断哪些构件材质可以适度降级。根据混凝土结构工程施工质量验收规范[5]，侧模所受侧压力随着混凝土浇筑高度的增加逐渐趋于稳定，本文空间建模选取的荷载组合是最大允许侧压力和自重，荷载取值比较保守，计算结果理想，可见该侧模结构设计比较保守。

参 考 文 献

[1]　张洪，范卓凡，刘然. 港珠澳大桥岛隧工程沉管预制模板施工工艺[J]. 中国港湾建设，2015，35(7)：57-60.

[2]　德国 PERI 系统模板有限公司. 模板系统操作手册[K]. 2011.

[3]　德国 PERI 系统模板有限公司. 模板系统维护保养手册[K]. 2011.

[4]　江正荣. 建筑施工计算手册[M]. 第 2 版. 北京：中国建筑工业出版社，2013.

[5]　中华人民共和国建设部，国家质量监督检验检疫总局. 混凝土结构工程施工质量验收规范：GB 50204—2002[S]. 北京：中国建筑工业出版社，2002.

曲线段沉管预制模板应用研究*

黄文慧[1]，董洪静[1,2]，胡汉卿[1]

（1. 中交四航局第二工程有限公司，广州；2. 河海大学，南京）

摘　要： 港珠澳大桥岛隧工程沉管预制采用工厂法流水线施工，是迄今为止世界上体积最大的钢筋混凝土预制构件，模板采用德国 PERI 公司设计的液压自动化大型钢模板，具有精度高、操作方便、工效高等优点。此模板系统不仅适用于直线段管节预制，也适用于曲线段管节预制施工。本文简要论述了模板结构、工作原理和曲线段模板施工工艺，以期为类似工程提供借鉴。

关键词： 港珠澳大桥；曲线段；沉管；液压模板

0　引　言

随着沉管隧道面向大型化、多元化方向发展，结构形式由单一的直线式变为曲线式。本文结合港珠澳大桥岛隧工程曲线段管节施工实例，探讨曲线段管节预制模板的工艺原理及应用研究过程中的一些主要技术和经验。

1　工　程　概　况

港珠澳大桥沉管隧道长 5.99 km，是迄今为止世界上规模最大的海上沉管岛隧工程，最大水下深度达 46 m。沉管隧道由 33 个管节组成，直线段管节 28 个，曲线段管节 5 个，曲率半径 5500 m。单个标准管节长 180 m，由 8 个长 22.5 m 的节段组成。管节宽 37.95 m，高 11.40 m，底板、顶板和侧墙厚 1.50 m，中隔墙厚 0.80 m。沉管横断面见图 1。

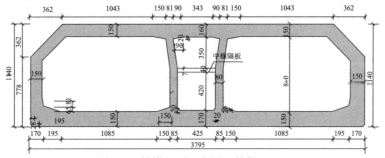

图 1　沉管横断面示意图（单位：cm）

---

* 本文曾刊登于《公路》2018 年第 8 期。

港珠澳大桥岛隧工程论文集　卷Ⅱ

2　模板系统概况

模板系统由以下部分组成：1套固定底模、2套公路隧道内模及针形梁、1套廊道隧道内模及针形梁、2套固定的外墙模及支撑系统、2套端模。模板系统立面见图2。

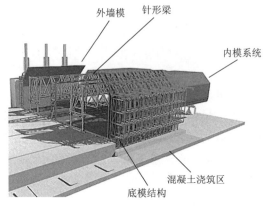

图2　模板系统立面图

底模通过支撑千斤顶和支撑固定于条形混凝土基础上，综合考虑曲线段管节预制需要，底模设计长23.92 m，宽39 m。固定底模在浇筑台座处拼装成整体，通过液压系统升降实现安装和脱模工艺。

侧模系统固定安装于浇筑坑两侧，由后方的混凝土反力墙支撑，采用液压千斤顶做拆模、合模动作。侧模系统可沿固定轨道后退1.0 m，待钢筋笼顶推就位至底模后，再完成侧模安装。

每个行车道及中管廊各设置一条由桁架组成的针形梁，桁架之间使用高强螺纹拉杆连接，针形梁前后配有支腿及底座。针形梁在内模滑移时提供内支撑和滑移轨道，通过液压系统可满足内模的前后移动和拆模、合模动作；内模支腿就位后，针形梁支腿收起，亦可在内模轨道上滑动，实现内模和针形梁的自由前后移动。

端模分为两套：节段接头端模和管节接头端模。节段接头之间设置混凝土剪力键和注浆式止水带，管节接头安装端钢壳以便于GINA止水带安装。模块系统整体见图3。

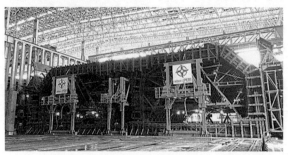

图3　模板系统整体图

3 曲线段管节施工理念

曲线段管节设计理念是"以直代曲",即单个节段是直线状态,节段两端设楔形角,通过调整相邻两个节段之间的夹角近似拟合半径 5500 m 的圆曲线。对于曲线段管节预制而言,节段间夹角通过节段与生产线轴线的夹角变化得以实现,与直线段一样采取节段式匹配浇筑、顶推施工,形成曲线段管节。曲线段管节拟合示意见图 4。

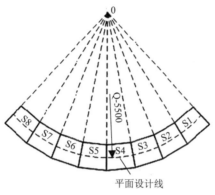

图 4　曲线段管节拟合示意图

4 曲线段模板施工难点

1)曲线段每个节段外形体态均不相同,每一道工序施工前都需提前根据设计坐标测量放样,施工后复测校核,任务繁重,精度要求高。

2)因节段外形体态变化,需要对模板局部位置进行调整,端模需要增加支撑梁,针形梁支腿下方固定支座需加长,改造精度控制难度大。

3)因曲线段每个节段尺寸要求不同,为保证模板安装精度,每个节段钢筋笼入模前都需对模板进行试安装,工序复杂。

4)侧模调节时,需要根据每个节段不同的外形尺寸对后方支撑框架上所有调节螺栓和限位螺栓逐个进行调节,工作量较大,精度控制难度大。

5)内模安装时,每个节段根据不同偏移量通过针形梁前后支腿横向移动调节内模轴线,前后支腿偏移方向相反,同步控制难度大。

5 模板系统应用研究

为顺利完成曲线段管节预制,需针对与直线段的不同之处对模板进行应用研究。

5.1 底　模

曲线段管节底模安装与直线段基本一致，首先在面板上按照6 m间距布置测量点，借助水准仪通过底模下方的千斤顶将底模整体顶升至准确位置，将下方机械台座移至支撑位置，并拧紧螺栓；液压千斤顶将翻折模板顶起，与底模面板水平，安装保险栓；推起关节支撑，螺母锁定拧紧；铺设滑移轨道位置活动面板及方钢。

因曲线段预制侧模与底模存在水平夹角，底模两侧翻折板上的侧模防浮拉杆孔位需要调节（图5），为提高孔位调节效率，先根据沉管两侧墙外边线拉出一条直线，参照边线找出单个节段需使用的孔位，调节孔位封堵位置。

图5　防浮拉杆孔位调节

5.2 侧　模

侧模需调节部位较少，但工作量较大。曲线段管节每个节段姿态和偏移量都不同，每次模板安装都需要重新对侧模进行调节，为了保证侧模安装精度，钢筋笼入模前先对侧模进行试安装，调节至设计位置后再将侧模横向移动退回，待钢筋笼入模后再安装侧模并进行复测。

侧模面板通过后方旋转框架将力传递至两侧混凝土反力墙，侧模调节时先通过后方液压千斤顶将侧模整体横向推至一定位置。侧模面板上按照4 m一个断面，每个断面布置上中下3个测量点，共18个测量点，使用全站仪和吸附棱镜进行测量定位。将侧模后方所有调节螺栓和限位螺栓松动，通过对每层受力框架精轧螺纹钢上调节螺栓进行调节，将侧模整体调节至设计位置，再将调节螺栓及限位螺栓锁定。钢筋笼入模前使用液压系统将侧模整体向后缩回，待钢筋笼顶推入模后再通过液压系统将侧模整体向前顶推，紧贴钢筋笼上混凝土垫块，再将后方螺栓紧固、剪刀撑及防腐拉杆安装到位。使用全站仪通过提前粘贴在侧模后方的测量反光片，对侧模安装精度进行复测，与试安装时采集的数据进行比对，若出现较大偏差，需对个别位置进行精调。侧模调节如图6所示。

图6 侧模调节示意图

5.3 内 模

内模横纵向移动需要依靠针形梁，为适应曲线段轴线调节，将针形梁支腿底座加长（图7），根据图纸委托厂家加工，进场后用螺栓连接固定。

图7 针形梁支腿底座加长

钢筋笼入模前内模需进行试安装，内模通过液压系统在针形梁上行至底模区上方，打开关节支撑，使内模整体处于合模状态。内模顶部每块模板端头部位两边布设测量点，使用水准仪通过调节针形梁前后支腿液压千斤顶，将内模调节至准确高度；在先浇端与匹配端内模边缘粘贴测量反光片，通过液压千斤顶调节针形梁前后支腿在底座上横向滑移，针形梁与内模一起横向移动，用全站仪定位，内模轴线调节至准确位置。内模调节到位后，收缩至拆模状态，走出底模区，待钢筋笼顶推入模后再行至钢筋笼内，重新对内模标高和轴线复测精调，安装对拉杆及连接螺栓。内模轴线测量点布置及调节见图8。

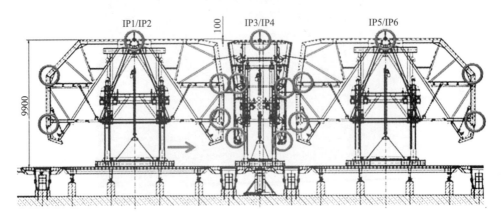

图8　内模轴线测量点布置及调节示意图（单位：mm）

5.4　端　　模

曲线段管节中轴线偏心，端模与底模间斜向连接杆无法正常匹配安装，先对两套端模整体进行应用研究，在端模竖向工字钢背棱后方焊接角钢，预留螺栓孔，通过螺栓将水平向支撑背梁与端模整体连接。端模改造试拼见图9。

图9　端模改造试拼图

端模按底板、墙体、顶板的顺序分块吊装，先将节段接头间与OMEGA预埋件匹配的钢盒子安装固定，开始下层端模及受力框架安装，进行支撑背梁安装，并使用连接杆将受力框架与支撑背梁连接固定，待所有下层端模安装完成后进行中埋式止水带安装及硫化接驳，使用铁丝将止水带捆绑在端模上，再进行上层端模及支撑背梁安装，使用卡夹及连接板将所有端模连接成整体。

使用全站仪对每一块端模进行测量定位，通过连接杆上双向调节螺母实现端模纵向位移，保证沉管节段端面尺寸。端模改造安装见图10。

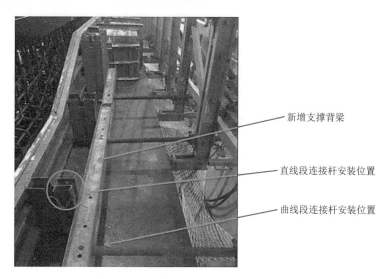

图 10　端模改造安装示意图

6　注意事项

6.1　模板调节

1）考虑模板安装间隙及轻微位移，模板调节时可进行适当预留。

2）为避免调节复测时测量定位点位置变化造成测量误差，施工时保证测量定位点不变。

3）调节内模轴线时，使用两台仪器分别对先浇端与匹配端进行测量定位，同时对前后支腿进行调节，避免惯性作用力造成针形梁前后支腿同步滑动。

4）模板调节时为减小测量误差，需"换手测量"，每一次调节都要进行复测，并进行数据比对，找出问题点。

5）为避免调节复测时测量定位点位置变化造成测量误差，应保证施工测量定位点不变。

6）调节内模轴线时，使用两台仪器分别对先浇端与匹配端进行测量定位，同时对前后支腿进行调节，避免惯性作用力造成针形梁前后支腿同步滑动。

6.2　模　板　管　理

1）模板施工时注意先后顺序，因模板系统液压自动化水平较高，故每次操作前都需仔细检查，操作时安排人员全程观察，避免出现暴力操作，以免造成模板受力变形，影响沉管尺寸。

2）模板操作频繁，每个节段预制完成后都需对整套模板系统进行休整保养，排查隐患，保证模板系统顺利运行。

3）因模板零配件较多，需做到配件及时归类保管，防止配件丢失。

4）建立"五检"驻停验收制度，每完成一步操作，都需要班组自检，现场技术员验收，质检员验收，模板公司技术人员验收，监理验收，保证模板施工精度。

7　结　　语

港珠澳大桥岛隧工程沉管预制模板系统工艺和设备在国内属首例，目前已完成两个曲线段管节的预制施工，各项质量指标均符合规范要求。对前期直线段预制施工进行的研究及优化，取得了很大的效果。整套模板的设计不仅能很好地运用直线段施工，而且能应用于曲线段施工，有利于后期类似项目推广运用。

参　考　文　献

[1]　中华人民共和国交通运输部. 公路桥涵设计通用规范：JTG D60—2015[S]. 北京：人民交通出版社，2015.

[2]　王吉云. 港珠澳大桥岛隧工程沉管隧道施工新技术介绍[J]. 地下工程与隧道，2011，(1)：22-26.

[3]　德国 PERI 系统模板有限公司. 模板系统操作手册[K]. 2011.

[4]　中华人民共和国交通部. 公路工程技术标准：JTG B01—2003[S]. 北京：人民交通出版社，2003.

[5]　中华人民共和国交通运输部. 公路桥涵施工技术规范：JTG/T F50—2011[S]. 北京：人民交通出版社，2011.

消除大型沉管节段接头错台工艺措施

陈伟龙 [1]，董洪静 [1,2]，胡汉卿 [1]

（1. 中交四航局第二工程有限公司，广州；2. 河海大学，南京）

摘　要： 港珠澳大桥岛隧工程沉管预制采用工厂法流水线施工，一个节段预制完成后向前顶推，下一个节段进行匹配预制。本文简述了港珠澳大桥沉管隧道工厂法流水线节段预制施工中易出现的节段接头混凝土错台问题，并针对该问题进行全面分析研究，找出影响因素，在施工中加以控制，彻底解决沉管节段接头混凝土错台问题。

关键词： 大型沉管；节段接头；错台；消除

0　引　言

沉管隧道体积巨大、结构复杂、工序繁多，施工过程中容易出现许多无法控制的问题。港珠澳大桥岛隧工程沉管预制采用工厂法流水线施工、全断面浇筑一次成型工艺，施工过程中节段接头易出现错台，对沉管外形尺寸造成较大影响。为有效控制节段接头匹配质量、消除混凝土错台，施工过程中密切关注每一道工序，确保施工质量。

1　工　程　背　景

港珠澳大桥沉管隧道是世界范围最长、埋置最深、单孔跨度最宽、单节柔性管节最长、规模最大的海底公路沉管隧道，也是我国交通建设史上最复杂、标准最高的海中隧道工程。该工程是国内首个使用工厂法进行沉管预制的工程，主体工程东起特别行政区界，西至拱北/明珠附近的口岸人工岛，采用桥、岛、隧组合方式，其中跨伶仃西航道和铜鼓主航道设海底隧道，长 5.99 km，是迄今为止世界上规模最大的海上沉管岛隧工程，最大水下深度达 46 m。海底沉管隧道由 33 个管节组成，管节宽 37.95 m，高 11.40 m。单个标准管节长为 180 m，由 8 个长 22.5 m 的节段构成，整个工程由 256 个节段构成[1]。沉管示意见图 1。

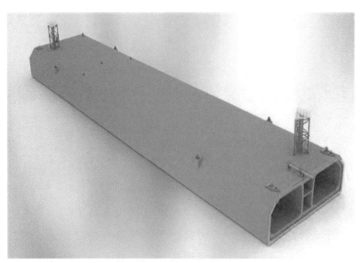

图 1　沉管示意图

2　施工工艺

　　港珠澳大桥沉管预制采用工厂法施工，流水线上标准化节段匹配预制，采用数控钢筋生产线进行钢筋加工，在流水线上分段进行底板、墙体和顶板钢筋绑扎，整体绑扎成型后顶推至模板区，再进行模板安装和混凝土浇筑，待混凝土达到顶推强度后，将管节向前顶推 22.5 m（即单个节段长度），匹配浇筑 2 号节段；2 号节段达到顶推强度后，连同 1 号节段再向前顶推 22.5 m，匹配浇筑 3 号节段，以此类推完成整个管节的预制，最终将整个管节顶推至浅坞区，进行后续工作[2]。

　　沉管预制模板施工及混凝土浇筑均在同一台座上进行，其模板采用德国 PERI 公司设计的大型自动液压钢模板系统，具有精度高、操作方便、工效高等优点。施工工艺流程见图 2。

3　施工难点及问题

　　1）沉管断面尺寸大，结构复杂，成品精度控制标准要求高。

　　2）钢模板体积较大，变形控制难度大。

　　3）模板系统支撑部位较多，易出现支撑未安装到位等问题。

　　4）混凝土连续浇筑时间长，浇筑方量大，过程控制难度大。

　　5）流水线匹配施工，工艺复杂，影响因素多，节段接头匹配质量控制难度大。

　　6）沉管预制施工过程中工序较多，且技术要求高，每道工序都会对下一道工序造成影响。

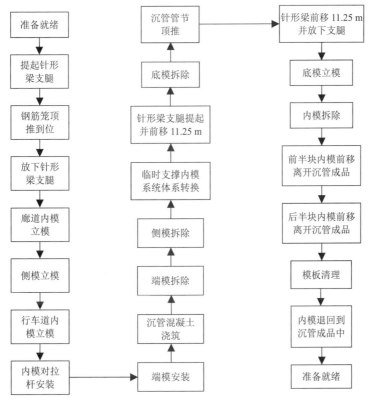

图 2　模板施工工艺流程

经检测统计，沉管隧道 E25 管节节段接头部位均存在不同程度的错台，错台数据统计见表 1，不仅影响了沉管成品尺寸精度，还对后续节段接头喷涂聚脲防水涂层等工序造成影响。节段接头出现错台如图 3 所示。

表 1　E25 管节节段接头错台数据统计表

节段编号	S1/S2	S2/S3	S3/S4	S4/S5	S5/S6	S6/S7	S7/S8
错台数据/mm	13	15	12	14	15	15	14

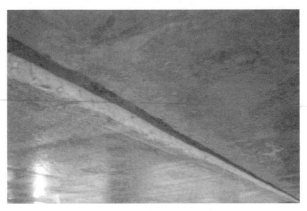

图 3　节段接头出现错台

4 原 因 分 析

经过长时间的跟踪论证，得出造成节段接头混凝土出现错台的几个因素：

1）通过液压系统调节模板时未调节到位，导致两个节段搭接部位存在间隙。

2）模板受力支撑部位较多，部分受力支撑安装不到位（图4），影响模板安装质量，混凝土浇筑后节段接头会出现错台现象。

3）模板经过长时间使用后，模板面板会出现不同程度的变形，未及时进行校正维修；久而久之，模板变形越来越严重，以致影响节段接头匹配，造成节段接头混凝土错台。

4）由于工人缺乏责任心，节段接头区域模板上的混凝土渣未清理干净（图5），安装模板时模板不能与上一节段混凝土紧贴，中间出现较大缝隙，造成沉管节段接头出现混凝土错台。

5）混凝土浇筑时，布料不均匀，导致模板不平衡受力，出现位移，造成混凝土错台。

图4 模板受力支撑未安装到位　　　　图5 节段接头位置未清理干净

5 方 法 论 证

根据造成沉管接头错台的原因，再结合现场施工，针对每项问题制定了相应的解决措施。

5.1 针对模板调节误差问题

在底模面板上按间距6 m布设测量点，使用水准仪测量整个底模的标高，并在底模下方做好标记，每次调节时先根据标记进行初调，再使用水准仪进行精调。

1）先使用全站仪在底模上放样出沉管外形尺寸边线，侧模调节时可先参照标记线进行初调，再分区域依次进行调节。

2）为避免由于混凝土浇筑造成模板细小位移，影响成品尺寸，模板调节（图6）时可预留1 cm抵消模板的轻微位移。

图6　模板调节示意图

5.2　针对模板支撑安装不到位问题

1）定期对模板作业人员进行交底，模板安装时安排专人现场监督。

2）编制模板施工指南，加强对模板作业人员的教育。

3）每个节段模板安装时执行"五检"制度，即班组自检、现场技术员验收、质检人员验收、模板公司技术人员验收（图7）、监理验收，确保模板系统受力稳定。

图7　模板公司技术人员验收模板

5.3　针对模板变形问题

1）对模板进行全面测量，再根据模板变形量，咨询模板公司技术人员，找出变形原因，并及时进行校正修复（图8）。

2）定期对模板进行监测复核，并对易变形部位进行加固，避免再次变形。

图 8　对模板变形位置进行校正

5.4　针对模板清理问题

1）模板安装时明确区域施工责任人，建立质量追溯性制度。

2）节段接头清理时先使用混凝土刮铲将模板表面浮浆清除，再使用手持打磨机打磨光滑，并涂刷脱模剂，保证节段接头搭接区域无异物。

3）安装过程中专人跟踪检查是否有异物卡入缝隙中。

5.5　针对混凝土浇筑布料问题

1）在混凝土拖泵位置设置记录本，记录每台拖泵的混凝土泵送方量，根据方量适当调整，保证每台拖泵泵送方量一致。

2）在浇筑区安装电子钟（图9），根据每层布料厚度规定每处下料孔的布料时间，布料人员可借助电子钟控制布料时间，保证各部位布料均匀。

3）每台拖泵旁安装指示灯及响铃（图10），需要启闭时通过指示灯及响铃提醒操作手，避免因混凝土不能及时停止泵送而造成布料不均匀。

4）混凝土浇筑过程中安排测量人员对模板进行监测，记录模板的位移变化情况。

图 9　浇筑区设置电子钟　　　图 10　拖泵位置设置指示灯及响铃

6 效果跟踪

在沉管预制施工过程中，通过实施各种改进及优化措施后，我们进行了全程跟踪验证，混凝土浇筑完成拆模后节段接头位置未出现错台现象。我们继续坚持实施各种预控措施，对各道施工工序进行全程跟踪，严格控制施工质量，当一个管节完成预制后，对整个 E19 管节的节段接头进行检查测量记录（表 2），未发现混凝土错台现象，后期继续跟踪验证，发现所有预制完成的管节节段接头位置未出现错台现象[3]。如图 11 所示，节段接头混凝土无错台。

表 2　E19 管节节段接头错台数据统计表

节段编号	S1/S2	S2/S3	S3/S4	S4/S5	S5/S6	S6/S7	S7/S8
错台数据/mm	0	0	0	0	0	0	0

图 11　节段接头混凝土无错台

7 结　语

目前，港珠澳大桥岛隧工程沉管预制已接近尾声，自从针对现场问题实施预控措施，未发现节段接头出现混凝土错台的现象，这说明所制定的施工预控措施是有效的，可为其他类似工程提供借鉴。

参 考 文 献

[1]　中交股份联合体港珠澳大桥岛隧工程第Ⅲ工区一分区项目经理部. 港珠澳大桥沉管预制施工组织设计[Z]. 珠海：中交股份联合体港珠澳大桥岛隧工程第Ⅲ工区一分区项目经理部，2012.

[2]　王吉云. 港珠澳大桥岛隧工程沉管隧道施工新技术介绍[J]. 地下工程与隧道，2011，(1)：22-26.

[3]　中华人民共和国建设部，国家质量监督检验检疫总局. 混凝土结构工程施工质量验收规范：GB 50204—2002[S]. 北京：中国建筑工业出版社，2002.

沉管预制混凝土施工工艺比选*

李惠明，梁杰忠，董　政

（中交第四航务工程局有限公司，广州）

摘　要： 港珠澳大桥沉管预制工程采用工厂化预制工艺，管节混凝土采用全断面一次浇筑成型技术，该项技术国外仅一例，即厄勒海峡大桥，国内为首例。本文根据管节设计及施工特点，按照工厂化流水作业要求，优化工厂化沉管预制混凝土施工工艺，总结全断面混凝土施工成套技术。成品质量基本上达到了预期目标，安全可控。

关键词： 沉管；工厂化预制；混凝土施工；工艺比选

1　工　程　背　景

港珠澳大桥主体工程东起特别行政区界，西至拱北/明珠附近的口岸人工岛，采用桥、岛、隧组合方式，其中跨伶仃西航道和铜鼓主航道设海底隧道，长 5.99 km，是迄今为止世界上规模最大的海上沉管岛隧工程，最大水下深度达 46 m。

海底沉管隧道由 33 个管节组成，其中直线段管节 28 个，曲线段管节 5 个，曲率半径 5000 m。单个标准管节长 180 m，由 8 个长 22.5 m 的节段组成。管节宽 37.95 m，高 11.40 m，底板和顶板厚 1.50 m，侧墙厚 1.50 m，中隔墙厚 0.80 m。沉管单个节段混凝土方量为 3415 m³，8 个单节段组成一个标准管节混凝土约 2.7 万 m³，重约 7.4 万 t，沉管断面详见图 1。

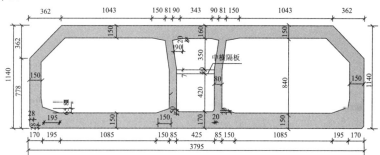

图 1　管节横断面示意图（单位：cm）

---

* 本文曾刊登于《中国港湾建设》2013 年第 4 期。

2 预制工程特点、重点及难点

2.1 特 点

（1）规模大、进度紧迫

沉管预制规模大、施工进度紧迫，对沉管预制厂建造、沉管预制前期筹备及施工组织管理等要求高。

（2）预制精度高

管节重度及几何精度控制标准要求高，对原材料质量稳定性控制、模板系统刚度及制作精度、施工过程控制等要求严格。

（3）全断面一次浇筑工艺

节段采用全断面一次浇筑成型工艺，单次浇筑方量大，强度高，并且对操作人员及设备能力要求高，控裂和耐久性要求高。

2.2 重 点

（1）管节混凝土控裂

管节设计使用寿命 120 年，抗渗要求高（P12），要求混凝土自防水。故混凝土不允许出现危害性温度裂缝，工程区域常年气温高，湿度变化大，混凝土入模温度控制、控裂及养护措施等面临前所未有的挑战。

（2）自动化液压模板安装

沉管模板为大型自动化液压模板，需建立完善的模板操作管理体系，改变传统的模板安装思路。

（3）端钢壳安装

端钢壳为管节重要止水结构，采用一次性整体端钢壳，与传统的端钢壳设计相比，减少了后期面板的安装与注浆施工，但控制难度及风险极大。

2.3 难 点

（1）管节支撑及顶推均匀受力要求高

沉管一个标准节段重约 9000 t，最大水平顶推距离约 300 m，顶推轨道沉降、各支点受力不均匀等均会导致管节开裂风险。

（2）预埋件种类多，安装精度要求高

管节的预埋件有端钢壳、端封门预埋件、水箱预埋件、OMEGA 止水带预埋件及舾装件预埋件等，种类多、数量大，如何保证每种预埋件精度及进度是矛盾所在，也是本工程的难点所在。

3 混凝土施工工艺比选

3.1 施工场地布置比选

沉管预制场地布置分为工厂化流水线施工法及传统平行施工法两类，可根据相应施工环境及工程需求选择合适的布置形式[1,2]。针对超大型结构的预制构件，钢筋施工进度是制约混凝土浇筑的主要瓶颈。工厂化流水线施工法比选首要原则为将钢筋生产、预埋件安装与混凝土浇筑区域分开，节约了沉管预制全过程中的大部分时间，使沉管施工各工序之间充分、有效地搭接，大大提高了施工工效。工厂化流水线施工时间分配详见图2。

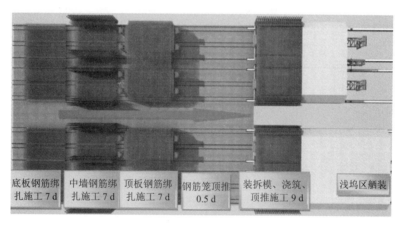

底板钢筋绑扎施工7 d | 中墙钢筋绑扎施工7 d | 顶板钢筋绑扎施工7 d | 钢筋笼顶推0.5 d | 装拆模、浇筑、顶推施工9 d | 浅坞区舾装

图2 工厂化流水线施工时间分配图

传统平行施工法（如同干坞施工法）的钢筋、预埋件、模板及混凝土施工均在同一区域施工，不能形成流水作业，要想达到流水施工工期的目标，需建造数个预制区，且传统平行施工法受到一次舾装、水密试验及浮运安装工期的影响，施工周期较长。

单位浇筑区域内传统平行施工法节段预制施工周期为：钢筋绑扎21 d+装模、浇筑、拆模10 d+舾装及水密试验30 d+灌水浮运10 d=71 d，具体比选结果详见表1。

表1 传统平行施工法和工厂化流水线施工法场地布置方案比选表

序号	对比项目	对比分析	选择结果
1	工期	单位浇筑区域内，工厂化流水线施工法预制工期等于传统平行施工法预制工期的约7倍	流水线施工法

续表

序号	对比项目	对比分析	选择结果
2	资金投入	1）相同施工进度情况下，传统平行施工法需设置 7 倍于工厂化流水线施工法预制的混凝土浇筑区，且考虑单位预制独立浮运，需设置数套封门或独立的挡水围堰，费用较高； 2）传统平行施工法预制施工场地远大于工厂化流水线施工法，相同施工进度情况下，考虑侧模重复利用，传统平行施工法需配置至少 3～4 套支撑内模； 3）同等条件下，工厂化流水线施工法施工钢筋笼顶推、大型液压整体装配式模板及沉管顶推系统均为国内首例，部分设备为进口，使用及保养费用高	工厂化流水线施工法
3	技术可行性	满足工厂化流水线施工工艺必备条件为钢筋笼及沉管能整体移动。针对大型结构的整体移动，需进行反复的技术论证及充分的模型试验方可投入正式生产，施工工艺难度极大	传统平行施工法
4	科研深度	沉管预制工厂化为国内首例，施工均为新工艺，技术难度大，有较广的技术研究潜力。传统平行施工法预制除了结构尺寸大以外，无其他可挖掘技术深度	工厂化流水线施工法
5	质量及安全保证	1）工厂化流水线施工法沉管预制采用大型钢筋骨架顶推及体系转换、混凝土结构整体顶推方案较为新颖，结构风险为完全暴露，安全隐患时刻存在；而传统平行施工法施工较为成熟，风险可控性较强； 2）工厂化流水线施工法沉管预制相对传统平行施工法预制质量控制更为有利，预制标准提升空间大，分段预制，控裂效果好	各有优势
6	标准化管理	1）工厂化流水线施工法的总体布置追求标准化，采用现代化、节约化、高效化的设计思路，遵循简单、快捷的生产流程原则，建立 6 S工厂化管理体系架构，最终目的在于根本上提高工人阶层的专业素质，改变管理思路，提高产品的质量； 2）传统平行施工法施工标准化布置受到一定的制约，且需灌水至浇筑区浮运沉管，场地设置较为复杂，施工流水性能差	工厂化流水线施工法

3.2　原材料比选

对广东省、福建省、江苏省、上海市、山东省、河北省等多省市的水泥、粉煤灰、矿粉、碎石、河砂、减水剂等混凝土原材料的品牌、规格、生产工艺、产能及价格等进行调研，并重点针对各种原材料影响混凝土工作性能、强度、耐久性及抗裂性等关键性能指标进行对比分析[3,4]。

针对各种原材料的材源、品牌知名度、生产商质量控制水平、生产规模、价格水平及运输距离等进行综合比较分析，最终确定沉管混凝土施工用原材料厂家如表 2 所示。

表 2　沉管预制施工优选混凝土原材料

原材料种类	水泥	粉煤灰	矿粉	河砂	碎石	减水剂
厂家	华润（平南）	谏壁发电厂	首钢	西江上游	江门白水带	江苏苏博特
规格型号	P·Ⅱ42.5	Ⅰ级	S95	中砂	5～20 mm	高性能聚羧酸

3.3　配合比比选

采用混掺大掺量矿物掺和料的低水化热、低开裂敏感性胶凝材料体系配制沉管混凝土，对混凝土综合性能进行评价分析，具体如表 3 所示。优选出满足混凝土的力学性能、耐久性要求，具有良好抗裂性的 3 号配合比作为沉管混凝土基准配合比。

表 3 沉管混凝土性能评价分析

配合比编号	胶凝材料/(kg·m⁻³)	水胶比	水泥/%	粉煤灰/%	矿粉/%	工作性能	强度	耐久性	抗裂性
1 号	420	0.35	35	20	45	满足要求	不满足要求	28 d 耐久性富余不多	满足要求
2 号	420	0.35	40	20	40	满足要求	强度富余不多	满足要求	满足要求
3 号	420	0.35	45	20	35	满足要求	满足要求	满足要求	满足要求
4 号	420	0.35	50	20	30	满足要求	满足要求	满足要求	不满足要求

随着沉管混凝土输送工艺为搅拌运输车与地泵联合输送，要求混凝土具有良好的施工性能，确保混凝土搅拌出机经长距离泵送至浇筑现场后，能满足结构复杂、钢筋密集沉管节段的全断面浇筑施工需求。

根据沉管混凝土基准配合比，结合现场小尺寸模型试验及足尺模型试验，调整原材料比例，确定适用于泵送施工的沉管施工配合比等性能指标，详见表 4。

表 4 沉管预制施工配合比

胶凝材料/(kg·m⁻³)	水胶比	水泥/%	粉煤灰/%	矿粉/%	砂率/%	减水剂/%	新拌混凝土重度/(kg·m⁻³)	出机坍落度/mm	出机坍落扩展度/mm	初凝时间/h	含气量/%
420	0.35	45	20	35	43	1.0	2 395	200~220	400~450	≥12	1.5~2.5

3.4 降温工艺比选

由于管节设计使用寿命 120 年，抗渗要求高，且无外包防水，混凝土不允许出现危害性温度裂缝。故混凝土入模温度控制、控裂等面临前所未有的挑战。而传统控制原材料温度，或者避开高温时段浇筑混凝土的方案极不可靠，不能满足沉管预制的施工技术要求。

经过大量的方案讨论，采用制冰、制冷搅拌系统，整套设备主要由搅拌机组、制冰机组、冷水机组、砂石料输送和粉料输送等组成。

3.5 原材料输送方式比选

沉管预制原材料主要包括砂石料、粉料、水、钢筋及预埋件等零星构件。

由于粉料、骨料输送受到环境及其他因素影响较大，故输送方案经过各方专家多次讨论，进行了大量的比选工作。

3.5.1 骨料输送方案比选

预制厂前期实施了 5 条皮带机组成了输送能力为 450 t/h 的骨料输送系统，由于只考虑了生产需要，而忽略了骨料运输船卸料能力为2500～3000 t/h，骨料皮带输送系统很少使用。

后期变更为传统自卸车运输，通过装载机直接上料，混凝土不生产时，装载机在3个骨料仓转料，为骨料运输船卸料留足空间。

3.5.2　粉料输送方案比选

通过考察珠江三角洲的5处粉料输送工艺后提出两种方案：方案一，采用散装粉料船运输，码头卸船机卸料、斗提机（或风槽）传送入料，中转仓接料及缓存，再由粉料运输车接料后自泵到搅拌站粉料罐内；方案二，采用无尘化的气力输送，即码头负压卸船机卸料，一级气力输送设备运作，300 m管道传送入料，中转仓接料及缓存，二级气力输送设备运作，200多 m管道传送，分料到搅拌站粉料罐内。

（1）粉料气力输送方案

首先以气力输送方案为试验方案，以达到"具备能耗低、连续输送、运行可靠、占用场地小、投资节省等优势"。经过5个月的试运转，设备卸料4船一共3800 t，1000 t粉料卸料时间超过15 d，与计划的1～2 d相距甚远，而且设备故障频繁，经过3个月改造，设备功能没有实质性改变，故此工艺尚未成熟，可作为后期深化方案。

（2）粉料卸船机卸料方案

最终采用散装粉料船运输，码头卸船机卸料、3级螺旋输送机传送入料，详见图3。具体操作为卸船机将粉料卸到70 t粉料运输车上，每车大约40 min，粉料船运输车接料后自泵到搅拌站粉料罐内，3台70 t粉料运输车交叉使用，2 d中转粉料为1000 t，实现了每月卸船11 000～12 000 t的目标。

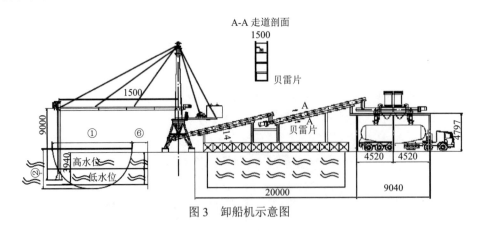

图3　卸船机示意图

3.6　混凝土输送工艺比选

沉管混凝土输送方式分为皮带机输送及泵送方式两种。根据两次足尺模型试验的浇筑情况比选两种输送方式的优缺点，详见表5，最终选用泵送方案。

表 5　混凝土输送方案比选表

序号	对比项目	对比分析	选择结果
1	资金投入	两种方案经分析资金投入相近	相等
2	技术可行性	皮带机输送及泵送工艺均为成功方案，但泵送工艺较为成熟，皮带机输送混凝土工艺较为少见，特别是对于结构复杂预制构件的高强混凝土输送情况较少	泵送工艺
3	抗裂性	皮带机输送方式可降低水泥用量，减少混凝土坍落度，最大程度避免混凝土水化热引起的微裂缝	皮带机输送工艺
4	质量及安全保证	1）皮带机运输距离较长，约 200 m，暴露在空气中，受风、日照等外界因素影响较严重，混凝土性能波动大； 2）仅有 2 条皮带机，1 个分料仓，施工风险极大，易导致混凝土浇筑中断； 3）皮带机输送易导致混凝土浆、料分离，入模前混凝土离析风险大； 4）皮带机输送工艺的顶板 2 台布料杆不能满足 4 道墙体的布料工艺，易导致浇筑分层冷缝现象； 5）泵送高强混凝土技术工艺成熟，不受外界因素影响，性能稳定； 6）泵送有爆管伤人的可能性，施工中需特别注意检查	泵送工艺
5	标准化管理	1）布料机、皮带机在浇筑混凝土过程中都存在皮带上混凝土刮不干净，对地面、模板及杆件造成污染，施工现场杂乱； 2）泵送工艺场地较为清洁，标准化措施可控	泵送工艺
6	输送效率	1）混凝土输送皮带跑偏导致输送能力低，且操控困难，不易进行实时调整； 2）混凝土泵送工艺输送稳定，且 6 台拖泵能弥补某台机械故障的损失	泵送工艺

3.6.1　泵送方案

选用 6 台混凝土拖泵进行混凝土的泵送，4 台布料半径为 32 m 的移动式布料杆进行墙体、顶板布料及部分底板的辅助布料。选用 2 台吸顶式布料杆进行车道内底板的布料。混凝土拖泵布置于厂房侧门处，拖泵到布料杆的水平最远输送距离约为 70 m。根据混凝土的输送及布料强度，最大浇筑方量约 150 m³/h，配置 10 台 12 m³ 的混凝土搅拌车进行混凝土运输，具体布置详见图 4。

图 4　泵送工艺示意图

3.6.2　皮带机输送方案

混凝土布料有 5 台布料机，其中 2 台 32 m 伸缩皮带机和 3 台箱内皮带机。皮带机布料能力不小于 110 m³/h，沉管顶板、侧墙、中隔墙和部分底板混凝土采用 2 台 32 m 伸缩皮带机布料，其余底板混凝土采用两个行车道和廊道里面的纵向皮带机布料，其中行车道内的输送机末端配置 1 条 4～5 m 长的旋转皮带，可以沿着皮带出料口四周任意旋转，将混凝土输送到任意位置，具体布置详见图 5。

图 5　皮带机输送工艺示意图

3.7　混凝土浇筑工艺比选

3.7.1　全断面浇筑分区比选

沉管浇筑侧墙模板不设对拉杆，由钢筋混凝土结构反力墙提供侧模的反力支撑，中隔墙模板由 3 排、共 96 根对拉杆组成支撑体系。为了更好地控制好中隔墙模板的轴线方向偏位及整体刚度，设计要求中隔墙混凝土浇筑高度必须高于侧墙 2 m，模板受力支撑见图 6。

图 6　模板受力支撑图

为了更好地控制好混凝土浇筑质量，合理布置浇筑分层、分段顺序非常重要，按照节段截面共分 4 个区域进行浇筑，比选见图 7。

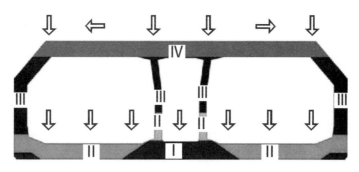

分层厚度为 30 cm，每步骤考虑间歇时间为 2 min

（a）方案一

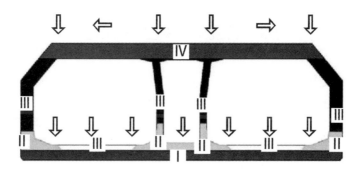

（b）方案二

图 7　浇筑分区断面

根据试验结果，比选方案一不可行，理由如下：

1）第 I 阶段浇筑时间长达 8 h，对于夏季高温或混凝土性能波动大的情况下，I、II 区之间易形成冷缝；

2）第 I 阶段混凝土形成的坡度过于理想化，对于坍落度较大的混凝土很难做到；

3）方案一设计方案的初始目的为保证中隔墙浇筑高度比侧墙高，但由于 4 道墙体布置同功率的布置杆，浇筑强度同等的情况下，侧墙（厚 150 cm）较中隔墙（厚 80 cm）混凝土上升速度慢。如果按方案一实行，中隔墙混凝土浇筑过早完成，导致顶板布料难度加大，易产生冷缝。

3.7.2　振捣方式比选

沉管预制振捣方式分为内振捣、外振捣及内外结合振捣 3 种方式，详见表 6。

表 6　振捣器比选表

序号	对比项目	内振捣	外振捣	比选结果
1	使用市场	内振捣器使用较为简单，在国内使用市场较广	市场很少使用，较为陌生	内振捣器
2	工艺可行性	内振捣器由人工逐点按要求振捣，施工可控性强	布置方式复杂，过程控制很难达到理想状态，且振捣过程不可控	内振捣器
3	安全性	对模板的损坏程度低，浇筑过程中安全可靠	易导致模板自身共振，损害模板	内振捣器

续表

序号	对比项目	内振捣	外振捣	比选结果
4	投入	施工人力投入大，需要大量的振捣人员参与振捣，成本较高	外振捣器的高穿透性可大大减少振捣器的使用数量	外振捣器
5	产品可靠性	产品种类多，可选择性较大，质量可控性好	国内几乎没有合格的高频外振捣器，很可能导致混凝土质量低下，修补率高，内、外部都容易出现问题。	内振捣器

综上所述，根据目前沉管振捣效果，坚持使用内振捣方式，能满足施工现场的质量及进度要求。而外振捣器可作为继续研究的振捣方式，待工艺相对成熟后，再深入研究。

3.8　混凝土养护工艺比选

针对预制工厂全年的温度、湿度变化情况，沉管混凝土浇筑完成后 14 d 内必须进行保湿保温养护。养护分为自动化调节养护系统及人工养护两种。

由于港珠澳大桥沉管隧道 120 年设计使用寿命，结构自防水功能的要求，混凝土控裂面临着巨大的挑战。人工养护的滞后性及不可靠性不能满足大体积混凝土结构的温度、湿度控裂要求，故自动化调节喷淋养护系统是唯一的选择。

养护系统集温湿度监测、报警及自行调节环境温湿度功能于一体。该系统将设立温湿度报警临界值，通过对节段内部及养护环境温湿度变化规律的监测，自动采取增减养护环境温湿度的措施。并且养护棚具有较好的保温效果，使棚内在一段时间保持一个相对稳定的温度、湿度。

4　结　语

目前，港珠澳大桥岛隧工程沉管预制已完成首批管节混凝土预制，施工质量、安全可控，工厂化流水作业程序已汇编成指南，总体工艺已逐步成熟。但仍需不断总结前期的经验教训，进行工艺攻关及科学创新，摸索提高工效及缩短预制周期的有效手段。

1）沉管工厂化流水线混凝土施工工艺为国内首例，在实际生产中也验证了其设计思路的优越性。鉴于目前施工工效未能达到理论水平，还需进一步改进工艺，加强标准化管理，使得沉管预制进入国内一流的工厂化水平。

2）成品质量基本上达到了预期目标，大型液压模板及顶推施工相关工艺均满足了沉管的外观及结构安全，后期需进一步加强特种工艺的改进，使得沉管生产进入常态化。

3）沉管预制工厂化流水线施工的安全工作可控，施工环境优越，职业健康均保持其独特先进性，需进一步挖掘其潜力，应用于其他相似工程。

参 考 文 献

[1] 港珠澳大桥岛隧工程项目总经理部. 港珠澳大桥沉管预制施工组织设计[Z]. 珠海：港珠澳大桥岛隧工程项目总经理部，2012.

[2] 港珠澳大桥岛隧工程项目总经理部. 港珠澳大桥岛隧工程施工图设计[Z]. 珠海：港珠澳大桥岛隧工程项目总经理部，2011.

[3] 中华人民共和国交通部. 公路桥涵设计通用规范：JTG D60—2004[S]. 北京：人民交通出版社，2004.

[4] 中华人民共和国交通部. 公路钢筋混凝土及预应力混凝土桥涵设计规范：JTG D62—2004[S]. 北京：人民交通出版社，2004.

工厂法预制沉管混凝土施工与优化*

范卓凡，范　充，王　李

（中交二航局第二工程有限公司，重庆）

摘　要： 港珠澳大桥设计使用年限为 120 年，为保证沉管的耐久性，管节混凝土浇筑采用全断面一次浇筑工艺。本文结合混凝土施工特点，叙述了施工程序及操作要点，通过混凝土布料优化和振捣优化，保证了沉管管节预制的安全与质量。

关键词： 工厂法；沉管；预制；混凝土施工；优化

0　引　言

混凝土工程是建筑物的重要组成部分，也往往是建筑物受荷载的主要部件，其质量好坏，直接关系到整个建筑物的安危和寿命。因此，对混凝土工程的施工质量必须特别重视，保证不出现任何影响到混凝土结构性能的缺陷。施工时应根据结构特点和设计要求制定有效的保证混凝土质量的技术措施，按设计和施工验收规范要求认真进行施工，消除施工中常见的质量通病与缺陷，确保工程质量。

1　工　程　概　况

港珠澳大桥岛隧工程沉管隧道总长度为 5664 m，由 33 个管节组成，其中直线段管节 28 个，曲线段管节 5 个，曲率半径 5500 m。单个标准管节长 180 m，由 8 个长 22.5 m 的节段组成。管节采用两孔一管廊截面形式，宽 37.95 m，高 11.40 m，底板、顶板和侧墙厚 1.50 m，中隔墙厚 0.80 m，管节断面见图 1[1]。

沉管预制采用工厂法，由岛上自建搅拌站生产混凝土，罐车运输，拖泵+布料机浇筑入模[2]，人工振捣。

混凝土 28 d 强度等级为 C45，56 d 强度等级为 C50。单个节段混凝土方量为 3451 m³，除中隔墙连接板为后期二次浇筑（约 38 m³）外，其他全断面一次浇筑成型。

---

* 本文曾刊登于《中国港湾建设》2015 年第 11 期。

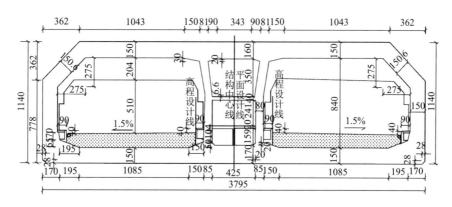

图1　管节横断面示意图（单位：cm）

2　混凝土施工工艺

2.1　混凝土施工特点

港珠澳大桥沉管预制工程混凝土施工具有以下特点：

1）多举措控制混凝土入模温度[3]，即采用料仓喷雾、罐体淋水等方式控制原材料温度；择优选择配合比，降低胶凝材料用量，减小水化热；混凝土生产中加入片冰和冷水；混凝土输送过程中对罐车、泵管等进行包裹。

2）节段采用全断面一次浇筑成型工艺，单次浇筑方量大，强度高，对操作人员及设备能力要求高，由此避免多次浇筑产生的施工缝和内应力，有利于节段控裂和耐久性。

3）采用自动喷雾养护系统，设置养护棚和监控系统，对环境温度和湿度、管节内表温度等进行监控，确保沉管质量达到设计要求[4]。

2.2　混凝土施工难点

1）沉管预制厂所在牛头岛离最近的陆地码头也有约 24 km，施工材料需由海上运输至工厂，受气候环境因素的影响大，各种资源组织保障的难度大。

2）为保证沉管耐久性要求，管节预制采用全断面浇筑工艺，一次浇筑混凝土约 3413 m³，必须在尽可能短的时间内浇筑完毕，平均浇筑强度约 114 m³/h，且平均每周浇筑 2 次，单位时间内浇筑如此大方量混凝土在国内外工程界也属罕见，对混凝土设备的效率及可靠性要求极高。

3）管节设计使用寿命 120 年，抗渗要求高，管节截面尺度大，且无外包防水，不允许出现危害性裂缝。工程区域常年气温高，湿度变化大，混凝土入模温度控制、控裂及养护措施等面临前所未有的挑战。

2.3 混凝土施工程序及操作要点

（1）原材料运输与储存

粉料运输工艺流程：散货船运输→卸船机卸料→粉料罐车输送至中间仓→冷却→气泵输送至搅拌站储料罐。

砂石料利用自卸式海船运至预制厂码头，船舶卸料至码头后由运输车运输至砂石料堆场，利用装载机上料，皮带机输送至搅拌站。

（2）混凝土生产及运输

搅拌系统主要由搅拌机组、制冰机组、冷水机组、砂石料输送和粉料输送等组成。搅拌站设有 4 台 HZS180 主机、2 台制冰机和 2 台冷水机组。单台搅拌机公称容积为 3.0 m^3（即 3 m^3/次），生产能力为 60 m^3/h；制冰机组的总制冰能力为 144 t/d；冷水机组的总制冷水能力为 10 m^3/h。搅拌站采用全自动计量系统控制，二次投料法上料。每台搅拌机单盘搅拌时间为 120 s，每斗上料、卸料时间均为 30 s，4 台生产能力 240 m^3/h。制冰机结构分为上下两部分，上部为钢质集装箱，其内安装制冰机、制冷系统、电气控制系统等，由钢支撑架支撑；下部设有冰库（可储存 75 t 左右的冰）和输送的耙冰机构，设有双向输冰水平螺旋输送机，分别向 2 台搅拌站送冰。另外，在搅拌机上部设有冰缓冲仓，缓冲仓下部设带有输送机的冰秤。冰库出来的冰通过螺旋送至冰秤，计量后落入骨料秤下骨料皮带机，随骨料一同进入搅拌机。冰秤的进料、计量及卸料控制由搅拌站控制系统统一控制。砂石料由装载机从砂石料堆场取料，皮带转运至配料机，由配料机处计量分料至各搅拌站。粉料通过安装螺旋管直接从储存罐输送至搅拌站。

沉管节段混凝土采用罐车在搅拌站接料、运输、拖泵泵送、布料机浇筑 4 个环节。配置 10 台混凝土罐车，负责从搅拌站接料和运输混凝土至拖泵点。在厂房模板修整区侧门处布置 6 台拖泵，接泵管至布料机，混凝土通过拖泵泵送至布料机，通过布料机浇筑。

（3）混凝土布料浇筑振捣

管节顶面混凝土采用 4 台 MX32-4 移动式塔式布料机，最大布料半径为 32 m，可覆盖沉管顶面、侧墙及中隔墙区域；行车道内各设置 1 台 RV8 布料机，RV8 布料机倒挂于行车道内模上，布料半径为 8m，满足腔内混凝土布料要求；廊道底板布料通过中间 2 台 MX32-4 移动式塔式布料机从中隔墙布料、左右行车道内 RV8 布料机向底板布料。布料机布料范围示意见图 2。

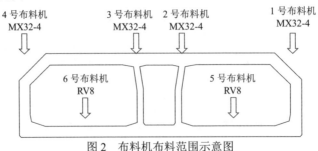

图 2 布料机布料范围示意图

管节混凝土布料顺序：分别是底板采用顶部 4 台 MX32-4 布料机从侧墙及中隔墙布料，行车道底板采用 2 台 RV8 布料机布料；侧墙、中隔墙、上倒角及顶板采用顶部 4 台 MX32-4 布料机从侧墙及中隔墙布料。

混凝土振捣分区：底板划分为 16 个区域，由 8 个振捣小组负责，每小组配置 2 人，轮换操作；侧墙和中隔墙共配置 12 个振捣组，每个振捣组配置 2～3 人，负责纵向 7.5 m 范围内墙内振捣工作，配置 3 台振捣器（即每台振捣器负责 2.5 m 范围）；顶板则安排 12 个振捣组，每组 2 人。主要采用 70 型插入式振捣器振捣。底板和顶板混凝土浇筑时，配置 4 m 左右长振捣棒，操作人员站在钢筋顶面进行混凝土振捣；在侧墙和中隔墙混凝土振捣时，振捣人员通过人孔进入侧墙和中隔墙内的预留振捣通道内振捣。

混凝土分层浇筑和振捣：每个振捣点振捣时间为 15～30 s，快插慢拔，严格控制棒头插入混凝土的间距、深度，振捣棒作用半径约为 35 cm，振捣棒移动距离不超过振捣棒作用半径的 1.5 倍。上层混凝土的振捣要在下层混凝土初凝前进行，并且插入下层 5～10 cm。对每一振捣部位必须振捣到混凝土密实为止。密实的标志是混凝土停止下沉，不再冒出气泡，表面呈现平坦、翻浆。

特殊部位的振捣：对于预留孔洞位置混凝土的振捣，采用在预埋木盒上开孔并埋入 PVC 管，振捣棒穿过预埋木盒对下方混凝土进行振捣；底板、侧墙和中隔墙的剪力键为凸出结构，在该处模板的顶面设有振捣孔，方便振捣器插入振捣；吊点、系缆柱等特殊位置，在其预埋钢板上留有振捣孔；对剪力键下方或内模倒角处混凝土采用斜插导向管，使振捣棒覆盖全部位置，确保混凝土振捣密实；其中剪力键位置钢筋较密，采用 30 型或 50 型振捣棒振捣；端钢壳、预埋件、锚具及波纹管道等附近混凝土振捣时，应加密振捣间距，保证混凝土密实，同时，防止碰撞预埋件或管道，防止预埋件移位或管道破坏；为了防止预应力管道连接不好或振捣造成管道变形（破裂），混凝土浇筑前在管道内穿衬管，浇筑完成后及时取出。

3 混凝土施工优化

3.1 混凝土布料优化

（1）布料顺序优化

原方案中顶板混凝土布料浇筑是平行施工，在实际浇筑中该浇筑顺序对模板受力有一定影响，出现廊道内模受力偏大现象。为改变对模板造成变形的因素，经讨论优化为待中隔墙混凝土浇筑到顶板后，不移动布料杆，先在廊道顶板上布料 30 cm 左右，浇筑完成后，如果侧墙倒角混凝土未浇筑至顶板位置，则将浇筑中隔墙的布料移至侧墙进行浇筑。待中隔墙与侧墙都浇筑到顶板平面位置后，将浇筑中隔墙的 2 个布料杆仍然进行廊道顶板上面的浇筑，直到浇筑到收面层为止。这种浇筑形式确保廊道内模受力方向是向两边行车道的，然后由行车道内模将力转移至反力墙，减少廊道内模的受力，减少廊道内模变形，同时也确保了模板的质量。

（2）布料辅助设施优化

侧墙与中隔墙布料时布置有串筒，其目的是保证混凝土的流动性与黏聚性，保证成品质量。原方案布设的串筒材质较软，使用过程中发现该串筒具有一定的缺陷，主要是管道内径小且材质软，在浇筑混凝土时由于浇筑速度快易出现管道堵塞现象，不能确保浇筑的连续性，同时对管节施工时间也有一定的影响。对此，经讨论优化后将内径较小的较软材质的布料串筒换成 PVC 管，该种材质的串筒在施工过程中能够很好地解决先前布料中出现的问题，同时该种材质串筒的使用耐久性高于之前使用的串筒。无论是经济合理性还是从保证混凝土浇筑的连续性与工期，都比之前使用的适用。

3.2　混凝土振捣优化

（1）振捣辅助设施优化

由于沉管倒角钢筋密度较大，随着施工的进行，在振捣过程中发现倒角位置振捣难度较大且易卡棒，为保证沉管管节成品质量，确保振捣质量，在经过多次试验与讨论之后，决定在上、下倒角位置增加辅助振捣设施，减少振捣难度，在倒角处设振捣棒导向装置。该装置由导向筒（由钢片焊接而成的圆柱形多空装置）和封头（由钢片焊接而成的圆锥头）组成，混凝土可流动通过导向筒与封头，将导向筒固定在钢筋骨架上，振捣棒在导向筒内可以到达上、下倒角位置。此种导向装置可以减少由钢筋密度过大带来的卡棒现象，同时也加强了钢筋密集区域的振捣，保证了混凝土成品质量，保障了沉管的耐久性。

（2）行车道内模倒角处增设可拆装挡板

行车道内模的设计尺寸与钢筋笼之间预留混凝土保护层，在浇筑混凝土过程中行车道内模倒角处因为留有一定厚度，浇筑的混凝土会流动到行车道底板内，如果没有挡板将此处挡住，下倒角保护层混凝土的密实性不能得到有效保障，有可能会出现狗洞现象。根据现场施工中发现的缺陷，经讨论后在下倒角模板斜头处与底板钢筋之间设置了一套防止翻浆的挡板，挡板使用的材质是木板（200 cm×5 cm×20 cm），使用钢筋将挡板固定紧贴内模下倒角斜头处，待浇筑到侧墙中部后拆除挡板并将倒角混凝土收平整。此项设置在浇筑过程中能够很好地将行车道内下倒角内部混凝土达到饱满，保证倒角成品质量，确保倒角尺寸满足设计要求。

4　结　语

港珠澳大桥沉管预制混凝土浇筑采用了全断面一次性浇筑工艺，虽然该工艺具有施工难度大、施工控制要求高等问题，但在全体参建者的共同努力下，现已顺利完成了24节沉管管节的预制，项目部在施工过程中采取的技术方案和安全措施有效保证了施工任务的顺利进行。在施工过程中结合发现的问题，及时制定相应的优化措施，保证了沉管管节预制的安全与质量。

参 考 文 献

[1]　张洪，范卓凡，刘然. 港珠澳大桥岛隧工程沉管预制模板施工工艺[J]. 中国港湾建设，2015，35(7)：57-60.

[2]　李阳，杨红. 工厂法沉管预制混凝土泵送施工技术[J]. 中国港湾建设，2015，35(5)：56-61.

[3]　中华人民共和国住房和城乡建设部. 大体积混凝土施工规范：GB 50496—2009 [S]. 北京：中国计划出版社，2009.

[4]　杨绍斌，苏怀平，张洪. 大体积混凝土入模温度控制研究[J]. 中国港湾建设，2013，(4)：38-41.

工厂法沉管预制混凝土泵送施工技术*

李 阳，杨 红

（中交二航局第二工程有限公司，重庆）

摘 要： 为满足港珠澳大桥岛隧工程沉管预制混凝土浇筑工艺要求，结合现场实际条件，经方案比选，选择了多布料机、空间立体组合式布料工艺，合理进行了布料机、拖泵等设备的选型配置，并采取了有针对性的润管清洗方法。从 2012 年沉管预制正式生产以来，该套工艺、设备顺利完成了沉管预制混凝土浇筑任务，为港珠澳大桥沉管隧道施工奠定了坚实基础。同时，由于该套工艺、设备具有针对性强、稳定可靠、高效方便等特点，可为高强度、大体积、空间结构的海工混凝土浇筑提供借鉴。

关键词： 工厂法；沉管预制；布料机；拖泵；泵送

1 工 程 概 况

港珠澳大桥岛隧工程沉管隧道总长度为 5664 m，由 33 个管节组成。每个标准管节由 8 个节段组成，节段尺寸为长 22.5 m、宽 37.95 m、高 11.4 m，混凝土方量约 3330 m³。

沉管管节采用工厂法预制，工厂内设置有 2 条生产线，每条生产线在浇筑区各配置一套液压模板，单个节段完成钢筋绑扎及模板安装后在浇筑区内一次性浇筑成型。为满足沉管预制混凝土浇筑工艺及质量控制要求，经调研对比后决定采用多布料机、空间立体组合式布料工艺。

2 沉管预制混凝土的工艺要求

2.1 工 艺 要 求

节段混凝土浇筑采用水平分层、连续进行、由一端向另一端循序渐进的方法施工。

---

* 本文曾刊登于《中国港湾建设》2015 年第 5 期。

节段截面全断面共分 5 部分进行浇筑，1 区、2 区、3 区同时浇筑，浇筑分区见图 1。总浇筑时间控制 30 h 左右，分块浇筑时间及强度见表 1。

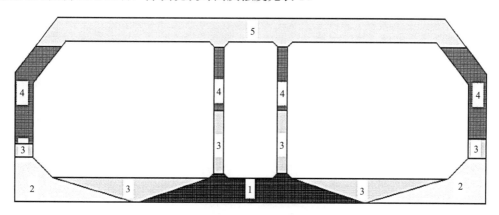

图 1 节段浇筑断面分区图

表 1 混凝土浇筑分区工效表

区号	区域及下料点描述	浇筑总量/m³	理论所需时间/h	浇筑工效要求/(m³·h⁻¹)
1	底板中部，从中墙处下料	531.3	0~9	169.2
2	底板侧墙下倒角，从侧墙处下料	506		
3	侧墙中下部，从侧墙直接下料；底板除1、2以外的区域，从行车道内布料	485.4		
4	侧墙、中墙板中上部，从侧墙中墙直接下料	668	9~16	95.4
5	顶板，直接下料	1 139.4	16~24	142.4

2.2 空 间 限 制

混凝土泵送工艺须充分考虑外界条件对泵送设备的空间要求，主要是：

1）因混凝土搅拌站、预制厂房、模板反力墙及周围主要建筑物和道路均已固定，不可变动，泵送系统布局受到诸多限制，将布料机安装在反力墙（厄勒海峡沉管隧道）的方案难以实现。

2）厂房顶部主梁最低处标高+24.9 m，修整区地面标高+3.5 m，单个节段 22.5 m 长，布料机的选型必须既符合在上述标高限制下全伸展功能，又满足节段顶板全覆盖的要求，同时布料机选型配置还须考虑互为备用情况。

3）模板就位后，行车道内模与底板钢筋之间高度约 2 m。布料机须满足在此空间下实现节段底板混凝土浇筑要求。

4）沉管预制厂采用钢筋笼顶推工艺，布料机、泵管的布置不能影响甚至阻碍钢筋笼的顶推施工。

3　设备选型与布置

根据沉管预制混凝土的工艺和空间要求，经反复研究和比选，最终决定采用多布料机、空间立体组合式布料工艺，并按要求进行布料机、拖泵的选型配置。混凝土浇筑时，在浇筑区前布置 4 台行走式布料机，负责下倒角、侧墙中墙及顶板布料；在左右行车道分别布置 1 台腔内固定式布料机，负责底板布料；与以上对应配置 6 台混凝土拖泵。具体浇筑分工：1 区由 2 台行走式布料机在中墙顶由上至下送料，2 区由另 2 台行走式布料机在侧墙顶由上至下送料，3 区分别由 2 台腔内固定式布料机布料，4 区、5 区由 4 台行走式布料机布料。

3.1　行走式布料机

在模板修整区铺设专用轨道，布置 4 台行走式 MX32-4 布料机。MX32-4 布料机为全液压 M 形臂架，最大系统压力 35 MPa，采用液压油缸驱动齿条实现回转，无配重，最大布料半径 31.6 m。

1）该布料机为 M 形臂架，臂架伸展方式类似于弹簧，第一节臂架基本竖直后，即可伸展第二、三、四节臂架，即第一节臂架高度决定了布料机全伸展所需的空间。

2）行走机构高 1.5 m，立柱及回转机构高 10.5 m，第一节臂架长 8.7 m，总高度 20.7 m，小于厂房顶部主梁与修整区高差（21.7 m），即厂房空间满足行走式布料机臂架伸展要求。同时，第一节臂架中心回转以下高 12 m，与节段顶板高度（11.4 m）基本平齐，更加便于臂架面对节段方向时的伸展，提高作业效率。

3）该布料机为无配重形式，臂架回转时不用考虑模板、针形梁等对其的限制，更加有利于安全，同时提高布料、清洗施工的综合效率。

4）节段混凝土浇筑时，4 台 MX32-4 布料机同时布置在模板休整区，即节段正前方，每台布料机最大布料半径 31.6 m，在保证节段侧墙、隔墙和顶板混凝土布料无盲区的同时，相邻 2 台布料机布料范围还可重合，实现互为备用，极大提高布料可靠性。

5）在 2 号生产线拖泵布置区一侧设置了行走式布料机休整区，非生产时段，4 台布料机驶入休整区，避免对 2 条生产线其他作业的影响，见图 2。

3.2　腔内固定式布料机

每个节段两个行车道，在每个行车道内模内安装了 1 台倒挂式 RV8 布料机。该 RV8 布料机高度 1.6 m，布料半径 8 m，底板布料半径不足之处可直接采用加长泵管方式予以解决，既符合内模与底板钢筋空间限制，也满足覆盖全部底板要求。供料泵管从针形梁内接入，采用人工手动回转，结构简单，使用方便，见图2。

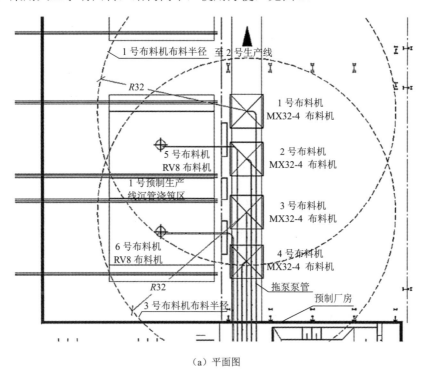

（a）平面图

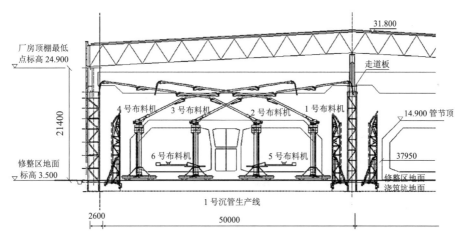

（b）立面布局图

图2 MX32-4 和 RV8 布料机平面和立面布局图（单位：mm）

3.3 拖 泵

3.3.1 泵送压力损失计算

根据行走式和腔内固定式布料机泵管配置形式，结合实际场地情况，确定拖泵布置方案，并经计算完成拖泵选型。以最远泵送距离和高度的拖泵及 MX32-4 布料机为例进行泵送压力计算。

泵送压力损失由三部分组成[3]，出口混凝土压力 P=沿程损失阻力 P_1+重力损失阻力 P_2+机械内耗阻力 P_3。根据泵送混凝土沿程阻力计算公式 $\Delta P = \dfrac{2}{R}\left[K_1 + K_2\left(1 + \dfrac{t_2}{t_1}\right)V\right]\alpha$，并结合高性能混凝土泵送施工经验，含矿粉混凝土水平管道压力损失为 0.018～0.024 MPa/m，按 0.021 MPa/m 计算。

1）不同规格泵管折算成水平泵管，见表 2。

2）垂直状态输送时混凝土泵管内的阻力：

$$P_2 = \rho \cdot H \cdot g$$

式中，ρ——混凝土密度，kg/m³，计算取值 2500；

$\quad\quad H$——泵送高度，m；

$\quad\quad g$——重力加速度，m/s²。

表 2　折算成水平泵管统计表

序号	泵管型号	根数/根	折算米数/m
1	3 m 直管	42	126
2	$R1000 \times 90°$	5	45
3	$R500 \times 90°$	4	48
4	$R275 \times 90°$	10	150
5	$R500 \times 45°$	2	12
6	$R275 \times 45°$	2	15
7	$\phi125 \sim \phi150$ 椎管	1	8
8	4 m 软管	1	20
合计	—	—	424

3）计算：

$P_1 = \Delta P_x \cdot L = 0.021 \times 424 = 8.904$ MPa

$P_2 = \rho \cdot H \cdot g = 2500 \times 20.7 \times 10 = 0.518$ MPa

P_3 取 2.8 MPa

故总的压力损耗为 $P = P_1 + P_2 + P_3 = 12.222$ MPa，同理根据 RV8 布料机的布管情况，得出其泵管折算米数并计算其最大泵送压力损失为 8.108 MPa。

3.3.2　工效要求

1）混凝土搅拌站每盘（3 m³）投料时间 30 s，搅拌时间 120 s，卸料时间 60 s，即每小时理论生产 51 m³，考虑 0.9 的效率，每台站计算生产能力 45.9 m³/h，4 台站共 183.6 m³/h。

2）混凝土罐车每趟装载 12 m³，接料时间 840 s，卸料时间 900 s，往返运输时间 300 s，即每小时理论运输 21 m³，考虑 0.9 的效率，每台车计算运输能力 18.9 m³/h，10 台车共 189 m³/h。

3）浇筑 1～3 区时强度要求 169.2 m³/h，6 台拖泵平均排量 28.2 m³/h；浇筑第 5 区时强度要求 142.4 m³/h，4 台拖泵平均排量 35.6 m³/h。

综上所述，单台拖泵在满足出口压力下实际排量不小于 35.6 m³/h，理论排量不小于 39.6 m³/h。

3.3.3 拖泵选型与部署

根据泵送压力损失和工效要求，选择了 BSA2109HPD 型和 BSA2109H-D 型拖泵，分别对应 MX32-4 布料机和 RV8 布料机，技术参数见表 3。该两款拖泵出口压力分别为 20.5 MPa 和 18 MPa，大于 12.222 MPa 和 8.108 MPa 的要求，并且其高压排量为 57 m³/h，大于 39.6 m³/h，因此满足泵送压力和工效要求。

表 3　混凝土拖泵主要技术参数

项目	BSA2109HPD 参数	BSA2109H-D 参数
排量/(m³·h⁻¹)	84/57	95/57
系统输送压力（最大出口压力）/(kN·m⁻²)	14 000/20 500	9 100/18 000
料缸直径/mm	200	200
（液压油缸/活塞杆直径）/mm	(160/90)	(140/80)
柴油发动机功率/kN	220	186
重量/kg	7 900	6 000

根据统一规划，在预制厂厂房两侧设 2 块拖泵布置区，各布置 6 台混凝土拖泵，其中 4 台 BSA2109H-D 型拖泵、2 台 BSA2109HPD 型拖泵，既满足生产工艺要求，又避免生产线可能产生的相互干扰，见图 3。

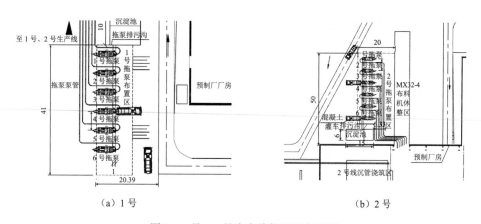

（a）1 号　　　　　　　　　　　（b）2 号

图 3　1 号、2 号生产线拖泵区布局图

4 润管和清洗方法

沉管混凝土浇筑采用了空间立体组合式布料方式，因此也配套采取了针对性的润管和清洗的方法。

1）MX32-4 布料机及其管路润管：混凝土输送前，混凝土罐车驶入模板休整区，MX32-4 布料机转向休整区，臂架尾端软管伸入罐车料斗内，然后拖泵开始依次、连续泵送水泥浆、砂浆及正式混凝土，当观察到混凝土从软管口出料时，该布料机及其管路润管完毕。

2）RV8 布料机及其管路润管：因其固定在腔内行车道内模下方，应首先设置专用排污泵管，该管道铺设在针形梁和 MX32-4 布料机压重支架上，并接入罐车接料斗。润管前，将 RV8 布料机出口端与排污管道对接，然后拖泵泵送水泥浆、砂浆和混凝土，完成润管，见图 4（a）。

完成润管后，断开 RV8 布料机和专用排污泵管的连接，RV8 布料机即可开始正常作业。而排污泵管的清洗采用了气力清洗法。该方法配置专用的 1.8 MPa 空压机和专用气力清洁接头，在专用接头两端塞入清洗球，清洗球中间区域灌清洁水后封闭。最后向专用接头内输入压缩空气，压缩空气为动力依次推动清洗球、清洁水和清洗球，从而将布料机和泵管内残余混凝土排出。此方法在正式预制生产前通过反复试验，操作方便，快捷干净，满足清洗要求，见图 4（b）。

3）泵送结束后的清洗方法与其润管的方法相同。

（a）专用排污泵管　　　　　　　　　　（b）专用气力清洗接头

图 4　专用排污泵管和专用气力清洗接头应用图示

5 泵送中的存在问题及解决方法

5.1 泵管过度磨损问题

（1）MX32-4 布料机的进料泵管布置优化

泵管从地面接入 MX32-4 布料机，原设计方案是两根 $R275 \times 90°$ 弯管反向对接。在实际使用中，由于此处泵管弯曲半径过小，泵管磨损过快，频繁出现中途爆管情况，给泵送系统的正常运转造成不利影响。针对上述情况，对此处的管路进行优化：

1）提升立柱直管高度，从而加大地面弯管到立柱直管之间的高差，以便安装大直径弯管。

2）将原 2 根 $R275\times90°$ 弯管反向对接改为 2 根 $R500\times90°$ 弯管和 1 m 直管的组合形式，增大了泵管半径，减少磨损。

通过上述改进，$R500\times90°$ 弯管使用寿命延长至约 3000 m³，满足 4 个节段使用要求。

（2）MX32-4 布料机的臂架泵管优化

MX32-4 布料机设计时为控制臂架载荷，其原臂架泵管采用的是普通无缝钢管，厚 4.5 mm，使用方量约 3000 m³，前期经常出现在预制混凝土浇筑过程中爆管。第一、二节臂架泵管高度达到 12 m 以上，发生爆管后，不仅耽误生产，而且更换不便，存在较大安全风险。

针对存在问题，经反复比选，采用了臂架专用耐磨双层泵管。此种泵管在管道内镶嵌了一层 2.5 mm 耐磨层，将泵管使用寿命延长至 12 000 m³ 以上，不仅极大提高了泵送系统的可靠性，而且经济效益明显。

5.2 泵送堵管问题

泵送工艺在生产中不可避免会出现堵管情况。传统方法是找到堵点后，拆除泵管，清除堵点废料，再重新泵送。一旦泵管内混凝土质量普遍较差，就需要泵入砂浆、水泥浆洗管，重新开盘。这种方式工作强度大、效率低，而且 MX32-4 布料机排堵属高空作业，安全风险较大。

针对上述情况，充分利用气力清洗法的优势，较大改善了泵送紧急处理方法。首先，改进气力管路，并入 1 台 16 m³ 高压空压机作为气源，解决长距离气力清洗时的动力问题。在发生堵管情况时，采用气力清洗方式，此方法方便、快捷，而且气力清洗接头在地面即可接入使用，尽可能减少了高空排堵的危险，既提升了处理效率，又提高了安全保障。

6 结 语

为满足港珠澳大桥岛隧工程沉管预制混凝土浇筑工艺要求，经反复研究，选择了多布料机、空间立体组合式布料工艺，合理进行了设备的选型配置，并采取了针对性的辅助措施，顺利完成了沉管预制混凝土浇筑任务，也为未来高强度、大体积、空间结构的海工混凝土浇筑提供了良好借鉴。

参 考 文 献

[1]　易秀明，杨新华，戴献军. 超高层混凝土泵送技术研究与应用[J]. 建筑机械，2008，(2)：94-98.

[2]　中华人民共和国交通运输部. 公路桥涵施工技术规范：JTG/T F50—2011[S]. 北京：人民交通出版社，2011.

[3]　三一重工. 三一重工混凝土基础知识手册[K]. 2010.

大体积混凝土入模温度控制研究*

杨绍斌，苏怀平，张　洪

（中交二航局第二工程有限公司，重庆）

摘　要：大体积混凝土温度控制是大体积混凝土施工中重要的研究和控制项目，其入模温度又是控制的关键环节。本文主要根据港珠澳大桥沉管预制混凝土温度控制研究，阐述了温控总体思路和具体温控措施。结果表明，通过有效控制混凝土入模温度，达到降低构件内表温差、构件与环境温差等作用，进而减小开裂风险。

关键词：大体积混凝土；入模温度；混凝土裂缝；控制

0　引　言

港珠澳大桥沉管隧道是世界范围内最长、埋置最深、单孔跨度最宽、单节柔性管节最长、规模最大的海底公路沉管隧道，也是我国交通建设史上技术最复杂、标准最高的海中隧道工程。同时，沉管结构采用自防水设计，对防裂要求非常严格。沉管混凝土结构体积大、截面复杂，导致结构自约束大，在温度形变作用下，混凝土极易出现裂缝；在长期水压条件下，表面裂缝可能连通、延伸，成为渗水通道，导致其自身抗渗能力降低，加速氯盐侵蚀；沉管混凝土结构长埋于海底，结构无法修复，一旦出现腐蚀将极大影响结构使用寿命。管节混凝土裂缝控制是确保港珠澳大桥预制沉管工程耐久性的关键技术，其中控制混凝土的入模温度将是控裂的最主要措施之一。

1　工　程　概　况

港珠澳大桥沉管标准管节长 180 m，分 8 个小节段预制（每段 22.5 m），节段截面宽 37.95 m、高 11.4 m，单个节段混凝土方量约 3413 m³，采用 C50（56 d 龄期）混凝土浇筑，全断面一次预制成型。具有高强度等级、大断面、大体积的特点。沉管预制混凝土由强制式搅拌机生产，罐车运输至拖泵点，泵送入模。

---

* 本文曾刊登于《中国港湾建设》2013 年第 4 期。

2　工 程 特 点

港珠澳大桥沉管混凝土结构具有的显著特点：

1）混凝土设计强度等级高。如厄勒海峡沉管隧道为 C40，韩国釜山—巨济沉管隧道沉管为 C35，而港珠澳大桥沉管混凝土强度等级为 C45。采用泵送浇筑工艺，所需胶凝材料用量多，相应的水化热总量更高；

2）沉管结构尺寸大、受约束大，超厚的结构意味着混凝土内部的热量难以散发，中心部位混凝土可能接近绝热状态，混凝土内部温度高、与环境温度温差大，必然会增大沉管开裂的风险；

3）为提高结构整体性，达到自防水和提高防腐蚀的效果，港珠澳大桥沉管内部不埋设冷却水管。

3　温控总体思路

在确定混凝土配合比时，尚应根据混凝土的绝热温升值、温度及裂缝控制的要求，提出砂、石料和拌和用水的降温、入模温度控制的技术措施[1]。

港珠澳大桥沉管混凝土温度控制以配合比设计和沉管控裂标准为依据，根据热力计算和混凝土入模目标温度，提出各原材料的温度控制标准，再从各个环节出发，采取温度控制的措施。

根据工艺，影响混凝土入模温度的因素主要有两个环节：生产混凝土的原材料温度；混凝土输送过程中的升温。针对这两个环节，以控制原材料温度来控制混凝土出机温度为主导思想，以降低运输环节的温升为辅导措施，从而达到混凝土入模温度要求。主要思路如下：

1）料仓喷雾、罐体淋水、原材料提前进场——控制原材料温升；

2）骨料风冷、冰冷为主、加冰和制冷水——控制混凝土出机温度；

3）泵送浇筑、拖泵遮阳、罐车泵管覆盖——控制运输、泵送混凝土温升。

4　温 控 标 准

根据配合比及新拌混凝土温度估算公式：

$$T_0 = \frac{\sum_{i=1}^{n} c_i m_i T_i}{\sum_{i=1}^{n} c_i m_i}$$

式中，T_0 ——新拌混凝土温度，℃；

$\quad\quad c_i$ ——第 i 种材料的比热，kJ/（kg·℃）；

$\quad\quad m_i$ ——单位体积混凝土中第 i 种材料的质量，kg/m³；

$\quad\quad T_i$ ——拌和前第 i 种材料的温度，℃。

高温季节混凝土入模温度控制在 26℃以内，才能满足混凝土控裂要求。以总目标为依据进行过程分解，计划控制混凝土运输温升为 2℃，出机温度为 24℃。按照当地常年温度情况和新拌混凝土温度估算，拟定原材料温度控制指标为：砂石料≤30℃，水泥≤55℃，矿粉≤45℃，粉煤灰≤45℃，搅拌水 3～5℃，加碎冰 60 kg/m³。

同时由公式可知，原材料温度对浇筑温度影响的程度大小取决于这种材料在混凝土中的质量权重和比热。按照配合比对各种原材料对出机温度权重的影响分析见表 1。

表 1 混凝土各组分对新拌混凝土温度的影响

原材料	每立方米用量/ (kg·m⁻³)	比热[kJ·(kg·℃)⁻¹]	原材料温度变化幅度/℃	混凝土温度变化幅度/℃
水泥	200	0.85	10	0.73
粉煤灰	100	0.85	10	0.37
矿粉	100	0.85	10	0.37
水+冰	144	4.18	10	2.60
粗骨料	1 044	0.75	10	3.38
细骨料	788	0.75	10	2.55
总计	2 376	1.37	10	10.0

从分析表中可以发现，原材料温度对新拌混凝土温度影响程度的大小顺序为：粗骨料＞水＞细骨料＞水泥＞矿粉和粉煤灰，这决定了原材料温度控制措施的重点方向。

5 主要温控措施

5.1 原材料温控措施

根据新拌混凝土出机温度计算公式可知，控制原材料温度是控制混凝土温度的有效措施。

5.1.1 砂石料

主要控制温度指标：粗骨料温度≤30℃。

根据计算骨料降温 2℃，出机温度下降 0.5～1℃。

1）设置砂石料料棚，防止阳光直晒。

2）在料棚顶设喷水雾系统，降低料棚内环境温度；沿料场顶棚牵拉钢丝绳，安装喷雾供水设备，使用双向高压喷嘴进行喷雾。

该系统根据厂房自然结构划分为 4 个喷雾区域，不同区域间通过闸阀进行独立控制，用 1 台高压喷雾设备总体控制，向粗骨料上喷雾来达到控制其温度的目的。

3）在砂石料上料斜皮带棚顶通过洒水控制砂石料在上料过程中的温升。

4）加强储料管理。料棚内必须堆存 2 个以上节段混凝土砂石料，并保证堆存时间 3 d 以上，以充分进行热交换，禁止刚倒运砂石料或直接采用外场暴晒的砂石料浇筑混凝土。

5）粗骨料含泥量需要控制在 1.5% 范围内[2]。

5.1.2　粉料

主要控制温度指标：水泥≤55℃，粉煤灰≤45℃，矿粉≤45℃。

1）严格按照合同要求控制粉料的出厂温度，进场粉料须由试验室检测符合要求后才能储料。

2）设置中间仓储存转运，延长粉料降温时间，符合浇筑混凝土控制温度后才能倒运至搅拌站，禁止粉料直接入搅拌站。

3）搅拌站罐体及中间仓刷白处理，增强罐体表面阳光反射，减低罐体温升。

4）罐体顶部安装喷淋装置，对罐体进行喷水冷却，降低温度。

另外，应选用中低热硅酸盐水泥或低热矿渣硅酸盐水泥，大体积混凝土施工所用水泥其 3 d 的水化热不宜大于 240 kJ/kg，7 d 的水化热不宜大于 270 kJ/kg[3]。

5.2　冰+水的保障措施

混凝土拌和前，可采用低温水、加冰等降温措施[4]。

主要控制指标：冷水（3～5℃）+片冰。

1）制冰机提前生产片冰。1 kg 片冰融化为水，大约需要吸收 335 kJ 热量，根据工程经验，每加入 10 kg 的冰至少可使 1 m³ 新拌混凝土降低 1℃，因此要满足 26℃ 的出机温度，必须保证用冰量和设备完好，这是控制混凝土出机温度的关键。

2）用冷水机生产冷水，并设置冷水池，所有冷水池串联，以实现 3 用 1 备的需求和一旦搅拌机损坏后冷水供应互补；另外对冷水管保护包裹，减少水管运输的温升。

5.3　混凝土运输温度控制措施

5.3.1　运输罐车

1）在罐体外包裹吸水帆布，并在过程中淋水，以降低罐体在阳光照射下的温升。

2）控制运输过程中罐体转速。

3）合理配置罐车数量，与浇筑速度匹配，避免过程中过长时间的等待。

5.3.2 混凝土输送拖泵

1）在混凝土输送拖泵顶部设置遮雨遮阳棚。
2）向遮阳棚顶面洒水降温。

5.3.3 混凝土输送泵管

1）室外泵管定位固定，采用定型加工吸水海绵包裹，防止阳光暴晒。
2）施工过程中向泵管包裹材料淋水，降低混凝土输送摩擦温升。

6 温控成果

港珠澳大桥沉管预制采用上述全套温控措施，效果显著，如图1所示。

（a）粉料中间仓

（b）搅拌站粉料罐喷雾

（c）降温砂石料仓喷雾降温

（d）骨料上料皮带风冷

（e）骨料称量仓风冷

（f）冷风机控制器

（g）混凝土罐车包覆淋水

（h）泵管包裹降温

（i）拖泵遮阳

图1　全套温控措施图

首批管节预制（共两节管节）历经 7～10 月，为当地最高气温阶段，通过上述温控措施的保障，经检测发现，均满足预定的≤26℃的混凝土入模温度指标。混凝土内部温差≤25℃，混凝土构件表面温度与环境之间温差≤15℃，在沉管构件表面并未发现有温度裂纹产生。

各管节原材料温度、混凝土出机温度和浇筑温度见表 2。

表 2　实测温度　　　　　　　　　　　　　（单位：℃）

节段名称	水泥	粉煤灰	矿粉	砂	大石	小石	制冷水	出机温度	浇筑温度
E1-S5	30.4	30.3	30.2	29.1	28.2	28.6	10.3	22.5	25.7
E1-S4	31.5	30.9	30.0	27.4	26.8	27.1	7.8	21.0	25.1
E1-S3	29.2	28.6	28.6	26.2	24.3	23.9	16.0	19.4	22.6
E1-S2	28.5	28.0	28.0	27.2	25.0	25.3	12.1	20.1	23.0
E1-S1	27.7	26.7	26.5	25.0	23.8	24.7	11.7	18.7	22.3
E2-S5	31.0	30.5	29.7	28.9	28.2	28.2	12.3	23.3	26.0
E2-S4	31.5	30.9	30.9	28.8	27.7	28.3	11.1	22.5	25.9
E2-S3	27.9	27.6	27.2	27.2	24.4	25.7	10.0	21.1	23.9
E2-S2	36.3	29.6	29.7	27.4	25.5	25.4	15.0	20.7	24.7
E2-S1	30.1	25.6	25.9	26.2	25.3	25.9	12.2	19.2	22.3

注：表中各节段加冰量均为 60 kg/m³

从表 2 中看出，混凝土运输过程中的温升，由未采取任何措施的 7℃降低到 2.8～4.1℃，总体来说效果比较明显。

7　结　语

有效控制混凝土入模温度，对结构内表温差、表面与环境温差的控制起着至关重要的作用，进而减小开裂风险，提高结构自身的抗裂能力，保证结构的耐久性。

参 考 文 献

[1]　中华人民共和国冶金工业部. 块体基础大体积混凝土施工技术规程：YBJ 224—91[S]. 北京：冶金工业出版社，1997.

[2]　中华人民共和国交通运输部. 水运工程大体积混凝土温度裂缝控制技术规程：JTS 202-1—2010[S]. 北京：人民交通出版社，2010.

[3]　中华人民共和国住房和城乡建设部. 大体积混凝土施工规范：GB 50496—2009[S]. 北京：中国计划出版社，2009.

[4]　中华人民共和国水利电力部. 水工混凝土施工规范：SDJ 207—82[S]. 北京：水利电力出版社，1982.

港珠澳大桥沉管隧道预制混凝土
控温设备选择研究*

杨秀礼[1,2,3]，邵曼华[4]

（1. 中交第二航务工程局有限公司，武汉；2. 长大桥梁建设施工技术交通行业重点实验室，武汉；3. 中交公路长大桥建设国家工程研究中心有限公司，武汉；4. 中国交建总承包经营分公司暨中交机电工程局有限公司，北京）

摘　要：港珠澳大桥沉管隧道长期处于Ⅲ类海洋氯化物腐蚀环境和水压条件下工作，沉管控裂要求极高，需要严格控制混凝土浇筑温度。本文通过分析沉管隧道设计要求和施工现场特点，提出混凝土控温标准，比选原材料降温方式，阐述了选用制冷水和片冰冷却的依据，介绍主要控温设备的技术参数，并通过沉管预制实际应用证明其控温方法和设备的配置合理。

关键词：隧道工程；沉管隧道；沉管预制；混凝土；控温

1　工　程　概　况

港珠澳大桥沉管隧道穿越伶仃西航道和铜鼓航道，长约 6 km，是迄今世界范围内最长、埋置最深、单孔跨度最宽、单节柔性管节最长的海底公路沉管隧道，也是我国交通建设史上技术最复杂、标准最高的海中隧道工程。

隧道采用节段式工厂预制，标准管节长 180 m、宽 37.95 m，共 33 节段（图 1）。混凝土设计强度等级 C50（56 d 龄期），使用年限 120 年，采用全断面浇筑，单次用量约 3420 m³，具有"高强度等级、大断面、大体积"的特点。沉管结构体积大，截面复杂，结构自约束大，长期处于Ⅲ类海洋氯化物腐蚀环境和水压条件下工作。沉管施工采用工厂法预制设置，管节分段预制、连续顶推，管节浮运至现场通过专用沉放安装系统进行下沉、对接和安装。沉管的结构、预制和安装工艺均对混凝土控裂提出极其严格的要求。经过分析计算，在原材料控温后，高温季节混凝土生产自然温度仍超过 33℃，常规冷却水管进行混凝土降温存在风险，需要对原材料进行控温和预冷却，确保在设定的环境下施工和养护，以达到控裂目的。本文针对沉管特点和预制场地环境条件，比较各种混凝

---

*　本文曾刊登于《施工技术》2014 年第 23 期。

土及其原材料冷却的优缺点和适用范围,选用适合本项目的混凝土及其原材料冷却设备。

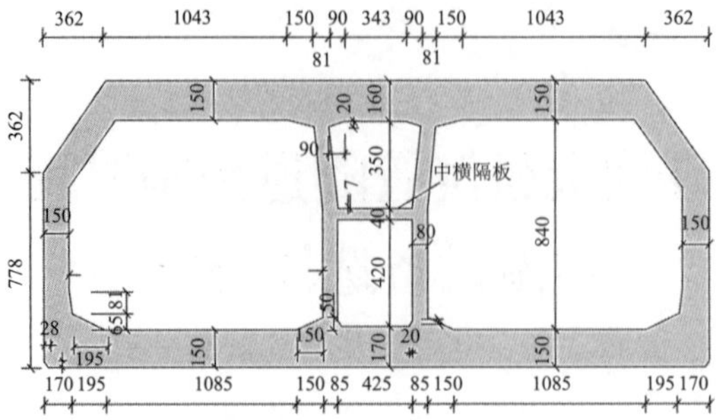

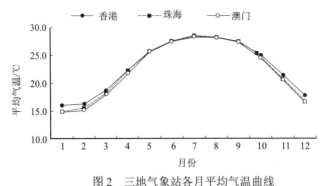

图 1　预制沉管结构断面(单位:cm)

2　条件和要求

沉管预制场位于珠海市万山区桂山岛之牛头岛,距离沉管安装现场约 20 km,水深条件好,施工干扰少,非常适合沉管预制和出运。

2.1　气象条件

工程区域属南亚热带海洋性季风气候,年平均气温在 22.3~23℃。其中 7 月平均气温最高在 28.4~28.7℃,1 月平均气温最低在 14.8~15.9℃,极端最高气温 38.9℃,极端最低气温-1.8℃。三地气象站各月平均气温曲线如图 2 所示,桂山岛近 1 年观测月平均气温如表 1 所示。

图 2　三地气象站各月平均气温曲线

表 1　桂山岛月平均气温　　　　　　　　(单位:℃)

时间	1 月	2 月	3 月	4 月	5 月	6 月
最低气温	8.0	14.5	11.4	15.6	18.5	21.8
最高气温	21.5	22.8	24.2	27.4	27.5	31.7
平均气温	13.9	18.0	18.8	21.4	23.7	25.0

续表

时间	7月	8月	9月	10月	11月	12月	全年
最低气温	23.1	22.2	23.2	21.5	12.9	8.8	8.0
最高气温	36.2	34.6	35.6	29.7	27.6	22.4	36.2
平均气温	27.8	28.0	28.4	25.4	21.0	17.1	22.4

2.2　预制场条件

2.2.1　原材料供应

骨料采用皮带运输船直接运至预制场附近的卸料码头，设置防护篷布遮盖避免被海水污染。粉料采用散装运输船，运送至预制场卸料码头，再转运至搅拌站粉料存储罐，长距离运输和换装会大幅度降低粉料温度。

2.2.2　水电

桂山岛距珠海市区约 30 km，岛上已建重油发电站，供电容量仅满足居民生活用电。工程自备发电机组，宜尽量减少用电负荷，以降低成本。岛上淡水资源稀缺，预制场生产和生活用水均需依靠陆地运送。

2.2.3　混凝土制运

就近建设混凝土拌和站，输送车运输，拖泵泵送，布料机布料。沉管全断面一次性浇筑完成。单次浇筑区域为 37.95 m×22.5 m，行车道和中间廊道布料难度大，选用拖泵和布料机布料工艺。输送车运送距离约 300 m，泵送距离约 200 m。

2.3　控　温　标　准

鉴于沉管隧道严格的控裂要求，提出了温控目标即混凝土无温度裂缝，且抗裂安全系数≥1.4。

（1）浇筑温度

沉管预制的全年施工期分为高温季节（月平均气温≥25℃，6～10 月）、常温季节（月平均气温 18～25℃，3～5 月、11 月）和低温季节（月平均气温≤18℃，1 月，2 月，12 月）。根据控裂要求，通过仿真分析和试验确定混凝土浇筑温度如表 2 所示。

表 2　混凝土浇筑温度　　　　　　　　　　　　　（单位：℃）

项目	高温季节（6～10 月）	常温季节（3～5 月、11 月）	低温季节（1 月、2 月、12 月）
月平均温度	≥25	18～25	≤18

续表

项目	高温季节（6～10月）	常温季节（3～5月、11月）	低温季节（1月、2月、12月）
混凝土入模温度	28	23	20
混凝土出机温度	≤25	≤20	≤18
降温幅度	≤8.5	≤7.5	≤5.5
季节浇筑量(约)/(10⁴m³)	35	30	25

（2）原材料控温标准

根据原材料的运输和岛上存储、运输条件，结合台山核电站（距离珠海约 120 km）实际施工经验，工程师提出可实现的水泥、粉煤灰、矿粉、骨料等原材料的温度控制指标，如表 3 所示。

表 3　原材料温度控制标准和措施

原材料	温度控制指标/℃	储运条件满足 2 月用量
水泥	≤55	出厂温度≤70℃，船运上岛，中间仓储存，使用温度≤55℃
矿粉	≤45	出厂温度≤50℃，船运上岛，中间仓储存，使用温度≤45℃
粉煤灰	≤45	出厂温度≤50℃，船运上岛，中间仓储存，使用温度≤45℃
砂	≤30	材料提前进场，入料场储存，搭棚遮阳
石	≤30	材料提前进场，入料场储存，搭棚遮阳

3　骨料冷却方案比选

原材料温度对混凝土浇筑温度影响的程度取决于组料在混凝土中的质量权重和比热，最显著为粗骨料，其次为水、细骨料和水泥。项目工程技术人员对台山核电站、向家坝水电站、越南 SONLA 水电站等项目混凝土或原材料冷却技术进行了实地考察和调研，分析本工程混凝土特点，提出几种冷却（预冷）方案进行比选。

3.1　选　择　原　则

1）试验工程师选择高温季节计算混凝土自然温度为 33.5℃，降温幅度最大为 8.5℃，从经济和实用角度看，具备选择单一冷却措施的条件。

2）桂山岛水、电条件较差，尽量选择功率低的设备，以及耗用水、场地等资源较少的技术方案。

3）基于沉管预制混凝土控裂要求，必须在设定的时间段完成浇筑，且不允许浇筑过程中断，设备和技术应成熟可靠，且易于操作。

4）在满足使用的前提下，应选择节能、环保的技术方案和设备。

3.2 备选冷却方案

3.2.1 片冰+制冷水

片冰+制冷水组合冷却方案是最简单、灵活有效的冷却方法。低温冷水制备方法容易，其冷量可全部利用，是工程首选措施。以冰代替部分水，利用冰的相变吸收大量溶解潜热，冷却拌和材料和混凝土，1 kg 片冰可降低混凝土温度 0.12～0.14℃。受每立方米用水量制约，该方法总体上降温幅度不大，而在大坝工程中，骨料一般都采用预冷处理，片冰只是和粉料、砂进行热交换，可用于调节出机温度和削减高峰负荷。

理论上，加冰率可达混凝土用水量的 100%，在实际生产中需扣除初期润湿搅拌机和稀释外加剂用水量，多数工程规划用冰量约 50%。本工程混凝土用水量扣除骨料含水量外约为 110 kg/m³，按加冰量 50%～60%计算混凝土出机温度为 24.2～25.1℃（片冰冷量利用率 90%，全部机械热量 4000 kJ/m³），基本满足高温季节控温要求，但富余量较小。台山核电站工程就采用了该冷却方案。

片冰冷却也存在不足。由于粗骨料与片冰在搅拌过程中热交换时间短，骨料与冷却介质热交换不充分，骨料表面和心部温度存在温差，在运输期间混凝土温度会有一定幅度回升。但本工程粗骨料粒径选用 5～20 mm 碎石，粒径小，回温影响应较小，可适当加大用冰量，调低出机口温度。

3.2.2 一级风冷粗骨料+制冷水

粗骨料在混凝土中所占比例最大，因此预冷粗骨料适用于大规模、大幅度降温。风冷骨料分为一级风冷和二级风冷，二级风冷在我国大坝工程中应用广泛。本工程混凝土降温幅度相对较小，采用一级风冷粗骨料到 10℃和制冷水组合，即可将混凝土出机温度控制在 22℃以下。

风冷粗骨料一般都采用搅拌站料仓作为骨料冷却的容器，需在常规搅拌站基础上订制专门的料仓，具有满足 2 h 以上生产能力的骨料储备和连续供料能力。其风冷效果和能耗方面，冷风穿透料层的气流阻力是关键，在一定条件下气流阻力常数随骨料粒径减小而增大，冷却效率随之越低。本工程粗骨料粒径 5～20 mm，粒径偏小，在某大坝工程统计该类骨料冷却效率仅为 54.4%，并且风机机组功率大。

3.2.3 水冷粗骨料+制冷水

采用冷水作为载冷剂冷却骨料，不仅制备效率高，单位能耗低，而且骨料冷却速度快，骨料温度均衡稳定，冷却效果好，适用于预冷规模大和降温幅度比较大的场合。水冷骨料在我国早期大坝建设中应用不理想，尤其是近 10 年来基本没有采用，主要原因在于循环冷却水容易被骨料污染；循环水有 1%～2% 的损失量，配套建设水循环和水处理设施占用场地大。

2010 年底，工程技术人员对正在施工的 SONLA 水电站"水冷粗骨料"冷却系统进行了实地调研，该水冷骨料系统主要由制冷水机组、皮带机廊道、喷淋系统、冷水循环系统组成，采用 3℃ 制冷水 10 min 内均可将骨料温度降至 4～6℃；配套有紧凑型污水处理装置和骨料振动筛，一定程度上解决了污染问题，减少了占地面积。水冷粗骨料+制冷水方案从技术层面完全可满足本工程骨料冷却至 10℃，冷却系统对场地占用大，需配套建设水循环设施、沉淀池、污水处理装置等要求。本工程需要考虑场地限制和淡水供应成本高的现状。

3.3　冷却方案选择

3.2.1～3.2.3 节的比较如表 4 所示，通过综合比较后工程技术人员采取片冰+制冷水措施作为沉管预制混凝土冷却方案。在高温季节片冰可加入量富余度较少，须严控原材料温度，注重输送过程混凝土保温。

表 4　本工程备选冷却方案比较

措施	片冰+制冷水	风冷粗骨料+制冷水	水冷粗骨料+制冷水
设备投资/万元	650	550	500
占地面积	小	大	大
装机功率	较大	大	较小
基建费用	小	较大	大
综合成本	较高	高	适中
优缺点	技术成熟，控温灵活；混凝土冷却不均匀，回温快	骨料含水率稳定，混凝土温度稳定；能耗高，占地面积大；本工程小规格石料不经济	经济性优，混凝土温度稳定；骨料含水率较大，场地占用面积大，冷却水耗用量大，不适合桂山岛缺水和场地有限的现状

4　设 备 配 置

4.1　技 术 要 求

混凝土的生产配备 2 套 2×HZS180E 搅拌站，正常生产期间 3 用 1 备。每周浇筑 2 节节段，时间间隔最短 24 h，单节节段浇筑量 3420 m³，要求在 30 h 内完成浇筑，最大浇筑强度为 180 m³/h。总体思路为采用提前制冰，冰库储存调节。

4.2 制冰机和冷水机组配置

选用 2 套 ICW120 冷水机组和 FIP72 制冰机组，性能参数如表 5 所示。制冰机组和冷水机组采用集装箱形式。每套 2×HZS180E 搅拌站搭配 1 套冷水机组和制冰机组。选用螺旋输送片冰，搅拌站内设置片冰调节仓和冰库，冰库容量 100 t。

表 5　ICW120 冷水机组和 FIP72 制冰机组性能参数

ICW120 冷水机组		FIP72 制冰机组	
冷水流量	5 t/h	冰产量	72 t/d
进水温度	28 ℃	供水温度	≤10 ℃
出水温度	2 ℃	出冰温度	−5 ℃
必要制冷量	140 kW	必要制冷量	362 kW
装机制冷量	165 kW	装机制冷量	409.3 kW
富余系数	1.178	富余系数	1.14
制冷剂	R22	制冷剂	R22
安装功率	70.75 kW	安装功率	280.5 kW

4.3 辅助保温措施

为确保高温季节控温要求，还增加了降温或保温措施。

（1）骨料温度控制

骨料提前入场，遮阳棚防止直晒；在料棚顶设喷水雾系统，降低料棚内环境温度；上料斜皮带廊道和称量仓底部通冷风，控制砂石料在上料过程中的温升。

（2）粉料温度控制

严控出厂温度；设置中间仓储存转运，延长存放周期；罐体刷白等。

（3）混凝土运送控温

输送车罐体增加吸水帆布，在此过程中淋水，避免阳光照射升温；混凝土拖泵搭设遮阳（防雨）棚；室外泵管包裹吸水海绵保温。

5　结　　语

本工程用制冰机组和冷水机组于 2012 年完成安装调试并投入使用，应用控温效果良好。在 2013 年高温季节期间，混凝土平均出机温度最高为 23℃，浇筑入模温度最高为 26℃，最大用冰量达到 60 kg。原材料控温效果良好，骨料峰值温度出现过 1 次 31℃的情况，水泥由于存放时间较长温度低于 40℃。经沉管混凝土裂缝检测，未发现温度裂缝。

总的来说，本工程混凝土冷却方案选择成功。

参 考 文 献

[1]　翁定伯. 大体积混凝土预冷技术[M]. 北京：中国电力出版社，2012.

[2]　高敬东，刘燕慧. 小浪底水利枢纽工程混凝土预冷系统工艺介绍[J]. 建设机械技术与管理，2008，(1)：126-129.

[3]　Gremer F. 大坝混凝土制冷系统比较——风冷和水冷[J]. 建设机械技术与管理，2007，(5)：114-120.

[4]　姜浩，董军，刘昊苏，等. 京石客运专线预制箱梁梁体混凝土测温与养护关键技术[J]. 施工技术，2012，41(4)：62-64，98.

[5]　王晓林. 关于大体积常态预制混凝土温控与表面裂缝的研究[J]. 国际工程与劳务，2014，(5)：51-53.

[6]　杨绍斌，苏怀平，张洪. 大体积混凝土入模温度控制研究[J]. 中国港湾建设，2013，(4)：38-41.

提高超大型沉管节段预制成品尺寸合格率

陈伟龙 [1]，董洪静 [1,2]，胡汉卿 [1]

（1. 中交四航局第二工程有限公司，广州；2. 河海大学，南京）

摘　要： 沉管预制作为海底沉管隧道建设的关键工序，整个沉管节段的成品尺寸精度直接影响隧道的对接贯通。本文结合港珠澳大桥岛隧工程沉管隧道沉管预制工程，简要讲述施工过程中通过控制钢筋绑扎间距及钢筋笼外形尺寸，解决钢筋笼顶推偏位问题，消除模板安装误差，优化混凝土布料及收面等方法，将沉管节段成品尺寸合格率提高至 90% 以上。

关键词： 港珠澳大桥；沉管预制；成品尺寸；合格率

0　引　言

钢筋混凝土结构沉管，是目前国内外沉管隧道中应用最多最普遍的。随着沉管隧道技术的发展，预制沉管尺寸根据功能需求也在不断变化，沉管结构体积庞大、结构复杂，在施工过程中容易出现许多无法控制的问题，沉管因其体形庞大、结构厚实、整体性要求高等特点，在预制过程中，钢筋笼尺寸、模板精度、浇筑工艺等影响沉管的成品尺寸。

1　工　程　概　况

港珠澳大桥岛隧工程沉管隧道是目前世界上最长、埋置最深、单孔跨度最宽、单节柔性管节最长、规模最大的海底公路沉管隧道，也是我国交通建设史上技术最复杂、标准最高的海底隧道工程，还是目前世界综合难度最高的沉管隧道之一。港珠澳大桥沉管隧道总长 5664 m，由 33 个管节组成。单个标准管节长 180 m，由 8 个长 22.5 m 的节段组成。管节采用两孔一管廊截面形式，宽 3795 cm，高 1140 cm，底板、侧墙及顶板厚 150 cm，中隔墙厚 80 cm[1]。沉管断面见图 1。

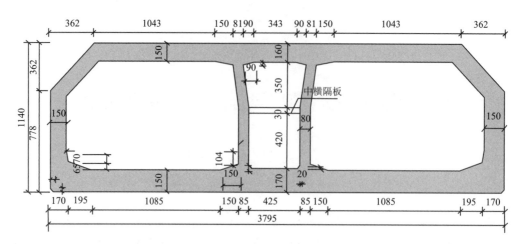

图 1 沉管断面示意图（单位：cm）

沉管预制采用工厂化、流水线施工，通过数控钢筋生产线进行钢筋加工，流水线上分段进行底板、墙体和顶板钢筋绑扎，整体绑扎成型后顶推至模板区，进行模板安装和混凝土浇筑。隧道最大水下深度 46 m，沉管安装精度要求高，节段成品尺寸直接影响隧道的对接和贯通，故沉管预制过程中成品尺寸精度控制尤为重要[2]。

2 施 工 难 点

沉管预制过程中，钢筋笼需依次在底板、墙体和顶板绑扎区绑扎完成后逐步顶推至模板区进行模板安装和混凝土浇筑，完成沉管节段一次整浇成型施工。这种流水线施工中钢筋绑扎、钢筋笼顶推、模板安装及混凝土浇筑都可能影响沉管节段的成品尺寸合格率，其难点有：

1）沉管体形庞大，结构复杂，预制过程工序较多，成品尺寸精度控制难度大。

2）沉管截面尺寸较大，钢筋型号较多，钢筋用量多，绑扎过程中钢筋笼尺寸精度控制难度大。

3）钢筋笼开始绑扎至入模完成，需经 4 次顶推作业，顶推过程中钢筋笼易出现变形。

4）沉管预制使用大体积钢模板，模板使用次数达上百次，模板安装精度及变形控制难度大。

5）沉管混凝土浇筑方量较大，连续浇筑时间较长，浇筑过程控制难度大。

对近期预制完成的沉管节段成品尺寸进行检测，并统计合格率（表 1），发现合格率仅达到 85%，不符合 90% 的要求。

表 1 沉管节段成品尺寸检测合格率统计表

检测项目	检测点数	合格点数	不合格点数	合格率/%	平均合格率/%
节段长度	400	349	51	87.25	86.08

续表

检测项目	检测点数	合格点数	不合格点数	合格率/%	平均合格率/%
节段宽度	400	344	56	86.00	
节段高度	400	340	60	85.00	
节段净宽	400	345	55	86.25	86.08
节段净高	400	342	58	85.50	
节段壁厚	400	346	54	86.50	

3 原 因 分 析

根据沉管预制施工设计和施工工艺，经过长时间跟踪论证，得到影响节段成品尺寸合格率的因素：

1）钢筋绑扎台架调节存在偏差，钢筋间距不符合规范要求，影响钢筋笼整体尺寸。

2）钢筋笼劲性骨架安装存在较大误差，闭合位置出现错台，导致钢筋笼外形尺寸不符合设计要求（图2）。

3）钢筋笼顶推入模过程中出现偏位。

4）沉管预制模板安装误差不符合规范要求，并有局部位置出现变形，影响混凝土外形尺寸。

5）混凝土浇筑时，墙体混凝土翻浆至底板，造成底板混凝土过厚，且收面时未设置有效的控制措施，影响混凝土成品尺寸（图3）。

图2 劲性骨架错位

图3 墙体混凝土翻浆

4 方 法 论 证

针对出现的问题，制定了相应的解决措施，消除影响节段成品尺寸合格率的不利因素。

4.1 针对钢筋绑扎台架偏差及钢筋 间距不合格问题

1）钢筋笼绑扎前，多部门对钢筋笼外形尺寸特征点坐标进行复核，全站仪测量放样时多人复测，并采用物理测量的方法进行确认，并根据测量数据对钢筋绑扎台架进行调整。

2）针对不同部位钢筋间距要求制作钢筋定位卡槽，钢筋绑扎前根据图纸要求，预先定位好卡槽，然后按照卡槽空隙依次摆放钢筋。水平筋定位卡槽见图 4，纵向筋定位卡槽见图 5。

图 4　水平筋定位卡槽　　　　　　　图 5　纵向筋定位卡槽

4.2 针对劲性骨架安装误差问题

1）根据施工图纸，骨架安装时避让交通工程孔洞及管道位置，保证骨架整体连接。

2）根据骨架分段的形状，使用专用的吊运平台，防止骨架在吊运中发生变形。

3）劲性骨架安装前在绑扎架上测量放样出定位点，骨架安装时提供参考。

4）骨架安装顺序改为从两边至中间依次安装，避免安装误差累积。利用绑扎架上的定位点吊垂线进行骨架垂直度调整。

5）同一榀骨架相邻分段用角钢焊接，每榀骨架侧面，每隔 2～3 m 用 1.5 m 长的 ϕ32 mm 钢筋将骨架与主筋烧焊连接，作为斜撑加固，避免出现变形[3]。劲性骨架安装见图 6。

图6　劲性骨架安装图

4.3　针对钢筋笼顶推偏位问题

1）顶推横梁安装时进行测量检测复核，保证横梁与滑移方钢垂直。

2）在每条顶推滑槽上间隔 3 m 布设观测点，且同一断面的观测点连线与顶推滑道垂直，顶推过程中观测顶推横梁边线与观测点连线的偏差情况，出现偏差较大情况时，通过调节单个千斤顶进行纠偏。

3）顶推前对滑槽接头进行检查，通过在滑槽下方增垫薄钢板的方式解决滑槽接头位置的错台，并在滑槽上均匀涂抹润滑油脂，保证各滑道摩擦力系数大致相同，避免出现滑移不同步造成钢筋笼偏位。

4.4　针对模板安装误差及变形问题

1）在底模面板上按间距 6 m 布设测量点，使用水准仪测量底模标高，并在底模下方做好标记，每次调节先根据标记进行初调，再使用水准仪精调。

2）侧模面板与后方受力框架之间为活动连接，接触部位存在间隙，影响模板安装精度，在接触位置塞入钢板，保证侧模与受力框架接触部位紧密贴合，防止侧模浇筑过程中位移。

3）因顶板钢筋笼跨度大，存在一定挠度，故顶板钢筋绑扎时设置一定的预拱度，避免影响内模标高调节。

4）为避免由于混凝土浇筑造成模板细小位移，影响成品尺寸，模板调节时可预留 1 cm 抵消模板的轻微位移。

5）全面检测复核模板变形量，对模板变形部位进行校正修复，并定期进行监测。

6）模板的安装精度不仅需要测量检测复核，更重要的是要确保模板系统受力稳定。为保证模板的安装质量，施工过程中建立"五检"制度，即班组自检、现场技术员验收、质检人员验收、模板公司技术人员验收和监理验收。

4.5　针对混凝土浇筑布料及收面问题

1）混凝土浇筑时使用木板及三角木方在墙体下倒角位置设置压浆板（图 7），防止混凝土翻浆影响底板布料厚度。

2）浇筑至墙体下倒角位置适当调节混凝土坍落度，避免因混凝土自身造成的翻浆。

3）在底板及顶板面层钢筋上按照 2 m 间距焊接钢筋头，水准仪放样出收面标高，在钢筋头上做好标记线，混凝土布料及收面时依照标记进行控制，混凝土开始初凝前将标记清除。混凝土收面标高控制点见图 8。

图 7　墙体下倒角位置设置压浆板　　　　　图 8　混凝土收面标高控制点示意图

4）混凝土收面时先采用人工收面，再使用磨光收面机进行 3 次以上的收面。

5　效　果　跟　踪

针对施工过程中出现的问题，实施各种控制措施后，对近期预制完成的沉管节段成品尺寸的合格率进行了持续跟踪，统计表明，成品尺寸的合格率从 85% 提高至 93%（表 2）。

表 2　沉管节段成品尺寸检测合格率统计表

检测项目	检测点数	合格点数	不合格点数	合格率/%	平均合格率/%
节段长度	400	375	25	93.75	
节段宽度	400	370	30	92.50	
节段高度	400	375	25	93.75	93.08
节段净宽	400	373	27	93.25	
节段净高	400	371	29	92.75	
节段壁厚	400	370	30	92.50	

6 结 语

工厂法沉管预制结构体形庞大，钢筋笼绑扎尺寸、钢筋笼顶推变形控制、模板安装精度及混凝土浇筑过程控制等因素均影响沉管预制成品尺寸精度，须高度重视。因工厂法沉管预制较常规工程更为复杂，其成品尺寸合格率控制涉及多个工序，通过系统分析各工序施工中的影响因素，并针对性制定控制措施，取得了良好的效果，可为类似工程提供参考经验。

参 考 文 献

[1] 中交股份联合体港珠澳大桥岛隧工程第Ⅲ工区一分区项目经理部. 港珠澳大桥沉管预制施工组织设计[Z]. 珠海: 中交股份联合体港珠澳大桥岛隧工程第Ⅲ工区一分区项目经理部, 2012.

[2] 尹海卿. 港珠澳大桥岛隧工程设计施工关键技术[J]. 隧道建设, 2014, 34(1): 60-66.

[3] 冯伟, 戴书学, 李凯凯. 工厂法预制沉管钢筋笼变形控制[J]. 中国港湾建设, 2015, 35(7): 14-17.

工厂法预制沉管控裂技术*

刘　然，王　李，范卓凡

（中交二航局第二工程有限公司，重庆）

摘　要：港珠澳大桥岛隧工程沉管预制具有高强度等级、大断面、大体积的特点，混凝土裂缝控制是确保沉管隧道耐久性的关键。为达到沉管隧道的控裂要求，研究适合港珠澳大桥沉管隧道特点的混凝土控裂技术体系显得尤为重要。本文针对工厂法预制沉管控裂技术研究进行阐述，研究结果可为其他类似工程施工提供借鉴。

关键词：沉管隧道；工厂法；预制；控裂

1　工　程　概　况

随着世界范围内外海工程项目越来越多，为解决外海施工中恶劣气象条件对施工安全、质量带来的巨大风险，加快建设速度，大型化、工厂化、标准化、装配化施工理念得到越来越广泛的推广，预制沉管施工亦日趋普及。港珠澳大桥沉管混凝土结构体积大，截面复杂，导致结构自约束大，在温度形变作用下，混凝土极易出现裂缝；在长期水压条件下，表面裂缝可能连通、延伸，成为渗水通道，导致其自身抗渗能力降低，加速氯盐侵蚀；同时，沉管混凝土结构长期埋置于水下，结构无法修复，一旦出现腐蚀将极大影响结构使用寿命。因此，管节混凝土裂缝控制是确保港珠澳大桥沉管隧道耐久性的关键。

港珠澳大桥沉管采用工厂法全断面浇筑工艺[1]，28 d 强度等级为 C45，56 d 强度等级为 C50，单节段（22.5 m）混凝土方量约 3413 m³，其设计使用寿命 120 年，抗渗要求高，无外包防水，工程区域常年气温高，湿度变化大，混凝土入模温度控制、控裂及养护措施等面临前所未有的挑战。

2　控裂总体思路

为了做好预制沉管混凝土裂缝控制，根据沉管混凝土的环境条件、结构特点及混凝

---

* 本文曾刊登于《中国港湾建设》2015 年第 7 期。

土性能，主要从沉管混凝土配合比及入模温度两方面进行控制。

3 混凝土配合比控制

3.1 混凝土配合比要求

根据预制沉管的结构特点，为了满足预制沉管的施工要求，对混凝土的工作性能提出了要求，同时为满足沉管结构 120 年使用寿命的要求，对混凝土的强度、氯离子扩散系数、抗渗等级等耐久性指标提出了相应的要求。沉管采用工厂法预制，顶推工艺要求混凝土 3 d 具有一定的抗压和抗拉能力，以满足沉管施工的要求。沉管混凝土的配制要求如表 1 所示。

表 1　沉管混凝土的配制要求

强度等级/MPa		氯离子扩散系数 /($\times 10^{-12}\,\mathrm{m^2 \cdot s^{-1}}$)		抗渗等级	绝热温升/℃	硬化容重 /(kg·m⁻³)	坍落度/mm	初凝时间/h	含气量/%
28 d	56 d	28 d	56 d	28 d	7 d				
C45	C50	≤6.5	≤4.5	＞P12	＜45	2440±30	200±20	10～15	2.0±0.5

3.2 混凝土配制原则

根据沉管混凝土的配制要求，混凝土的配制遵循"抗渗性、抗裂性、工作性能并重，混凝土各项性能均衡发展"的原则。管节混凝土配合比设计主要采用以下技术方案。

1）低水泥用量：在满足混凝土工作性能和强度条件下尽量减小水泥用量，提高混凝土体积稳定性和抗裂性。

2）最大堆积密度：优化混凝土中骨料的级配设计，获取最大堆积密度和最小空隙率，以尽可能减少水泥浆的用量，提高混凝土体积稳定性。

3）水胶比（w/b）适当：在一定范围内混凝土抗压强度与其拌和物的水胶比成反比，减小水胶比，混凝土抗压强度和体积稳定性提高。但为保证混凝土的抗裂性，水胶比应适当，过小的水胶比易导致混凝土自生收缩增大。

4）大掺量矿物掺和料：采用大掺量粉煤灰与矿粉混掺，降低水泥用量，发挥粉煤灰与矿粉的超叠效应，降低混凝土的水化热温升，减小收缩，同时提高混凝土抗裂性和耐久性。

5）矿物掺和料与高效减水剂双掺：充分发挥矿物掺和料与高效减水剂的叠加效应，达到减少水泥用量和用水量、密实混凝土内部结构的目的，使混凝土强度持续发展，耐久性得以改善。

3.3 混凝土配合比确定

根据不同水胶比、不同胶凝材料用量、不同掺和料比例、不同坍落度对混凝土性能影响规律比较，在大量试验和模型试验验证的基础上，优选出用于现场沉管混凝土的配合比见表2，推荐配合比性能见表3。

表2 沉管混凝土推荐配合比

胶材用量 /(kg·m⁻³)	水胶比	水泥 /(kg·m⁻³)	粉煤灰 /(kg·m⁻³)	矿粉 /(kg·m⁻³)	河砂 /(kg·m⁻³)	大石 /(kg·m⁻³)	小石 /(kg·m⁻³)	减水剂 /(kg·m⁻³)	备注
420	0.34	189	105	126	780	730	313	4.2	高温季节常温季节
440	0.34	189	120	131	727	738	316	4.4	低温季节

注：碎石采用 5~20 mm 两级配碎石（5~10 mm：10~20 mm=3：7）。

表3 推荐配合比性能

配合比	坍落度(1 h 后坍落度)/mm	含气量/%	抗压强度/MPa			劈拉强度/MPa			绝热温升/℃	28 d 干缩με	氯离子扩散 /(×10⁻¹² m²·s⁻¹)	
			3 d	28 d	56 d	3 d	28 d	56 d			28 d	56 d
高温及常温季节	200（190）	2.0	28.7	57.2	64.6	2.65	4.41	4.95	42.4	288	4.4	2.7
低温季节	200（190）	2.3	30.2	59.4	67.5	2.82	4.52	5.02	44.5	292	4.2	2.4

4 温度控制

4.1 温控方向

根据港珠澳大桥沉管预制温度控制要求，分别从原材料温度、浇筑温度、水化热温升及养护温湿度4个方面进行控制[2]。

4.2 原材料温度控制

针对预制沉管的温控标准，研究提出水泥、粉煤灰、矿粉、骨料等原材料的温度控制指标和措施，见表4。

表4 原材料温度控制指标和措施

材料	温度控制指标/℃	温度控制措施
水泥	≤55	水泥出厂≤70℃，船运上岛转入中间仓，使用温度≤55℃
矿粉	≤45	出厂温度≤50℃，中间仓储存倒运使用温度≤45℃
粉煤灰	≤45	出厂温度≤50℃，中间仓储存倒运使用温度≤45℃
砂	≤30	材料提前进场，入库储存，料场搭棚遮阳

续表

材料	温度控制指标/℃	温度控制措施
石	≤30	材料提前进场、入库储存，料场搭棚遮阳，必要时洒水降温
水	≤5	2 台 5 t/h 的制冷机组制取冷水
外加剂	≤30	材料入库储存，现场储罐刷白

4.2.1 粉料温度控制

1）严格按照要求控制粉料的出厂温度，进场后由试验室进行检测，符合要求后投入使用。

2）设置中间仓储存倒运，延长粉料降温时间。严格控制粉料转运程序，符合控制温度后倒运至搅拌站，禁止粉料直接入搅拌站。

3）搅拌站罐体及中间仓刷白处理，并在罐体周围设喷水系统，安装 CC 扇形可调角度喷嘴喷淋，喷嘴喷雾角度 120°，喷嘴安装角度与罐体成 20°，每个罐安装 32 个喷嘴，共 32×6＝192 个喷嘴，支管（喷嘴）固定在栏杆最低处，主管沿罐体爬梯向上布置，避免阳光直照罐体造成温升。

4.2.2 骨料温度控制

1）设置砂石料料棚，防止阳光直晒。

2）在料棚顶设喷水雾系统，降低料棚内环境温度；沿料场顶棚牵拉钢丝绳，安装喷雾供水设备，进行双向高压喷雾。

3）在砂石料上料斜皮带廊道和称量仓底部通冷风，控制砂石料在上料过程中的温升，见图 1。

图 1　上料皮带温控

4.3　浇筑温度控制

降低混凝土的浇筑温度是控制混凝土裂缝的重要方面。浇筑温度控制以原材料温度控制为重点，以片冰和制冷水拌和混凝土为保证。浇筑温度控制流程见图 2。

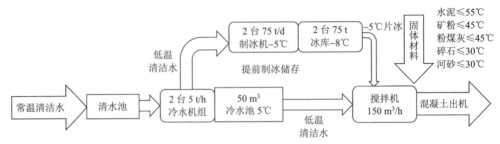

图 2   浇筑温度控制流程

按照热平衡原理估算浇筑温度，反推制冷水和片冰的需求。制冷水全年需要加冰量依据环境温度和浇筑温度要求变化，估算高温季节加冰量 30～60 kg/m³，常温季节加冰量 10～40 kg/m³，低温季节加冰量 0～25 kg/m³，每月根据月平均温度预估加冰量，用以指导混凝土生产计划。

每次混凝土浇筑前，制冷水水温控制在 5℃，浇筑前提前制取存于地下保温水池；片冰温度控制在-5℃，提前 1 d 制冰储存于冰库，冰库温度保持-8℃，防止片冰局部融化结团。片冰厚度 2 mm 左右，搅拌时能快速融化，片冰与骨料混合搅拌，提高冷却效果。

4.4   水化热温升控制

混凝土水化热温升与胶凝材料总量和水化放热速度有关，因此，水化热温升的控制需要注意以下几方面。

4.4.1   严格控制混凝土配合比

加强混凝土用水量和砂、石含水率的控制，现场不得随意增加胶材用量。

4.4.2   防止运输过程混凝土温度上升

1）在混凝土运输罐车罐体外加吸水帆布并淋水，以降低罐体在阳光照射下的温升；控制运输过程中罐体转速。

2）混凝土输送拖泵集中布置，在顶部设置遮雨遮阳棚，向遮阳棚顶面洒水降温。

3）混凝土输送泵管定位固定，采用定型吸水海绵包裹，防止阳光暴晒；施工过程中向泵管包裹材料淋水，降低混凝土输送摩擦温升。

4.5   养护温湿度控制

混凝土养护包括湿度和温度两个方面。根据季节不同采取保温和散热的综合措施[3-5]，保证混凝土内表温差及气温与混凝土表面的温差在控制范围内。采用自动喷雾养护棚保证环境湿度在控制范围以内，见图 3。

图 3 自动喷雾控制

1）浇筑区采用仓面喷雾，降低环境温度。

2）浇筑后所有裸露面覆盖土工布保温，并保持湿润。

3）拆模后进入养护棚喷雾养护，控制养护区相对湿度大于 90%。

4）通过调整喷雾水温度，控制内表温差≤25℃。

5）养护水温度与混凝土表面温度差≤15℃。

6）出棚后覆盖保湿养护。

7）预制沉管潮湿养护时间不少于 14 d。

5 结 语

目前，港珠澳大桥沉管隧道已完成 80 多个节段的预制工作，通过对混凝土配合比及沉管温度两方面的严格控制，沉管混凝土未发生开裂现象。同时，通过对工厂法预制沉管控裂技术的研究，形成了适合港珠澳大桥工程特点的控裂技术体系，为确保沉管管节耐久性、实现 120 年使用寿命提供了有力的保障。

参 考 文 献

[1] 李惠明，梁杰忠，董政. 沉管预制混凝土施工工艺比选[J]. 中国港湾建设，2013，(4)：57-62.

[2] 杨绍斌，苏怀平，张洪. 大体积混凝土入模温度控制研究[J]. 中国港湾建设，2013，(4)：38-41.

[3] 刘梅斌. 广州珠江隧道沉管混凝土的防裂技术[J]. 施工技术，1997，26(5)：26-27.

[4] 杨光宇，范雪莲. 混凝土结构的裂缝控制[J]. 工业建筑，2011，(S1)：934-935, 956.

[5] 张伟. 大体积混凝土温度场模拟分析及防裂关键技术研究[D]. 武汉：湖北工业大学，2008.

港珠澳大桥超大断面隧道混凝土
裂缝控制技术[*]

刘可心 [1,2]，吴　柯 [1,2]，刘豪雨 [1,2]

（1. 中交武汉港湾工程设计研究院有限公司，武汉；2. 海工结构新材料及维护加固技术湖北省重点实验室，武汉）

摘　要：港珠澳大桥岛隧工程超大断面隧道混凝土包括预制沉管混凝土和人工岛现浇隧道混凝土，具有强度高、结构尺寸大、服役环境恶劣、控裂要求高且难度大等特点。其中预制沉管采用工厂法预制，全断面浇筑，采取片冰和制冷水拌和混凝土、喷雾养护等温控措施；人工岛隧道混凝土现场浇筑，采取合理分段分层、冷却水管、补偿收缩混凝土等温控措施。从施工现场情况来看，均未出现有害温度裂缝，温控效果良好，达到了预期的温控目标。

关键词：超大断面；预制沉管；现浇结构；人工岛；温度裂缝；控制技术；补偿收缩

港珠澳大桥是当今世界上规模最大、标准最高、技术最复杂的桥-岛-隧一体化的集群工程，全长 35.6 km。其主体岛隧工程共分为东西人工岛岛体及岛上建筑、东西人工岛非通航孔桥、海中预制沉管隧道、岛上现浇隧道等部分。隧道沉管段长约 5.664 km，东西人工岛隧道大约为 625 m，岛上的暗埋段长约 163 m，敞开段长约 398 m，隧道总长约 6.75 km。隧道混凝土强度等级为 C45，结构复杂，浇筑方量大，属于超大断面隧道混凝土结构。为确保港珠澳大桥主体工程的使用寿命，必须采用有效温控措施控制超大断面混凝土裂缝的产生[1,2]。

港珠澳大桥沉管隧道和人工岛暗埋段隧道具有如下共同特点[3]：①混凝土设计强度高。混凝土强度等级为 C45，混凝土胶凝材料用量较多，水化温升高，混凝土开裂风险大。②结构复杂，尺寸庞大。采用双孔单廊道结构设计，其中大体积混凝土控裂难度高。③混凝土方量大。沉管单次浇筑方量为 3420 m³，暗埋段、敞开段混凝土单次浇筑方量为 1000 m³。④结构壁厚。沉管侧壁及人工岛暗埋段、敞开段侧壁壁厚均大于 1 m，为大体积混凝土结构，内部热量难以散发，内部温度较高，内外温差较大，混凝土内表温差较大。⑤孤岛施工，施工条件限制。沉管预制厂位于桂山岛，岛上隧道分别在东西人工岛现场浇筑，施工浇筑场地有限，水电资源缺乏，施工控制难度大。

---

[*] 本文曾刊登于《水运工程》2015 年第 8 期。

1 裂缝控制整体思路

1.1 沉管预制控制思路

沉管隧道采用工厂化预制。为减小外部约束，提高结果的整体性，采用全断面浇筑，内部不埋设冷却水管（图1）。在优选原材料、优化配合比设计基础上，采用降低原材料温度，并结合冷却水+碎冰的方式控制沉管混凝土的浇筑温度；利用工厂化预制厂房相对封闭的环境，开发自动养护系统，根据监控结果调节养护的湿度和温度，确保构件能得到充分养护，降低开裂的风险[4,5]。

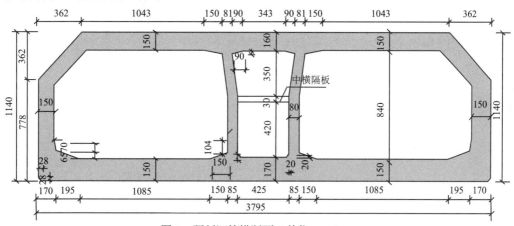

图1 预制沉管横断面（单位：cm）

1.2 岛上隧道控制思路

人工岛隧道采用现场浇筑。由于岛上水电资源均较为匮乏，施工作业空间十分有限（图2）。

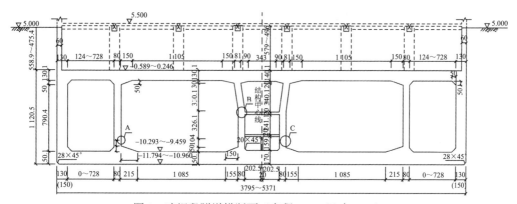

图2 暗埋段隧道横断面（高程：m，尺寸：cm）

受现场浇筑供应、模板等条件的限制，一次浇筑成型难以实现，根据构件结构设计合理的分层。人工岛暗埋段分为 3 次浇筑施工，即第 1 次浇筑底板整体和部分高度侧墙，第 2 次浇筑中隔墙和两道侧墙，第 3 次浇筑剩余顶板部分。通过合理的分层，选择合适的分层面，避开关键截面，能有效减小约束，同时缩短浇筑间隔时间，减少上下层收缩差，降低收缩应力。同时在采用骨料遮阳、碎冰拌和等措施的基础上，采用布置加密冷却水管、使用补偿收缩混凝土等方式，降低混凝土内部温度，减小上下层的收缩差，从而控制构件裂缝的产生。

2　混凝土配制

港珠澳大桥岛隧工程的结构特点决定了沉管和岛上隧道都是是一个超大断面、钢筋密集的复杂箱形结构。要求混凝土具有良好的工作性能、高抗裂、低渗透和耐久性。

2.1　原　材　料

①水泥：采用华润平南 PⅡ42.5 硅酸盐水泥；②粉煤灰：采用谏壁Ⅰ级和Ⅱ级粉煤灰；③矿粉：采用首钢盾石牌 S95 级矿粉；④碎石：5～20 mm（5～10 mm 碎石与 10～20 mm 碎石的质量比为 3∶7）连续级配花岗岩碎石；⑤河砂：采用西江上游（梧州段）Ⅱ级配区要求的中粗砂（细度模数 2.5～3.0）；⑥外加剂：采用江苏苏博特聚羧酸盐高性能减水剂（减水率不低于 25%）。

2.2　混凝土配合比设计

依据预制沉管混凝土的配制要求，在兼顾混凝土工作性能、耐久性等性能的基础上配制低热、低收缩的海工高性能混凝土[6]。采用水泥-粉煤灰-矿粉三元胶凝材料体系，通过大掺量粉煤灰、矿粉，在改善混凝土工作性能的同时，降低混凝土的温升。通过综合性能对比，结合混凝土温度应力测试试验、现场小尺寸模型试验及足尺模型试验，优选出满足力学性能、耐久性要求，并具有良好抗裂性及外观的沉管施工用混凝土[7]。人工岛暗埋段、敞开段配合比在沉管混凝土基础上进行。在此基础上优化混凝土胶凝材料用量、复掺比例、水胶比、砂率等。混凝土配合比见表 1。

表 1　混凝土配合比　　　　　　（单位：kg/m³）

部位	水泥	粉煤灰	矿粉	碎石(大)	碎石(小)	砂	水	减水剂
沉管	189	105	126	733	314	775	147	4.20
暗埋段	189	105	126	812	270	752	143	3.36

同时还进行了补偿收缩混凝土试验，即选择合适的膨胀种类和掺量，使混凝土内膨胀适当补偿混凝土自身收缩和化学收缩，减少收缩差。由混凝土的长期收缩测试结果可知，室内自然条件下暗埋段隧道混凝土 68 d 的收缩率为 279×10^{-6}，采取有效的养护措施收缩大幅度率降低，为 152×10^{-6}，掺加膨胀剂的隧道混凝土自然条件和洒水养护收缩率分别降低为 195×10^{-6} 和 73×10^{-6}。综合分析，合理地养护和掺加膨胀剂均可大幅度降低混凝土的收缩率，进而降低暗埋段隧道混凝土开裂的风险和裂缝程度。

3 温控措施

3.1 原材料温度控制

3.1.1 粉料温度控制

沉管混凝土及岛上隧道混凝土粉料温度控制措施基本相同，主要包括以下几点：①严格按照合同要求控制粉料的出厂温度，进场粉料需在实验室进行检测符合要求后才能上料；②搅拌站罐体及中间仓刷白处理，并在罐体周围设喷水系统。

3.1.2 骨料温度控制

沉管混凝土及岛上隧道混凝土都设置了砂石料料棚，防止阳光直晒。使用遮阳棚能保证骨料温度低于环境温度 2℃。沉管预制厂还在料棚顶设喷水雾系统，降低料棚内环境温度。同时搅拌站砂石上料皮带封闭通冷风降温，见图 3。

图 3　上料机皮带通冷风

3.2 混凝土浇筑温度控制

降低混凝土的浇筑温度对控制混凝土裂缝非常重要。相同混凝土，浇筑温度高的温升值要比浇筑温度低的大许多。桂山岛浇筑温度控制主要以原材料温度控制为重点，以片冰和制冷水拌和混凝土为保证。人工岛现浇隧道则主要依靠安装冷却水管措施。

3.2.1 制冷水拌和

低温冷水拌和降温是最为经济、便捷和节能的降温方法[8]。桂山沉管预制场采用的是冷水机制冷，制冷水能力为 10 t/h，24 h 能够生产 240 t 冷水，同时还配备冷水池 2 个，尺寸为 7 m×3.5 m×2.5 m，能够储存冷水 60 t/个，共 120 t。

3.2.2 片冰拌和

以冰代水，利用冰融化为水的相变潜热降温，是目前混凝土预冷工程的有效措施，在许多工程中都得到了应用[8]。1 kg 片冰融化为水，大约需要吸收 335 kJ 热量，考虑搅拌过程中的冷量损失，根据工程经验，每加入 10 kg 的冰至少可使 1 m³ 新拌混凝土降低 1℃，通常高温季节可考虑加冰量 30～60 kg/m³。桂山沉管预制场冰机制冰能力为 3 t/h，配备冰库扒冰系统和空调系统。

3.2.3 碎冰拌和

东西人工岛采用碎冰拌和混凝土。采购成品块冰，使用碎冰机进行破碎后，通过皮带机和砂石一起进入搅拌机。碎冰投放量为 30 k/m³，单个拌和楼用冰量约为 600 kg/h。不锈钢碎冰机具体性能为：长×宽×高=950 mm×500 mm×1150 mm，机电配制 380 V/4 kW，碎冰质量 25 kg，产量 3～5 t/h。

3.3 冷却水管布置

为减小外部约束、提高结构的整体性，沉管混凝土采用全断面浇筑，内部不埋设冷却水管。

岛上隧道底板、侧墙均布设冷却水管，水管水平间距为 80 cm，垂直管间距为 80 cm，单套水管长度不大于 200 m。同时为了减少墙体上下层混凝土由于混凝土浇筑龄期差引起混凝土裂缝，经过计算，在外墙下部靠近施工缝部位 3 m 范围内加密布置 30 cm 间距的冷却水管来减小混凝土因降温引起的收缩，从而达到防裂的效果。

3.4 混凝土养护

沉管混凝土利用工厂化预制厂房相对封闭的环境，开发自动养护系统，混凝土浇筑完毕后，对混凝土进行覆盖土工布洒水保温保湿。对拆模后的管节使用养护棚进行养护。图 4 为养护系统，图 5 为养护工艺。

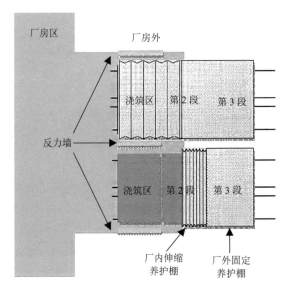

图 4　养护系统

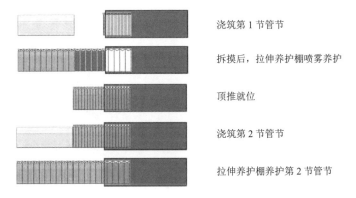

图 5　养护工艺

经过现场认证，喷雾后湿度基本达到 90% 以上，满足预制沉管养护要求。

岛上隧道混凝土主要采取带模养护，延长拆模时间。拆模后，包裹土工布进行保湿养护的方式进行养护。

4　温控效果

沉管预制严格按温控措施的要求进行，温控措施实施情况较好。监测混凝土浇筑温度、最高温度、内表温差等都得到了较好的控制，从现场观测结果来看，目前还未发现有害裂缝。人工岛现浇隧道结构由于现场施工条件限制，先期出现墙体开裂问题，后期通过综合采用加密冷却水管、补偿收缩混凝土措施，开裂问题也得到了有效控制。

5　结　　论

　　港珠澳大桥超大断面混凝土强度高、结构尺寸大，工程区域气候炎热、腐蚀环境恶劣，控裂要求高、难度大。根据现场条件和施工工况，设计合适的养护措施，现场结果表明，港珠澳大桥岛隧工程超大断面隧道混凝土未出现有害裂缝，控裂效果良好。施工经验如下：①优选原材料、优化配合比是混凝土温控的基础，通过大掺量矿粉和粉煤灰，降低水泥用量，降低收缩和水化热，降低混凝土开裂的风险。②预制构件，宜采用全断面浇筑，能有效保证混凝土的整体性，减小混凝土内部约束。③现浇构件，需要对分层面进行合理的划分，避开关键截面，减小混凝土底部约束，同时应尽量缩短上下层混凝土浇筑间隔时间，控制上下层混凝土收缩差。④港珠澳大桥岛隧工程超大断面隧道混凝土结构裂缝控制，针对预制沉管、岛上现浇隧道等分别设计合理的温控措施，有效控制混凝土有害裂缝的产生，对类似工程具有参考意义。

参 考 文 献

[1]　孟凡超，刘晓东，徐国平. 港珠澳大桥主体工程总体设计[C]∥中国土木工程学会桥梁及结构分会. 第十九届全国桥梁学术会议论文集（上册）. 北京：人民交通出版社，2010.

[2]　刘晓东. 港珠澳大桥总体设计与技术挑战[C]∥中国海洋工程学会. 第十五届中国海洋（岸）工程学术讨论会论文集. 北京：海洋出版社，2011.

[3]　李英，陈越. 港珠澳大桥岛隧工程的意义及技术难点[J]. 工程力学，2011，28(S2)：67-77.

[4]　朱伯芳. 大体积混凝土温度应力与温度控制[M]. 北京：中国电力出版社，1999.

[5]　李进辉，李阳，刘可心，等. 超大断面预制沉管混凝土裂缝控制技术[J]. 混凝土，2014，(4)：146-151.

[6]　李超，王胜年，王迎飞，等. 港珠澳大桥全断面浇筑沉管裂缝控制技术[J]. 施工技术，2012，41(22)：5-8.

[7]　覃维祖. 混凝土的收缩、开裂及其评价与防治[J]. 混凝土，2001，(7)：3-7.

[8]　翁定伯. 大体积混凝土预冷技术[M]. 北京：中国电力出版社，2012.

超深埋海底沉管隧道接头防水技术

陈伟龙 [1]，董洪静 [1,2]，胡汉卿 [1]

（1. 中交四航局第二工程有限公司，广州；2. 河海大学，南京）

摘　要：结构防水是海底沉管隧道建设中的关键技术，节段自防水、节段外防水和接头防水技术的综合运用，能增强沉管隧道的防水效果和使用寿命，它们组成了沉管隧道严密的防水体系，保证沉管隧道具有良好的防水性能。本文结合港珠澳大桥岛隧工程沉管隧道施工实例，简单介绍了沉管隧道中埋式可注浆止水带、OMEGA 止水带、GINA 止水带及节段接头的聚脲防水涂层的止水原理及施工过程中的主要技术和经验。

关键词：沉管隧道；接头；防水

0 引　言

随着沉管隧道设计施工技术的快速发展，沉管隧道设计标准不断提高，特别是超长距离的海底隧道断面面向大型化发展，安装水深也不断增加，对沉管隧道的止水要求也越来越高。本文将结合港珠澳大桥岛隧工程沉管隧道，探讨海底沉管隧道的结构止水原理及施工过程中的技术和经验。

1 工 程 概 况

港珠澳大桥沉管隧道，长 5.664 km，是迄今为止世界上规模最大、综合难度最高的海上沉管岛隧工程，最大水下深度达 44.5 m。

沉管隧道由 33 个管节组成，其中直线段管节 28 个，曲线段管节 5 个，曲率半径为 5500 m。单个标准管节长 180 m，由 8 个长 22.5 m 的节段组成。管节宽 37.95 m，高 11.4 m，底板、顶板和侧墙厚 1.50 m，中墙厚 0.80 m，采用两孔一管廊布置[1]。沉管如图 1 所示。

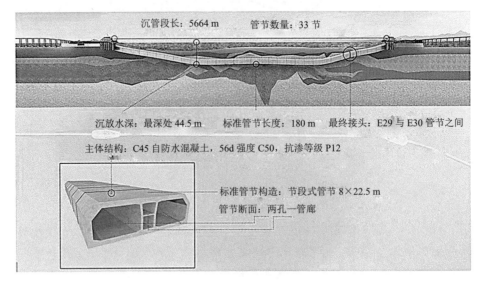

图 1　沉管示意图

2　止水原理

沉管设计使用寿命 120 年，长埋水下Ⅲ类海盐环境，为保证沉管混凝土自防水性能，沉管预制使用 C45 高强混凝土，抗渗等级为 P12，采用全断面一次性浇筑工艺，避免设置施工缝，有效控制混凝土裂缝，达到混凝土抗渗要求。

中埋式可注浆止水带（简称中埋式止水带）位于两个节段之间，并同时伸入相邻两节段混凝土中，封闭成环形布置。止水带由橡胶、海绵橡胶及钢板构成，两端有锥形突起，当被浇筑在混凝土中后，这些突起部分如同螺栓一样嵌固于混凝土中，止水带受拉使得突起部分与混凝土的接触部分更加紧密，封闭了渗水通道。钢板固定止水带且增加了止水带面积。钢板边缘设置通长海绵条，每隔 4 m 设置空心钢管与海绵条连接，后期通过钢管向海绵条注入环氧树脂，压缩海绵条形成注浆通道，填充止水带与混凝土空隙，进一步形成止水效果[2]。中埋式止水带构造如图 2 所示。

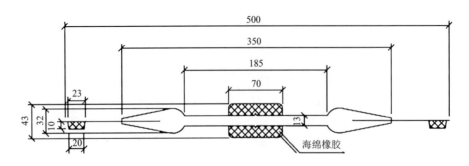

图 2　中埋式止水带构造图（单位：mm）

OMEGA 止水带采用丁苯橡胶材质，管节接头和节段接头设置不同尺寸的 OMEGA 止水带，管节接头 OMEGA 止水带安装在两个管节之间端钢壳上，节段接头的 OMEGA 止水带安装在两个节段之间止水带预埋件上。止水带沿节段四周分布，分块安装压板，采用螺栓紧固压板，使止水带紧贴预埋件及端钢壳，起到止水效果。节段接头防水构造如图 3 所示。

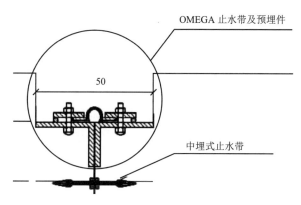

图 3　节段接头防水构造图（单位：mm）

GINA 止水带材质为天然橡胶，安装在管节端面的 A 型端钢壳上，采用螺栓压板夹紧其两侧翼缘固定。管节在海底沉放对接时，用拉合千斤顶将夹在两个管节之间的 GINA 止水带鼻尖部位压缩，达到初步止水。然后将两管节间端封门组成的临时水仓中的水排入沉管内，此时因临时水仓内的水与沉管外部的水分开，随着临时水仓内的水不断减少，临时水仓内的水压也随之下降，而沉管另一端承受巨大的水压力，因而推动沉管向已安装好的沉管断面接近，从而压缩 GINA 止水带，使其受压产生变形，做到完全止水，后期再进行管间 OMEGA 止水带安装。管节接头防水构造如图 4 所示。

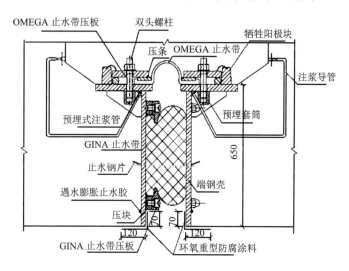

图 4　管节接头防水构造图

喷涂聚脲是由异氰酸酯组分（A 组分）和端氨基化合物组分（B 组分）通过专用喷涂设备快速混合反应形成的弹性涂层。作为节段接头防水的第一道防线，聚脲防水涂层沿节段接头处最外层整圈喷涂，喷涂聚脲抗冲磨性能好、耐老化，与基础混凝土黏结强度大，材料反应速度快，施工速度快等特点，具有良好的防渗透效果[3]。

3　施　工　工　艺

3.1　中埋式止水带施工

中埋式止水带单圈长 88.258 m，卷曲在一个特制的转盘内，采用桥式起重机吊装。安装完成后，需首尾接驳形成环状，并安装注浆管。为了方便止水带的接驳，止水带接头接驳位置选在顶板剪力键位置处。

1）止水带吊至管顶靠近倒角位置，转动转盘，将止水带从转盘内拉出，沿倒角缓慢地向下拉至底板。

2）止水带拉至底板的另一侧，将止水带从转盘内拉出，拉出足够长度，并将止水带稍稍拉直。

3）将止水带沿侧墙向上拉至靠近该侧上倒角的剪力键位置处，移动吊车，将转盘移动至另一侧剪力键位置完成止水带最后一段的安装。

4）将多余长度止水带截除，并对接头部位进行硫化接驳。

5）按照 4 m 间距安装注浆管，并对注浆管进行保护。

3.2　OMEGA 止水带施工

节段接头和管节接头的 OMEGA 止水带施工相类似，止水带安装前需要对预埋件及端钢壳表面进行全面清理及修复，保证表面干燥。

1）对止水带进行摊铺检查，将双头螺杆拧入螺栓孔内。

2）将 OMEGA 止水带整条拉出后，测量止水带各边的长度，然后用白粉笔将每边的 1/2、1/4、1/8、1/16 位置划上标记，并在节段接头部位划上相应标记，以便快速定位。

3）对止水带接头部位进行硫化接驳，使用压板将顶部两侧倒角位置和中间部位止水带压紧固定，根据止水带与节段接头部位标记，依次完成压板及螺栓安装。

4）使用电动扳手对压板螺栓进行反复紧固，使止水带与预埋件钢板紧贴，并进行螺栓扭力检测。

5）通过检漏水管向止水带内压水，达到设计压力值进行保压，检查压板螺栓是否紧固及止水带止水效果。

3.3　GINA 止水带施工

GINA 止水带的安装质量不仅影响的沉管海底对接，更关系着整个海底隧道的结构安全。GINA 止水带安装如图 5 所示。止水带体积较大，安装时需要使用特殊吊架；且止水带由较多段组合而成，安装前专业工程师需要进行全面检查。

1）将止水带转运至安装现场，并摊铺在土工布上。

2）在止水带上和端钢壳上分段做出相应标记，使用吊带和手拉葫芦按照 1.5 m 间距将止水带吊挂在吊架上。

3）通过手拉葫芦将止水带调至水平状态，并吊至端钢壳前方。

4）安装调节螺栓，通过压板将止水带推至端钢壳表面，安装压板紧固螺栓，使用电动扳手反复进行紧固，并进行扭力检测。

图 5　GINA 止水带安装图

3.4　喷涂聚脲防水层施工

聚脲防水层使用专业设备喷涂在节段接头外侧，底板及侧墙喷涂宽度为 2.4 m，顶板及上倒角处为 2.6 m、，聚脲防水层基本厚度为 2 mm，节段接头两侧各 15 cm 位置加厚为 4 mm。聚脲喷涂如图 6 所示。

1）使用打磨机对节段接缝处进行基底处理，除去混凝土表面浮浆、灰尘、油污等。

2）采用环氧材料（Qtech-112 底涂）对聚脲喷涂范围进行涂刷。

3）人工刮涂腻子，将基层表面不平整部位进行找平。

4）基层处理硬化干燥后，将隔离膜均匀粘贴于管节接缝处，并进行二次底涂。

5）使用喷涂设备按照顶板、侧墙、底板的顺序依次进行喷涂。

6）通过超声涂层测厚仪和黏结强度检测仪对涂层厚度和抗拔强度进行检测。

7）为避免后续工序对顶板喷涂聚脲防水层造成破坏，在顶板位置浇筑细石混凝土保护层。

图 6　聚脲喷涂示意图

4　施工注意事项

止水带安装前保证安装槽内无突出、尖锐物体，防止损伤止水带。

1）为确保中埋式止水带的止水效果及可变性量，止水带固定时，必须保证止水带中心在接头中心位置。

2）为确保混凝土浇筑过程中中埋式止水带下方气泡可以顺利排出，需使用铁丝将止水带两边提起 15°～20°。

3）中埋式止水带注浆管在混凝土初凝后，及时将芯棒拔出，防止芯棒生锈或浆液进入硬化导致注浆管失效。

4）OMEGA 止水带和 GINA 止水带安装前需对预埋件及端钢壳安装面进行平整度检测，保证止水带可以紧贴。

5）GINA 止水带吊装时需要使用橡胶块对止水带鼻尖进行保护，避免损伤鼻尖，影响止水效果。

6）GINA 止水带安装时考虑橡胶材质的可变性量，应按照底板、侧墙、上倒角、顶板的安装顺序进行压板安装，防止出现止水带过度拉伸，影响止水带安装。

7）沉管在深坞区内临时寄放时，潜水员需定期对 GINA 止水带进行探摸清理，防止海生物长时间附着。

8）聚脲防水层隔离膜粘贴时，用毛巾擦拭隔离膜表面，保证与沉管表面无气泡无空隙，贴紧沉管混凝土表面。

9）聚脲喷涂需在干燥、温暖环境中，相对湿度在 85%以下，保证基层面干燥。

10）聚脲涂层的喷涂间隔应小于 6 h，如超过 6 h，应打磨已施工涂层表面，重新涂刷底涂，干燥后再喷涂聚脲涂层。

5 结　语

目前，港珠澳大桥岛隧工程海底隧道已完成 27 节管节的安装，整体防水效果良好。GINA 止水带、OMEGA 止水带、中埋式止水带及喷涂聚脲防水层组成了沉管隧道中一道道至关重要的防水线，为了确保海底沉管隧道具有良好的防水性能，达到接头防水的目的，施工过程中必须严格按照各项规范要求施工，加强各工序施工质量控制，确保沉管隧道的安全可靠。

参 考 文 献

[1]　中交股份联合体港珠澳大桥岛隧工程第Ⅲ工区一分区项目经理部. 港珠澳大桥沉管预制施工组织设计[Z]. 珠海: 中交股份联合体港珠澳大桥岛隧工程第Ⅲ工区一分区项目经理部, 2012.

[2]　陆明, 陈鸿.超深埋海底沉管隧道接头防水设计探讨[J]. 中国建筑防水, 2012, (8): 17-21.

[3]　罗华平. 聚脲防水涂料在大型沉管管段上的应用[J]. 铁道标准设计, 2012, (10): 73-76.

预制沉管接头注浆施工技术与质量控制*

冯　伟，杨　红，李凯凯

（中交二航局第二工程有限公司，重庆）

摘　要： 港珠澳大桥沉管隧道是世界范围内最长、埋置最深、规模最大的海底公路沉管隧道，隧道结构为半刚性节段式沉管，设计使用寿命120年，管节止水控制是确保港珠澳大桥预制沉管使用寿命的关键技术，其中注浆管安装与注浆是管节止水的最主要措施。本文对注浆管安装和注浆工艺等进行详细阐述。目前止水效果良好。

关键词： 沉管止水；中埋式止水带；注浆管

1　工　程　概　况

港珠澳大桥沉管隧道总长度5664 m，由33个管节组成，其中直线段管节28个，曲线段管节 5 个，曲率半径 5500 m，标准管节长 180 m，分 8 个小节段预制，每节段长 22.5 m，管节截面宽 37.95 m，高 11.4 m，每个节段接头及管节接头安装注浆管注浆，提高沉管水密性。

2　工　程　特　点

接头注浆作为确保沉管水密性的重要措施，注浆的质量将直接影响沉管的使用年限，对作业人员进行注浆管安装与注浆技能培训，严格要求，经常检查改进，以达到控制注浆管安装与注浆质量的目的。沉管注浆管安装与注浆具有如下显著特点：

1）沉管管节接头和节段接头较多[1]，注浆管安装及注浆工程量大。

2）由于节段接头中埋式止水带注浆管安装[2]必须在钢筋笼匹配完成后进行，作业人员在钢筋笼内部作业，钢筋密集、作业面狭窄，注浆管安装困难。

3）注浆管安装质量将直接影响注浆质量，所以每一根注浆管都必须确保安装质量，在施工中交叉作业注浆管容易遭到损坏，保护难度大。

＊本文曾刊登于《中国港湾建设》2015 年第 11 期。

4）注浆必须饱满，注浆过程中必须达到相应的压力值并保压相应的时间，且保证出浆口顺利流出浆液。

3　注浆管构造设计

本工程具体包括中埋式止水带注浆管安装与注浆，OMEGA 预埋件、端钢壳、外侧牛腿预埋件预埋式全断面注浆管安装与注浆等。中埋式止水带、OMEGA 预埋件、端钢壳及外侧牛腿预埋件注浆能够有效改善沉管管节端头及节段端头的混凝土密实性，提高沉管防水能力。

3.1　中埋式止水带注浆管

中埋式止水带注浆管的材质为 Q235B，由注浆管、进浆口钢罩、吊环螺钉、橡胶止水环等组成。注浆管外径 $\phi16$ mm，内径 $\phi9$ mm，吊环螺钉长度根据注浆管的长度确定。注浆管与中埋式止水带连接构造如图 1 所示。

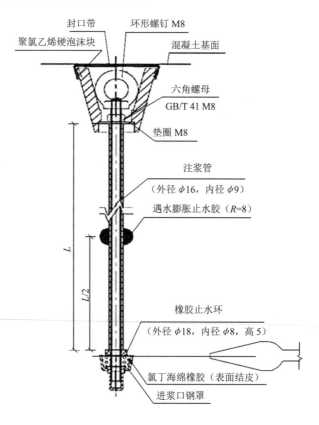

图 1　注浆管与中埋式止水带连接构造图（单位：mm）

3.2　全断面注浆管

全断面注浆管由外层织物过滤膜、内层非编织过滤膜、内部衬有螺旋形增强弹簧钢丝，且全长带有多孔的管材组成，全断面注浆管规格为内径 8 mm，外径 12 mm，可以在施工现场根据接缝的实际需求截取注浆管长度，注浆时浆液可以均匀地充满整个注浆管，系统容许在相对较低压力下注浆。注浆管安装并不会影响结构物自身特性，注浆过程并不会危害混凝土，注浆后可以确保永久密封。

3.3　注浆材料的选择

注浆材料选用穗金科 SJK-02 改性环氧灌浆液。该材料具有起始黏度小、渗透能力强、黏结强度和抗压强度高、抗渗性好等特点。该材料主要性能指标（执行标准 JC/T 1041—2007）如下：黏度＜200 mPa·s，初凝时间 8～24 h，纯胶体抗压强度≥40 MPa，压缩变形量 40%～60%，黏结强度＞2.5 MPa。

4　注浆管安装

4.1　中埋式止水带注浆管安装

中埋式止水带注浆管在钢筋笼顶推至浇筑区匹配完成后开始安装，安装在中埋式止水带两端的海绵体橡胶条上，安装中要确保注浆管安装位置准确，固定牢固，密封密实。进浆口和橡胶止水环处应密封严实，防止混凝土浆液渗入注浆管内，注浆管应绑扎牢固不受外力作用产生弯折。

中埋式止水带注浆管安装步骤：

1）注浆管安装前根据现场具体情况下料。

2）钢筋笼匹配端和先浇端注浆管分布位置相同，如果位置与钢筋主筋和预应力管道有冲突可以进行适当调整，注浆管均匀分布 34 根，如图 2 所示。

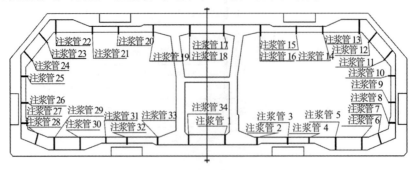

图 2　注浆管位置

3）安装时在中埋式止水带边缘橡胶条上穿孔，将吊环螺钉穿过孔洞，盖上进浆口钢罩，拧紧吊环螺钉，固定牢固注浆管，用玻璃胶将注浆管和止水带连接处封堵严实，防止混凝土浆液进入注浆管（图1）。

4）在注浆管长度的 $L/2$ 处安装遇水膨胀胶（半径 $R = 8$ mm）。

5）安装完成后派专人对注浆管安装情况进行检查，确保全部安装合格，如图3所示。

图3 安装完成注浆管

4.2 全断面注浆管安装

OMEGA预埋件、端钢壳[3]、外侧牛腿预埋件周边钢筋密集，混凝土振捣、气泡排出困难，预埋件与混凝土接触面因混凝土收缩可能出现微细缝隙，这些都将带来渗漏风险，安装全断面注浆管是降低该风险的重要措施。全断面注浆管与预埋件安装同步，安装于预埋件内表面，且紧贴预埋件钢板。安装时必须保证安装位置准确，固定牢固，注浆管接头处密封严实。

1）OMEGA预埋件预埋式全断面注浆管采用金属件固定于预埋件内表面倒角处，金属固定件设置间距为240 mm。

2）注浆管单管长度约12 m，注浆管接头处有20～30 mm交错搭接，见图4。

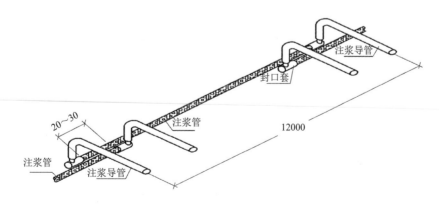

图4 预埋式全断面注浆管安装图（单位：mm）

3）注浆导管与注浆管接头处应使用胶带密封严实。

4）注浆管安装完成后注浆导管应固定于端模上，端口密封，防止混凝土浆液进入。

5）安装完成后派专人对注浆管安装情况进行检查，确保全部安装合格。

6）全断面注浆管极易燃烧，需加强注浆管周边动火作业管理和监控，杜绝烧毁注浆管。

5　注浆管注浆

工艺流程为：注浆管清理→施工平台搭设→成品保护→疏通灌浆孔→引出灌浆导管→灌注 SJK-02 改性环氧灌浆液→场地清理。

5.1　时　机　选　择

1）注浆过程中不能漏注，每一根注浆管都必须注浆。

2）注浆过程中浆液从一端流出时，封堵出浆口，保压数分钟。

3）中埋式止水带、OMEGA 预埋件预埋式全断面注浆管及端钢壳预埋式全断面注浆管注浆在混凝土强度达到 C45 后可作注浆处理。

4）外侧牛腿预埋件预埋式全断面注浆管注浆须在端封门与其焊接工作结束后进行。

5.2　注　　浆

5.2.1　中埋式止水带注浆管注浆

1）先从注浆管 1 开始注浆（图 2），待相邻注浆管 2、3 出浆后（或注浆管 1 压力至 1 MPa 后）停止注浆，采用闷头封闭注浆管 1。接着从注浆管 2、注浆管 3 开始注浆，待相邻注浆管 4、注浆管 5 分别出浆后（或 2、3 号注浆管压力至 1 MPa 后）停止注浆，采用闷头封闭注浆管 2、3，随后以此类推，直到注浆管 34 出浆完成。

2）每根注浆管的注浆压力宜控制在 0.5～1 MPa，注浆持续时间宜控制在 7～15 min。

3）最后通过注浆管压注浆液，注浆压力应达到 0.6 MPa 且保持压力 5 min 无明显降低时方可停止注浆。

4）若出浆口没有顺利流出浆液，可加大注浆压力，但压力不应超过 1 MPa。

5.2.2　全断面注浆管注浆

OMEGA 预埋件及端钢壳预埋式全断面注浆管注浆，从底板中间注浆管 1 开始注浆，注浆完成后封堵其注浆口和进浆口，沿两侧进行注浆管 2、3 注浆，注浆完成后封堵其注浆口和进浆口，继续沿两侧进行下一个注浆管注浆，最后至顶板中间注浆管注浆，完成注浆工作。外侧牛腿预埋件全断面注浆管注浆参照 OMEGA 预埋件全断面注浆管注浆，注浆顺序由底板沿竖墙至顶板结束。

6 接头注浆质量控制要点

6.1 中埋式止水带注浆管注浆

1）每根注浆管既是前一个的出浆口，也是下一个的进浆口。每注完 1 根注浆管，应及时封堵，保证在下一根注浆管注浆时浆液不会倒流出来。

2）注浆导管封堵不通时，注浆时保持压力使浆液跳过该不通导管从下一个相邻注浆管出浆为止，整个过程中压力不应超过 1.0 MPa。

3）注浆过程中，浆液无法从下一根出浆口（或后面其他出浆口）出浆时，应保持压力 15 min 后，从下一根出浆口继续进行注浆，整个过程中压力不应超过 1.0 MPa。

4）注浆完毕后，及时清洗设备，清理场地。

5）注浆工作完成，浆液终凝后，用环氧胶泥封堵注浆口。

6.2 全断面注浆管注浆

1）注浆过程中如果浆液从钢板边缘渗出，立即停止加压，用快干型胶凝材料封堵渗漏部位，再继续注浆。

2）每段注浆管一个进浆一个出浆，注浆时要保持出浆口开通，浆液出来时，封堵出浆口，保压 5～10 min。

3）注浆中若浆液未从另一端出浆口出浆，此时应保持压力 15 min 后，从另一端出浆口继续注浆，并保压 15 min 左右，整个过程中压力不应超过 1.0 MPa。

4）注浆结束后，应割除封堵注浆导管。

7 结 语

目前，港珠澳大桥岛隧工程沉管预制已完成 24 个管节共计 162 个节段的注浆管安装和注浆工作，注浆管安装和注浆质量在不断总结改进中，完成情况越来越好，管节未出现渗水情况，止水效果良好。

注浆管安装和注浆，有效控制了沉管渗漏水情况，为确保港珠澳大桥沉管隧道 120 年使用年限打下了坚实基础。

参 考 文 献

[1] 陆明，陈鸿. 超深埋海底沉管隧道接头防水设计探讨[J]. 中国建筑防水，2012，(8)：17-21.

[2] 杨晓鸣. 中埋式橡胶止水带安装技术探讨[J]. 中国水运（下半月），2012，(11)：262-263.

[3] 向剑，刘经国，苏怀平. 沉管管节端钢壳制造及安装工艺[J]. 中国港湾建设，2014，(8)：54-56.

深埋沉管防水体系施工技术*

黄　涛，戴书学，李誉文

（中交第二航务工程局第二工程有限公司，重庆）

摘　要：对于大型海底沉管隧道，无论从设计还是施工而言，防水施工都是至关重要的环节，也是施工控制的重点和难点。港珠澳大桥沉管隧道最大水下深度达 46 m，混凝土结构为自防水体系，接头部位采用多层防水措施。本文从设计和施工角度介绍了项目的防水体系相关技术，以期为类似项目提供借鉴。

关键词：港珠澳大桥；沉管隧道；防水体系；施工技术

1　工　程　概　况

港珠澳大桥岛隧工程隧道总长 6704 m，其中钢筋混凝土预制沉管段长 5664 m，最大水下深度达 46 m，设计使用年限 120 年，对沉管防水体系设计和施工提出了非常高的要求。

2　沉管防水体系设计

沉管防水体系设计包括沉管结构防水和接头防水，沉管结构防水主要分为外包钢壳防水[1]、外包防水涂层防水和混凝土自防水。

2.1　沉管结构防水

港珠澳大桥岛隧工程预制沉管采用海工高性能混凝土结构自防水体系，混凝土 28 d 强度为 C45，56 d 强度为 C50，抗渗等级 P12，抗氯离子渗透系数 28 d 龄期 ≤ 6.5×10^{-12} m²/s、56 d 龄期 ≤ 4.5×10^{-12} m²/s。

＊本文曾刊登于《中国港湾建设》2016 年第 7 期。

2.2　接头防水

2.2.1　管节接头

管节接头防水体系主要包括 GINA 止水带和 OMEGA 止水带两道防水结构，结构形式见图 1。

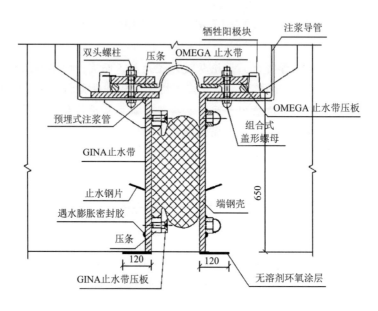

图 1　管节接头防水结构图

GINA 止水带材质是天然橡胶，考虑隧道纵向水压不同，设计采用同一尺寸断面、不同硬度的橡胶实现各管节 GINA 止水带压缩量较为接近的目标，所有 GINA 止水带的压缩量基本控制在 121～159 mm。同时供应商进行了地震工况 GINA 止水带动荷载试验，通过表面检查和试验前后止水带的尺寸对比得出结论：地震工况未对 GINA 止水带受压特性带来不利影响。

OMEGA 止水带材质是丁苯橡胶，根据管节接头 OMEGA 止水带的室内抗水压试验可知在接头张开 20 mm 工况下止水带可承受 0.9 MPa 水压，最大变形量为−100～90 mm。

2.2.2　节段接头

节段接头为半刚性结构[2]，钢筋在此处完全断开，通过混凝土剪力键和预应力束控制接头的剪切位移和张开量。节段接头防水体系主要包括中埋式止水带、OMEGA 止水带和聚脲防水涂层 3 道防水结构[3]，结构形式见图 2。

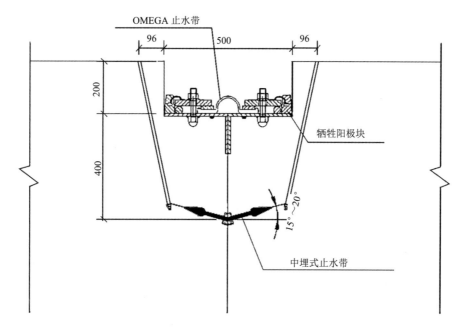

图 2　节段接头防水结构图（单位：mm）

根据分析计算，为最大程度发挥止水带功效，中埋式止水带布置于受压区或受压区边缘。中埋式止水带材质为丁苯橡胶和钢片，总宽度为 50 cm，包括止水带和注浆管两部分，结构形式见图 2。由供应商进行了短期抗水压和 200 次循环抗水压试验，试验结果表明：短期抗水压能力为在接头张开 90 mm 工况下止水带可承受 0.9 MPa 水压；循环抗水压能力为在接头张开 45 mm 工况下止水带可承受 0.5 MPa 水压，接头张开 31 mm 工况下可承受 0.75 MPa 水压。

节段接头 OMEGA 止水带与管节接头 OMEGA 止水带材质和断面形式基本相同，只是尺寸相对较小，根据室内抗水压试验可知在接头张开 60 mm 工况下止水带可承受 0.9 MPa 水压，最大变形量为 -40～60 mm。

节段接缝两侧各 1.2 m 范围内喷涂聚脲防水涂料以增强接头防水能力，接缝两侧各 0.15 m 范围内厚度为 4 mm，其余区域厚度为 2 mm。为满足接头柔性要求，在接缝处粘贴 16 cm 宽隔离膜。

3　防水体系施工

防水体系施工是贯穿整个沉管预制的系统工程，几乎所有工序都与其相关，所以严格做好各道工序质量控制非常重要。以下简要介绍各工序与防水密切相关的施工内容及控制要点。

3.1　钢 筋 安 装

中埋式止水带安装于节段端面,受其影响箍筋断开为上下两部分。该部分钢筋安装对节段接头防水具有一定影响,施工中要求严格按设计位置安装,保证止水带上下钢筋间距均匀。止水带后方增设抵抗注浆压力的竖向钢筋安装要到位并与箍筋绑扎固定,间距均匀。受预应力孔道影响,部分止水带周边钢筋间距需要避让,要求调整后的钢筋间距不大于 30 cm。

3.2　混凝土配制与浇筑

优良的混凝土生产和浇筑品质是混凝土结构自防水成功的关键,需从原材料选择与配合比设计、混凝土温度控制、浇筑和振捣工艺、养护等环节加强控制。

3.2.1　原材料选择与配合比设计

选用低水化热水泥,混凝土采用双掺技术,通过掺加粉煤灰、矿粉减少水泥用量,采用优质外加剂降低水胶比,降低产生温度裂缝的风险,提高混凝土抗渗透能力和耐久性。搅拌站设置储量满足 1.5 个节段混凝土浇筑的砂石料仓,提前将砂石料转运进料仓,减小含水量波动以保证混凝土生产质量的稳定。

3.2.2　混凝土温度控制

沉管一次浇筑方量约 3400 m³,底板、顶板和侧墙厚度均为 1.5 m,属大体积混凝土,混凝土温度控制对控裂至关重要[4]。在分析各种混凝土温度影响的基础上,采用计算机模拟计算分析,提出沉管混凝土温度控制目标为:入模温度≤25℃、结构内部最高温度≤70℃、内表温差≤25℃、表面与环境温差≤15℃、养护水与混凝土表面温差≤15℃。为保证温度控制目标的实现,主要采取以下措施。

1)降低材料温度:设置粉料中间仓,温度过高的新进粉料可在中间仓储存降温;砂石料仓、搅拌站粉料罐设置喷雾装置,夏季采用喷雾降温;砂石料输送带、计量仓封装,计量仓设置冷风机。

2)掺加冰屑、低温水:每 2 台搅拌站配备 1 台制冰机,制冰机可同时制备冰屑和低温搅拌用水,水温度控制在 10℃以内。根据环境气温,掺冰量为 20~60 kg/m³。

3)运输、泵送温升控制:混凝土运输罐车罐体外包夹芯篷布,泵管外包泡沫管,夏季施工时洒水保持外包材料湿润,减小混凝土温升。

4)在底板、下倒角、上倒角等部位埋设测温元件监测混凝土内部温度,及时提供温度监测数据,用于指导混凝土入模温度控制、模板拆除等。

3.2.3 浇筑和振捣工艺

沉管节段混凝土全断面一次浇筑成型，避免施工缝可能带来的渗水风险。混凝土采用泵送入仓，布料时严格控制分层厚度在 30 cm 左右，同时掌握好分层间隔时间，要求既能保证各层振捣充分，又避免间隔时间过长导致冷缝。

采用振捣棒进行混凝土振捣，针对端部钢筋密集区、下倒角、止水带周边等特殊部位，采用多项辅助措施保证振捣质量。

为保证振捣棒顺利到达需振捣部位，在端部钢筋密集区增设振捣棒导向装置，由导向筒和封头组成，有效减少钢筋密度过大带来的卡棒现象，同时加强钢筋密集区域的振捣，保证混凝土成品质量。沉管下倒角振捣时采用角钢导向。

通过振捣棒振捣效果对比试验，引进进口高频振捣棒进行止水带周边混凝土二次振捣。进口高频振捣棒具有重量轻、排气泡效果好等优点，在特殊部位使用具有较好的效果，但振捣时间长、效率相对较低。

为解决夏季施工墙体内气温高、空气质量差的问题，采用大型空调向墙体模板内送冷风，改善作业条件，促进了振捣质量提高。

3.2.4 养护

设置养护棚和自动喷淋设施，根据沉管不同部位的具体情况采取不同的养护方式保证养护效果满足要求。顶板顶面采用覆盖蓄水养护，侧墙外侧面采用自动喷淋养护，端面和底面采用涂刷养护剂养护，管内采用喷雾养护。

3.3 止水带施工

止水带施工根据止水带种类分为中埋式止水带安装与注浆、OMEGA 止水带[5]安装、GINA 止水带安装。

3.3.1 中埋式止水带安装与注浆

中埋式止水带在首批端模就位后安装，采用桁架式起重机（简称桁吊）或汽车式起重机（简称汽车吊）吊起止水带卷盘，人工展开并安装就位，然后在顶板处硫化对接成环形整体。中埋式止水带安装施工主要注意以下几点。

1）止水带展开时人员数量要足够，分布均匀，减少止水带与钢筋笼擦挂，避免止水带损伤。

2）止水带安装要居中，中部突起与端模上的限位钢条贴紧。通过止水带上设置的小孔用铁丝将止水带固定在钢筋笼上，并向上拉起使止水带上翘角度符合设计要求，铁丝布置间距不大于 1.5 m。

3）端模安装和拆除时要注意对止水带的保护，不得强行野蛮作业，避免止水带损坏。

4）固定注浆管的螺帽要拧紧，钢管与止水带接触位置要仔细涂抹密封胶以免水泥浆进入管内造成堵管。底板注浆管用细铁丝固定在钢筋笼上，其余部位的注浆管 PVC 不要顶紧模板。

5）混凝土浇筑前要逐个仔细检查注浆管密封和固定情况。

6）拆模后要及时拆除注浆管内定位螺杆，并做好管口保护，防止异物进入。

7）为保证中埋式止水带注浆效果，经设计优化在原止水带内侧增加了一圈可注浆橡胶条，同时将注浆管数量由 24 根增加为 34 根。

注浆材料为环氧树脂浆液，采用电动搅拌注浆泵施工，注浆压力控制在 0.5～1 MPa。注浆由底板中部向两侧进行，最终于顶板中部结束。首先在底板 1 号注浆管进行注浆，至其两侧的注浆管 2、3 出浆后暂停注浆，封闭 1 号注浆管后从注浆管 2、3 进行注浆，以此类推直至注浆管 34 出浆，最后通过注浆管 34 注浆，注浆压力达到 0.6 MPa 且持压 5 min 后即可结束注浆。

3.3.2　GINA止水带安装

管节预应力施工完成后，进行端钢壳空间姿态测量，并用专业软件拟合平面方程进行偏差计算、评估，经设计确认合格后即可进行 GINA 止水带安装。GINA 止水带安装前将端钢壳表面和压板螺栓孔清理干净，焊接接头处进行重度防腐补涂，验收合格后才能进行安装。

GINA 止水带采用专用吊具起吊，吊点处采用专用保护垫避免止水带鼻尖损伤。吊装就位后安装止水带压板并压紧，最后在沉管顶部安装 GINA 止水带保护罩。

3.3.3　OMEGA止水带安装

节段接头 OMEGA 止水带安装在预应力孔道压浆完成后进行，由人工展开，安装时注意各转角点与预埋件相应位置对准，在底板区硫化对接成环形整体。止水带安装重点控制固定螺栓扭矩、预埋件表面清理、预埋件重度防腐补涂等工作。

管节接头 OMEGA 止水带安装在沉管安装到位、沉降基本稳定后进行，施工方法和控制重点与节段接头 OMEGA 止水带基本相同。

OMEGA 止水带安装完成后，安装预埋件牺牲阳极块，最后安装保护钢板防止止水带受损。

3.4　接头全断面注浆

全断面注浆管安装于节段接头 OMEGA 止水带预埋件角点处和端钢壳后方，由塑料管引出至沉管内腔。注浆管为外包双层无纺布的螺旋钢丝管，无纺布外包有保护尼龙网，可以阻止水泥浆进入管内，环氧树脂浆液则可由管内渗透出到管外填充钢混结合面间的微细间隙。

全断面注浆管在各预埋件安装就位后安装，注浆管安装后附近不得有焊接、切割等作业，以免烧毁注浆管。

接头全断面注浆顺序与中埋式止水带注浆相同，注浆时从注浆管的一端开始，至另一端出浆后封闭出浆管，加压至 0.8 MPa 后持压 5 min 即可结束注浆。

3.5 聚脲喷涂

聚脲喷涂工艺成熟，国内外应用也很多。需要注意的是，珠海每年 2～6 月湿度很大，冬季则因季风期而风力较大，聚脲喷涂必须选择气候条件较好的时间施工以保证施工质量满足要求。实际施工时采取尽早施工的办法以增加施工时间选择，在沉管顶推出养护区后即安排基层打磨、底涂施工等可提前施工的项目。接头水密性试验完成并验收合格后，将底涂表面清理干净并均匀喷涂 1 层专用底漆，在 24 h 内完成聚脲喷涂作业。

3.6 接头水密性检测

用自动水密试验机[6]进行接头水密性检测，该设备水压力控制精度为 0.01 MPa，可根据设定自动控制压力和持压时间。根据管节所处不同位置，管节接头水密性试验的水压力为 0.28～0.51 MPa。

管节接头和节段接头水密性检测方法相同，通过设于底板的注水孔向 OMEGA 止水带与预埋件间的空腔灌水，分级加压至设计压力，持压 2 h 后检查水密情况。合格后通过底板排水孔将水排出。

4 结　语

管节防水是沉管隧道设计施工的关键，其施工贯穿整个沉管预制全过程，施工过程中必须严格执行设计要求和施工方案，加强过程质量控制和检验，保证防水体系的效果达到设计目标。

参 考 文 献

[1] 宿文德. 博斯普鲁斯海峡沉管隧道管段制作工艺研究[EB/OL]. （2015-08-14）[2016-04-10]. http://old. tunnelling. cn/sites/suidao /ConPg. aspx?InfId=a4892b65-a8a6-4886-a662-0c86aab20826&CtgId=58efe177-0cf2-4248-b3b2-98bce94a686c.

[2] 陆明，陈鸿. 超深埋海底沉管隧道接头防水设计探讨[J]. 中国建筑防水，2012，(8)：17-21.

[3]　中交公路规划设计院有限公司. 港珠澳大桥主体工程岛隧工程施工图设计：管节接头、节段接头施工图[Z]. 北京：中交公路规划设计院有限公司，2012.

[4]　杨绍斌，苏怀平，张洪. 大体积混凝土入模温度控制研究[J]. 中国港湾建设，2013，(4)：38-41.

[5]　de Wit H，Bakker G J，Li Y. Consulting com-ments on water stop installation of HZMB[K]. Zhuhai：STTG Joint Verture，2013.

[6]　庄道庆. 沉管隧道的防水技术[J]. 东海海洋，2001，19(3)：32-38.

港珠澳大桥全断面浇筑沉管裂缝控制技术*

李　超，王胜年，王迎飞，张宝兰，刘　行

（中交四航工程研究院有限公司，广州）

摘　要： 受结构复杂、体形庞大及服役环境恶劣等因素影响，港珠澳大桥沉管隧道裂缝控制是施工中的重点及难点。从影响沉管混凝土结构开裂的温度与收缩两大因素出发，本文介绍了优选原材料、配制低热低收缩混凝土、控制混凝土原材料温度、碎冰加冷却水拌和混凝土、设置自动养护系统等措施，有效控制了沉管结构施工期危害性裂缝的出现。

关键词： 混凝土；沉管；全断面浇筑；裂缝控制；施工技术

0　引　言

港珠澳大桥跨越珠江口伶仃洋海域，是我国继三峡工程、青藏铁路、京沪高速铁路后又一项超级工程，是当今世界上规模最大、标准最高、技术最复杂的桥-岛-隧一体化的集群工程[1]。沉管隧道是港珠澳大桥的关键环节，其设计使用寿命为 120 年，是我国交通建设史上技术最复杂、标准最高的海底隧道工程，也是目前世界上综合难度最大的沉管隧道之一[2, 3]。

港珠澳大桥沉管隧道采用两孔单管廊横截面，截面高度为 11.40 m、宽度为 37.95 m、最大厚度为 1.70 m，沉管节段典型截面如图 1 所示。沉管分为 33 个管节，直线段管节 28 个、曲线段管节 5 个，每个管节均由长度为 22.5 m 的节段组成。

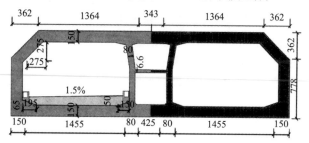

图 1　沉管节段截面（单位：cm）

---

* 本文曾刊登于《施工技术》2012 年第 377 期。

港珠澳大桥沉管采用工厂化预制，按照流水式预制生产线进行工艺布置，所有预制作业均在厂房内连续进行，与其他同类型工程相比，港珠澳大桥沉管预制具有以下显著特点。

1）港珠澳大桥沉管横截面为双孔单廊道，具有截面大、约束复杂的特点，增大了沉管大体积混凝土裂缝控制的技术难度。

2）港珠澳大桥沉管预制采用泵送工艺进行全断面浇筑，一次连续浇筑混凝土3400 m³，混凝土浇筑具有量大、持续时间长的特点，对混凝土的工作性能及重塑性能提出了极高要求。

3）出于提高沉管节段结构安全性的考虑，港珠澳大桥沉管要求 3 d 龄期强度达到 C25，28 d 龄期强度达到 C45，56 d 龄期强度达到 C50，具有混凝土早期强度高的特点。

4）港珠澳大桥沉管主要通过配制高抗裂性、高耐久性混凝土达到自防水及耐腐蚀的效果，但沉管的最大埋深达 44.5 m，对于混凝土的抗裂防渗性能提出极高要求。

5）港珠澳大桥沉管标准节段钢筋用量约 900 t，钢筋最小净间距约 60 mm，具有钢筋密集的特点，要求混凝土具有良好的填充性、和易性，以保证混凝土在钢筋密集区域便于振捣密实。

混凝土沉管隧道已在世界很多越江和跨海工程中广泛应用，过去的 70 年来，预制方法也从传统的干坞法预制发展为工厂法预制[4,5]。沉管管节的预制是沉管隧道施工的难点之一，在预制过程中，由于沉管管节体积大、结构形式复杂、施工工艺复杂，沉管结构容易因温度、收缩及约束等原因在预制阶段便出现危害性裂缝[6-8]。危害性裂缝的出现不仅会影响结构的外观，还会大大加速有害物质侵蚀混凝土，从而更快地导致混凝土结构破坏，削弱沉管混凝土结构整体的耐久性。沉管是造价高、腐蚀环境恶劣且无法更换的主要构件，为确保港珠澳大桥主体的使用寿命，在沉管预制施工过程中必须采取合理有效的措施防止有害裂缝的产生。

1 沉管混凝土裂缝控制基本思路

港珠澳大桥沉管预制采用工厂化生产工艺，节段均在厂房内预制完成，为节段混凝土的裂缝控制，特别是养护环境温湿度控制提供了良好的外部条件，因此港珠澳大桥沉管节段的裂缝控制将依托于工厂化生产的有利条件而展开。

1）首先优选质量稳定并有利于提高混凝土防渗抗裂性能的原材料。

2）利用优选的混凝土原材料，通过综合性能对比，优选出以确保混凝土抗裂性能和耐久性能为基本出发点，同时兼顾其他性能的低热、低收缩高性能混凝土，用于沉管预制施工。

3）采用原材料降温，并结合碎冰+冷却水方式控制沉管混凝土的浇筑温度，降低混凝土开裂风险。

4）利用工厂化预制厂房相对封闭条件，开发自动养护系统，通过监测沉管节段养护环境温湿度自动采取喷淋水雾方式，对沉管节段养护环境温度、湿度进行调节，以达到保温、保湿养护的目的，降低沉管节段的开裂风险。

2 混凝土原材料优选

优选有利于提高混凝土寿命及抗裂性能的原材料，严格控制各种影响混凝土抗裂性能的原材料关键指标。

1）采用强度等级为 42.5 级的 P·Ⅱ硅酸盐水泥，除符合《通用硅酸盐水泥》（GB 175—2007）的规定外，其熟料 C_3A 含量还应≤8%，比表面积控制在 300～400 m^2/kg。

2）采用风选工艺，选用满足《用于水泥和混凝土中的粉煤灰》（GB 1596—2005）要求的Ⅰ级粉煤灰。

3）采用比表面积控制在 400～450 m^2/kg，满足《用于水泥和混凝土中的粒化高炉矿渣粉》（GB /T 18046—2008）要求的 S95 磨细粒化高炉矿渣粉。

4）采用 5～20 mm 的连续级配无碱活性花岗岩碎石，紧密堆积孔隙率≤40%，含泥量≤0.5%。

5）采用细度模数 2.6～2.9 的无碱活性河砂，含泥量≤2.0%。

6）采用缓凝型高性能减水剂，减水率≥25%，掺减水剂混凝土的 28 d 收缩率比≤100%。

3 低热低收缩海工高性能混凝土配制

港珠澳大桥沉管混凝土应具有高工作性能、高强度（含早龄期强度）、高抗裂性、长寿命等特征，而如何提高混凝土的抗裂性能从而降低沉管结构开裂风险是沉管混凝土配合比设计的难点。水化热与收缩是影响混凝土结构抗裂性能的两个主要因素，降低混凝土的水化温升可降低混凝土结构的温度梯度及降温速率，降低混凝土的收缩总量可提高混凝土结构的稳定性。因此在兼顾混凝土其他性能的前提下，配制低热、低收缩的海工高性能混凝土材料是沉管混凝土配合比设计的基本出发点。

采用混掺大掺量粉煤灰与矿粉的低水化热、低开裂敏感性胶凝材料体系（水泥45%、粉煤灰25%、矿粉30%，以占胶凝材料质量百分比计），配制满足全断面浇筑施工的沉管配合比，并通过综合性能对比，结合混凝土温度应力测试试验、现场小尺寸模型试验及足尺模型试验，优选出满足力学性能、耐久性要求，并具有良好抗裂性能及外观的沉管施工用混凝土。优选施工用配合比混凝土的绝热温升为 41.1℃，干燥收缩应变为 $240×10^{-6}$，计算沉管结构抗裂安全系数为 1.44，可以满足沉管混凝土抗裂要求。

沉管具有结构复杂、钢筋密集的特点，为确保搅拌出机混凝土经长距离泵送至浇筑现场后满足全断面浇筑施工的需求，但又不能因为混凝土保持塑性的时间及初凝时间过长而影响后续施工，要对优选出的施工配合比工作性能优化。通过调整缓凝型高性能减水剂保坍、缓凝、增稠成分比例，确保搅拌出机混凝土及经过泵送到达浇筑现场的混凝土性能满足：搅拌出机混凝土坍落度 200～220 mm，坍落扩展度 400～450 mm；经泵送至浇筑现场的混凝土坍落度 180～220 mm，坍落扩展度 350～450 mm，重塑时间≥8 h，初凝时间≥12 h。

沉管预制需要持续若干年，因此在整个沉管预制过程中，还要根据当地高温季节、常温季节、低温季节的温度、湿度情况变化及原材料性能变化情况，对减水剂组分进行有针对性的调整，确保不同季节及原材料条件下混凝土工作性能均能满足沉管全断面浇筑的需求。

4　混凝土原材料温度控制

在港珠澳大桥沉管预制中，通过控制原材料温度来降低混凝土浇筑温度是降低沉管开裂风险的重要技术措施。

1）与胶凝材料生产厂家签订协议，控制胶凝材料进场温度，其中水泥进场温度不超过 60℃、粉煤灰进场温度不超过 40℃、矿粉进场温度不超过 50℃。

2）针对低热、低收缩混凝土胶凝材料体系组成，水泥、粉煤灰与矿粉各设置 2 个 800 t 中间存储仓，另在搅拌区设置 8 个 500 t 水泥储料罐、4 个 500 t 粉煤灰储料罐及 4 个 500 t 矿粉储料罐，可满足一个月沉管混凝土生成的需求。

3）通过胶凝材料中间存储仓与储料罐之间的转运、倒仓，延长存放时间，降低胶凝材料温度。

4）胶凝材料中间存储仓与储料罐体外壁刷涂浅色涂料，在极端炎热天气条件下，通过外壁喷淋冷水降温。

5）建造遮阳、防雨骨料棚，存放河砂、碎石骨料的料棚与料堆顶部之间的垂直距离≥10 m，便于空气流通，并在料棚内部设置喷雾降温装置，通过降低料棚内环境温度来降低骨料温度。

6）外加剂储罐外壁刷涂浅色涂料。

7）在胶凝材料各储料仓内部中间位置埋设温度传感器，对胶凝材料温度进行监测。

8）采用便携式温度计对骨料温度进行监测。

通过上述措施，确保在沉管混凝土生成过程中，各种混凝土原材料入仓搅拌前温度不超过以下要求：水泥≤55℃，粉煤灰≤40℃，矿粉≤45℃，碎石≤28℃，河砂≤28℃，减水剂≤30℃。

5　沉管混凝土生产浇筑

5.1　冷却水及碎冰

在控制混凝土原材料入仓搅拌温度时，采取冷却水及碎冰替代部分拌和水，控制混凝土出机温度。在生产混凝土前,利用制冷机组提前生产冷却水,存储于保温水池中,控制参与混凝土拌和的冷却水温≤5℃。采用厚度≤3 mm的碎冰,碎冰提前制备,存储于环境温度≤-8℃的冰库中,通过外覆保温层的水平螺旋输送机送至搅拌系统中,确保碎冰在输送至搅拌机的过程中不会融化。

如图2所示,沉管混凝土生产过程中加入碎冰量与出机温度具有很好的线性相关性,在其他原材料温度不变的条件下,加冰量每增加10 kg/m³,出机温度降低约1.5℃。根据原材料温度变化情况,在不同季节按照0~60 kg/m³碎冰替代拌和水的数量,控制混凝土出机温度。

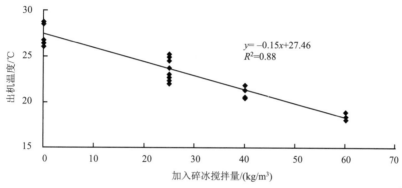

图2 加入碎冰量与新拌混凝土出机温度关系

5.2 混凝土运输

沉管节段混凝土采用混凝土搅拌运输车与地泵联合输送,搅拌出机后,由混凝土搅拌运输车运输至厂房侧门外混凝土拖泵处,由拖泵泵送至浇筑现场。在混凝土入泵前观察混凝土状态,确保入泵混凝土满足工作性能要求,控制泵送过程中混凝土泵压处于14~18 MPa。

为保证混凝土连续输送,避免堵塞泵管,控制混凝土搅拌出机后至入泵前的等待停留时间不超过1 h,泵送的停顿间歇不超过15 min。在泵送过程中,拖泵受料斗内应一直确保有足够的混凝土,防止吸入空气产生阻塞。

高温施工季节,加入冷却水及碎冰拌和的新拌出机混凝土温度较低,混凝土输送过程中由于摩擦、阳光直晒及空气对流等原因,运输到浇筑现场的混凝土温度有所升高。通过在混凝土搅拌运输车罐体外包裹帆布、混凝土输送管道外部包裹隔热海绵、定时喷淋冷却水降温,降低输送过程中的混凝土温升,并在混凝土入泵口搭设遮阳棚,防止阳光直接照射。

搅拌出机混凝土并经过泵送至浇筑现场,其出机温度与浇筑温度具有较好的线性相关性,如图3所示。搅拌出机混凝土温度在18~26℃时,通过混凝土搅拌运输车及拖泵联合输送至浇筑现场,混凝土温度升高1.5~4.0℃。

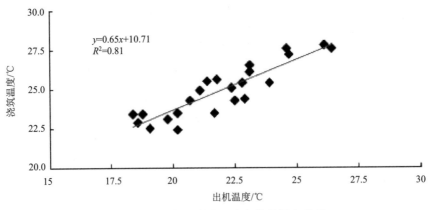

图 3　搅拌出机混凝土温度与浇筑温度关系

通过前文所述的原材料温度控制措施、冷却水+碎冰拌和及输送过程中的保温隔热措施，可控制高温季节混凝土浇筑温度≤28℃，低温季节混凝土浇筑温度≤23℃。

5.3　混凝土浇筑振捣

沉管节段混凝土按照底板（Ⅰ浇筑区）、墙体下部及底板上部（Ⅱ浇筑区）、墙体上部（Ⅲ浇筑区）、顶板（Ⅳ浇筑区）4 个区域进行浇筑，浇筑布料厚度控制在 30～50 cm，由一端向另一端分层连续布料。具体浇筑顺序如图 4 所示。

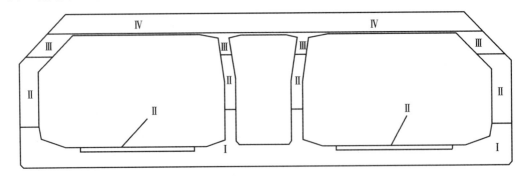

图 4　沉管混凝土浇筑顺序

混凝土重塑时间即从加水搅拌开始，直至插入式振捣棒在振动下靠自重插入混凝土中，并经振捣 15 s 后在振捣棒周围 100 mm 处仍能翻浆的时间。在重塑时间内浇筑的上下层混凝土不会产生冷缝，上下层混凝土浇筑间隔大于重塑时间，会在浇筑界面上产生冷缝。单次沉管浇筑具有混凝土方量大、持续时间长、由一端向另一端分层连续布料的特点，为避免因上下层混凝土浇筑间隔过长而出现施工冷缝，上下层混凝土布料及振捣间隙时间应该控制在混凝土可重塑时间的 8.0 h 内。

6 沉管混凝土养护

沉管混凝土浇筑完毕后即利用依托于工厂化预制厂房的自动养护系统，采取保温、保湿措施全方位对沉管节段进行养护。采用厂房内折叠式可伸缩养护棚+厂房外固定式养护棚的方式，通过喷淋水雾控制养护环境温湿度的方式进行养护。养护系统布置如图 5 所示，将覆盖分别位于浇筑台座区、厂房与养护棚过渡区、养护棚区的三节沉管节段。

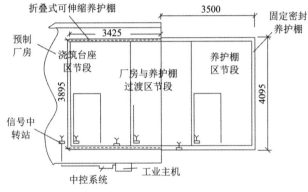

图 5 沉管节段养护系统布置（单位：cm）

养护系统可对沉管节段内部温度及外部养护环境温度、湿度进行监测，通过自动控制主机各种模块的集成，根据沉管节段混凝土硬化过程中温度、湿度变化情况而实时喷淋养护水雾，及时有效。沉管节段混凝土养护时间应≥15 d，在此期间需保持混凝土表面处于潮湿状态，通过自动养护系统可确保沉管节段混凝土在养护过程中的温度指标满足内部最高温度≤70℃（高温季节），≤65℃（低温季节）；内外温度≤22℃；表面与环境温差≤15℃，表面与养护水温差≤15℃，降温速率≤3℃/d。

沉管单个节段混凝土的养护可分为 5 个不同阶段进行：浇筑完成至拆模前的养护、拆模及顶推 22.5 m 过程中的养护、预制第 2 匹配节段过程的养护、预制第 3 匹配节段过程的养护及顶推出固定养护棚后的养护。各阶段沉管节段的养护要求有所不同，具体如表 1 所示。

表 1 沉管节段不同养护阶段养护要求

序号	养护阶段	养护重点	主要措施	养护要求		养护时间/h
				养护环境温度/℃	养护环境湿度/%	
1	浇筑完成至拆模前	空气接触表面保湿；节段整体保温	折叠式养护棚养护	高温季节≥35；低温季节≥30	≥85	≥72
2	拆模及顶推 22.5 m 过程	空气接触表面保湿；节段整体温度不出现突降	折叠式养护棚养护	高温季节≥35；低温季节≥30	≥85	约 8

续表

序号	养护阶段	养护重点	主要措施	养护要求		养护时间/h
				养护环境温度/℃	养护环境湿度/%	
3	预制第 2 节匹配节段的过程	移动养护棚与固定养护棚之间的环境差异	折叠式养护棚养护与固定式养护棚养护	高温季节≥35；低温季节≥30	≥85	≥148
4	预制第 3 节匹配节段的过程	空气接触表面保湿；为顶推出养护棚做准备	固定式养护棚养护	高温季节≥30；低温季节≥25	≥85	≥132
5	顶推出固定养护棚后	高温天气；大风降温天气	土工布覆盖及洒水	—	—	—

7　结　　语

港珠澳大桥沉管隧道埋深大，需要长期承受高压海水作用，对沉管混凝土的抗渗性能、抗裂性能及使用寿命提出了国内的最高要求。利用优选的混凝土原材料，配制出适用全断面浇筑施工，满足力学性能、耐久性要求，并具有良好抗裂性能及外观的沉管低热、低收缩混凝土。在此基础上，依托于工厂化预制生产的有利条件，通过材料降温、碎冰+冷却水搅拌混凝土及自动养护系统等技术措施有效降低了沉管结构开裂风险，避免了沉管结构在施工期出现危害性裂缝。

参 考 文 献

[1]　孟凡超，刘晓东，徐国平. 港珠澳大桥主体工程总体设计[C]//中国土木工程学会桥梁及结构分会. 第十九届全国桥梁学术会议论文集（上册）. 北京：人民交通出版社，2010.

[2]　李英，陈越. 港珠澳大桥岛隧工程的意义及技术难点[J]. 工程力学，2011，28(S2)：67-77.

[3]　刘晓东. 港珠澳大桥总体设计与技术挑战[C]//中国海洋工程学会. 第十五届中国海洋(岸)工程学术讨论会论文集. 北京：海洋出版社，2011.

[4]　王艳宁，熊刚. 沉管隧道技术的应用与现状分析[J]. 现代隧道技术，2007，44(4)：1-4.

[5]　程乐群，刘学山，顾冲时. 国内外沉管隧道工程发展现状研究[J]. 水电能源科学，2008，26(2)：112-115.

[6]　邓世汉，熊建波，黄雁飞，等. 箱型沉管抗裂混凝土的配合比优化设计[J]. 水运工程，2010，(6)：132-135.

[7]　李超，李士伟，范志宏，等. 高水压作用对海工高性能混凝土氯离子渗透性的影响[J]. 公路交通科技，2010，27(9)：122-125.

[8]　Gokce A，Koyama F，Tsuchiya M，et al. The challenges involved in concrete works of Marmaray immersed tunnel with service life beyond 100 years[J]. Tunnelling and Underground Space Technology，2009，24(5)：592-601.

聚脲防水涂层在大型沉管工程中的应用*

陈　聪，徐轶凡

（中交四航局第二工程有限公司，广州）

摘　要： 在港珠澳大桥沉管施工中，节段接头是施工控制的关键部位，聚脲防水涂层作为节段接头第一道防水、防砂结构，其施工效率直接影响沉管舾装进度，其施工质量影响沉管使用寿命。本文详细介绍管节接头聚脲防水涂层在该工程中的应用，可为类似工程借鉴。

关键词： 港珠澳大桥；沉管隧道；聚脲；防水涂层

1　工　程　概　况

港珠澳大桥沉管设计使用寿命 120 年，结构长埋水下Ⅲ类海盐环境，其作用等级为严重（D 级）至非常严重（E 级）[1]，管节安装海域最深达 43 m[2]，环境恶劣，一旦沉管节段接头产生渗漏，后果不堪设想。为满足沉管设计使用年限，必须严格控制好节段接头第一道防水、防砂层——聚脲防水涂层的施工。由于聚脲喷涂在沉管施工中尚属首次，无先例可循，施工难度较大。

沉管节段接头聚脲防水涂层在节段接头 OMEGA 止水带检漏试验通过后、浅坞区灌水之前进行喷涂作业，沿接头外侧整圈喷涂，宽 2.40～3.01 m，喷涂厚度 2～4 mm，按结构部位分为：顶板、侧墙和底板部分，每个接头聚脲喷涂面积约为 249.70 m²，总面积近 4 万 m²。聚脲防水涂层主要材料组成如表 1 所示。

表 1　聚脲防水涂层材料组成

组分名称	成分	CAS 编码	重量百分比/%	备注
A 组	二苯甲烷二异氰酸酯（MDS）	26447-40-5	45～55	—
	预聚物	68400-69-1	55～45	—
B 组	聚醚胺	9046-10-0	80	—
	二乙基甲苯二胺	68479-98-1	20	—
添加剂	丙酮	67-64-1	—	视情况添加

* 本文曾刊登于《中国港湾建设》2016 年第 7 期。

2　施工工艺

沉管节段接头聚脲防水涂层施工主要工艺流程见图1。

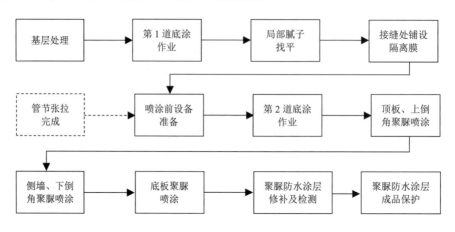

图1　聚脲防水涂层施工流程图

2.1　基层处理

1）对接头处需要聚脲喷涂部位进行初步清理。清除工作面杂物、灰尘、油污，凿除表面浮浆，保持工作面整洁，设置必要的警示标牌，避免施工过程受到干扰。

2）用角磨机对聚脲喷涂部位进行打磨处理。打磨除去混凝土表面浮浆，直至裸露出明显级配碎石，露出表面的气泡或其他缺陷。

3）采用聚合物砂浆修补气泡及其他缺陷，使聚脲喷涂部位基底平整，处理完成后进行验收，符合要求后方可进行下道工序。

2.2　第1道底涂作业

采用环氧材料对聚脲喷涂范围进行涂刷，一般采用辊涂施工。第1道底涂起到封闭针孔、排除气体、增加聚脲与基层附着力的作用。

2.3　腻子找平

底层涂料完成并干燥后，将基层表面不平整部位用腻子进行找平。腻子采用人工刮涂，要求涂布均匀，无漏涂、无堆积。腻子表面剩余的少量针眼用修补腻子人工补平，待修补腻子固化后方可进行下一道工序施工。

2.4 接缝处铺设隔离膜

基层找平并硬化干燥后,将隔离膜均匀铺设于聚脲喷涂范围,贴紧沉管表面,用毛巾擦拭隔离膜表面,保证与沉管表面无气泡无空隙。

2.5 第 2 道底涂作业

第 2 道与第 1 道底涂材料相同,宜在聚脲层喷涂前 4～24 h 内进行,旨在增加聚脲层附着力。

2.6 聚 脲 喷 涂

1)检查喷涂设备管线。

2)对无需喷涂部位进行遮挡,螺栓用塑料布胶带封好,作业人员在施工过程中需穿工作服,佩戴目镜、手套、防毒面具等劳保用品,并保证施工环境通风良好。

3)检查环境条件,聚脲喷涂适合在干燥、温暖环境中。现场喷涂作业不得在阴雨天气进行,实测周围环境温度>5℃,相对湿度<85%,并且基面温度与露点温度差<3℃[1]。

4)需将 B 料搅拌 15 min 以上,使之均匀。

5)喷涂设备主加热器需要加热到 60～70℃,压力设定在 17.24 MPa 左右,可根据现场情况和试膜取样情况及时调整工艺参数,保证压力平衡,出料雾化良好。

6)进行试喷作业,观察试喷情况,调整温度及压力值,达到最佳效果。

7)喷涂时,顶板、侧墙、底板等不同部位的手法也不相同。在喷涂立面和底面时应保持快速,轻而薄,多喷涂几遍,以避免流挂。喷涂平面则按照一般速度即可。每一道喷涂要保证覆盖上一道喷涂面积的 20%左右,保证喷涂厚度均匀。

8)涂层端部应进行收边处理,喷涂结束后对周边进行专门处理,封边部分可以采用手刮涂料方式以保证密封效果,或采用角磨机将聚脲边缘修平,割除边角和流挂,保证防水层不易受到破坏或擦损。

2.7 缺 陷 修 补

喷涂结束后,要检查整个喷涂面,查看是否存在鼓包、分层和针孔等现象。如果局部存在上述现象,则要割除缺陷部位,重新喷涂。对于缺陷面积较大的,喷涂前要对基底重新处理。

2.8　聚脲防水涂层检测

聚脲防水涂层经过 7 d 养护期，除了检查表观质量，还要检测涂层厚度和抗拔强度，主要通过超声涂层测厚仪和黏结强度检测仪等进行检测，并及时修复因检测而破坏的涂层。

2.9　聚脲防水涂层成品保护

聚脲防水涂层喷涂后，标准温度条件下（15～25℃）的干燥时间为 15～18 h，如在低温条件下（5～10℃），干燥时间会超过 24 h[3]。在此期间，应避免其他物品接触、击打聚脲防水涂层，以免造成损坏。

喷涂完成后，在管节横移、浮运安装过程中顶板区域还有大量构件吊装、缆绳拖带等工作，顶板的聚脲防水涂层存在受到破坏的风险。为避免聚脲防水涂层受到破坏，经过 7 d 养护期，进行顶板 C20 细石混凝土保护层施工，混凝土保护层宽 2.6～3.36 m，厚 70 mm。

3　聚脲防水涂层特点

3.1　匹配性良好

沉管管节接头聚脲防水涂层的作业面并非单一平面，而是存在平面、立面、底面和转角，由于模板原因，这些表面不完全平整，存在凹凸面，甚至微小错台。相对于粘贴性防水卷材，聚脲防水涂层采用喷涂工艺，能够很好适应上述工况，在管节接缝处与沉管形成一体，匹配效果良好。

3.2　延展性良好

聚脲防水涂层具有良好的延展性能，通常伸缩量超过 200%，正常使用年限能够很好适应沉管节段的伸缩、沉降变化，并且不容易产生破坏，达到聚脲防水涂层防水、防砂的目的。

3.3　黏结强度高

相对于粘贴性防水卷材，聚脲防水涂层黏结强度较高。聚脲防水涂层在喷涂前进行了基底打磨、底涂等多道工序及特殊的工艺材料，保证了防水涂层与混凝土的黏结效果。

根据设计要求，聚脲防水涂层抽检的拉拔试验要达到 2.0 MPa 以上[4]，实际检测中均高于此值，甚至部分数值远高于此。因此，聚脲防水涂层在使用过程中，能够与混凝土有效黏结，不易脱落，保证防水涂层有效使用。

3.4　对作业人员要求高

聚脲防水涂层是"三分材料，七分施工"，直接进行喷涂的操作人员，喷涂时对轻重、分层厚薄、喷射距离、搭接长度及间隔时间等要素的把控，是涂层质量合格与否的关键。因此，聚脲喷涂人员要经过培训，在实践中不断总结，提高聚脲防水涂层的一次喷涂合格率。

3.5　受天气环境影响较大

1）聚脲防水涂层有多种材料，均属于敏感化学物品，要求的存放条件较为苛刻。各种聚脲原材料分类存储于专用仓库中，防水遮雨、防阳光直射，实时监控仓储温度，保证聚脲存储温度在 10~40℃，保持容器密闭，设置通风设施，以防止材料变质或造成安全问题。有些添加材料（如丙酮等）存储温度甚至要低于 26℃。

2）聚脲防水涂层的质量也极易受到施工过程中天气环境的影响。如果条件不符合设计要求，容易在基面形成小水珠，影响聚脲防水涂层的黏结效果，或导致鼓包、气泡等缺陷。

3.6　料比要求高

聚脲防水涂层主要由 A 料、B 料组成。实践证明如果 A 料、B 料比例失衡或混合不匀，容易导致涂层鼓泡和气孔等缺陷。

当 A 料过量时，过量的 A 料继续与空气中的水分发生反应生成 CO_2 气体，在涂层的层间和涂层与基层之间形成气垫，产生潜在起泡区；当 B 料过量时，多余的 B 料不能充分反应，以黏液的形式存于涂层内部，当涂层收缩时，两者均会形成鼓泡或气孔。有文献指出：喷涂聚脲弹性体的收缩并非来自于普通材料的热胀冷缩现象，而是来自于热固性高聚物的聚合反应特性。因此尽管涂层本身的弹性很高，仍会产生线性收缩，从而使 A 料、B 料过剩区域形成鼓泡。

料比产生偏差的原因很多，根据现场经验，主要来自于料温失控或设备某侧通道堵塞，偶尔出现在每次停枪后重新起喷或在更换料桶时。所以要通过总结操作经验，良好的设备保养，避免料比偏差导致质量缺陷。

4　结　　语

港珠澳大桥沉管管节接头所采用的聚脲防水涂层，目前经过 24 节沉管管节实践应用，取得了良好效果，并且从已经安装的沉管管节来看，能够很好地实现防水、防砂功能，达到了预期效果，可为类似工程借鉴。

参 考 文 献

[1]　中交公路规划设计院有限公司. 港珠澳大桥主体工程岛隧工程施工图设计：管节结构施工图[Z]. 北京：中交公路规划设计院有限公司，2012.

[2]　中交股份联合体港珠澳大桥岛隧工程第Ⅲ工区一分区项目经理部. 港珠澳大桥沉管预制施工组织设计[Z]. 珠海：中交股份联合体港珠澳大桥岛隧工程第Ⅲ工区一分区项目经理部，2012.

[3]　黄微波. 聚脲弹性体技术[M]. 北京：化学工业出版社，2013.

[4]　港珠澳大桥管理局. 港珠澳大桥施工及质量验收标准[S]. 珠海：港珠澳大桥管理局，2013.

港珠澳大桥长寿命海工高性能混凝土配制*

李　超，王胜年，范志宏，刘　行

（中交四航工程研究院有限公司，水工构造物耐久性技术交通行业重点实验室，广州）

摘　　要： 本文针对120年设计使用年限要求，阐述港珠澳大桥不同主体结构海工高性能混凝土基本性能设计的原则。在暴露现场试验得出的混凝土长期耐久性影响因素的基础上，系统研究配合比参数对混凝土性能的影响，介绍满足桥梁、隧道等不同结构工作性能、强度、耐久性及体积稳定性要求的长寿命海工高性能混凝土的配制基本思路与方法。

关键词： 长寿命；海工高性能混凝土；配合比参数；暴露试验；耐久性

　　港珠澳大桥作为跨世纪的标志性工程，因其工程规模和建设难度大备受世人瞩目，而国内跨海工程首次采用的120年设计使用年限，更是工程建设备受关注的焦点之一[1]。港珠澳大桥横跨伶仃洋海域，采取了岛、桥、隧道等多种结构形式。结构上的不同要求及不同的施工工艺，对混凝土的强度、工作性能及体积稳定性都有不同或更严格的要求；大桥处于恶劣的海水腐蚀环境中，要实现工程120年的设计使用寿命，作为构成工程结构主体的最重要的混凝土材料，其本身必须具备足够的抵御环境侵蚀的能力。配制长寿命海工高性能混凝土是确保混凝土结构使用寿命最有效、最直接且最经济的根本性技术措施[2-4]。港珠澳大桥主体结构混凝土材料的配制，应针对具体结构对象，在满足其结构要求的强度及施工工艺要求的工作性能前提下，最大限度地提高其抗环境侵蚀的能力，并控制其不出现影响使用和耐久性的危害性裂缝，能够长期承受使用环境中各种物理、化学因素的作用，保证混凝土的各项性能在实体结构中达到统一与和谐。

1　港珠澳大桥主体结构混凝土基本性能

　　港珠澳大桥主体工程由长约 23 km 海上桥梁、近 6 km 的海底沉管隧道和 2 个长约 650 m 的海上人工岛构成，因海上人工岛是由钢圆筒围堰、围堰内填砂处理成岛，所以混凝土结构耐久性重点应针对海上混凝土桥梁和沉管隧道[5]。

---

　　* 本文曾刊登于《水运工程》2015 年第 3 期。

1.1　桥梁结构混凝土性能

桥梁分通航孔桥和非通航孔桥，构件类型多，综合考虑结构受力、耐久性及便于施工和质量控制等因素，不同构件混凝土性能指标要求如表 1 所示。混凝土基本性能设计规定基于以下考虑。

表 1　桥梁结构混凝土性能要求

构件名称	腐蚀环境	最低强度等级	最小保护层厚度 /mm	NT Build492 氯离子扩散系数 /($\times 10^{-12}\ m^2 \cdot s^{-1}$)		坍落度/mm
				28 d	56 d	
承台	水下区	C45	65	≤7.0	≤5.0	160～220
	浪溅区	C45	80	≤6.5	≤4.5	
桥墩	浪溅区	C50	80	≤6.5	≤4.5	
	大气区	C50	50	≤6.5	≤4.5	
箱梁	浪溅区	C55	75	≤6.0	≤4.0	
	大气区	C55	45	≤6.0	≤4.0	

（1）工作性能

全长约 23 km 的海上桥梁，构件数量众多，承台、桥墩等大部分混凝土构件采取工厂预制、现场拼装的方式施工，钻孔灌注桩及部分承台、墩身等构件采取现场浇筑的方式施工，对混凝土的和易性有较高的要求，要求混凝土拌和物既易于浇筑、填充密实，又不至于泌水离析，设计采用高流动性混凝土，混凝土坍落度为 160～220 mm。

（2）强度

不同构件的强度等级取值主要是按照相应的承载能力要求，通过计算得出结构受力所应具备的强度，同时应考虑耐久性要求的最低强度等级，综合两方面考虑，取满足两者要求的最低强度等级作为设计值。

（3）耐久性

区别于传统的基于经验和标准规范的设计方法，港珠澳大桥混凝土结构耐久性设计采用可靠性设计方法，即依据与港珠澳大桥具有相似环境的华南暴露试验和已建工程耐久性实测数据，基于菲克第二定律建立耐久性设计方程，对耐久性相关参数进行统计分析，最终获得与设计使用年限具有定量关系的混凝土耐久性设计指标——保护层厚度和氯离子扩散系数。

从水下到大气区等不同部位的构件，氯离子传输机理及腐蚀严重程度不同，由上述可靠度理论计算得出的耐久性设计值也各不相同；处于同一构件的不同部位，为便于施工和质量控制，统一按照最严酷的腐蚀环境考虑。

1.2 沉管混凝土性能

沉管隧道单节段尺寸为 37.96 m×11.4 m×22.5 m，采用工厂化预制，因结构受力复杂、预制安装施工难度大、耐久性及抗裂要求高，其性能规定必须综合考虑结构受力、材料及施工等综合因素影响。

（1）工作性能

沉管截面及混凝土体量大、钢筋及各种预埋件密集，采用一次性全断面浇筑成型，混凝土浇筑量大、持续时间长，对混凝土的和易性和凝结时间控制极其严格。混凝土应具备足够的流动性，从搅拌出机经泵送约 100 m 至浇筑现场后，能充分填充和振捣密实，同时不会因流动性过大造成泌水、离析现象；另外，混凝土应保持合适的重塑时间，既要避免初凝时间过短造成的上下层混凝土之间冷缝，也要避免初凝时间过长而影响后续施工。沉管混凝土具体工作性能要求如表 2 所示。

表 2　沉管混凝土工作性能要求

新拌出机混凝土性能		经泵送至浇筑现场混凝土性能			
坍落度/mm	坍落扩展度/mm	坍落度/mm	坍落扩展度/mm	重塑时间/h	初凝时间/h
200～220	400～450	180～220	350～450	≥8	≥12

（2）强度

混凝土高的强度和高的抗裂性从材料角度来看是矛盾的，考虑沉管混凝土采用的是后期强度仍有较大发展的大掺量矿物掺和料体系，通过设计优化，将 28 d C45 作为强度控制指标，56 d C50 作为强度验收指标，这样既满足了沉管结构的受力要求，也有利于结构控裂；此外，因工厂化预制的顶推工艺要求，混凝土 3 d 左右应具有一定的抗弯、抗拉能力，故混凝土强度指标中增加了 3 d 的要求。具体混凝土强度规定见表 3。

表 3　沉管混凝土性能指标要求

强度要求			NT Build492 氯离子扩散系数设计值/($\times 10^{-12}$ m²·s^{-1})		抗水压渗透等级	绝热温升/℃	干缩
3 d	28 d	56 d	28 d	56 d	28 d	7 d	90 d
C25	C45	C50	≤6.5	≤4.5	>P14	<43	<300 $\mu\varepsilon$

（3）耐久性

沉管深埋于海底，属 120 年使用期内不可更换构件，耐久性必须从严设计。鉴于沉管外壁海水渗入，而空气从内壁透入，沉管外壁按腐蚀最严重的浪溅区设计；沉管壁厚超过 1.5 m，内壁主要是受隧道内盐雾和汽车尾气的碳化腐蚀，故沉管内壁按海洋环境大气区考虑。具体混凝土耐久性规定见表 3。

（4）体积稳定性

沉管埋于深达 40 m 的海底，抗渗和防裂要求高，不能出现危害性裂缝。水化热与收缩是影响沉管混凝土开裂的两个主要因素，配制低热低收缩的海工高性能混凝土是提高沉管结构抗裂性能的基本措施[6]。沉管混凝土体积稳定性要求如表 3 所示。

2　混凝土原材料

　　优选有利于提高海凝土寿命及抗裂性能的原材料，试验采用的水泥为华润水泥（平南）P·II42.5 硅酸盐水泥，粉煤灰为谏壁发电厂Ⅰ级粉煤灰，矿粉为唐山盾石 S95 级矿渣粉，粗骨料为新会白水带 5～20 mm 连续级配无碱活性花岗岩碎石，细骨料为广东西江细度模数为 2.6～2.9 的无碱活性河砂，减水剂为江苏苏博特 PCA-I 型缓凝型聚竣酸高性能减水剂。

3　配合比参数对混凝土性能的影响

　　配合比参数决定了混凝土各项性能。港珠澳大桥工程建设难度大，建成后应能够满足 120 年承受各种荷载和环境腐蚀的作用，除强度和耐久性基本要求外，同时还要满足工作性能、抗裂性及经济环保等要求。

3.1　胶凝材料体系的影响

　　（1）对耐久性的影响

　　大量室内试验研究证明，掺粉煤灰、矿渣粉后的水化产物能明显改善混凝土的孔结构、提高混凝土的抗氯离子渗透性[7]。图 1 为不同胶凝材料体系混凝土暴露于海洋环境浪溅区 5 年氯离子扩散系数，在纯硅酸盐水泥、单掺粉煤灰、单掺矿粉及混掺粉煤灰和矿粉的混凝土中，纯硅酸盐水泥混凝土的氯离子扩散系数最大，且衰减最小；混掺粉煤灰和矿粉的混凝土氯离子扩散系数最小，且衰减最快。长期暴露试验证明，混掺大掺量粉煤灰和矿粉的混凝土显示了优异的耐久性，粉煤灰和矿渣粉混掺是配制长寿命海工高性能混凝土的首选胶凝材料体系。

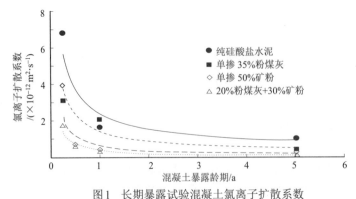

图 1　长期暴露试验混凝土氯离子扩散系数

（2）对抗裂性能的影响

混凝土胶凝材料体系水化放热性能及开裂敏感性能是影响混凝土结构抗裂性能的重要因素。从图2可以看出，掺入粉煤灰、矿粉可显著降低胶凝材料体系的水化放热量，并且水化放热量随着矿物掺和料掺量提高而降低。

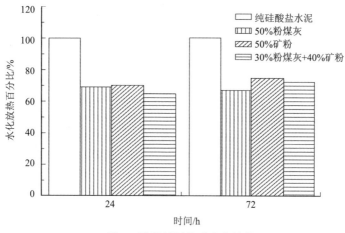

图 2　胶凝材料体系水化放热

以纯硅酸盐水泥小圆环试验开裂时间为基准，各种类型胶凝材料体系开裂时间与纯硅酸盐水泥体系开裂时间之比如图3所示，可以看出掺入矿物掺和料可显著延迟胶凝材料体系开裂时间，降低开裂敏感性，提高混凝土的抗裂性能。

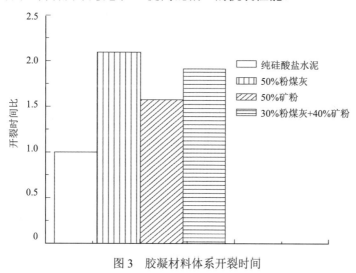

图 3　胶凝材料体系开裂时间

因此，采用大掺量粉煤灰和矿渣粉的胶凝材料体系，也有利于提高混凝土的抗裂性能。

（3）对强度的影响

不同胶凝材料体系对混凝土强度的影响如图4所示。相同水胶比情况下，纯硅酸盐水泥混凝土早期抗压强度远高于掺矿物掺和料的混凝土，但28d及至1年后，其强度与各种掺矿物掺和料混凝土的强度相差不大，在合适的掺量范围内，不同矿物掺和料对混凝土早期强度有影响，但后期强度影响不大。

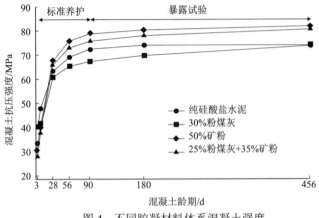

图4 不同胶凝材料体系混凝土强度

3.2 水胶比的影响

理论上减小水胶比对混凝土的强度和耐久性有利，但过小的水胶比对混凝土的工作性能、开裂风险等方面均有不利的影响。因此，对不同胶凝材料体系的混凝土，在确定水胶比时，除满足强度和耐久性最低要求外，尚应考虑满足工程施工的工作性能要求及减小混凝土材料本身的开裂风险（图5，图6）。

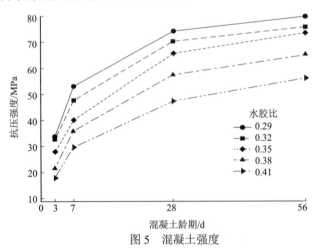

图5 混凝土强度

3.3 浆体比例的影响

混凝土浆体比例是指单位体积混凝土中，胶凝材料、拌和水、外加剂及空气所占体积之和的百分比。浆体决定了混凝土的工作性能和体积稳定性。

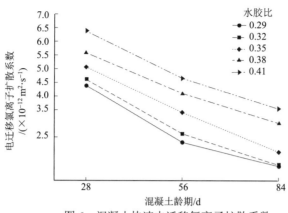

图6 混凝土快速电迁移氯离子扩散系数

（1）对工作性能的影响

浆体在混凝土中的作用，主要是填充骨料堆积形成的空隙并充分包裹和隔离骨料，使新拌混凝土具有良好的流动。试验得出混掺大掺量粉煤灰矿粉的泵送混凝土浆体比例对工作性能的影响如表4所示。浆体比例在30%～35%范围内，新拌混凝土黏聚性、流动性好，适宜现场施工。

表4 浆体比例对混凝土工作性能影响

浆体比例/%	<30	30～35	>35
混凝土工作性能	包裹性与流动性差，经泵送后流动性下降明显	黏聚性、流动性良好，经泵送后流动性损失不大	流动性好，但浆体富余多，振捣易出现浮浆

注：浆体比例＝（胶凝材料体积+拌和水体积+外加剂体积+空气体积）/单位混凝土体积×100%。

（2）对抗裂性能的影响

浆体产生水化热，硬化后的热胀冷缩和湿胀干缩决定了混凝土的体积稳定性，因此浆体比例是影响混凝土抗裂性能的关键因素。

试验研究的浆体比例变化对混凝土干燥收缩影响如图7所示。受胶凝材料用量、胶凝材料体系、水胶比及砂率等因素影响，浆体比例与混凝土干燥收缩之间有明显的相关性，随浆体比例增大，混凝土干燥收缩也增大。

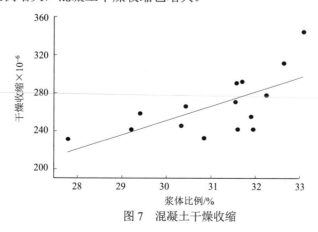

图7 混凝土干燥收缩

采用温度应力试验测得浆体比例与抗裂安全系数之间关系如图 8 所示。温度应力试验的抗裂安全系数即为混凝土轴心抗拉强度与环境温度应力的比值,抗裂安全系数越大,混凝土因温度收缩原因开裂的风险越低,混凝土抗裂性能越强。在胶凝材料组成与水胶比均不变的条件下,浆体比例与抗裂安全系数具有良好的相关性,随着浆体比例的增大,抗裂安全系数随着降低,混凝土抗裂性能降低。

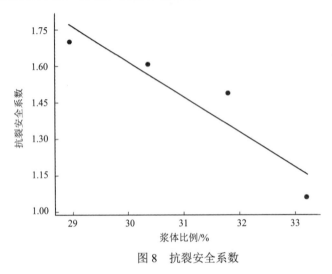

图 8　抗裂安全系数

3.4　骨料粒径和级配

在硬化混凝土中,骨料粒径和级配对混凝土耐久性也有影响。图 9 显示碎石最大粒径分别为 20 mm、25 mm 和 31.5 mm 的连续级配碎石,保持混凝土坍落度（200±20）mm 不变时混凝土 28 d 与 56 d 快速电迁移氯离子扩散系数。骨料粒径增大,虽然胶凝材料用量及浆体比例降低,但混凝土氯离子扩散系数增大。这是因为骨料与胶凝材料浆体之间界面过渡区是氯离子渗透的薄弱环节[8],骨料粒径越大,界面过渡区薄弱环节越多,混凝土耐久性越差。

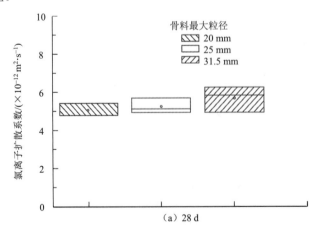

（a）28 d

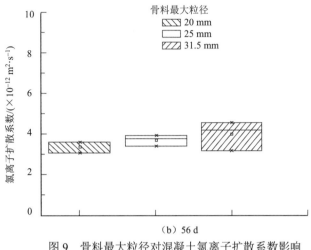

图9 骨料最大粒径对混凝土氯离子扩散系数影响

4 混凝土配制和配合比优化

在配合比参数对混凝土性能影响研究的基础上，针对港珠澳大桥主体结构不同混凝土构件的具体要求，通过室内试拌、现场模型试验，优选出满足具体构件性能要求，兼顾各项性能发展并实现各项性能在实体构件中达到统一与和谐的基准配合比。在施工过程中，可根据具体情况，对基准配合比进行调整优化，形成最终用于实际施工的工程配合比。

4.1 混凝土试配制

不同构件混凝土试配制过程，就是突出具体构件混凝土关键性能的同时，通过配合比参数调整，利用最少的胶凝材料及浆体率、尽量少的水泥和尽量多的矿物掺和料，确保混凝土各种性能满足设计要求过程。

（1）桥梁混凝土

针对不同构件混凝土的性能要求，综合考虑上述各配合比参数的影响，经过大量的原材料调研、优选和配合比试拌，得出满足设计和施工要求的桥梁典型构件浪溅区混凝土初步配合比（表5），其性能见表6。

表5 桥梁典型构件混凝土初步配合比

构件	强度等级	编号	胶凝材料/(kg/m³)	水胶比	水泥/%	粉煤灰/%	矿粉/%	砂率/%	密度/(kg/m³)	坍落度/mm
承台	C45	CT-1	390	0.36	45	20	35	40	2 370	185
		CT-2	400	0.35	40	25	35	39	2 365	190
		CT-3	410	0.34	35	25	40	39	2 365	180

续表

构件	强度等级	编号	胶凝材料 /(kg/m³)	水胶比	水泥/%	粉煤灰/%	矿粉/%	砂率/%	密度 /(kg/m³)	坍落度 /mm
桥墩	C50	D-1	430	0.33	50	20	30	41	2 400	195
		D-2	440	0.32	45	20	35	40	2 395	200
		D-3	450	0.31	40	25	35	40	2 395	205
箱梁	C55	L-1	440	0.33	55	20	25	42	2 410	220
		L-2	450	0.32	50	20	30	42	2 410	210
		L-3	460	0.31	45	20	35	43	2 410	205

表6 桥梁典型构件混凝土试拌性能

构件	强度等级	编号	抗压强度/MPa				氯离子扩散系数 /(×10⁻¹² m²·s⁻¹)		抗裂 安全系数
			3 d	7 d	28 d	56 d	28 d	56 d	
承台	C45	CT-1	25.1	35.9	59.2	61.4	5.1	3.3	1.4
		CT-2	24.8	30.9	57.7	63.3	5.0	3.5	1.5
		CT-3	22.6	31.5	58.1	64.1	4.6	2.9	1.2
桥墩	C50	D-1	27.8	52.8	65.6	69.8	4.9	3.0	1.4
		D-2	27.9	43.4	66.7	71.7	5.2	3.3	1.3
		D-3	29.3	46.1	67.5	72.8	4.5	2.9	1.1
箱梁	C55	L-1	34.4	54.1	72.2	75.1	4.6	2.5	1.2
		L-2	32.1	51.9	74.3	77.1	4.4	2.7	1.2
		L-3	31.9	49.3	70.3	76.2	4.4	2.5	1.1

注：抗裂安全系数为温度应力试验混凝土轴心抗拉强度与环境温度应力的比值。

（2）沉管混凝土

沉管是处于水下承受高压海水作用的大体积混凝土结构，对混凝土的抗氯离子渗透性、抗水压渗透性及抗裂性能要求严格。采用工厂化长距离泵送全断面连续浇筑，一次浇筑混凝土达 3300 m³，且结构内钢筋密集，是港珠澳大桥工程中对混凝土综合性能要求最高的构件，对原材料和配合比要求极高。沉管混凝土初步配合比及其性能如表7与表8所示。

表7 沉管混凝土初步配合比

编号	胶凝材料 /(kg·m⁻³)	水胶比	水泥/%	粉煤灰/%	矿粉/%	砂率/%	密度 /(kg/m³)	含气量/%	坍落度/mm
CG-1	420	0.35	40	25	35	40	2 395	2.0	210
CG-2	420	0.35	45	25	30	40	2 395	1.7	215
CG-3	420	0.35	50	20	30	40	2 400	1.6	220

表8 沉管混凝土试拌性能

编号	抗压强度/MPa			氯离子扩散系数 /(×10⁻¹² m²·s⁻¹)		抗水压渗透 等级	绝热温升 /℃	干缩/10⁻⁶		抗裂安全 系数
	3 d	28 d	56 d	28 d	56 d	28 d	7 d	7 d	90 d	
CG-1	26.4	57.1	61.8	5.0	2.2	>P12	39.3		242	1.4
CG-2	28.8	59.9	65.3	4.7	2.5	>P12	41.5		240	1.5
CG-3	33.8	55.5	62.4	4.5	2.7	>P12	43.2		265	1.0

注：抗裂安全系数为温度应力试验混凝土轴心抗拉强度与环境温度应力的比值。

4.2 现场预拌和足尺模型试验

根据混凝土试配制的结果，选择各项性能满足设计要求并具有最优抗裂性能的配合比，通过现场预拌及足尺模型试验，按照构件的实际施工工艺及施工条件，对混凝土构件生产浇筑施工全过程进行模拟，并全面检验混凝土拌和物性能和强度、耐久性及抗裂性等综合性能，在此基础上对配合比进行必要的调整、优化。

4.3 工程配合比

港珠澳大桥工程量大，不同施工标段采用的原材料不同，各自的施工装备、工艺及质量控制措施各有差别，在实际施工过程中，施工单位可根据各自具体情况，在满足设计和基本质量控制要求的前提下，对基准配合比进行适当调整。港珠澳大桥不同混凝土构件施工用配合比如表9所示。

表9 典型构件混凝土施工配合比

构件名称	配合比编号	胶凝材料用量/(kg/m³)	水胶比	水泥/%	粉煤灰/%	矿粉/%	砂率/%	减水剂/%
承台	1	440	0.34	46	25	29	41	0.80
	2	450	0.32	42	29	29	41	1.00
	3	450	0.32	50	30	20	41	0.95
桥墩	1	490	0.30	47	24	29	41	0.80
	2	470	0.31	52	20	28	40	1.00
	3	475	0.29	55	25	20	38	1.10
沉管	1	420	0.35	45	25	30	43	1.00

5 结 论

1）港珠澳大桥结构复杂，施工难度大，服役环境恶劣，结构承受的不同荷载、所处不同的环境及不同的施工工艺，对混凝土的强度、耐久性、工作性能及体积稳定性都有不同或更严格的要求。

2）海洋实际环境长期暴露实验证明，混掺大掺量粉煤灰和矿粉的海工高性能混凝土比单掺粉煤灰或矿粉的混凝土显示出更优异的抗氯离子渗透性能，确定混掺大掺量粉煤灰与矿粉是配制港珠澳大桥长寿命海工高性能混凝土的首选胶凝材料体系。

3）在系统研究胶凝材料体系、水胶比、浆体比例、骨料粒径和级配等参数对混凝土性能影响的基础上，提出了以强度和耐久性要求为重点，同时兼顾工作性能、抗裂性和经济性的配制原则，从而达到混凝土配合比参数和各项性能的和谐统一。

4）港珠澳大桥工程技术要求高，施工难度大，混凝土配合比的确定需要在室内试验的基础上，通过现场预拌及足尺模型试验验证，并结合工程施工实际情况进行必要的调整和优化，最终确定满足设计要求、便于质量控制且综合性能优异的施工配合比。

参 考 文 献

[1]　王胜年，李克非，范志宏，等. 港珠澳大桥120年使用寿命的混凝土结构耐久性对策研究[R]. 杭州：第八届全国混凝土耐久性学术交流会，2012：71-80.

[2]　孟凡超，刘晓东，徐国平. 港珠澳大桥主体工程总体设计[C]//中国土木工程学会桥梁及结构学会. 第十九届全国桥梁学术会议论文集（上册）. 北京：人民交通出版社，2010：57-77.

[3]　刘晓东. 港珠澳大桥总体设计与技术挑战[C]//中国海洋工程学会. 第十五届中国海洋（岸）工程学术讨论会论文集. 北京：海洋出版社，2011：17-20.

[4]　李英，陈越. 港珠澳大桥岛隧工程的意义及技术难点[J]. 工程力学，2011，（S2）：67-77.

[5]　中交四航工程研究院有限公司. 港珠澳大桥混凝土结构耐久性设计研究[Z]. 广州：中交四航工程研究院有限公司，2013：61-62.

[6]　李超，王胜年，王云飞，等. 港珠澳大桥全断面浇筑沉管裂缝控制技术[J]. 施工技术，2012，41(22)：5-8.

[7]　中交四航工程研究院有限公司. 抗盐污染高性能混凝土配制成套技术研究[Z]. 广州. 中交四航工程研究院有限公司，2001：16-18.

[8]　Kumar M P，Paulo J，Monteiro M. Concrete Microstructure，Properties and Materials[M]. 覃维祖，王栋民，丁建彤，等译. 北京：中国电力出版社，2008：80-83.

海洋环境长寿命高性能混凝土的研究*

刘　行，李　超，范志宏

（交通运输部水工构造物耐久性技术交通行业重点实验室，广州）

摘　要： 本文系统研究了不同配合比参数对海洋环境混凝土性能的影响。试验结果表明，混凝土中掺入适量的粉煤灰、磨细矿渣粉可明显改善混凝土的工作性能、提高混凝土的后期强度发展、提高混凝土的体积稳定性和抗氯离子渗透性。分析认为适合进行海洋环境长寿命高性能混凝土配制的配合比参数是：水胶比不低于 0.30；采用混掺粉煤灰和磨细矿渣粉的胶凝材料体系，单掺粉煤灰掺量不高于 30%，磨细矿渣粉不高于 65%，两者混掺不高于 70%；不宜采用单掺大量磨细矿渣粉的方式来配制混凝土。

关键词： 海洋环境；混凝土性能；长寿命高性能混凝土

0　引　言

海工混凝土由于经常或周期性地与海水接触，易遭受损害而缩短其使用寿命，直接或间接地造成了巨大的经济损失。研究表明[1]，我国华东、华南、北方沿海地区海工建筑物结构破坏的主要原因是氯盐侵蚀导致的钢筋锈蚀，氯离子扩散性与海工混凝土耐久性有着密切的关系。钢筋腐蚀破坏造成的直接、间接损失之大超出人们的预料。有研究表明，增加混凝土的密实度，提高混凝土的氯离子扩散系数，可以有效抑制海水中的氯离子侵入混凝土中，提高结构的服役寿命[2]。因此配制长寿命高性能混凝土来提高混凝土结构的耐久性是综合性耐久性防护体系中最有效、最直接且最经济的根本性措施。笔者研究了不同配合比参数对海洋环境高性能混凝土力学及氯离子扩散系数的影响，提出配制海洋环境长寿命高性能混凝土的关键参数。

1　原材料及试验方法

1.1　混凝土原材料

水泥：P·Ⅱ42.5R 级水泥，比表面积小于 350 m²/kg；粉煤灰：Ⅱ级原状灰，需水量

---

* 本文曾刊登于《混凝土》2014 年第 10 期。

比＜100%；磨细矿渣粉：S95 级，流动比＞100%；砂：Ⅱ区中砂，细度模数 2.9；碎石：5～20 mm 反击破碎石，压碎值 8.8%；减水剂：Ⅰ号和Ⅱ号聚羧酸减水剂，减水率均大于 25%。

1.2　混凝土配合比设计

在 28.9%～28%的浆体率范围内，利用Ⅰ号减水剂设计 4 组纯水泥基准混凝土，4 组单掺 30%粉煤灰的混凝土，4 组单掺 65%磨细矿渣粉的混凝土、4 组混掺粉煤灰与磨细矿渣粉的混凝土及 3 组掺入引气剂的混凝土，利用Ⅱ号减水剂设计 4 组单掺 30%粉煤灰的混凝土，4 组混掺粉煤灰与磨细矿渣粉的混凝土及 3 组掺入引气剂的混凝土，混凝土坍落度均控制在 200～240 mm，混凝土配合比和新拌混凝土性能测试结果如表 1、表 2 所示。

表 1　长寿命混凝土室内研究试验配合比（一）

编号	水胶比	胶材用量/kg	用水量/kg	水泥/%	粉煤灰/%	矿渣粉/%	浆体比率/%	砂率/%	坍落度/mm		含气量/%
									初始	1 h	
GZ-1	0.29	475	137.8	100	0	0	28.9	39	215	190	5.3
GZ-2	0.32	450	144.0	100	0	0	28.7	40	205	150	5.5
GZ-3	0.35	430	150.5	100	0	0	28.8	41	240	210	5.0
GZ-4	0.38	405	153.9	100	0	0	28.7	42	235	—	7.7
CF-1	0.29	440	127.6	70	30	0	28.5	40	200	165	2.3
CF-2	0.32	420	134.4	70	30	0	28.4	41	205	180	4.0
CF-3	0.35	400	140.0	70	30	0	28.3	42	200	—	4.5
CF-4	0.38	380	144.4	70	30	0	28.0	43	210	210	5.2
CK-1	0.29	460	133.4	35	0	65	28.7	40	225	220	2.6
CK-2	0.32	440	140.8	35	0	65	28.8	41	230	—	3.1
CK-3	0.35	420	147.0	35	0	65	28.8	42	230	—	3.4
CK-4	0.38	400	152.0	35	0	65	28.6	43	220	—	2.3
CFK-1	0.29	460	133.4	40	25	35	29.8	40	210	190	1.4
CFK-2	0.32	420	134.4	40	25	35	28.6	42	210	200	2.5
CFK-3	0.35	405	141.8	40	25	35	28.8	42	215	—	2.7
CFK-4	0.38	390	148.2	40	25	35	28.9	44	215	—	2.7
YQ-1	0.29	460	133.4	40	25	35	29.8	40	230	230	4.7
YQ-2	0.32	420	134.4	40	25	35	28.6	42	215	—	4.7
YQ-3	0.35	405	141.8	40	25	35	28.8	42	200	—	4.6

表 2　长寿命混凝土室内研究试验配合比（二）

编号	水胶比	胶材用量/kg	用水量/kg	水泥/%	粉煤灰/%	矿渣粉/%	浆体比率/%	砂率/%	坍落度/mm	表观密度/(kg/m³)	含气量/%
CCF-1	0.29	440	127.6	70	30	0	28.5	40	205	2 501	1.10
CCF-2	0.32	420	134.4	70	30	0	28.4	41	210	2 483	1.10
CCF-3	0.35	400	140.0	70	30	0	28.3	42	205	2 468	1.65

续表

编号	水胶比	胶材用量/kg	用水量/kg	水泥/%	粉煤灰/%	矿渣粉/%	浆体比率/%	砂率/%	坍落度/mm	表观密度/(kg/m³)	含气量/%
CCF-4	0.38	380	144.4	70	30	0	28.0	43	210	2 436	2.45
CCFK-1	0.29	460	133.4	40	25	35	29.8	40	240	2 495	0.80
CCFK-2	0.32	420	134.4	40	25	35	28.6	42	235	2 471	0.60
CCFK-3	0.35	405	141.8	40	25	35	28.8	42	210	2 477	0.80
CCFK-4	0.38	390	148.2	40	25	35	28.9	44	215	2 474	0.80
CYQ-1	0.29	460	133.4	40	25	35	29.8	40	230	2 379	3.20
CYQ-2	0.32	420	134.4	40	25	35	28.6	42	215	2 343	3.50
CYQ-3	0.35	405	141.8	40	25	35	28.8	42	200	2 329	3.70

1.3 性能测试方法

新拌混凝土性能测试按《普通混凝土拌合物性能试验方法标准》(GB/T 50080—2002)进行，力学性能测试按《普通混凝土力学性能试验方法标准》(GB/T 50081—2002)进行，抗氯离子渗透性测试按《普通混凝土长期性能和耐久性能试验方法标准》(GB/T 50082—2009)进行。

2 混凝土性能结果分析

2.1 混凝土的工作性能

新拌混凝土性能测试结果如表1、表2所示。试验过程中发现，在掺入了大量磨细矿渣粉的混凝土中，随着混凝土水胶比的降低，混凝土的黏稠性逐渐增大，当水胶比降低到0.32时，混凝土拌和物会有轻微的黏滞性，当水胶比降低到0.29时，混凝土拌和物虽然坍落度仍旧能达到200 mm以上，但是出现了比较严重的"抓底"现象。在水胶比为0.29的混凝土中掺入适量的引气剂，能降低混凝土的黏稠性，可在一定程度上减轻混凝土的"抓底"，但是并不能完全避免"抓底"的出现。随着粉煤灰、磨细矿渣粉等矿物掺和料的掺入，新拌混凝土含气量明显降低，并且掺入磨细矿渣粉后新拌混凝土含气量降低的程度更大。这说明粉煤灰、磨细矿渣粉对聚羧酸减水剂中的引起组分有很强的吸附效果，降低了引入混凝土中气泡的含量。由于气泡含量的降低，浆体的屈服应力与黏性有所提高，且随着混凝土水胶比的降低，浆体的屈服应力与黏性进一步提高，使得混凝土出现前述的"抓底"现象。在同水胶比的条件下，单掺粉煤灰及混掺粉煤灰与矿粉的混凝土和易性会优于单掺磨细矿渣粉的混凝土，这说明大掺量的磨细矿渣粉比粉煤灰更容易增加浆体的屈服应力与黏性。混凝土拌和物的"抓底"给混凝土的振捣施工带来一定困难，在混凝土配制过程应避免这一现象的出现。因此，在具体的海水环境长寿命混凝土配合比设计中，单就工作性能而言，混凝土的最小水胶比应不低于 0.30，并且尽量不采用单掺大量磨细矿渣粉的方式来配制混凝土，以避免混凝土出现"抓底"。

2.2　混凝土的力学性能

采用Ⅰ号聚羧酸减水剂配制的初探混凝土抗压强度如图 1 所示。各种类型的混凝土，随着混凝土水胶比的降低、龄期的增长，混凝土的抗压强度出现了不同程度的增长。与未掺入矿物掺和料的基准混凝土相比，单独掺入 30% 粉煤灰、单独掺入 65% 磨细矿渣粉及混合掺入 60% 粉煤灰与磨细矿渣粉的大量矿物掺和料混凝土早期的抗压强度稍低。但随着龄期的增长，矿物掺和料逐渐发挥其火山灰活性，掺入矿物掺和料的混凝土抗压强度在 28 d 以后仍有明显增长，如以 56 d 强度为 100%，则其在 28 d 后抗压强度有 15%～20% 的增长，到 56 d 后掺入矿物掺和料的混凝土抗压强度普遍高于基准混凝土强度。单掺粉煤灰、单掺磨细矿渣粉及混掺矿物掺和料的混凝土，在 0.29～0.38 水胶比范围内的混凝土，28 d 抗压强度在 50～85 MPa，56 d 抗压强度在 55～92 MPa 范围，基本上可以满足 C40～C70 强度等级混凝土的要求。在混合掺入粉煤灰与磨细矿渣粉的混凝土中掺入引气剂，并将混凝土拌和物含气量控制在 4%～5%，可以明显提高混凝土的和易性，但含气量的提高大大降低了混凝土各龄期的抗压强度。

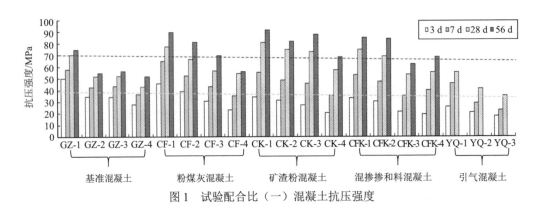

图 1　试验配合比（一）混凝土抗压强度

采用Ⅱ号聚羧酸减水剂配制的混凝土抗压强度如图 2 所示。与Ⅰ号聚羧酸减水剂配制的混凝土一样，掺入大量矿物掺和料混凝土的抗压强度在 28 d 龄期后仍有明显的增长，如以 56 d 强度为 100%，则其在 28 d 后抗压强度仍有 10%～15% 的增长。在 0.29～0.38 水胶比范围内的混凝土，大掺量矿物掺和料混凝土 28 d 抗压强度在 57～90 MPa，56 d 抗压强度在 65～105 MPa，基本上可以满足 C45～C75 强度等级混凝土的要求。在混掺粉煤灰与磨细矿渣粉混凝土中掺入引气剂提高混凝土的含气量，同样会明显降低混凝土的强度。

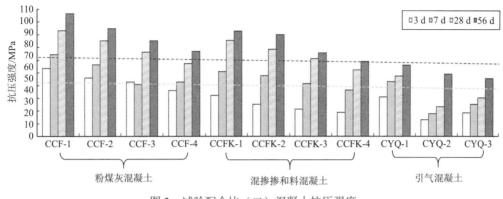

图 2　试验配合比（二）混凝土抗压强度

2.3　混凝土的抗氯离子渗透性

图 3 是 I 号聚羧酸减水剂配制的混凝土采用 1.2 节中规定的方法测得的不同龄期氯离子扩散系数。由试验结果可以看出随着水胶比的降低、龄期的增长及矿物掺和料的掺入，不同类型混凝土的氯离子扩散系数均出现不同程度的下降。单独掺入 65%磨细矿渣粉及混掺 60%矿物掺和料混凝土测得的 28 d 氯离子扩散系数均小于 $6.25 \times 10^{-12}\ \mathrm{m^2/s}$，84 d 氯离子扩散系数均小于 $2.40 \times 10^{-12}\ \mathrm{m^2/s}$，这两种类型混凝土对于降低混凝土氯离子扩散系数的效果明显优于单掺 30%粉煤灰的混凝土。

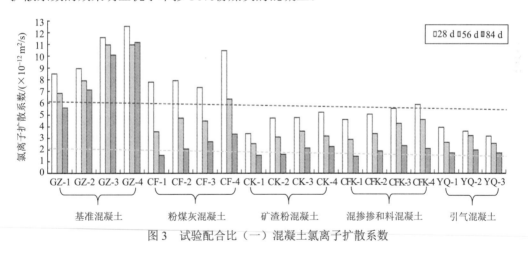

图 3　试验配合比（一）混凝土氯离子扩散系数

II 号聚羧酸减水剂配制的混凝土不同龄期氯离子扩散系数如图 4 所示。其中混掺掺和料混凝土测得的 28 d 氯离子扩散系数均小于 $6.25 \times 10^{-12}\ \mathrm{m^2/s}$，84 d 氯离子扩散系数均小于 $2.00 \times 10^{-12}\ \mathrm{m^2/s}$。混掺掺和料混凝土对于降低混凝土氯离子扩散系数的效果明显也优于单掺 30%粉煤灰的混凝土。

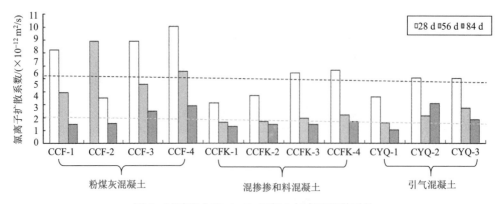

图 4　试验配合比（二）混凝土氯离子扩散系数

可见，采用两种不同的聚羧酸减水剂配制的相同类型混凝土氯离子扩散系数表现出来的规律基本一致，可以认为不同减水剂不会对混凝土的抗氯离子渗透性产生明显影响。在各种类型的混凝土中，随着混凝土水胶比提高，混凝土的氯离子扩散系数均出现不同程度的增大，因此要配制氯离子扩散系数低的海洋环境长寿命高性能混凝土，就必须将混凝土水胶比控制在一定范围内。

3　海洋环境长寿命高性能混凝土配合比参数选择

根据试验数据分析，提出配制海洋环境长寿命高性能混凝土配合比关键参数——水胶比、胶凝材料体系组成及比例。

3.1　水胶比的选择

《海港工程混凝土结构防腐蚀技术规范》（JTJ 275—2000）规定海港工程高性能混凝土的水胶比应低于 0.35，其主要为了保证混凝土的抗氯离子性能[3]。上述研究表明，随混凝土水胶比的降低，混凝土的抗压强度越高，混凝土的抗氯离子扩散系数越小。但对于混掺粉煤灰与矿渣粉的混凝土，水胶比低于 0.30 混凝土抓底较为严重，不利于混凝土的现场施工，因此配制海水环境长寿命高性能混凝土水胶比不能低于 0.30，对于处于海洋环境浪溅区构件水胶比应低于 0.35。

3.2　胶凝材料组成

上述试验研究表明，混凝土中单掺适量的粉煤灰、磨细矿渣粉可明显改善混凝土的工作性能、提高混凝土的后期强度发展、提高混凝土的抗氯离子渗透性，而混合掺入粉煤灰与磨细矿渣粉较单掺体系抗氯离子渗透性更好。掺入矿物掺和料以后可以大幅降低混凝土早龄期的氯离子扩散系数，同样也可以减小后期的氯离子扩散系数。其中粉煤灰与矿渣双掺的混凝土，不论早期还是后期，氯离子扩散系数均为最小。因此要配制高抗氯离子渗透性高的长寿命高性能混凝土，需在混凝土掺加大掺量的矿物掺和料，大掺量粉煤灰与磨细矿渣粉混掺体系是配制抗氯离子渗透性高的长寿命高性能混凝土的最优胶凝材料体系。在具体的海洋环境长寿命高性能混凝土配合比设计中，单掺粉煤灰掺量不高于30%，磨细矿渣粉不高于65%，两者混掺不高于70%。

4 结 论

1）在掺入了大量磨细矿渣粉的混凝土中，随着混凝土水胶比的降低，混凝土的黏稠性逐渐增大，当水胶比降低到0.29时，混凝土拌和物出现了比较严重的"抓底"现象。

2）大掺量矿物掺和料混凝土早期的抗压强度稍低，但后期强度增长较快；含气量的提高会大大降低混凝土各龄期的抗压强度。

3）混凝土中掺入适量的粉煤灰、磨细矿渣粉可明显改善混凝土的工作性能、提高混凝土的后期强度发展、提高混凝土的抗氯离子渗透性。单独掺入磨细矿渣粉及混掺矿物掺和料混凝土对于降低混凝土氯离子扩散系数的效果明显优于单掺粉煤灰的混凝土。

4）大掺量粉煤灰与磨细矿渣粉混掺体系是配制海洋环境长寿命高性能混凝土最优的胶凝材料体系。

在具体的海洋环境长寿命高性能混凝土配合比设计中，单掺粉煤灰掺量不高于30%，磨细矿渣粉不高于65%，两者混掺不高于70%。

参 考 文 献

[1] 王胜年，黄君哲，张举连，等. 华南海港码头混凝土腐蚀情况的调查与结构耐久性分析[J]. 水运工程，2000，(6): 8-12.

[2] 范志宏，杨福麟，黄君哲，等. 海工混凝土长期暴露试验研究[J]. 水运工程，2005，(9): 60-64.

[3] 中华人民共和国交通部. 海港工程混凝土结构防腐蚀技术规范：JTJ 275—2000[S]. 北京：人民交通出版社，2000.

全断面浇筑沉管低热低收缩高性能混凝土配制及优选*

李　超，王迎飞，张宝兰，刘　行，李士伟

（中交四航工程研究院有限公司，广州）

摘　要： 通过针对港珠澳大桥沉管混凝土高工作性能、高强度、高抗裂性及长寿命等要求，采用混掺大掺量粉煤灰与矿渣粉胶凝材料体系配制低热、低收缩的沉管混凝土。本文通过配合比组成因素对混凝土工作性能、强度、耐久性及抗裂性影响的分析，结合混凝土温度应力测试及抗裂安全系数计算，优选出满足沉管各项性能要求且具备最佳抗裂性能的低热低收缩高性能混凝土配合比，并在港珠澳大桥沉管预制中得到应用，成功避免了沉管节段早期危害性裂缝的产生。

关键词： 沉管；低热低收缩高性能混凝土；温度应力；抗裂安全系数

0　引　言

港珠澳大桥沉管隧道是我国交通建设史上技术最复杂、标准最高的海中隧道工程，也是当今世界范围内长度最长、埋置最深、单孔跨度最宽、单节柔性管节最长、规模最大的海底公路沉管隧道之一[1-3]。大桥的沉管隧道设计使用寿命为 120 年，其最大埋入深度约–40 m，混凝土结构需要长期承受高压海水作用，沉管管节混凝土不允许出现危害性裂缝，对混凝土抗裂防渗性能提出了极高要求[4]。为控制施工期危害性裂缝的产生，沉管预制采用了原材料降温、冷却水和碎冰拌和、自动喷淋水雾保温保湿养护等技术措施，但其中最重要的还是要解决如何提高混凝土材料自身抗裂性的问题[5-7]。因此，根据沉管结构的复杂性及工厂化预制施工工艺要求，针对水化热与收缩这两个影响混凝土结构抗裂性能的主要因素，优选合适的混凝土原材料，配制满足工作性能、强度、寿命要求的低热低收缩混凝土，将从根本上降低沉管混凝土结构的开裂风险。

1　混凝土配合比设计

1.1　沉管混凝土性能指标要求

港珠澳大桥预制沉管其结构安全、拆模、顶推施工等对混凝土强度的要求，120 年设

---

*本文曾刊登于《混凝土》2014 年第 5 期。

计使用寿命对混凝土抗氯离子渗透性要求，抵抗 40 m 水深水压力对混凝土抗渗性要求，采用泵送方式进行全断面连续浇筑对混凝土工作性能要求均如表 1 所示。

表 1　沉管混凝土性能要求

坍落度/mm	抗压强度/MPa			氯离子扩散系数/($\times 10^{-12}$ m^2/s)		抗水压渗透等级
	3 d	28 d	56 d	28 d	56 d	28 d
200±20	C25	C45	C50	≤6.5	≤4.5	>P12

由于水化热与收缩是影响混凝土结构抗裂性能的关键因素，为保证沉管结构在施工期不出现危害性裂缝，沉管混凝土必须具有低热、低收缩的性能，要求混凝土的绝热温升不大于 43℃，混凝土 90 d 龄期的干燥收缩不大于 300×10^{-6}。

1.2　原　材　料

华润水泥（平南）P·II 42.5 级水泥，比表面积为 330 m^2/kg，其熟料 C$_3$A 含量为 7.5%；谏壁发电厂 I 级风选粉煤灰，需水量比为 94%；唐山盾石 S95 级矿渣粉，比表面积为 416 m^2/kg，7 d、28 d 活性指数分别为 76%、102%；新会白水带 5～20 mm 连续级配元碱活性花岗岩碎石，紧密堆积空隙率为 37%，含泥量为 0.3%；广东西江细度模数为 2.6～2.9 的无碱活性河砂，松散堆积空隙率为 42%，含泥量为 0.4%；江苏苏博特 PCA-I 型缓凝型聚竣酸高性能减水剂，减水率为 28%，掺减水剂混凝土的 28 d 收缩率比为 97%。

1.3　混凝土配合比

利用优选的混凝土原材料按照配合比设计体积法，在 380～450 kg/m^3 胶凝材料用量、50%～65% 矿物掺和料用量比例、0.33～0.37 水胶比范围内配制沉管混凝土如表 2 所示，各组混凝土的坍落度均控制在 180～220 mm，含气量控制在 1.5%～2.5%。

表 2　混凝土配合比

编号	胶凝材料/(kg/m^3)	水胶比	水泥/%	粉煤灰/%	矿渣粉/%	砂率/%	坍落度/mm	含气量/%	和易性描述
C1	450	0.37	50	20	30	45	220	1.5	浆体富余、轻微泌水
C2	450	0.33	35	25	40	42	195	2.4	浆体富余、发黏
C3	420	0.37	35	25	40	44	195	1.6	轻微泌水
C4	420	0.35	35	25	40	43	200	1.8	状态良好
C5	420	0.35	35	30	35	43	210	1.8	状态良好
C6	420	0.35	40	20	40	43	200	2.0	状态良好
C7	420	0.35	45	20	35	43	215	2.0	状态良好
C8	420	0.35	50	20	30	43	200	1.6	状态良好

续表

编号	胶凝材料/(kg/m³)	水胶比	水泥/%	粉煤灰/%	矿渣粉/%	砂率/%	坍落度/mm	含气量/%	和易性描述
C9	420	0.33	35	25	40	41	195	1.8	发黏、抓底
C10	400	0.35	45	20	35	40	200	2.3	流动性差、包裹性较差
C11	380	0.35	45	20	35	40	195	2.5	流动性及包裹性差

1.4　试　验　方　法

1）混凝土抗氯离子渗透性测试：按照《普通混凝土长期性能和耐久性能试验方法标准》（GB/T 50082—2009）中快速氯离子迁移系数法测试混凝土氯离子扩散系数。

2）混凝土温度应力测试：利用北京航源平洋科技发展有限公司生产的 HYPY-II 混凝土温度应力试验机进行温度应力测试，在 100%约束条件下，控制混凝土入模温度为 20～24℃，当混凝土试件达到最高温峰时保温 72 h，然后按照（2.0±0.5）℃/h 的速率进行急速冷却，直至试件断裂，以最高温度与开裂温度之差的断裂温度作为评价混凝土抗裂性能的核心指标。

2　试验结果分析

2.1　混凝土工作性能

由表 2 中可以看出胶凝材料用量为 450 kg/m³、水胶比为 0.37 的 C1 配合比，新拌混凝土浆体富余且有轻微泌水，水胶比为 0.33 的 C2 配合比混凝土虽然保水性明显增强，但浆体仍旧富余较多且具有一定的黏滞性、不易铲动；胶凝材料用量为 420 kg/m³ 的 C3～C9 这 7 组混凝土，水胶比为 0.37 的 C3 配合比，新拌混凝土轻微泌水，水胶比为 0.33 的 C9 配合比，混凝土无泌水现象，但混凝土流动性差、黏性大且抓底，其余 5 组水胶比为 0.35 的 C4～C8 配合比，新拌混凝土流动性良好，无离析、泌水，混凝土黏聚性良好；胶凝材料用量分别为 400 kg/m³、380 kg/m³ 的 C10、C11 这两组混凝土，虽然混凝土无离析、泌水现象出现，但流动性及浆体对骨料的包裹性明显降低。

胶凝材料用量及水胶比是影响沉管混凝土工作性能的重要因素。以 420 kg/m³ 的胶凝材料用量为基准，增大胶凝材料用量，混凝土浆体富余，易泌水且不利于降低混凝土收缩总量，但降低胶凝材料则易导致混凝土流动性及包裹性降低；以 0.35 水胶比为基准，在相同胶凝材料用量条件下，增大水胶比，混凝土保水性降低，降低水胶比，混凝土流动性降低、黏性增大。

2.2　混凝土强度

各组配合比不同龄期的抗压强度如表3所示。

表3　混凝土抗压强度

编号	抗压强度/MPa			
	3 d	7 d	28 d	56 d
C1	23.6	37.2	54.1	61.2
C2	24.8	38.8	55.6	63.2
C3	20.7	30.9	48.3	58.6
C4	23.2	36.4	53.3	62.4
C5	22.1	34.2	51.2	60.5
C6	26.4	40.9	57.1	61.8
C7	28.8	42.9	59.9	65.3
C8	33.8	44.9	55.5	62.4
C9	27.2	39.7	54.1	64.7
C10	29.9	41.6	55.9	63.6
C11	25.1	42.3	60.5	64.4

各组配合比28 d龄期的抗压强度均大于45 MPa，56 d龄期抗压强度均大于50 MPa，但水胶比为0.37的配合比与水泥在胶凝材料中所占比例为35%的配合比3 d龄期抗压强度均小于25 MPa。

水胶比、水泥所占比例对沉管混凝土抗压强度影响分别如图1、图2所示。在保持胶凝材料用量及胶凝材料组成不变的条件下，随着水胶比增大混凝土强度明显降低，水胶比增大至0.37时，混凝土3 d龄期抗压强度不满足要求28 d龄期及56 d龄期抗压强度保证率迅速降低。

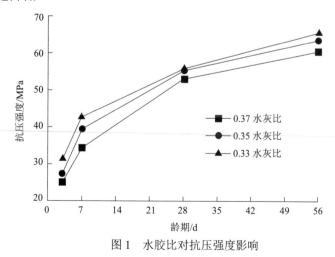

图1　水胶比对抗压强度影响

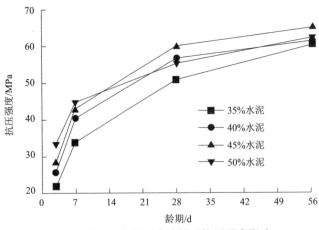

图 2　水泥所占比例对抗压强度影响

在胶凝材料用量及水胶比不变的条件下，随着水泥在胶凝材料中所占比例从 35% 增加至 50%，混凝土抗压强度随着水泥所占比例的提高而增大。水泥所占比例为 45% 与 40%，会略微降低混凝土在 3 d、7 d 龄期的抗压强度，但 28 d 抗压强度增长速率明显高于 50% 水泥的配合比，到 56 d 龄期时以 45% 水泥配合比的抗压强度最高，40% 水泥与 50% 水泥的 56 d 龄期抗压强度接近，而 35% 水泥抗压强度在 3～56 d 龄期内的抗压强度均为最低。在水泥所占比例为 40%～50% 的环境中，可充分激发出矿物掺和料活性，参与胶凝材料水化，填充混凝土中的空隙，提高混凝土的密实度。

2.3　混凝土耐久性

各组配合比不同龄期的氯离子扩散系数及抗水压渗透性如表 4 所示。

表 4　混凝土耐久性指标

编号	氯离子扩散系数/(×10⁻¹² m²/s)			28 d 抗水压渗透等级
	28 d	56 d	84 d	
C1	6.1	4.1	2.5	＞P12
C2	4.1	2.9	1.7	＞P12
C3	6.4	4.2	2.6	＞P12
C4	5.5	3.6	2.1	＞P12
C5	5.6	2.4	1.9	＞P12
C6	5.0	2.2	1.6	＞P12
C7	4.7	2.5	1.8	＞P12
C8	4.5	2.7	1.9	＞P12
C9	4.4	2.8	1.6	＞P12
C10	4.9	3.1	2.0	＞P12
C11	5.2	2.8	2.3	＞P12

随着龄期的增长，混凝土抗氯离子渗透性明显提高，各组混凝土 28 d、56 d 的氯离子扩散系数均满足设计指标要求,但各组配合比的氯离子扩散系数保证率存在明显差异,水胶比、胶凝材料组成、胶凝材料用量等因素对混凝土氯离子扩散系数变化规律的影响不尽相同。水胶比对混凝土抗氯离子渗透性影响如图 3 所示。在胶凝材料组成及胶凝材料用量不变的条件下，当混凝土的水胶比从 0.33 增大至 0.37，混凝土 28 d 龄期氯离子扩散系数增大至 6.4×10^{-12} m²/s，混凝土抗氯离子渗透性明显降低，虽然仍旧满足设计指标要求，但富余量明显降低。为确保工程中混凝土的氯离子扩散系数与设计要求相比具有较好的保证率，沉管混凝土水胶比应不大于 0.35。

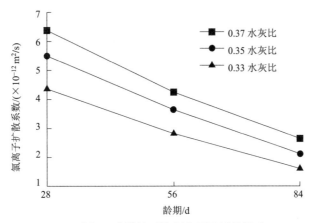

图 3 水胶比对抗氯离子渗透性影响

水泥在胶凝材料中所占比例对混凝土抗氯离子渗透性影响如图 4 所示。在胶凝材料用量及水胶比不变的条件下，矿物掺和料比例的改变对混凝土氯离子扩散系数变化规律的影响比较复杂。这与矿物掺和料在混凝土中的填充作用、在碱性环境中参与水化反应的程度及对氯离子的结合作用密切相关，在水泥所占比例为 40%～50%环境中能充分发挥矿物掺和料作用，确保混凝土在 28 d 龄期及其之后均具有较低的氯离子扩散系数。

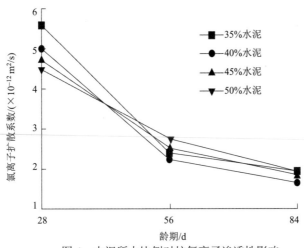

图 4 水泥所占比例对抗氯离子渗透性影响

各组混凝土配合比在 28 d 龄期的抗水压渗透等级均大于 P12，具有良好的抗水压渗透性能，满足沉管抗水压渗透性的要求，说明配合比的胶凝材料用量、矿物掺和料用量比例及水胶比在沉管配合比所述范围内改变对混凝土抗水压渗透等级无明显影响。

2.4　混凝土抗裂性能

2.4.1　干燥收缩

各组配合比在 90 d 龄期内的干燥收缩如图 5 所示。

除了 Cl、C2 两组胶凝材料用量为 450 kg/m³ 的配合比 90 d 龄期内的干燥收缩超过了 $300×10^{-6}$，其余各组的干燥收缩均满足沉管混凝土的要求。对于以大掺量混掺矿物掺和料、较低水胶比为主要特征的沉管混凝土，胶凝材料用量是影响混凝土干燥收缩的主要因素，控制混凝土胶凝材料用量不超过 420 kg/m³ 就可以确保混凝土干燥收缩满足设计要求。

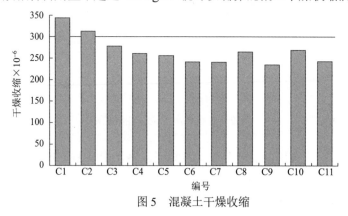

图 5　混凝土干燥收缩

2.4.2　绝热温升

各组配合比绝热温升如图 6 所示。除了 Cl 胶凝材料用量为 450 kg/m³ 的配合比、C8 水泥在胶凝材料中占 50% 的两组配合比外，其余各组的绝热温升均满足沉管混凝土要求。

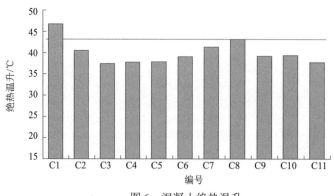

图 6　混凝土绝热温升

影响沉管混凝土绝热温升的主要因素是水泥在胶凝材料中所占比例及胶凝材料用量。在固定水胶比及胶凝材料用量的条件下，随着混凝土胶凝材料中水泥所占比例的增加，混凝土绝热温升逐渐增大，对水泥所占比例与绝热温升关系进行回归拟合，可得相关很好的线性关系，如图 7 所示。在胶凝材料中水泥比例为 35%～50%，混凝土中水泥所占比例每增加 5%，混凝土的绝热温升增加 1.8℃。

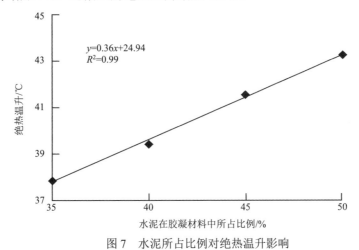

图 7 水泥所占比例对绝热温升影响

在固定水胶比及胶凝材料组成的条件下，随着混凝土中胶凝材料用量的增加，混凝土的绝热温升不断增大，对混凝土中胶凝材料用量及绝热温升进行回归拟合，也可以得到相关性很好的线性关系，如图 8 所示。在胶凝材料用量为 $380 \sim 420\,kg/m^3$ 时，混凝土中的胶凝材料用量每增加 $20\,kg/m^3$，混凝土的绝热温升提高 2.0℃。

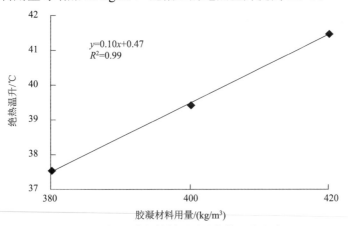

图 8 胶凝材料用量对绝热温升影响

2.4.3 温度应力

通过温度应力试验测试混凝土抗裂指标，并计算各组混凝土的抗裂安全系数，具体如表 5 所示。

表5 混凝土温度应力试验测试指标

编号	温度指标/℃					力学指标/MPa		断裂时间/h	抗裂安全系数
	入模温度	最高温度	最大温升	断裂温度	断裂温差	断裂应力	最大压应力		
C1	22.2	68.7	46.5	24.4	44.3	−3.5	0.4	146.7	1.32
C2	21.5	62.0	40.5	16.9	45.1	−2.4	0.7	160.1	1.36
C3	23.5	60.9	37.4	14.6	46.3	−2.1	0.5	152.2	1.41
C4	21.1	58.9	37.8	5.7	53.2	−2.8	0.8	169.3	1.48
C5	22.4	60.2	37.8	6.6	53.6	−3.0	1.0	166.4	1.49
C6	23.1	62.4	39.3	10.2	52.2	−3.1	0.8	168.5	1.46
C7	20.9	62.4	41.5	11.9	50.5	−3.1	0.9	162.8	1.44
C8	20.5	63.7	43.2	14.7	49.0	−3.3	0.9	158.1	1.38
C9	21.5	60.7	39.2	10.8	49.9	−2.6	0.6	169.2	1.48
C10	22.3	61.6	39.3	5.9	55.7	−2.8	0.7	170.4	1.46
C11	21.8	59.4	37.6	1.8	57.6	−2.8	0.9	175.5	1.50

注：断裂温差＝最高温度−开裂温度。

各配合比沉管混凝土中，胶凝材料用量不大于 420 kg/m³、水泥所占比例不大于 45% 的 C4、C5、C6、C7、C10、C11 六组配合比断裂温差大于 50℃、抗裂安全系数大于 1.4，具有较优的抗裂性能。通过温度应力测试及抗裂安全系数计算可以发现，影响混凝土抗裂性能的显著规律性因素是胶凝材料用量及水泥在胶凝材料中所占比例。在 380～450 kg/m³ 胶凝材料用量范围内，随着胶凝材料用量的增加，混凝土断裂温度升高，断裂温差及抗裂安全系数下降，混凝土抗裂性能降低。在 35%～50% 水泥比例范围，随着水泥比例的增大，混凝土断裂温度随之升高，断裂温差及抗裂安全系数下降，混凝土抗裂性能降低。

混凝土温度应力试验的抗裂性评价显示，在沉管混凝土配合比特定的范围内，胶凝材料用量越低及水泥所占比例越小的混凝土抗裂性能越好，但胶凝材料用量及水泥比例分别对混凝土的工作性能、强度及抗氯离子渗透性等性能有显著影响。因此，选择沉管配合比，不能仅着重于混凝土配合比的抗裂性能。

2.5 配合比优选

综合考虑各配合比因素对混凝土性能的影响，在兼顾沉管全断面浇筑施工工作性能要求、强度要求、耐久性要求前提下，优选出具有最佳抗裂性能的沉管配合比如表 6 所示。其中水泥占胶凝材料比例为 45% 的是首选配合比，水泥占胶凝材料比例为 40% 的是夏季高温期间施工的备用配合比，优选配合比绝热温度低于 43℃、干燥收缩小于 300×10⁻⁶，满足混凝土低热、低收缩性能要求。

表6 沉管混凝土优选配合比

配合比类型	编号	胶凝材料/(kg/m³)	水胶比	水泥/%	粉煤灰/%	矿渣粉/%	砂率/%	减水剂/%
首选配合比	C7	420	0.35	45	20	35	43	1.00
备用配合比	C6	420	0.35	40	20	40	43	0.95

3 结 论

1）胶凝材料用量及水胶比是影响沉管混凝土工作性能的主要因素，胶凝材料用量为 420 kg/m³、水胶比为 0.35 的配合比具有最佳工作性能。

2）水胶比及水泥在胶凝材料中所占比例是影响混凝土强度、抗氯离子渗透性的主要因素，水胶比不大于 0.35、水泥所占比例 40%～50%配合比的抗压强度、氯离子扩散系数满足沉管混凝土性能要求。

3）采用大掺量矿物掺和料、较低水胶比技术配制的高性能混凝土均满足沉管混凝土抗水压渗透等级要求。

4）胶凝材料用量及水泥在胶凝材料中所占比例是影响沉管混凝土抗裂性能的主要因素，胶凝材料用量不大于 420 kg/m³、水泥所占比例不大于 45%的配合比抗裂性能满足设计要求。

5）通过综合性能对比，优选出满足沉管工作性能、强度、耐久性及抗裂性要求的低热低收缩高性能混凝土配合比，在港珠澳大桥沉管预制的 72 个节段中成功应用，并结合各种施工控制技术措施，成功避免了沉管早期危害性裂缝的产生。

参 考 文 献

[1] 孟凡趣，刘晓东，等. 港珠澳大桥主体工程总体设计[C]//中国土木工程学会桥梁及结构学会. 第十九届全国桥梁学术会议论文集（上册）[M]. 北京：人民交通出版社，2010：57-77.

[2] 刘晓东. 港珠澳大桥总体设计与技术挑战[C]//中国海洋工程学会. 第十五届中国海洋（岸）工程学术讨论会论文集[M]. 北京：海洋出版社，2011：17-20.

[3] Gokce A，Koyama F，Tsuchiya M，et al. The challenges involved in concrete works of Marmaray immersed tunnel with service life beyond 100 years[J]. Tunnelling and Underground Space Technology，2009，24(5)：592-601.

[4] 李英，陈越. 港珠澳大桥岛隧工程的意义及技术难点[J]. 工程力学，2011，(28)：67-77.

[5] 李超，王胜年，王迎飞，等. 港珠澳大桥全断面浇筑沉管裂缝控制技术[J]. 施工技术，2012，41(22)：5-8，18.

[6] 李超，李士伟，范志宏，等. 高水压作用对海工高性能混凝土氯离子渗透性的影响[J]. 公路交通科技，2010，27(9)：122-125.

[7] 邓世汉，熊建波，黄雁飞，等. 箱型沉管抗裂混凝土的配合比优化设计[J]. 水运工程，2010，(6)：132-135.

利用足尺模型试验进行沉管全断面浇筑
混凝土施工性能研究*

王迎飞，李　超，张宝兰，刘　行，许晓华

（中交四航工程研究院有限公司，广州）

摘　要：通过 2 段长度均为 5.8 m 的足尺模型，本文研究了皮带机输送与泵送输送工艺对混凝土坍落度与坍落扩展度、凝结时间与重塑时间、温度、硬化混凝土外观等施工性能的影响。结合工艺、场地、施工控制、后续施工影响等方面对比，确定港珠澳大桥沉管预制施工，将采用搅拌运输车结合地泵输送混凝土进行沉管混凝土全断面浇筑施工。

关键词：混凝土；足尺模型；沉管；泵送

0　引　言

　　港珠澳大桥沉管隧道是我国首次采取工厂化预制并进行全断面浇筑的沉管。全断面浇筑工艺通过连续浇筑混凝土约 3400 m³，一次性浇筑完成整个沉管节段主体结构，混凝土浇筑具有量大、持续时间长的特点。与沉管预制常规的分层、分阶段浇筑工艺相比，全断面浇筑工艺可避免新旧混凝土约束产生温度收缩裂缝等问题，显著提高沉管结构整体的防渗及抗裂性能，对于保障沉管结构长期使用寿命具有无可比拟的优势。

　　皮带输送与泵压输送（简称泵送）均是大型、高效并且广泛应用的混凝土浇筑输送方式，各有优缺点，适用于不同的施工条件。沉管混凝土全断面浇筑施工无成熟的经验可供参考借鉴，如何根据预制工厂场地条件及功效方面的要求，选择合适的混凝土运输浇筑工艺，是港珠澳大桥沉管正式预制前必须解决的关键技术问题。完全参照沉管节段实体尺寸，取全幅横断面的节段作为足尺模型，通过两次足尺模型试验对材料、设备、施工工艺、功效等进行验证。利用沉管足尺模型试验的开展，研究对比皮带与泵压混凝土输送工艺，确定适用于沉管预制全断面浇筑的混凝土输送工艺。

---

* 本文曾刊登于《施工技术》2014 年第 18 期。

1 足尺模型试验方案

足尺模型按沉管标准节段的全断面尺寸进行预制，足尺模型高 11.40 m、宽 37.95 m、长 5.8 m，浇筑 S1，S2 两节足尺模型（图 1）。S1 段足尺模型试验利用皮带机输送、布料机进行混凝土浇筑，S2 段足尺模型采用搅拌运输车+地泵方式联合输送、布料机进行混凝土浇筑。

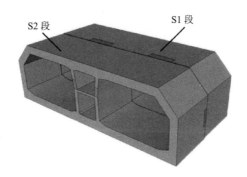

图 1　沉管足尺模型结构

2 S1 段足尺模型试验

2.1 混凝土配合比及性能

沉管混凝土具有严格的工作性能、强度、耐久性及抗裂性要求，S1 段足尺模型混凝土采用皮带机输送，混凝土设计坍落度为（160±20）mm，足尺模型试验采用混凝土配合比(%)为：P·II42.5 水泥：I 级粉煤灰：S95 矿粉=43：27：30，河砂采用中砂，砂率为 41%，外加剂为聚羧酸减水剂，掺量为 1.0%，碎石采用 5～10 mm 粒径与 10～20 mm 粒径合理级配碎石，水胶比为 0.34，设计容重为 2380 kg/m³，胶凝材料为 440 kg/m³，混凝土初凝时间为 9.1 h，混凝土其他性能指标如表 1 所示。

表 1　S1、S2 段足尺模型试验混凝土配合比性能

名称	新拌混凝土性能			强度/MPa			28 d 抗渗性	氯离子扩散系数 /(×10⁻¹² m²/s)	
	坍落度/mm	含气量/%	密度/(kg/m³)	3 d	28 d	56 d		28 d	56 d
S1 段	175	2.5	2 390	28.7	65.7	69.2	>P12	4.5	2.6
S2 段	205	1.6	2 410	26.7	58.1	66.4	>P12	5.3	2.8

2.2　混凝土生产浇筑

　　S1 段足尺模型按照确定的配合比拌制混凝土，搅拌时间为 120 s，混凝土搅拌完成后卸料至缓存仓，通过缓存仓下落到一级皮带上，二级、三级与四级皮带输送至位于浇筑现场的分料仓。分料仓具有二次搅拌功能，可在混凝土浇筑入模前进行二次搅拌，提高了混凝土的均匀性。经分料仓搅拌、分料后，混凝土通过最后一级的布料皮带机进行布料浇筑。混凝土由最远的缓存仓卸料至皮带上，经五级皮带输送至入模处，输送距离达 200 m 以上，所需时间约 140 s，足尺模型试验混凝土皮带输送流程如图 2 所示。

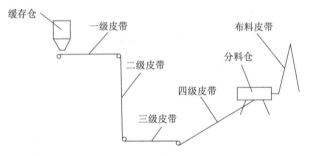

图 2　S1 段足尺模型试验混凝土皮带输送流程

　　混凝土坍落度变化规律如图 3 所示，输送至浇筑现场坍落度会有一定的损失，最大坍落度损失为 95 mm，最小坍落度损失为 10 mm，坍落度损失基本处于 20～40 mm，混凝土施工流动性明显降低。

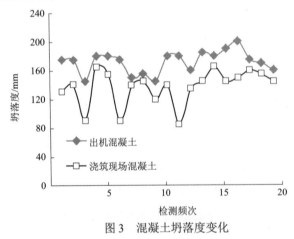

图 3　混凝土坍落度变化

　　混凝土含气量变化规律如图 4 所示，皮带输送机外部未加设防护罩，混凝土匀速卸料，薄薄地摊铺于输送皮带表面，混凝土的气泡会在输送过程中破裂、溢出，导致混凝土含气量降低。在输送过程中，混凝土含气量的损失量在 0.2%～0.5%，混凝土含气量的降低会在一定程度上影响其工作性能，导致流动性降低。

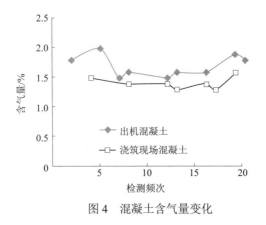

图 4　混凝土含气量变化

混凝土温度变化规律如图 5 所示，S1 段足尺模型试验在低温季节进行混凝土的生产浇筑，混凝土出机温度处于 15～18℃。无保护措施条件下，由于整个足尺模型浇筑过程中的环境温度更低，受环境低温影响，混凝土输送至浇筑现场后，混凝土温度整体降低 0.5～1.4℃。

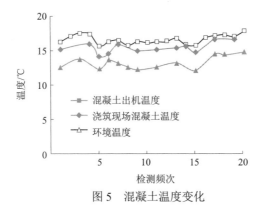

图 5　混凝土温度变化

混凝土砂浆在混凝土中所占比例是决定混凝土工作性能的关键因素，并对混凝土的强度、耐久性等具有重要影响。长距离皮带输送过程中各级皮带倒运会引起混凝土砂浆的损失，出机混凝土、一级皮带、二级皮带、三级皮带、四级皮带、分料仓、布料皮带的砂浆损失率分别为 55.2%，54.7%，53.8%，53.2%，51.9%，52.1%，51.3%。混凝土搅拌出机后，经各级皮带倒运，砂浆损失率为 0.5%～1.3%，第四级皮带具有一定倾斜角度其砂浆损失最大，第二级皮带最长但无倾斜角度其砂浆损失率次之，分料仓通过二次搅拌混凝土可略微提高混凝土均匀性并降低砂浆损失率。受皮带输送多级倒运及倾斜角度影响，整个运输过程混凝土砂浆损失率达 3.9%。混凝土砂浆损失后，最直接的表现就是混凝土施工振捣性下降，在振捣棒作用下混凝土流动性变差，浆体无法充分填充碎石之间的空隙及碎石与模板之间的空隙，导致边角部位及不易振捣部位出现碎石堆积、少浆等缺陷，严重影响沉管节段整体性能。

沉管混凝土采用皮带机输送混凝土的初衷是准备利用皮带输送机强大的输送能力，降低沉管混凝土坍落度，降低混凝土胶凝材料用量，最终达到提高混凝土抗裂性能的目的。但在 S1 段足尺模型试验中，发现受工厂条件限制，通过长距离、多级皮带输送混凝土，混凝土砂浆损失较严重，流动性下降明显。为保证混凝土施工振捣性能，在皮带输送混凝土配合比设计中必须富余一定的浆体，未能实现尽量降低混凝土胶凝材料用量的目的，对于提高混凝土抗裂性能也不具备显著优势。

3　S2 段足尺模型试验

3.1　混凝土配合比及性能

S2 段足尺模型混凝土采用搅拌运输车与地泵进行联合输送，为保证混凝土泵送性能，设计坍落度为（200±20）mm，坍落扩展度为（400±50）mm。泵送混凝土无明显的砂浆损失，为提高沉管混凝土抗裂性能，可适当降低混凝土中胶凝材料用量。足尺模型试验采用混凝土配合比（%）为：P · II42.5 水泥：Ⅰ级粉煤灰：S95 矿粉=45：25：30，砂率为 43%，外加剂掺量为 1.0%，碎石采用 5～10 mm 粒径与 10～20 mm 粒径合理级配，水胶比为 0.35，设计密度为 2390 kg /m³，胶凝材料为 420 kg/m³。在第 1 次足尺模型混凝土配合比基础上，保持原材料厂家及水泥用量不变，通过降低粉煤灰与矿粉的用量，将胶凝材料用量降低至 420 kg/m³，适当调整水胶比、砂率形成 S2 段足尺模型混凝土性能如表 1 所示，表中新拌混凝土坍落扩展度为 390 mm。

沉管节段混凝土浇筑量大、浇筑面广，为防止在沉管混凝土浇筑过程中因故障暂时中断及上下层混凝土覆盖不及时而形成的冷缝，必须对不同环境气温条件下混凝土的初凝时间及重塑性能进行研究。

S2 段足尺模型混凝土在不同环境温度条件下的初凝时间变化规律如图 6 所示。混凝土初凝时间与环境温度呈线性关系，随着环境温度从 20℃升至 35℃，初凝时间迅速缩短。环境温度 20℃条件下，4 次重复性试验混凝土初凝时间处于 15.5～17.3 h，环境温度升至 35℃时，混凝土初凝时间缩短至 5.1～7.2 h，温度升高 15℃，初凝时间缩短 10 h 左右。

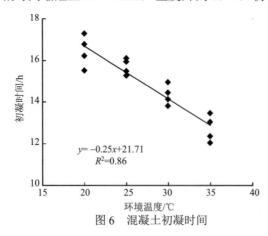

$y = -0.25x + 21.71$
$R^2 = 0.86$

图 6　混凝土初凝时间

重塑时间是评价混凝土施工性能的重要指标，在不同环境温度条件下混凝土的重塑时间变化规律如图7所示。混凝土重塑时间与环境温度具有较好的线性关系，和初凝时间变化规律一样，环境温度升高，混凝土重塑时间缩短。环境温度从20℃升至35℃，重塑时间缩短6 h。

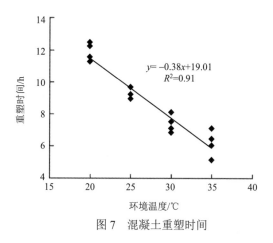

$$y= -0.38x+19.01$$
$$R^2=0.91$$

图7　混凝土重塑时间

混凝土初凝时间与重塑时间之间无明显的相关性，相同条件下混凝土初凝时间比重塑时间长，均随环境温度升高而降低。根据沉管混凝土全断面浇筑顺序安排，在正常生产过程中，上下层混凝土浇筑覆盖最大间隔时间为3 h，考虑故障停顿等因素影响，为避免施工冷缝的出现，要求在不同环境温度条件下，混凝土重塑时间≥6 h。

3.2　混凝土生产浇筑

S2段足尺模型混凝土搅拌出机后，由混凝土搅拌运输车运输至厂房侧门外混凝土地泵处，通过地泵泵送至浇筑台座内通过布料杆进行混凝土布料浇筑，最长泵送距离约为100 m。搅拌站出机的混凝土经过搅拌运输车与泵机联合输送后，到达浇筑现场的混凝土坍落度、含气量及温度均会发生变化，但其变化规律与皮带机输送有所不同。

混凝土坍落度与坍落扩展度变化规律如图8所示，坍落度<200 mm的混凝土，其出机坍落扩展度大多小于400 mm，输送至浇筑现场的混凝土坍落度<160 mm，坍落扩展度<350 mm，混凝土基本没有流动性。出机坍落度>220 mm的混凝土，混凝土流动性提高，但黏聚性降低，在泵送过程中泵机停顿等待时，容易因大量砂浆黏附在泵管壁上而出现堵塞泵管的现象，此外在强力振捣作用下，混凝土容易离析、泌水，对实体硬化混凝土性能造成负面影响。出机坍落度处于200~220 mm，出机坍落扩展度处于400~450 mm的混凝土，具备良好的泵送性能及现场浇筑振捣性能，满足泵送需求，且不会因泵送停顿等待而堵塞泵管，运输到浇筑现场，坍落度损失10~20 mm，坍落扩展度损失10~40 mm，混凝土仍具有一定的流动性，经振捣也不会出现泌水、泌浆等现象，实体硬化混凝土无明显的外观缺陷。

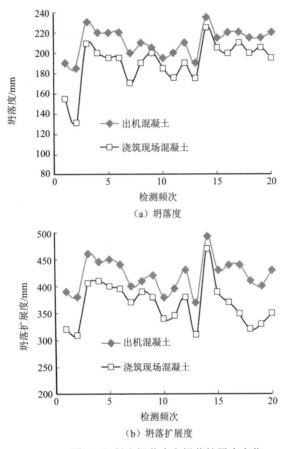

（a）坍落度

（b）坍落扩展度

图 8　混凝土坍落度和坍落扩展度变化

混凝土含气量变化如图 9 所示，出机混凝土与现浇混凝土的含气量大部分均处于 2.0%～3.0%，出机混凝土与现场浇筑混凝土含气量之间无明显的相关性。

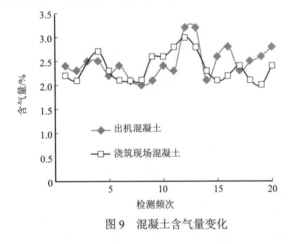

图 9　混凝土含气量变化

在 S2 段足尺模型试验中，研究了加入碎冰数量对混凝土出机温度的影响（图 10）

及搅拌运输车与地泵联合输送对混凝土温度的影响（图 11）。在 $0\sim60\,\mathrm{kg/m^3}$ 加冰量范围，混凝土出机温度与加入碎冰的数量之间具有良好的线性关系，随着加冰量的增加，混凝土出机温度有规律地降低。在其他原材料温度不变的条件下，加冰数量每增加 $10\,\mathrm{kg/m^3}$，出机温度降低 1.5℃。

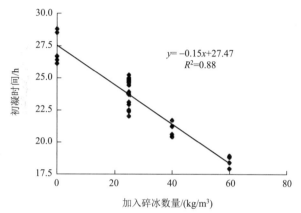

图 10　混凝土中加入碎冰量与混凝土出机温度关系

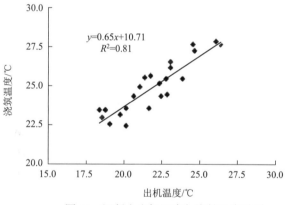

图 11　混凝土出机温度与浇筑温度关系

4　结　语

1）采用皮带机输送混凝土用于沉管 S1 段足尺模型，由于皮带机输送距离长、五次分级倒运并且具有一级大倾斜角皮带，搅拌出机混凝土输送至浇筑现场砂浆损耗严重，混凝土性能变化较大，对混凝土施工性能造成不利影响。

2）在 S2 段足尺模型试验中采用搅拌运输车结合地泵输送混凝土的方式可将泵送距离缩短一半，将坍落度为 $200\sim220\,\mathrm{mm}$，坍落扩展度为 $400\sim450\,\mathrm{mm}$ 的混凝土输送至浇筑现场，混凝土施工性能良好，适宜沉管节段结构复杂、钢筋密集、预埋件众多的施工条件。

3）通过足尺模型试验，确定采用搅拌运输车结合地泵输送混凝土进行沉管混凝土全断面浇筑施工。

参 考 文 献

[1]　李超，王胜年，王迎飞，等. 港珠澳大桥全断面浇筑沉管裂缝控制技术[J]. 施工技术，2012，41(22)：5-8，18.

[2]　李英，陈越. 港珠澳大桥岛隧工程的意义及技术难点[J]. 工程力学，2011，(28)：67-77.

[3]　Greeman A. Busan-Geoje crossing-the immersed tube tunnel[C]//Concrete Engineering International，2009.

[4]　Gokce A，Koyama F，Tsuchiya M，et al. The challenges involved in concrete works of Marmaray immersed tunnel with service life beyond 100 years[J]. Tunnelling and Underground Space Technology，2009，24(5)：592-601.

[5]　卢普伟，梁邦炎，资利军. 港珠澳大桥隧道工程沉管法与盾构法比选分析[J]. 施工技术，2012，41(17)：89-91.

[6]　陈越. 港珠澳大桥岛隧工程建造技术综述[J]. 施工技术，2013，42(9)：1-5.

港珠澳大桥预制沉管混凝土密度控制
技术试验研究*

李　超[1]，刘昌义[2]，张宝兰[1]，李士伟[1]，熊建波[1]

（1. 中交四航工程研究院有限公司，广州；2. 中交二航局第二工程有限公司，重庆）

摘　要：混凝土密度是影响沉管管节浮运施工的重要技术参数，混凝土密度控制是港珠澳大桥沉管管节预制施工的关键技术。针对港珠澳大桥沉管混凝土配合比，本文研究了不同碎石混凝土密度变化规律，发现硬化混凝土密度与新拌混凝土密度具有良好的线性关系，而含气量与骨料表观密度是影响混凝土密度的主要因素。还提出了满足沉管对混凝土密度精度控制要求的骨料表观密度、混凝土含气量等控制指标。

关键词：混凝土；沉管混凝土；骨料；表观密度；含气量

0　引　言

港珠澳大桥沉管隧道预制管节安装由起浮、横移、出运、沉放、水下对接等施工工序组成，沉管管节混凝土密度直接决定了管节浮运过程中的干舷高度和水平总阻力，对沉管施工工艺、进度及成本控制具有重要影响，混凝土密度控制是沉管管节预制施工的关键技术[1, 2]。

目前国内外工程中主要通过混凝土配合比设计，调整混凝土中含气量，确定混凝土密度，并采用测试新拌混凝土密度或硬化混凝土密度的方式进行密度控制[3-5]。新拌混凝土密度测试在混凝土工程中应用广泛，测试方法成熟简单、直接，在混凝土生产浇筑过程中，可立即测得混凝土密度。硬化混凝土受到振捣工艺、养护条件及混凝土水化进程影响，与新拌混凝土密度具有较大差异。采用相同工艺振捣及养护的硬化混凝土，其固体物相、含水量、孔结构等均与实体结构较为接近，其密度测试值可代表实体混凝土结构的密度，但其测试具有明显的滞后性，不利于现场混凝土生产过程中的密度控制。

港珠澳大桥沉管预制安装施工时间紧、任务重，为保证每个施工环节的顺利进行，必须在沉管管节混凝土生产浇筑过程中，确定沉管管节实体混凝土密度，为后续养护及

---

* 本文曾刊登于《施工技术》2014 年第 8 期。

管节浮运施工作业提供指导[6]。目前国内外尚未见有关新拌混凝土与硬化混凝土密度的关系方面的文献，因此有必要针对沉管混凝土配合比，通过试验研究建立新拌混凝土密度和硬化后混凝土密度之间的相关性，确定影响混凝土密度的关键因素及其控制指标要求，为沉管预制施工密度控制提供依据。

1　原材料与试验方法

（1）原材料

试验采用材料为：P·II42.5 硅酸盐水泥、I 级粉煤灰、S95 级矿粉、聚羧酸高性能减水剂、中粗河砂。为研究表观密度、空隙率及吸水率等指标不同的碎石对混凝土密度的影响，采用的粗骨料分别为 JB、QY、BSD、ZX 及 NT 等石场反击破工艺生产的 5～20 mm 碎石，性能指标如表 1 所示。

表 1　粗骨料性能指标

指标	针片状含量/%	压碎值/%	紧密堆积空隙率/%	表观密度/(kg/cm³)	含泥量/%	氯离子含量/%	吸水率/%
NT	5	6.1	39	2 630	0.6	0.000 3	1.1
ZX	5	6.5	38	2 640	0.7	0.000 3	1.2
JB	6	2.8	40	2 740	0.5	0.000 3	0.4
BSD	4	2.1	37	2 690	0.4	0.000 2	0.5
QY	3	4.7	38	2 640	0.4	0.000 2	0.8

注：NT 为珠海牛头岛碎石；ZX 为珠海中心洲桂山岛碎石；BSD 为新会白水带碎石；JB 为珠海建邦碎石；QY 为清远滘江口碎石。

（2）试验方法

依据《水运工程混凝土试验规程》（JTJ 270—1998）测试新拌混凝土密度。按照 *Testing hardened concrete-part 7: Density of hardened concrete*（BSEN 12390—7—2000）中的排水法测量硬化混凝土密度，其中硬化混凝土试件采用高频振捣棒振捣型并在现场同条件养护。

2　沉管混凝土配合比

混凝土密度测试以港珠澳大桥沉管配合比为基础，保持胶凝材料用量、胶凝材料组成及水胶比不变，按照不同碎石紧密堆积空隙率最小的组合比例为碎石的理想级配配制混凝土，按照混凝土拌和物含气量为 2%配制混凝土，并通过砂率、减水剂用量等配合比参数微调，确保各种碎石配制的混凝土工作性能满足要求，以此配合比进行密度测试。不同产地碎石的混凝土配合比如表 2 所示，其中各种配合比中水胶比为 0.35，水泥、粉煤灰和矿粉含量均为 45%、25%、30%。

表 2 不同产地碎石的混凝土配合比

编号	用水量/ (kg/m³)	胶凝材料用量/ (kg/m³)	砂率/%	混凝土拌和物设计 密度/(kg/cm³)	减水剂%
NT	147	420	30	2 370	1.05
ZX	147	420	43	2 375	1.05
JB	147	420	44	2 410	1.00
BSD	147	420	42	2 395	1.00
QY	147	420	42	2 375	1.05

3 试验结果分析

3.1 混凝土工作性能

按照表 2 所示配合比，用 5 种石料配制混凝土，每种石料采用各自配合比分别拌制混凝土 10 次，各种碎石每次拌制的混凝土拌和物状态良好，流动度大，黏聚性好，无泌水离析现象，均满足泵送混凝土施工需要。每种碎石拌制混凝土 10 次，测得 10 组混凝土初凝时间、终凝时间如表 3 所示。统计各种碎石拌制混凝土 10 次测得的坍落度均在 200～220 mm，坍落扩展度均在 450～500 mm，1 h 坍落度损失均在 0～20 mm，1 h 坍落扩展度损失均≤50 mm，初始含气量均处于 1.5%～2.2%。

表 3 混凝土拌和物性能指标

编号	初凝时间/h	终凝时间/h
NT	12.5	16.0
ZX	13.0	17.1
JB	13.1	17.3
BSD	13.0	17.5
QY	13.3	18.0

3.2 混凝土密度及其相关性

5 种碎石分 10 次拌制混凝土测得的新拌混凝土密度如表 4 所示，硬化混凝土密度如表 5 所示。对比 5 种碎石配制混凝土的新拌混凝土密度与硬化混凝土密度，在胶凝材料用量、胶凝材料组成及水胶比不变条件下，碎石表观密度对混凝土密度具有重要影响。

对于同种碎石材料的混凝土，其硬化混凝土密度明显大于新拌混凝土密度，这是由于硬化混凝土经高频振捣棒振捣成型，在高频振捣作用下，使得混凝土大量气泡消散、外溢，混凝土中含气量大大低于新拌混凝土，混凝土也更加密实，相应混凝土的密度也明显变大。此外，硬化混凝土在养护过程中，随着混凝土中胶凝材料逐步水化，会有一部分外部养护水进入混凝土内部参与水化，使得混凝土密度有所增大。高频振捣及混凝土硬化过程中部分养护水参与混凝土水化，导致硬化混凝土密度大于新拌混凝土。

表 4　新拌混凝土密度　　　　　　（单位：kg/m³）

序号	粗骨料种类				
	NT	ZX	JB	BSD	QY
1	2 370	2 390	2 425	2 410	2 360
2	2 375	2 385	2 410	2 390	2 365
3	2 385	2 365	2 400	2 390	2 390
4	2 370	2 365	2 405	2 385	2 390
5	2 365	2 380	2 420	2 410	2 390
6	2 380	2 390	2 405	2 400	2 385
7	2 380	2 375	2 420	2 380	2 370
8	2 375	2 370	2 415	2 395	2 360
9	2 385	2 390	2 420	2 410	2 365
10	2 370	2 385	2 405	2 380	2 370
平均值	2 380	2 380	2 415	2 395	2 395
设计值	2 370	2 375	2 410	2 395	2 375
最大值	2 385	2 390	2 425	2 410	2 390
最小值	2 365	2 365	2 400	2 380	2 360
标准偏差	6.9	10.1	10.3	12.0	12.8
离散系数/%	0.29	0.43	0.43	0.50	0.54

表 5　硬化混凝土密度　　　　　　（单位：kg/m³）

序号	粗骨料种类				
	NT	ZX	JB	BSD	QY
1	2 425	2 420	2 430	2 420	2 425
2	2 405	2 395	2 435	2 415	2 420
3	2 410	2 395	2 460	2 440	2 390
4	2 420	2 415	2 455	2 435	2 400
5	2 405	2 415	2 460	2 430	2 420
6	2 410	2 410	2 450	2 415	2 415
7	2 400	2 395	2 440	2 420	2 405
8	2420	2 420	2 455	2 430	2 395
9	2 425	2 415	2 445	2 440	2 400
10	2 395	2 400	2 450	2430	2 405
平均值	2 410	2410	2 445	2 428	2 408

续表

序号	粗骨料种类				
	NT	ZX	JB	BSD	QY
最大值	2 425	2 420	2 460	2 440	2 425
最小值	2 395	2 395	2 430	2 415	2 390
标准偏差	10.6	10.9	10.1	9.5	11.8
离散系数/%	0.44	0.45	0.41	0.39	0.49

在 5 种碎石中，JB 碎石表观密度最大，其新拌混凝土及硬化混凝土密度也是最大的，新拌混凝土密度最大值及最小值分别为 2425 kg/m³、2400 kg/m³，硬化混凝土密度最大值及最小值分别为 2460 kg/m³、2430 kg/m³。BSD 碎石的表观密度仅次于 JB 碎石，其新拌混凝土及硬化混凝土密度稍低些，新拌混凝土密度最大值及最小值分别为 2390 kg/m³、2360 kg/m³，硬化混凝土密度最大值及最小值分别为 2440 kg/m³、2415 kg/m³。其余 3 种碎石的表观密度明显低于前 2 种碎石且比较接近，相应配制混凝土密度明显低于前 2 种，但这 3 种密度数值比较接近，新拌混凝土密度最大值及最小值分别为 2390 kg/m³、2360 kg/m³，硬化混凝土密度最大值及最小值分别为 2425 kg/m³、2390 kg/m³。

5 种石料中新拌混凝土密度最大标准偏差为 12.8 kg/m³、最大离散系数为 0.54%，硬化混凝土密度最大标准偏差为 11.8 kg/m³、最大离散系数为 0.49%。可见，在混凝土原材料及配合比保持稳定的条件下，新拌混凝土及硬化混凝土密度均很稳定，无波动及异常现象出现，可以很好地控制混凝土密度精度。

5 种碎石分 10 次拌制混凝土测试的新拌混凝土密度与硬化混凝土密度之间具有很好的相关关系，如图 1 所示。两者具有良好的线性相关性，相关系数 R^2 为 0.95。

$$y=1.014x$$

式中，x——新拌混凝土密度，kg/m³；

y——硬化混凝土密度，kg/m³，即硬化混凝土密度比新拌混凝土密度大 1.4%。

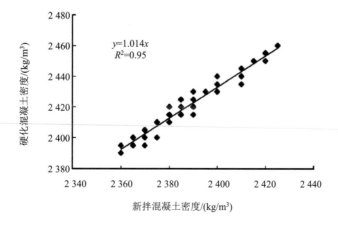

图 1　新拌混凝土及硬化混凝土密度相关性

　　由于新拌混凝土密度与硬化混凝土密度具有良好的相关性，在沉管混凝土生产浇筑过程中，通过测试新拌混凝土密度可立即推算出沉管硬化混凝土密度，即可在生产过程中判定混凝土成分是否稳定、是否发生变异，及时调整混凝土配合比，也可为后续沉管管节浮运施工提供数据参考，具备提前预报混凝土密度的功能。

3.3　混凝土密度主要影响因素

　　含气量与骨料表观密度是影响沉管混凝土密度的两个最主要因素。为研究含气量对混凝土密度的影响，选定表 2 中 BSD 碎石混凝土配合比，通过在减水剂中掺入一定量的引气剂改变混凝土的含气量，然后测试混凝土的含气量变化对混凝土密度的影响，如图 2 所示。

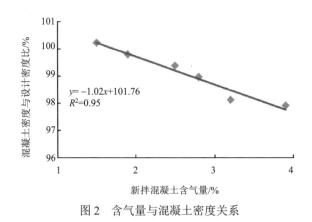

图 2　含气量与混凝土密度关系

　　混凝土含气量在 1.5%～4.0% 时，随着单位体积混凝土含气量的增加，在混凝土配合比中的胶凝材料用量、胶凝材料组成及单位用水量等参数不变条件下，混凝土中骨料体积所占比例随之降低，混凝土密度逐渐降低。混凝土含气量变化与混凝土密度呈现良好的线性关系，含气量每增加或降低 1%，对应混凝土的密度则降低或增加 0.83%。

　　骨料表观密度对混凝土密度的影响如图 3 所示，在混凝土配合比中的胶凝材料用量、胶凝材料组成、单位用水量及含气量等参数不变条件下，虽然骨料在混凝土中所占体积比未发生变化，但随着骨料表观密度的增加，单位体积的表观密度质量会随着增大，则表现为混凝土密度增大。骨料表观密度与混凝土密度具有良好的线性关系，骨料表观密度每增加或减少 50 kg/m³，对应混凝土的密度则增加或减少 0.84%。

　　骨料表观密度与混凝土含气量是影响混凝土密度的关键性因素，为确保沉管混凝土密度稳定，必须加强进场骨料表观密度检测，控制骨料表观密度变化不超过 ±50 kg/m³，防止密度波动较大的骨料用于生产沉管混凝土。在沉管混凝土生产过程中，使用低引气效果的减水剂，加强对混凝土含气量的监测，防止含气量波动过大，严格控制新拌混凝土含气量处于 1.5%～2.5%。

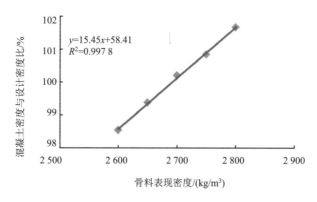

图 3　骨料表观密度与混凝土密度关系

4　混凝土生产过程中密度控制

在沉管混凝土生产浇筑过程中，严格按照骨料表观密度波动范围在 ±50 kg/m³，新拌混凝土含气量 1.5%～2.5%控制混凝土质量，骨料表观密度、沉管混凝土含气量及最终沉管混凝土密度变化情况分别如图 4～图 6 所示，沉管混凝土生产过程中密度如表 6 所示，其中碎石表观密度的离散系数为 0.33%，河砂表观密度的离散系数为 0.58%，沉管混凝土含气量的离散系数为 9.0%，沉管混凝土密度的离散系数为 0.31%。

表 6　沉管混凝土生产过程中密度

项目	平均值	最大值	最小值	标准偏差
碎石表观密度/(kg/m³)	2 680	2 690	2 640	8.7
河砂表观密度/(kg/m³)	2 635	2 660	2 600	15.3
沉管混凝土含气量/%	1.8	2.3	1.2	0.16
沉管混凝土密度/(kg/m³)	2 445	2 455	2 420	7.5

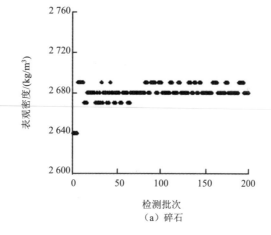

（a）碎石

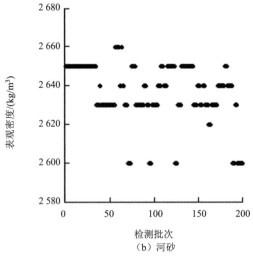

（b）河砂

图4　骨料表观密度变化

在沉管混凝土生产过程中，200个检测批次的碎石、河砂表观密度均很稳定，其中碎石表观密度大多为 2670～2690 kg/m³，河砂表观密度大多为 2630～2650 kg/m³，标准偏差及离散系数均较小，满足对混凝土骨料表观密度的波动范围要求。200 个检测批次的混凝土含气量大多为 1.6%～2.0%，个别检测批次的含气量低于 1.5%，标准偏差及变异系数略大。虽然沉管混凝土含气量存在一定波动，但 98.5%以上的含气量检测值均为 1.5%～2.5%，只有不到 1.5%的含气量低于 1.5%，混凝土含气量总体变化还是很稳定的。由于混凝土骨料及含气量波动变化不大，最终表现为沉管混凝土密度变化很稳定，200 个检测批次的硬化混凝土密度大多为 2425～2455 kg/m³，标准偏差只要 7.5 kg/m³，变异系数为 0.31%，满足沉管对混凝土密度精度控制的要求。

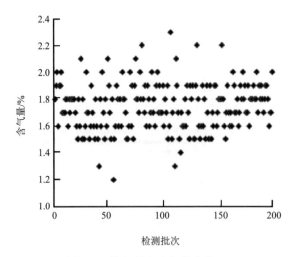

图5　沉管混凝土含气量变化

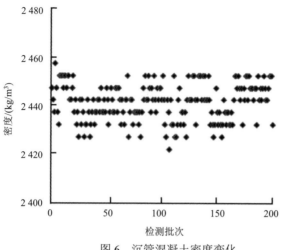

图 6　沉管混凝土密度变化

5　结　　语

1）受高频振捣及混凝土水化作用影响，硬化混凝土密度明显大于新拌混凝土密度，且硬化混凝土密度与新拌混凝土密度具有良好的线性关系，硬化混凝土密度比新拌混凝土密度大 1.4%。

2）含气量与骨料表观密度是影响沉管混凝土密度的两个最主要因素，且均与混凝土密度呈线性关系。

3）混凝土含气量每增加或降低 1%，对应混凝土的密度则降低或增加 0.83%；骨料表观密度每增加或减少 50 kg/m³，对应混凝土的密度则增加或减少 0.84%。

4）按照骨料表观密度波动范围在 ±50 kg/m³，新拌混凝土含气量波动 1.5%～2.5% 控制混凝土质量，可确保沉管硬化混凝土密度稳定，满足沉管对混凝土密度精度控制的要求。

参　考　文　献

[1]　李超，王胜年，王迎飞，等. 港珠澳大桥全断面浇筑沉管裂缝控制技术[J]. 施工技术，2012，41(22)：5-8，18.

[2]　李英，陈越. 港珠澳大桥岛隧工程的意义及技术难点[J]. 工程力学，2011，(28)：67-77.

[3]　汪冬冬，朱颖，王成启，等. 海底隧道沉管高性能混凝土容重控制技术[J]. 施工技术，2013，42(3)：78-81.

[4]　Gokce A，Koyama F，Tsuchiya M，et al. The challenges involved in concrete works of Marmaray immersed tunnel with service life beyond 100 years[J]. Tunnelling and Underground Space Technology，2009，(24)：592-601.

[5]　程乐群，刘学山，顾冲时. 国内外沉管隧道工程发展现状研究[J]. 水电能源科学，2008，26(2)：112-115，166.

[6]　陈越. 港珠澳大桥岛隧工程建造技术综述[J]. 施工技术，2013，42(9)：1-5.

超大型沉管顶推技术*

陈伟彬，刘远林，李海峰

（中交四航局第二工程有限公司，广州）

摘　要： 本文以港珠澳大桥岛隧工程沉管预制为工程实例，从顶推工艺、三点支撑、顶推过程控制、施工中主要问题及解决方法等方面，叙述超大型沉管的顶推技术，为今后相关施工提供借鉴。

关键词： 沉管；顶推；三点支撑；多点分散；同步顶推

1　工　程　概　述

1.1　简　　述

　　港珠澳大桥岛隧工程沉管隧道总长度为 5664 m，由 33 个管节组成，单个标准管节长 180 m，重量约 7.2 万 t，由 8 个长 22.5 m 的节段组成。管节采用两孔一管廊的截面形式，宽 3795 cm，高 1140 cm。在管节的下方设置 4 条滑移轨道，分别位于两个侧墙和两个中隔墙下方，滑移轨道上设置支撑千斤顶，在顶推过程中支撑沉管节段的重量，如图 1 所示。

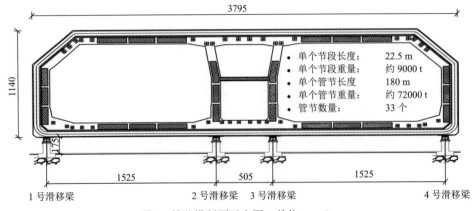

图 1　管节横断面示意图（单位：cm）

＊本文曾刊登于《中国港湾建设》2015 年第 7 期。

沉管预制采用节段匹配预制法：在浇筑台座完成 1 号节段施工，待节段混凝土达到顶推强度后，将管节向前顶推 22.5 m（即单个节段长度），匹配浇筑 2 号节段。2 号节段达到顶推强度后，连同 1 号节段再向前顶推 22.5 m，匹配浇筑第 3 节段。以此类推完成 8 号节段的浇筑，并最终将 8 个节段组成的管节向前顶推约 130 m 至浅坞区，进行后续工作[1, 2]。

1.2 施 工 特 点

1）主动支撑：节段下方设置主动式支撑千斤顶，该千斤顶可以根据滑移轨道的表面平整度情况，通过油路的连接和蓄能器的使用，自动调节其支撑高度，确保每个支撑千斤顶均匀受力。

2）"三点"支撑：节段下方由 3 套液压泵系统平衡支撑，即底部为"三点"支撑，确保节段和管节的稳定性。

3）多点分散同步顶推：每个节段下方均设置有顶推装置，顶推力分散，对滑移轨道受力和反力获取要求较低。

1.3 施 工 难 点

1）顶推滑移轨道施工要求高：为防止节段混凝土在顶推过程中开裂，必须严格控制顶推滑移轨道的标高、平整度、平面位置、滑轨接头、滑轨平整及 4 条轨道顶推卡槽的同步等。

2）多点支撑均匀受力控制较难：每个节段下方均设置有若干支撑千斤顶，随着节段数量的增加，支撑千斤顶数量较大，油管路径较长，必须设置高精度的控制装置和液压补偿系统来确保每个支撑千斤顶均匀受力。

3）多点步距式顶推系统同步性控制：设置一个远程总控制系统，对多个节段的顶推系统进行统一控制，确保节段顶推的同步性。

2 主要施工工艺

2.1 工 艺 流 程

节段顶推施工工艺流程如图 2 所示。

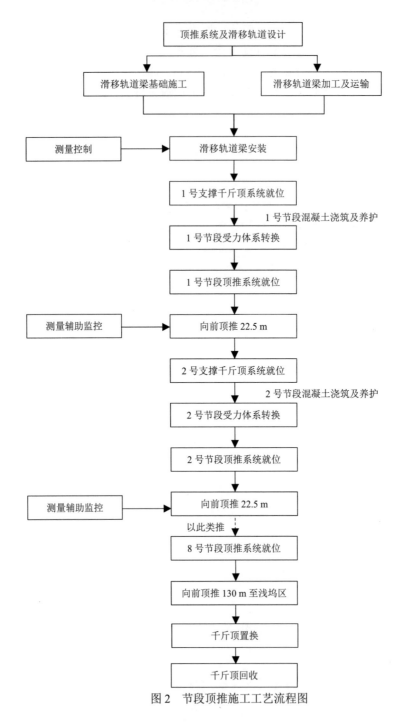

图 2　节段顶推施工工艺流程图

2.2　顶推滑移轨道及滑移面

管节的下方设置 4 条顶推滑移轨道梁,顶推滑移轨道位置设在沉管腹板正下方,确保管节底板不会在顶推过程中产生变形。

滑移钢轨由两部分组成。

（1）水平钢板和不锈钢板

水平钢板宽 740 mm，厚 35 mm，其上布置 3 条 3 mm 厚的不锈钢平行条，不锈钢板与水平钢板以角焊缝方式连接。支撑千斤顶底板下设置聚四氟乙烯板（PTFE 板），两者的接触面作为管节顶推的滑移面。

（2）侧向钢板

高 185 mm，宽 45 mm，共 2 块，钢板连续、垂直，与水平钢板以熔透焊方式连接。侧向钢板上还需开槽，用以作为顶推千斤顶的反力点。

2.3 管节支撑及顶推系统设备布置

2.3.1 管节支撑及顶推系统

管节下方有 4 条滑轨支撑，每条滑轨上布设 6 个支撑千斤顶，即单节段共由 24 个支撑千斤顶支撑。1 号、6 号千斤顶距节段端头 1.875 m，其余千斤顶之间间距为 3.75 m。管节由 8 个节段制成，共有 8×24=192 个支撑千斤顶，支撑系统布置如图 3 所示。

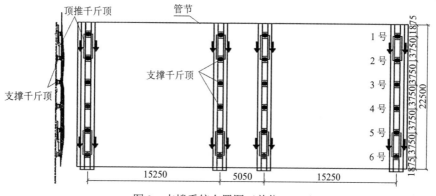

图 3　支撑系统布置图（单位：mm）

在 1 号、2 号千斤顶之间和 5 号、6 号千斤顶之间设置顶推装置（双杠），3 号、4 号千斤顶则不设置，即每个节段下方设置 8 对顶推千斤顶，整个管节共有 8×16=128 个顶推千斤顶。每个支撑千斤顶的顶部配有一个 50 mm 厚的钢构顶板用于支撑混凝土。

顶推千斤顶前端支撑在 1 号与 2 号支撑千斤顶（或 5 号与 6 号）的连接梁上，该连接梁与 1 号和 2 号上的连接顶板焊接牢固。将千斤顶（活塞端）的另一端销接到带反力销系统的顶推反力架，该系统可将顶推力转移到滑移钢轨的侧板凹槽中，凹槽纵向间距为 750 mm，即顶推步距为 750 mm。

2.3.2 管节导向系统

两个导向装置安装在管节的底板下方，其中之一在前端（节段 1），另一个在尾端

（正在浇筑的最后节段）。整个顶推操作期间，前端保持固定，而尾端导向装置位置不断转换到新浇筑的节段上，直到最后节段浇筑完成。两个导向装置控制管节对应一条滑轨进行对齐。导向装置配有水平放置的液压千斤顶，并连接滑道边上的侧导向臂。顶推操作期间，液压千斤顶允许对管节横向移动导向，导向系统如图4所示。

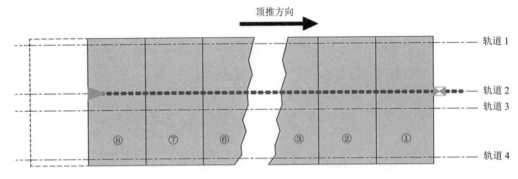

图 4　导向系统平面布置图

顶推操作期间，要对导向装置进行连续监控，导向装置可通过采集的压力值来判断管节是否发生偏移，但具体调整值应以测量观测的结果为准。如果压力超过了预设值，通过测量检测给出纠偏值，利用侧导向千斤顶对管节施以水平力，促使管节发生平面内的微小转动实现沉管姿态调整，直至将导向装置的压力减小到预设值，最终实现管节轴线纠偏。

2.3.3　顶推电气–液压控制系统及"三点支撑"体系

节段顶推移动操作时，始终由 3 台液压泵给支撑千斤顶提供油压，用于支撑预制管节节段重量。3 台液压泵的压力值由总的控制平台统一控制，确保每台支撑千斤顶始终处在相同的液压下。随着节段数量的增加，在新节段下方安装液压支撑千斤顶，总千斤顶数量不断增加。将液压泵移动到新的位置，调整液压连接方式，再次为整个正在操作的管节创建一个对称的三点支撑平衡体系。为避免了节段接缝产生剪力，对大三点支撑的油路分割点进行移动与改进。改进内容包括：顶推过程中按照动态"大三点"原理，分割点由接缝处往前移动 2 个支撑千斤顶位置；顶推前对"大三点"油路调整，顶推时支撑千斤油路由"关闭"改为顶推过程中油路"不关闭"。所有的支撑千斤顶由同一个控制系统进行统一监控，确保支撑千斤顶的均匀受力；所有的顶推千斤顶由另一个控制系统进行统一监控，确保顶推千斤顶的操作协调性和均匀受力。

3　管 节 顶 推

3.1　施 工 准 备

管节节段混凝土浇筑前，应完成顶推及支撑单元的就位与调试工作。千斤顶顶板作为管节节段底模的一部分，管节节段浇筑的整个过程中顶推及支撑单元的所有千斤顶和液压系统应保持无压力状态。

管节节段正式顶推前移时，应完成承重体系转换工作，即底模支撑系统退出工作，管节节段重量转由支撑及顶推系统支承。

3.2 施 工

节段顶推采取分散连续顶推方法：在单个节段下方设置 24 个支撑千斤顶和 8 对顶推千斤顶，当 1 号节段混凝土达顶推强度要求后，向浅坞区方向顶推 22.5 m，下一节段匹配预制（即 2 号节段）；2 号节段则配置同样的支撑和顶推装置，连同 1 号节段向前顶推 22.5 m；以此类推，完成管节的 8 个节段浇筑工作；最后顶推管节至浅坞区进行一次舾装工作。

3.2.1 顶推前进

顶推千斤顶推动节段前移，由于滑移钢轨的反力槽间距为 75 cm，故每次顶推 75 cm后，前移千斤顶的后端部分至新的反力槽位置，总共需顶推 30 次，计 22.5 m，首节节段移出浇筑坑。

2 号节段与首节节段进行匹配预制，达到顶推条件后，完成受力转换。启动顶推系统，将 2 号节段与 1 号节段整体往前顶推 22.5 m，2 号节段移出浇筑坑。

依此类推，直至 8 号节段从浇筑坑中移出，然后 8 个节段整体一起往前顶推约 130 m至浅坞区，在浅坞区完成后续舾装、横移等工序。

3.2.2 管节驻停

在一个新节段浇筑期间，前面的节段将驻停等待新节段一起往前顶推，在驻停期间支撑千斤顶的压力将一直保持在 80%左右，千斤顶的环形螺母要与缸体接触，以避免在压力损失状态下活塞发生移动。

3.2.3 浅坞区受力体系转换

在管节整体顶推至浅坞后，为防止支撑顶推系统被海水浸泡后腐蚀，管节需要进行体系转换，即支撑和顶推系统将被置换出来，管节重量将转由设置在浅坞区的无源支撑承担。

（1）千斤顶置换

在浅坞区的滑移轨道梁两侧需设置置换混凝土基础梁，用于支撑置换系统，采用自锁角度的无源支撑来替换千斤顶。无源支撑没有液压驱动，通过调节横向的锁紧螺栓实现自身的升高和降低操作，故必须将无源支撑安装到位，确保支撑顶面与管节底面的良好接触，再锁紧横向调节螺栓后，方可对支撑千斤顶进行卸载以完成体系转换。
　　（2）千斤顶转运与重新组装
　　支撑千斤顶卸载，高度下降后，可直接通过小型 5 t 卷扬机从管节下面分批拖出，并通过现场的移动塔吊吊离轨道。置换出来的千斤顶转运至专门的储存地点，并及时保养。

4　施工过程中存在的主要问题及解决方法

4.1　滑移轨道对 PTFE 滑板使用寿命的影响

　　本工程中的滑移轨道与混凝土梁之间填充高强环氧灰浆，其灌浆的密实程度对滑移梁沉降影响较大，加上滑移轨道安装调节器的功能不足，本工程中因灌浆不密实导致滑移梁接头位置沉降最大有 17 mm 左右，单侧滑移梁接头位置沉降导致接头位置形成错台，PTFE 板经过时极易受损，PTFE 板拖拉滑出，严重时使支撑千斤顶底座前端接触滑移梁表面的不锈钢板，造成不锈钢板被铲起，严重制约顶推效率，另外 PTFE 板造价昂贵，若 PTFE 板使用寿命过短，不利于成本控制。
　　大型沉管顶推作业中一定注意滑移梁制造、安装的精度控制。滑移梁表面的不锈钢板在焊接时，注意钢梁表面的平整度和清洁，不锈钢板贴实焊接，焊后要做抛光处理，确保滑移面光滑平整，否则在千斤顶多次碾压过后不锈钢表面会形成凸点，不利于摩擦力的控制。
　　另外，本工程中滑移梁的设计未考虑搭接式或坡口式的接头形式，而是采用对接式的接头形式，这极不利于滑移梁的受压沉降控制。在类似工程中滑移梁可采取搭接式或坡口式的接头形式，可以有效控制因滑移梁安装、灌浆不密实在承受重载时单边滑移梁接头沉降形成的错台，提高 PTFE 板的使用寿命。
　　滑移轨道高差过大会导致管节支撑千斤顶的顶板支撑压力不均衡，进而造成顶推力不均衡，这对顶推的同步性有影响。

4.2　滑板的清洁对顶推摩擦力的影响

　　本工程中顶推系统设计时考虑滑移梁表面不锈钢板与 PTFE 板间的最大摩擦系数控制在 7%，若摩擦系数增大将导致顶推设备无法满足顶推力的要求，降低摩擦系数主要是在摩擦副的选型和现有摩擦副表面清洁和润滑介质的选择等。本工程中的摩擦副为不锈钢板和 PTFE 板，通过现场实际顶推推算，不锈钢板表面进行抛光处理并清洁彻底，与 PTFE 板全面接触，摩擦系数可以控制在 3.5%～4%，满足顶推力要求，因此对于滑移梁的防尘保护、抛光、PTFE 板的防污保护尤为重要。本工程的防护方法有帆布覆盖滑移梁、顶推轨道上悬挂布帘防止风沙进入滑移梁表面及在每次顶推前对滑移梁进行抛光处理及用工业吸尘器对滑移梁进行清洁后重新涂抹润滑油等方式，摩擦系数能控制在 5.5% 左右。

4.3 滑板结构对顶推摩擦力和顶推成本的影响

纯 PTFE 板是低摩擦力产品，同时其结构偏软，容易受热变形，需要对其结构进行改良，包括增加储油孔、导油槽、顶部抗滑措施，使其与千斤顶底板全面接触，与不锈钢板润滑移动，这样能够增大 PTFE 板的使用寿命，有利于顶推成本控制。

5 结 语

本工程顶推系统克服了大型混凝土预制构件在移动过程中因集中受力而导致预制构件变形、开裂的情况[3, 4]，保障了大型预制构件移动的准确定位，从而达到了形成流水线生产、满足工期需要的目的，其三点支撑体系和多点分散同步顶推的设计理念给大型构件移运提供了新的思路，可为类似工程提供参考。

参 考 文 献

[1] 李惠明，梁杰忠，董政. 沉管预制混凝土施工工艺比选[J]. 中国港湾建设，2013，(4): 57-62.

[2] 中交股份联合体港珠澳大桥岛隧工程第Ⅲ工区一分区项目经理部. 港珠澳大桥岛隧工程沉管预制顶推专项施工方案[Z]. 珠海: 中交股份联合体港珠澳大桥岛隧工程第Ⅲ工区一分区项目经理部，2013.

[3] 江正荣. 大型预制构件的运输方法及问题探讨[J]. 建筑技术，1993，(11): 667-671，674.

[4] 张朝亮，张河新，董伟亮，等. 液压同步顶推顶升技术在桥梁施工中的应用[J]. 液压与气动，2008，(8): 65-68.

超大型沉管顶推姿态监控技术*

邹正周，季拥军，缪永丰

（中交四航局第二工程有限公司，广州）

摘　要：本文以港珠澳大桥沉管预制工程为例，通过对水平姿态、行程及轴线等项目的监测，叙述超大型沉管顶推过程中的姿态监控技术，为后续相关工程提供经验。

关键词：沉管；顶推；姿态监控

1　工　程　概　述

港珠澳大桥岛隧工程沉管隧道总长 5664 m，由 33 个管节组成，单个标准管节长 180 m，重量约 7.6 万 t，由 8 个长 22.5 m 的节段组成，管节采用两孔一管廊的截面形式。

在管节的下方设置 4 条滑移轨道，分别位于侧墙和中隔墙下方，滑移轨道上设置支撑千斤顶、顶推千斤顶及侧导向装置，分别在顶推过程中支撑沉管重量、提供顶推动力及对管节轴线进行纠偏[1-3]，如图 1 所示。

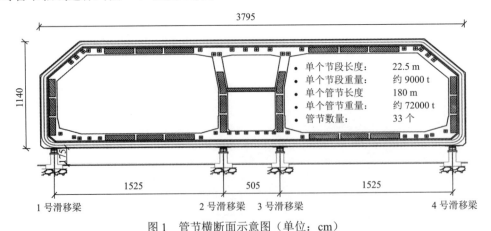

图 1　管节横断面示意图（单位：cm）

超大型沉管预制采用工厂法节段匹配预制流程如下：

在浇筑台座完成 1 号节段混凝土施工，待混凝土达到顶推强度后，将管节向前顶推

---

* 本文曾刊登于《中国港湾建设》2016 年第 7 期。

22.5 m（即单个节段长度），匹配浇筑 2 号节段。

2 号节段达到顶推强度后，连同 1 号节段再向前顶推 22.5 m，匹配浇筑第 3 节段。

以此类推完成 8 号节段的浇筑，并最终将 8 个节段组成的管节向前顶推约 130 m 至浅坞区，进行后续施工。

在顶推作业中，为了保证管节顶推施工的平稳及安全，特别是匹配浇筑时的施工精度，在顶推前后及顶推过程中应分别对管节的水平姿态、顶推行程偏差及轴线偏差进行监测[4]，并根据监测数据及时调整顶推工艺参数。管节顶推限差要求详见表 1。

表 1　管节顶推限差要求表

序号	工况	内容	限差要求/mm
1	任意节段驻位	里程偏差	≤5
2		高程偏差	≤2
3	180 m 管节顶推作业	管节前端节段轴线偏差	≤5
4		匹配浇筑节段轴线偏差	≤3
5	尾端倒数第二个节段驻停就位后	管节前端节段轴线整体偏移	≤3
6		首尾端轴线左右偏差之和	≤3

2　顶　推　准　备

2.1　滑移轨道安装

滑移轨道安装在管节预制前的土建施工中必须完成，采用沉管预制施工控制网的成果进行安装定位控制，并且完工后的轨道轴线及高程偏差应在 ±3 mm[5]。

2.2　施工控制网布设

由于管节姿态监控主要是监测管节在顶推前后的相对变化，控制点的布设相对简单，可以直接在沉管预制施工控制网的基础上进行加密布设即可，但轴线及行程监测加密点的点位应选在管节中轴线上，以便减小测量误差。

2.3　监测点的布设

2.3.1　水平姿态监测点

水平姿态监测点布设在 2 个行车道底板两端，在节段底板混凝土浇筑完成后初凝前，直接埋设铜头即可，如图 2 所示。

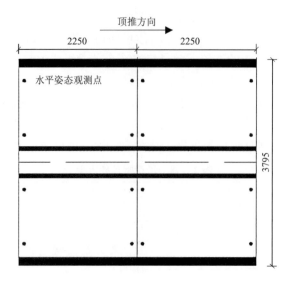

图2　水平姿态监测点布设示意图（单位：cm）

该监测点主要用来测量管节在浇筑完成后、体系置换前后及顶推驻停后等时间点管节水平姿态的变化。

2.3.2　行程及轴线监测点

行程及轴线监测点主要用来监测管节在顶推过程中行程及轴线的变化，根据场地布置整体情况，监测点布设分别如下。

1）首端（浅坞区）：首端轴线监测点可直接利用端钢壳精调时管节底部中轴线上的测点，行程监测点通过在左右两个侧墙安装定制的吸盘棱镜，如图3所示。

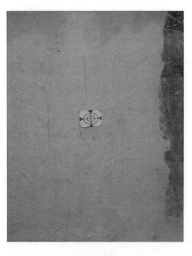

（a）轴线监测点

（b）行程监测点

图3　轴线及行程监测点布设示意图

2）尾端（厂房区）：尾端轴线和行程监测点可通过拆模后在左右侧墙混凝土表面粘贴反光片来进行。

3 顶 推 监 测

3.1 水平姿态监测

管节水平姿态监测共分 4 次进行，依次为：节段浇筑完成后的初值、支撑千斤顶施加 90%支撑力、支撑千斤顶施加 100%支撑力及顶推驻停就位后。每次测量直接采用水准仪，按照碎部测量的方法来进行，测量如图 2 所示的水平姿态监测点。

3.2 顶推行程及轴线测量

管节顶推时，全站仪分别架设在首尾两端的顶推监测控制点上，进行管节行程及轴线变化的监测。

根据场地布置整体情况，首端全站仪架设在管节中轴线的监测点上，分别测量 2 个行程监测点及轴线监测点；尾端全站仪架设在 2 个固定监测点上分别测量左右侧墙表面的监测点，同时作为行程监测点和轴线监测点。

行程及轴线监测的频率如下：

1）拆完底模后、顶推开始前测量管节两端的监测点，分别作为轴线及行程监测的初始值。

2）节段顶推过程（顶推距离 22.5 m）中约每 5 个行程进行 1 次监测（每个行程约 75 cm）。

3）节段顶推就位驻停前 2～3 个行程，根据管节轴线及行程实际偏移量的大小采取 1 个或 2 个行程进行 1 次监测。

4）长距离顶推（约 132 m）中每 10～15 个行程进行 1 次监测。

3.3 监测注意事项

1）在节段顶推监测过程中，应保持测量仪器、人员、测点固定不变。

2）在节段顶推期间，特别是有端钢壳匹配浇筑的前一节段顶推，应严格控制顶推的行程偏差。

3）若不受施工现场整体布置的影响，管节两端的轴线及行程监测应统一按照首端的布置设置方式，以减小测量误差。

4 结　语

本工程已顺利完成 24 个管节的顶推监测施工,保障了管节的平稳顶推并满足管节预制的各项精度要求,可为类似工程提供参考。但目前只在管节首尾两端设置了侧导向装置,导致管节中部轴线纠偏能力相对较弱,今后可以考虑在管节中部适当增加侧导向装置,提高轴线的整体纠偏能力。

参 考 文 献

[1] 陈伟彬,刘远林,李海峰. 超大型沉管顶推技术[J]. 中国港湾建设,2015,35(7):100-104.

[2] 戴书学,游川. 节段式预制沉管顶推系统比选与优化[J]. 中国港湾建设,2015,35(7):4-7.

[3] 杨红,王李,刘然. 港珠澳大桥岛隧工程沉管预制顶推技术[J]. 中国港湾建设,2015,35(7):85-88.

[4] 中交公路规划设计院有限公司. 港珠澳大桥主体工程岛隧工程施工图设计:管节接头、节段接头施工图[Z]. 北京:中交公路规划设计院有限公司,2012.

[5] 香港威胜利工程有限公司. 港珠澳大桥岛隧工程预制管节支撑与同步顶推系统:顶推轨道设置[Z]. 香港:香港威胜利工程有限公司,2013.

沉管顶推施工的保障措施*

李海峰，刘远林

（中交四航局第二工程有限公司，广州）

摘　要：本文以岛隧工程沉管预制厂顶推施工为例，论述沉管顶推施工的技术保障措施。港珠澳大桥岛隧工程超大型沉管的顶推施工是一项全新的科技创新工艺，其设计、基础施工、顶推过程等每个环节都必须认真研究，谨慎实施，做好技术保障。

关键词：沉管；裂缝；顶推；安全；管节水平姿态；保障措施

1　概　述

港珠澳大桥岛隧工程沉管隧道总长度 5664 m，由 33 个管节组成。单个标准管节长 180 m，由 8 个长 22.5 m 的节段组成，重量约为 7.2 万 t。管节采用两孔一管廊截面形式，宽 3795 cm，高 1140 cm。在管节下方设置 4 条滑移轨道（分别位于 2 个侧墙和 2 个中隔墙下方），滑移轨道上设置支撑千斤顶和管节顶推系统，在顶推过程中支撑节段重量，如图 1 所示。

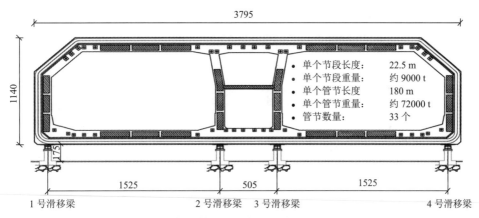

图 1　管节横断面示意图（单位：cm）

沉管预制采用节段匹配预制法：在浇筑台座完成 1 号节段施工，待节段混凝土达到顶推强度后，将管节向前顶推 22.5 m，匹配浇筑 2 号节段；2 号节段达到顶推强度后，

---

* 本文曾刊登于《中国港湾建设》2015 年第 7 期。

连同 1 号节段再向前顶推 22.5 m，匹配浇筑第 3 节段；以此类推完成 8 号节段的浇筑，并最终将 8 个节段组成的管节向前顶推约 130 m 至浅坞区，进行后续工作[1-3]。

2　管节顶推支撑系统设计保障措施

2.1　危险因素分析

2.1.1　存在的危险因素

1）管节支撑系统设置不能满足管节混凝土浇筑时受力要求；
2）管节支撑系统设置不能满足管节受力体系转换时混凝土抗裂要求；
3）管节支撑系统中支撑千斤顶失效或更换支撑千斤顶；
4）管节顶推系统设置不能满足克服管节与滑移轨道间摩擦力的要求；
5）管节导向系统设置不能满足发生偏移时对管节的导向纠偏功能；
6）管节自动控制系统设置不能满足顶推精度控制的要求；
7）管节相关设备及部件不能满足耐久性及相关工作性能要求。

2.1.2　可能导致的安全风险

1）管节裂缝；
2）管节顶推时不能正常启动或前进；
3）管节偏移后不能纠正到正常状态；
4）先浇节段顶推之后，与后浇节段不能良好匹配；
5）电气设备、滑道磨损严重等不能满足工期内的管节顶推施工要求。

2.2　主要控制措施

1）对管节浇筑、体系转换及顶推等工况分别进行建模，模拟上述状况下节段的受力状态，据此作为顶推相关系统的设计依据。同时通过建模，输入边界条件，分析得到节段在上述工况下受力是否安全可靠。

2）在节段混凝土浇筑时，千斤顶顶板主要承受的荷载为钢筋混凝土的自重及倾倒混凝土产生的冲击荷载，其受力形式主要为抗压。千斤顶顶板分别按照承载极限状态及正常使用的极限状态进行强度、刚度及稳定性验算，确保在节段混凝土浇筑期间受力可靠。

3）为满足节段流水作业的条件，当节段混凝土强度满足顶推条件（轴心抗压强度标准值 $f_{ck} \geqslant 16.7$ MPa，轴心抗拉强度标准值 $f_{tk} \geqslant 1.78$ MPa）后，可以进行受力体系转换，进行顶推作业。

4）每段管节下方底模（千斤顶顶板）有4条布置在滑轨上的钢构支撑及顶推系统，布设6个支撑千斤顶，每个千斤顶最大支撑力为850t。建模分析得到单个支撑千斤顶所承受的竖向荷载约为355t，支撑千斤顶安全系数为2.391，间隔千斤顶出现故障时不影响管节支撑，便于故障千斤顶的修复或更换。

5）标准节段重量约9000t，支撑千斤顶底座PTFE板与不锈钢板滑道界面摩擦系数为4%~5%，考虑一定的安全储备取7%，则节段顶推启动需克服的摩擦力约为630t。单个顶推千斤顶顶推力约为40t，单个节段下16个顶推千斤顶能够提供约640t的顶推力，能够确保节段顶推的顺利进行。

6）滑移轨道的安装质量关乎管节顶推施工安全，管节的准确定位应严格予以控制。

7）管节顶推中涉及的关键设备、构件应进行必要的力学性能试验，同时还应在实验室对管节顶推中重要的工况如滑移面摩擦系数、滑移轨道梁与灌浆料黏结性能等进行模拟实验，以指导现场施工。

3 模板区受力体系转换保障措施

节段养护达到C25抗裂强度要求后，方可拆除模板，节段重量转由支撑千斤顶承受，节段完成受力体系转换。

3.1 危险因素分析

3.1.1 存在的危险因素

1）未达到管节混凝土抗裂要求进行受力体系转换；

2）支撑千斤顶加载速度过快，将管节顶起一定高度；

3）电气线路、液压管路未按要求安装布置，杂乱无序；

4）电气线路漏电、液压管路接头未拧紧；

5）电气线路布设不满足电气设备供电；

6）液压管路耐压值不满足实际油压要求；

7）设备维修保养不到位、力学仪表的读数不准确。

3.1.2 可能导致的安全风险

1）管节裂缝；

2）管节水平姿态差；

3）液压管路爆管；

4）电气设备及线路烧坏。

3.2　主要控制措施

1）节段混凝土强度不满足顶推条件（轴心抗压强度标准值 $f_{ck} \geq 16.7$ MPa，轴心抗拉强度标准值 $f_{tk} \geq 1.78$ MPa）时严禁进行体系转换作业。

2）受力体系转换时严格按照批准的施工方案中操作要求进行。

3）受力体系转换时，支撑系统加载应逐步进行，两侧前后压力应保持一致，以保证节段受力均匀、节段水平姿态变化在可控范围内。

4）根据设计要求，为确保先浇、后浇节段竖向匹配良好，底模与支撑系统受力体系转换应为无位移受力体系转换。因此，在体系转换前应在节段底板布置高程观测点，实时监测体系转换时节段水平姿态变化。

5）为保证底模与支撑系统受力体系转换过程中节段基本处于无竖向位移状态，在支撑千斤顶锁紧螺母拧紧前应根据节段水平姿态监控数据调整锁紧螺母的调节高度。

6）节段混凝土浇筑时其自身重量由底模承担，属于多点分散受力，荷载分布较均匀，体系转换后节段重量转为由支撑系统承担，属于集中力的受力方式，可能存在一定的基础沉降，因此在底模与支撑系统受力体系转换完成后底模应及时完成降模工作，以防止因节段搁置时间过长地基产生不均匀沉降导致底模不能正常降模。

7）底模与支撑系统受力体系转换前应仔细检查各电气线路、液压管路是否按要求布置，各部位工作状态是否正常。用于节段顶推的液压管路耐压值均以最大实际油压值的 2 倍为设计指标，以防止爆管伤人。在底模与支撑系统受力体系转换前尤其应检查液压管路接头是否拧紧，对存在漏油、破损等情况的液压管应及时予以更换。

8）电气线路及液压管路等按要求进行架空、固定、理顺等，以防止触电、损坏等。

9）完成受力体系转换作业后，应断开电路，并对重要部位如支撑千斤顶球阀、油泵仪表等进行保护，设置警示标志，严禁无关人员进入。

4　顶推作业保障措施

顶推千斤顶推动节段前移，由于滑移钢轨的反力槽间距为 75 cm，故每次顶推 75 cm 后，前移千斤顶的后端部分至新的反力槽位置，总共需要顶推 30 次，共计 22.5 m，管节节段移出模板区浇筑坑。

4.1　危险因素分析

4.1.1　存在的危险因素

1）未达到管节混凝土抗裂要求进行顶推；

2）支撑系统与滑移轨道间摩擦力过大；

3）管节顶推经过内空狭小的廊道内模，发生刮擦；

4）管节顶推不同步，易出现偏移；

5）电气线路、液压管路未按要求安装布置；

6）电气线路漏电、液压管路接头未拧紧；

7）液压管路耐压值不满足实际油压要求；

8）管节顶面杂物未清理干净，高空落物。

4.1.2 可能导致的安全风险

1）管节裂缝；

2）管节顶推不能正常启动或同步顶推；

3）管节水平姿态差；

4）管节与内模发生刮擦、碰撞；

5）先浇端顶推出浇筑坑后与后浇端不能良好匹配；

6）支撑千斤顶底座与滑移轨道梁发生刮擦、碰撞；

7）液压管路爆管；

8）电气设备及线路烧坏；

9）物体打击、碰撞、跌倒、触电。

4.2 主要控制措施

1）节段混凝土强度不满足顶推条件（轴心抗压强度标准值 $f_{ck} \geq 16.7$ MPa，轴心抗拉强度标准值 $f_{tk} \geq 1.78$ MPa）时严禁进行顶推作业。

2）节段预制、顶推施工间隔周期长，对滑移轨道及顶推设备的耐久性要求高，应选用能适应现场工况及蓄油能力好的润滑油，选择性能良好的滑块，同时兼顾经济效益。

3）支撑顶推单元安装前应保持底部 PTFE 板的洁净并均匀涂抹润滑油，同时应对支撑顶推单元安装位置处的钢滑移梁不锈钢板表面进行彻底的清洁、抛光处理和保护，并用彩条防雨布等遮盖防尘，在顶推前应仔细清理滑移轨道，并均匀涂抹润滑油。

4）严格控制钢滑移梁标高高差，避免各轨道支撑千斤顶处竖向荷载偏差值过大引起各轨道摩擦力差值过大及管节顶推的不同步，甚至损伤设备。

5）严格控制钢滑移梁轴线偏差，管节顶推轴线纠偏通过测量纠偏和管节导向装置纠偏结合的方式进行，并应以测量纠偏为主，导向装置纠偏为辅，以减少管节纠偏的次数，提高顶推的施工工效。

6）建立顶推施工专业监控小组，参与管节顶推各项工序，通过高精度的监控仪器和数据分析指导管节顶推施工，持续改进。

7）更换千斤顶和滑板要严格按操作指导书执行，保证千斤顶和滑板更换过程中油路的安全，管节不沉降。

8）控制系统为工业环境应用而设计，对干扰采用屏蔽、隔离和滤波等措施，设有对电源的掉电保护、存储器内容的保护和自诊断措施，因而具有较强的抗干扰能力。

9）因廊道内模与节段内空间较小，易因管节发生一定偏移后发生刮擦或抵触。节段顶推出模板区时，应提高测量监控频率，及时调整管节姿态，以杜绝上述情况发生。

10）改进及提高控制系统的精度控制，满足在顶推即将结束时对管节姿态的精度，使先浇端顶推即将驻停时能符合管节先浇、后浇端匹配精度要求，如里程位置、轴线等。

11）在先浇端即将顶推结束的最后几个行程，应加强测量监控与顶推主控制台的联系，以测量监控数据为根据对管节姿态进行调整。

5　管节驻停保障措施

在一个新节段浇筑期间，先浇筑的节段将驻停等待新节段一起往前顶推，在驻停期间支撑千斤顶的压力将一直保持在 80% 左右，千斤顶的环形螺母要与缸体接触，以避免在压力损失状态时活塞发生移动。

5.1　危险因素分析

5.1.1　存在的危险因素

1）在不利位置如桥架块、短梁段等位置长期驻停；
2）钢滑移梁基础沉降变形过大；
3）支撑千斤顶漏油，压力下降；
4）人为故意破坏顶推设备及电气线路等；
5）安全防护设施不完善。

5.1.2　可能导致的安全风险

1）管节裂缝；
2）管节水平姿态差；
3）管节受力不均匀；
4）碰撞、跌倒、触电。

5.2　主要控制措施

1）钢闸门附近处滑移轨道梁大多为短梁段，管节驻停在上述位置时易受力集中，对滑移轨道结构受力不利。因此，管节应避免在这些位置驻停时间过长。

2）管节驻停时其自身重量传递给支撑千斤顶承担，再由支撑千斤顶依次传递至滑移轨道基础、地基，驻停时间过长容易引起地基产生不均匀沉降，从而导致管节受力不均匀。因此，为防止出现上述不利状况，在管节驻停期间应加强轨道基础及地基的沉降变形观测。

3）管节驻停时其自身重量的 80% 由支撑千斤顶油缸承担，20% 的重量由支撑千斤顶锁紧螺母承受，支撑千斤顶漏油时油缸油压下降，管节重量将转移至锁紧螺母，根据设计要求，锁紧螺母能承受 100% 管节重量。

4）日常加强支撑千斤顶的检查与保养，支撑千斤顶更换应避免在管节混凝土强度早期发展阶段，更换时应对该工况进行必要的验算以确保管节混凝土强度能满足抗裂要求。

5）管节驻停时应该严格按照批准的施工方案进行。

6 浅坞区受力体系转换的保障措施

在管节整体顶推至浅坞区后，为防止支撑顶推系统被海水浸泡后腐蚀，管节需要进行体系转换，将支撑和顶推系统置换出来，管节重量由设置在浅坞区的无源支撑承担。

6.1 危险因素分析

6.1.1 存在的危险因素

1）无源支撑安装标高不一致，使管节受力不均匀；

2）部分无源支撑锁紧螺母未锁紧，受力之后荷载转移至邻近的无源支撑上，则该无源支撑被"架空"；

3）管节下降时速度及高度不一致；

4）因无源支撑基础不平整使无源支撑部分受力；

5）无源支撑上方支垫高度不够。

6.1.2 可能导致的安全风险

1）管节裂缝；

2）无源支撑基础损坏；

3）体系转换后因钢滑移梁局部安装高差过大、基础沉降过大等导致部分顶推支撑单元不能正常脱离；

4）因无源支撑上方支垫高度不够导致顶推设备置换困难。

6.2　主要控制措施

1）受力体系转换前应对所有无源支撑安装标高进行复测，确认所有无源支撑顶面处于同一水平面上，同时应检查确认无源支撑锁紧螺母拧紧无误后方可进入到下道工序。

2）控制无源支撑底部垫梁顶面标高，保证无源支撑有足够的调整高度满足体系转换要求，对无源支撑基础不平整应进行支垫，使无源支撑均衡受力。

3）受力体系转换时管节下降高度应分多步进行，每次下降高度不宜超过 3～5 mm。管节两侧完成一次下降调整后的高差应控制在 1～2 mm，以避免管节受力不均匀、水平姿态差。

4）测量人员应配合进行监测，在进行完一次下降操作并复测达到同步下降的要求后方可进行下一阶段的下降操作，如此循环进行，直至完成体系转换工作。

5）受力体系转换应严格按照批准的施工方案进行。

6）出现顶推支撑单元不能正常拖出的情况时，可整体将管节顶起一定高度并同时上调无源支撑的顶面标高后再进行管节体系转换。

7　结　语

港珠澳大桥岛隧工程沉管顶推设备从策划、设计开始，就为确保超大沉管的顺利顶推，考虑并设置了诸多安全防护设计和安全保障措施，安装、使用过程中又进行了补充和完善，这对于安全完成沉管顶推施工至关重要，不但设备方面需要有安全保障，人为因素同样值得重视。经过两批 4 个管节的顶推实践，顶推工艺逐步趋于完善，安全保障措施在施工中得到检验，完善后的安全保障措施将为后续的沉管顶推提供保障。

参 考 文 献

[1]　李惠明，梁杰忠，董政. 沉管预制混凝土施工工艺比选[J]. 中国港湾建设，2013，(4)：57-62.

[2]　中交股份联合体港珠澳大桥岛隧工程第Ⅲ工区一分区项目经理部. 港珠澳大桥岛隧工程沉管预制顶推专项施工方案[Z]. 珠海：中交股份联合体港珠澳大桥岛隧工程第Ⅲ工区一分区项目经理部，2013.

[3]　肖晓春. 大型沉管隧道管节工厂化预制关键技术[J]. 隧道建设，2011，31(6)：701-705.

大型预制构件顶推方案选型*

彭晓鹏，李　阳，李海峰

（中交二航局第一工程有限公司，武汉）

摘　要：本文以港珠澳大桥岛隧工程预制沉管管节顶推方案选型为例，阐述各种大型预制构件顶推方案的优缺点，对大型预制构件顶推方案选择具有指导意义。

关键词：沉管；管节；预制构件；顶推；选型

0　引　言

顶推的施工定义有广义和狭义之分，广义顶推施工属于重型起重的范围，将重物移动一段距离的方式均可以视为顶推施工，重物可以是预制混凝土结构、钢结构等单一构筑物，也可以是房屋、船舶及平台等复合结构物。狭义顶推施工来自于预应力钢筋混凝土等截面连续梁桥施工，沿桥纵轴方向，在桥台后设置预制场浇筑梁段，达到设计强度后，施加预应力，向前顶推，使梁体通过各墩顶的临时滑动支座面或临时支撑滑动面就位，空出底座继续浇筑梁段，与先一段梁联结，直至将整个桥梁梁段浇筑并顶推完毕，最后进行体系转换而形成连续梁桥[1]。

顶推施工分类方法很多，通常根据顶推力的分布不同分为单点顶推和多点步距式顶推，或集中顶推和分散顶推。本文以港珠澳大桥岛隧工程沉管管节顶推技术方案的选型为例，阐述大型预制构件顶推施工总体方案的选型方法。

1　大型预制构件顶推施工难点

大型预制构件顶推施工需要综合考虑预制件结构安全、作业台座的稳定、顶推力的实现与传递、支撑力与滑移面设计、构件运行状态监测与纠偏、体系转换等方面，施工难度随预制构件的重量、顶推距离、长宽比、支撑精度、顶推速度的增加而增加，当构件重量超过万吨，顶推距离超过百米，难以用常规顶推设备完成顶推作业[2]。

---

* 本文曾刊登于《中国港湾建设》2015 年第 7 期。

2　管节顶推设备选型的基本要求

2.1　顶推施工工艺

港珠澳大桥沉管隧道标准管节长 180 m，重约 72 000 t，共 33 个管节，每个标准管节由 8 个 22.5 m 长的小节段组成，采用两条生产线预制。每个节段在固定的台座上浇筑、养护 72 h 后向前顶推 22.5 m，空出浇筑台座，下一节段与刚顶出的节段相邻匹配预制。如此逐段预制逐段顶推，直至完成全部 8 个节段浇筑，再整体顶推约 100 m 至浅坞区进行后续施工[3]。

2.2　设备配置技术要求

为实现顶推施工工艺，顶推系统配置方案包括管节顶推系统、管节支撑系统及管节导向系统三部分。

2.2.1　管节顶推系统

1）顶推方式：优先考虑管节分散顶推方式。
2）顶推力：按照单个节段重量为 87 500 kN，标准管节按照 700 000 kN 考虑。
3）顶推力和行程偏差：各套顶推装置的推力误差应小于 1%，顶推行程偏差应小于 2 mm[4]。
4）工效要求：自动连续向前顶推，每完成 22.5 m 顶推时间不超过 4 h。

2.2.2　管节支撑系统

1）支撑千斤顶均衡布置在管节下面，顶推移动时混凝土的强度为 C25。
2）顶推滑移轨道高差将控制在 ±10 mm 以内，支撑千斤顶在滑移过程中应能适应上述高差，保证管节在轨道上滑移时不产生开裂。

2.2.3　管节导向系统

顶推过程中确保管节不偏离滑移轨道，同时具备调整管节偏位的功能。

3 总 体 方 案

3.1 主要参数的计算

3.1.1 滑移材料选取

预制管节通过千斤顶与轨道接触，将重力传递到轨道上。

标准管节总重约 72 000 t，采用点面或线面接触均不合适，只有采用面面接触的方式才能够保证滑移面与轨道之间的接触压强相对较小，提高顶推系统的稳定性和安全性。

在管节重量一定的前提下，滑移材料的选取决定接触面摩擦系数的大小，也决定了顶推力的大小。滑移材料的性能指标主要有摩擦系数、压缩强度、磨损系数和耐久性。摩擦系数太大会导致顶推油缸尺寸过大，轨道固定强度增大，造成生产浪费、空间浪费和能源浪费。除摩擦系数外还必须满足压缩强度和磨损系数的要求。根据桥梁顶推施工经验，采用 PTFE（聚四氟乙烯）或工程塑料合金 MGE 滑板和不锈钢板组成滑移面，静态摩擦系数不超过 0.07 作为力学计算的依据[5]。

3.1.2 顶推参数计算分析

无论是集中顶推还是分散顶推，在顶推起步时，总顶推力必须大于静摩擦力。顶推构件重量为 700 000 kN，接触面最大静摩擦系数为 0.07，则顶推系统在起步阶段最小的集中顶推力为 4.9×10^4 kN，平均分配到 4 条滑轨上，每条滑轨上需要的顶推力为 12 250 kN。

3.1.3 管节惯性滑移分析

根据顶推时间要求，顶推速度设定为 8 m/h。管节完全在摩擦力作用之下停止运行，根据牛顿第二运动定律可以得出加速度为 0.4 m/s^2，移动时间为 0.005 6 s，在设定速度下移动距离为 0.006 mm，该距离不会导致管节分段之间产生大的位移而对管节之间的止水带造成损坏。

3.2 顶推实施方案选择

预制管节顶推支撑系统通过千斤顶不同的连接方式实现。管节导向系统采用侧向千斤顶，通过检测与纠偏方式实现。管节顶推系统根据力的不同作用方式可以采取三种方案，分别为集中顶推、分散顶推和预应力连续牵引方案。

3.2.1　集中顶推方案

集中顶推方案主要特点是通过每条轨道后端设置一套顶推千斤顶，将支撑千斤顶均匀支撑的管节推动，见图 1。在首端支撑千斤顶上设置导向机构，对管节的横向位置进行约束，起到导向作用。

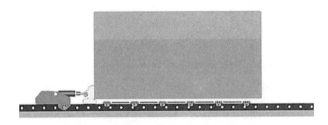

图 1　集中顶推方案

3.2.2　分散顶推方案

分散顶推方案的主要特点是在支撑千斤顶上设置多个顶推单元，顶推千斤顶利用轨道反作用力推动支撑千斤顶，同时托起管节平移，如图 2 所示。

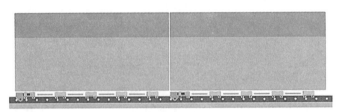

图 2　分散顶推方案

3.2.3　预应力连续牵引方案

在浅坞相对浇筑区的另一端安装连续拉力千斤顶，通过钢绞线将拉力传至设在尾端的牵引横梁上，牵引横梁推管节向前不间断平移，见图 3。

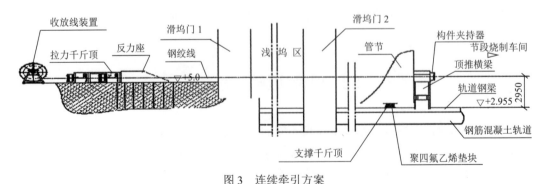

图 3　连续牵引方案

4 顶推方案的选择

4.1 集中顶推方案

4.1.1 总体方案

集中顶推系统主要包括顶推油缸、顶推反力座、插销机构、分配梁等组成,如图 4 所示。顶推油缸安装关节轴承,通过销轴与反力座和分配梁连接,前后耳环的关节轴承能够适应横向偏角。分配梁一端与油缸连接,另一端直接抵靠在管节端面,通过底部的支撑座支撑在轨道上面[6]。

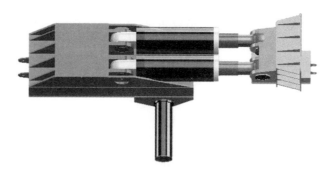

图 4 集中顶推千斤顶

4.1.2 顶推参数设置

按照管节总重 72 000 t,静摩擦系数按照 0.07 计算,则需要 49 000 kN 的顶推力,在单个轨道上面布置了 2 台 6500 kN 的顶推油缸,则总的顶推力为 4×13000 kN= 52000 kN,满足顶推力的要求。根据顶推系统参数,额定顶推力为 52000 kN/25 MPa;最大顶推力 65000 kN/31.5 MPa;单次顶推行程为 1600 mm。

通过计算确定集中顶推系统顶推油缸主要尺寸,主油缸缸筒内径 560 mm,缸筒壁厚 100 mm,缸筒外径为 760 mm。

4.1.3 优缺点

集中顶推方案的优点是系统单一,控制功能简单,设备数量少,集中和同步功能易于实现;缺点是每个轨道顶推力达到 13 000 kN,单个顶推油缸外径达到 760 mm,重达数吨,安装搬运困难;传递顶推力分配梁、轨道及反力座结构笨重,需要消耗大量钢材;顶推系统油泵和钢结构件体积大,难以与沉管预制模板系统对接;标准管节(8 个节段)同时顶推时,顶推力影响顶推点节段结构安全。

4.2　分散顶推方案

4.2.1　总体方案

每段 22.5 m 管节配备一套顶推设备，每套顶推设备包括 12 套支撑单元（每条轨道 3 套均匀布置），每条轨道 3 套支撑单元中，前后两套设置顶推油缸，中间一套不设置顶推油缸。设置顶推油缸的单元，顶推油缸和支撑油缸之间用钢结构做成整体，再通过反力架与轨道衔接。

4.2.2　顶推参数的设置

按照管节总重 72 000 t，静摩擦系数按照 0.07 计算，则需要 49 000 kN 的顶推力，平均每个节段需要 6125 kN 顶推力。每个节段布置 12 套支撑单元，其中 8 套支撑单元各设置 2 个顶推油缸，平均每个顶推油缸承载力为 383 kN/35 MPa，行程为 800 mm。通过计算可以确定分散顶推系统顶推油缸主要尺寸为：油缸缸筒内径 120 mm，缸筒壁厚 20 mm，缸筒外径为 160 mm。

4.2.3　优缺点

分散顶推方案的优点是将顶推力均匀分布在各节段上，对管节结构安全影响较小；所需设备吨位小，设计制造容易；对模板系统衔接界面要求低，相互干扰小，设备装配容易。分散顶推方案的缺点在于顶推的同步性难以控制。每个标准管节由 8 个节段组成，节段之间采用橡胶止水带柔性连接，可以挤压，严禁拉扯，止水带拉扯破坏将导致整个管节报废。

4.3　预应力连续牵引方案

4.3.1　总体方案

连续拉力千斤顶装在浅坞区外侧反力架上，反力架与桩基础连接为一体承受千斤顶拉力。构件夹持器通过牵引横梁支撑在节段横断面上，千斤顶与构件夹持器通过钢绞线连接。由于千斤顶固定，当千斤顶在紧锚状态下伸缸就可以带着钢绞线、构件夹持器、管节沿轨道向浅坞区方向移动，实现节段（管节）的平移。每条节段生产线配置 1 套连续牵引系统，每套连续牵引系统包括：连续拉力千斤顶、液压泵站、控制系统、钢绞线、相应辅助工具。

4.3.2　牵引力确定

根据管节结构特点，结合轨道分布情况，在管节尾部断面上设置 8 个推力点。每个管节顶推需要 8 台连续自动千斤顶，根据总牵引力不小于 49 000 kN，则每台顶拉力（推力）为：49000/8=6120 kN，选择 6500 kN 连续拉力千斤顶。

4.3.3　自动连续牵引方案优缺点

连续牵引千斤顶采用双顶结构，前、后千斤顶交替伸缸，通过钢绞线牵引，保证了管节连续平移，整个过程管节受力平稳，不会产生因速度变化带来的冲击。该方案的基本原理在桥梁预应力施工和重型起重方面运用较广，有成熟的设备系统。该方案优点较多，缺点也比较明显：①管节牵引的位置无法精确定位，如果超出既定的位置管节无法逆行；②钢绞线长达 250 m，存在安全隐患，且限制管内其他工序作业；③需要设置地锚固定牵引千斤顶；④曲线段施工难以实施。

5　方案的选择

通过对上述 3 个方案的比较，分散顶推方案具有顶推力平衡均匀，顶推过程便于控制，设备制造易于实现等优点，更符合沉管预制施工实际情况，作为主选方案。

6　结　　语

大型预制构件支撑与同步顶推是工厂法沉管管节预制的核心工艺，分散顶推方案较集中顶推方案所具有的顶推力均匀、顶推部件紧凑等优点，实现了顶推设备与支撑设备模块化设计、顶推设备与模板设备无隙对接、顶推过程协调同步。截至 2015 年 5 月 27 日，港珠澳大桥岛隧工程沉管预制厂已经顺利完成 22 个管节顶推作业，顶推过程受控，管节未出现异常裂纹和偏位。

参 考 文 献

[1]　姚玲森. 桥梁工程[M]. 北京：人民交通出版社，2008.

[2]　肖晓春. 大型沉管隧道管节工厂化预制关键技术[J]. 隧道建设，2011，(6)：11-13.

[3]　林鸣. 港珠澳大桥岛隧工程施工组织设计[Z]. 珠海：中交港珠澳大桥岛隧工程项目总经理部，2011.

[4]　翟世鸿，杨秀礼，彭晓鹏，等. 港珠澳大桥顶推系统招标书[Z]. 珠海：中交港珠澳大桥岛隧工程项目总经理部，2011.

[5]　郝新敏. 聚四氟乙烯微孔膜及纤维[M]. 北京：化学工业出版社，2011.

[6]　徐之梦. 液压机构[M]. 北京：机械工业出版社，2010：20-150.

港珠澳大桥岛隧工程沉管预制顶推技术*

杨　红，王　李，刘　然

（中交二航局第二工程有限公司，重庆）

摘　要：顶推技术常用于桥梁施工，沉管顶推系统在国内尚属首次使用。本文从顶推系统、施工工艺、施工步骤等方面介绍了港珠澳大桥岛隧工程沉管预制顶推施工技术，沉管顶推技术有效保证了顶推的顺利完成及确保沉管质量和人员安全。

关键词：沉管；顶推；垂直支撑

1　工　程　概　况

港珠澳大桥岛隧工程沉管隧道总长度为 5664 m，由 33 个管节组成，其中直线段管节 28 个，曲线段管节 5 个，曲率半径 5000 m。管节采用两孔一管廊截面形式，宽 3795 cm，高 1140 cm。单个标准管节长 180 m，由 8 个长 22.5 m 的节段组成。混凝土强度等级为 C45（28 d）、C50（56 d），单次混凝土浇筑方量约 3400 m³，是迄今为止世界上规模最大的沉管隧道工程。

沉管预制采用工厂法节段匹配顶推施工[1]：在浇筑台座完成 1 号节段施工，待节段混凝土达到顶推强度后，将管节向前顶推 22.5 m，即单个节段长度，匹配浇筑 2 号节段；2 号节段达到顶推强度后，连同 1 号节段再向前顶推 22.5 m，匹配浇筑 3 号节段；以此类推完成 8 号节段的浇筑，并最终将 8 个节段组成的管节向前顶推约 130 m 至浅坞区，进行后续舾装横移工作。管节顶推采用水平向及竖直向的千斤顶在 4 条分别位于两个侧墙和两个中隔墙下方的滑移轨道上顶推滑移。顶推技术常用于桥梁施工[2-4]，沉管顶推系统在国内尚属首次使用。

2　节段顶推系统

2.1　垂直支撑系统

每条轨道上 6 台支撑千斤顶，每个节段由 4×6＝24 台支撑千斤顶支撑，见图 1。垂

---

* 本文曾刊登于《中国港湾建设》2015 年第 7 期。

直支撑千斤顶的位置被均分为等距的 3.75 m，起始位置从各自节段端面 1.875 m 开始。1个沉管节段共 8 个管节，共有 8×24 =192 台支撑千斤顶。沉管管节总重约 72 000 t，故每个千斤顶承重 72 000/192 = 375 t。根据 VSL 相关计算书，采用载荷能力为 8500 kN 千斤顶，安全系数为 2.391，能在半数千斤顶失效的情况下确保结构安全。

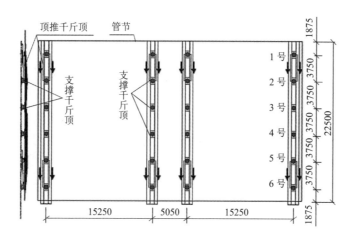

图 1 单个节段千斤顶布置图（单位：mm）

垂直支撑千斤顶安装有蓄能器，蓄能器里充填非活泼性的氮气；蓄能器是液压气动系统中的一种能量储蓄装置，当出现漏油、卸压严重时，蓄能器可以及时对系统补给压力，对垂直支撑系统起到保护作用。

2.2 顶 推 系 统

每个节段由各条轨道上 2 套顶推单元顶推。顶推单元安装在最前和最后 2 台支撑千斤顶之间，见图 1。每套顶推单元由 1 对长行程顶推千斤顶组成，该千斤顶类型为 HZP40/17-850，设计顶推力为 395.8 kN，16 个千斤顶顶推力总和大于所受的摩擦力，行程 850 mm。顶推千斤顶一端是由 1 对反作用连接销承载，并固定在垂直支撑千斤顶的顶板。顶推千斤顶的另一端（活塞端）使用销轴与包含有反力座的顶推支架连接，用于传递顶推力至滑移梁两侧垂直板的凹槽内。滑移梁垂直板的凹槽中心点间距为 750 mm。因此，节段顶推中每次移动的距离为 750 mm。

2.3 滑 移 系 统

滑移系统主要是由滑板和轨道组成。轨道为钢混组合结构，由混凝土、灌浆层、钢板组成，总长约 320 m。由于轨道在高荷载作用下会导致轨道接头处灌浆层发生破坏或轨道钢板裂开，最终在接头处出现明显高差，支撑千斤顶经过接头时滑板受损严重。为解决该问题，采取再次注浆处理。经设计验算和工艺试验，将顶推轨道接头焊接连接成 3 段（浇筑区至浅坞门分为 1 段、浅坞区分为 2 段）。浅坞门段为活动块，安装时严格控制轨道面高程，与固定轨道梁的接头控制为后高前低状态以避免造成滑板受损。采用 PTFE 滑板，考虑安全储备，故摩擦系数取为 0.07。

2.4　监控与纠偏系统

监控系统主要以测量监控为主，顶推控制系统监控为辅，纠偏系统采用导向装置纠偏。

2.5　系 统 安 装

垂直支撑系统和顶推系统全部连接在顶板上，顶板是底模的一部分。顶板有 3 种类型，拼装完毕后，安装到滑移梁上。顶板类型 1 安装 6 块，顶板类型 2 安装 2 块，顶板类型 3 安装 16 块。顶板类型 1 和顶板类型 2 的唯一区别是没有侧导向千斤顶。

2.5.1　顶板类型1

组成部分有：2 件底板、2 套支撑千斤顶及长顶板类型 1、顶推千斤顶 2 套及顶推架、液压装置，主要构配件见表 1。

表 1　顶板类型 1 的构配件

序号	名称及型号	数量	作用
1	顶板类型 1	1	组成底板模板
2	支撑千斤顶底板 850-50（含 PTFE 板）	2	承受沉管节段重力，在不锈钢滑移梁移动
3	顶推千斤顶 HZP40/17-850	2	与顶推支架连接，提供前进所需的顶推力
4	顶推支架（左）	1	顶推时卡在滑移梁的反力槽
5	顶推支架（右）	1	顶推时卡在滑移梁的反力槽
6	锁紧螺母传感器	2	测量支撑千斤顶的竖向伸缩
7	顶推千斤顶行程传感器	2	监控伸出千斤顶的水平伸缩
8	套筒螺母	8	连接顶板和支撑千斤顶

2.5.2　顶板类型2

组成部分有：2 件底板、2 套支撑千斤顶及长顶板类型 2（用于侧导向装置）、顶推千斤顶 2 套及顶推架、液压装置，主要构配件见表 2。

表 2　顶板类型 2 的构配件

序号	名称及型号	数量	作用
1	顶板类型 2	1	组成底板模板
2～8	与表 1 相同		
9	侧导向千斤顶	2	前进中纠偏

2.5.3　顶板类型3

组成部分有：1 件底板、1 套支撑千斤顶及短顶板类型 3、液压装置，主要构配件见表 3。

表 3　顶板类型 3 的构配件

序号	名称及型号	数量	作用
1	顶板类型 3	1	组成底板模板
2	支撑千斤顶底板 850-50（含 PTFE 板）	2	承受沉管节段重力，在不锈钢滑移梁移动
3	套筒螺母	4	连接顶板和支撑千斤顶
4	锁紧螺母传感器	2	测量支撑千斤顶的竖向伸缩

3　液 压 系 统

液压系统由垂直支撑液压系统、顶推液压系统和控制系统三部分组成。

3.1　垂直支撑液压系统

每节段 1 条滑移梁上布置 6 个垂直支撑千斤顶。将 1、3、5 千斤顶用油管串联成 A 路，2、4、6 千斤顶串联成 B 路，A 路和 B 路连接到油泵上，见图 2。

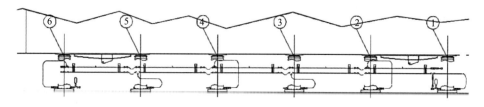

图 2　单条轨道上的垂直支撑液压布置

支撑液压系统按照三点构成一平面的几何原理进行布置，如图 3 所示。虚线区域内的垂直支撑千斤顶油管与其他区域隔断，自身区域内 A 路和 B 路分别串联在一起，连接到同一个油泵，千斤顶油压相同。因此支撑液压系统需要 3 台油泵，分别是 1 台 EHPS12MS

和 2 台 EHPS6MS。其中 EHPS12MS 连接区域 1 中的油管，EHPS6MS 连接区域 2 和区域 3 中的油管。

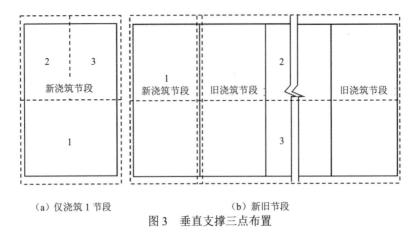

（a）仅浇筑 1 节段　　　　　　　　　（b）新旧节段

图 3　垂直支撑三点布置

3.2　顶推液压系统

每节段 1 条滑移梁上布置 4 个顶推千斤顶。顶推千斤顶为双作用油缸，将进油口用油管串联在一起，回油口用油管串联在一起，并连接到油泵 EHPS24MS 或 EHPS24MSR 上。1 个顶推油泵可连接 1 条滑移梁上最多两节段的顶推油泵，而其中油泵 EHPS24MSR 必须安装在新浇筑节段。因此 8 个节段，需要 12 台 EHPS24MS 和 4 台 EHPS12MSR。

3.3　控 制 系 统

1 个控制箱最多能收集 1 条轨道上两节段的传感器电子信号——支撑千斤顶油压和油缸行程、顶推千斤顶油压和油缸行程、顶推油泵的电机频率和油压等。控制箱串联在一起，最终将所有的电子信号汇总到主面板控制箱。在控制箱的触摸显示屏中，可以直观地观察到整个顶推系统的参数状态，并及时根据参数进行调整控制。

4　施 工 步 骤

4.1　新节段的重量 90% 荷载转移

1）按照要求连接辅助支撑装置与垂直支撑装置，松动千斤顶截止阀的接头，启动油泵并排除油管内的空气后，再次拧紧。

2）打开所有新节段千斤顶的截止阀（并与旧节段油管截断）。

3）用 EHPS12MS 分步加压从 5000 kN/m² 至 90% 的节段重量。

4）关闭所有支撑千斤顶的截止阀并锁定螺母。

5）释放辅助支撑装置的压力。

6）从千斤顶上拆除包括辅助支撑装置的油管和截止阀。

4.2 打 开 模 板

确认荷载加至 90% 后，打开模板，完成底模拆模。

4.3 安装顶推千斤顶油路和控制设备

按照图纸将顶推千斤顶油路及电子控制设备连接起来，并进行调试。调试完毕后，荷载加载到 100%。

1）打开旧节段纵向接头上所有的针式阀门。

2）将区域 2 和区域 3 中的油管按 A 路和 B 路连接到油泵 EHPS6MS，见图 2 或图 3。

3）打开油泵和支撑装置之间的截止阀。

4）分节段加压从 5000 kN/m² 至 90% 的节段重量。

5）打开千斤顶处的截止阀。

6）区域 1 的 EHPS12MS 及区域 2 和区域 3 的 EHPS6MS 的 3 台油泵共同加压到 100%，致使螺母松动。

7）旋转螺母，使其与垂直支撑千斤顶有 5 mm 的空隙。

4.4 参 数 设 置

在顶推过程中，所有的数据将在控制系统的触摸屏上显示，所有数据都设有"警告"限值，如果数据超出规定的"警告"限值，将会出现警告信号。

节段顶推前，需对所有参数进行设置，见表 4。

表 4 顶推系统各参数设置

项目	参数	
行程传感器位置	高点限位（警告）/mm	5
	低点限位（警告）/mm	3
顶推压力	起始设置点/(kN/m²)	10 000
	高点限位（警告）/(kN/m²)	32 000
	超高点限位（报警）/(kN/m²)	35 000
螺母位置	工作点设置/mm	5
	高点限位（警告）/mm	7

续表

项目	参数	
螺母位置	低点限位（警告）/mm	3
	超高点限位（报警）/mm	8
	超低点限位（报警）/mm	2
侧压力	高点限位（警告）/(kN/m²)	5 000
	低点限位（警告）/(kN/m²)	1 000
支撑压力	工作点位置/(kN/m²)	23 500
	高点限位（警告）/(kN/m²)	28 500
	低点限位（警告）/(kN/m²)	18 500
	超高点限位（报警）/(kN/m²)	30 000
	超低点限位（报警）/(kN/m²)	17 000
操作设置	油位延迟/s	5
	油泵启动延迟/s	5
	启动到达延迟/s	10
	移动距离/mm	770
	最大完成时间/s	120

管节的侧向位置在触摸屏幕上无显示，故侧向位置在顶推过程中需要由测量人员进行监控，如果偏离过大需按照侧导向调整指导书进行调整。需要特别注意的是有些数据可能需要依照滑动轨道的实际条件进行调整。

4.5　顶推到设计距离

1）调试完毕后，启动控制系统，开始顶推。

2）按下"回缩"按钮，使顶推千斤顶回到开始位置，检查所有的顶推千斤顶是否回程到位（在屏幕上显示），检查所有的反力座是否处于工作状态（在屏幕上指示）。

3）按下"伸长"按钮，当顶推千斤顶的压力到达预先设置值时，系统将会自动停止。

4）按下"伸长"按钮，开始顶推，当到达预设的顶推距离后，系统将会自动停止。

5）按下"回缩"按钮使顶推千斤顶回缩。

6）重复以上步骤，每次顶推 750 mm，直至完成顶推距离。

5　结　语

管节顶推在管节预制生产中占至关重要的地位，为此在施工中必须高度重视安装、调试和运行中的每个环节和细节，否则会带来许多问题，如沉管的开裂、模板匹配困难、顶推作业无法顺利进行等。加强对沉管预制顶推的步骤控制，才能有效保证顶推的顺利完成及确保沉管质量和人员安全。

参 考 文 献

[1] 李惠明，梁杰忠，董政. 沉管预制混凝土施工工艺比选[J]. 中国港湾建设，2013，(4)：57-62.

[2] 崔科宇. 多点曲线连续顶推技术[D]. 成都：西南交通大学，2003.

[3] 杨沪湘. 预应力连续梁顶推技术的成熟[J]. 公路，2001，(3)：14-20.

[4] 胡指南. 沉管隧道节段接头剪力键结构形式与力学特性研究[D]. 西安：长安大学，2013.

节段式预制沉管顶推系统比选与优化[*]

戴书学，游　川

（中交二航局第二工程有限公司，重庆）

摘　要： 节段式预制沉管在顶推过程中各节段间无钢筋或预应力钢绞线连接，容易对节段间剪力键混凝土造成损伤，对顶推设备和顶推同步性要求极高。通过对多种顶推方案的比选，港珠澳大桥岛隧工程预制沉管纵向移动选用了多点步距式顶推技术，并在顶推施工中对顶推系统进行了一系列的优化，保证了预制沉管顶推的安全和效率。

关键词： 节段式；预制沉管；顶推系统；比选；优化

1　工 程 概 况

自 1959 年联邦德国的莱昂哈特博士和包尔教授首次将顶推技术用于预应力混凝土连续梁的架设以来，顶推技术在世界各国得到了广泛运用和迅速发展。我国于 1974 年首次在狄家河铁路桥采用顶推法施工，此后采用顶推法成功施工了多座公路桥梁、铁路桥梁[1]。顶推施工具有对通航和交通干扰小、占用场地小、使用较小设备即可完成重型构件的移动和安装等优点。近年来，随着外海工程项目的增多，大型化、装配化施工成为一种新的趋势，在推动我国大型装备快速发展的同时，也为顶推技术的发展提供了广阔空间。

港珠澳大桥岛隧工程沉管隧道全长 5664 m，由 33 个管节组成，其中 28 个直线管节，5 个曲线管节（平曲线半径 5000 m），标准管节长 180 m，分成 8 个节段。沉管采用工厂法预制工艺，钢筋分区绑扎并顶推入模，每条生产线设置 1 套全液压模板在预制台座上浇筑节段混凝土，达到顶推强度要求后向前顶推 22.5 m，匹配预制下一节段。如此逐段预制、逐段顶推，完成全部 8 个节段浇筑后，整体向前顶推至浅坞区进行一次舾装，整体顶推距离约 132 m。工厂法预制施工工艺见图 1。

---

[*] 本文曾刊登于《中国港湾建设》2015 年第 7 期。

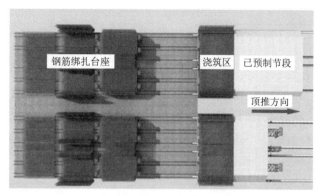

图 1 工厂法管节预制工艺图

与桥梁工程顶推施工相比，沉管预制顶推具有以下特点：

1）与桥梁构件顶推前均连成一个整体不同，沉管标准管节分成 8 个节段，节段与节段之间除中埋式止水带之外无任何纵向钢筋连接，顶推过程中要避免中埋式止水带承受拉力，避免损伤节段间混凝土剪力键，采用多点步距式顶推同步性要求高。

2）标准管节长 180 m、宽 37.95 m、高 11.4 m，重达 73 000 t，体形大，重量重，如发生顶推偏位调整难度极大，因此顶推精度要求高。

3）沉管支撑千斤顶数量多，顶推距离长，S8 节段顶推距离长达 300 m，顶推轨道误差对沉管受力状态和顶推影响较大，要求支撑千斤顶具有较强适应和补偿能力。

4）沉管预制与部分一次舾装作业同步进行，中管廊上隔板浇筑、端封门和压载水箱安装等施工造成相应节段重量变化，对支撑千斤顶受力状态、顶推同步性带来一定影响。

2 顶推系统比选

2.1 顶推方法比选

顶推施工方法按顶推动力装置的位置分为单点顶推和多点步距式顶推，按顶推动力装置的类别分为步距式顶推（也称间断顶推）和连续顶推[1,2]，目前各种顶推方法都已很成熟，在桥梁工程中也有众多成功应用案例。港珠澳大桥岛隧工程预制沉管顶推方案对几种顶推方法均进行了调研论证，方案对比见表 1，方案工艺示意见图 2，综合分析对比后选择了多点步距式顶推方法。

表 1 顶推方法综合对比表

方案	优点	缺点	建议
单点顶推（千斤顶在沉管尾部）	1. 顶推千斤顶数量少，易于控制。 2. 作用点在沉管尾部，节段接头不会出现受拉情况	1. 顶推反力大，顶推轨道强度、刚度要求高，结构尺寸大而且复杂。顶推作用点沉管需加强。 2. 千斤顶尺寸大，与模板系统冲突解决困难。 3. 曲线管节顶推精度控制难度较大	不推荐

续表

方案	优点	缺点	建议
单点拖拉 （千斤顶在浅坞区端部）	1. 牵引千斤顶数量少，易于控制。 2. 作用点在沉管尾部，节段接头不会出现受拉的情况。 3. 可实现连续顶推，工效更高	1. 顶推反力大，反力墙强度、刚度要求高，结构尺寸大而且复杂。顶推作用点沉管需加强。 2. 钢绞线长度大，安装麻烦。 3. 曲线管节牵引钢绞线与管有冲突，牵引精度难以保证	不推荐
多点步距式顶推	1. 顶推反力小，顶推轨道轻型、简便，节约成本。 2. 顶推千斤顶吨位小，尺寸小，与模板系统冲突小。 3. 曲线管节顶推精度更易控制	1. 顶推千斤顶数量多，控制系统相对复杂。 2. 顶推力作用于各节段，节段接头可能出现受拉情况	推荐

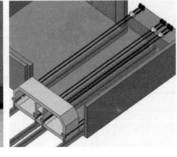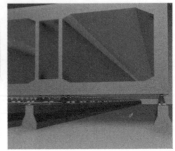

（a）单点顶推　　　　　　　　（b）单点拖拉　　　　　　　（c）多点步距式顶推

图 2　顶推方法工艺示意图

2.2　顶推设备比选

结合沉管顶推的特点和要求，顶推设备主要技术要求如下[3]。

1）顶推及控制系统。顶推系统沿着滑移轨道梁自动连续向前顶推，节段顶推时间不超过 6 h，包括设备安装和拆除时间。顶推装置应具有自动和手动控制两种模式，并具有力与位移双控功能。

2）支撑及控制系统。顶推滑移轨道高程误差为 ±10 mm，支撑千斤顶在滑移过程中应能适应滑移轨道的不平整度。支撑系统应确保管节受力均衡，混凝土不产生开裂。

3）导向系统。具有检查和主动修正功能。顶推与驻停时管节空间姿态允许偏差见表 2。

表 2　顶推与驻停时管节空间姿态允许偏差表

项目	推力/%	顶推行程/mm	驻停位/mm			
			里程	高程	前端轴线	尾端轴线
允许偏差	<1	<2	≤5	≤2	≤5	≤3

经综合对比各方案可靠性、设备成熟度、控制系统精度、调整或更换便利性、与模板系统的协调性、设备购置与维护成本、工程业绩等因素，最终选定的系统主要设备配置见表 3，布置见图 3。

表 3　支撑与同步顶推系统主要设备配置表

设备名称	规格型号	数量	备注
支撑千斤顶/台	SPE850-50	24	每节段
顶推千斤顶/台	HZP40-850	16	每节段
液压泵站/套	EHPS24MS2/EHPS12MS2	4/2	2 条生产线
控制系统/套	—	2	2 条生产线
导向系统/套	—	4	2 条生产线

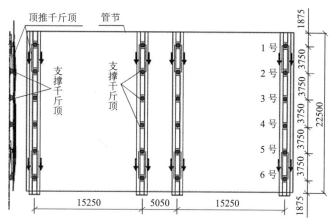

图 3　支撑和同步顶推千斤顶布置图（单位：mm）

3　顶推系统优化

3.1　支撑体系优化

（1）轨道高差适应能力问题

原方案为每 2 台支撑千斤顶设置 1 台蓄能器以适应顶推轨道高差，实际使用中效果不太理想，出现补偿能力不足导致支撑千斤顶受力不均、节段接头剪力键受力偏大等问题。经讨论优化为每台支撑千斤顶均配置蓄能器，在轨道出现高程变化时能通过蓄能器调节支撑千斤顶油缸行程，保证各支撑千斤顶受力均匀，解决了该问题。

（2）三点支撑问题

沉管按三点方式由液压千斤顶支撑，原方案为 1 号、2 号轨道分为前后两组（分组位于节段接头处），3 号、4 号轨道 1 组的方式串联支撑千斤顶油路。施工中发现因设备控制误差、一次舾装作业等因素影响，存在顶推过程中沉管高程和轴线偏差较大，造成节段接头剪力键受力偏大等问题。优化方案调整为在 2 号、3 号支撑千斤顶之间分组，避免在节段接头处出现千斤顶压力不同导致接头剪力键直接受剪。三点支撑体系根据舾装施工进度进行调整，优化后的三点支撑体系见表 4。

表4 三点支撑体系优化表

工序	泵站号	优化后油路串联千斤顶编号
S8~S5 节段预制过程中的顶推（未装 S8 钢封门）	1	1 号、2 号轨道 S8~匹配节段 3 号支撑千斤顶
	2	3 号、4 号轨道 S8~匹配节段 3 号支撑千斤顶
	3	1 号~4 号轨道匹配节段 1 号、2 号和新浇节段支撑千斤顶
S4~S1 节段预制过程中的顶推（已装 S8 钢封门）	1	1 号、2 号轨道 S8~匹配节段 3 号支撑千斤顶（其中 S8 节段 3 号~6 号支撑千斤顶与其余千斤顶用针式阀断开）
	2	3 号、4 号轨道 S8~匹配节段 3 号支撑千斤顶（其中 S8 节段 3 号~6 号支撑千斤顶与其余千斤顶用针式阀断开）
	3	1 号~4 号轨道匹配节段 1 号、2 号和新浇节段支撑千斤顶
长距离顶推（已装 S8 钢封门）	1	1 号~4 号轨道 S8~S4-3 号支撑千斤顶（其中 S8 节段 3~6 号支撑千斤顶分为 1 号、2 号轨道一组、3 号、4 号轨道一组用针式阀断开为相对独立的两小组）
	2	1 号、2 号轨道 S1~S4-2 号支撑千斤顶
	3	3 号、4 号轨道 S1~S4-2 号支撑千斤顶

通过支撑体系优化，增强了支撑体系对轨道高差适应能力，解决了节段接头混凝土剪力键受力偏大、沉管空间姿态偏差较大问题，效果明显。

3.2 滑动体系优化

1）滑板。沉管顶推滑板采用 PTFE 板，具有摩擦系数小的优点，但硬度相对较软，在施工过程中滑板易出现的问题主要有：润滑油无法进入滑板与不锈钢板之间造成摩擦系数增大，随顶推发生与支撑千斤顶相对移动，因长期承压、摩擦发热、轨道不光滑导致滑板损坏[1]。因此，采取了在滑板底部增加贮油凹点和进油凹槽，支撑千斤顶底板上通过点焊增加粗糙度，增加 PTFE 板厚度至 17 mm，采购硬度稍高的 PTFE 板等措施，同时在顶推摩阻过大时按支撑千斤顶置换方法对部分滑板底部人工涂刷润滑脂[4]，经优化后最大静摩擦系数控制在 7%以内，滑板损坏和滑脱情况也极大改善。

2）轨道。沉管顶推轨道为钢混组合结构，钢结构与钢筋混凝土结构间灌注环氧高强材料。顶推轨道长约 320 m，钢结构部分按 12 m 长度划分单元。轨道承受反复荷载后灌浆层在轨道接头处容易发生破坏或与轨道钢板脱开，导致轨道接头处高差超标，支撑千斤顶经过接头时滑板受损严重。为解决该问题，除对受损的灌浆层重新灌浆处理外，经设计验算和工艺试验，将顶推轨道接头焊接连接成 3 段：浇筑区至浅坞门为 1 段，浅坞区分为两段。浅坞门段为活动块，安装时严格控制轨道面高程，其与固定轨道梁的接头控制为后高前低状态以避免造成滑板受损。

3.3 节段间约束优化

受各节段自重、顶推千斤顶同步性、滑板磨损程度、顶推轨道误差、轨道清理和润滑脂涂刷等众多差异及一次舾装作业影响，顶推同步性难以保证，节段间出现受拉情况难以避免，特别在管节长距离顶推阶段，不仅严重影响顶推效率，还给沉管质量控制带来极大风险。顶推系统方案设计中在每组相邻顶推千斤顶之间设有 2 根 $\phi40$ mm 高强拉杆，限制顶推千斤顶同步性偏差程度，拉杆拉力值控制难度较大，节段接头张开的风险始终存在。为确保节段接头不出现受拉，在节段顶推前由专人负责检查拉杆螺帽，并用加力杆复拧，经 VSL 公司技术服务人员、项目部技术员、顶推设备管理员、作业班组长确认后才开始顶推作业。管节长距离顶推前对 8 个节段进行整体预张拉（8 束，张拉力为设计值的 50%），并在节段接头处做好标记，顶推过程中定时检测标记间距离的变化，如变化值超出设计允许值则停止顶推，对支撑系统、顶推系统进行全面检查、调整后再恢复作业。

3.4　顶推系统优化

每一个管节从第一节段开始施工，到完成长距离顶推，前后历时近 3 个月时间，其间受滑板受压变形、冬季润滑脂停置时发生黏滞现象、滑道二次污染等因素影响，导致顶推第一个行程时静摩擦力远超正常顶推阶段，而且可能发生突然滑动给沉管接头质量带来较大风险。经分析第一个行程静摩擦力数据，将 S4～S1 节段的 3 号、4 号支撑千斤顶变更组装为具有顶推千斤顶的形式。在第 1 个行程启动后，新增的顶推千斤顶在正常顶推中不使用。

为最大限度保证节段间不出现受拉情况，通过调整前后节段的顶推供油速度，使后部节段的顶推速度大于前部节段顶推速度。同时，在可能的情况下，将 S8 最前端的 4 组顶推千斤顶（1～4 号轨道 5 号、6 号千斤顶）中的 2 组或 4 组顶推油缸油路断开，使 S8 总顶推力小于其后节段的顶推力。

4　结　语

港珠澳大桥岛隧工程预制沉管顶推施工采用多点步距式顶推方案，实现了顶推轨道轻型化，不仅节约成本，还加快了预制场建设的进度。预制沉管多点步距式顶推的关键在于采取可靠的措施控制接头受剪和受拉不超过允许值，避免节段接头剪力键或中埋式止水带受损。施工过程中结合发现的问题，及时制定相应的优化措施，保证了沉管顶推施工的安全。

参 考 文 献

[1]　张晓东. 桥梁顶推施工技术[J]. 公路，2003，(9)：45-51.

[2]　杨勇. 多点连续顶推桥梁设计与施工[J]. 交通科技，2008，(2)：4-6.

[3]　中交股份联合体港珠澳大桥岛隧工程项目总经理部. 预制管节支撑与同步顶推系统招标文件[Z]. 珠海：中交股份联合体港珠澳大桥岛隧工程项目总经理部，2011.

[4]　唐杰林. 桥梁顶推施工时滑道与滑板的改进方案[J]. 湖南交通科技，2004，(3)：86-88.

沉管顶推施工摩擦系数控制分析*

周　林，陈刚强

（中交四航局第二工程有限公司，广州）

摘　要：港珠澳大桥岛隧工程沉管顶推是一项全新的施工工艺，由镜面不锈钢板与PTFE滑板组成摩擦副。受环境、材料等多方因素影响，顶推施工摩擦系数超出设计值。本文从实际情况出发分析摩擦系数影响因素，提出针对性的优化措施，有效降低了顶推施工摩擦系数。

关键词：沉管顶推；PTFE滑板；摩擦副；摩擦系数

1　工　程　概　况

港珠澳大桥岛隧工程沉管采用两孔一管廊截面形式，宽3795 cm，高1140 cm。在管节下方设置 4 条滑移轨道（分别位于两个侧墙和两个中隔墙下方），单个标准节段长22.5 m，由 24 个均匀分布在 4 条轨道上的支撑千斤顶来支撑管节[1]，每个节段配置 8 个顶推单元，每个顶推单元有两个顶推千斤顶。

顶推轨道由基层混凝土梁和上部滑移钢梁结合组成，钢梁上焊接镜面不锈钢板形成滑移面。支撑千斤顶底部安装聚四氟乙烯（PTFE）滑板[2]，滑板底面合理布置油槽，便于润滑油进入。滑板与不锈钢面板组成摩擦副，不锈钢面板均匀涂抹润滑油，起润滑作用，沉管顶推设计最大摩擦系数7%。所有顶推千斤顶同步顶推，管节平稳、同步向前滑移[3]。

2　沉管顶推施工摩擦系数影响因素

根据现场调研分析，影响沉管顶推施工摩擦系数有以下 10 点因素。

1）顶推滑移轨道清洁不彻底，有水泥渣、灰尘等杂物。顶推时混入润滑油，增大摩阻系数；

2）不锈钢面板之间有高差，顶推时滑板经过有高差位置受到较大阻力；

3）滑移轨道接头处存在错台，滑板经过轨道接头位置时受到较大阻力；

4）不锈钢面板被大量刮伤，表面形成凹槽或凸点，光滑平整的滑移面变得粗糙；

---

* 本文曾刊登于《公路》2018 年第 8 期。

5）不锈钢面板本身光滑程度不够，滑移面粗糙，摩阻系数大；

6）滑板材料不满足使用需求，自润滑效果差；

7）滑板结构不合理，不利于润滑油进入，润滑油不能到达滑板底部发挥润滑作用；

8）顶推过程支撑千斤顶出现横向偏移，与顶推千斤顶反力架接触，增加额外摩擦力；

9）润滑油调配比例不合理，不能达到最佳润滑效果；

10）滑移轨道内极易进入和堆积灰尘，混入润滑油后摩擦系数增大。

3 摩擦系数影响因素剖析及控制措施

1）经现场观察，顶推班组清洁后的顶推轨道仍有部分水泥渣等杂物，顶推时残留杂物混入润滑油增大摩擦系数。根据工人性格特点合理进行工作分配。挑选做事踏实、有耐心的员工，专职清洁顶推轨道和顶推设备。同时需确保设备清洁干净后顶推过程中不会有杂物落入顶推轨道。

2）单条顶推轨道长约 300 m，不锈钢板规格为 0.21 m×1 m，每条轨道并列焊接 3 块不锈钢板，4 条顶推轨道共计安装不锈钢板 3600 块，在垂直顶推方向有 3600 多条搭接焊缝。不锈钢面板存在搭接不平顺、焊缝不平整两个问题，严重阻碍滑板通过。安排专业焊工，对不锈钢板搭接存在错台的位置进行刨开重新焊接，保证平顺搭接；所有焊缝进行细致打磨，打磨平整后用拉丝轮进行抛光处理。整改后顶推轨道滑移面平整顺滑，摩擦系数明显降低。

3）顶推轨道滑移钢梁由 3.75 m、7.5 m、11.25 m 三种规格组合安装而成，256 处钢梁接缝中的 112 处存在不同程度错台，使用一段时间后钢梁下的混凝土梁出现不均匀沉降，错台进一步加大。钢梁错台不仅增大管节顶推阻力，还加速了滑板脱出支撑千斤顶底座，造成滑移面不锈钢板损伤。用重物将接缝两端钢梁压实调平，并焊接起来，焊缝打磨平整；对轨道钢梁和混凝土梁间的裂缝进行注浆处理；在接缝焊接时每隔一段距离留出一道接缝只对 H 型钢梁两边的翼板进行焊接，主梁不焊接，保留接缝原有间隙来解决焊接之后的轨道钢梁因热胀冷缩导致两端翘起问题，解决了错台的问题，同时保留了接缝伸缩缝的功能，消耗钢梁热胀冷缩量（图 1）。

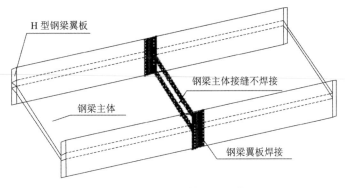

图 1 保留伸缩缝焊接处理示意图

4）4 条顶推轨道共使用不锈钢板 3600 多米，由于顶推滑板容易脱出等原因，造成大量的不锈钢面板受损。大量的凹槽和凸点使滑移面变得粗糙，摩擦系数增大。对轻微损伤的不锈钢板进行填焊打磨抛光处理，损伤严重的不锈钢板进行更换，确保滑移面光滑。

5）顶推施工对 PTFE 滑板要求极为苛刻，滑板须具备良好的韧性、自润滑性，加工材料配比必须严格遵循设计要求。每批次的 PTFE 滑板严格进行第三方检验，确保材质及各项参数均符合使用要求。

6）不锈钢板作为滑移面，在保护其不受到损伤的同时还需要在原材进场时进行验收，每一块不锈钢板光滑平整达到镜面效果。

7）针对滑板厚度不够；油槽、储油孔压平，润滑油不能进入滑移面；储油孔与油槽之间没有连通，润滑油进不到储油孔，没有起到设计应有的作用；润滑油不能进入滑板底部起到润滑作用，增大摩擦系数。采取增加滑板厚度，其次是改进油槽、储油孔结构，延长油槽存活时间，发挥储油孔的作用，使润滑油能进入滑板底部起到润滑作用。经多次改进，最终确定滑板结构，增厚到 17 mm，油槽加宽、加深 2 mm，储油孔位置挪到斜向油槽上，与主油槽连通。改进后滑板使用寿命得以延长，油槽、储油孔能充分发挥进油、储油作用，润滑效果更理想，一定程度上降低了摩擦系数。

8）支撑千斤顶底座到顶推千斤顶反力架的间距为 4 cm，300 m 的顶推轨道钢梁横向安装偏差最大为 1 cm，在不考虑轨道钢梁安装误差的情况下，支撑千斤顶最大的横向偏移量为 3 cm。当支撑千斤顶横向偏移达到 3 cm 时，底座与顶推千斤顶反力架接触产生额外摩擦力，阻碍管节前行。究其原因，顶板安装精度没有得到严格控制，顶推千斤顶轴线与顶推轨道轴线不平行，这种情况下顶推力并不平行于顶推轨道轴线，产生垂直于顶推轨道轴线的分力。顶推力减小的同时为管节横向偏移提供了动力，顶推时管节不按平行于顶推轨道的直线行走。当支撑千斤顶横向偏移达到 3 cm 时，加上顶推分力的作用，底座与顶推千斤顶反力架之间产生更大的摩擦力，管节顶推更为困难，整体摩擦系数进一步增大（图 2）。

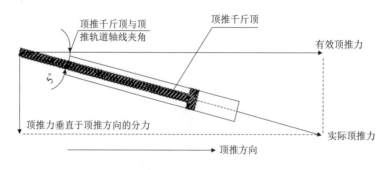

图 2　顶推力分析示意图

要消除支撑千斤顶底座与顶推千斤顶反力架之间的摩擦力，必须解决支撑千斤顶横向偏移，同时消除顶推分力。现场考察分析论证得出支撑千斤顶产生横向偏移的原因有三点：①支撑千斤顶安装时轴线已经偏移，可横向偏移富余量小，顶推过程中偏移进一步加大，很快与顶推千斤顶接触；②支撑千斤顶安装时头尾有扭转，轴线与顶推轨道轴线产生夹角，顶推过程中扭转情况逐渐加重，最终到一端与顶推千斤顶反力架接触；③顶板安装时轴线与顶推轨道轴线不平行，顶推千斤顶与轨道轴线形成夹角，产生垂直于顶推轨道的顶推分力，这个分力是支撑千斤顶产生横向偏移的主要动力，同时导致管节整体轴线偏移，严重影响管节顶推施工质量控制。

支撑千斤顶安装偏差和顶板安装偏差导致顶推千斤顶横向偏移与顶推千斤顶反力架接触产生额外的摩擦力。由测量配合顶板安装，确保轴线与顶推轨道轴线重合，顶推千斤顶与顶推轨道轴线不再有夹角。同时，在支撑千斤顶 500 kN/m² 加压时调整其轴线精度，轴线与顶推轨道轴线重合。有效消除支撑千斤顶底座与反力架接触产生的额外摩擦力，降低管节顶推摩擦系数的同时还提高了管节顶推轴线精度。

9）沉管顶推作业呈周期性，间隙期长，顶推轨道暴露在外无疑会受到严重污染。使用油布覆盖保护，有效地解决了顶推轨道容易被污染的问题，避免杂物进入顶推轨道混入润滑油。

10）夏季实验得出最佳润滑效果润滑油配比为 3∶1（机油∶二硫化钼锂基脂），其中机油是型号为 SAE15W/40 的全天候机油。在冬季低温环境流动性变差，润滑效果大打折扣。润滑油黏性增大是润滑效果降低的主要原因。要想保持最佳润滑效果必须更换低温环境下流动性更好的低温型机油，在冬季进行润滑油配比实验。

根据施工现场冬季环境，更换流动性更好的低温型机油，型号为 SAE0W。实验时从低到高逐渐加大机油比例，通过实验得出结论，型号为 SAE0W 的低温型机油比型号为 SAE15W/40 的全天候机油更适合低温环境，机油∶二硫化钼比例为 3.5∶1 时到达最佳润滑效果，其摩擦系数与夏季润滑油实验最佳配比时相近，可以消除低温环境下润滑油黏性增大带来的顶推施工摩擦系数增大（图 3）。

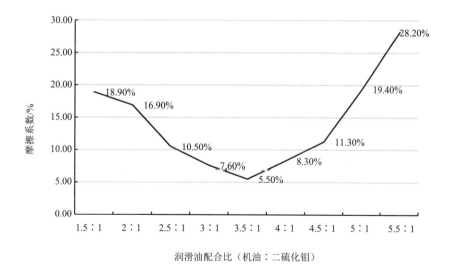

图 3　低温润滑油配比实验摩擦系数折线图

在持续做好各项措施后，沉管顶推施工摩擦系数明显降低，处于较为理想的状态，最大摩擦系数降低到6%左右，单个节段顶推施工时摩擦系数更是降低到3.04%[4]。

4　结　语

人为因素、施工基础条件、施工关键耗材不合格、关键工序缺乏有效的控制方法、环境因素多方面影响，导致沉管顶推施工摩擦系数大。本文全面深入分析摩擦系数大的原因，提出针对性措施，有效地降低了摩擦系数，为后续施工摩擦系数控制提供了有力保障。同时，可供类似超大型构件滑移施工摩擦系数控制参考。

参 考 文 献

[1]　陈伟彬，刘远林，李海峰. 超大型沉管顶推技术[J]. 中国港湾建设，2015，35(7)：100-104.

[2]　王李，刘然，范卓凡. 大型沉管顶推滑板选型与优化[J]. 中国港湾建设，2015，35(11)：49-51.

[3]　江正荣. 大型预制构件的运输方法及问题探讨[J]. 建筑技术，1993，(11)：667-671.

[4]　港珠澳大桥管理局. 港珠澳大桥施工及质量验收标准[S]. 珠海：港珠澳大桥管理局，2013.

大型沉管顶推滑板选型与优化*

王　李，刘　然，范卓凡

（中交二航局第二工程有限公司，重庆）

摘　要：顶推施工法工艺成熟，广泛应用于桥梁工程中，而预制沉管顶推工艺不同于传统的顶推施工法，多点支撑同步顶推的施工工艺，对顶推的同步性、设备的要求更高，尤其是顶推滑板的选型，直接关系到顶推施工中沉管的安全与质量。通过多次对顶推滑板进行选型与结构优化，保证了港珠澳大桥沉管顶推施工的安全及工效。

关键词：顶推法；预制沉管；滑板；选型；优化

0　引　言

伴随着 20 世纪初预应力混凝土及高强度钢材的相继出现，近代桥梁施工技术应运而生。1959 年，由联邦德国的莱昂哈特博士和包尔教授首次将顶推技术运用于奥地利阿格尔桥梁的预应力混凝土连续梁上。由于顶推施工具有噪声小、占用场地少、使用设备简单即可完成重型构件的移动和安装等优点，在世界各国得到了广泛运用和迅速发展。而后，根据施工需要，顶推分为单点顶推和多点步距式顶推，单点顶推对顶推力要求大，多点步距式顶推对顶推同步性要求高。不管是单点顶推还是多点步距式顶推，近年来随着施工大型化、装配化的趋势，顶推技术的应用必将越来越广泛。

1　工　程　概　况

港珠澳大桥岛隧工程沉管隧道总长度为 5664 m，由 33 个管节组成，其中直线段管节 28 个，曲线段管节 5 个，曲率半径 5500 m。单个标准管节长 180 m，由 8 个长 22.5 m 的节段组成。管节采用两孔一管廊截面形式，宽 37.95 m，高 11.40 m。在管节下方设置 4 条滑移轨道，分别位于 2 个侧墙和 2 个中隔墙下方，滑移轨道上设置支撑千斤顶，在顶推过程中支撑节段重量[1-3]。

---

* 本文曾刊登于《中国港湾建设》2015 年第 11 期。

节段顶推采取分散连续顶推方法：在 1 号节段下方设置 24 个支撑千斤顶和 8 对顶推千斤顶，当 1 号节段混凝土达到顶推强度要求后，向浅坞区方向顶推 22.5 m，下一节段匹配预制（即 2 号节段）；2 号节段则配置同样的支撑和顶推装置，连同 1 号节段向前顶推 22.5 m；以此类推，完成管节 8 个节段的浇筑；最后整体向前顶推至浅坞区。

2　顶推滑移参数

沉管预制顶推滑移系统包括滑道和滑板。滑道为钢混组合结构，管节重量通过支撑千斤顶、钢筋混凝土梁传递到地基；水平顶推力则通过顶推千斤顶作用于钢滑道上，钢滑道表面贴有 3 块 3 mm 厚不锈钢板。滑板为高分子材料，安装于支撑千斤顶底板底面。顶推时滑板在不锈钢板上滑动，见图 1。滑板与滑道间是面接触的形式，能够保证滑移面和滑道之间的接触压强相对较小，提高顶推施工的稳定性和安全性。滑板材料的选取是顶推系统设计的关键之一，摩擦系数太大会导致顶推力过大，顶推千斤顶和滑道相应增大，造成不必要的浪费。

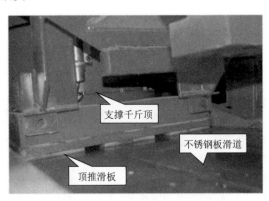

图 1　顶推滑移接触面细部图

滑板与不锈钢接触面必须保证滑动时摩擦力小于设计最大摩擦力。根据设计要求，滑板和不锈钢间的摩擦系数为：

1）最大静摩擦系数：7%（考虑 2% 的安全储备）；

2）滑动摩擦系数：3%～5%。

即最大摩擦系数为 7%。

管节总重量为：85325×8=682600 kN。

所需顶推力为：0.07×682600=47782 kN。

单个管节下方顶推千斤顶能够提供的顶推力为：6333×8 = 50664 kN。

所需顶推力 47 782 kN＜千斤顶所能提供的顶推力 50 664 kN，能够满足管节的顶推要求。

3　顶推滑板选型

3.1　顶推滑板材料比选

对于顶推滑板的选型，其必须满足良好的弹性和抗冲击性、摩擦系数低、承载能力大、耐磨性好、结构尺寸稳定。港珠澳大桥岛隧工程预制沉管顶推施工滑板从材料上，主要对 MGC 材料[①]、聚四氟乙烯（PTFE）材料两种进行比选，通过调研论证、试验分析及现场实际情况，综合分析对比后选择聚四氟乙烯材料（PTFE），顶推滑板材料综合对比表见表 1，两种材料顶推滑板图见图 2。

表 1　顶推滑板材料综合对比表

材料	优点	缺点	建议
MGC	1）抗冲击性好； 2）承载能力大； 3）结构尺寸稳定； 4）成本相对较低	1）摩擦系数高； 2）弹性较低	不推荐
聚四氟乙烯（PTFE）	1）弹性好； 2）摩擦系数低； 3）耐磨性好； 4）延展性好	1）成本相对较高； 2）硬度较软	推荐

（a）MGC 滑板　　　　　　　　　　　　　　（b）PTFE 滑板

图 2　两种材料顶推滑板图

3.2　顶推滑板尺寸选型

根据支撑千斤顶和滑移不锈钢板轨道的尺寸及要求，同时考虑顶推滑板的延展性和成本，最终确定顶推滑板的尺寸为长 100 cm，宽 16 cm，中间设置 3 个螺栓孔，使用尼龙螺栓将滑板固定在支撑千斤顶底部。同时由于滑板与不锈钢轨道间需通过润滑油降低

---

① MGC 是指工程塑料合金"MG"系列产品其牌号为 MGC，MGC 材料主要应用在一些大中型载荷的轴承、滑板或滑块、止推环等。

两者间摩擦系数，因此在滑板上留有油槽。滑板尺寸见图3。

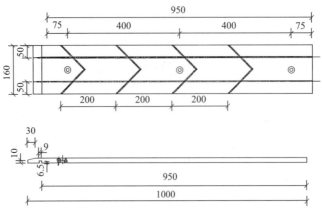

图 3　滑板尺寸图（单位：mm）

4　顶推滑板优化

4.1　顶推滑板厚度的优化

施工方案中对顶推滑板的厚度拟定为 15 mm，现场实际使用中效果不太理想，其原因在于聚四氟乙烯材料硬度较软，顶推滑板在进行近 300 m 距离的顶推移动中为克服摩擦系数及沉管自身重力，将不断地变薄及被拉伸（图 4），导致滑板厚度不符合顶推条件。另外，为增大顶推滑板与支撑千斤顶底部摩擦系数，防止顶推滑板从支撑千斤顶下部滑出，支撑千斤顶底面增加了约 2 mm 高的焊点。

图 4　滑板拉伸图

为保证顶推过程中支撑千斤顶底部不会由于顶推滑板变薄而刮伤不锈钢滑轨，同时充分考虑顶推至最终位置时顶推滑板的拉伸量，因此对顶推滑板厚度增加 2～17 mm。

4.2 顶推滑板结构的优化

顶推过程由于滑板长期承压变薄，润滑油无法进入滑板与不锈钢滑轨间，顶推摩擦系数增大、滑板被拉伸，从而增大了沉管顶推移动过程中的换板次数。为此，对顶推滑板结构进行优化。

1）对顶推滑板底部增加油孔，便于润滑油的储存。

2）增大原油槽深度至 2 mm，便于润滑油进入。

优化后的滑板，通过现场顶推施工的检验，较前期的滑板润滑油能够进入滑板与不锈钢滑轨之间，因而摩阻系数显著减小，同时顶推滑板的拉伸现象也大大降低，优化后顶推滑板见图 5。

图 5　优化后顶推滑板图

5　结　　语

沉管顶推施工中，根据顶推滑板的使用情况，对顶推滑板有针对性地进行改造与优化，从而提高了顶推滑板的使用性能，确保了预制沉管在顶推过程中的安全、质量和工效，为以后类似施工提供了借鉴。

参 考 文 献

[1]　陈伟彬，刘远林，李海峰. 超大型沉管顶推技术[J]. 中国港湾建设，2015，35(7)：100-104.

[2]　尹海卿. 港珠澳大桥岛隧工程设计施工关键技术[J]. 隧道建设，2014，34(1)：60-66.

[3]　戴书学，游川. 节段式预制沉管顶推系统比选与优化[J]. 中国港湾建设，2015，35(7)：4-7.

减少沉管顶推轴线和里程偏差方法研究

赵国臻

（中交四航局第二工程有限公司，广州）

摘　要： 港珠澳大桥岛隧工程超大型沉管顶推是一项全新的施工工艺，在国内属于首例，整套沉管顶推系统在施工过程中轴线和里程会出现偏差。本文针对顶推实践中发现的问题讲述改进方法，为今后相关施工提供借鉴。

关键词： 沉管顶推；问题分析；方法改进

1　工　程　概　述

港珠澳大桥岛隧工程沉管隧道总长度为 5664 m，由 33 个管节组成，其中直线段管节 28 个，曲线段管节 5 个，曲率半径 5500 m。单个标准管节长 180 m，由 8 个长 22.5 m 的节段组成。管节采用两孔一管廊截面形式，宽 3795 cm，高 1140 cm。在管节下方设置 4 条滑移轨道（分别位于两个侧墙和两个中隔墙下方），滑移轨道上设置支撑千斤顶，在顶推过程中支撑节段重量。管节横断面示意图见图 1。

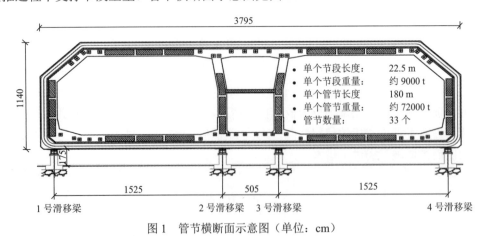

图 1　管节横断面示意图（单位：cm）

沉管顶推是管节混凝土浇筑完成后的第一道关键工序，顶推过程必须保证管节完好无损，轴线姿态必须安全可靠，管节驻停位置必须精确到位，同时，为防止管节在顶推过程中发生开裂或者向某一边倾倒，必须严格控制管节的轴线和里程偏差。因此，研究如何才能进一步减小顶推过程中的轴线和里程偏差方法是很有必要的。

2 顶推方法概述

管节顶推采用底部支撑多点连续顶推的方法：管节每预制一节段，由其下方的支撑千斤顶支撑，顶推千斤顶提供顶推力，向前顶推 22.5 m，然后匹配浇筑 2 号节段，待 2 号节段达到顶推强度后，连同 1 号节段再向前顶推 22.5 m，然后再匹配浇筑 3 号节段，以此类推完成 8 个节段的浇筑，最后将 8 个节段组成的管节整体向前顶推 130 m 至浅坞区，进行后续工作[1,2]。在顶推过程中，不管是单个节段顶推还是长管节顶推，都采用分行程（750 mm）推进的方法，每个行程结束后，会有人员对管节的轴线和里程进行测量，在几个行程结束后也会由测量组的人员用专业仪器测得轴线里程数据，这些数据都会反馈给专业的技术人员，并制定下一个行程应采取的措施。

综合最近几个节段顶推施工过程记录数据来看，主要存在以下两点问题（表 1）：

1）管节头部和尾部轴线均向同侧（海侧）偏移；

2）管节两侧顶推里程不同步，且 1 号轨道的速度比 4 号轨道快。

表 1　E17S8-S5 轴线和里程偏差

节段	里程/m			轴线/mm	
	T1	T4	T1-T4	前	后
S8	22.502	22.499	+3	−6	−3
S7	22.506	22.504	+2	−4	−1
S6	22.494	22.498	−4	−4	0
S5	22.501	22.498	+3	−6	−3
平均值	1.4（绝对值）			−5.5	−2.5

3 原因分析及优化措施

3.1 原 因 分 析

1）验证现场四条轨道水平位置是否高差较大。对其进行现场测量，每条轨道找三个不同的点测量三次取其平均值，观察高差是否超过了误差范围。表 2 是在现场测量管节底部至滑移轨两侧道垂直板顶部距离的数据记录表。

表 2　轨道高度差　　　　　　　（单位：mm）

轨道编号	测量次数			平均值
	1	2	3	
1	1 539	1 541	1 541	1 540.3

轨道编号	测量次数			平均值
	1	2	3	
2	1 540	1 540	1 541	1 540.3
3	1 540	1 541	1 542	1 541.0
4	1 541	1 542	1 542	1 541.7

如上所示，4 条轨道的平均高差在 $0 \sim 1.4$ mm，这个高度差造成的斜面是可以忽略不计的，因此可以认为管节是放置于水平面上的，对沉管顶推的轴线和里程几乎不会造成影响。

2）验证轨道上残留过多碎屑或者粉尘。采用现场抽查的方法，对轨道进行检查后，发现轨道上确实存在较多的碎屑和粉尘，而这些碎屑和粉尘增加了顶推摩擦力，从而增大顶推压力，导致轴线和里程出现偏差，见图 2。

图 2　轨道表面清洁度

3）验证不锈钢板不平整或者出现错台。通过对滑移轨道上的不锈钢板用水平尺等工具进行仔细检查，确定所有不锈钢板都是平整光滑的，不会造成管节的轴线偏移或者里程偏差（图 3）。

图 3　轨道表面不锈钢板

4）验证施工人员手工测量误差。通过对现场作业人员测量时的状态及方法进行观察，确定所有参与测量的作业人员操作熟练，符合要求，不会出现统计数据中显示的大的误差。

5）验证千斤顶板安装精度差。从测量班组调取了顶推结果最不理想的节段 E17S8 的千斤顶板安装测量数据，数据见表 3。

表 3　E17S8 顶板安装精度　　　　　（单位：mm）

千斤顶编号 ＼ 轨道编号	1	2	3	4
1	−5	−3	0	1
2	−4	−4	1	0
3	−4	1	−4	−2
4	0	−4	−2	−2
5	−2	−1	−2	0
6	1	−4	−4	0
备注	普遍偏向海侧	普遍偏向海侧	普遍偏向海侧	普遍偏向海侧

注：负值表示偏向海侧；正值表示偏向山侧。

通过对以上数据分析得知部分顶板安装位置精度差，偏向二航侧较多，这将促使沉管在顶推时往海侧偏移的趋势加大，因此千斤顶板安装位置精度将影响沉管顶推的轴线和里程偏差。

6）验证顶板轴线位置调整不到位。从测量班组调取了 E17S8 的顶板调正数据记录表，数据记录见表 4。

表 4　E17S8 顶板调整数据　　　　　（单位：mm）

节段编号	千斤顶编号	轨道编号							
		1 号		2 号		3 号		4 号	
		左	右	左	右	左	右	左	右
S8	1	75	65	72	68	70	70	76	64
	2	76	64	71	69	68	72	75	65
	3	76	64	68	72	70	70	72	68
	4	76	64	68	72	71	69	70	70
	5	74	66	70	70	69	71	74	66
	6	71	69	67	73	70	70	75	65

当千斤顶的轴线位于轨道正中时，千斤顶底座边缘与滑移轨道边缘的距离应为 70 mm，表中数据表明，一些顶板轴线存在较大偏差。由于底模位置整体的移动，顶板某侧挨边，或者千斤顶已触碰到顶板下侧圆形槽的边缘，顶板在这两种情况下都无法再进行调整，所以千斤顶板轴线调整的偏差几乎不会造成影响。

综上，促使沉管顶推过程中轴线和里程偏差增大的主要原因有第 2）和第 5）两点：顶推轨道上的碎屑和粉尘残留过多；千斤顶板安装精度差。

3.2　现 场 问 题

1）通过现场观察与监督施工人员对轨道的清理作业，轨道在经过一次清洁之后是能满足顶推施工的优质顺畅要求的，然后顶推前期准备工作的同时，施工现场还存在不少交叉作业，如侧墙的修补打磨，管节地板的涂刷工作及 1 号、4 号轨道外侧流动设备行驶扬起的灰尘等。

2）千斤顶板在安装时应保证其轴线与轨道轴线重合，这样才能减小沉管顶推时管节轴线的偏移趋势。虽然千斤顶板的安装效果确实不太理想，但受到现场底模移位的影响也无法做更多调整。

3.3　优 化 措 施

针对导致沉管顶推轴线和里程偏差的原因及结合现场的实际问题采取了相应的优化措施。

1）减少轨道上残留过多的碎屑和粉尘，其实就是防止侧墙打磨与轨道外侧的扬尘对轨道进行二次污染，因此改进方案如下：在 1 号与 4 号轨道外侧悬挂窗帘，防止因施工造成的金属碎屑或外面的灰尘飘落在轨道上（图 4）。

图 4　轨道外侧窗帘悬挂

2）为保证顶推过程中管节轴线发生偏移时能够及时被纠正过来，应增加一套纠偏设备。方案如下：管节顶推前在节段前端、后端均设置导向装置。导向装置由一对双向导向千斤顶组成，管节顶推时，导向千斤顶会对滑移梁轨道翼缘板施以一定预压力，导向装置设有监控装置并连接到总控制台。当管节往一侧偏移时，这一侧的压力将会显著增加，另一侧则会显著减小，总控制台系统会敏锐的监测到这一情况，并及时作出反应。

当总控制台采集到导向装置反馈回来的管节偏移信息或每日例行测量检测到管节发生偏移时就必须对偏移量进行仔细复核并作出及时调整。管节需要进行纠偏处理时，应停止往前顶推，通过测量监测给出的纠偏值，利用导向千斤顶对管节施以水平力，促使管节发生平面内的微小转动实现沉管姿态调整，将导向装置的压力减小到预设值，最终实现管节轴线纠偏。

侧导向装置剖面图与立面图如图5、图6所示。

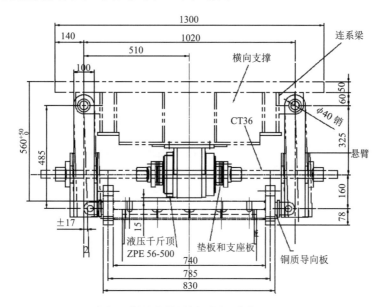

图 5　侧导向装置剖面图（单位：mm）

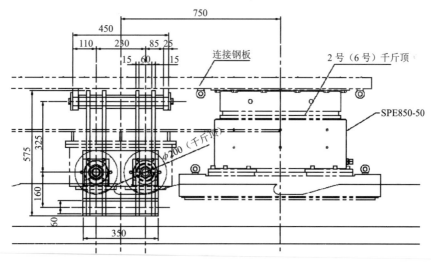

图 6　侧导向装置立面图（单位：mm）

在以上两项改进方案实施之后，顶推负责人将 E19S4S3 的顶推数据（表5）与方案优化之前的 E17S8-S5 节段顶推数据表进行比较，发现顶推轴线和里程偏差进一步减小。

表 5　E19S8-S5 节段顶推数据

阶段编号	侧导向加压值(平均值)/bar*				轴线/mm		里程/m		T1−T4/mm
	左前	右前	左后	右后	前	后	T1	T4	
S4	0.7	66.4	2.8	218.4	−1	−3	22.498	22.500	−2
S3	1.1	16.7	0.9	190.2	1	0	22.501	22.500	1
平均值	0.9	41.6	1.9	204.3	1	1.5	1.5		

*1bar=10^5 Pa。

4　结　语

　　港珠澳大桥岛隧工程沉管预制工程工作量大，施工难度高，在施工工艺和设备投入方面在国内尚属首例。其中，沉管顶推是混凝土浇筑完成后的一道关键工序，决定了后续施工的质量和顺利与否，只有保证沉管顶推驻停后轴线和里程的精确性及管节整体的完好无损，才能创造出一个精品工程，因此对施工人员的专业素质和施工方法的最优性有着极高的要求。为了以最优效果完成沉管顶推，本文从减少沉管顶推轴线和里程偏差的方面考虑，通过分析原因，确定原因，优化措施与效果检查一系列条理清晰，层次分明的步骤，成功解决了轴线和里程偏差过大这一难题，并使沉管顶推施工进一步优化，为相关施工工艺的改进思路提供了参考。

参 考 文 献

[1] 李惠明，梁杰忠，董政. 沉管预制混凝土施工工艺比选[J]. 中国港湾建设，2013，(4): 57-62.

[2] 中交股份联合体港珠澳大桥岛隧工程Ⅲ工区一分区项目经理部. 港珠澳大桥岛隧工程沉管预制顶推专项施工方案[Z]. 珠海：中交股份联合体港珠澳大桥岛隧工程Ⅲ工区一分区项目经理部，2013.

港珠澳大桥岛隧工程沉管预制预应力施工技术[*]

黄 涛，杨 红，游 川

（中交二航局第二工程有限公司，重庆）

摘 要： 后张法预应力施工在港珠澳大桥沉管隧道中的运用有其独特的一面，隧道沉管采用半刚性体系设计，管节预应力施工完成后既能保证节段接头一定范围的张开量，又能适应海床不均匀沉降。整个沉管隧道中，预应力扮演着非常重要的角色，设计理念与施工工艺也和以往预应力施工有非常大的区别，本文主要介绍港珠澳大桥岛隧工程沉管预制预应力施工技术中后张法无黏结预应力施工工艺的运用。

关键词： 桥梁工程；沉管隧道；半刚性设计；无黏结预应力；施工技术

1 工 程 概 况

1.1 桥 址 概 况

港珠澳大桥跨越珠江口伶仃洋海域，是连接香港、珠海及澳门的大型跨海通道。工程建设内容包括：港珠澳大桥主体工程、中国香港口岸、珠海口岸、中国澳门口岸、中国香港接线及珠海接线。港珠澳大桥主体工程采用桥隧组合方式，大桥主体工程全长约29.6 km，海底隧道长约6 km。

1.2 沉 管 布 置

港珠澳大桥岛隧工程沉管隧道由33个管节组成，其中直线段管节28个，曲线段管节5个，曲率半径5000 m。管节采用两孔一管廊截面形式，宽3795 cm，高1140 cm（图1）。单个标准管节长180 m，由8个长22.5 m的节段组成。沉管隧道采用工厂法预制匹配浇筑，浇筑完后自浇筑坑整体长距离顶推130 m左右到浅坞区进行舾装工序，通过浮运进行沉放安装。沉管管节混凝土强度等级为C45（28 d），单次混凝土浇筑量约3400 m³，是迄今为止世界上规模最大的沉管隧道工程。

_____

[*] 本文曾刊登于《施工技术》2016年第12期。

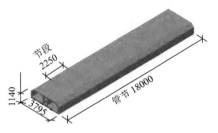

图 1　管节平面（单位：cm）

2　预应力结构体系

2.1　管节整体预应力体系

沉管管节采用钢筋混凝土结构，节段间设有水平剪力键与竖向剪力键，抵抗节段间剪力。在近 40 m 深的海底，管节承受巨大的水压力，以及管节回淤量也是无法估量的，当地基发生不均匀沉降时，如抗剪能力不够，管节之间可能产生错位或出现张口，就会出现大问题。国外沉管隧道设计理论有两种：①刚性结构隧道也就是整个隧道用一个或者为数不多的整体性大管节组成；②柔性结构隧道即整个隧道用很多管节拼接起来。但这 2 种施工工艺运用在港珠澳大桥沉管隧道建设中都不合适，因为其埋深近 40 m，水压力和回淤量均较大，变化因素较多。历经 1 年半时间的多次结构模拟试验，"半刚性结构"的新设计方案应运而生。管节考虑采用预应力体系，预应力筋采用全长有黏结+节段接头前后 3 m 范围无黏结的方案，使节段接头间能在极端不利情况下允许微小的张开来释放内力，适应内力和转角的变化。

预应力钢束分布在顶板和底板共 60 孔，其中 4 个倒角分别各预留 1 个孔道以作备用（图 2）。为方便预制混凝土浇筑施工，腹板不设置钢束。采用预埋波纹管成孔，钢束均为平行于沉管管节结构中心线的直线束，采用两端张拉方式。钢束采用 ϕ15.2 mm 高强、低松弛标准强度为 1860 MPa 的预应力钢绞线，锚下张拉控制应力为 1265 MPa。

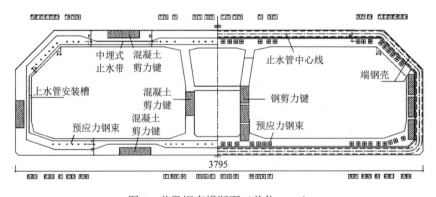

图 2　节段钢束横断面（单位：cm）

2.2 节段接头无黏结预应力

在沉管"半刚性结构"体系中，节段接头无黏结预应力体系通过预应力三件套连接件（图 3）得以实现。节段接头 3 m 的孔道采用与混凝土握裹力小、光圆的塑料管（外管），保证节段接头处预应力施工完成后能适应＞4 mm 的剪切变形；外管插入环绕 3 条 O 形橡胶密封环的特制内管，在孔道匹配时进行安装（图 4），以满足后续压浆施工预应力孔道 0.6 MPa 的水密性要求；外管与内管的整体作用形成了节段接头无黏结预应力体系。

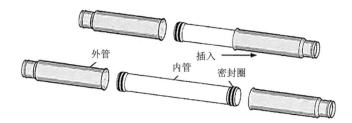

图 3 节段接头波纹管连接件（单位：cm）

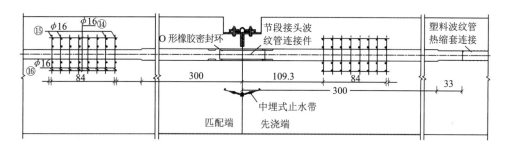

图 4 三件套布置

2.3 分阶段张拉

管节预制采用工厂法施工，在模板区匹配浇筑 8 个小节段；待混凝土强度达到设计要求后再将管节整体长距离顶推至浅坞区进行一次舾装。管节顶推工序受力复杂，技术难度高，在极端不利的情况下，两节段之间有可能发生纵向或横向位移、混凝土开裂、节段接头张开。为规避长距离顶推过程的各种风险，在管节整体顶推前，需对管节进行预张拉，为管节节段间提供一定的整体预应力。设计建议：沉管管节预张拉仅对顶板、底板左右侧各对称张拉 1 孔，孔位要求在顶板和底板左、右最外侧，锚下张拉控制应力按设计控制值进行；也可视现场具体情况在顶板和底板左、右侧各对称预张拉 2 孔，但预张拉应力为设计控制值 50%，所有预应力孔道在顶推到位前均不进行灌浆，顶推到位后再补张至设计控制值。

因混凝土强度及龄期的要求，项目采用第 2 套设计方案，在长距离顶推前对管节 4 个角的预应力钢束进行对称、平行预张拉。预张拉钢束为 B9（左右），B10（左右），T8（左右），T9（左右）共 8 束，预张拉按锚下应力的 50% 进行控制。预张拉前要求所有节段混凝土强度达到 C45（28 d）的 70%，即 31.5 MPa。在张拉过程中，及时进行伸长值数据的准确记录，终张拉时进行复核。

终张拉工作在长距离顶推到位后才能进行，初张拉完成后，及时观察初张拉钢束锚头、夹片、钢绞线情况，确保张拉锚固正常。在终张拉前，锚头裸露在外，为防止夹片飞出，存在安全隐患，采取锚头保护罩措施。

3　预应力安装

3.1　预应力的定位

3.1.1　波纹管定位

为了保证波纹管的位置固定，采用定位钢筋（图 5）对波纹管进行固定，防止波纹管的位置移动，导致波纹管弯曲，对后续张拉压浆工作造成施工障碍。防止在预应力张拉过程中因为预应力波纹管不顺直而导致张拉力不准确，也消除了因受力不均而产生的安全隐患，为张拉压浆工作提供了有效保证。因沉管预应力为后穿束施工，定位钢筋分为 2 种：①充分利用钢筋笼劲性骨架及顶底板封闭箍筋作支撑的支撑定位钢筋；②防止混凝土浇筑过程中波纹管上浮的倒 J 形钢筋（图 5）。支撑定位钢筋与钢筋笼劲性骨架及填充闭箍筋进行焊接，倒 J 形钢筋与顶底板底层钢筋进行焊接，2 种定位钢筋间距均为 40 cm。

　　　（a）支撑定位钢筋　　　　　　　　　　（b）倒 J 形钢筋

图 5　波纹管定位钢筋

3.1.2　锚头定位

锚头安装时先通过测量放线进行精确定位，然后按照 S8 端注浆口向下，S1 端注浆口向上进行安装固定。在安装过程中，锚垫板与钢筋笼通过连接螺栓进行定位连接；在完成锚头与钢筋笼连接后，在锚头里面采用专用的锚头封堵塞进行封堵并缠绕胶带封堵密实，防止混凝土浆液进入波纹管。

3.2 穿 束

3.2.1 钢绞线穿束

穿束前将锚垫板孔口及喇叭管内的混凝土浆碴清除干净。为提高穿束的速率，本项目采用穿束机进行穿束。穿束前，检查钢绞线束顺直，无死弯，无油渍污染，检查完后才能进行穿束工作。管节长度达 180 m，对这么长距离穿钢绞线具有很大的挑战性，因此穿束时，管节两端分别派专业的张拉人员进行 24 h 监督。钢束开始缓缓进入孔道内，避免钢束扭曲，中途随时进行跟踪，时刻关注钢绞线进度，当钢绞线伸出梁体两端时，确保两端预留足够的工作长度，为后续张拉提供有利条件。

钢绞线下料完毕后在其一端套入锚板作为梳束工具（也可用限位板），用砂轮锯将该端钢绞线各索端头切割 20～30 cm，但保留中心 1 根钢丝。

钢绞线穿束前钢绞线端头（包括切割部分）须用胶带缠绕保护，防止穿束过程中钢绞线端头散索。

3.2.2 穿束架子

由于管节高度达到 11.4 m，给钢绞线穿束带来施工困难，最终使用搭设平台进行钢绞线施工，为后续的穿束工作提供了工作平台。

4 预应力张拉施工准备

港珠澳大桥单节预制沉管全长 180 m，预应力施工为混凝土浇筑后再穿束。为保证 180 m 超长距离孔道穿束、张拉的顺利，必须做好施工前的准备工作及管节检查、清理工作。

4.1 管节检查、清理

在每次节段浇筑混凝土前，应对预应力管道进行密封性检查，并确保混凝土不会在浇筑时进入管道内。预应力管道的连接必须保证质量，防止施工过程中人为因素导致的管道变形或穿孔；在先浇节段的节段接头处需预留预应力管道接头。节段混凝土浇筑完成后，必须及时清理干净预应力孔道内部混凝土；节段匹配前，打磨三件套周边混凝土，保证前后预应力孔道匹配接头密贴。在节段接头预应力孔道连接处，接头两端钢束中心线应在一条直线上。一个管节的所有节段浇筑完成并顶推至浅坞区后，待混凝土强度达到 95%后可进行预应力张拉。锚垫板平面应与孔道轴线垂直；锚垫板后的螺旋钢筋必须按设计要求的数量和位置安装稳固。预应力管道必须保证尺寸与位置正确。锚下垫板表面清洁，保证锚垫板预留螺栓眼及压浆眼畅通。

4.2　千斤顶、油压表配套校验

依据预应力钢束设计数据——钢束为 15-25 型、锚下控制应力为 1265 MPa，张拉力为：1265 MPa×140 mm²/根×25 根= 4322.5 kN，千斤顶选择 650 t。根据规范要求，油压表选择量程为 60 MPa 精度为 0.4 级的防震精度压力表，油泵车选择容量足够的 ZB4-600 型。预应力使用的千斤顶及其配套设备由专人使用和管理，并定期校验维护。根据施工进度强度，千斤顶与油压表每 6 个月进行一次配套校验，校验由经主管部门授权有规定资质的法定计量技术机构进行。由于沉管预制预应力张拉时工序交叉施工频繁，为保证预应力张拉施工过程的顺利，每次校验时，1 台千斤顶配套 2 块 0.4 级的油压表。

5　预应力张拉

一个管节的所有节段浇筑完成并顶推至浅坞区后，待混凝土强度等级达到 C45 的 90%后方可进行预应力张拉，所有钢束均为两端对称张拉，预应力张拉长度为 179 m，单端设计引伸量为 543 mm。张拉的初应力选取上，在预应力张拉开始阶段，分别采取 10%、15%、20%、25%的数据，分出钢束弹性形变和非弹性形变阶段，初应力选取在临界点以上的弹性形变阶段，根据采取的数据分析，初应力选取为 25%。张拉使用的千斤顶油缸最大伸长量为 200 mm，而单端引伸量为 543 mm，需要进行分级张拉。根据理论伸长量计算，如分 3 级进行张拉，每级伸长量为 181 mm；如分 4 级进行张拉，每级伸长量为 136 mm。而每级还会有一定的回缩量，故需分 4 级进行张拉。

5.1　张拉过程

主要包括：①0 阶段：千斤顶充油 2～3 cm。②25%张拉阶段：张拉力为设计控制吨位的 25%，使钢绞线束再次调整松紧，均匀受力，使张拉设备与孔道轴线一致。达到吨位后，用钢尺丈量油缸外露量作为初读数并记录，观察钢绞线与夹片情况。③初张拉阶段：当达到 $50\%\sigma_{con}$ 时，用钢尺丈量油缸此时外露量并记录，观察钢绞线与夹片情况。④张拉控制吨位：当到达 $100\%\sigma_{con}$ 时，持荷 5 min，测量伸长值并记录，观察钢绞线与夹片情况。⑤自锚：张拉完成后，先将千斤顶回油，油缸回缩，工具锚后退，工作锚夹片自动将钢绞线锚住，回油应缓慢进行，达到自锚的目的。在油压力表读数达到0值时，立即关闭千斤顶油阀，测量伸长值，逐渐使吊顶导链受力，吊住逐渐下滑的千斤顶。⑥回油：打开千斤顶的回油和输油阀，使千斤顶主油缸继续回缩，工具锚脱开油顶口，夹片陆续从锚孔脱离出来，一边回油一边观察夹片，发现夹片松弛立即用细铁钩钩出夹片，详细检查钢绞线情况。⑦退顶：工具锚拆除后，继续将千斤顶、限位器拆出。

5.2 质量保证措施

施加预应力采用张拉吨位与引伸量双控。当预应力钢束张拉吨位达到设计张拉吨位时，实际引伸量值与理论引伸量值的误差应控制在±6%内。实际引伸量值应扣除钢束的非弹性变形影响。钢束实际引伸量值根据实测引伸量值为

$$\Delta=(\Delta_{OP}/(P-P_0))-\delta$$

式中，Δ——实际引伸量值；

P——设计张拉吨位；

P_0——初始张拉吨位，一般为15%P，具体视引伸量值是否线性变化而定；

Δ_{OP}——由$P_0 \to P$的实测引伸量值；

δ——夹片回缩值，由实测确定。

在整个张拉过程中，要认真检查有无滑丝、断丝现象。滑丝、断丝现象如果发生在锚固前，立即停止张拉，处理后再重拉。如果发生在锚固后，可用千斤顶把钢绞线在一端放松后更换钢绞线重新张拉。终张拉完成后，在锚圈口处的钢束做记号，24 h后检查确认无滑丝、断丝现象方可割束，切断处距夹片尾3~4 cm。钢束切割采用砂轮角磨机作业，严禁使用氧焰切割。预应力钢绞线张拉锚固后将多余部分进行切除，切割后预应力钢绞线的外露长度≥30 mm，切割时严禁使用电弧焊切割。

张拉千斤顶需3~4次到顶，伸长值均采用钢尺测量，误差控制在1~3 mm，而钢绞线单端伸长值为537 mm，±6%的超长范围为32.22 mm，对数据影响较小。若单根钢绞线出现滑丝现象，考虑用25 t的小型千斤顶单顶张拉，以张拉力控制。

6 结 语

预应力施工质量与结构的使用安全关系密切相关，在进行预应力施工时应做好前期准备与过程控制，提前预知可能影响施工质量的不利因素并提出切实有效的解决办法，加强管理与控制。港珠澳大桥岛隧工程沉管隧道严格按照相关规范和技术要求进行施工，在张拉作业时，采取钢绞线和伸长量双控的方法，施工效果良好，施工质量得到有效保证，为港珠澳大桥的顺利完成打下坚实基础。

参 考 文 献

[1]　中华人民共和国交通运输部. 公路工程技术标准：JTG B01—2014[S]. 北京：人民交通出版社，2014.

[2]　中华人民共和国交通运输部. 公路桥涵施工技术规范：JTG F50—2011[S]. 北京：人民交通出版社，2011.

[3]　中华人民共和国住房和城乡建设部. 混凝土结构工程施工规范：GB 50666—2011[S]. 北京：中国建筑工业出版社，
　　　2011.

[4]　中华人民共和国交通运输部. 公路桥梁预应力钢绞线用锚具、夹具和连接器：JT/T 329—2010[S]. 北京：人民交通出
　　　版社，2010.

[5]　中华人民共和国国家质量监督检验总局, 中国国家标准化管理委员会. 预应力筋用锚具、夹具和连接器：GB/T 14370—
　　　2007[S]. 北京：中国标准出版社，2008.

[6]　张永军，俞月红，竺白川. 无粘结预应力悬挑梁构件施工技术[J]. 混凝土与水泥制品，2014，(8)：80-82.

大型节段式沉管预应力管道埋设施工技术

张天阳[1]，朱 成[1]，唐 艳[1,2]

(1. 中交四航局第二工程有限公司，广州；2. 重庆交通大学，重庆)

摘 要： 对于由节段组成的大型沉管管节，其预应力管道的施工工艺对管节的整体质量、防水性能及管节出运过程中的安全性等都有极大的影响。本文从工艺流程、施工方法及工艺优化等方面介绍大型沉管管节接头预应力管道的施工工艺。

关键词： 沉管；预应力管道；防水

1 工 程 概 况

港珠澳大桥岛隧工程沉管隧道总长 5664 m，由 33 个管节组成，其中直线段管节 28 个，曲线段管节 5 个；单个标准管节长 180 m，重量约 7.2 万 t。管节采用两孔一管廊截面形式，宽 37.95 m，高 11.4m[1]。预应力管道分别布置在管顶和管底，共布置 60 孔，其中 4 孔为备用孔。管节预应力管道布置如图 1 所示。

预应力管道采用 φ121 mm 的塑料波纹管，锚具采用 15-25 型锚具，以预埋件的形式在钢筋绑扎时即做好预埋及测量定位，并随同钢筋笼一起顶推至模板区进行匹配。预应力管道埋设位置的精确性直接影响到后续的匹配及张拉压浆工作，做好预应力管道的匹配是管节安全横移出坞的必要前提条件。

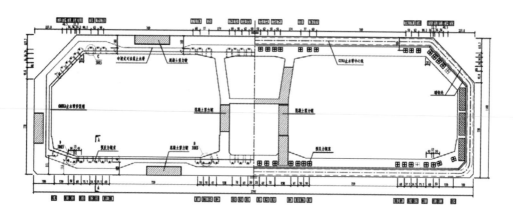

图 1 预应力管道布置图（单位：mm）

2　工 艺 流 程

预应力管道主要包括塑料波纹管、波纹管节段连接件、锚垫板，分别在底板钢筋绑扎区、顶板钢筋绑扎区及浇筑区进行安装。预应力管道安装施工流程如图2所示。

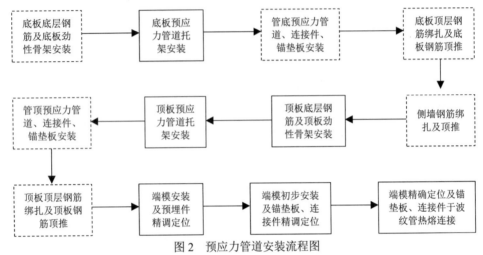

图2　预应力管道安装流程图

3　施 工 方 法

3.1　预应力管道托架安装

为保证预应力管道的安装顺直和精度要求，沿预应力管长度方向通长设置一个钢筋托架。预应力管道托架采用钢筋焊接而成，下端支撑在底板（顶板）劲性骨架或底层钢筋上面。预应力管道托架顶面采用两根C20钢筋通长布置，通长筋之间每隔400 mm用1根C20横向钢筋连接成整体直接固定在劲性骨架上或者采用2根C20竖向钢筋固定在底层纵向筋上，预应力管道安装固定分别见图3和图4。

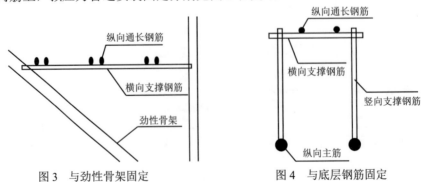

图3　与劲性骨架固定　　　　图4　与底层钢筋固定

3.2　预应力管道安装

预应力管道采用塑料波纹管，直接安装在钢预应力钢筋托架上，每隔 400 mm 用一根 C12 的 U 形钢筋将波纹固定在托架上，如图 5 所示。

图 5　预应力管道 U 形钢筋分布

标准节段预应力管道两端连接节段连接件，端头处节段预应力管道一端连接节段连接件，一端连接锚垫板。波纹管安装完成后，在节段连接件部位添加热缩套，并进行热熔密封，热熔完成后采用胶布密封保护。同时施工时必须注意检查气密性及接头部位的完整性，防止水泥浆进入管内[2]。

3.3　波纹管接头的安装

为了保证节段接头在极端不利的情况下能以微小的张开来释放应力，在节段接头 3 m 范围内采用无黏结的光滑管壁接头。波纹管接头分为先浇端和匹配端，匹配端连接件安装空间为 35 cm，先浇端为 30 cm。具体构造见图 6。

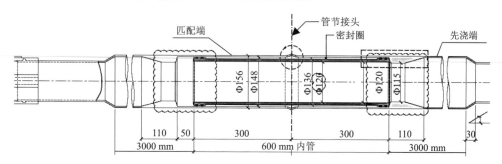

图 6　波纹管对接示意图（左为匹配端，右为先浇端）

3.4　波纹管接头的对接匹配

在顶板区钢筋笼顶推前，先依据已完成浇筑段先浇端波纹管位置对本次对接匹配端波纹管位置进行精调并固定。再将波纹管连接件插入匹配端接头，在距最终对接位置 40～50 cm 处将连接件部分插入已浇筑段先浇端接头，同时保证连接件插入匹配端接头不小于 10 cm。在连接件插入已浇筑段先浇端接头前，必须对已浇筑段先浇端接头进行清理并涂油。最后钢筋笼顶推，完成波纹管最后的对接匹配。

3.5　锚垫板的安装

预应力锚具采用 15-25 型锚具，预应力锚具与预应力管节同步安装，与预应力管道采用热缩套密封。预应力管道安装后临时固定在钢筋笼上，在端模安装时再进行精确定位，保证锚具端面与管道轴线垂直。锚具安装后，锚具垫板处采用木板临时封堵，木板与锚具接缝采用封箱胶纸密封。端模安装完成后，再对所有锚垫板进行精调，确保锚垫板贴紧端模。

4　工 艺 优 化

4.1　预应力管道接头防水优化

在压浆过程中或压水试验中，经常出现漏浆或者密封罩漏水现象，主要原因就是波纹管存在渗漏通道，波纹管接头不密闭，因此采取以下两种方法，对波纹管接头进行优化，减少渗漏通道。

1）由于预应力管道在节段接头两侧各 3 m 长的波纹管接头连接件与混凝土之间需无黏结作用，除去两端的 3 m 长外壁套管外，还需在波纹管接头处增设芯棒及密封圈，密封圈外径边缘须紧贴接头内边缘，通过对接挤压作用，使得形成一个密闭环境。外壁套管、芯棒及密封圈组成波纹管对接"三件套"，安装简单，防水效果好[3]。

2）在底板波纹管接头与波纹管相接处（热缩套附近）增加注浆管，使得波纹管接头处混凝土空洞充满浆液，形成防水层。

采用以上两种优化方法能有效减少波纹管漏浆及后期密封罩漏水情况，保障沉管质量。

4.2　预应力管道定位钢筋下料及安装优化

预应力管道安装前，需计算出预应力管道的高度，安装定位钢筋，将预应力管道安装固定在定位钢筋上完成安装。

预应力波纹管的外径为 ϕ121 mm，三件套大管的外径为 ϕ156 mm，而现场使用的定位钢筋只有一种，因此安装完成后的端头三件套的位置中心点比中间波纹管中心点位置高 17 mm，影响了预应力管道的顺直度，从而影响后续的穿束、张拉作业及管节的整体性，因此需采用以下方法，对预应力管道定位钢筋下料及安装方式进行更改，保证预应力管道通长的中心点在一个位置上。

1）制作两种定位钢筋，两者之间长度相差 17 mm，在三件套与预应力波纹管位置使用不同的定位钢筋，保证预应力管道通长的中心点在一个位置上。

2）安装时需将对接三件套与预应力波纹管分开安装，确保不会因拿错两种定位钢筋而导致波纹管安装位置产生误差。

采用以上方法可以使预应力管道通长的中心点在一个位置上，保证预应力管道顺直度，提高张拉压浆的施工质量。

4.3 曲线段预应力管道先浇端防漏浆优化

曲线段管节在混凝土浇筑的过程中，经常会有先浇端漏浆的情况发生，导致浇筑过程中产生漏浆，影响混凝土表观及管道口四周混凝土质量。因此需采取以下三种方法，分别对先浇端及匹配端预应力管道接头进行优化，减少漏浆情况的发生。

1）波纹管预埋时，管中间应留有一定弧度，确保波纹管管头与端模保持垂直。

2）波纹管下料时，需精确计算每条长度，并按序编号。

3）波纹管下料及安装时，先浇端应预留 2～3 cm 富余长度，这样端模在安装时，波纹管才可依靠自身弹性与端模紧密连接在一起。

采用以上方法可以有效地减少曲线段预应力管道先浇端的漏浆情况，加强了管道附近混凝土的外观质量，同时避免波纹管被破坏。

5 结 语

港珠澳大桥岛隧工程从开工至今已预制完成 31 个沉管管节。通过施工工艺的分析与优化，从源头开始提高管节施工质量，使得张拉压浆施工过程中漏浆情况明显减少，同时预应力管道施工质量的提高也可减少管节的起浮横移、二次舾装及管节出运沉放过程中的风险，值得类似的预应力工程借鉴。

参 考 文 献

[1] 中交股份联合体港珠澳大桥岛隧工程第Ⅲ工区一分区项目经理部. 港珠澳大桥沉管预制施工组织设计[Z]. 珠海：中交股份联合体港珠澳大桥岛隧工程第Ⅲ工区一分区项目经理部，2012.

[2] 中交公路规划设计院有限公司. 港珠澳大桥岛隧工程沉管隧道节段接头波纹管连接件技术要求[Z]. 北京：中交公路规划设计院有限公司，2013.

[3] 张文森，刘荣岗，黄海斌. 新型预应力管道接头连接件性能试验[J]. 中国港湾建设，2015，35(6)：39-41.

节段式沉管预应力孔道压浆施工技术[*]

唐 旭，杨 毅

（中交二航局第二工程有限公司，重庆）

摘 要： 本文针对港珠澳大桥沉管隧道设计使用年限 120 年，沉管大埋深、强回淤等特点，论述了沉管预应力孔道压浆工艺及主要的质量控制措施。为保证预应力孔道密封性，从预应力波纹管选材、节段接缝处连接、端头封闭等各个重要环节入手，采取可靠措施满足了密封性要求，通过采用真空辅助压浆技术，保证了孔道压浆的施工质量。

关键词： 预应力；节段式；沉管；孔道压浆

0 引 言

目前，许多预应力混凝土结构，孔道压浆不饱满导致预应力筋锈蚀，在设计使用年限内不得不进行多次加固，甚至一座桥梁加固的总费用比造桥的费用还高，管道压浆不密实已成为现代预应力结构的质量通病之一[1-3]。

港珠澳大桥沉管隧道处于海洋环境中，为保证设计使用年限 120 年，预应力筋不受到腐蚀，就要求预应力压浆必须饱满。港珠澳大桥沉管预应力与桥梁工程中的节段匹配预制箱梁类似，预应力孔道在沉管节段接缝处是断开的，但因无匹配拼装的过程，孔道密封性控制难度更大，给预应力孔道压浆质量控制带来很大挑战。

1 工 程 概 况

港珠澳大桥沉管隧道长 5664 m，分为 33 个管节，标准管节长 180 m、宽 37.95 m、高 11.4 m，是迄今为止世界上规模最大、技术难度最高、环境最复杂的海底沉管隧道。预制沉管用工厂法预制工艺，每一标准管节分 8 个长 22.5 m 的节段匹配预制而成，小节段间除 6 个剪力键传递竖向剪力外，由预应力将整个管节连成整体。

为保证沉管寄放、浮运、运营期的结构安全，按其埋置深度不同，沿断面对称布置

---

* 本文曾刊登于《中国港湾建设》2015 年第 7 期。

有 36～56 束预应力钢束。预应力束在管节预制完成并顶推到浅坞区后进行张拉和孔道压浆施工，预应力孔道压浆采用真空辅助压浆技术[4]。整个管道总长 180 m，在节段接缝处断开，用专用波纹管匹配组件进行连接，端头采用锚具密封罩密封，设计真空度要求 −0.08 MPa。

2 预应力孔道安装

本工程前两批预制沉管预应力孔道成形采用的是金属波纹管，主要考虑金属波纹管具有强度高、刚度大、耐高温性好、耐久性好、连接方便等特点。金属波纹管安装严格按照设计位置放样，并注意与预埋件的位置关系，安装 U 形波纹管定位钢筋和其他预埋件时需特别注意保护波纹管不受损伤。波纹管接头采用内径与其匹配的波纹管连接、热缩套密封。因沉管预应力孔道压浆采用真空压浆工艺，金属波纹管的密封性相对较差，施工中易损伤，孔道堵塞的风险较大。在充分论证的基础上，前两批管节预制完成后将金属波纹管更改为应用更为广泛的塑料波纹管。

塑料波纹管具有密封性好、无渗水漏浆、环向刚度高、摩擦系数小、耐老化、抗电腐蚀、柔韧性好、不易损坏、连接方式灵活且便于施工等优点，解决了传统金属波纹管的弊端。因沉管混凝土属大体积混凝土，浇筑后内部温度最高达近 70℃，为防止塑料波纹管在高温和混凝土压力作用下产生变形，在塑料波纹管内安装直径略小于其内径的 PPR 衬管，并沿沉管节段预应力孔道通长布置。

3 孔道密封措施

3.1 专用波纹管匹配连接件

为解决预制沉管大埋深、强回淤带来的节段受力问题，本工程创新性地提出了"半刚性管节"的设计理论，即将原设计的临时预应力部分变更为永久预应力，同时为满足节段接头对地基不均匀沉降的适应性要求，在节段接头 6 m 范围内采用无黏结预应力体系，保证在节段接头处发生地基不均匀沉降时接头可适度张开，减小不均匀沉降带来的结构安全风险。委托 VSL 公司进行了专用波纹管匹配连接件的设计[5]，由专业厂家采用模具定型生产，保证其匹配连接的精度和水密性能要求。

安装时，外管在钢筋绑扎过程中预先安装于钢筋笼内，并与塑料波纹管对接、密封，再将密封圈安装在内管两端，并将内管插入后浇端的外管里，钢筋笼顶推入模时与先浇端的外管匹配对接，其连接图如图 1 所示。施工的重点在于保护好密封圈和遇水膨胀胶条不受损伤，并使两外管在节段接头匹配面处顶紧，防止混凝土浇筑过程中水泥浆进入管道，并确保管道密封性满足真空辅助压浆工艺的要求。

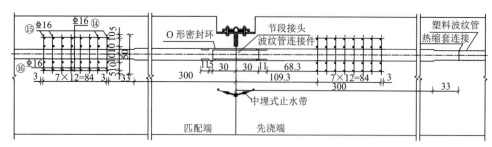

图 1　波纹管连接件布置图（单位：cm）

3.2　锚具密封罩

沉管一次舾装完成后，需对浅坞区进行灌水并将沉管管节横移寄泊于预制场深坞内，正常情况下寄泊期约 0.5 年，在沉放之前锚具将直接受到海水的腐蚀。锚具的保护对预应力体系安全、降低渗漏风险至关重要，锚具的防护要求较常规工程高得多。借鉴桥梁体外预应力锚具防护方法，增设锚具密封罩用于锚具防护，密封罩按海水腐蚀环境进行了防腐设计，能保证在海水浸泡期间的耐久性。密封罩用螺栓固定在锚下垫板上，与锚下垫板间设有铜垫圈，可增强锚具密封性能。锚具密封罩在预应力张拉并割除多余钢绞线后安装，其密封性由密封罩配套的铜垫圈和密封罩周边高强 AB 胶密封来保证。锚具密封罩安装需注意使进浆孔位于下方，排气孔位于上方，两孔连线处于铅垂线上，切不可使两孔连线处于水平状态。同时螺栓扭矩要满足要求，保证铜垫圈压缩，保证密封性满足要求。

3.3　节段接头密封

节段接头因波纹管断开而成为整个管道密封性的薄弱环节，在采用金属波纹管的管节中该问题也时有发生。为确保节段接头密封性，除保证专用波纹管匹配连接件的安装质量之外，还需在孔道压浆前对管道密封性进行检验，即压浆前进行试抽真空，如果真空度不能满足设计要求，则需对该管道的节段接头进行密封处理，具体方法为在节段接头位置用快干水泥进行封堵，待孔道压浆完成后再予以清除。从使用塑料波纹管和专用匹配连接件后的效果看，只要匹配连接件的安装质量达到要求，即可保证管道密封性满足要求。

4　预应力真空辅助压浆

4.1　设　备　配　置

真空辅助压浆设备包括 1 台真空泵，要求能满足 180 m 管节真空度达到 −0.08 MPa，

2 台制浆机及容量为 1.5 m³ 的储浆筒, 2 台三缸活塞式压浆泵。设备配置在满足计量精度的前提下, 制浆和储浆能力需满足单根预应力孔道用浆量 1.5 m³ 的要求, 保证单根孔道一次性压浆饱满并有适当富余。

4.2 压 浆 工 艺

压浆工艺流程与桥梁工程真空辅助压浆基本相同, 流程为: 预应力束张拉并切束→密封罩安装并周边密封→试抽真空并处理发现的问题→浆液拌制并储够 1 根孔道用浆量→抽真空→压浆→出浆口浓浆流出 1 min 后关闭出浆口→稳压 2 min→待锚具密封罩灌满浆液后关闭进浆口, 压浆完成。

4.3 沉管管节真空辅助压浆注意事项

1) 如前所述, 节段式管节的管道密封性必须保证, 在孔道压浆之前进行预抽真空, 并解决发现的问题, 确保真空压浆一次成功。

2) 孔道长度 180 m, 预应力束为 ϕ_j15.24-25, 波纹管直径较大, 单根波纹管压浆量最大达 1.5 m³, 储浆量必须满足孔道一次压浆饱满。

3) 掺加高性能孔道灌浆剂, 水灰比小至 0.26, 对制浆机搅拌能力提出更高要求, 要保证制浆效率, 也必须保证浆液的均匀性满足要求[6]。

4) 国内目前高速制浆设备还不太成熟, 制浆机转速大多只能达到 1500 r/min, 对制浆效率影响较大, 较长时间的搅拌带来浆液温度升高较大。按照欧洲的经验和规范, 建议浆液温度不超过 30℃, 因此在本项目制浆时采用了冰水搅拌工艺, 通过调整冰水温度解决了浆液温度问题。

5) 出浆口浓浆流出后必须再坚持 1 min, 保证孔道内空气充分排除干净, 然后再稳压 2 min, 保证压浆饱满度。

6) 浆液初凝后, 打开出浆口检查浆液饱满度和泌水情况, 用于指导后续孔道压浆质量控制。出浆口阀门必须待浆液终凝后才能拆除, 防止浆液溢漏影响压浆饱满度。

5 结 语

港珠澳大桥沉管隧道设计使用寿命 120 年, 在海底腐蚀极强的海洋环境下, 无疑对预应力提出了更高的要求, 其孔道压浆的密实程度直接关系到预应力使用寿命。基于高标准严要求, 在施工过程中通过不断改进施工工艺, 从波纹管选材、节段处连接、端头连接等重要部位入手, 对波纹管安装的密封质量进行了改进, 并配合真空辅助压浆技术, 保证了沉管预制的施工质量。

参 考 文 献

[1]　冯大斌，董建伟，孟履祥，等. 后张预应力孔道灌浆现状及改进研究[C]//中国预应力技术五十年暨第九届后张预应力学术交流会论文集，2006：47-52.

[2]　张文勇. 预应力孔道压浆质量通病及其防治[J]. 建筑施工，2003，25(4)：288-289.

[3]　张枫林，张峰，杨文刚，等. 预制节段拼装施工中预应力孔道的防漏措施及修复方法[C]//第十六届全国混凝土及预应力混凝土学术会议暨第十二届预应力学术交流会论文集，2013：426-429.

[4]　杨绍斌，秦宗平，刘亚东. 短线匹配法箱梁预制悬拼施工技术[J]. 中国港湾建设，2006，(5)：43-48.

[5]　VSL International Ltd. Grouting of post -tensioning tendons [Z]. 2002.

[6]　李顺凯，荀东亮，邓波，等. 高性能预应力孔道压浆材料的研究及应用[J]. 中国港湾建设，2014，(11)：26-28.

提高超长沉管预应力管道压浆密实度工艺措施*

梁杰忠，陈刚强，李　翔

（中交四航局第二工程有限公司，广州）

摘　要：港珠澳大桥沉管隧道处于海洋环境中，为保证设计使用年限120年，预应力筋不受到腐蚀，就要求预应力压浆必须饱满。本文分析了沉管压浆不密实的原因，从预应力波纹管安装质量、节段接头对接质量、节段接头混凝土振捣、管道浆液原材料的称量精度、压浆操作施工、检验等方面论述了提高沉管预应力压浆密实度的措施，确保管节设计使用寿命达到120年。

关键词：沉管；预应力；压浆；密实度

0　引　言

港珠澳大桥作为世界级跨海通道，其社会影响及关注度极高，沉管设计使用寿命120年，结构长期处在水下Ⅲ类海盐环境，其作用等级为严重（D级）至非常严重（E级），且由于其长埋水下，结构无法修复，一旦出现钢绞线腐蚀将严重影响结构使用寿命[1]，因此，为使沉管满足设计使用年限，预应力管道压浆必须精心设计、精细施工。

1　国内外压浆不密实原因

施工中成孔质量不好，孔道直径粗细不均或有偏孔、颈缩孔现象，预应力筋勉强穿入，但水泥浆液难以压入；孔道串孔，内漏，封锚不严，不能保压持荷；排气孔设置不当，预应力筋编束，捆扎时扎丝过密、松弛，穿束时扎丝在孔道不畅处受阻，堆积挤压，形成网状塞栓，压浆时此处过气过水而不过浆；水灰比偏大，不但强度降低，而且泌水率增大，水占空间，水被吸收或蒸发后，即形成空洞；外加剂用量不当，如膨胀剂用量过小，膨胀效果不明显，若膨胀系数小于水泥收缩系数，就会造成压浆不饱满。

---

* 本文曾刊登于《中国港湾建设》2015年第7期。

2　沉管压浆密实度不足原因

针对国内压浆不密实，进行了认真调查分析，总结出以下几方面因素：沉管预制过程中作业人员交叉作业、烧焊造成预应力管道破损、预应力管道对接时不密贴，造成后期压浆不密实；波纹管接缝处不严密、节段接头处管道接头漏浆；浆液的原材料称量、投放顺序不规范，制浆操作不规范，未做到每次制作浆液时检验各项指标，压浆过程操作不规范等。

3　提高沉管预应力压浆密实度的措施

3.1　加强预应力波纹管安装质量

波纹管长度方向上应正确布置波纹管定位钢筋卡槽，间距为 0.5 m，卡槽焊接牢靠，波纹管固定牢固；节段接头处采用波纹管三件套进行对接，热缩套安装时控制好温度，防止其被烧伤，并要求密贴无缝隙；波纹管安装前做好定位，拉好线，按照线位进行铺设；项目管理人员加强对管节预应力管道安装时的管控，设置关键控制点，对安装完成后的管道线形进行复核，确保管道线形平顺、固定牢靠和位置准确；波纹管安装时如遇到钢筋，对钢筋位置进行适当调整，避免扰动波纹管[2]；预埋件焊接时，采用防火布对波纹管进行覆盖保护，实行专职质检员巡查制，严防焊渣掉落烧伤波纹管；浇筑混凝土前对所有预应力波纹管再次进行检查，确保波纹管无损伤。

3.2　提高节段接头对接质量

节段接头对接时提前进行检查，在休整区对匹配端的端面钢筋进行逐一检查，验收合格后进入下一道工序；制定节段接头停检验收制度，针对制度上要求检查的项目逐项排查，按要求清扫中埋式止水带上的混凝土碎渣等杂物，并用清水清洗干净；钢筋笼顶推时对滑移方钢线形进行测量复核，确保对接位置准确无偏差；在钢筋笼顶推过程中，要严格控制顶推系统的同步性，在离接头 50 cm 范围内检查三件套安装质量，记录波纹管位置偏差值，适当对三件套位置进行调整，然后降低顶推速度，缓慢顶推，不断调整三件套位置偏差，最终顶推到位时节段接头要对接密贴，无缝隙，位置准确。

3.3　加强节段接头混凝土振捣

模板安装完成后在相应位置画出振捣点，混凝土浇筑前对振捣工人进行详细的技术交底，宣贯振捣控制点及振捣注意事项；项目管理人员在混凝土浇筑过程中全程监控，对混凝土分层振捣、振捣时间等进行严控，严格按布设的点位进行振捣，防止振捣损伤预应力管道，如图 1 所示，并对节段接头位置采用进口振捣棒进行二次振捣，保证混凝土密实，避免由于混凝土不密实形成渗水通道，节段接头位置波纹管管道漏浆。

图 1　按振捣点振捣

3.4　提高管道浆液原材料的称量精度

管道浆液原材料使用精密的电子秤进行称量，制作投料按水—压浆剂—水泥进行，容器均进行标定画线，严格按照试验室审批完成的配合比进行施工，除非征得沉管试验室授权人员同意，任何人不得擅自调整配合比，严格按称量允许偏差要求控制称量精度，制浆设备保证 1 台正常运行，1 台备用，每日压浆完成后进行清理，并定期进行维修保养。

3.5　检验浆液各项指标

预应力管道压浆开始前，组织作业人员进行正式的技术交底，对压浆操作顺序和注意事项逐一进行讲解；在现场压浆机上张贴预应力管道压浆配合比、操作规程；项目部管理人员严格检验浆液搅拌时间、浆液的各项指标；管道压浆水灰比控制在 0.26~0.32；浆体泌水率在拌和 3 h 后应小于 2%；泌水在 24 h 之内应被浆体完全吸收；水泥浆搅拌及灌浆时浆体温度应小于 35℃；浆体稠度为 10~17 s；初凝时间不小于 3 h，终凝时间应大于 17 h；浆体体积变化率应小于 5%[3]，试验室每工班对制作的浆液各性能指标进行不少于 2 次验证，保证浆液满足压浆要求。

3.6　严格施工操作顺序

清理锚垫板上的压浆孔，保证压浆通道通畅；确定抽真空端及压浆端，安装引出管、球阀和接头，并检查其功能；搅拌水泥浆使其水灰比、流动度、泌水性达到技术要求指标；启动真空泵抽真空，使真空度达到−0.1～−0.06 MPa 并保持稳定；启动压浆泵，当压浆泵输出的浆体达到要求稠度时，将泵上的输送管接到锚垫板上的引出管上，开始压浆，压浆过程中，真空泵保持连续工作，压浆泵继续工作，压力要求达到 0.5 MPa 左右；压浆过程中连续工作，直到出浆引出管冒浆的浓度达到和进浆的浆液一致时，关闭出浆阀，持压 5 min 后关闭压浆泵及压浆端阀门，完成压浆[4]。

3.7　二次压浆

在水泥浆初凝后终凝前进行第二次压浆，填充管道内一次压浆不密实处，从而提高管道压浆的密实度。

4　压浆密实度验证

压浆完成后对管节 60 个管道进行验证，没有发现出现漏浆现象，通过密封罩观测孔查验 60 个管道，一次压浆密实度达到 95%，二次压浆密实度能够达到 98%。通过对二次压浆完成后的管道进行压水试验，60 个预应力管道无渗水现象。

5　结　语

为了有效提高沉管预应力管道压浆密实度，在节段预制施工和压浆过程中，通过采取一系列措施，管节压浆效率稳步提高，缩短了压浆时间，而密实度提升到 98%，管道浆液饱满，可为类似工程提供借鉴。

参 考 文 献

[1]　中交公路规划设计院有限公司. 港珠澳大桥主体工程岛隧工程施工图设计：E11、E12 管节工艺流程及施工技术要求[Z]. 北京：中交公路规划设计院有限公司，2012.

[2]　中交公路规划设计院有限公司. 港珠澳大桥主体工程岛隧工程施工图设计：E11、E12 管节[Z]. 北京：中交公路规划设计院有限公司，2012.

[3]　港珠澳大桥管理局. 港珠澳大桥混凝土结构耐久性质量控制技术规程[S]. 修订版. 珠海：港珠澳大桥管理局，2013.

[4]　中华人民共和国交通运输部. 公路桥涵施工技术规范：JTG/T F50—2011[S]. 北京：人民交通出版社，2011.

沉管预应力混凝土孔道压浆试验研究*

陈刚强，黄海斌

（中交四航局第二工程有限公司，广州）

摘　要： 结合港珠澳大桥沉管隧道180 m超长管节的预应力孔道压浆施工，本文分析了压浆液在搅拌温度和搅拌转速不同试验条件下主要性能指标的变化情况，优化压浆液在超长孔道压浆施工中相关的工艺参数，为类似工程提供一些参考。

关键词： 超长孔道压浆；搅拌温度；搅拌转速；性能指标

0　引　　言

沉管隧道是一种安放在水下的隧道，所处环境非常复杂与恶劣。沉管中预应力孔道压浆施工属于其中一道隐蔽工序，完成后无法像混凝土表面缺陷那样直观可见，在今后运营过程中也无法维修。随着沉管隧道结构跨度、尺寸空间、使用寿命的逐步提高，预应力孔道压浆的质量也成为影响沉管结构安全性与耐久性的重要因素，因此有必要从孔道压浆的灌浆材料性能、施工工艺和设备等方面进行深入研究，以适应这种工法技术的发展。

1　孔道压浆的重要性

1）沉管安放于海底，防腐极为重要，预应力孔道需要填充水泥浆液，隔绝预应力钢绞线与有害物质的接触，保护预应力钢绞线不外漏及被环境污染而锈蚀。

2）孔道压浆后，孔道空间内被水泥浆液填充密实，凝固后和钢绞线及混凝土构件形成一个受力整体，保证了预应力钢绞线和混凝土结构之间应力的有效传递，有利标准管节整体的共同受力，保证了沉管在横移浮运、沉放安装过程中的安全。

3）减轻锚具负担，确保管节联体安全。孔道浆体对预应力筋产生巨大的握裹力，减轻了管节浮运、安装过程中各小节段自身与其他作用下产生的应力变化，运营后反复荷载受力对锚具疲劳破坏，当锚具超过疲劳极限强度而逐渐失去锚固作用时，水泥浆对预

---
* 本文曾刊登于《公路》2018年第8期。

应力钢绞线产生的握裹力作为第二道安全防线控制。

因此,孔道压浆质量的好坏直接影响到预应力筋防腐蚀性能、构筑物安全性能和混凝土结构耐久性能,压浆施工也是沉管孔道密实防渗、增强水密性质量的一道重要工序。本文主要通试验研究,重点分析在沉管预应力孔道压浆施工中,引起孔道中水泥浆体不饱满、泌水严重和硬化后收缩过大等问题的一些原因。

2 浆液指标、材料、设备技术要求

2.1 性能技术要求

孔道压浆浆液性能指标应符合《公路桥涵施工技术规范》(JTG/T F50—2011)中的技术要求,具体见表1。

表1 孔道压浆液性能指标要求

项目	水胶比	凝结时间/h		流动度（25℃）/s		
		初凝	终凝	初始流动度	30 min 流动度	60 min 流动度
性能指标	0.26~0.28	≥5	≤24	10~17	10~20	10~25

项目	泌水率/%		压力泌水率/%		自由膨胀率/%	
	24 h 自由泌水率	3 h 钢丝间泌水率	0.22 MPa	0.36 MPa	3 h	24 h
性能指标	0	0	≤2	≤2	0~2	0~3

项目	充盈度	抗压强度/MPa			抗折强度/MPa		
		3 d	7 d	28 d	3 d	7 d	28 d
性能指标	合格	≥20	≥40	≥50	≥5	≥6	≥10

2.2 配比与原材料

1）采用水胶比为 0.26 的配合比,水泥：压浆剂：水=1500：130：430。

2）水泥采用华润牌 P.Ⅱ强度等级为 42.5 普通硅酸盐水泥。

3）预应力管道压浆剂采用武汉中桥科技有限公司生产的 GR-200 型产品,推荐掺量为内掺 9%。经过对原材进场检验,材料的相关指标均符合规范要求。

2.3 设备技术要求

1）搅拌机的转速应不低于 1000 r/mm,叶片线速不宜小于 10 m/s 且不大于 20 m/s,并满足在规定时间内搅拌均匀。

2）临时储存罐亦具有搅拌功能，设置网格不大于 3 mm 的过滤网。

3）采用压力表最小分度值不应大于 0.1 MPa 可连续作业的活塞式压浆泵。

4）采用真空辅助压浆工艺，且真空泵应能达到 0.10 MPa 的负压力。

5）用于配料计量各种材料的设备经检定合格，满足称量（均以质量计算）精确到 ±1%要求。

2.4 浆液主要指标的试验方法

（1）流动度的测试方法

采用流锥法，是将搅拌均匀的浆液倾入漏斗内，浆液从规定体积（1725 ±5）ml 的流锥容器中完全自由流出的时间。

（2）自由泌水率和自由膨胀率的测试方法

采用刻度高为 120 mm 且带密封盖的有机玻璃制成试验容器，将搅拌好的浆液注入容器内高约 100 mm，记下初始浆液液面高度，然后盖严静置 3 h 和 24 h，分别量测各时间段其离析水面和浆液膨胀面，予以记录，然后按照公式计算自由泌水率和自由膨胀率：

自由泌水率（%）=（离析水面高度–初始浆液液面高度）/初始浆液液面高度×100%；

自由膨胀率（%）=（膨胀后液面高度–初始浆液液面高度）/初始浆液液面高度×100%。

3 影响浆液主要性能指标的因素

在这里主要试验浆液搅拌温度、搅拌转速两种因素对压浆液性能的影响，重点分析搅拌转速。

3.1 搅拌温度对流动度的影响

孔道压浆液经拌和之后为会形成一定的流动度，浆液中水化作用的快慢除了与浆液自身材料组成及配合比有关，也与外界温度变化有相当大的关系。不同温度下水泥水化作用很大程度上影响浆液的流动度及流动度保持性，这是压浆工艺中浆液一项很重要的指标。为此按照上述配合比，分别做了在 0℃、10℃、20℃、40℃下的试验，分析温度对流动度的具体影响。

按照不同搅拌温度下的试验要求，提前把配合比中相应材料在规定温度下放置 24 h。然后经过正确计量，启动搅拌设备，根据先放水后放压浆剂再放水泥的试验步骤放齐材料，再调至相同转速下搅拌 5 min 后进行性能测试，测试过程控制在 1 min 之内完成。具体试验结果为了更直观的观察，将试验数据作成曲线图来进行分析，见图 1。

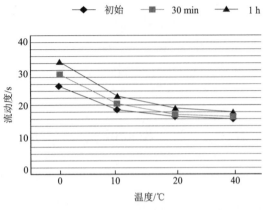

图1 不同搅拌温度下的流动度

由图1可以看出，随着温度的升高，压浆液的初始、30 min 和 1 h 后的流动度均呈现下降趋势，且在 0~20℃的流动度变化要比 20~40℃的变化要大。分析原因：从流变力学的角度出发，浆液流动度的主要参数是浆液的屈服应力，屈服应力又和体系黏性变形重颗粒间的摩擦力有关，温度升高摩擦力减小导致流动度增加，反之温度降低摩擦力系数增大流动度降低。

3.2 搅拌转速对流动度的影响

采用施工现场的环境温度（25~30℃）进行试验，根据上述配合比每种试验搅拌速度都按总容量 3 L 的材料进行计量搅拌，材料放齐后在不同转速条件下搅拌 5 min 进行性能测试，测试过程控制在 1 min 之内完成，具体数据见图2。

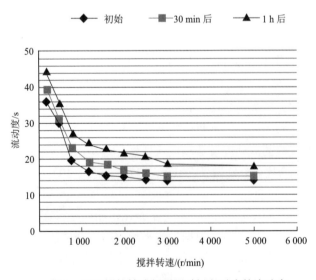

图2 不同搅拌转速与不同时间段对应的流动度

不同转速下分别做了初始、30 min 和 1 h 后的流动度检测，从以上曲线图可以直观地看出，搅拌机转速对压浆液流动度具有本质性的影响。当搅拌速度从最初增加到 2000 r/min 的过程中，浆液流动度急剧变化，而当转速在达 3000 r/min 以后，浆液的流动度趋于稳定变化非常小，原因如下。

1）宏观上搅拌机转速越高，浆液搅拌越均匀，浆液中各种成分混合越充分，能在最大程度上发挥配合比中各种材料分子的作用。

2）微观上在一定的范围内，随着转速的提高，浆体的流动性逐渐加强，浆液也随着搅拌转速一起转动，在搅拌过程中由于机械原因使得浆体发热，浆液的温度上升使得浆液水化速度加快，浆体中各种成分之间的化学反应速度也随之加快。

3）同时随着搅拌机高速旋转，搅拌机叶轮对浆体进行高速剪切，破坏了原浆液中的各种成分结构，使得粒子间的作用变小，相应的增大了浆液的流动度。

4）当搅拌速度到达一定程度后，浆液中各成分之间混合均匀程度，短时间内的化学反应程度，粒子间的作用程度基本达到极限状态，所以速度继续提高对浆液流动度的影响不太大。

3.3 搅拌转速对浆液泌水与膨胀的影响

抗泌水性对浆液来说很重要，由于压浆孔道是封闭的，压浆液泌出的水在孔道内无法被蒸发掉，这样就会在孔道的最高点形成泌水透镜，这些水随着浆液强度的形成而慢慢吸收，便在孔道中形成了空隙。如果浆液泌水严重的话，在浆液完全水化后体积减缩量非常大，会导致硬化后浆体内部产生较大的收缩应力，当应力大于抗拉强度时，则会产生收缩裂缝，见图 3。

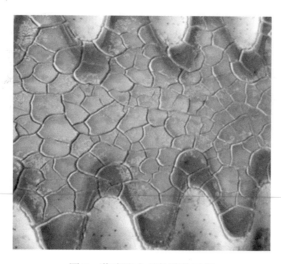

图 3 浆液泌水后的浆体干缩

同步做了不同搅拌转速下浆液 3 h 泌水率和 3 h、24 h 膨胀率的试验，将试验数据作成柱状图 4 和曲线图 5 进行比较。

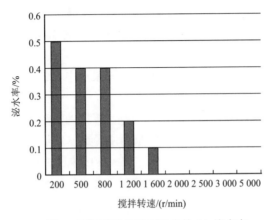

图 4　不同搅拌转速下对应的 3 h 泌水率

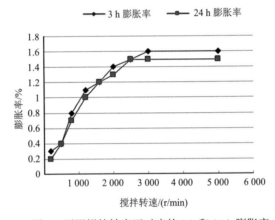

图 5　不同搅拌转度下对应的 3 h 和 24 h 膨胀率

1）浆液 3 h 的泌水率受搅拌机转速影响很大，当搅拌转速在 2000 r/min 内，转速越低，泌水会越严重，转速在到达 2000 r/min 以上之后基本不会泌水。主要原因是在高速搅拌下浆液中的各种成分除了越发混合均匀外，它们之间发生的化学反应也增加了一定的抗泌水性，当转速达到一定程度后，各种化学反应与结合在短时间内已经达到饱和状态。

2）虽然在不同转速下的泌水率不同，转速慢的泌水率也较大，但浆液中有亲水成分，在水化到一定时间后，相互充分地发生了反应，将泌出的水全部吸收掉，所以在不同搅拌转速下浆液 24 h 后的泌水率都为 0，区别在于硬化后体积变化不同。

3）浆液 3 h 膨胀率与 3 h 泌水情况基本相同，表现在当转速一定范围内逐渐加快时，3 h 泌水率逐渐减少，而 3 h 膨胀率逐渐增加，当转速达到一定程度时，浆液也不再泌水，膨胀率也达到某一值后而稳定。

4）同一转速下 3 h 和 24 h 的膨胀变化基本不大，这说明在一定的转速范围内转速对浆液膨胀的情况自始至终都有很大的影响，只有在转速达到一定的程度后才能保证浆液充分发挥其膨胀性能，才能确保压浆液的质量。

3.4 搅拌转速对强度的影响

浆液强度的影响主要是基于浆液各成分之间混合均匀程度和化学反应程度来考虑，对前面的试验也留取了试件，分别进行了 3 d、7 d 和 28 d 的抗折抗压强度检测，其试验结果见图 6、图 7。

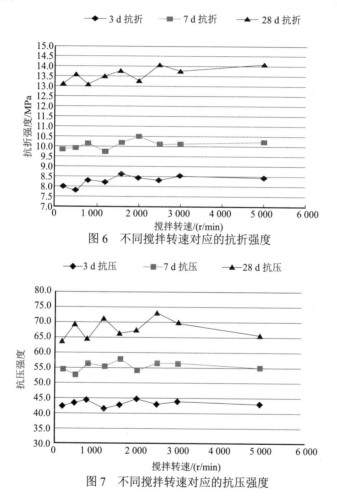

图 6　不同搅拌转速对应的抗折强度

图 7　不同搅拌转速对应的抗压强度

分析可知，在相同温度和环境条件下，随着搅拌机转速的变化，试件强度并没有明显变化，对强度基本没什么影响。

4　施工注意事项

预应力孔道压浆施工相对复杂，针对于 180 m 超长沉管孔道压浆，现场操作规范性、严谨性和施工过程中每一个步骤都可能影响压浆质量的效果。同时也受压浆原材料、配合比、施工现场环境、设备条件和施工人员作业水平等因素影响，因此孔道压浆工艺及压浆过程中质量控制是至关重要的环节，要特别注意以下几点。

1）压浆液从拌制完成到进入孔道时间宜控制在 50 min 内，且在压入整个过程中，要始终保持临时存储罐中的浆液处于搅拌状态。管节单孔用浆量较大，如整个工作延续时间太长，浆液流动性必然会降低，容易造成孔道堵塞或压浆不饱满，为防止浆液流动度损失，应加快搅拌制浆与压浆过程时间。

2）为避免水化温度对浆液影响过大，现场采用加冰水措施进行搅拌，放缓浆液中水泥水化时间，平衡浆液在搅拌压浆过程中流动度的稳定。

3）检查管节中预应力孔道安装质量，节段接头连接件的密封性能。对压浆施工所用机械设备必须满足 JTG/T F50—2011 中的技术要求与规定，确保浆液的均匀性和连续性，配用真空辅助压浆设备，保证孔道顺畅排气，整个压浆工作过程持续顺利进行，同一孔道连续压浆一次完成。浆液从孔道最低点压入，同时按照顺序依次打开和关闭高点的排气孔，使孔道中的泌水和空气处于浆液的最上面，由高点的排气孔一一排除，避免浆液从高处往下压时形成的气囊，硬化后形成气孔降低其强度与耐久性。

4）压浆料的性能对孔道压浆质量有着决定性的影响，在孔道压浆前必须对所用材料（水泥、压浆剂、水）的工作性能进行检验，务必对试验室所设计的配合比根据现场的施工环境与条件进行现场压浆试拌验证工作，必要时进行适当调整使用。

5）在沉管孔道压浆施工过程中出现浆液泌水严重，孔道浆体不饱满，浆液硬化收缩较大等质量问题，会给沉管结构的安全性，可靠性与耐久性埋下隐患，必须让施工人员在思想上和技术上对孔道压浆质量状况引起足够重视。

5 结 语

经压水检测，沉管预应力孔道浆体饱满度合格率 100%。通过对压浆液的主要性能指标进行试验分析，针对港珠澳大桥沉管隧道单孔浆液用量大，又有众多接头的超长预应力孔道，在压浆施工中对设备技术、施工工艺和性能参数的改进提出指导性数据，对努力提高压浆质量，保证沉管设计使用 120 年寿命有着重要的意义。

大型 GINA 止水带安装工艺*

刘远林，王晓东，徐轶凡

（中交四航局第二工程有限公司，广州）

摘　要： 本文以港珠澳大桥岛隧工程沉管隧道管节工厂化预制为工程背景，介绍大型环状止水带——GINA 止水带的安装工艺，阐述了用于止水带吊装的吊架设计和吊点布置。实际工程中已成功安装了 28 条 GINA 止水带，该工艺安全可靠，具有广阔的推广应用前景。

关键词： 环状止水带；GINA 止水带；安装工艺；吊架设计；扭力检测

0　引　言

港珠澳大桥岛隧工程沉管隧道全长 5990 m，采用两孔一管廊的结构形式，截面尺寸为宽 37.95 m，高 11.4 m，由 33 节管节组成，分批在沉管预制厂进行预制。利用拖轮浮运管节至安装现场，进行水下对接，预先安装好的 GINA 止水带经压接达到止水效果。GINA 止水带是沉管隧道管节接头密封防水及安全的重要屏障，属于一次舾装的关键工序。为保证管节的预制进度及沉管沉放安装质量，项目部设计研发了一套大型环状止水带的安装技术[1]。

1　概　述

管节完成混凝土浇筑，整体顶推至浅坞区，完成一次舾装件、端封门安装后进行 GINA 止水带的安装。GINA 止水带安装在管节端面的 A 型端钢壳上，安装采用螺栓压板夹紧其两侧翼缘固定[2]。单条止水带长度约为 91.5 m，重约为 9.3 t。止水带按每个管节接头的尺寸在厂家定制，整体环状供应到现场。GINA 止水带安装涉及起重作业、高空作业等，安全风险较大[3]。螺栓压板的结构图见图 1。

---

* 本文曾刊登于《中国港湾建设》2016 年第 7 期。

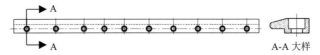

图 1 螺栓压板结构图

GINA 止水带按照先底板、后侧墙、最后顶板的顺序进行安装。止水带安装完成后，及时按设计要求安装保护罩，并直到管节沉放对接作业前拆除。GINA 止水带安装流程图见图 2。

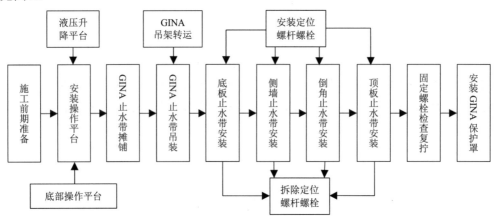

图 2 GINA 止水带安装流程图

2 吊架设计

GINA 止水带采用多点起吊方案。根据 GINA 止水带的重量设置吊点间距，对吊架主吊点位置进行计算，同时保证吊架的强度及刚度满足设计规范要求。吊点间距为 1.5 m，采用 5 t 吊带配 2 t 的板链葫芦进行吊装，吊架采用三角桁架形式，倒立使用。GINA 止水带吊装示意图见图 3。

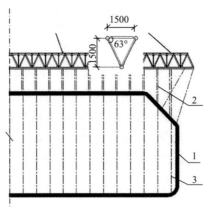

图 3 GINA 止水带吊装示意图
1：GINA 止水带；2：第一载重吊带；3：第二载重吊带

GINA 止水带吊架根据现有材料焊接制作，主要材料为 $\phi200$ mm 钢管，加强角钢及钢板使用施工现场废料。

3 GINA 止水带安装

3.1 摊　铺

GINA 止水带开箱验收合格后，采用平板拖车转运到安装现场，首先对止水带进行摊铺。止水带摊铺是为了把止水带的底板、侧墙、顶板等各部分摊铺开，便于确定吊点挂钩，防止止水带重叠影响整体吊装。

先将 GINA 止水带从平板拖车整体吊运至管节顶面靠 GINA 端，然后清理地面，并铺上彩条布或者土工布，然后将 GINA 止水带从箱内取出放在地面，按顺序铺平，复核 GINA 止水带各边尺寸，最后按分中原则用粉笔划分出 1/2、1/4、1/8 的标记，同时在端钢壳上也划出对应的标记。

3.2 吊　装

GINA 止水带摊铺完成后，根据 GINA 止水带标识，将吊架吊运至 GINA 止水带上部，在吊架上每隔 1.5 m 安装多个第一固定吊带和第二固定吊带，并将第一载重吊带通过板链葫芦与第一固定吊带连接，第二固定吊带同时作第二载重吊带使用。

第一载重吊带和第二载重吊带安装完成后，将第一载重吊带分别连接止水带顶边和上倒角的吊点，第二载重吊带连接止水带底边的吊点。

为避免吊带受力过于集中，损坏 GINA 止水带的鼻尖，在 GINA 止水带鼻尖垫上橡胶块进行保护[4]。

3.3 螺栓压板安装

GINA 止水带起吊后，调节每根吊带上的板链葫芦，将 GINA 止水带调平，然后吊运至安装位置前方进行定位。

在 GINA 止水带吊装前，先在底板、顶板的下部、上部倒角的内侧及底板的下部，每隔 1 块压板拧入 2 根水平调节螺栓，将压板固定。GINA 止水带吊运到端钢壳前方后，可顺利滑入定位压板内，见图 4。

港珠澳大桥岛隧工程论文集　卷Ⅱ

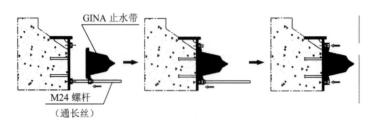

图 4　压板安装流程图

GINA 止水带进入定位压板后，同步调整螺栓，使压板推向 GINA 止水带向端钢壳方向移动，在 GINA 止水带的移动过程中，应注意止水带与螺栓离开一定的距离，以免损坏 GINA 止水带。GINA 止水带在压板的顶推作用下，与端钢壳接触后，调整位置压紧调节螺栓，然后安装压板上的其他内六角螺钉，使压板固定 GINA 止水带。顶部压板安装完成后，拧出调节螺栓，在原调节螺栓处安装内六角固定螺钉[4,5]。

3.4　安　装　顺　序

将 GINA 止水带的底部 1/2 标记对准端钢壳上的相应标记后，用压板将 GINA 止水带固定，同时将左右两端对准标记固定，将 GINA 止水带底部分为左右两部分。继续按照中分原则，将 GINA 止水带对准端钢壳的标记后，用压板固定，完成底部 GINA 止水带的安装。

底板处 GINA 止水带固定完成后，将侧墙 GINA 止水带 1/2 位置标记对准端钢壳对应标记，用压板固定，然后用分中的方法按顺序固定侧墙 GINA 止水带。同样采用中分原则，安装上倒角和顶板的压板。压板安装顺序示意图见图 5[2]。

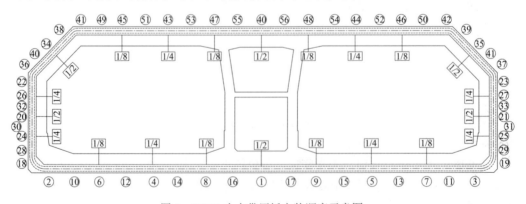

图 5　GINA 止水带压板安装顺序示意图

GINA 止水带安装时，内六角圆柱头螺钉的初拧预紧力为 320 kN，初拧 24 h 后对螺栓进行复拧，并用扭电扳手进行逐个检验[5]。

3.5 保护罩安装

GINA 止水带安装完成后，分块安装 GINA 止水带保护罩，见图6。

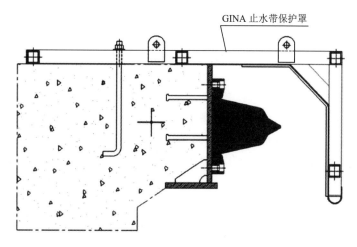

图6 GINA 止水带保护罩安装示意图

4 结 语

从现场 GINA 止水带安装施工情况看，均能按计划在 10 h 内完成压板安装及螺栓初拧施工，其安装精度、安装质量、施工工期及施工安全等均能满足工厂化流水施工的快速生产需要。在港珠澳大桥沉管隧道沉管预制中已成功完成 28 条 GINA 止水带安装，施工工艺也得到了不断的提升和改进，具有广阔的推广应用前景。

参 考 文 献

[1] 林巍，刘晓东. 沉管隧道曲线段管节水力压接 GINA 不均匀压缩分析[J]. 中国港湾建设，2016，36(4)：51-53，76.

[2] 中交公路规划设计院有限公司. 港珠澳大桥主体工程岛隧工程施工图设计：管节接头、节段接头施工图[Z]. 北京：中交公路规划设计院有限公司，2012.

[3] 刘正根，黄宏伟. 沉管隧道 GINA 止水带性能评估与安全预警[J]. 地下空间与工程学报，2009，5(2)：347-353.

[4] 胡指南，杨鹏，单超，等. 沉管隧道 GINA 止水带结构形式对比研究[J]. 隧道建设，2014，34(10)：937-943.

[5] TRELLEBORG. 港珠澳大桥岛隧工程施工手册[Z]. 2012.

管节接头 OMEGA 止水带安装工艺[*]

周建民，唐永波，魏　杰

（上海振华重工（集团）股份有限公司，上海）

摘　要：为确保沉管接头 OMEGA 止水带水密质量及 120 年使用寿命，根据港珠澳大桥岛隧工程技术标准及沉管接头 OMEGA 止水带的施工要求，制定了一套适合的工艺方案，本文详细叙述了 OMEGA 止水带的安装步骤及注意事项，对类似工程具有一定的参考价值。

关键词：沉管隧道；管节接头；OMEGA 止水带；安装工艺

0　引　言

港洙澳大桥岛隧工程沉管隧道穿越珠江口广州、深圳西部港区出海主航道，共有 33 个管节，自西（珠海）向东（香港）依次编号为 E1～E33。

沉管管节依次沉放就位后，需进行管节接头 OMEGA 止水带安装。由于两沉管之间采用 OMEGA 止水带柔性连接，为便于现场施工，确保水密效果，结合本工程设计要求及工程特点，制定了管节接头 OMEGA 止水带安装专项施工方案。

1　概　述

管节接头 OMEGA 止水带是接头防水的第二道防线，整个工程共有 34 条管节接头

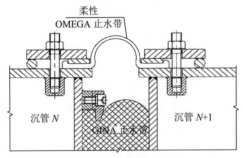

图 1　OMEGA 止水带安装示意图

---

* 本文曾刊登于《中国港湾建设》2016 年第 7 期。

OMEGA 止水带，每条止水带理论长度为 89.084 m。OMEGA 止水带安装在节段接头内侧的止水带预埋件上，采用压条、压块及螺栓安装固定[1]，如图 1 所示。

2 施工难点及解决措施

2.1 管节错位引起的安装偏差

由于管节安装误差造成转角部位两侧存在错位，在安装过程中只能保证一侧转角对齐，另一侧无法安装到位，存在错位现象。

解决措施：在安装过程中尽可能将大 OMEGA 止水带转角与管节转角对齐，若错位较大，无法满足两转角同时对齐的情况，则必须保证一侧对齐，然后在满足设计及验收标准的前提下，适当加大此转角部位压板螺栓的预紧力，确保止水带与端钢壳压接紧密[2,3]。

2.2 端钢壳及预埋件偏差

由于端钢壳制作和预埋偏差，压板在安装时出现部分间隙超标现象，OMEGA 止水带水密试验效果将受到影响。

解决措施：现场测量压板尺寸，对不合格的进行更换，确保间隙满足设计要求，若偏差较大，压板无法替换，则定制加长压板。

2.3 OMEGA 止水带螺栓施拧

止水带螺栓的施拧和检验通过电动扳手初拧，液压扳手终拧，扭力扳手报验的方法进行。由于 OMEGA 止水带本身材质存在较大弹性，螺栓在终拧后仍无法达到设计要求的扭矩值，即仍小于设计扭矩值。

以 1 块压板为例进行问题说明。根据设计扭矩，将液压扳手调整好，参照压板螺栓编号从 A→E 依次施拧并达到设计扭矩值，如图 2 所示。施拧结束后，对此压板螺栓进行扭矩检验时，发现个别螺栓扭矩小于设计扭矩值。针对此情况，将扭矩值适当调高，按上述同样顺序施拧，检验时仍发现个别螺栓扭矩小于设计值。

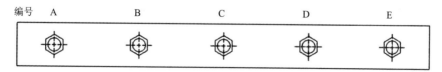

图 2 压板螺栓编号

解决措施：采取压板螺栓对称施拧方法，即施拧顺序为 A、E、B、D、C，螺栓施拧完毕采用扭力扳手进行扭力报验，扭矩均满足设计要求。目前均采用此顺序进行螺栓施拧作业。

2.4　OMEGA 止水带硫化

OMEGA 止水带是沉管止水的重要保障，其耐久性要求达到 120 年，因此对接头硫化的工艺要求非常严格。

解决措施：为了满足止水带使用寿命要求，对止水带接头硫化工艺进行严格控制，主要控制硫化温度、硫化压力和硫化时间，并邀请止水带厂家现场监督指导。

硫化结束后必须对接头质量进行严格检验，检查接头处是否平整，有无烧焦、碳化现象等。

3　止水带的安装

止水带的安装工序包括：止水带的存储→止水带的运输→搭设脚手架平台→止水带开箱检验→预埋件清理检查→压板的分类及清理→安装 OMEGA 止水带→止水带接驳→整体水密试验。

3.1　止水带的存储

1）低温搬运时应避免其扭曲。

2）应避免阳光照射或带有紫外线的人工光线照射，安装前应有覆盖物遮蔽止水带。

3）应置于气密性良好的地方，避免暴露于流通空气中。

4）不得接触有机溶剂、油脂等材料。

5）不应受到张拉、压缩或其他外力导致变形。

6）表面若有污物，严禁采用砂纸、尖锐物、有机溶剂清理表面，可采用清水结合软刷或硬刷清理橡胶表面。

3.2　止水带的运输

1）包装木箱吊运时必须采用多点起吊，防止木箱变形损坏止水带。

2）木箱吊运前应检查完好状况，如有因开箱检查造成的木箱破损应将钢钉等尖锐物去除。

3）运输过程中应采取固定措施，防止止水带滑落。

3.3　搭设脚手架平台

OMEGA 止水带沿管节接头内部四周分布，顶板离底板的高度为 8.4 m，必须搭设脚手架操作平台方可施工。同时考虑管内工序交叉作业频繁，脚手架搭设时须在管廊中留出临时通道，尺寸约为：5 m（长）×4.5 m（高），以便管内材料及设备的运输。

3.4　止水带开箱检验

止水带开箱检验时，查看止水带外观有无损伤，对外形尺寸进行测量，确认无误后方可安排下一步工序施工。

3.5　预埋件清理检查

止水带安装前必须对预埋件进行全面清理，用清水将表面冲洗干净，安装前保证表面干燥。表面清理完成后，对预埋件表面防腐涂层进行全面检查，发现破损则根据端钢壳油漆修补工艺进行修复，如图 3 所示，并对每个预埋套筒进行检查及螺栓试拧，确保螺栓能够顺利拧入套筒中。

图 3　端钢壳表面补涂油漆

3.6　压板的分类及清理

根据图纸要求将临时存储的压板进行分类和清理，若发现压板存在油漆损坏情况，提前进行油漆修复。

3.7　OMEGA 止水带安装

止水带铺开前需清洁作业场地，注意对止水带的保护，避免泥砂黏附到止水带上影响安装质量。

止水带从沉管顶部开始安装，先安装止水带转角位置，再安装止水带中间部位，最后安装止水带转角处与中部之间的中点部位，方向依次为：转角→1/2→1/4→1/8→1/16，如图 4 所示。

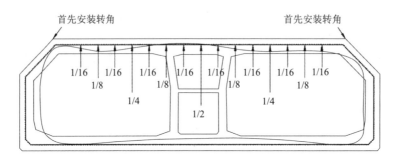

图 4　OMEGA 止水带安装顺序

按同样的方法依次安装左右上斜边、侧面墙身、左右下斜边、底板区域的 OMEGA 止水带。

3.8　止水带接驳

OMEGA 止水带接头接驳前，需将止水带周边清理干净，地面铺设干净的土工布或者彩条布，防止止水带及接头受到污染，影响接驳质量。

止水带按要求摊铺就位，量准止水带接头的对接位置，切除多余的止水带，采用砂轮机打磨接头两端各 15 cm 区域，同时将止水带内侧一层橡胶去除，之后放入专用接头硫化模具中，拧紧螺栓将止水带接头压紧，打开电源进行接头加热硫化，如图 5 所示。

图 5　OMEGA 止水带硫化接驳

接头加热硫化时间约为 5 h。在加热过程中，必须不断收紧模具的螺栓，使 OMEGA 止水带压紧，模具加热到设定温度并持续约 1.5 h 后才能开始自然降温，降至常温后方可进行拆模。

3.9　整体水密试验

OMEGA 止水带整体水密试验采用专用的水密性实验设备进行。施工前检查管节预埋水管状况及阀件，确保与实验设备的水管良好对接，同时将水密试验所需的电动扳手、水泵等准备到位。

按照设计要求进行水密试验。首先将试验压力值调至 0.1 MPa，保压 30 min，观察是否有异常情况，然后将压力调升至 0.2 MPa，再进行观察，最后将压力调到设计图纸要求 0.25 MPa，保压 120 min，无一处渗漏现象则试验合格。

4　结　语

通过对管节接头 OMEGA 止水带安装工艺的研究和不断优化，目前已成功完成了 20 个管节接头 OMEGA 止水带的安装工作。工程实践证明，本工艺方案安全性高，节约成本，效果显著，对以后类似工程有一定的借鉴作用。

参 考 文 献

[1]　中交公路规划设计院有限公司. 港珠澳大桥主体工程岛隧工程施工图设计：管节接头、节段接头施工图[Z]. 北京：中交公路规划设计院有限公司，2013.

大型沉管隧道端封门安装工艺及其优化

黄文慧，张文森，黄跃龙

（中交四航局第二工程有限公司，广州）

摘　要： 本文通过对港珠澳大桥大型沉管隧道可循环周转端封门的安装工艺、方法和质量控制要点等进行介绍，并总结了端封门施工过程的遇到的难点及其工艺优化，为后续同类工程的施工提供参考。

关键词： 沉管隧道；端封门安装；质量控制；工艺优化

1　工　程　概　况

港珠澳大桥沉管隧道穿越珠江口广州、深圳西部港区的出海主航道，共有 33 个管节，自西向东依次编号为 E1～E33，沉管管节安装顺序为：先由西人工岛暗埋段至 E29 管节，最长距离约为 5.3 km；再由东人工岛暗埋段至 E30 管节，最长距离约为 0.75 km。每个管节宽度 37.95 m，高度 11.40 m，标准节段长 180 m，由 8 个 22.5 m 的小节段组成，每个标准节段约 8 万 t（图 1）。

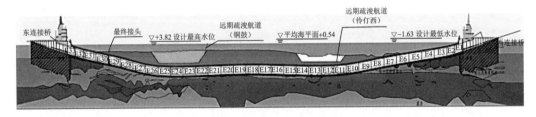

图 1　管节施工区域划分示意图

端封门是实现暗埋段、管节接头封闭水密的临时辅助安装设施，主要部件包括钢封门、钢梁、钢梁牛腿、外侧牛腿、密封贴板等构件，单套端封门重达 255 t，布置见图 2、图 3。为了降低漏水风险，端封门采用焊接方式，通过密封贴板将钢封门之间及钢封门与预埋件之间焊接水密。管节沉放最深达 44 m，此时钢封门需承受最大水压力约为 1.4 万 t，它的安全可靠是沉管浮运、沉放安全的重要保障。港珠澳大桥岛隧工程沉管共有 68 处需设置端封门，且沉管预制厂采用流水线施工，故沉管端封门的大型构件均设置为可重复使用，在工程进度及成本节约方面取得了较大效益。

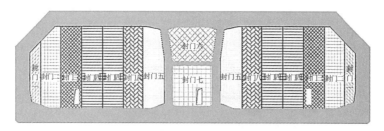

图 2 沉管端封门布置示意图

图 3 沉管端封门现场示意图

2 施工工艺流程

端封门安装工艺流程见图 4。

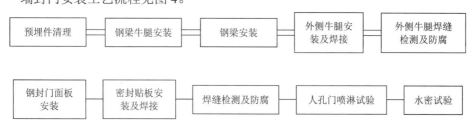

图 4 端封门安装工艺流程图

2.1 钢梁牛腿安装

钢梁牛腿安装前先将钢梁牛腿预埋件表面清理干净，确保钢梁牛腿能紧贴预埋件表面，有利于力的传递。顶板钢梁牛腿最重为 653 kg，加工专用托架利用拱杆原理吊装钢梁牛腿。塔式起重机起吊托架，托架配重的一端设置一条缆风绳用于控制钢梁牛腿位置与预埋件初步对位。使用登高设备将施工人员提升至钢梁牛腿下方，利用钎杆辅助将钢梁牛腿螺栓孔与预埋件精确对位，随即安装所有螺栓并施加一定预紧力，使钢梁牛腿固定在预埋件上,然后卸下托架与钢梁牛腿之间的固定螺丝,缓慢放下托架,进行下一个钢梁牛腿吊装作业(图5)。

图5　钢梁牛腿安装示意图

2.2　钢 梁 安 装

钢梁根据长度不同分为6个类型。单根钢梁最大长度为8.3 m,最大重量为5.71 t。钢梁垂直安装在管节廊道及车道的端面,上下有两个支点,顶部为钢梁牛腿,底部为现浇枕梁。将钢梁垂直吊起,移至管节端口前面,与端口齐平。在上下支点各配置两个手拉葫芦与钢梁连接,通过收紧下支点的手拉葫芦先将钢梁下端定位,再收紧上支点的手拉葫芦将钢梁初步安装到位。然后在钢梁牛腿、枕梁预埋件及钢梁底部安装螺栓将钢梁固定并微调进行精确定位(图6)。

图6　钢梁安装示意图

2.3　外侧牛腿安装

端封门外侧牛腿沿廊道及车道四周分布，采用分段加工，现场安装焊接成环的施工方法，外侧牛腿安装采用从下到上的施工顺序（图7）。

图 7　外侧牛腿安装示意图

外侧牛腿安装前先将预埋件表面清理干净。经测量，取同一廊道的钢梁外表面最突出的点的坐标为基准坐标放出外侧牛腿的外边线，以保证外侧牛腿安装后，钢梁外表面不超过外侧牛腿外边线形成的垂直面。使用塔吊将外侧牛腿分段按底板、侧墙、顶板的顺序吊装到位，在内部配置两个手拉葫芦进行辅助安装。外侧牛腿按已放样的外边线初步装到位后，测量人员进行监测，使用 10 t 千斤顶将外侧牛腿逐段精调到位。然后沿廊道及车道四周预埋件与外侧牛腿接触面的内外侧进行满焊，焊缝高度 20 mm，焊缝应做磁粉探伤检测确保质量。

2.4　钢封门安装

根据管节的廊道及车道截面尺寸，沿水平方向划分为 16 件钢封门，钢封门单块重量最大为 4 t，尺寸为 2.2 m×8.36 m。先使用移动塔吊将钢封门吊运至管节端口外侧，在钢梁上下两端各安装 1 台手拉葫芦与钢封门连接，先拉紧钢封门下端手拉葫芦，使钢封门下端紧靠钢梁，在钢封门底部两侧边缘衬垫两块厚 20 mm 的钢块用作支点，再拉紧上端手拉葫芦，使钢封门整体紧靠钢梁，使用 10 t 千斤顶对钢封门平面的左右位置及高度方向进行精确调整，完成定位后将钢封门与钢梁通过拉杆对拉固定，螺栓预紧力不小于 25 kN。钢封门固定牢靠后再解除手拉葫芦及塔式起重机，拆除垫块，完成钢封门安装（图 8）。

图 8 钢封门安装示意图

2.5 密封贴板安装

钢封门之间设置一道宽为 100 mm 的平贴板，钢封门与外侧牛腿预埋件之间为 140 mm×140 mm 的 L 形圆弧板，厚度均为 6 mm。后期根据钢封门的焊接次数进行密封贴板的尺寸调整，避免钢封门钢板材质出现碳化和疲劳。

在钢封门外侧使用升降液压平台，采用从下到上的顺序人工辅助安装圆弧板，待圆弧板安装完成后再安装平贴板，均点焊固定在钢封门上。在密封贴板的两侧边缘与钢封门、外侧牛腿预埋件接触的位置采用从上到下的顺序进行满焊，焊缝高度 6 mm，焊缝应做 100%磁粉探伤和气密试验保证水密性（图 9）。

图 9 密封贴板安装示意图

3　端封门安装质量控制要点

1）端封门所有安装螺栓必须达到设计要求的预紧力；

2）安装钢梁时，需保证安装钢封门一侧在同一竖平面内，平面误差应不小于 5 mm；

3）钢梁应通过下部高度调节螺栓调节上下安装高度及垂直度，确保垂直度误差不大于 5 mm；

4）外侧牛腿焊接过程中，应采用间断、对称焊接等可靠的技术措施，严格控制焊接变形，必要时设置临时限位支撑，确保其变形在允许范围内；

5）外侧牛腿焊接过程中应采取措施降低焊接温度对混凝土结构的不利影响；

6）外侧牛腿及密封贴板焊缝质量必须满足焊接等级和缺陷检验标准，所有焊缝必须进行外观检查，不得有裂纹、夹渣、未填满弧坑等缺陷，外侧牛腿及密封贴板焊缝必须经过 100%磁粉探伤，密封贴板加测气密试验，确保焊缝水密；

7）外侧牛腿分段之间的对接焊缝必须进行超声波全熔透检测（MUT）；

8）预紧拉杆安装时，拉杆位置应尽量均布，预紧力应逐步均匀施加；

9）为保证端封门的水密效果及力的传递，钢构件间的间隙需塞垫钢垫板；

10）端封门安装完成后所有外露受海水浸泡的钢结构及焊缝表面必须按设计要求进行防腐涂装处理；

11）所有需要重复使用的钢梁、钢梁牛腿及钢封门均应编号并配对使用。

4　工　艺　优　化

超大断面端封门的应用在国内尚属首例，在本工程伊始对于端封门的实体结构稳定性及水密性的研究仍处于探索阶段，本文将第一批次端封门的安装过程中出现的问题及时向设计方反馈，并进行记录及总结。有时为提高施工质量、降低施工难度或方便工人操作，我们会根据现场施工经验向设计方提出具体有效的优化意见，经设计方审核批复后方以实施，以达到施工引导设计，设计指导施工的目的。本工程沉管端封门的工艺优化主要有以下几点。

4.1　增加钢梁牛腿抗剪键

第一批管节（E1、E2）的钢梁牛腿最重为 962 kg，单个牛腿后安装 8.8 级高强螺栓 M39 多达 24 个，钢梁牛腿依靠螺栓的预紧力与预埋件之间产生的摩擦为钢梁提供抗剪力。从第二批管节（E3、E4）开始，钢梁牛腿预埋件前端预留抗剪槽及在钢梁牛腿前端挡板增加突出的抗剪键，与预留的抗剪槽配对，更有效地为钢梁提供抗剪力。而钢梁牛腿最重为 652 kg，单个牛腿后安装螺栓变更为 4.8 级的普通 M36 螺栓，螺栓数量减少为 12 个，此设计变更降低了现场施工难度，提高了施工效率，也使钢梁牛腿的稳定性大幅增加。为保险起见，钢梁牛腿的后安装螺栓均为一次性使用，故此设计变更节省了约 50 万元的材料成本。

4.2　取消端封门密封橡胶圈，优化外侧牛腿预埋件

最初的端封门设计有两道防水线，第一道为封门门板外侧密封贴板焊缝防水，第二道为封门门板内部橡胶圈紧贴钢梁及外侧牛腿外表面防水，由于第一批管节沉放水位较浅，端封门为第一次安装尚处于测试阶段，安装完成后，浅坞区试水水密效果较差，主要原因有两点：

1）最初外侧牛腿预埋件设计分为沿管节端口并排的前后两圈钢板，一圈为外侧牛腿焊接面，一圈为圆弧贴板焊接面，两圈预埋件独立分开预埋，中间隔着混凝土。外侧牛腿及圆弧贴板焊接过程导致两圈预埋件钢板震动与混凝土脱离了，而按设计要求在钢板底下预留的注浆管有可能因焊接高温烧坏破损，注浆不完全有效。

2）端封门采用橡胶密封条及密封钢板止水结构，由于橡胶密封条与密封钢板的距离较近，在焊接时产生的热量会损坏橡胶密封条，橡胶密封条失效。

最终导致第一道防水线完全失效，同时也证实第二道防水线并不能完全有效止水。经向设计方反馈，并开会讨论，设计方最终同意取消端封门密封橡胶圈，并将外侧牛腿预埋件更改为一体式，端封门依靠密封贴板的焊缝防水。

4.3　改变注浆工艺，提高端封门水密效果

因第一批次管节（E1、E2）端封门钢混结合部位的水密效果较不理想，综合分析原因主要有以下几点。

1）外侧牛腿预埋件的注浆管预埋时未贴紧预埋件底部，注浆起不到应有效果。

2）在外侧牛腿烧焊时局部产生高温将注浆管损坏，无法顺利完成注浆。

3）预埋的注浆管内进水泥浆，注浆管失效。

4）注浆时未稳压或注浆压力未达到设计要求的 0.6 MPa。

5）外侧牛腿预埋件注浆只有单根，且埋在预埋件钢板底下，预埋件钢板经烧焊后与混凝土脱离产生间隙，注浆时无法确认浆液完全填充间隙，从预埋件内部注浆效果无法得到保证。

综上所述，我们转变思维，考虑从内到外无法判别浆液是否完全填充满间隙，故采取从外到内的策略。我们沿着外侧牛腿预埋件内外两侧边缘与混凝土交界的位置凿开 1.5 cm 深×2 cm 宽的矩形小槽，用快干水泥将小槽做成中空的导浆槽，且每隔 1.5 m 沿

导浆槽安装 10 cm 长的铝管注浆管，这样从预埋件其中一个注浆口开始注浆，钢混结合部的间隙充满浆液时，相邻的注浆管会冒浆，然后将冒浆的管头封闭，继续注浆直至完成一圈外侧牛腿预埋件注浆。这种注浆方式能将浆液从预埋件钢板与混凝土交界的边缘渗入到钢板内部，且从外部可直观判别浆液流动的走势。结果证明，在第 2 批管节（E3、E4）及后续管节水密试验时，端封门的钢混结合部滴水不漏，新的注浆方式取得的水密效果非常明显。

4.4 调整密封贴板尺寸

当端封门仅依靠密封贴板的焊缝防水，焊缝的质量显得尤为重要。因此，为减少密封贴板在重复使用的钢封门同一位置焊接时，因封门钢板材质碳化、硬度等问题导致产生焊缝焊接质量问题，经设计确认决定在每一批次循环使用时均匀增大密封贴板的宽度。在端封门重复使用时，平贴板的焊接位置可以左右调整，避免在同位置焊接，但需保证贴板边缘距两块封门面板边缘距离不小于 30 mm。

5 结 语

在港珠澳大桥岛隧工程沉管一次舾装过程中，通过现场的实际操作与逐步积累的施工经验，围绕大型沉管端封门的水密性与结构安全两大重要因素，对端封门的施工工艺及遇到的问题进一步探究与优化，过程中积极与设计方进行合理有效的沟通，达到施工引导设计，设计指导施工的目的，不断提高施工效率与安全质量。港珠澳大桥岛隧工程沉管端封门的相关工艺优化措施及技术管理思路值得后续同类工程参考。

超大型沉管预制构件质量管理*

梁杰忠，陈刚强

（中交四航局第二工程有限公司，广州）

摘　要：本文以港珠澳大桥岛隧工程沉管预制为工程实例，针对工程 120 年使用年限特点，从建立质量管理制度、严把人员和材料入场关、全过程全方位的质量管控流程、投入精良的机械设备、以活动和竞赛促质量提升等方面进行质量管控，保证了沉管预制施工质量，可为类似工程质量管理提供借鉴经验。

关键词：港珠澳大桥；沉管；预制；质量管理

0　引　言

港珠澳大桥岛隧工程沉管预制厂采用我国首例工厂法进行沉管节段的流水线生产，不仅要满足管节 120 年使用寿命的质量要求，更受流水线生产不可逆性的约束，任何一道生产环节出现质量问题都会导致整条流水线的瘫痪。本文就目前进行的沉管预制施工质量管理中人、料、机等方面进行相关分析。

1　建立完善的质量管理制度

要做好质量控制，首先要有一个完善的质量管理制度体系[1]。在沉管预制筹备阶段，项目部就根据港珠澳大桥管理局、岛隧项目总经理部对沉管预制的施工要求，编制了 20 项质量管理制度。为了强化质量管理制度的执行力，项目部专门制作了工序质量验收项目清单，定期组织项目管理人员学习，要求验收时对照清单逐项检查，所有项目均验收合格后方允许进入下一道工序施工。为了进一步提升沉管预制施工质量，项目部针对关键工序制订了 14 项驻停点验收制度，要求项目管理人员严格执行。项目部制定了班前会检查制度，项目管理人员每日对班组召开的班前会、班后会进行检查，并按要求做好记录，对做得不到位的班组通报批评并进行相应处罚。项目部针对施工质量实行了挂牌验

＊本文曾刊登于《中国港湾建设》2015 年第 7 期。

收制度，要求班组、工程部、质检部三方每日对关键工序严格按照要求进行逐项检查，并真实填写检查记录。

2 严把人员和材料入场关

人是质量管理体系运转的核心，抓住人就抓住了质量管理的根源[2]。项目部一开始就严把进场人员管理关，一方面对项目工程管理人员精挑细选，选拔专业素质高、综合能力强、执行效率高的员工组成项目管理团队；另一方面，项目部优选施工协作队伍，确保作业人员具备应有的业务素质和工作经验，进场后对人员进行系统的教育培训，培训合格后才允许上岗。有了精兵强将，还要有高质量、合格的原材料，才能从源头上保证工程质量。项目部对原材料供应商的选择，采取实地考察、取样检测的手段，综合比对后再慎重决策。对检测周期较长的材料，项目部委托第三方提前到生产厂家取样检测；对每次进场数量大、卸货周期长的材料，项目部在卸完第一车就及时取样并快速检测，合格后才允许继续卸货，避免卸货完毕才检测的被动局面。

3 全过程全方位质量管控

高品质的产品，不是检测出来的，而是精心生产出来的。项目部实行专人负责、专业管理、专班施工的"三专过程管理"，制定了质量问题"跟踪销项制度"，对质量问题和隐患及时公布，并下发整改通知单给作业班组，明确整改要求和完成期限。流水生产线上的所有作业人员，牢固树立"对下道工序负责、使下游员工满意"的理念。在每一道工序完工时，相邻两道工序的班组长、技术员、质检员联合组成自检小组，让下道工序的责任人参与质量检查，赋予其"一票否决权"。自检小组成员完成每个步骤的检查都需签字确认，自检合格后再交付监理验收。通过多方参与的"全方位质检"，确保所有数据达到要求、所有责任人签署"施工令"，下道工序才能开始施工，这就是沉管预制厂工序开工的"唯令是从制"（冷制度）。为此，"令"制度在流水线上被充分运用，项目部还实行卸货令、开工令、顶推令、浇筑令，每一个指令就是一道关卡，将管理管控关口前移，将质量问题消灭在萌芽状态，所有"令"环环把关，从原材料进场、钢筋加工，到钢筋笼绑扎、混凝土浇筑、一次舾装，每一个环节都要经过双重验收，必须等验收合格签署相关命令后才能进行下道工序。

4 投入精良的机械设备

用毫米级的精度来制造庞然大物，从钢筋进入车间剪切开始就不能放松。钢筋加工采用了最先进的数控生产线[3]，这在国内还属首例，加工出来的产品误差不超过 2 mm。这不仅需要精密的仪器设备，更需要工人的精心操作。同样，其他工序也是精益求精地控制，以保证沉管 120 年的使用寿命。

为保证混凝土 120 年寿命的耐久性要求，在每一节段 3300 多米³ 混凝土一次性全断面浇筑的同时，必须控制好混凝土的入模温度。为了全面控制混凝土的入模温度，项目部攻关组多拳出击，除了提高各种设备的控制精度外，还在模板上安装了精确的测温监测系统，如图 1 所示。

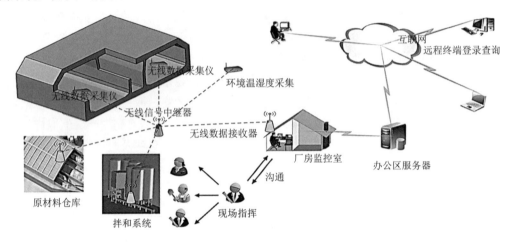

图 1　测温监测系统

通过网络进行全方位的监测；在混凝土拌和时采用冰块冰水拌和降温处理；在混凝土浇筑结构断面内设置冷风机，降低模板内振捣工人作业环境温度；振捣作业全部采用国外进口振捣棒进行振捣，以此提升混凝土振捣质量。通过各种方法全力提升沉管结构混凝土施工的耐久性要求，用技术和设备保障了质量。

依托于工厂化预制的有利条件，不用再考虑混凝土防风和防晒问题，养护的重点主要体现在对节段混凝土硬化过程中温度及湿度的控制。项目部开发设计混凝土专用养护系统，用于控制节段养护环境的温度、湿度，以保证沉管混凝土的养护效果达到温度控制指标要求。养护系统集温湿度监测、报警及自行调节环境温湿度功能于一体，通过采用自动喷雾养护棚保证环境湿度在控制范围以内，根据季节不同采取保温和散热的综合措施，保证混凝土内表温差及气温与混凝土表面的温差在控制范围内。

5　竞赛等活动促质量提升

全员参与、群策群力，是质量管理的重要原则之一。项目部采取灵活多样的管理措施，成立了农民工夜校，定期组织农民工进行教育培训学习，通过牛头岛讲坛宣传质量管理，推广质量管理中做得好的方面，引导班组互相学习、互相提高。项目部还展开各种质量检查、劳动竞赛、QC 活动、金点子工程、技术质量攻关等活动,激发全体员工参与质量管理的积极性[4]。首先,"以培训促质量",通过开展农民工教育培训,全面提升农民工的操作技能和质量意识,从源头上提升施工质量。其次"以检查促质量",加强质量检查频率和力度,及时整改闭合总结,稳步提升质量管理。再次"以奖罚促质量",通过开展"节点战役劳动竞赛""班组评比",对预防措施到位、质量管控优秀的团队和班组予以奖励;对管理不当、质量较差的予以惩罚。然后"以活动促质量",根据不同沉管节段预制过程中的不足,采取"领导带头、全员参与"的方针,开展针对性的 QC 小组活动,如"质量通病预防和治理""混凝土振捣优化""管道压浆优化"活动等。最后"以典型促质量",在各项竞赛和评比中,不断选取质量典型,组织各班组观摩学习,加强示范效应,提升沉管预制整体质量水平。

6 结　语

本文提出了沉管预制质量管理中的一些具体做法,通过这些做法,有效保证了沉管预制的施工质量,下一阶段将在施工过程中进一步通过精细化质量管理,提升沉管预制施工质量。

参 考 文 献

[1]　崔菊荣. 建筑工程项目中的建筑质量管理探析[J]. 中国建筑金属结构,2013,(4):149.

[2]　孟凡利,刘亚平. 从人机料法环测分析重大工程项目的质量控制[J]. 中国港湾建设,2014,(1):75-79.

[3]　杨绍斌,张洪. 自动化钢筋加工生产线在港珠澳大桥沉管预制中的运用[J]. 中国港湾建设,2013,(3):66-70.

[4]　李建英. 如何有效提升建筑工程施工技术管理水平[J]. 现代物业:中旬刊,2011,(8):66-67.

超大型沉管预制厂设备管理要点

王晓东，赵国臻

（中交四航局第二工程有限公司，广州）

摘　要： 以港珠澳大桥岛隧工程沉管预制厂为工程实例，工程设备种类多、数量大、结构复杂和工作任务繁重。本文从内业资料、关键重点设备、备件采购、维修保养4个方面进行设备管理要点论述，保证了设备的高效安全运转，可为类似工程的设备管理提供借鉴经验。

关键词： 内业资料；关键重点设备；备件采购；维修保养

0 引　　言

21世纪，机械设备技术突飞猛进，分别朝着大型化、集成化、机电一体化的方向发展[1]。设备是施工企业重要的生产资料，是提高施工企业效能的基本条件和保证，特别在当前竞争越来越激烈的背景下，施工企业更应该做好设备管理，确保设备性能稳定和良好运转，实现设备对施工的支撑，进而确保施工企业任务和目标的达成[2]。岛隧项目部为一座大型沉管隧道预制厂，即是大型的施工项目，又是一个流水线工厂，具有施工工地现场和大型工厂的双重特点。本文就沉管预制厂设备管理现状，介绍设备管理工作中的一些认识和体会。

1 概　　述

港珠澳大桥岛隧工程沉管隧道预制采用工厂法预制，是国内首例、世界第二例。单节沉管长180 m，宽37.95 m，高11.40 m，管节体积庞大，重达8万t。施工流程包括钢筋加工、钢筋绑扎、钢筋笼顶推、模板安装、混凝土浇筑、管节顶推、一次舾装、灌水横移、二次舾装等，施工工序较多。机械设备的布置具有以下特点。

1）机械设备种类多，施工工序多，每一个工序都需要各种设备配合。既有常规施工使用的钢筋加工设备、起重设备、混凝土设备等，又有工厂法管节预制特有的钢筋笼顶推设备、管节顶推设备和系泊索系统等。

2）机械设备型号多，同一类设备包含型号较多。如卷扬机一项，按最大牵引力分有 50 kN、150 kN、250 kN、750 kN 四类，而这其中某一类又有单双滚筒之分、是否具有恒张力之分等。

3）设备集成化程度高，自动化高，控制系统复杂。如管节顶推系统，192 个支撑千斤顶、128 个顶推千斤顶、4 套侧导向千斤顶和 16 台顶推油泵及其他附件的实时信息全部集成于一台总控制台上，整套顶推系统靠总控制柜控制其工作。

4）进口设备较多，配件采购周期长。预制厂包括进口于美国、德国、日本和荷兰等国的机械设备，设备配件采购程序复杂，进货周期长[3]。

5）专业设备多，施工经验少。如钢筋笼顶推设备、管节顶推设备、模板液压系统为国内首次使用此类设备，相关施工经验较少（表 1）。

6）标准化管理程度高。预制厂实施 7S 管理（整理、整顿、清洁、清扫、安全、素养、节约）机制，机械设备管理不再局限于传统的满足施工要求即可，同时要保证机械设备整洁，同项目部标准化管理相匹配。

表 1　沉管预制厂主要施工设备数量一览表

序号	设备种类	计算单位	数量	序号	设备种类	计算单位	数量
1	金属加工设备	台	100	6	混凝土机械	台	166
2	起重设备	台	51	7	液压成套设备	套	11
3	输送设备	台	9	8	发电设备	台	5
4	泵	台	23	9	流动设备	台	18
5	气体压缩机	台	5	10	风机	台	24

注：设备分类参考《固定资产分类与代码》（GBT 14885—1994）。

2　内业资料管理

内业资料管理主要分两部分，设备技术档案和设备体系档案。

设备技术档案和各方面技术数据是否健全，直接影响着对设备的管理、使用、维修。保证技术档案健全的唯一方法是完善设备进场资料的验收制度，编制详细的进场资料验收表。

进场资料验收需注意以下几点：①必须包含详细的电气控制图，特别是 PLC 的接线图；②必须包含关键机构的装配图；③必须包含易损件清单并配详细型号；④特种设备有产品合格证，其他设备的关键机构有产品合格证。

同时，技术档案的有效整合和合理归档是提高工作效率的有效保证。技术档案以"一机一档""一套一档""一类一档"为准则进行立卷归档，即大型机械设备按单台设备、套式设备按单套、中小型机械设备按作业功能分类按单类逐一立卷归档（图 1）。

图1　各类设备技术档案

设备体系档案主要是指在公司规章制度下必须完备的资料，也可以称之为流程管理文件资料。设备管理的一系列流程制度是前人经过几十年的辛勤探索摸索出来的，按照流程开展设备管理，既可以防止出错，又可以提高工作效率。

一整套机械设备体系档案必须包含以下资料：《设备运转保养记录表》（做到一机一表）、《设备修理表》（分为常规维修和大型维修）、《机械设备台账》（每月更新）、《特种设备检查报告》、《钢丝绳检查记录表》（针对有钢丝绳的设备）、《设备安全控制登记表》（设备进退场验收用）。另外，为了加强管理，及时总结发现问题，还可设立设备周检、月检制度，并根据检查结果编写《设备检查报告》。

设备内业管理是制定规章制度、检修计划和分析设备安全状态的首要资料。因此，设备内业管理是设备管理的一项重要基础工作，是达到对各类设备监控的一种有效手段[1]。资料的完善可以提高工作效率，如一次 30 t 桅杆吊发生电气故障无法动作，由于当时设备进场资料验收制度不完善，缺失设备的 PLC 接线图，电气故障用了整整一天时间才找到排除。

3　备件采购管理

在设备管理中，备件采购管理是一项烦琐且易出差错的工作[4]。设备备件品种多，资金占用大，应做到计划准确，储备合理，管理先进。备件采购需做到，在满足正常生产基础上，减少备件储备和资金占有。

港珠澳大桥沉管预制厂地处孤岛，进货全部依靠船只，受天气影响较大，进货时间受限，增加了机械设备的备品配件管理难度。为保证孤岛条件下机械设备备件充足且储备合理，需做好以下几点工作。

1）编制《设备修理台账》，重点包括更换配件数量及相关配件库存量，同时，根据同一设备同一故障维修周期合理进行配件采购。

2）记录每一项配件计划时间和进货时间，按配件的供货周期，将配件分为三天内、一周内、半月内和一月或更长到货四类。

3）制定《设备备件计划管理制度》《设备备件仓库管理制度》《设备备件入库、保管、发放管理制度》等相应的规章制度，作为备件管理工作的标准。

4）编制《机械设备备件汇总表》，按其重要性、易损程度、消耗情况及国产化替代的难易性等分 A、B、C 三类，每周更新其库存量。将消耗量大、易损的备件，如油封、皮带等定为 A 类；将更换较为频繁的成品件类，如电机、限位开关等作为 B 类；将其余的消耗量不大、使用周期相对较长的备件归于 C 类[4]。

5）加强零备件供应的预测性研究，根据历年备件的消耗情况，制定合理的备件计划，避免盲目订货造成积压和浪费[4]。

6）对进口设备的设备配件力求国产化，合作国内生产厂家生产替代配件，寻找具有相同尺寸规格性能的国产配件，依靠各方的力量进行设备配件的国产化。

做好备件统计工作，力求做到管理有制度、计划有依据、储备有标准、资金有控制，使备件采购管理规范化[4]。做好进口备件的供应和管理工作，对降低成本、保证设备正常运行生产有着很重要的意义。

4 维修保养管理

维修保养是设备管理的重要组成部分，是保证设备正常运行的重要工作。传统的维修主要包括：设备的日常维修和保养、计划检修和抢修[4]。随着设备向集成化、机电一体化发展，传统的方式已难以适应，需要一种科学先进的管理方式，提倡维修以预防为主，由定期维修转为预防性维修。

预防性维修为在计划检修的基础上，以预防为主，加入保证措施，主要从以下几个方面做起。

1）岗位日常巡检。制定严格的巡检制度考核细则及巡检记录表，当日值班人员在日常巡检中做到有章可循，杜绝只巡不检、潦草应付的现象，发现异常及时修理；实行交接班记录制度，交接班之前必须对机械设备进行完整的检查，发现问题及时处理，防止设备带病作业；依据设备相关管理档案及交接记录，制定内容上切实可行的维修计划。

2）设备专业点检。利用人的感官，以一定的原则和技术标准为基础，对设备进行全面、细致、实时、动态的检查，并将检测结果汇总，用于指导设备维修。

3）设备工作环境管理。设备有自己的最佳工作环境，设备的润滑及周围环境都属于设备的工作环境。因此，保证设备工作环境良好是提高和巩固设备完好状态的重要因素，也是生产过程中不可缺少的重要环节。

不管维修理论和维修技术如何发展，预防维修是维修工作的基本原则，只有千方百计做好预防维修工作，才能最大限度地减少设备故障，减少计划外停机时间，节约维修费用，提高设备利用率。

5　关键重点设备管理

关键重点设备具有以下几大特点：①自动化程度高，技术先进；②施工关键工序的必备设备；③唯一性，损坏之后无替代设备。关键重点设备的管理是确保正常施工生产的重要保障。管理好关键重点设备，从以下两方面开展工作。

1）建立、健全设备技术档案。对于关键重点设备，除了保证常规设备管理的体系资料完备外，还应建立详细的设备备件清单，记录设备的使用和故障情况，建立更加翔实的档案制度，为管理与维修提供必要的信息。

2）做好关键重点设备的现场管理。保证关键重点设备正常运行，还必须做好设备的使用管理、维护管理和润滑管理等。对关键重点设备实行专人管理，减少人为劣化，减少因缺乏保养而造成的停机。另外，还需将关键重点设备技术资料与操作规程悬挂于现场，实行定期检查、定期监测。操作人员必须严格遵守设备的操作使用和维护规程，坚持设备巡检交接责任制。

除此之外，设备管理人员要做到"四到现场"，即设备管理到现场；设备检查到现场；设备工作协调到现场；设备问题处理到现场[4]。与此同时，建立全员生产保养体系，提高员工素质与设备效率，使管理体制不断完善。只有将这些先进的管理思想整合到现场管理中，才能保证设备的清洁、保证作业的规范化，保证生产的顺利进行。

6　结　语

内业资料为备件采购和维修保养工作提供技术支持，完善的备件采购模式为维修保养提供强有力的保障，而维修保养工作的经验又可以完善内业资料，提高管理水平，三者相辅相成，组成了设备管理的三驾马车。关键设备管理就如马车里面的贵重物品，保证贵重物品完好无损，就必须做好内业、备件及维修保养[5]。如预制厂内用于粉料卸货的粉料卸船机只有一台，属于关键重点设备。进场资料完备，易损件清单完整。在维修保养过程中不断完善易损件清单，并不断更新粉料卸船机的修理台账。在连续两次同一个故障（相似位置螺栓断裂）后，对照修理台账及设备资料，合理判断故障原因为螺栓达到其疲劳强度。而该螺栓在易损件清单里，仓库库存量充足，将原有螺栓全部更换。粉料卸船机故障解除，恢复了生产。易损件清单为备件采购提供了技术支持，才使得在螺栓断裂时仓库有库存，没有影响现场生产。维修保养过程及时更新的修理台账完善了易损件清单。因此可见，设备管理过程中，做好内业资料、备件采购和维修管理的每一个环节，才能更好地为施工生产作保障，发挥机械设备的最大价值。

随着施工先进技术和大型装备制造业的发展，施工项目逐渐向"大型化、工厂化、标准化、装配化"发展，所使用的各式机械设备的种类和数量也逐渐增加，这对新时代下施工项目的设备管理提出了新的要求。设备管理者必须不断更新思想观念，不断创新管理方法和手段，采用现代设备管理理念，持续提高设备管理水平，创造更大的经济效益。

参 考 文 献

[1] 郭和玉. 创新起重设备管理提升物流竞争优势[J]. 铁路采购与物流，2009，4(7)：63-64.

[2] 黄静安. 施工企业机械设备管理探索[J]. 硅谷，2013，(18)：137-138.

[3] 韩廷印. 港口机械设备管理探讨[J]. 机械研究与应用，2011，(4)：159-161.

[4] 孙静平. 大型企业的设备管理与设备维修管理[J]. 大型铸锻件，2005，(2)：40-42.

[5] 梁杰忠，陈刚强. 超大型沉管预制构件质量管理[J]. 中国港湾建设，2015，35(7)：131-133.

高压柴油发电机组在港珠澳大桥施工中的应用及风险分析*

刘 超，邓 敏，李 阳

（中交二航局第二工程有限公司，重庆）

摘 要： 港珠澳大桥沉管预制厂分为沉管预制生产区、办公区、生活区、管内小型预制构件生产区，属特大型预制构件厂，地域广阔，点多面广线长。社会网电无法到达预制厂，为此采用 5 台 1600 kW 柴油发电机组作为全厂的生产生活用电。本文主要介绍 1600 kW 柴油发电机组的应用与风险分析。可为类似工程提供参考。

关键词： 港珠澳大桥；高压柴油发电机组；生产；风险分析

0 引 言

电力作为交通工程建设施工的主要能源，工程建设初期或者网电无法到达的地方需要依靠柴油发电机组提供电力保障。柴油发电机组的容量大，持续供电时间长，可独立运行，不受电网的影响，可靠性高。因此柴油发电机在工程施工中得到广泛应用[1]。

1 工 程 概 况

港珠澳大桥沉管预制厂位于珠海桂山镇牛头岛，地处海洋孤岛环境，网电未能到达，相邻岛屿桂山岛居民生活用电由小型发电站提供，无法满足沉管预制厂的生产生活用电。

沉管预制厂包含沉管预制生产区、生活办公区、管内小型预制构件生产区，属特大型预制构件厂，地域广阔，点多面广线长，且生产任务重，混凝土生产总方量约 90 余万 m³，钢筋转运制作总量约 20 余万 t。因此沉管预制厂的电力需求特点为：供电线路长，使用区域点多面广，用电负荷重，负荷波动大，对供电的可靠性要求高。如在沉管预制混凝土浇筑过程中出现电力供应中断，后果不堪设想。依据沉管预制厂的电力需求特点，从 2011 年底沉管预制厂开始建设 10.5 kV 高压供电站，同时建设高压电输变配设

---

* 本文曾刊登于《中国港湾建设》2016 年第 7 期。

施。高压供电站由 5 台 1600 kW 高压发电机组组成，依据线路负荷自动并机工作，根据作业区域用电需求，配置了 8 套箱式变压器、2 台机房变压器、2 台开关柜。2012 年 1 月高压供电站及输变配已建成投入使用。

2　预制厂用电负荷及分布情况

沉管预制厂用电设备主要包括混凝土设备、钢筋加工设备、特种设备、模板、沉管顶推设备及一次二次舾装设备等。用电负荷见表 1，供电分布见图 1。

表 1　预制厂用电负荷表

供电区域	设备名称	数量	额定总功率/kW
搅拌站区	搅拌站	4 台	1 385
	冰机冷水机	2 套	800
生产线区	模板	2 套	786
	顶推	2 套	600
	钢筋加工机械	2 套	520
	吊架及特种设备	2 套	900
深坞蓄水区	大型水泵	8 台	1 760
	坞区卷扬机	10 台	250
粉料码头	沉管试验室设备	1 套	510
	粉料卸船设备	1 套	160
生活办公区	生活设施	1 套	1 076
二次舾装区	舾装设备	1 套	280
件杂码头	桅杆吊及其他	2 台	410
高压供电站区域	发电机房用电设备	1 套	380

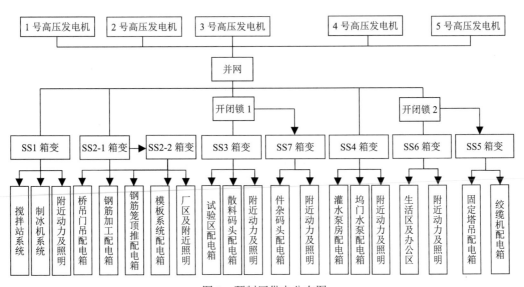

图 1　预制厂供电分布图

3　高低压供电比选

低压发电机组作为备用和应急电源，在工业和工程项目中应用较多。高压发电机组主要用于网电未到达的边远地区，如孤岛、荒漠地区。高低压供电比选如下。

1）功率一定时，电压越高，电流越小，因此在相同功率条件下，低压发电机组的电流大（均为高压机组的 26 倍），在多台机组并机运行时，低压机组电流很大，而汇流母排的容量是有限的，导致汇流母排的设计更为复杂。高压发电机电流小，即使是多台并机运行，汇流母排的设计也非常简单[2]。

2）预制厂占地面积广，从发电机房至各箱变最远距离约 2 km，电站发出的电需用输电线路输送出去，由于输电线路是有电阻的，且输电线越长，电阻越大。当电流通过输电线时就会产生热，一部分电能转化成内能而损失掉。由焦耳定律：$Q=I^2Rt$ 知，在输电时间一定的情况下，电流产生的热量与输电线中电流的平方成正比，与输电线的电阻成正比。要想减小电能损耗，一是减小输电线的电阻，二是减小输电线中的电流强度。在输电线的电阻不能改变的情况下，采取减小电流的方法可以明显降低电能的损耗，如果把电流减小到原来的 1/2，损失的电能就降为原来的 1/4。根据 $P=UI$ 可知，当电功率一定时，电压升高，可以减小电流强度，因此，实际输送电能时可采用高压输电的方法来减小输电线中的电流强度，从而减少输电过程中电能的损耗。因此，高电压线路传输电能较低电压线路损耗小、传输距离长。在输送一定功率及输送距离一定的前提下，电压越高，电流越小，其优点是可以减小电线截面积，节约有色金属，且可减小线路中的功率损失和电压损失。

3）采用高压柴油发电机组，当高压系统发生短路时，短路电流要比低压发电机组系统短路电流小很多，所以一旦发生短路，低压系统产生的后果或危害要大得多。

4）低压柴油机组较高压柴油机组配电电压等级低，需要布置大量的母线槽，且低压机组能够并机运行的台数有限，需要设置多个低压电源转换装置等。

5）高压机组供电因电压高，绝缘等级较低压电要求高很多，防护级别也高。

6）高压系统可有效减小电压波动，而低压系统中升压变压器局部放电是常有现象，导致变压器绝缘劣化，存有安全隐患。

4　高压系统的选型与布局

4.1　高压发电机组选型

经多方调研，从技术、经济及稳定性方面综合考虑，选择深圳沃尔奔达提供的

VPM2000G/10 型发电机组。该发电机组精选日本三菱发动机、广州英格发电机、捷克科迈品牌控制器。机组具有起动快、承受突加负荷能力强、故障率低、运行可靠等特点，节能环保，性价比高，整个系统具备无社会网电或者社会网电停电情况下能在 10～15 s 内自动启动并接载用电负荷。发电机组并联应急供电操作简单，自带主输出电缆，需要并联供电的发电机组将主电缆引至供电母线处连接，各并联发电机组之间由机组自带信号电缆相互连接即完成供电准备工作，快捷高效[3]。发电机组比较见表 2。

表 2　发电机组比较

名称		日本三菱	国产	其他进口发动机	评价
机组及系统性能对比		机组性能等级为 G3，电源输出稳定，突加减负载频率恢复时间为 3 s、电压恢复时 4 s。并机采用的无差调整方式，不需任何调整。全部为进口配件	国产性能等级一般为 G1，电源输出极其不稳定，突加减负载频率恢复时间为 5 s、电压恢复时间 7 s。并机采用有差调整。全部为国产配件	机组性能等级 G2，频率、电压恢复时间满足 G2 标准。并机采用的无差调整方式，不需任何调整。全部为进口配件	国内大功率多台机组发动机基本上都是使用进口发动机。国产机组性能基本上都不能满足国家 G2 标准。国产高压并机系统及监控系统基本上没有经验
环保要求		基本上无"三漏"现象	国产机组，运行不到 500 h 需进行维护保养	基本上无"三漏"现象	进口机组对环境的保护高于国产机组
其他		启动容易迅速，自动化程度高，可做无人值守自启动，配件供应周期相对其他进口机短	机组为气启动，启动时间长启动困难；故障率高，国产机体积大，重量重	启动容易迅速，自动化程度高，但是配件供应周期长	进口发动机启动迅速，保护功能强。三菱机组体积小，维修时间相对比其他进口机短
价格		同类型的机组三菱机组价格相对于国产机组价格高 2%，但要低于其他进口发电机组			

4.2　高压发电机组布局

发电机房内设 5 台 10.5 kV 柴油发电机，10 kV 抽屉式开关柜 12 台，10 kV/0.4 kV-500 kVA 变压器 2 台，抽屉式低压柜 9 台，低压电容补偿柜 2 台，110 V-120 Ah 直流屏 1 套，供整个预制厂用电。

5　高压供电站运行管控

5.1　管控组织体系运营管理

建立以项目领导为供电站站长的管理组织体系，建立供电站成员岗位责任制并进行详细职责分工。

建立了《发电站巡查制度》《大负荷用电设备启动停止申请签认制度》《发电站值班制度》《发电站运行情况登记制度》《供电设备设施定期巡查巡检制度》等多项制度，制度落实情况以书面形式进行登记签认。机房设置视频监控系统，对高压发电机组、机房、油库等设备设施进行实时监控。

发电机生产厂家负责设备运行的维护保养及技术支持，设备操作员通过专业培训，严格按作业流程进行操作。非工作人员严禁入内，如需进入机房需登记签认，并进行安全交底。发电机运行时，工作人员每 2 h 在运行日志上记录发电机运行数据及整个发电站的运行情况。发电机组保养严格按设备生产厂家的标准进行，定期更换三滤及机油等。每周对机组进行全面检查，机组的发电机与发动机检查同时进行。发现问题，及时整改。

5.2　电力输变配设备设施运行管理

每月由专业的高压电工对全部高压电设备设施进行全方位巡查并记录。每季度进行 1 次全部电力设备设施测试检查，检查测试各系统的接地电阻及绝缘电阻是否在规范以内。每年由电力输变配设备生产厂家对全系统进行检查检测，及时更换检测不合格的部件。对于高压电所用工具，每半年全部换新。

6　高压供电站风险情况及预案

如沉管预制厂高压供电站有 2 台以上机组因故停止运行，整个预制厂就将面临重大供电风险。

6.1　高压供电站故障风险评估

1）沉管预制厂可能全面停产，作为岛隧工程的关键线路，将导致整体工期延后。

2）对其他关键环节的影响：①深坞区内待沉放管节一次、二次舾装工作停止，管节浮运沉放工期受到严重影响；②管内设备、安装船设备维护检修工作将停止，浮运沉放设备保障存在极大隐患；③东人工岛、西人工岛所需钢筋由沉管预制厂集中生产，预制厂断电致使钢筋加工停止，影响人工岛工期。

6.2　沉管预制厂紧急供电应急预案

为避免高压发电机组突发损坏而造成损失，沉管预制厂制定紧急供电应急预案。

1）严格控制高压供电站负荷：①高压发电机组不再为混凝土生产系统供电，仅负责长距离小负荷供电，分别由多台机组单机轮流运行供电；②强化高压供电站管理制度，严格执行机组调度流程。

2）立即组织低压静音电站进场，三用两备，由该低压机组并网组成临时供电站，为混凝土生产系统提供电力保障。低压供电站与高压网络供电系统通过配置的专用转换开关柜给混凝土生产系统供电，使混凝土生产系统实现供电源的唯一性，确保安全用电，并建立低压供电站安全管理及值班制度，确保安全生产用电。

6.3　存在问题及改进建议

1）因沉管预制工期延后，原高压发电站技术服务合同到期，生产厂家不再继续提供技术服务。新技术服务单位的综合实力、新旧技术服务单位工作衔接等均存在风险。主要采取的对策有：①通过认真调研比选，选择专业高压发电机组技术服务单位承担沉管预制厂高压发电机组后续技术服务及维护检修工作；②与原技术服务单位进行协商，适当延长原技术服务合同期限3～4个月，新技术服务单位提前进场，在工区项目部的全程督导下做好技术服务的交接工作。

2）高压发电站选用的是原装进口三菱重工发动机，近年来随着国际形势的变化，三菱重工配件采购周期变长，对发电机组运行存在较大风险。因预制工期延后，高压发电机组运行时间延长，各关键配件均存在损坏的风险。主要对策：①提前3个月以上采购储备发电机组配件，并加大配件储备量；②对关键性配件储备，如增压器总成、高压柴油泵总成等；③如因配件供应不及时造成多台机组不能正常运行，立即启动供电应急预案。

7　结　　语

本文介绍了社会网电无法到达的港珠澳大桥沉管预制厂所使用的高压发电机组组成与并网发电管理，以及在长周期、高强度的以高压发电机组为供电电源时存在的风险问题、当遇到故障时的应急措施与解决方案，可为类似工程施工提供参考。

参 考 文 献

[1]　朱志刚, 邵光明, 张静芳. 高压柴油发电机组在糯扎渡水电站的应用[C]//中国水力发电工程学会电气专业委员会2012年电气学术交流会议论文集, 2012.

[2]　吕洪. 浅谈10 kV发电机组在大型数据中心的应用[J]. 电子世界, 2014, (14)：41-42.

[3]　深圳市沃尔奔达新能源股份有限公司. 港珠澳大桥高压发电站报价文件[Z]. 深圳：深圳市沃尔奔达新能源股份有限公司, 2011.

进口混凝土振捣棒性能对比试验研究*

李誉文，苏怀平，冯茂园

（中交二航局第二工程有限公司，重庆）

摘　要：混凝土施工中的振捣效果直接影响混凝土施工质量。港珠澳大桥沉管预制具有混凝土强度等级高、体积大、结构复杂等特点，且防水和控裂要求极高，在混凝土施工中选择合适的振捣棒尤为重要。本文通过进口振捣棒的性能试验与对比研究，分析其振捣特性，为沉管混凝土施工提供依据，可提高预制沉管的整体质量。

关键词：港珠澳大桥；沉管预制；混凝土；振捣棒

1　工　程　概　况

港珠澳大桥岛隧工程沉管隧道隧道全长 5664 m，共 33 节管节。单个标准管节长 180 m，由 8 个 22.5 m 长的节段组成。混凝土 28 d 强度等级为 C45，56 d 强度等级为 C50，采用全断面浇筑工艺施工，单个节段混凝土方量约 3413 m³。

2　试　　验

2.1　试　验　器　材

试验采用插入式 ZV70 国产振捣棒和 57 型进口振捣棒（IRFU65），技术参数见表 1。

表 1　振捣棒性能参数比较

振捣棒类型	ZV70	IRFU65
振捣棒直径/mm	70	65
质量/kg	31	25.5
棒头长度/mm	555	490

＊本文曾刊登于《中国港湾建设》2016 年第 7 期。

振捣棒类型	ZV70	IRFU65
电压/V	220	220~240
有效振动直径/cm	70	100
振动频率/(次·min⁻¹)	2 850	12 000

2.2 试验过程

1）分别制作尺寸为 200 cm×150 cm×70 cm、200 cm×80 cm×80 cm 的试块模具各 2 个，标记为试块一、试块二及试块三、试块四，其中试块一、试块二为模拟沉管侧墙区域，试块三、试块四为模拟沉管底板中埋式止水带区域。

2）模拟沉管侧墙区域、底板中埋式止水带区域进行试块一、试块二及试块三、试块四钢筋绑扎。

3）混凝土浇筑前对试块振捣位置做好标记。

4）浇筑混凝土并振捣。根据振捣位置，严格按照"快插慢拔"要求依次振捣，其中试块一、试块三采用国产振捣棒振捣，试块二、试块四采用进口振捣棒振捣。试块一、试块二每个位置净振捣时间为 15 s，试块三、试块四每个位置净振捣时间为 30 s，振捣点位布置见图 1、图 2 中"●"标准位置。

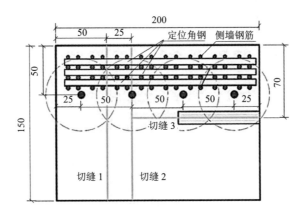

图 1　试块一、试块二切割图（单位：cm）

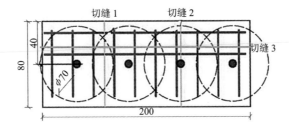

图 2　试块三、试块四切割示意图（单位：cm）

5）达到强度要求后拆除模板，检查试块一、试块二、试块三、试块四的外观质量，进行对比分析。

6）切割试块，对切面进行对比分析，切割线见图1、图2。

3　振捣效果检查

振捣效果检查见表2。

表2　振捣效果检查对比表

项目	位置	描述
15 s的表面振捣效果	试块一表面1	下部中间存在少许蜂窝现象，较大的气孔（>2 mm）约20个
	试块二表面1	中下部中间存在大面积蜂窝，较大的气孔（>2 mm）约50个
15 s的切面振捣效果	试块一切缝2断面	气孔较少，较大的气孔（>2 mm）约15个
	试块二切缝2断面	气孔较多，较大的气孔（2 mm）约40个
30 s的表面振捣效果	试块三表面1	止水带右侧上、下存在明显蜂窝现象，且注浆过程发现止水带有漏浆现象；较大的气孔（>2 mm）约30个
	试块四表面1	无明显蜂窝、漏振现象；较大的气孔（>2 mm）约30个
30 s的切面振捣效果	试块三切缝3断面	气孔较多，较大的气孔（>2 mm）约40个
	试块四切缝3断面	气孔较多，较大的气孔（>2 mm）约45个
振捣点与非振捣点的振捣效果	试块三切缝1断面（非振捣点）	较大的气孔（>2 mm）约40个
	试块三切缝2断面（振捣点）	较大的气孔（>2 mm）约40个
15 s与30 s进口振捣棒的振捣效果	试块二切缝2	较大的气孔（>2 mm）约60个
	试块四切缝2	较大的气孔（>2 mm）约30个
15 s与30 s国产振捣棒的振捣效果	试块一切缝2	较大的气孔（>2 mm）约70个
	试块三切缝2	较大的气孔（>2 mm）约40个

4　试　验　结　果

1）从振捣时间较短（15 s）的对比结果看，进口振捣棒的振捣效果差于国产振捣棒[3]，其原因为国产振捣棒的大振幅在短时间内有优势。

2）从振捣时间较长（30 s）的对比结果看，进口振捣棒的效果稍优于国产振捣棒。从试块三、试块四可以看出，试块三在注浆过程中出现漏浆，说明中埋式止水带周边有不密实的情况，而试块四较为密实，未出现漏浆。因此，施工过程建议布料较厚（上限50 cm）且一次性振捣时应该延长振捣时间至30 s以上。

3）进口振捣棒具有重量轻、频率高、振捣半径大等优势，建议用于接头、倒角等特殊部位。

5 结 语

合理运用进口振捣棒与国产振捣棒的特点，根据管节不同部位合理选用振捣棒，可以大大提高混凝土的整体质量，为港珠澳大桥预制沉管满足 120 年的使用寿命提供重要保障。

超大型沉管管节横移施工工艺*

陈伟彬，刘荣岗，戴双全

（中交四航局第二工程有限公司，广州）

摘　要：管节横移施工是沉管预制阶段的最后一道工序。本文通过对布缆设计、设备选型计算，制定了一套完善的管节横移施工流程和操作方法。实际工程已经成功完成 24 个管节横移施工，该方法施工效率高、易于操作、安全性高、施工成本低。

关键词：沉管隧道；管节；横移；施工工艺

1　工　程　概　况

港珠澳大桥沉管隧道共有预制沉管管节 33 节，其中 E1、E2 管节为 5 个节段，其余为 8 个节段，分 17 次在完成管节的预制、一次舾装、坞内灌水试漏等相关工作后，将管节从浅坞区横移至深坞区寄放[1-3]。

2　施工顺序及施工流程

根据浅坞区的布置特点，管节横移采用从前到后的施工顺序，即先将邻近深坞区的 2 号生产线上的管节横移到深坞区寄放位置，再起浮横移 1 号生产线上的管节。

管节横移在以下两种工况下进行。

1）深坞区内没有管节寄放时：两个管节检漏完成后通过横移绞车将管节横移到深坞区寄放；

2）深坞区已有两个管节寄放时：坞内灌水前，须将低水位管节的系泊索移至高水位缆桩系泊，当坞内水位升高时需适当收紧已系泊管节缆绳，确保已系泊管节位置正确。当坞内灌水到设计标高时，开始对浅坞区管节横移。完成横移作业后，排低坞内水位，将管节在低水位系泊。

---

* 本文曾刊登于《中国港湾建设》2015 年第 11 期。

3 管节横移施工

3.1 管节起浮

3.1.1 坞内水尺设置

浅坞区西南角（即坞墙 B 区、C 区交界处）的两坞墙面各设置 1 个水尺；浅坞钢闸门两端（即坞墙 A 区、B 区）拦水坝各设置 1 个水尺；坞口左右两边靠深坞区侧的坞墩垂直面各设置 1 个水尺。水尺采用我国 1985 国家高程基准，字样采用红底白字。

3.1.2 坞内水位观测

坞内灌水后，在管节起浮前需通过坞内设置的水尺观察坞内水位高度变化，同时检查整个坞内及沉管的渗漏情况。渗漏量较小时，可以开启 1～2 台水泵进行补水，补水量 3960～7920 m^3/h。渗漏严重时则需先堵漏，再进行管节起浮横移施工，以保证管节横移安全。

3.1.3 管节起浮

管节水密性检漏合格后，将横移绞车缆绳带到待起浮管节的缆桩上，其中溜尾缆交叉布置，牵引缆垂直管节平行布置；同时管节两端分别向东西方向与拦水坝缆桩用高强缆绳带紧管节（管节起浮带缆方式示意图如图 1 所示），防止管节起浮过程中漂移。

图 1 管节起浮带缆示意图

管节完成系泊带缆后则开始对管节压载水箱排水，管节压载系统均匀对称地将压载水排出管外，管节随之起浮。管节起浮后，根据管节的平衡状态进行管节调平、干弦高度调整等工作。

在前一管节起浮横移施工时，后一管节保持坐底状态，避免影响前一管节的施工。

3.2 管节横移

3.2.1 管节横移施工

先收紧各横移绞车缆绳，使各缆绳受力均衡，然后将溜尾缆 5 号、6 号绞车转换为恒张力功能，同时采用二档（80 kN）拖住，牵引缆 1 号、2 号绞车同时采用一档以 0.05 m/s 的速度绞缆，使管节向深坞区方向起步横移。当管节发生左右偏移时，可变换溜尾缆 5 号、6 号绞车的恒张力大小进行纠偏。当管节横移平稳后，1 号、2 号绞车可采用二档绞移，速度控制在 0.1 m/s 以内。

管节横移过程中，在管节顶面安装 GPS 接收机，对管节进行实时监测，指挥者根据测量数据变化情况对各横移绞车下达相应指令，对管节进行纠偏操作和横移操作，确保管节在横移过程中其端部距离坞底边坡最小距离不得小于 4.0 m。

管节横移至寄放区后，根据测量数据对管节进行调位，实现准确定位，保证管节的偏移量在 ±0.5 m 内，然后将管节系泊到深坞区高水位缆桩上。系泊采用四点对称布缆，缆绳采用高强纤维绳缆，用带缆艇配合，人工带缆。将牵引缆绳和溜尾缆解除，移至下个管节的管顶上，进行下个管节的横移施工。

3.2.2 深坞区无管节寄存时管节横移施工步骤

第一步：通过 1 号、2 号、5 号、6 号绞车将管节横移约 265 m，到达寄放区指定位置，进行带缆系泊。分别将管节四角缆桩与岸上 H4、H8、H18、H21 缆桩用高强缆连接，采用人工围缆带紧。然后解除 1 号、2 号、5 号、6 号绞车钢丝绳，并用带缆艇将 1 号、2 号、5 号、6 号绞车钢丝绳带到第二管节的缆桩上，进行第二管节横移施工。第二管节起浮前管节两端用高强缆与岸上缆桩 H12、H13 用人工围缆带紧，预防起浮漂移。然后管内压载系统排水，使第二管节起浮，见图 2。

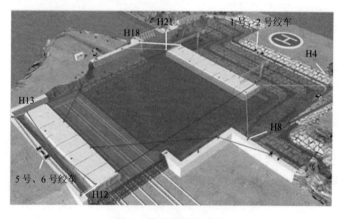

图 2　管节系缆示意图

第二步：管内压载水排完并调平后，1 号、2 号绞车同步收紧缆绳，同时 5 号、6 号绞车转换为恒张力功能，缓慢起动管节横移至寄放区指定位置，然后采用高强缆绳将管节系泊在 H5、H9、H17、H18 高水位缆桩上，见图 3。

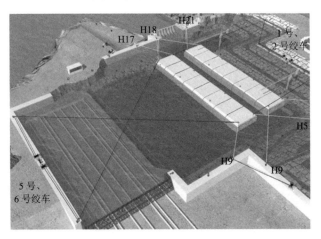

图 3　管节高水位系泊示意图

第三步：坞内排水，管节将随水位同步下降，当深坞区内水位降至与外海同高时，将管节系泊到低水位缆桩上，每个管节采用四点系泊。系缆方式：管节两端采用交叉缆系泊，用人工围桩带紧缆绳，缆绳采用 $\phi40$ mm 高强纤维缆，见图 4。在坞内降水过程中，根据缆绳张紧程度适当调整缆绳长度，防止缆绳受力过大发生断缆。

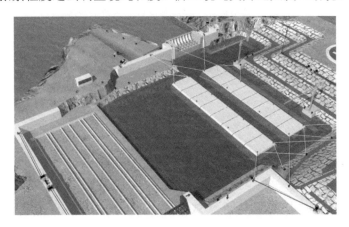

图 4　管节换缆系泊示意图

第四步：管节在低水位系泊后，解除高水位缆绳，完成两管节的横移施工。

3.2.3　深坞区已有两管节寄放时管节横移

在进行坞内灌水前，先将寄放区的管节采用高强缆系泊在高水位缆桩上，然后向坞内灌水，随着坞内水位上升，同时收紧各系泊缆绳，使寄放区的管节位置不发生偏移，水位上升到+15.30 m 后，开始浅坞区的管节横移施工。具体施工方法参照前面两管节的横移施工。

3.3　管节横移测量控制

管节横移、系泊定位采用预制厂内设定的施工坐标系和 1985 国家高程基准。先在深坞区内布置管节系泊位置和移动路线，设定目标坐标点；定位时在管节顶面采用 2 台 Trimble R5 GPS 移动接收机跟踪目标点，指导管节移位和管节系泊定位。

管节横移前，先在管节顶面确定对应点，架设 GPS 接收机，输入目标点坐标，接收陆地基站传来的信号捕捉目标点。点位布置如图 5 所示。

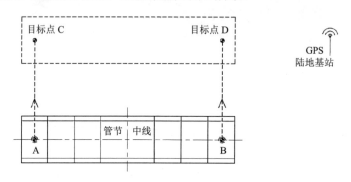

图 5　管节横移、寄放测量点位布置示意图

4　设备选型计算

4.1　受力计算

4.1.1　管节在坞内横移时拖带力计算

管节在坞内横移时拖带力按以下公式计算：

$$F = A V_{\mathrm{w}} \left(\frac{V}{2g} \right) K \tag{1}$$

$$A = \alpha(T + \delta) \tag{2}$$

式中，F——拖带力标准值，kN；

　　　A——受水阻力面积，m²；

V_W——水的重度，kN/m³，本工程取 10.025 kN/m³；

α——吃水宽度，m，本工程取 180 m；

T——吃水深度，m，本工程取 11.37 m；

δ——涌水高度，m，通常取 0.6 倍航程中可能出现的波高 H，本工程由于受风浪影响较小，可取 $\delta = 0$；

V——对水流的相对速度，m/s，取 0.1 m/s；

K——挡水形状系数，对矩形 K 取 1。

管节横移相对水流速度为 0.1 m/s，则管节横移拖带力为

$$F = 180 \times 11.37 \times 10.025 \times \left(\frac{0.1}{2 \times 9.8} \right) \times 1 = 104.6 \text{ kN} \qquad (3)$$

4.1.2　溜尾缆张力及作用效果计算

管节横移前方采用 2 台卷扬机缆绳垂直管节平行牵引，后方采用 2 台恒张力卷扬机缆绳溜尾，溜尾缆交叉布置作为管节方向控制和保证管节及时制动，溜尾缆与管节纵向角度最小为 4.2°（管节启动时），最大角度为 57.3°（管节移到位后）。

溜尾缆在第 1 节管牵引到位时对牵引方向制动作用最大，对第 4 节管制动作用最小，这时溜尾缆与管节纵向角度为 35.9°。选择溜尾缆以保证第 4 节管牵引到位时能得到有效制动为准。

设管节以额定速度 0.1 m/s 前行，最快制动时间选为 70 s，制动时前行距离 3.5 m，管节完全止住，可计算出需克服的惯性力为 $F = 112.56$ kN，则要求单根溜尾缆恒张力为

$$F_0 = F / (2 \sin 35.9°) = 96 \text{ kN} \qquad (4)$$

4.2　卷扬机及缆绳选择

4.2.1　后方溜尾卷扬机

根据以上计算分析，后方溜尾卷扬机选为恒张力卷扬机 2 台，其性能为：卷扬机转换为恒张力功能时恒张力为 100 kN，即当缆绳受力大于 100 kN 时滚筒出缆，出绳速度 0.1 m/s；当缆绳受力小于 100 kN 时滚筒收缆。卷扬机转换为非恒张力功能时，卷扬机额定拉力为 150 kN，满足管节调位克服惯性力和水阻力要求 $F = (131.2 + 10.7) \div 2 \div \sin 35.9° = 121$ kN，绳速 0.1 m/s。

刹车制动力 300 kN，以满足应急制动要求。

钢丝绳直径 ϕ32 mm，破断力 645 kN，安全系数 $n = 645/150 = 4.3$。

容绳量 500 m，以满足管节牵引长度要求。

4.2.2 前方牵引卷扬机

前方牵引卷扬机选择 2 台 250 kN 电控慢速卷扬机，卷扬机额定拉力为 250 kN，满足管节横移到位调节牵引力最大要求 F=309.5 kN÷2=154.75 kN，绳速 0.1 m/s。

刹车制动力 320 kN，以满足应急制动要求。

钢丝绳直径 ϕ40 mm，破断力 1010 kN，安全系数 n=1010/250=4.0。

容绳量 500 m，以满足管节牵引长度要求。

4.2.3 系泊缆绳

系泊缆选用 ϕ40 mm 高强纤维绳缆，破断力 974 kN，400 kN 拉力时伸长 4.5%～4.6%，满足系泊力要求 F=131.3 kN，安全系数 n=974/131.2=7.4。

5 管节横移质量保证措施

1）管节横移过程中，必须对管节平面位置进行实时监测，确保管节不发生过大偏移。

2）管节横移过程中，必须实时观测坞内水位，防止水位下降造成管节搁浅。

3）管节横移绞拖采用"先松后紧"或恒张力溜尾的绞拖方式，以减少管节横移过程中拉力超载现象。

4）管节换缆、系泊时必须先系新增缆绳，再逐个解除绞车的缆绳，确保管节安全。

5）管节系泊时必须留有足够的富余长度，防止潮位变化拉断缆绳。

6）管节系泊缆富余长度不得过长，以免发生管节碰撞情况。

6 结 语

港珠澳大桥岛隧工程于 2015 年 4 月 18 日、19 日完成了 E19、E20 管节横移，从 E1～E20 管节横移情况看，均能按计划一次性完成施工，并且满足安全、质量要求，取得了较大成功，为管节的出坞施工创造了条件[4]，为后续管节横移积累了宝贵经验。

参 考 文 献

[1] 中交公路规划设计院有限公司. 港珠澳大桥主体工程岛隧工程施工图设计：沉管隧道[Z]. 北京：中交公路规划设计院有限公司，2011.

[2] 中交公路规划设计院有限公司. 港珠澳大桥主体工程岛隧工程施工图设计：沉管预制厂[Z]. 北京：中交公路规划设计院有限公司，2011.

[3] 宁进进，丁宇诚. 超大型沉管出坞施工及控制方法[J]. 中国港湾建设，2014，(7)：54-55，58.

[4] 中华人民共和国国家质量监督检验检疫总局. 中国国家标准化管理委员会. 一般用途钢丝绳：GB/T 20118—2006 [S]. 北京：中国标准出版社，2006.

运用"点—线—面—体"探究支撑体系及转换的应用

高纪兵，王晓东

（中交四航局第二工程有限公司，广州）

摘　要： 本文以港珠澳大桥岛隧工程沉管隧道管节的工厂化制作为工程背景，对预制厂不同的支撑体系及转换进行介绍，以"点—线—面—体"为切入点综合分析，概况性地总结其内在的联系。"点—线—面—体"支撑体系研究方法具有一定的应用前景，可为相关施工提供合理有效的研究思路。

关键词： 点—线—面—体；支撑体系；体系转换；研究方法

0　引　言

"点动成线，线动成面，面动成体"是几何学中经典的极限思想。而工程学中诸多施工技术是建立在极限思想中的有限运用中。民间艺人可以利用绑着脚上的两根长木跷行走自如，滑雪运动员可以利用两根雪橇在雪地上健步如飞。长木跷和雪橇代替了脚，如果把长木跷当作点，雪橇当作线，则雪橇可以当作有限多个长木跷汇集而成。行进中的民间艺人是否可以更换雪橇当作代步工作，飞驰中的滑雪运动员是否可以更换长木跷当作行进工具？答案是肯定的，经过一定的训练是肯定可以完成的，这充分体现了"点"支撑体系到"线"支撑体系的转换。施工现场同一施工对象在不同的施工流程采用不同的支撑方法，这些方法可以用"点线面体"之间相互转换的思想来进行探究。本文就以港珠澳大桥岛隧工程沉管预制厂为探究对象，介绍沉管从钢筋笼至漂浮于水上用到的各式体系转换方式，以此来总结"点线面体"理论在支撑体系转换中的应用。

1　概　述

港珠澳大桥岛隧工程沉管隧道预制采用工厂法预制，是国内首例、世界第二例。单条沉管隧道长 180 m，宽 37.95 m，高 11.40 m，管节体积庞大，重达 8 万 t[1]。预制厂设置预制车间及浅坞区、深坞区,深坞区与浅坞区并行,深坞区兼做存放和舾装区。设置两条生产线,每条生产线主要包括:3个钢筋笼绑扎台座、1个混凝土浇筑台座、1套固定底模、1套钢筋笼台架、1套内模、1套侧模形成流水作业。

管节工程预制总体流程为:每个节段钢筋笼在底板、侧墙和顶板3个绑扎台座完成绑扎,顶推至浇筑台座进行浇筑,向前顶推22.5 m,空出浇筑台座,下一节段与顶出的节段匹配预制。如此逐段顶推,直至完成管节全部节段浇筑,整体顶推至浅坞区进行临时预应力索张拉形成整体,完成一次舾装,然后关闭浅坞门和深坞门,深坞区与浅坞区灌水,管节起浮后移至深坞区,进行二次舾装,最后打开深坞门浮运至沉放现场。沉管预制厂平面示意图见图1。

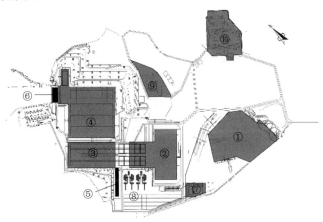

图1　沉管预制厂平面示意图[5]
①码头区;②预制区;③浅坞区;④深坞区;⑤滑移门;
⑥浮坞门;⑦试验区;⑧搅拌站;⑨办公区;⑩生活区

2　支撑体系研究

2.1　沉管预制厂支撑体系概述

以管节预制过程和深浅坞门启闭为主要研究对象,对沉管预制厂支撑体系做简单介绍。

1)钢筋笼支撑体系:绑扎完成后的钢筋笼支撑底部的14条滑移方钢上,顶板钢筋受力通过钢筋台架传递到滑移方钢上。依靠滑移方钢支撑。

2)浇筑过程钢筋笼及管节成品支撑体系:浇筑过程整个钢筋笼依靠整套液压模板系统支撑,浇筑完成后的成品同样依靠模板系统支撑。依靠液压模板支撑[2]。

3)顶推过程管节成品支撑体系:管节预制完成后,向前顶推。顶推过程中,管节成品依靠预先安装于4条滑移轨道上支撑千斤顶支撑。依靠多个千斤顶进行支撑。

4）浅坞区管节支撑体系：管节整体顶推至浅坞区，需临时寄存并完成一次舾装作业，依靠 384 个楔形支撑支撑。依靠多个楔形支撑进行支撑。

5）深坞区管节支撑体系：管节一次舾装完成后，深坞区与浅坞区灌水，管节起浮，横移至深坞区进行寄存。依靠自身空腔的特性在水中产生浮力来支撑。

6）浅坞门支撑体系：浅坞门在滑移轨道上移动，支撑于 26 个坦克轮上。深坞区与浅坞区灌水作业时，浅坞门支撑于两条滑移轨道上。

7）深坞门支撑体系：深坞门需利用自身体积产生的浮力使其在坞口区和寄存区进行漂浮移动。而其在坞口区和寄存区放置都依靠水平地基进行支撑。

可将上述支撑体系进行分类，有多种分类方式。按照支撑构件来分，可分为活动支撑构件（如滑移方钢、坦克轮）和固定支撑构件（如水平地基、楔形支撑）；按照支撑力的介质来源来分，可分为气体（如橡胶气囊）、液体（如支撑千斤顶、浮力）和固体（如水平地基）；按照支撑面接触方式来分，可分为点接触、线接触、面接触和体接触四类。本文主要探究"点—线—面—体"接触方式下支撑体系的内在联系（仅考虑被支撑物重力方向支撑，忽略其内部结构的影响）。因此，上述支撑体系可按"点—线—面—体"分类如下。

1）钢筋笼支撑体系：滑移方钢支撑（线支撑体系）。

2）浇筑过程钢筋笼及管节成品支撑体系：液压模板底模支撑（面支撑体系）。

3）顶推过程管节成品支撑体系：千斤顶支撑（点支撑体系）。

4）浅坞区管节支撑体系：楔形支撑支撑（点支撑体系）。

5）深坞区管节支撑体系：自身空腔的特性在水中产生浮力来支撑（体支撑体系）。

6）浅坞门支撑体系：坦克轮支撑（点支撑体系）。

7）浅坞门支撑体系：滑移轨道支撑（线支撑体系）。

8）深坞门支撑体系：自身体积产生的浮力支撑（体支撑体系）。

9）深坞门支撑体系：水平地基（面支撑体系）。

2.2　"点—线—面—体"支撑体系比较

支撑体系可分为三大要素：支撑构件、被支撑物体、接触面。根据沉管预制厂支撑体系，同时结合其他类似工程案例，从三大要素对"点—线—面—体"四类支撑体系作比较，详细见表 1。

表 1　"点—线—面—体"支撑体系比较

名称	点	线	面	体
支撑构件比较	具有承重能力的混凝土墩、机械构件及其衍生品；如桥墩、千斤顶、坦克轮等	具有承重能力的混凝土梁、线形构件及其衍生品；如滑移方钢、长形橡胶气囊	具有承重能力的水平地基、平整钢板面及其衍生品；如地面、液压钢底模	通常为液体；如海水

续表

名称	点	线	面	体
被支撑物比较	被支撑物X、Y两个方向支撑目的相同,通常为仅满足支撑功能	被支撑物通常在X、Y两个方向支撑目的不同,通常某一方向需满足其他功能,例如:钢筋笼滑移方钢需满足移动功能;浅坞门滑移轨道需满足止水功能	被支撑物通常不仅满足于支撑功能,如液压模板满足混凝土浇筑;通常底面变形要求高,如精度要求高的钢结构支撑;通常被支撑物与支撑构件不需要精确对位,如深坞门的水平地基存放	被支撑物具有空腔特性,可以漂浮在液体中。如:船舶、码头沉箱
接触方式	支撑构件在与被支撑物的接触面上X、Y两个方向间隔布置	支撑构件在与被支撑物的接触面上的一个方向全布置,另一个方向间隔布置	可理解为全接触,被支撑物与支撑构件在支撑面进行全面接触	支撑构件与被支撑物的多个表面进行接触

2.3 "点—线—面—体"支撑体系延伸研究

通过对"点—线—面—体"支撑体系分析比较,可知其分类依据取决于支撑构件与被支撑物的接触方式,实际四种体系之间并没有明确的界限,与"点动成线,线动成面,面动成体"理论有相似之处。怎么理解呢?有限多个支撑千斤顶排成一排可理解为线支撑,而同样有限多条滑移方钢整齐排列可理解为"面"支撑。因此,通过运用"点—线—面—体"研究支撑体系可得出以下结论:

1)任何一个陆上被支撑物可以以"面"支撑为切入点,进行"面→线→点"的转换完成整套支撑体系设置。如管节浇筑时底部依靠液压模板支撑,属于"面"支撑体系,实际支撑力传递为液压模板支撑于多个楔形支撑上,楔形支撑布置于混凝土梁上,混凝土梁均匀布置于水平地基上,整套支撑体系涉及点、线、面三种支撑体系,整套体系可概括为"面→线→点→面"。

2)体支撑体系的运用通常为利用物体在液体(或者气体)中所受浮力的原理,飞机和船舶是最经典的应用,可理解为支撑构件(液体或气体)与被支撑物多个表面接触,构建"点→线→面→体"支撑体系研究概念。工程实例中,通常依靠液体较大的浮力运输较大体量的工程构件,如本工程中巨型沉管浮运;沉箱码头施工过程中的沉箱浮运。

3)支撑构件的研究与功能实现相配合。例如:采用滑移方钢在固定轨道上进行移动可实现钢筋笼的移动;利用海水的流动性可轻松地沉管的移动;采用具有转动功能的支撑构件可将预制好的桥梁进行转体。

3 支撑体系转换研究

管节从钢筋笼到混凝土成品及深浅坞门的启闭,各个阶段经历了不同的支撑体系,进行了一系列的支撑体系转换，可将体系转换分为两类：不可逆体系转换和可逆体系转换。

不可逆体系转换：被支撑物体进行支撑体系转换的目的为发生本质改变，被支撑物体在不同的体系中自身的形态会发生巨大改变。

可逆体系转换：被支撑物体进行支撑体系转换的目的为完成某项功能，被支撑物体在不同的体系中自身的形态不会发生改变。

3.1　不可逆体系转换

管节预制的过程实质为从柔性钢筋笼到刚性管节成品，从刚性管节成品再到具有空腔特性"巨型水泥船"。一系列的体系转换中被支撑物体都发生了形态的变化，为不可逆体系转换。共经历以下 4 个阶段的体系转换。

（1）线支撑体系转换成面支撑体系

绑扎成型的钢筋笼主要支撑构件为 14 条滑移方钢，为线支撑体系。整套液压模板支撑钢筋笼，为面支撑体系。

钢筋笼进入模板区后，充气胶囊充气顶升钢筋笼，并退出滑移方钢及活动轨道。之后充气胶囊放气，使钢筋笼下放至底模，然后抽出充气胶囊，完成体系转换工作[3]。以上施工流程为线（滑移方钢）→面（底模）支撑体系。

（2）面支撑体系转换成点支撑体系

钢筋笼在模板区完成混凝土浇筑后，主要支撑构件为模板系统，为面支撑体系。顶推过程中，达到强度的混凝土构件采用支撑千斤顶支撑，为点支撑体系。

钢筋笼在浇筑台座完成混凝土浇筑，整个混凝土构件为模板支撑。待混凝土强度达到要求后，增加相同压力至支撑千斤顶，以满足支撑新浇筑混凝土构件。拆除底模，使混凝土构件整体支撑在具有相同压力的支撑千斤顶上。以上施工流程为面（模板）支撑体系→点（支撑千斤顶）支撑体系，见图2。

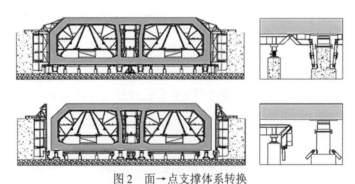

图 2　面→点支撑体系转换

（3）点支撑体系转换成点支撑体系

预制完成的管节在顶推过程采用支撑千斤顶支撑，可抽象为点支撑体系。在顶推至浅坞区后，由具有自锁功能的楔形支撑支撑，可抽象为点支撑体系。

预制完成的一个管节整体顶推至浅坞区，在相对的楔形支撑墩安装楔形支撑，调整横向的锁紧螺栓上升楔形支撑，楔形支撑与管节底面接触良好[4]。采用液压油泵，分四次将支撑千斤顶的压力卸载至零。以上施工流程为点（支撑千斤顶）支撑体系→点（楔形支撑）支撑体系，见图3。

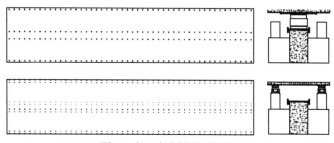

图3　点→点支撑体系转换

（4）点支撑体系转换成体支撑体系

预制完成的管节在浅坞区采用楔形支撑来支撑，可抽象为点支撑体系。管节在深坞区靠浮力支撑，可抽象为体支撑体系。

管节一次舾装完成后，关闭深坞门和浅坞门，整个深浅坞区形成一个封闭止水体。开始深坞区与浅坞区灌水，水位达到指定标高后，排出浅坞区管节内压载水，浅坞区管节起浮，横移至深坞区进行寄存。以上施工流程为点（楔形支撑）支撑体系→体（自身体积）支撑体系。见图4。

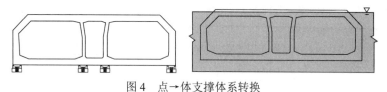

图4　点→体支撑体系转换

3.2　可逆体系转换

深浅坞门启闭目的是完成灌水横移作业，浅坞门和深坞门只是发生了位置的变化。被支撑物体自身形态不发生变化，只为一项功能的实现，为可逆体系转换。

（1）点支撑体系与线支撑体系的相互转换

浅坞门在滑移轨道上采用坦克轮支撑，并可以在轨道上移动，为点支撑体系。钢闸门关闭后，需支撑于两条滑移轨道上，并安装波形止水带，以起到止水作用，为线支撑体系。

浅坞门到达关闭位置，采用液压千斤顶同步顶升浅坞门，拆除坦克轮，液压千斤顶同步下降，钢闸门落于滑移轨道上。钢闸门开启时，采用液压千斤顶同步顶升浅坞门，安装坦克轮，液压千斤顶同步下降，钢闸门落于坦克轮上[5]。以上施工流程为点（坦克轮）支撑体系↔线（滑移轨道）支撑体系。浅坞门启闭施工流程图见图5。

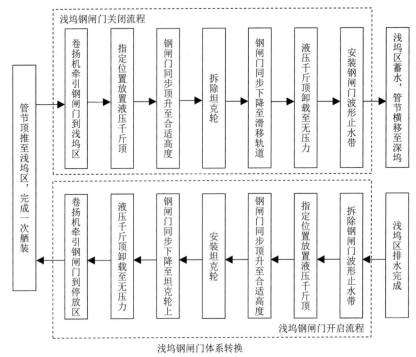

浅坞钢闸门关闭流程

管节顶推至浅坞区，完成一次舾装 → 卷扬机牵引钢闸门到浅坞区 → 指定位置放置液压千斤顶 → 钢闸门同步顶升至合适高度 → 拆除坦克轮 → 钢闸门同步下降至滑移轨道 → 液压千斤顶卸载至无压力 → 安装钢闸门波形止水带 → 浅坞区蓄水，管节横移至深坞

卷扬机牵引钢闸门到停放区 ← 液压千斤顶卸载至无压力 ← 钢闸门同步下降至坦克轮上 ← 安装坦克轮 ← 钢闸门同步顶升至合适高度 ← 指定位置放置液压千斤顶 ← 拆除钢闸门波形止水带 ← 浅坞区排水完成

浅坞钢闸门开启流程

浅坞钢闸门体系转换

图 5 点线支撑体系可逆转换施工流程图

（2）面支撑体系与体支撑体系的相互转换

深坞区在存放区或坞口区采用水平地基支撑，为面支撑体系。深坞门存放区与坞口区之间移动时靠浮力支撑，为体支撑体系。

深坞门关闭时，使用潜水泵排出舱格内压载水使深坞门起浮，通过绞缆系统将深坞门绞移至坞口区，深坞门在坞口区坐底。深坞区与浅坞区完成蓄水横移工作后，开启浮坞门。深坞门开启时，排水深坞门起浮，通过绞缆系统绞移至寄存区，在寄存区坐底存放。以上施工流程为面（水平地基）支撑体系↔体（自身体积）支撑体系，见图6。

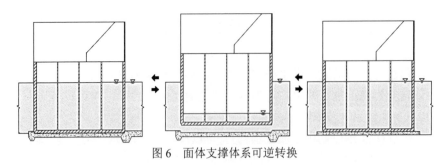

图 6 面体支撑体系可逆转换

3.3 支撑体系转换研究

在"点—线—面—体"支撑体系基础上，通过对沉管预制厂一系列支撑体系转换进

行汇总分析，结合其他类似工程案例，可得出一套支撑体系转换方法概况为以下几种。

1）使用转换后支撑构件将被支撑物进行支撑，然后将原支撑构件与被支撑物分离。此种方法常用于点→点体系转换，如浅坞区管节千斤顶支撑与楔形支撑的转换；面→点体系转换，如管节浇筑完成后底模支撑向支撑千斤顶支撑的转换。此种方法，原支撑构件与转换后支撑构件支撑位置不同，不交错，可概括为点—线—面同级转换，面→线→点降级转换。

2）利用外部受力构件将被支撑物与原支撑构件分离，然后将被支撑物与转换后支撑构件接触支撑。此种方法常用于线→面体系转换，如钢筋笼滑移方钢支撑与底模支撑通过橡胶气囊完成体系转换；点↔线体系转换，如浅坞门坦克轮支撑与滑移轨道支撑通过液压千斤顶完成体系转换。此种方法，原支撑构件与转换后支撑构件支撑位置存在重合，可概括为点—线—面互相转换

3）转换后支撑构件与被支撑物进行支撑的过程中，原支撑构件与被支撑物分离。此种方案常用于点→体体系转换，如浅坞区管节起浮；面↔体体系转换，如深坞门在坞口区（或存放区）与绞移过程中的体系转换。此种方法，原支撑构件无法主动与被支撑物分离，依靠外力使被支撑物与原支撑构件分离，可概括为点—线—面—体升级转换，面体互相转换。

4 结　语

利用"点—线—面—体"的极限思想研究工程实际应用的有限案例，本文以沉管预制厂不同的支撑体系为研究对象，通过"点—线—面—体"将其有效整合，探究其内在关联。实际工程施工中，同一施工对象需经历不同的支撑体系，且在支撑体系需进行转换来实现不同的功能，在研究相关施工方法时，以"点—线—面—体"为研究方法，可快速合理制定有效的施工方案。"点—线—面—体"支撑体系研究方法具有广阔的推广应用前景。

参 考 文 献

[1] 中交第四航务工程勘察设计院有限公司. 港珠澳主体岛隧工程施工图设计[Z]. 广州: 中交第四航务工程勘察设计院有限公司, 2011.

[2] 张洪, 范卓凡, 刘熬. 港珠澳大桥岛隧工程沉管预制模板施工工艺[J]. 中国港湾建设, 2015, 35(7): 57-60.

[3] 董政, 黄文慧. 沉管钢筋笼全断面整体置换法[J]. 中国港湾建设, 2015, 35(7): 92-95.

[4] 陈伟彬, 刘远林, 李海峰. 超大型沉管顶推技术[J]. 中国港湾建设, 2015, 35(7): 100-104.

[5] 董政, 王晓东, 刘远林. 大跨度自稳式横拉钢闸门的应用[J]. 中国港湾建设, 2015, 35(11): 102-105.

海底隧道预制清水混凝土小型构件
技术的运用及研究*

杨永宏

（中交二航局第二工程有限公司，重庆）

摘　要： 清水混凝土有着特殊的饰面特征，被现代工程广泛运用，混凝土面层可以直接作为装饰层，节省了外面施工工序，降低了工程施工成本。本文以港珠澳大桥岛隧工程为例，分析了清水混凝土小型构件技术的运用。

关键词： 海底隧道工程；清水混凝土；小型构件；技术；应用

1　工　程　概　况

　　港珠澳大桥岛隧工程检修道附属设施，涵盖东西人工岛敞开段、减光段暗埋段及沉管隧道等所有隧道类的单位工程。检修道附属设施的设计年限为 60 年，混凝土采用强度等级 C45（28 d 龄期）、抗渗等级为 P8 的海工高性能混凝土。检修道附属设施施工采用预制安装工艺。即在新建的附属设施构件预制厂进行小型构件的批量预制，预制成品构件通过运输驳船运送至东人工岛、西人工岛及沉管内的现场进行分段分批安装。

2　海底隧道预制清水混凝土小型构件施工技术

2.1　预制施工工艺

　　检修道预制构件采用钢筋笼整体绑扎吊装入模、倒立一次性浇筑成型工艺。钢筋在专用台架上整体绑扎成型，完全展开模具直接整体垂直吊装入模。钢筋笼入模后，关闭外模，利用专用吊具插入内模，完成模具组装。混凝土采用料斗吊装入模，附着式振动器进行振捣。浇筑完成后，进行蒸养，加快拆模时间。拆模后翻转成品进行自然保湿养护，最后喷涂硅烷包膜保护。小型构件预制件生产工艺流程如图 1 所示。

＊本文曾刊登于《建材与装饰》2016 年第 20 期。

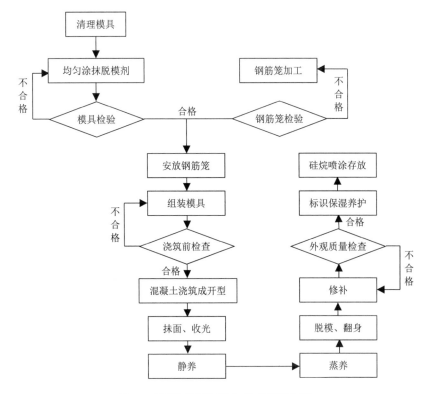

图 1　小型构件预制件生产工艺流程图

2.2　模具设计、清理与组装

检修道预制构件模具由工区委托日本丰田机械厂进行设计、加工、制作。为便于工厂化流水作业，模具设计为装配式。为保证检修道管沟类预制构件顶板表面光滑平整，模具设计为倒立式，混凝土成型后再将成品进行翻转，模板组装完毕，检修道盖板类的模具考虑数量多构件小等因素将模具设计为一个模具同时生产 4 块盖板的装配式模具（图 2、图 3）。

图 2　检修道管沟类模板整体图　　　图 3　检修道盖板类模板

模板进场后,进行模板面板处理,对模板焊点处锈迹进行打磨。面板处理完后,用新毛巾擦拭清除表面的灰尘,最后用空气枪吹净。

钢筋笼入模就位安装完成后,报监理工程师验收,再合拢模具。合格后,插入内模,升起内模,添加顶部塑料垫块。检查模板拼缝状态,涂抹玻璃胶,同时插入预留孔洞套筒,紧固螺栓。组装模具时应适当用力,不能勉强组装。如果碰到钢筋,应拆开检查钢筋的位置。发现模具接缝处存在空隙,应检查是否清理干净。检查连接扣是否固定到位。

2.3 钢筋的施工

钢筋绑扎采用台架定形整体绑扎的方式,从钢筋笼整体稳定性及质量控制等各方面考虑,钢筋笼立式绑扎、绑扎完成后规则堆放。入模前钢筋笼整体吊装入笼来进行模板匹配。

钢筋绑扎前,先用钢丝刷及其他除锈工装对半成品钢筋表面进行浮锈处理;钢筋绑扎时,先进行骨架、定形、定尺钢筋点焊,再进行其他钢筋绑扎;钢筋点焊时,不得损伤主筋;预留套筒钢筋先固定于模板,再进行绑扎。

钢筋绑扎扎丝应采用 22 号扎丝,要求所有交叉位置进行满绑;并要求所有扎丝头朝一个方向伸向骨架内侧,不得伸入保护层内。由于钢筋笼需要整体吊运、翻转,钢筋绑扎必须牢固、吊点位置钢筋必须点焊进行加强,以保证钢筋笼的整体稳定性。

钢筋安装时,钢筋位置严格按图施工,交叉钢筋朝一侧,以保证钢筋间距满足设计及规范要求;钢筋安装位置合理,保证混凝土保护层足够。钢筋骨架、定形、定尺钢筋位置必须精确,以保证其他钢筋及骨架尺寸准确。

2.4 清水混凝土配合比设计

2.4.1 配合比设计原则

清水混凝土配合比的设计应该本着以下原则和理念[1-3]:

1)耐久性原则。耐久性是混凝土配比设计的最基本目标,为达到这一目标,可以按照科学的比例向混凝土中添加精细研磨的掺和料,从而控制混凝土的导电量,并增强其抗氯离子渗透性,由于混凝土构件处于海洋环境中,通过这种方法也能提升其抗海水腐蚀性能。

2)抗碳化原则。为了达到抗碳化目标,就要设法提升混凝土密实度,对此可以参照砂、石的级配值来对应调整磨细合料的添加量,以此来掌握好各项参数,如砂率、水胶比等,提升混凝土密实度。

3)稳定体积原则。要想维持清水混凝土构件形状与结构不变形,就要保持混凝土体积稳定性,防止其收缩,这其中要重点从以下因素入手:水泥用量、水胶比、养护方法等。对此一般通过改善骨料质量来防范混凝土收缩问题,例如:选择湿润、多骨的粗骨料、细骨料，控制矿物掺和料活性，提高减缩剂的比重，以此达到对混凝土内部结构养护的目标。

混凝土生产严格按报审设计配合比拌制，配合比见表 1。出机的混凝土立即检测混凝土各种工作性能；合格后才使用。

表 1　检修道预制构件配合比

小胶（灰）比	砂率/%	水/(kg/m³)	水泥/(kg/m³)	矿粉/(kg/m³)	碎/卵石（大）/(kg/m³)	碎/卵石（小）/(kg/m³)	砂/(kg/m³)	外加剂/(kg/m³)	实测密度/(kg/m³)
0.34	45	187	275	275	627	268	732	5.5	2370

2.4.2　混凝土布料、振捣

混凝土到场后，实验室确定混凝土的和易性满足浇筑要求后，再进行浇筑。混凝土分 3 次布料入模，单次混凝土分层厚度为 20～30 cm，约 0.15 m³。混凝土吊装入模时，吊装混凝土来回布料。

混凝土采取先放料，再开振动电机进行振捣，布料从中间放料，来回放料，保证入模混凝土的平整度。振捣以振捣时间及排泡情况双向控制，以振捣时间为主，排泡为辅，保证混凝土均匀密实。每层的振捣时间见表 2。

表 2　不同构件布料层数振捣时间表

构件分类标准	构件编号	布料层数	布料后混凝土高度/cm	振捣频率/Hz	振捣时间/min
检修道有底板，侧高 70 cm	BW	第一层	20	160	3
		第二层	50	200	4
		第三层	70	210	3
检修道有底板，侧高 85 cm	OW1、OW2、OW3	第一层	30	200	4
		第二层	60	220	3
		第三层	85	230	3
检修道无底板，侧高 85 cm	BN1、BN2	第一层	30	180	3
		第二层	60	200	3
		第三层	85	220	3
盖板 1497 mm	BN1/BN2	第一层	20	180	4
		第二层	30	200	3
		第三层	20	220	3
盖板长 600 mm	OW2	一次性	—	—	—

2.5　混凝土收面与脱模

混凝土浇筑完成后及时收面。收面分三步进行：混凝土浇筑完成后进行初次整平提浆；在这过程中，注意铲除混凝土表面浮浆，添加混凝土，保证初次收面质量；混凝土初凝时对混凝土面进行抹面压实；参照模具标高，控制混凝土表面平整且与模具平齐；混凝土终凝时进行收面提光。三道工序环环相扣，保证成品外观质量。此环节从以下关键点进行控制：浇筑前应观察脱模剂是否已经风干成膜；浇筑时从 4 个角投料，投料速度不宜过快，下料速度均匀；收面抹平时，要保证表面平整，若有突出的骨料，应及时抹平；收面抹平后，及时用湿抹布清理模具边上的混凝土，清理完的水泥浆不允许撒入模具内。

当混凝土蒸养完成后、混凝土强度达到 10 MPa，进行混凝土脱模，脱模严格按照立模的反顺序进行。首先拔下预留孔洞的橡胶棒，松开模具顶面倒角模，松动收缩内模，再用配套的专用吊具吊出内模，最后专用工具撬开模具的连接扣，使侧模展开。

2.6 硅烷喷涂

检修道混凝土成品自然养护完成、混凝土表面颜色水化均匀后，进行硅烷喷涂。硅烷采用表面形成耐脏污膜的类型，保护成品存放及安装施工期间表面防脏污。

硅烷喷涂在车间内规划的喷涂区域进行室内作业，硅烷喷涂前先将混凝土成品表面的尘土清理干净。硅烷混合液严格按照厂家给定配合比进行原液与水的配制，通过空气压缩机喷枪喷散成雾状均匀喷散在混凝土成品表面，静置 48 h 风干形成膜。混凝土成品在静置风干期间，不得有水污染表面。

海底隧道工程正式投建前，最关键是要做好清水混凝土构件的保护工作，重点保护其饰面，维持其表面平整光滑，色泽均匀，棱角分明，保持亮白色，防止表面被碰触出现坑洼。

港珠澳大桥岛隧工程小型清水混凝土预制构件已高品质地预制完成了数万件，成品如图 4 所示。

图 4　小型清水混凝土预制构件成品

3 结 语

清水混凝土施工有着更高的技术标准，更为严格的工序分工，而且各个工序都有着严格的技术等级规定。对于海底隧道工程来说，预制清水混凝土构件的运用要结合工程所处环境条件，从模具设计与组装、钢筋施工再到混凝土施工，每一个工序间都要强化质量控制，保证清水混凝土构件饰面质量，达到预期的施工目标。

港珠澳大桥岛隧工程小型清水混凝土预制构件已高品质地预制完成了数万件，得到了社会各界、行业领域、专家学者等的高度认可，该工程的成功应用可为今后地下管网建设、城市美化、公路铁路桥梁隧道码头附属等类似工程参考借鉴。

参 考 文 献

[1] 陈圣君. 浅谈清水混凝土的应用技术与发展[J]. 林业科技情报，2011，12(35)：241-242.

[2] 付雅娣，焦勇，徐德林，等. 北京奥林匹克公园瞭望塔清水混凝土双曲线落地拱门施工技术[J]. 施工技术，2013，42(8)：1-5.

[3] 陈志华，韩娟，王小盾. 天津博物馆清水混凝土的研究应用[J]. 工业建筑，2005，35(4)：72-75.

小型复杂预制构件清水混凝土配合比试验研究*

李　超，张宝兰，胡文刚，李建业，许晓华

(中交四航工程研究院有限公司，广州)

摘　要：根据港珠澳大桥小型复杂预制构件对清水混凝土性能的要求，本文研究了胶凝材料组成、脱模剂、胶凝材料用量等因素的影响，确定了清水混凝土配合比与适用于清水混凝土的脱模剂及其施涂方式。

关键词：混凝土；清水混凝土；配合比；预制构件；脱模剂

1　工　程　概　况

港珠澳大桥岛隧工程人工岛、沉管隧道有大量各种形状的管线槽、检修道小型附属构件，这些附属构件均位于行车道两侧，要求达到"光、亮、白"的清水混凝土效果，充分利用这些构件的混凝土自身美感，增加行车道两侧景观，提高行车观感舒适度。

工程中清水混凝土小型预制构件利用成套钢模板预制，具有种类多、结构复杂等特点，根据模板周转及预制工期要求，需在 12 h 拆模，且拆模后混凝土表面不采取饰面及保护措施，即具有亮白的镜面效果。根据小型预制构件混凝土性能要求，通过对胶凝材料组成与用量、脱模剂及其施涂方式研究，配制工作性良好、无离析泌水、色泽亮白均匀、气泡少、无明显表观质量缺陷的清水混凝土[1, 2]。

2　清水混凝土性能指标要求

小型复杂预制构件根据工作性能、强度及耐久性，要求混凝土坍落度为（200±20）mm，12 h 拆模抗压强度≥15 MPa，28 d 抗压强度达到 C45，28 d 氯离子扩散系数≤6.5×10⁻¹² m²/s。清水混凝土应具有良好的外观与触摸效果，无修补条件下的外观要求如颜色、气泡、裂缝、光洁度等及触感要求如下。①颜色：距离 5 m 处观察，颜色亮白、基本一致，无明显色差；②气泡：直径 μ≤8 mm，深度≤2 mm，单位面积气泡

---

* 本文曾刊登于《施工技术》2017 年第 6 期。

面积 $A \leqslant 20 \text{ cm}^2/\text{m}^2$；③裂缝：无肉眼可见裂缝；④光洁度：无漏浆、流淌及冲刷痕迹，无油迹、墨迹及锈迹，无粉化物；⑤触感：手触摸细腻、光滑，无粗糙、毛刺感[3]。

3 混凝土原材料

针对复杂预制构件对清水混凝土性能的具体要求，研究矿粉、粉煤灰、石灰石粉、硅灰及脱模剂等对混凝土性能的影响[4]。各种原材料分别为 P·Ⅱ42.5 水泥，Ⅰ级粉煤灰，S95 矿粉，中砂，5~20 mm 碎石，聚羧酸减水剂，600 目石灰石粉，硅灰，脱模剂（包括液压油、油性脱模剂、水性脱模剂 A、水性脱模剂 B）。各种胶凝材料按照颜色由浅至深排序如下：石灰石粉（亮白色）→矿粉（灰白色）→粉煤灰（灰褐色）→水泥（深灰色）→硅灰（青灰色）。

4 混凝土配合比设计

4.1 胶凝材料组成的影响

为研究不同胶凝材料组成对清水混凝土性能的影响，固定胶凝材料用量为 470 kg/m³，水胶比为 0.36，设置了掺入粉煤灰、矿粉、石灰石粉、硅灰的配合比[5,6]。以未掺入矿物掺和料的纯水泥体系为基准，采用单掺、混掺各种矿物掺和料替代水泥，粉煤灰掺量为 15%，矿粉掺量为 15%~60%，石灰石粉掺量为 20%~50%，硅灰掺量为 3%。调整减水剂组分与用量，将各组混凝土的坍落度控制在 180~220 mm，采用水性脱模剂 A 与钢模具组合成型尺寸为 40 cm×40 cm×20 cm 小型试件，分 2 层布料振捣棒振捣，根据混凝土的耐振捣性将振捣时间控制在 40~75 s。各组混凝土配合比性能及硬化混凝土表面质量分别如表 1 与表 2 所示。

表 1 混凝土配合比与工作性

编号	胶凝材料用量/(kg·m⁻³)	水胶比	水泥/%	粉煤灰/%	矿粉/%	石粉/%	硅灰/%	坍落度/mm	新拌混凝土状态
1	470	0.36	100	0	0	0	0	200	黏性低、泌水严重
2	470	0.36	75	0	25	0	0	200	良好、有泌水
3	470	0.36	72	0	25	0	3	180	良好、蓬松保水性好
4	470	0.36	70	0	30	0	0	180	良好、有泌水
5	470	0.36	70	0	0	30	0	200	良好、有泌水
6	470	0.36	50	15	35	0	15	220	良好、轻微泌水
7	470	0.36	60	0	40	0	0	205	良好、轻微泌水
8	470	0.36	60	0	20	20	0	215	良好、有泌水

续表

编号	胶凝材料用量/(kg·m⁻³)	水胶比	水泥/%	粉煤灰/%	矿粉/%	石粉/%	硅灰/%	坍落度/mm	新拌混凝土状态
9	470	0.36	50	0	50	0	0	215	良好、轻微泌水、较黏
10	470	0.36	50	0	15	35	0	190	良好、有泌水
11	470	0.36	40	0	60	0	0	210	良好、轻微泌水、很黏
12	470	0.36	40	0	40	20	0	220	良好、轻微泌水
13	470	0.36	40	0	30	30	0	215	良好、轻微泌水
14	470	0.36	50	0	0	50	0	220	良好、有泌水

表2　硬化混凝土性能与表面质量

编号	抗压强度/MPa		氯离子扩散系数/(×10⁻¹² m²·s⁻¹)	硬化混凝土表面质量			
	3 d	28 d	28 d	颜色	气泡	光洁度	触感
1	47.4	60.2	10.2	灰黑	大气泡多	良好	粗糙
2	43.1	59.1	6.1	暗灰	气泡多	良好	粗糙
3	46.6	62.9	2.3	青灰	气泡少	良好	光滑
4	41.4	62.1	5.5	暗灰	小气泡多	良好	粗糙
5	30.1	53.2	8.5	亮白	有小气泡	良好	光滑
6	43.3	65.5	5.4	暗灰+暗斑	气泡多	良好	粗糙
7	43.3	71.1	5.1	灰白	有小气泡	良好	粗糙
8	42.1	68.8	6.3	亮白	有小气泡	良好	光滑
9	38.2	66.3	5.3	灰白	有小气泡	良好	略粗糙
10	28.7	50.8	5.9	亮白	有气泡	良好	光滑
11	26.7	63.2	4.6	灰白	小气泡多	良好	略粗糙
12	30.8	58.1	4.9	亮白	有小气泡	良好	光滑
13	28.2	55.2	5.1	亮白	有小气泡	良好	光滑
14	25.8	46.1	9.2	亮白	有小气泡	良好	光滑

　　未掺入矿物掺和料的纯水泥体系混凝土流动性良好，但混凝土黏性偏低，振捣作用下有水分泌出，出现浆体上浮、碎石下沉的现象，为避免过振产生较厚的浮浆层及砂斑、砂线等缺陷，纯水泥体系混凝土的振捣时间为40 s。其硬化混凝土表面呈现灰黑色，大气泡多，触感十分粗糙，无光泽度，但无油迹、墨迹与锈迹，无粉化物，光洁度良好。

　　单掺矿粉混凝土流动性良好，随着矿粉掺量增加，混凝土黏性增大。当矿粉掺量增至60%时，混凝土偏黏，不易翻铲，振捣过程中气泡不易排出。掺入矿粉后硬化混凝土的颜色从暗灰色变为灰白色，且随着矿粉掺量增加，混凝土白度随之增加，光洁度良好。掺入矿粉后混凝土耐振性明显提高，矿粉掺量40%～60%混凝土振捣时间延长至60 s，在强力振捣作用下，单掺矿粉混凝土外观的气泡数量显著降低，且以直径2 mm以下小气泡为主。矿粉掺量高，可提高混凝土白度，但混凝土黏性增加，振捣过程中不易排出气泡。矿粉掺量为60%的混凝土表面气泡较多，出现了直径10 mm左右的大气泡及小块水纹、白斑等缺陷。矿粉掺量增至 50%，从距离混凝土表面 5 m 处观察，有金属光泽。掺入矿粉后，混凝土抗氯离子渗透性显著提高，氯离子扩散系数降至 6.5×10^{-12} m²/s 以下，矿粉掺量 15%～60%时，随着矿粉掺量增加，氯离子扩散系数大致呈现逐步降低的趋势。

掺入适量粉煤灰可以改善混凝土工作性能，但由于粉煤灰自身呈现灰黑色，影响混凝土的颜色，因此只配制了一组掺入粉煤灰的混凝土，掺量为 15%与 35%的矿粉混掺使用。混掺粉煤灰与矿粉的混凝土工作性能良好，保水性比纯水泥体系混凝土有所提高，但其硬化混凝土呈暗灰色，且局部区域有深色暗斑。混掺粉煤灰与矿粉的混凝土具有较好的耐久性，其 28 d 氯离子扩散系数满足要求。混掺粉煤灰与矿粉混凝土光洁度良好。

掺入 20%～60%石灰石粉可明显改善混凝土工作性能，增大流动性、提高保水性，使混凝土便于翻铲，不出现抓底等现象。混凝土硬化后具有明显的金属光泽，与矿粉复合使用后，硬化混凝土呈亮白色，并随着矿粉+石灰石粉掺量的提高，颜色更加白、亮。掺入石灰石粉可降低混凝土黏性，振捣 55 s 混凝土无明显浮浆出现，有利于气泡排出。与单掺矿粉混凝土相比，掺入石粉灰石混凝土表面气泡更少，外观效果改善明显。但石灰石粉活性极低，基本不参与早期水化，对混凝土的强度与抗氯离子渗透性影响明显。随着石灰石粉掺量增加，混凝土 3 d 龄期强度明显下降，28 d 龄期强度也有一定程度下降。单掺石灰石粉混凝土的 28 d 氯离子扩散系数不满足要求，与矿粉混合使用可以显著降低氯离子扩散系数，但改善效果比单掺矿粉的要差。石灰石粉对混凝土工作性能具有明显改善作用，可提高硬化混凝土的白亮度、细腻感，降低气泡量，但不利于混凝土强度的发展与抗氯离子渗透性的提高。单掺石灰石粉、混掺石灰石粉与矿粉混凝土光洁度良好。

掺入少量硅灰，可明显改善混凝土工作性能，出机混凝土蓬松且具有良好的触变性和保水效果，没有泌水。掺入硅灰后，混凝土虽蓬松，但极耐振，在强力振捣作用下，经 75 s 振捣都没有泌水、离析、浮浆等现象出现，长时间强力振捣可将混凝土中气泡充分排出。掺入硅灰混凝土表面气泡少，色泽均匀一致，触感光滑，但是没有光泽度且受硅灰颜色影响显著，整体呈现青灰色。掺入微量硅灰可提高混凝土 3 d，28 d 龄期抗压强度，降低 28 d 氯离子扩散系数。硅灰混凝土光洁度良好。

4.2 脱模剂的影响

为确定液压油、油性脱模剂、水性脱模剂 A 及水性脱模剂 B 等不同脱模剂对硬化混凝土表面质量的影响，采用表 1 中 9 号单掺 50%矿粉混凝土，成型尺寸为 40 cm×40 cm×20 cm 小型试件，分 2 次布料振捣棒振捣，振捣时间控制在 60 s。液压油与油性脱模剂采用滚筒涂刷，水性脱模剂 A 与 B 同时采用滚筒涂刷及高压喷涂 2 种方式。脱模剂对混凝土外观的影响如表 3 所示。

表 3　脱模剂对混凝土外观的影响

序号	模板剂类型	施涂方式	硬化混凝土表面质量
1	液压油	刷涂	深色+深色斑块，粗糙、无光泽、气泡多
2	油性脱模剂	刷涂	深色+色斑，较粗糙、无光泽、气泡少
3	水性脱模剂 A	刷涂	灰白色+浅色斑，有光泽、浅色条纹、气泡少
4	水性脱模剂 A	喷涂	灰白色+浅色斑，有光泽、略粗糙、气泡少
5	水性脱模剂 B	刷涂	灰白色，有光泽、浅色条纹、气泡少
6	水性脱模剂 B	喷涂	灰白色，有光泽、较光滑、气泡少

刷涂液压油模板成型的混凝土试件外观颜色整体偏深，粗糙没有光泽，气泡多，且液压油中深色杂质在振捣过程中会从模板上脱落混入混凝土，引起颜色不均匀分布，有大块色斑出现在表面。

刷涂油性脱模剂模板成型的混凝土试件气泡量较液压油模板成型试件明显降低，但其颜色仍整体偏深，在振捣过程中也会有脱模剂混入混凝土，在表面形成不均匀深色斑块。

喷涂水性脱模剂 A 与 B 模板成型的混凝土气泡数量、颜色、光泽度方面基本相同，但喷涂水性脱模剂 A 成型混凝土颜色稍微深且局部区域有一些不易察觉的浅色斑，而喷涂水性脱模剂 B 成型混凝土触感更加细腻、光滑。

2 种水性脱模剂刷涂方式成型的混凝土气泡、颜色及光泽度与喷涂水性脱模剂基本一致，但在部分区域存在刷涂脱模剂不均匀而产生的浅色条纹，对光洁度有不良影响。

4.3　胶凝材料用量的影响

以胶凝材料用量为 470 kg/m³，单掺 50%矿粉体系、30%矿粉+20%石灰石粉体系为基础，调整混凝土中胶凝材料用量至 570 kg/m³，研究胶凝材料用量变化对混凝土性能及表面质量的影响，配合比性能及硬化混凝土表面质量分别如表 4、表 5 所示。

表 4　调整胶凝材料用量的配合比与工作性

编号	胶凝材料用量 /(kg·m⁻³)	水胶比	水泥/%	矿粉/%	石粉/%	坍落度/mm	新拌混凝土状态
A	470	0.36	50	50	0	210	良好、有少量泌水
B	520	0.35	50	50	0	215	良好、有少量泌水
C	550	0.34	50	50	0	220	良好、有轻微泌水
D	550	0.32	50	50	0	220	偏黏、略抓底、无泌水
E	570	0.32	50	50	0	220	良好、无泌水
F	550	0.32	50	30	20	215	偏黏、无泌水

表5　调整胶凝材料用量的配合比后硬化混凝土性能与表面质量

编号	抗压强度/MPa				氯离子扩散系数/($\times 10^{-12}$ m²·s⁻¹)	硬化混凝土表面质量		
	12 h	3 d	7 d	28 d	28 d	色泽	气泡	触感
A	15.2	34.2	41.5	60.3	5.1	灰白	μ=4 mm，A=8.5 cm²/m²	略粗糙
B	16.4	37.1	44.4	63.4	5.1	灰白+光泽	μ=5 mm，A=6.5 cm²/m²	较光滑
C	16.2	35.5	46.2	67.3	4.8	亮白+光泽	μ=3 mm，A=3.5 cm²/m²	极光滑
D	17.5	36.0	48.1	66.7	4.2	亮白+光泽	μ=9 mm，A=18.2 cm²/m²	极光滑
E	18.2	42.3	51.9	69.9	4.3	亮白+光泽	μ=3 mm，A=4.1 cm²/m²	极光滑
F	10.5	33.2	39.2	59.4	5.8	亮白+光泽	μ=7 mm，A=13.1 cm²/m²	极光滑

注：μ为最大气泡直径；A为单位面积的气泡面积。

采用水性脱模剂B成型尺寸为100 cm×100 cm×50 cm与110 cm×99 cm×10 cm的2种模型，均分2次布料振捣，模型A布料厚度为50 cm，采用振捣棒振捣，模型B布料厚度为5 cm，采用振动台振捣，根据混凝土的耐振捣性将振捣时间控制在60～90 s（图1）。

（a）混凝土模型A　　　　　　　　　（b）混凝土模型B

图1　混凝土模型

单掺50%矿粉体系中，胶凝材料用量增加至570 kg/m³，混凝土浆体包裹性明显增强，保水性明显提高，静置无泌水。各组硬化混凝土均具有良好的光洁度，表面无油迹、墨迹与锈迹，无粉化物。混凝土白度随着胶凝材料用量的增加而提高，胶凝材料用量增加至520 kg/m³时，有明显的金属光泽出现，并随着胶凝材料用量的增加而加强，混凝土表面光滑程度也随着胶凝材料用量的增加而提高，550 kg/m³混凝土非常光滑，触摸细腻，具有良好的整体效果。但将水胶比降至0.32时，则混凝土偏黏，振捣过程中不易排出气泡，导致硬化混凝土表面出现个别直径较大的气泡及数量较多、直径在0.2 mm以下的针眼，单位面积的气泡面积也明显变大。胶凝材料用量增加至570 kg/m³时，具有良好的外观效果，但在转角、结合部等位置出现细微的可见裂缝。

在550 kg/m³胶凝材料用量混凝土中，复掺30%矿粉与20%石灰石粉，并将水胶比降至0.32，混凝土黏性增大。其硬化后的混凝土与单掺矿粉相比，在白度、气泡、光滑程度上相差不大，光泽度与细腻感略强，但由于混凝土偏黏，出现一定数量的大气泡，单位面积的气泡面积增多。由于模板周转及预制工期要求，需在12 h拆模，拆模时混凝土强度≥15 MPa，各组混凝土强度如表5所示。各组混凝土28 d抗压强度均满足C45强度等级要求，但12 h及3～7 d强度受混凝土配合比影响呈现不同变化规律。30%矿粉+20%石灰石粉体系，受石灰石粉活性影响，混凝土强度明显低于单掺矿粉的混凝土，且12 h

龄期强度不满足拆模要求。

采用胶凝材料用量为 550 kg/m³，单掺 50%矿粉、水胶比 0.34 的配合比，工作性能、强度、耐久性、外观与触感等性能均满足清水混凝土要求，可用于复杂小型构件预制生产。

5　生　产　应　用

采用单掺矿粉的清水混凝土配合比+喷涂水性脱模剂 B 的模板，经适当振捣，控制了预制件表面水纹、砂线、气泡、色差、裂缝等缺陷的出现，在工厂中生产出色泽亮白均匀、气泡少、无明显表观质量缺陷、具有镜面效果、光滑细腻、达到清水混凝土要求的各种小型复杂预制件。

6　结　　语

1）以单掺 50%矿粉、胶凝材料用量为 550 kg/m³ 的体系配制出满足施工、强度及抗氯离子渗透性要求，并具有良好表面质量的清水混凝土配合比。

2）研究了不同脱模剂及其施涂方式对混凝土表面质量的影响，确定了高压喷涂水性脱模剂 B 可以改善混凝土色泽、光洁度与触感，并大幅降低气泡的出现，适用于清水混凝土预制施工。

3）利用单掺矿粉清水混凝土配合比+喷涂水性脱模剂 B，生产出色泽亮白均匀、气泡少、无明显表观质量缺陷，具有镜面效果，光滑细腻、达到清水混凝土要求的各种小型复杂预制构件。

参 考 文 献

[1]　冯乃谦，笠井芳夫，顾晴霞. 清水混凝土[M]. 北京：机械工业出版社，2011.

[2]　任志平，张兴志，高育欣，等. 成都来福士广场复杂饰面清水混凝土施工技术[J]. 施工技术，2012，41(10)：1-7，39.

[3]　陈晓芳. 高性能饰面清水混凝土及其施工技术的研究[D]. 广州：华南理工大学，2011.

[4]　范洁群. 复杂异型构件清水混凝土技术研究与应用[J]. 混凝土，2011，(7)：115-116，128.

[5]　杨秀礼，邵曼华. 港珠澳大桥沉管隧道预制混凝土控温设备选择研究[J]. 施工技术，2014，43(23)：109-112.

[6]　李超，刘昌义，张宝兰，等. 港珠澳大桥预制沉管混凝土容重控制技术试验研究[J]. 施工技术，2014，43(18)：1-5.